岡倉天心の比較文化史的研究

ボストンでの活動と芸術思想

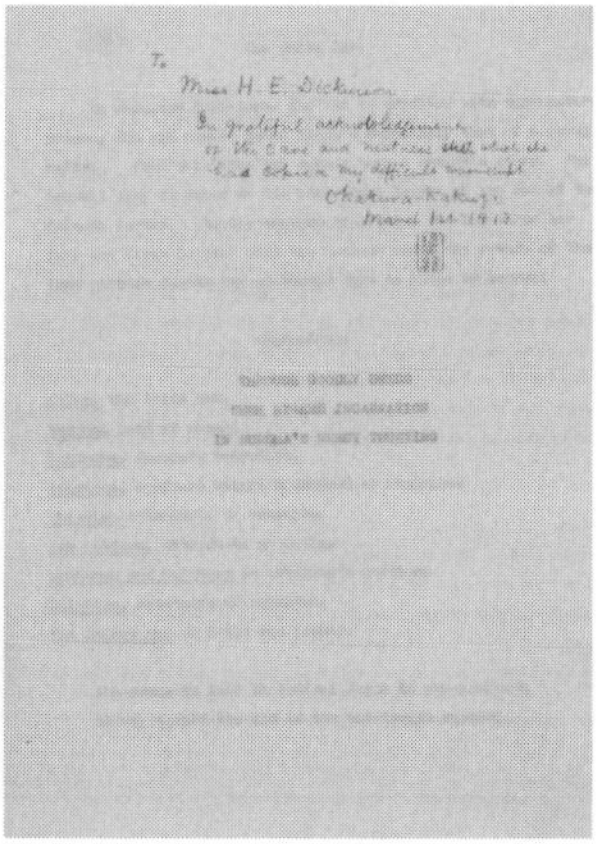

清水恵美子 著

思文閣出版

岡倉天心の比較文化史的研究※目次

岡倉天心の比較文化史的研究

——ボストンでの活動と芸術思想

はじめに　比較文化史における岡倉覚三研究の視座

一　研究史の概観

岡倉覚三（天心、一八六三―一九一三）は、明治時代の美術行政家、美術教育家、思想家、作家、芸術評論家、「東洋」を「西洋」に紹介した人物などとして多面的に論じられ、その研究は膨大な蓄積を重ねてきた。

岡倉の著作や言説などをまとめた著作集は、一九二二年に刊行された日本美術院編『天心全集』全三巻を嚆矢として、日中戦争勃発前後には『岡倉天心全集』天・地・人之巻（一九三五～三六年）、『岡倉天心全集』上・下巻（一九三六年）、『岡倉天心全集』決定版全五巻（一九三九年）が、いずれも岡倉一雄編纂により聖文閣から出版された。戦後は、一九七九年から八一年にかけて平凡社から『岡倉天心全集』（以下『全集』と略記）第一～八巻と別巻が刊行された。これは、現在岡倉の言論をもっとも網羅的に集大成しているものであるが、刊行から四半世紀が過ぎ、未収録の資料や誤訳、手稿起こしの問題が指摘されている。橋川文三編『岡倉天心　人と思想』（一九八二年）は、岡倉と同時代を生きた人物による回想や、後世の人々による評論が収められ、巻末には一九八二年までの岡倉研究を集約した参考文献一覧が編まれている。岡倉の英語文に関しては、一九八四年平凡社から英文全集 *Okakura Kakuzo collected English writings*（以下 *CEW* と略記）全三巻が刊行されたが、『全集』に日本語訳で収録された原文全てが収録されてはいない。現在、原資料の写しは版元である平凡社から、茨城県天心記念五浦美術館へ移され、原文照合には同美術館での閲覧か原資料の所蔵者を訪ねる必要がある。

岡倉の生涯の概略を俯瞰する手がかりとしては、一九二二年刊行の日本美術院編『天心全集』に収録された略伝や年譜をはじめとして、清見陸郎『岡倉天心』（一九三四年）、岡倉一雄『父天心』（一九三九年）、宮川寅雄『岡倉天心』（一九五六年）、斎藤隆三『岡倉天心』（一九六〇年）、中村愿『美の復権――岡倉覚三伝』（一九九九年）、茂木光春『永遠の天心』（二〇〇二年）、茨城大学五浦美術文化研究所監修・中村愿編『岡倉天心アルバム』（二〇〇〇年）、児島孝『近代日本画、産声のとき――岡倉天心と横山大観、菱田春草』（二〇〇四年）などの評伝や伝記が間断なく刊行されている。このような岡倉表象の堆積に対して、これまでの研究は「ほとんどが一九三〇年代に創られた『天心』像の枠のなかで語られている」と警鐘を鳴らし、伝説化された「岡倉天心」像を一度解体し、再構築を試みた評伝が、木下長宏『岡倉天心――物ニ観ズレバ竟ニ吾無シ』（二〇〇五年）である。木下は、「岡倉覚三」と覚三没後に登場した「岡倉天心」とを峻別する重要性や、これまで『東洋の理想』と訳されてきた *The Ideals of the East with Special Reference to the Art of Japan*（1903）は、"Ideals"が東方世界の諸理想を指していることから『東洋の理想態』と訳すのが適切であることなどを指摘し、これまで定説となっていた岡倉像のリセットを図った。(1)

周知の通り岡倉は、文部省官僚として古社寺保存調査を実施し、東京美術学校校長や帝国博物館（現東京国立博物館）理事を兼任、現在も刊行されている美術雑誌『國華』の創刊に関わり、近代日本の美術中枢で活躍した。その後も日本美術院主幹、古社寺保存会委員、ボストン美術館中国日本美術部キュレイターとして、生涯美術の世界に生きた。そのため美術史、美学、芸術、文化財保護などの研究領域において重要な位置を占め、さまざまな研究や論考、もしくは近代美術を主題にした展覧会の中で岡倉が言及され、評価されてきた。なかでも東京美術学校や日本美術院の作家たちを主題にした評伝、研究、展覧会において岡倉を切り離して論じることは不可能であり、特に、東京美術学校開設前後から岡倉没後の日本美術院再興までのスパンを対象とした『日本美術院百年史』第一〜四巻（一九八九〜九四年）は、同時代の美術界の状況、活動の情報や記録、図版などを通して、岡倉と作家たちの活動や彼らをとりまく美術環境を知るための豊富な手がかりを提供するものである。また、山口静一『フェノロサ――日本文化の宣揚に捧げた一生』上・下巻（一九八二年）や、村形明子『アーネスト・F・フェノロサ文書集成――翻訳・翻刻と研究』上・下巻（二〇〇〇〜一年）など、岡倉とともに欧州視察旅行に出張し、東京美術学校の開校に奔走したアーネスト・フランシスコ・フェノロサ（Ernest Francisco Fenollosa, 1853-1908）の研究には、フェノロサを中心に岡倉と関わりのある日本人、アメリカ人との関係と活動が、緻密な資料調査に基づいて明らかにされている。

一方、岡倉が世に発表した英文著作 *The Ideals of the East with Special Reference to the Art of Japan*（邦題『東洋の理想』、一九〇三年）、*The Awakening of Japan*（邦題『日本の覚醒』、一九〇四年）、*The Book of Tea*（邦題『茶の本』、一九〇六年）に関しても、美術史、倫理思想史、哲学、芸術学など幅広い分野から研究がなされている。なかでもニューヨークのフォックス・ダフィールド社から初版が刊行された『茶の本』は、出版から一〇〇年経過した今も、日本のみならず、世界各国で翻訳され愛読されているベスト・セラーである。『茶の本』に関しては、成立背景、出版状況や反響、東洋思想史、英文学、茶道史、建築学、日本文化論など多様なアプローチから解釈が試みられてきたが、特に二〇〇六年は『茶の本』出版一〇〇周年を記念して各地でシンポジウムが開催され、関連論著が刊行されて盛り上がりを見せた(2)。

これらの英文著作と岡倉の詩作、未発表作品など複数のテキストを用いて、岡倉の文学者、詩人、思想家、哲学者としての側面をクローズアップしながら、岡倉の全生涯、あるいは一部分を照射して、包括的な人物像を描いたものとしては、詩人としての岡倉を追跡し、詩人であるがゆえに彼が「純粋」の保持者であることを説いた大岡信『岡倉天心』（一九七五年）、岡倉の全生涯の多様性を鮮明に描き出し、文部省官僚時代と五浦移転後の晩年との対極性を強調した大久保喬樹『岡倉天心　驚異的な光に満ちた空虚』（一九八七年）、詩としての『白狐』分析と事業活動における疎外体験とを比して、事業家と詩人という二つの人物像の落差を浮かび上がらせた木下長宏『詩の迷路――岡倉天心の方法』（一九八九年）などが代表的な研究として挙げられ、以後の研究に影響を与えた。

国際的な活動という視座から、岡倉の人物像を浮き彫りにした研究も枚挙に遑がないが、日米文化交流の観点から論じたものとして、先述した山口、村形両名のフェノロサ研究とともに、日・印・米文化交流史における岡倉の活動や交友関係について論じた堀岡弥寿子『岡倉天心――アジア文化宣揚の先駆者』（一九七四年）・『岡倉天心考』（一九八二年）、イザベラ・スチュワート・ガードナー美術館の資料を用いて岡倉とガードナー夫人（Isabella Stewart Gardner, 1840-1924）との友情を論じたヴィクトリア・ウェストンの *East Meets West : Isabella Stewart Gardner and Okakura Kakuzō*（一九九二年、小泉晋弥訳「東と西の出会い――イザベラ・スチュワート・ガードナーと岡倉覚三」、二〇〇〇年）、ボストン美術館における活動や人間関係、またオペラ台本『白狐』執筆について考察した石橋智慧「天心とボストン美術館」（『日本美術院百年史』第三巻上、一九九二年）などを挙げておく。さらに、岡倉の思想や美術史構想、および活動が後世の美術史家や思想家に与えた影響に関する研究も蓄積されている。

ところで岡倉研究には、研究拠点と言うべき場がいくつか挙げられるが、もっとも初期の段階からその役割を果たしているのが茨城大学五浦美術文化研究所である。一九〇六年、岡倉は日本美術院第一部（絵画部）を茨城県北部の五浦海岸に移転させたが、戦後一九五五年に、岡倉居宅や六角堂などの遺蹟が茨城大学に移管され、翌年茨城大学五浦研究所と称せられることになった。一九六三年に茨城大学五浦美術研究所と改称して天心記念館を開館、さらに一九七〇年に茨城大学五浦美術文化研究所と改称した(3)。

日本美術院が置かれた地に一九九七年開館した茨城県天心記念五浦美術館は、岡倉や五浦の作家たちを顕彰するため岡倉天心記念室を設けた。同美術館は、岡倉や五浦の作家を主題にした企画展を開催するとともに、研究と記念室展示を目的に、岡倉の書簡や関連資料を寄贈や購入によって収集してきた。二〇〇七年に同美術館が刊行した『所蔵資料目録』によると、館蔵資料は三九三七点にのぼる。

一方、一九九七年から東京のワタリウム美術館は「岡倉天心・研究会」と題した講演会を定期的に主催し、都心に岡倉研究の場を創出した。二〇〇五年、ワタリウム美術館は、その集大成として「岡倉天心展」を開催し、同年講演録『ワタリウム美術館の岡倉天心・研究会』と、図録『岡倉天心　日本文化と世界戦略』を出版した。さらに、二〇〇七年、東京藝術大学は創立一二〇周年を迎え、記念事業のひとつとして「岡倉天心——芸術教育の歩み」展を開催し、彼の広範囲に及ぶ業績の再検証を試みた。このように岡倉研究は、見直しと再評価の気運の中で、次々とその研究成果が発表されている。

二　先行研究の問題点

先行研究の中で、岡倉の文部省官僚時代からボストン・五浦時代にかけての幅広い時間軸、空間軸を対象とした研究は多くない。岡倉の多岐に渡る事業、社会的立場の変遷を考えると、ある一時期、ある著作を扱って導き出されるのは、当該期に限定された岡倉の思念であり、対象とする時期や作品が異なれば、また違った岡倉の思念が現れてくるのは、けだし当然のことである。結果として、研究が堆積すればするほど「多くの活動の結果から振り返った数だけ天心像が存在する」状況が生み出されている(4)。

かつて、竹内好は「天心は、あつかいにくい思想家であり、また、ある意味で危険な思想家でもある。あつかいにくいのは、彼の思想が定型化をこばむものを内包しているからであり、危険なのは、不断に放射能をばらまく性質を持っているからである。うっかり触れるとヤケドするおそれがある」という岡倉像を提示し、その思想の解明は「謎のまま」であると述べた(5)。その後、岡倉の多様性を列挙した挙句、結局不明な点が多いと慨嘆する論法が常套化した。これに異を唱えた大岡信は、「詩作品の作者としての詩人、そして存在そのものにおける詩人としての」岡倉を論じ、詩人とは「純粋」の保持者であるから、岡倉の一貫性、“oneness”は「純粋」そのものであると述べた(6)。だが、岡倉が詩人以外の顔を持つ以上、詩人の「純粋」のみで、岡倉の一貫性を証明することは難しいだろう。

さらに、欧州視察旅行から五浦時代に至る岡倉の生涯をトレースした大久保喬樹は、岡倉について「様々な情熱、行動、思想は互いに分裂し、無関係にあらわれる面が強く、天心自身にも、全く、それらを統一するような自覚はない。その時々に自分の中から湧きあがってくる衝動に身をまかせ、その衝動が通りすぎれば、手をつけたものも未完のままに放りだして、一貫性を求めることもなく次の衝動に走るのである」と述べ、その生涯は「未完、不統一」という原理の体現だとした。そして若年期の「男性的、征服的原理の時代」とは対極的に、晩年は「女性的・受容的原理の世界」に入ったとして、文部省官僚時代とボストン・五浦時代のコントラストを鮮明に描いた(7)。

このように、岡倉はその活動の多彩性、思想の多義性によって、同一人物であるにもかかわらず、二極、あるいは何極にも分裂した人物というイメージを増幅させていき、彼の行動に「矛盾」を見出す視点は、今日においても健在である。しかし、多彩な活動を展開した人間を研究対象とする場合、もともと一定の枠組みに当てはめることなど不可能であろう。なぜなら、現実社会と関係を持ち続けた者が行うのは、あくまで時代状況、社会環境、人間関係に応じて最適と判断したアプローチであり、生涯の主たる目的が一貫していればいるほど、それを達成するための手段が様々に変化することは当然だからである。それゆえ、岡倉が生涯の理想として掲げたものは何であったのか、を追究する姿勢が重要なのであり、理想実現のために岡倉が行った様々な手段と、それを実現可能にした彼の経験、およびその環境構築の過程について、分析することが必要だと考える。

ところで、著者は修士論文で岡倉がボストンで執筆したオペラ台本“The White Fox：A Fairy Drama in Three Acts Written for Music”（邦題『白狐：音楽のために書かれた三幕の妖精劇』、以下『白狐』と略記、一九一三年）を取り上げたが、このとき解明できなかったのが、『白狐』はなぜ、オペラ台本として執筆されたのか、という根本的な問題であった。先行研究においても、『白狐』の成立事情や、その執筆活動が、同時代のボストンの文化的文脈においてどのような位置にあるかについては軽視される傾向にあった。また、『白狐』のオペラ台本という形式は重要視されず、ひとつの詩作品として、そこから読み取れる岡倉の思想や文学的特徴が検討されてきた。

さらに、『白狐』は信太妻伝説に基づいて書かれ、母子の別れ、男女の別れが物語の重要な主題となっているため、その執筆動機を、岡倉が幼少時に死別した母や彼の個人的な女性関係、例えばインドの女流詩人プリヤンバダ・デーヴィー・バネルジー（Priyambada Devi Banerjee, 1871-1935）、上司九鬼隆一（一八五〇—一九三一）の妻であった星崎初子（波津子、一八六〇？—一九三一）、ガードナー夫人と結びつけて解釈する研究が目立つ。それゆえ『白狐』論は、岡倉の女性や母性への想い、あるいは女性観や母性観という視座に固定されてきた傾向がある。(8)『白狐』は、岡倉の生涯を通しての思想や活動から離れた地点に位置する作品、「女性的・受容的原理の世界」に入った岡倉を象徴する作品として捉えられてきたのである。

詩作品としてテキスト分析がなされてきた『白狐』に比べ、さらに岡倉の生涯から外れた場所に置かれている作品として、未発表に終わった英文著作“The Legend of Yoshitsune”，“Ataka”，“Ko-Atsumori（The Little Atsumori）A Biwa Song”がある。いずれも源平合戦を舞台にした義経伝説や合戦悲話などをもとに執筆された作品で、『全集』では『ヨシツネ物語』『アタカ』『コアツモリ（若きアツモリ）——ビワ歌』という邦題がつけられている。先行研究において、これらの英文著作は研究対象として等閑視され、十分な検討が尽くされてこなかった。『白狐』以上に成立事情が謎に包まれ、執筆動機が不明瞭で、『義経記』の焼き直しと捉えられるこれらの作品に、真正面から取り組むことは困難な作業に違いない。しかし、『茶の本』や『東洋の理想』などと比して、これら三篇がほとんど注目を集めなかったのは、主に研究者側の問題関心の所在に基づく部分が大きいように思われ、結果としてこれらの作品を資料として軽んじ、それ自体に着目して分析する努力を怠ってきたことは否めない。そこで本書では、『白狐』に至る軌跡にこの三作品を位置づけて執筆意義の考察を試みる。著者が『白狐』やこれらの作品をあえて取り上げるのは、未発表となった作品を放置したまま、岡倉の全体像を論じることに疑問を持つからである。

しかし、岡倉の生涯にこれらの作品を位置づけようとすれば、作品が執筆されたボストン時代の位置づけを明確にすることが必要となってくる。そして、その作業において、ボストン美術館中国日本美術部の経営は、欠くことのできない重要な視点である。岡倉は一九〇四年から一三年までの間、ボストン美術館に勤務し続け、東洋美術コレクションを発展させ、中国日本美術部キュレイターの座に就任した。幸いボストン美術館と岡倉に関する先行研究には、先述した堀岡や石橋両名のほかに、綿密な現地資料の精査に基づいて蓄積されてきた研究成果がある。(9)

だが、岡倉のもとで中国日本美術部の経営に参画した個々のスタッフ、すなわち同部の人的資源については、その人数の多さにも関わらず、ラングドン・ウォーナー（Langdon Warner, 1881–1955）など著名な部員以外は紹介程度にとどまり、詳らかになっていない部分が残されている。また岡倉が、美術品収集や展示活動と並行して進めていた他の事業——人材育成、美術館教育、予算獲得と執行、他美術館とのネットワーク形成など——を取り上げ、美術館行政という視点から事業推進の核となった理念や、中国日本美術部の組織マネジメントに主眼を置いた議論が十分なされてきたとは言いがたい。岡倉の美術館行政の全体像に迫るためには、これらの事業をボストン美術館における活動全体の中に位置づけることが必要であろう。いずれにしても、ボストンにおける岡倉の事業において、追究すべき課題が多く残されていることがわかる。

それにしても、これだけ膨大な数の資料が調査され、多彩な研究が成されているにも関わらず、岡倉のボストン美術館勤務時代という時期と地域を限定しても、先行研究において解明されない疑問や等閑視されている問題点が複数存在するのはなぜであろうか。ひとつには、ボストンという遠隔の地域に原資料があるため、資料調査に限界があることが挙げられるが、むしろ問題は、長い研究の蓄積の中で、岡倉のある側面が強調され続けた結果、人物像を定型化してしまったことで、著者自身も含め、研究者が視座を固定し、アプローチの方法を限定してしまっていることに原因があると考える。木下長宏が、これまで作り上げられた岡倉天心像を一度白紙に戻し、再構築を試みたように、岡倉研究は、固定化された岡倉像を再検証する時期にさしかかっているのである。

三　本書の課題と方法

以上のような先行研究への問題点を踏まえると、以下の課題と、それを明らかにする方法とが浮かび上がってくる。

第一は、岡倉が生涯の目的として見据えていたことをいかに見出すか、という課題である。そこで本書では、文部省官僚時代からボストン時代にかけての長いスパンを射程に入れ、さらに欧州・日本・ボストンを結ぶ広い空間の中に現れた、岡倉の活動や言論を照らすことで、岡倉の思想の一貫性を見出すことに努め、固定化されたイメージからの解放を目指したい。まず、欧州視察旅行から渡米・五浦移転までの期間を対象に、岡倉の思想の変遷と継続という過程を概観する。次に、渡米後の具体的な事業を通して、当時の岡倉が何を主眼としていたのか、ボストンや日本の時代状況や人間関係のはざまで、岡倉の言論や行動がどのように展開していったのかを明らかにする。この課題は、本書を通して共通した問題意識であり、全体を通して、岡倉の中で何が連続しているのか、何が変化しているのか、岡倉の生涯にとってもっとも重要な目的とは何であったのか、という点を明確にしたい。

第二は、ボストンにおける岡倉の諸活動を、そのフィールドであった同時代のボストンの社会的・文化的文脈に置いていかに捉えるか、という課題である。岡倉の活動を支えた背景には、ボストンの社会的・文化的環境の特色とともに、岡倉とボストン社会との独自の人的ネットワークが絡み合って存在していた。ボストンは、彼の発信活動の最前線であり、また彼を受容する基盤でもあった。そこで本書では、ボストンにおける岡倉の諸活動について、発信者である岡倉が、一体どのような状況において、何を目的としたのか、その目的のためにいかなる手段をとったのか（もしくは、とろうとしていたのか）を明らかにしていくと同時に、それが彼の支援者や受信者であるボストン社会にとって、どのような意味を持ち、どのような利益をもたらすものだったのか、という発信と受信の二つの視座から考察する比較文化論的な方法をとる。具体的には、岡倉の人的ネットワーク構築、ボストン美術館中国日本美術部経営、『白狐』『茶の本』『ヨシツネ物語』などの作品執筆などについて、歴史的背景や時代状況から決して切り離すことなく分析を行い、岡倉がいかなる問題意識のもとに、美術品を展示し、あるいは作品を執筆し、ボストン社会でいかなることを成そうとしたのかを検討する。

第三は、岡倉像をいかに再検証するか、という課題である。本書では、ボストンにおける岡倉没後の追悼や表象を題材に、岡倉がアメリカで行ったことが、どのように理解されたのか、また成し遂げられなかった事業はその後どうなったのか、などを明らかにし、ボストンで受容された岡倉像の輪郭を明確に浮かび上がらせたい。さらに、日本における岡倉追悼を分析して、そこから立ち現れる岡倉像を提示する。つまり、本書では、はじめに日本の官僚時代の岡倉を題材とし、次に主軸であるボストン時代の岡倉を扱い、最後にまた日本に戻るという構成をとる。論を締めくくるにあたり、ボストンと日本における岡倉像を比較し、その表象の差異が意味するものを考察することで、固定化され流布されている「岡倉天心」像解体への第一歩としたい。

本書で一九〇四年から一九一三年までのボストン時代の岡倉を対象とするのは、著者の修士課程在籍時代からの研究の発展的解消を目指すという側面も大きいが、ボストンにおける活動から浮き彫りになる岡倉覚三像を、彼の没後まで射程に入れて扱い、岡倉像の脱構築を試みるためでもある。

前述した課題は、いずれも時代状況・地域環境・人間関係と、岡倉との呼応関係の中で考察される点において共通している。そして岡倉の思想、言論、行動を並行して捉え、呼応する関係を分析するために、活字化されているか否かに関わらず、可能な限り同時代の文献資料に接近することを旨とし、それらを根本資料として、そこから何が言えるのかを検討するという実証的な方法をとった。アメリカでの文献資料調査を複数回行い、資料分析だけでなく、絵画や写真などの図像資料による実証的な論考を組み立てることを目標とした。

だが文献資料だけでは『白狐』や『ヨシツネ物語』他へのテキスト分析によるアプローチには限界があり、そこに著者の修士論文の課題が残った。そこでテキスト分析において、比較文学的方法論を用いて、岡倉の作品と、日本、アメリカ、及び中国やヨーロッパなどの文学作品を比較して、そこから浮き彫りになる共通や差異から、岡倉の思想や表現などを考察する。さらに、同時代の文化的状況、美術、演劇、音楽の動向など複眼的な視座からのアプローチを通して、より立体的な解釈を試みる。岡倉の思想は現代にも通じる普遍的なものではあるが、岡倉覚三という一個の人間は、一〇〇年前に生きた存在である。自分の生涯の目的を果たすために、時代状況に応じて自らの思想と活動を己れの作品に刻みつけた断片が『白狐』であり、『ヨシツネ物語』であったということを前提とし、分析を行う。

最後に、「西洋」「東洋」をどう定義づけるか、という重要な問題については、本書が岡倉覚三という個人を分析するという目的を考え、岡倉の位置づける「西洋」「東洋」に則ることとする。岡倉は、一九一〇年四月から東京帝国大学の講師として講義「泰東巧藝史」を行った。その冒頭において、「東洋」の地理的概念について簡潔に述べている。

東洋と云ふ字はOrientの訳にして、OrientとはEuropeより見て爾《し》か云ふ。GreeceなどはOrientの中に含まるるも今は略し、唯東亜もしくは泰東と云ふ。即ち本講は泰東巧藝史の名を以てすべし。由来泰東に於ける藝術を鑑賞又は批判するに際しては、凡《すべ》て東亜的に為すを適当とす。茲《ここ》に東亜的と言ふのは、日本、支那、朝鮮を主とするの謂いにして、之れに関連して印度、アッシリヤ、バビロニア、波斯《ペルシア》等におよぼさざるべからず(10)。

当時、「東洋美術史」は「日本美術史」を含めないとする考えが形成されつつあり、講義名を「泰東」とすることで、岡倉は日本を含めた「支那、朝鮮」の美術史を扱おうとした。日本を「東洋」の中に捉えようとする岡倉の考えが、ここから見て取れる。「東亜」にはインドが含まれておらず、当時岡倉がボストン美術館で「東洋の芸術文化全体（whole range of Eastern artistic culture）」を対象とする部門を構築するため、インド美術品を収集していたことを考え合わせると、岡倉がボストンで使用した「東洋（East）」は、東アジアよりも広く、日本もインドも含むOrientを指している。ただし、岡倉が「東洋」の宗教や自然観について述べるとき、その範囲は仏教文化圏、すなわちその源泉であるインドまでの地域に限定されることが多いように思われる。一方「西洋」は、ヨーロッパやアメリカなど、当時の日本人にとって欧米列強の学ぶべき国々、具体的には岡倉が文部省官僚時代に欧州視察で訪問した地域を主に指していよう。[11]

だが、岡倉にとって「東洋」「西洋」の概念とは、ただ地理的な範囲を意味するものではない。岡倉の東洋観と、その変容について述べた木村競は、近代日本は、外の世界に対する強い対外意識を伴って成立したが、明治初期における「他者」とは、欧米諸国（西洋）であり、近隣のアジア諸国（東洋）は「西洋」のように意識されることはなかったと述べる。したがって、この時期の対外意識を、「日本」と「東洋」対「西洋」という対比・二元性の構図で示すことが出来るという。しかし、福澤諭吉（一八三五―一九〇一）が一八八五年「脱亜論」において、近代化の遅れた「支那、朝鮮」と手を切って「西洋の文明国」と行動をともにすべきであると説くと、日清戦争（一八九四～九五年）での軍事的勝利によって国民の「脱亜」意識が高まっていく。こうして東洋は「他者」として位置づけられ、新たに「日本」対「東洋」という対比・二元性の意識が加わった。岡倉の『東洋の理想』が執筆されたのは、すでに「東洋」が日本の「他者」となった時期であった。このことから、木村は、岡倉のこの時期の思想と、官僚時代の思想とでは、「民族的独自性や文化的ナショナリティーの論じ方・組み立て方の点で相違がある」と指摘し、官僚時代の岡倉の思想を「創造型文化ナショナリズム」、『東洋の理想』執筆時の思想を「再構築型文化ナショナリズム」と区別する。そして「日本」「東洋」「西洋」の三者の配置の仕方に「錯綜と屈折がある」ところに、岡倉の思想の特徴があると指摘する。[12]

このように考えると、「脱亜」の思想が、戦争を経て国民意識として定着していく思想状況の中で、岡倉の思想は「脱亜」とは反対のベクトル、すなわち「日本」を再びアジア諸国、すなわち「東洋」に位置づける方向に向かったのであり、かつての「日本」と「東洋」対「西洋」の対比・二元性を議論の機軸として、「日本」を再構築しようとしていたのだと言うことができる。岡倉の清国への視察旅行（一八九三年）は、その過程の重要な体験として位置づけられる。小泉晋弥は、岡倉が着用する服装によって自らの立場を表現していたと指摘しているが[13]、このようなパフォーマンスは岡倉の東洋観の変遷を考える上でも重要な意味を持ってこよう。岡倉は、官僚時代は美術学校制服として古代の官服を着用したが、後半生は道服を着用した。中国の文人と同じ服装を着ることで、「日本」を「東洋」の中に再編成する自らの思想を示していたと考えられる。

岡倉が『東洋の理想』を執筆したのは、インドで「日本」をアジア諸国の中に位置づけることができたからであり、執筆は「日本」と「東洋」とを再編成する事業であったと言える。インドで「日本」と「東洋」を再び「西洋」と対比させるという再構築ができたからこそ、その後ボストン=西洋社会において、「東洋」の文化を発信する活動を行っていくのであり、欧州視察旅行以来持ち続けていた「東洋」と「西洋」の融和のイメージを、具体化していくことも可能になったのだと考えられよう[14]。

(1) 木下長宏『岡倉天心——物ニ観ズレバ竟ニ吾無シ』(ミネルヴァ書房、二〇〇五年)。

(2) 財団法人三徳庵とワタリウム美術館主催「岡倉天心国際シンポジウム『茶の本』の一〇〇年」(二〇〇六年九月二日、於有楽町朝日ホール)や、東京女子大学比較文化研究所主催の公開シンポジウム「『茶の本』再考」(二〇〇六年一〇月一四日、於東京女子大学)などが開催され、黒崎政男『茶の本 何が〈和〉でないか』(哲学書房、二〇〇六年)、東郷登志子『岡倉天心『茶の本』の思想と文体——*The Book of Tea* の象徴技法』(慧文社、二〇〇六年)などが刊行された。

(3) 一九七一年より『茨城大学五浦美術文化研究所報』(第一~一三号)、また一九九三年より研究所紀要『五浦論叢』を毎年出版するとともに、中央公論美術出版より五浦美術叢書として、五浦と岡倉との関係性をはじめ多角的な視座で岡倉を照射した論文集、森田義之・小泉晋弥編『岡倉天心と五浦』(一九九八年)や、遺族(孫)の立場から岡倉像を客観的・総体的に捉えた岡倉古志郎『祖父岡倉天心』(一九九九年)などの研究書を刊行している。

(4) 田中秀隆「岡倉天心の美術主義的文明論——『東洋の理想』の構想力」(『近代茶道の歴史社会学』、思文閣出版、二〇〇七年)、一二一頁。

（5）竹内好「岡倉天心――アジア観に立つ文明批判」（『朝日ジャーナル』、一九六三年五月二七日、橋川文三編『岡倉天心　人と思想』、平凡社、一九八二年）、一七九、一九一頁。

（6）大岡信『岡倉天心』（朝日新聞社、一九七五年）、二二七、二九七―二九八頁。

（7）大久保喬樹『岡倉天心　驚異的な光に満ちた空虚』（小沢書店、一九八七年）、三一一―三一二、三一五―三一六頁。

（8）大岡信は『白狐』には、バネルジー夫人、ガードナー夫人という二人の外国人女性と岡倉が幼児に死別した母、そして星崎初子のイメージが強く影を投げかけている、と述べる（注6前掲書、七三―二二八頁）。堀岡弥寿子は、『白狐』や渡米後の詩作を通して、晩年の岡倉の内面に忍び寄っていたものは肉体の限界であり、死に対するかなり正確な予感であったと指摘し、ガードナー夫人やバネルジー夫人を「恥も外聞もなくとびこんでいけるおおらかなひと」、「共に淋しさ、悲しさをわかちあえる理解者」であると指摘し、晩年の岡倉の淋しさと女性との関係を論じている（『岡倉天心考』、吉川弘文館、一九八二年）。佐伯彰一は、『白狐』の制作には女性の存在が大きく働いており、女性のために、女性的なものの刺激のもとで書き上げられた作品であると述べ、信太妻伝説の母子モティーフにはガードナー夫人の母性への愛慕や自身の幼児の体験を、恋愛モティーフにはバネルジー夫人や星崎初子への想いを織り込んだ、極めてパーソナルな内面史にかかわるものだと解釈する（「岡倉天心――コスモポリタン・ナショナリストの内面」芳賀徹編『講座比較文学五　西洋の衝撃と日本』、東京大学出版会、一九七三年）。一方、小穴晶子は、「作者の個人的体験をあまりに強調すると思想の一般性を見失わせる」と警告し、『白狐』を個人的な情念の表現というよりは、西洋に対立する東洋の女性観として、母性崇拝が重要であった東洋思想の美点を描いた、と指摘した（「岡倉天心の『白狐』と荘子の思想」『多摩美術大学研究紀要』第一一号、多摩美術大学、一九九七年）。池田和子は『白狐』を多角的に検討し、「実に多種多様な要素が多面的、重層的に絡み合い」一編の詩作品が多義性を内包していることを指摘する。『白狐』の背景に「東西文化の調和という彼の主張」をあげている点、また「それらの融合を意識している点では『茶の本』の流れの線上にある」と指摘した点、さらに『白狐』を「両洋に通用する完璧なロマンティック・オペラ」と評価した点は『白狐』解釈に新しい可能性を示唆するものであるが、結論は「愛への憧憬、更につきつめるならば、総てを受容する母性への渇望」に落ち着いている（「岡倉天心『白狐』について　『白狐』にみる天心の余影――その一、その二」、『学苑』第六二五・八号、昭和女子大学近代文化研究所、一九九一―二年）。

（9）村形明子「ボストン美術館アジア・オセアニア・アフリカ部蔵W・S・ビゲロウ関係書簡――岡倉覚三との関わりを中心に」（『LOTUS』第二六号、日本フェノロサ学会、二〇〇六年）、久世夏奈子「岡倉覚三とボストン美術館」（『美術史』第一五九号、美術史学会、二〇〇五年）、アン・ニシムラ・モース「正当性の提唱――岡倉覚三とボストン美術館日本コレクション」（『岡倉天心とボストン美術館　図録』、名古屋ボストン美術館、一九九九年）、山口静一「『ボストン美術館紀要』のなかの岡倉覚三」（同前）ほか多数ある。

（10）岡倉覚三「泰東巧藝史」（『全集』第四巻、平凡社、一九八〇年）、二五九頁。

（11）第二章第四節で詳述するが、岡倉の美術史観は『東洋の理想』執筆以後も変容を続け、一九〇八年の段階では、美術の流れにおいて東洋と西洋は複雑に結ばれ、安易な線引きは不可能となっている。「泰東巧藝史」で述べた東洋の地理的概念は、あくまでも一九一〇年の岡倉が定義したものであり、それ以後も変容し続けた可能性を考慮しなければならない。

（12）木村競「天心の思想」（注3前掲書『岡倉天心と五浦』）、二九六―三〇六頁。

（13）小泉晋弥「天心イコノグラフィー――天心像の成立」（『岡倉天心アルバム』、中央公論美術出版、二〇〇〇年）、二〇六―二一一頁。

（14）第一章で述べるが、岡倉は晩年東洋、西洋という二項対立に還元できない美術史観を構築していったことが窺える。岡倉が二元論を克服した状態で、自らの立場（日本人としての民族的独自性）を東洋に置き、東洋を西洋に向かって発信していったことになる。これは、西洋と対比させる形で日本を発信しながら、東洋と西洋を融和する理想の実現を試み続けた岡倉の活動が矛盾するものではなかったことを示していると考えられる。

序　章　渡米前夜——欧米美術視察旅行と「自然発達論」

ボストンにおける岡倉の活動と思想を論じる上で、彼にとって初めての西洋体験となった一八八六～八七年の欧米美術視察旅行と、帰国後に鑑画会の演説で唱えた「自然発達論」の理念について確認しておくことが必要である。なぜなら、美術視察旅行における経験とそこで形成された理念は、帰国後の岡倉の活動方針を決定づけただけでなく、晩年のボストンにおける活動にも影響を及ぼしたと考えられるからである。

まず欧米美術視察旅行を通して岡倉が導き出した将来の日本美術の方向性と自らの役割について、二人のアメリカ人女性に宛てた書簡と彼の旅行日誌を中心に考察する。次に、鑑画会における帰朝演説で岡倉が唱えた「自然発達論」を取り上げ、欧米視察旅行の経験を通して形成された考えが、帰国後の岡倉の活動指針となったことを確認する。最後に「自然発達論」の理念がどのように変容しながら継続されていったのか、その後の岡倉の活動や言説を検討しながら、ボストン滞在時の彼の活動に及ぼした影響について考察を試みる。

第一節　欧米美術視察旅行

一八八六年九月一一日、東京美術学校の開校に先立って、岡倉は美術取調委員としてフェノロサとともに欧米出張を命じられた。この出張は「本邦に於て追々美術の教育を振起し美術の発達を誘導するハ緊要の事」と考えた文部・宮内両省が、その着手の第一段階として「欧米諸国の美術に関する事項を調査」することが必要との結論を得たことによる。当時滞欧中だった文部省参事官浜尾新（一八四九―一九二五）が美術取調委員長に命じられた。

彼らの調査すべき事項は「（第一）美術学校の組織管理及学科教授法等、（第二）美術学会其他美術者公会の組織管理、（第三）美術博物館の管理及館中標品の陳列保存に関する方法、（第四）美術博物館建築の模様、（第五）公設美術博覧会の処置法、（第六）工芸美術の改良に関する諸要点、（第七）外国造営装飾術の特に日本美術を需要するの条件、（第八）美術の作物を模製するの方法、（第九）欧州美術発達の沿革及名作の評説」など極めて広範囲に渡っていた。(1) また初めて欧米を訪問する岡倉にとって、旅行中の経験や人的交流はその後の思想形成や活動の方向性に影響を及ぼすことになった。

1　アメリカにおける交流

一八八六年一〇月二日、岡倉とフェノロサは、アメリカ人医師ウィリアム・スタージス・ビゲロウ（William Sturgis Bigelow, 1850–1926）、画家ジョン・ラ・ファージ（John La Farge, 1835–1910）、歴史家ヘンリー・アダムズ（Henry Brooks Adams, 1838–1918）とともに、横浜よりサン・フランシスコに向けて出航した。(2) 同じ船には世界周遊の旅に向かう小松宮親王夫妻と随員たちの姿もあった。航海中強風に会ったものの、一〇月二〇日には無事サン・フランシスコに到着し、一行はパレスホテルに投宿する。フェノロサの故郷セーラムをはじめとするアメリカの新聞数紙が、フェノロサ帰国の歓迎記事を掲載し、彼の日本における美術運動を紹介した。それらの記事には、フェノロサの同行者として文部省官僚岡倉の名前が挙げられている。合衆国における岡倉の旅程は詳らかではないが、彼の漢詩「Salt　Lake」や「赤峡ヲ過きて」から、鉄道でユタ、コロラドを経由して東海岸へ移動しワシントンへ向かったことが窺える。ワシントンには、岡倉の上司である九鬼隆一が、一八八四年から特命全権公使として赴任していた。一一月八日、九鬼はワシントンに到着した小松宮一行を出迎えており、岡倉も一行と行動をともにして九鬼と会ったと推察されている。

一二月四日には、ニューヨークでフェノロサの歓迎晩餐会が開催された。そこにはエドワード・シルベスター・モース（Edward Sylvester Morse, 1838–1925）やビゲロウのほか、ニューヨーク・センチュリー社の『ザ・センチュリー』編集長ギルダー（Richard Watson Gilder, 1844–1909）や同主幹ジョンソン（Robert Underwood Johnson, 1853–1937）らジャーナリズム関係者が出席していた。岡倉の出席は定かではないが、別の日にラ・ファージに連れられて、ギルダー邸を訪ねている。岡倉は、ギルダー家に招かれてこの年の大晦日を過ごしており、ギルダー夫人（Helena De Kay Gilder, 1846–1916）とは欧州視察中書簡をやり取りする間柄となる。また岡倉は一九〇四年の再渡米後に、ジョンソンと日本に関する書物について意見を交わしており、同年一一月にはセンチュリー社から『日本の覚醒』を出版した。センチュリー社はアメリカにおける岡倉の日本文化発信拠点のひとつであるが、同社と岡倉との関係の起点を、一八八六年のニューヨーク滞在に求めることができよう。

また、岡倉はギルダー邸において、アメリカの国際的なオペラ歌手クララ・ルイーズ・ケロッグ（Clara Louise Kellogg, 1842–1916）と知り合う機会を得た。このとき岡倉にケロッグを紹介したのはラ・ファージであった。岡倉はニューヨーク滞在中にラ・ファージやギルダー家と交流を深め、日本で培ったフェノロサ、ビゲロウのネットワークに加え、新しい人脈を構築していった。

2　欧州における葛藤

岡倉は欧州での旅行中、アメリカの新しい友人であるギルダー夫人やケロッグと書簡を交わすようになる。(3) これら書簡には旅行中の岡倉の心情が吐露されており、そこから彼の欧州に対する考え方の変容過程を窺うことができる。

岡倉がケロッグに送った書簡は、彼女自身の回顧録 *Memoirs of an American Prima Donna*（1913）に五通収録されており、村形明子によって原文と日本語訳が紹介されている。[4] 最初の手紙は一八八七年一月四日、アメリカからフランスへ向かう大西洋上で書かれている。第二信はウィーン到着翌日の三月一四日、第三信以降は七月一二日にロンドン、七月二四日と二八日にベルリンから手紙を送っている。まず注目すべきは、パリ、リヨンなどフランス各地で二ヶ月過ごした後に出した第二信である。そこからは、岡倉の欧州の現状に対する不信感を読み取ることができる。

ヨーロッパは謎です――しばしば私を悲しませる原因です。ヨーロッパを発展させた力によってヨーロッパは真っ二つに引き裂かれています。全ての文明は、ブラフマー神の昼と夜を持つ運命にあるからでしょうか？　もしくは、ヨーロッパ諸国を組織した原理そのものが間違っていたからでしょうか？　ヨーロッパ諸国は水中の月をつかんで、ついにその像をかき乱してしまったのでしょうか？　私にはわかりません。「不安の霊」が私の傍に立っているのを感じるのみです。戦争が近づいており、遅かれ早かれ始まるに違いありません。人間の戦いが始まる前に、まるで悪霊たちが空中で戦ったかのように、衝突する意見が大陸を横切ってお互いを追いかけ回しています。軍備増強によって平和を維持しようとする政策はばかげています。そうした詭弁を必要とするのは実に嘆かわしいことです。[5]

産業革命以降、生産力が増大したイギリス、フランスなどの列強は、強大な経済力と軍事力を背景にアジア、アフリカ諸国の植民地化を進め、新たに国民国家を成立させたイタリア、ドイツなど後進産業国も、急速な近代化を目指し軍備増強を図っていた。当時のヨーロッパ諸国は植民地獲得競争を繰り広げる一方、国内には貧困と格差が広がっていった。社会を覆う不穏な雰囲気、忍び寄る戦争の影に憂慮の念を露わにする文章からは、欧州の現状に直に接したことによって、社会に蔓延する閉塞感やヨーロッパを発展させた力がそれ自身を滅ぼしかねない負の要因を持っていることに気づき、懐疑的になる岡倉の感情が見て取れる。

この書簡を出す前に、岡倉はフランス各地で各種教育機関や美術館、図書館など公共施設を視察した。岡倉は旅行日誌に教育内容や運営方法等を詳細に記録しながら、将来日本が国際市場で有利な立場を得るためにどう対応していけば良いかを、政治的・商業的観点からシミュレーションし、戦略を練っている。その一方で、中世の雰囲気が漂うクリュニーに日本の古都の面影を重ね、古塔の銃眼を見ては人間への絶望感と虚無感に襲われ、次のように書き綴った。

ああ、戦争は人間の営為の敵である。いつかなくなるのだろうか？　人類とは哀れな存在だ。地球はまるで腐りかけの林檎だ。その皮はしなびて、芯は半分腐っている。山河は表面の皺だ。野心とは何か？　名声とは何か？　一微塵中有一世界。われわれもまた一微塵のなかの一世界である。存在の無限に高低も大小もない。(6)

翌日からは、再び精力的に種馬場、農事試験場、絹織物製造業者などを視察した岡倉だったが、ジュネーヴへの移動中、アルプスの山々を見てまた空虚感に覆われた。自然も、その驚嘆も小さく、美しき山脈も「地球の風変わりな顔の皺」に過ぎず、「腐った林檎のこの皺が何ほどのものか？　自然の美を書くわれわれは、しみったれた虫だ。人間の思想など宇宙の広大な夜の表面に発した閃光に過ぎぬ」と日誌に記した。地球を「腐った林檎」、アルプス山脈を「顔の皺」、人間を「しみったれた虫」と例える文章からは、無力感や絶望感に陥っている岡倉の心情が浮かび上がってくる。

その後、スイスで諸教育施設や美術館を視察した岡倉は、ウィーンへ向かう途中「心して行けよ旅人是ヤ此の William Tell ノ踏初メシ Swiss ノ奥の雪小花 香モ路の藤袴 したたれかかる露の玉 磨き出セシ壮夫の国家を守る心哉」という歌を詠み、その歌を囲んで疑問符（「?」）をつけた。国家の使命を担い旅する自分を、スイスの伝説的英雄ウィリアム・テルに仮託して鼓舞しながらも、一方でその士気を懐疑的に見つめる岡倉の二律相反的な感情が垣間見える。

このように日誌には、国家のために西洋の先進的技術や制度を摂取しようとする官僚岡倉の顔と、近代化に邁進する日本の将来や、自分の使命に疑問を持ち始めた岡倉覚三の顔が交互に浮かび上がる。前出のケロッグ宛の書簡はこの直後に送られたものであり、混迷している岡倉の精神状態が素直に綴られたものであった。「真っ二つに引き裂かれて」「不安の霊」に取憑かれていたのは、岡倉の目に映ったヨーロッパの姿であると同時に、葛藤し、不安定になった彼自身の精神でもあっただろう。

3　転換点としてのウィーン

ケロッグへの書簡を送った後、岡倉はしばらく「パリより素晴らしい」と評した都市ウィーンに留まった。ここで岡倉が浜尾新とともに国法学者シュタイン（Lorenz von Stein, 1815–90）を訪問し、意見を聴取したことは、岡倉の欧州観ならびに国家観に影響を与えることになった。シュタインは一八八二年、憲法制定調査のため渡欧した伊藤博文（一八四一―一九〇九）に憲法と国家学を講じ、のちに山県有朋（一八三八―一九二二）、黒田清隆（一八四〇―一九〇〇）らに助言を行った人物である。ウィーン到着の翌日、岡倉一行はシュタインと、法哲学の欠如、家族制度の存続と個人主義制度の導入、教育及び政府に対する宗教問題など、日本が抱える諸問題について意見を交わした。シュタインがまず指摘したことは、欧州に学びに来る者が比較研究の視点を持たないため、西欧諸国の異なる性格の中に「迷い込んでしまう」ことであった。そして欧州の国々を学び模倣することは不可能であり、「自分で考え、新しいものを作り出して行く」ことが肝要であると述べた。彼との議論が欧州に「迷い込んで」いた岡倉に何らかの示唆を与えたであろうことは、日誌の「政治改革に関する彼の意見は興味深い」「もう一度尋ねなければ」という記述から窺える。岡倉は四月二日までに彼を再訪し、以降四・五・六日と連日シュタインと会った。

三月二一日、岡倉は九鬼に宛てた書簡のなかで、シュタインとの会見について「浜尾氏ト共ニ当地ノスタイン翁ノ門ヲ叩キ毎夜長談ス。随分面白ク候。学者的ヨリカ寧ロ政治家的ノ話ニテ、英雄肌ノ奇論モ有之」と記している(7)。この書簡で注目すべきことは、岡倉がフランスとウィーンとの比較に基づき、自身の欧州観や国家観を明確に述べた部分である。

小生ハ仏国ヨリ当地ニ遷リ来リ、満目ノ風物全ク相異ナリ候ニ付テモ、欧洲各国ノ特質 Character ニ付テ深感ヲ生ジ候。抑モ国ニ特質アルハ其国ノ統一ヲナス大原素ニシテ、所謂 National Individuality ノ生ズル所ナリ。今日世界ニハ欧羅巴ト云フモノナシ(8)。

さらに岡倉は、“National Individuality”を「国質」と訳し、今日ドイツが勢力を持つに至ったのは、国質が堅固なるゆえであると述べる。そして国質を保持し、堅固にすることが「国体維持ノ秘訣」であり、日本も「一個独立ノ国質」を磨くべきであると主張する。そのためには「精神ハ倦クマデモ日本タラザルベカラズ。勿論日本ノ日本タル所モ、時勢ノ変遷ニ随ッテ自ツカラ推移ラザルベカラズ」こと、すなわち「世界ノ大勢ト一国ノ特質ト両立スル」ことが肝要であると説き、世界の大勢に従って、国質の保持を省みない「福沢流の改良家」を批判した。彼がこのような考えに至った背景に、シュタインとの議論があったことは明らかである。この考えはシュタイン家に同行した浜尾や、書簡の受取人である九鬼とも共有され、帰国後鑑画会での演説で、会衆に向けて発信されることになる。

三月二三日に岡倉がギルダー夫人に送った書簡にも、九鬼宛書簡との類似が見られる。岡倉は、欧州諸国の国民的性格の相違から、"individuality"は美術と同様に国家の存在の根本に関わる重要なものであると認識し、それゆえ日本が西洋思想を優位に置いて日本の過去の理想を破壊することは誤りであり「国質の維持」に努めることが義務であると述べた。こうして美術における「国質の維持」は、岡倉の目指す新しい日本美術にとって不可欠な要素となっていく。岡倉が欧州で生じた葛藤から脱却し、日本の将来の方向性について彼なりの道筋を見出した背景には、「欧州政治の混乱のただ中で、わが国の運命がはっきりと見えてきた」と述べたように、混迷する欧州での実体験があったのである。

ところで、このギルダー夫人宛て書簡には、ウィーンでの美術鑑賞体験も綴られている。

私は徐々にヨーロッパの美術が——その形式においてではなく、その精神においていっそう——好きになってきました。私は以前よりその美術家たちに近づいています。彼らは、東洋の「形式の詩人たち」と異なる記号で語りかけますが、同じ愛と共感に訴えてくるのです。彼らはそれぞれ片方の面なのでしょう。——ですから、それらを一つにすることで美という真の理想の部分を形作れるかもしれません。自然と人間が宇宙の合一の前で融合するように、両者は融合するのです。(9)

岡倉は同書簡で、デューラー、ホルバイン、デンナーを鑑賞した歓びを伝えている。また日誌には「見事な」レンブラントとヴァン・ダイクの絵画を鑑賞したことが記されており、これら複数の作品鑑賞を通じて、東洋美術に共通する「共感」を得たことが推察される。岡倉がウィーンで、西洋と東洋の美術家の精神に相通じるものを感じた経験は、芸術の「共感」を通して西洋と東洋は理解できるという考えを、形成する契機になったであろう。

さらに岡倉は、近代美術は西洋も東洋も非常に狭い目的に閉じこもる傾向にあると批判した。このような現状を打破するためには、「形式の抽象」に重きをなす東洋美術は、「精神の自由」を得るため「物体の知識」が必要であり、「実在の自然」に固執する西洋の美術は、「自然を超える何か」を探し求めることが必要であると分析した。そしてそれを可能にするには、それぞれがお互いの「片方の面」、すなわち東洋美術は西洋美術に、西洋美術は東洋美術に目を向けなければならないと述べている。

西洋と東洋の美術を「一つにすることで美という真の理想の部分を形作れる」という考えは、帰国後に新しい日本美術の方向性として提唱した「自然発達論」に結実することとなる。このように、ウィーンでの美術体験は、新しい日本美術創造、西洋に対する東洋文化の発信という岡倉の生涯の活動を支える思想の形成に影響を及ぼしたのである。

4　理念の形成と方向性の確立

岡倉はウィーンを後にして、イタリア、スペインと旅行を続け、ロンドンに渡った。七月半ば、ロンドンからケロッグに出した第三信によると、岡倉はロンドンの雰囲気はあまり好きになれなかったらしい。「英国文明の雰囲気が重荷となって私にのしかかり離れたくなります。文明は東洋の蛮族の一員には合わないようです」という文章から、岡倉の欧州に関する知識が増え、その文化や思想への理解が深まるにつれて、東洋と西洋の文化の間には越えられない溝があることを認識していったことが窺われる。

その一方で、書簡にはベートーヴェンの交響曲第九番や、ドレスデンにあるラファエッロの *Sistine Madonna*《システィーナのマドンナ》を鑑賞した感動と喜びも綴られる。岡倉が西洋の美術や音楽に心を動かされたのは、それらの作品が異なる時間や空間を超えて彼の共感に訴えたからであった。芸術に触れることによって、他者との一体感を得るという神秘的体験のような感動を味わっていたのかもしれない(10)。このような恍惚的な芸術体験は、岡倉に、制限され秩序づけられた官僚としての日常的意識を崩し、変容させ、更新させるきっかけを与えたであろう。これらの体験の蓄積によって、岡倉は東洋と西洋は「共感」によって越えがたい溝を飛び越え、「一体となる」ことの可能性を実感していったと考えられる。

このように、欧州で西洋文化を深く知れば知るほど、岡倉は一見相反する二つの認識、すなわち東西両文化の間に横たわる溝と、それを越えることのできる可能性を感じていたに違いない。相反する二つの方向に行ったり来たりさまよう感情を、岡倉はベルリン発の第四信でこう伝えた。

「不安な霊」は私を北まで追いかけてきました。ドレスデンは私の前をぼんやりと通り過ぎていきました。（中略）今もなお私の想いは壮麗な芸術作品の中をさまよっています。想いは色彩と陰影の驟雨の中を去来し、私はハイネの霞んだ森やミレーの薄暮の不安な灰色を通り抜けて、ここに流されてきました(11)。

岡倉の思考は、ケロッグ宛第二信で訴えた暗い憂愁から脱け出たものの、晴れそうで晴れない薄明かりの靄の中をさまよっていた。だが、最後にケロッグに宛てた第五信は、岡倉が帰国後に自分が進むべき方向性について、ひとつの答えに辿り着いたことを示している。

私が自分自身に課した任務――歴史的継続性の維持や内部の発達など――は、非常にゆっくりと行わなければなりません。私は辛抱強く、かつ注意深くやる必要があります。(12)

岡倉が決意した帰国後の目標「歴史的継続性の維持や内部の発達」は、日本は「自分で考え、新しいものを作り出して行く」べきとの教えをシュタインから受けた後、日本の義務は「国質の維持」に努めることだと記したギルダー夫人宛て書簡に照応する。シュタインから「ひとつの原理を成し遂げるには三〇年かかる」と教えられたこともあり、その実現には慎重に時間をかけて取り組まなくてはならないことを覚悟した上での決意表明であった。このような使命に辿り着いたのは、欧州経験によって西洋思想の行き詰まりを感じたからであり、岡倉は日本がこのまま西洋化を邁進していけば、やがては同じ状態に陥るという確信に到達したのである。

ヨーロッパ哲学は、神秘主義による以外には前進することの出来ない地点に到達しています。しかし彼らは限られた科学的根拠によって、その隠された真実を無視しています。こうしてベルリン大学はカント哲学に戻って、新たな出発を余儀なくされています。彼らは破壊してきましたが、建設する力を持っていません。彼らがもっと自身の内面を見つめようとしない限り、決してできないでしょう……。(13)

岡倉はヨーロッパ哲学が前進するためには、「科学」ではなく「神秘主義」によるしかなく、その真実を認めない限り、ヨーロッパは再建する力を持たないと結論づける。

岡倉がこのような答えに到達した背景には、合衆国での体験や、アメリカ人との交流も寄与して大きい。例えばケロッグに宛てた岡倉の書簡によると、彼女が“the Eastern Lights”（東方の光）を話題にし、「エマソン、ロングフェロー、そしてラ・ファージ、ギルダーとともに」西洋思想では得られないものを、仏教に見出そうとしていたことがわかる。アメリカでの仏教の幅広い流行は、一八七九年イギリスの詩人エドウィン・アーノルド（Sir Edwin Arnold, 1832-1904）の *The Light of Asia*『アジアの光』の出版がひとつの契機となった。[14] 一九世紀に超絶主義者が示した東洋思想への関心は、当時アメリカ東部を中心に、本格的な東洋研究へと発展していった。岡倉は日本におけるモース、フェノロサ、ビゲロウとの交流に加え、日本で知己を得てニューヨークに同行したラ・ファージ、来日経験のないケロッグやギルダーらアメリカ人との交流を通じて、西洋文明の行き詰まりや、東洋思想に希望の光を見出す人々の存在を認識したことが推察される。事実、岡倉は帰国後の演説で、欧州においても新しい西洋美術の活路を東洋美術に見出そうとする人々の活動があることを明らかにしている。

美術視察旅行で欧米の現状を観察し、さまざまな出会いや体験を経たことによって、岡倉は将来の日本の進むべきヴィジョンを描き、そのための自らの役割を導き出した。迷いながらもひとつの道に到達するまでの岡倉の心の変遷は、旅行日誌と二人のアメリカ人女性に宛てた書簡に反映されている。

第二節　鑑画会における演説

岡倉が欧米での美術視察を終え、日本に帰国したのは一八八七年一〇月一一日であった。帰国の約一週間前に、彼の所属していた図画取調掛は東京美術学校に改組されていた。一〇月一四日、岡倉は東京美術学校幹事となったが、当時その美術教育を西洋式にすべきか日本式にすべきかをめぐって論争が起こっていた。

帰国からまもない一一月六日、木挽町貿易協会会堂における鑑画会例会において岡倉はフェノロサとともに帰朝報告演説を行った(15)。鑑画会は一八八四年二月古画の鑑定を主目的に、刀剣商町田平吉を会主としてフェノロサ、狩野友信（一八四三―一九一二）らを中心に組織され、翌年九鬼が名誉会長に就任すると岡倉も理事になった。フェノロサは町田の退会後鑑画会を主宰するようになり、それに従い会の本旨も古画鑑定から日本画改良とそのための画家教育へと変容していった。

1　自然発達論

鑑画会における岡倉の演説は、当時論争の主題となっていた「東西両洋の美術何れを取るべきかの問題」について、鑑画会の立ち位置や方向性を定めるために、「外邦の美術を歴覧したるの末」得た結論を提言したものである。岡倉は「東西両洋の美術は二流の源を同せる泉の如し」だが、この問題に関しては次の四つの立場の論者がいると述べる。

第一　純粋の西洋論者
第二　純粋の日本論者
第三　東西並設論者即ち折衷論者
第四　自然発達論者

第一にあげた「純粋の西洋論者」とは、風俗、制度、衣食、建築などあらゆる物事において「競って泰西の余瀝を嘗め、善悪適否の差別なく西洋とさへ云へば尽とく之を用ひ、東洋と斗り聞きて尽とく野蛮視する」西洋中心主義者であり、美術に関しても西洋の画法以外の絵画や彫刻を認めない者と定義する。岡倉は「純粋の西洋論者」を次の三つの理由から否定する。

まず、欧米諸国がそれぞれ制度、沿革、宗教、風俗などを異にしているにも関わらず「一概に欧米の二字を以て之を同一視する」ように、美術においてもエジプト、ギリシャ、ローマなど時代や地域によって異なる各美術の特質を無視して「西洋美術」を論じることを問題視する。「実際の処にては欧羅巴なるものあることなし」と会衆に説く岡倉の演説は、ウィーンから九鬼に宛てた書簡の文章「世界ニハ欧羅巴ト云フモノナシ」と同じものである。

二つ目の理由として、欧米諸国の美術が衰退に瀕している現状を挙げる。それを打破するための方法として、古代の画家の作品を研究し改良を計るものと、美術の新しい方法を東洋美術、特に日本美術に求める二つの動きがあるとして、「巴里美術大学校」教授の美術家「ギーヨーム氏」(Jean-Baptiste Claude Eugène Guillaume, 1822-1905)が「将来の美術論は東洋美術を併せて論ぜざる可らず。(中略)東美術は日本を主として之を説かざるべからず」と主張したことを紹介した。一九世紀半ばから欧州では、中世や初期ルネサンスの芸術を範としたラファエル前派や、日本画の表現法や彩色などにインスピレーションを受けた印象派などによる新しい美術の運動があった。桑原住男は、初めて欧州へ旅立つ岡倉に欧米における美術状況や鑑賞法についてレクチャーを行ったのは、ボストン美術館付属の絵画学校で短期間学んだだけで欧米の美術動向の知識が浅薄であったフェノロサではなく、二度の渡欧経験があり、自身もラファエル前派や日本美術に影響を受けた画家ラ・ファージであったと指摘している(16)。岡倉はラ・ファージから得た情報と、欧米での体験を通して、西欧における美術のムーブメントを把握していったのであろう。

最後の理由は、「美術は他の社会の現象の如く過去の沿革に根底するものにして(中略)其性質は人種の特質、風土、気候、及社会制度の情況等に由て生ずるものなれば、之を他の時代に移すを得ず、之を他の国土に用ふる能はず。其時代其人民の特有に属せり」という考えによるものであった。これも岡倉が欧米諸国を訪問することによって到達した美術観であったと言える。美術は過去の沿革を根底にするもので、その性質は各々の時代、地域、人々の特有に基づいて生じるものであるという美術観から「軽々しく西洋の真似をなす事勿れ」と訴える。さらに日本の「過去の沿革」については「支那、印度の開明に根き今日の組織あるものなり」と述べており、そこには後の『東洋の理想』に通じるアジア観形成の初期段階が見て取れる。

このように「純粋の西洋論者」の意見を論破した岡倉だが、その対極に位置する第二の「純粋の日本論者」についても、これを支持しなかった。「純粋の西洋論者」に問いかけたように「日本固有なる者は果して何処に在る乎」とし、古代より現在に至るまで美術の歴史は変遷し続け、さらに三韓、唐朝、宋朝、オランダなど外来文化の影響を受けていることを考えると、どれをもって日本固有の美術とするか定めることはできないと述べる。日本の美術の現状も欧州諸国と同じように衰退の危機に瀕しているが、これを挽回しようと古代の美術を研究して模倣一辺倒に陥っていると指摘する。将来の日本の美術は過去に拘泥するのではなく、「時勢と共に」変わっていくことが重要であり「真正活発なる開達」を求めなければならないと説く。

第三の「東西並設論者即ち折衷論者」は、東西美術の両方を取り入れる折衷の道を主張する者である。中道を行くこの意見も、岡倉にとっては「変遷の時期に在ては往々生ずる無主義の主義」として否定される。その理由は、東洋美術も西洋美術も不完全でどちらか一方に偏ることは有益でなく、それを併せて取り入れようとすると「昨日は東今日は西と打靡きて」かえって害が増すというのである。開港以降の日本では、画家たちが新しい時代にふさわしい作品を模索した結果、日本的なものと西洋的なものが入り混じっている作品が創作されるようになった(17)。岡倉が問題にしたのは、西洋画の取り入れ方であった。

では、どうすれば日本美術の「真正活発なる開達を望む」ことができるのか。岡倉は第四の「自然発達論」が鑑画会の採るべき道だと説く。

（第四）以上三種の論消滅したれば、第四の自然発達論に拠ざるを得ず。自然発達とは東西の区別を論ぜず美術の大道に基き、理のある所は之を取り美のある所は之を究め、過去の沿革に拠り現在の情勢に伴ふて開達するものなり。伊太利の大家中に在て参考すべきものは之を参考し、画油の手法も之を利用すべき場合に於ては之を利用し、猶更に試験発明して将来の人生に的切なる方法を採らんとす。是鑑画会が常に信行する主義にして、小生等が疑を容れざる所也。

日本の美術家諸君よ、美術は天地の共有なり、豈東西洋の区別あるべけんや。[18]

このように「自然発達論」の立場は、東洋美術、西洋美術の区別をせず、それぞれの理論や美を摂取しようとする態度が重要であり、その際伝統的な日本美術の基礎が備わっていることを必要とするものであった。国際社会に開かれ、欧米から文化が流入した当時の日本の時勢に合わせて、従来の美術とは異なる西洋美術の技術や表現方法、材料などを積極的に試みながら、現在の日本にふさわしい新しい美術を創造しようとする姿勢が、岡倉の主張する「自然発達論」であった。「過去の沿革に拠り現在の情勢に伴ふて開達するものなり」という文は、ケロッグ宛第五信で示した岡倉の任務「歴史的継続性の維持や内部の発達」と呼応しており、「東西の区別を論ぜず」「豈東西洋の区別あるべけんや」という主張は、ギルダー夫人宛書簡に記した、東西美術を「一つにすることで美という真の理想の部分を形作れる」という考えが基底となっている。

2　フェノロサとの差異性

だが、こうした課題を念頭において活動したのは、何も岡倉に限ったことではない。フェノロサや狩野芳崖（一八二八—一八八八）が、狩野派の伝統に遠近法や彩色法など西洋的な造形方法を採用し、新しい表現方法を目指したことは周知の通りである。そこで、欧州視察旅行以前の岡倉の言説と「自然発達論」とを比較して、フェノロサとの差異を考えてみたい。

一八八五年五月、岡倉は論説「絵画配色ノ原理講究セサルヘカラス」の中で、西洋における配色の理論を日本美術に応用する弊害を主張する論者に対して「唯目ニ感シ心ニ愛スルノ配合ノミヲ為ハ、決シテ弊害アル可ラズ」と、日本画における「泰西理学」の応用の可能性を示唆している。[19] また同年一〇月、「日本美術ノ滅亡坐シテ俟ツヘケンヤ」では、昨今の情勢に伴って美術を振興するには「泰西美学ノ真理ヲ適用シ真正着実ニ勧奨スル」ほか道はないと述べ、「泰西美学ノ真理ヲ適用スルハ西洋美術ヲ輸入スルノ謂ニ非ス、其真理ニ拠テ本邦固有ノ性質ヲ発達スルニ在リ」と述べている。[20]「自然発達論」で述べた内容に似ているが、この時点で岡倉は日本美術を「固有」のものと捉えていたことが窺える。

また翌一八八六年、「東洋絵画共進会批評」では、美術を「開発改良」するためには、それを推進するための「方針方法」を定めなければならず、それらを確定しないで美術の奨励を計っても目的を達することはできないと述べている。美術の振興には明確な方法方針や「一定不動の主義」が必要であることを強調しているが、具体的な方針や主義を明示するまでには至っていない。[21] 岡倉の説く「泰西美学ノ真理ヲ適用」し「本邦固有ノ性質ヲ発達スル」試みは、狩野芳崖がフェノロサとともに、狩野派の伝統画法を新時代に復興させようと試行していた制作活動と重なり、その論の基盤にはフェノロサと芳崖の活動があったと考えられる。以上のことから、欧州視察旅行以前にも岡倉は「自然発達論」につながる考えを持っていたものの、自分自身の明確な理念構築に至ってはいなかったことがわかる。

高階秀爾は、それまで思想的にはフェノロサと一心同体であった岡倉が、鑑画会の演説ではじめてフェノロサと微妙な違いを見せたと指摘する。[22] フェノロサは、鑑画会で岡倉の前に帰朝演説を行い、次のように述べた。

出発前余の主張するところは、日本美術は固有の妙所あり之を維持するは日本の国体を維持すると同一なれば国体上より之を保存発達せざるべからずとの主意に止まりき。久しく欧米諸国の美術を取調べ来りたる今日より之を見れば（中略）日本美術を保存するは世界に取りて大なる利益を与ふるものなりと断言せんと欲するなり。之を概言すれば、日本美術は時に或は多少の欠点なきにあらずと雖ども、所謂活々として生色あるの美術にして、余他の美術は無機無能死地にあるの美術なれば、若し日本美術にして其固有の性質を失はず着々として其歩武を進むるあらば、終には世界美術の牛耳を執るに至るべきは蓋し疑を容れざるところなり(23)。

フェノロサが出発前に主張していた「日本美術は固有の妙所あり」「之を保存発達せざるべからず」という考えは、岡倉が旅行前に説いた「本邦固有ノ性質ヲ発達スルニ在リ」という主張と共通する。だがフェノロサが旅行後に説いた、日本美術は「活々として生色あるの美術」で、それ以外の美術は「無機無能死地にあるの美術」であるという認識は、西洋美術も日本美術も衰退の危機にあるという岡倉の認識との間に相違が認められる。さらにフェノロサは欧州美術の衰退を指摘し、「欧州人は未だ如何にして昔日の美術に復すべきやを知らず。其近時漸く美術の進歩を来せしが如きも、日本又は東洋美術の力を仮りてなり」と述べ、日本で美術学校が設立されれば欧州より多くの生徒が留学するだろうと想像をたくましくしている。フェノロサは「日本美術を保存する」ことは世界にとって利益であり「世界美術の牛耳を執る」ことが可能だと述べ、日本美術の優越性を主張する。

岡倉も欧州における美術の行き詰まりやその打開策のひとつとして日本美術に新しい方法を求める動きを指摘したが、それは日本美術を欧州の美術より優位に置くものではない。また欧州に固有の美術がないように、日本にも固有の美術はないと見なす岡倉の日本美術観は、「日本美術は固有の妙所あり」「其固有の性質を失はず」と固有性を重視するフェノロサと隔たりを持つ。

旅行前の岡倉の考えがフェノロサと軌を一にするものであったことを考えると、二人の帰朝演説にこれらの差異が生じた原因を欧米視察旅行に求めることができよう。それまで岡倉は、西洋美術に関する情報を、書籍以外にはフェノロサやビゲロウなど滞日中のアメリカ人を通して得ていた。しかし旅先でフェノロサと離れ、新しい交流関係を構築し、現実の欧米社会と接点を持ち、さまざまな美術体験を経て、日本の将来や自己の使命を模索したことで、フェノロサとは異なる西洋美術観、日本美術観を形成することになったのである。欧米視察旅行は「自然発達論」の形成に大きな影響を与え、岡倉の人生の方向をある程度まで決定することになっただけでなく、フェノロサの考えから少しずつ乖離し独自の理念を形成する契機となったと言えよう。

第三節　「自然発達論」の継続と発展

鑑画会で岡倉が唱えた「自然発達論」は、岡倉の決意を示すスローガン的な意味を持つが、そこに明確な具体的方策は示されていない。岡倉は鑑画会での演説以降、講演や著述などで「自然発達論」という語を用いることはなかったようだが、それは「自然発達論」の理念が消えてしまったことを意味するものではない。河北倫明が「『自然発達』の立場から、彼はその後の美術界のいろいろな問題に対して積極的に立向った」と指摘したように、「自然発達論」がその後の岡倉の活動を支える指針となったことは間違いない[24]。そこで最後に「自然発達論」の理念が現れている岡倉の言説を時代順に追い、その継続性と変容を概観し、ボストンにおける活動や思想に及ぼした影響を考察する。

1　基軸としての「自然発達論」

鑑画会演説から二年後、一八八九年一〇月二八日創刊の『國華』冒頭に掲載された「発刊ノ辞」は、当時の岡倉が志向する美術振興の方針をまとめたものである。『國華』発刊の意義を説いて美術論に及んでおり、そこには「自然発達論」と同様の主張が見える。

現今ノ智識ヲ応用スルノ意ハ、一面ノ過激論者カ主張スル如ク直ニ西洋ノ画品ニ模倣スルニアラス。過去ノ特色ヲ保持スルノ義ハ、一面ノ固陋論者カ唱道スル如ク徒ラニ古人ノ画格ヲ株守スルニアラス。能ク沿革ヲ繹ネ秩序ヲ追ヒ日本絵画独立ノ精神ヲ養ヒ、世界普通ノ運動ニ応シテ進化セント欲スルノ謂ナリ。(25)

「純粋の西洋論者」を「過激論者」、「純粋の日本論者」を「固陋論者」と言い換えているが、西洋美術や日本美術のどちらか一辺倒に偏る立場の者を批判する態度は変わらない。「能ク沿革ヲ繹ネ秩序ヲ追ヒ日本絵画独立ノ精神ヲ養ヒ、世界普通ノ運動ニ応シテ進化セン」ことを目指す日本美術の方向は、「自然発達論」において岡倉が主張した「過去の沿革に拠り現在の情勢に伴ふて開達する」態度を、より明確に示したものである。

また、岡倉は「自然発達論」の理念を美術教育の現場においても論じている。岡倉は一八九〇年から三年間にわたって東京美術学校で「日本美術史」の講義を行った。原安民（一八七〇―一九二九）が一八九一年に受講した筆記ノートによると、岡倉はまず学生たちに「歴史なるものは吾人の体中に存し、活動しつゝあるものなり」と語り、講義の最後には「之れを歴史に徴するに、徒らに古人に模倣すれば必ず亡ぶ。系統を守りて進み、従来のものを研究して、一歩を進めんことを勉むべし。西洋画、宜しく参考すべし。然れども、自ら主となり進歩せんことを」と締めくくった。(26)神林恒道は、岡倉が講義を通して学生に伝えようとしたのは、伝統的および西洋的な

「技術を受容するにあたっての精神的姿勢」であり、岡倉の目指す新しい日本美術は「日本の精神的伝統という土壌の上に移植されるのでなければならない」ものであったと指摘する[27]。

約一〇年後の一八九八年一月、岡倉は論説「明治三十年の美術界」において、現今の日本美術には二つの潮流があると述べた。ひとつは「復古的傾向」を帯び、古代美術の真価値を求める動きであり、もうひとつは「新たに輸入せる西洋美術の新元素及び我が古来の旧元素を如何に呑吐渾融せんか」と模索する動きである。後者は伝統的な画法にのっとって西洋画を参考にし、東洋と西洋の優れた成果を取り入れながら新しい日本画を創造するという岡倉の理念を踏襲するものであった。いまだ「呑吐渾融」の具体的方策は模索中であったが、日本美術界がようやく「日本美術の価値を認識し、其が歴史的根拠を牢くし、以て西洋美術の精華をも参酌せんとするに至」ったと述べて、このような動きを美術界における「新現象」と位置づけた[28]。

しかし同年三月、東京美術学校校長職の辞表を提出した岡倉は、いわゆる「東京美術学校事件（騒動）」で同校を連袂辞職した画家、彫刻家、工芸家たちとともに、七月日本美術院を設立し、自らは評議院長となった。一〇月には機関誌『日本美術』第一号が創刊され、「日本美術院創設の趣旨」、「日本美術院規則・内規」、「日本美術院研究会員規程」が掲載された。そこで日本美術院の主旨は「本邦美術の特性に基き其維持開発を図る所」と位置づけられた[29]。また、同月東京谷中で第一回展覧会を開催すると、地方巡回展を展開した。地方巡回展の目的は日本美術院の作品を地方に紹介するとともに、「地方美術思想の開発を図る」ことにあり、そのために岡倉は巡回先で演説を行った。一一月の日本美術院仙台展において岡倉は、日本美術が現在「本邦美術の特性に基きて西欧技芸の醇味を斟酌する」段階にあると述べた[30]。岡倉が鑑画会で提唱した新日本画創造の理念は、日本美術院の主旨に引き継がれ、彼の活動を支え続けていた[31]。

翌一八九九年二月一一日から開催される福岡絵画展覧会に先立ち、『福岡日日新聞』に岡倉の談話記事が掲載された。岡倉は「日本絵画の真髄は決して之を喪失す可からず（中略）其上に西洋画の長所を加へて其発達を謀らば、初めて完全なる日本絵画なる者顕はれ来る可しと信ず」と自らの理念を主張した。そして西洋画と日本画の差異について、日本画は「気韻」を重んじるのに対し、西洋画は「写実」を重視する点にあると指摘した。それゆえ「日本絵画の真髄」である「気韻」に「西洋画の長所」である「写実」を加えることによって「気韻と写実と相一致して始《ママ》めて真の光輝を放」ち「初めて完全なる日本絵画」が顕れると説いた[32]。開催日から同紙上に掲載された講演録「岡倉氏の演説」では、日本美術の気韻に加える「西洋画の長所」として、さらに「解剖、遠近、光線等の理」を挙げている[33]。岡倉が鑑画会で唱えた「参考すべき」西洋画の手法が何を指すのか、『國華』発刊の辞で述べた「日本絵画独立ノ精神」が何を意味するのか、ようやく明確なことばで語られるようになってきたと言える。その背景に画家たちによる試行錯誤の実践活動があったことは言うまでもない。

2　挫折と渡印後の変容

その一方で、新日本画創造の困難さもまた岡倉は痛感していた。先述の講演録「岡倉氏の演説」には、「此新美術なるもの、今日は唯だ幼稚なるものにして且つ新物は多く世人に歓迎せられず」という一文が見られる。一八九九年二月九日に『九州日報』に掲載された岡倉の談話記事には「古来の美術を消化すると同時に今時の風潮を消化せざるべからずして、而して又更に西洋輸入の美術をも消化するを要す。実に其の業の広大にして至難なるは小生等の苦心に堪へざる所なり」とある[34]。

明治三〇年代に日本美術院の画家たちによって試みられた没線描法は、古画研究から輪郭を描かず墨の濃淡で表現した没骨法を参考にして、西洋画における光や空気の表現を取り入れようと意識した彩色であったが、日本画の伝統技法から逸脱するものとして「朦朧体」と非難を浴びた。画家たちの作品は売れなくなり、日本美術院の財政は苦境に陥った。鑑画会演説からすでに一〇年が経過していたが、岡倉は新日本画創造の道の険しさに直面し、当時の美術界の理解や共感を得られない葛藤にあえぎ、財政難に直面して窮地に陥っていた。

岡倉がインドに渡ったのは、まさにこのようなときであった。一九〇一年から翌年にかけて岡倉はインドで過ごし、一九〇三年二月には『東洋の理想』を出版した。岡倉の渡印の理由として、人生における挫折や仏教者としてのインド訪問が指摘されているが、彼の美術史における年代観・作品観の形成と主たる著述の異同を検討した熊田由美子は、中国美術とインド美術との影響関係を明らかにする目的があったと推察する。岡倉は一八九七年、パリ万国博覧会に出品する日本美術史編纂事業の中心的役割を担ったが、一八九八年帝国博物館美術部長兼理事を依願免官となり、福地復一（一八六二―一九〇九）の主導で、一九〇〇年、フランス語版 ***Histoire de L'Art du Japon*** が博覧会に出版された。後に出版された日本語版『稿本日本帝国美術略史』（一九〇一年）は、日本美術をアジア諸地域の中に位置づける岡倉の汎アジア志向とは対照的に、より日本の皇統の一貫性が強調され、国民国家統合のための文化装置として、一国美術史の姿が集約されたものとなっている。[35]そこでは、正倉院御物の多くが日本製であると強調され、序文で九鬼が、東洋を代表する日本のみが東洋美術史を語ることが出来る、と宣言したように、近代の「万世一系」の国体イデオロギーが貫かれている。[36]

熊田由美子は、『稿本日本帝国美術略史』と『東洋の理想』との相違点を検討して、『東洋の理想』は皇国史観的な日本美術史に対する岡倉の挑戦であり、「『稿本』に対抗して自らの視点と水準を明示し、個人的にも、対外的に『国家』の知的権威を負う知識人としても、〝名誉挽回〟することが意識されていた」とその執筆動機を推測し、さらに『東洋の理想』は岡倉の理想の再構築であり、その史観は『稿本日本帝国美術略史』と同一と見なすべきではないと主張する。[37]岡倉にとって、インド行きは自身の東洋美術史観を発展させるとともに、日本をアジア文化圏に位置づけるアジア観の形成、二元論を超越する「不二一元論」への到達、英語による著作の執筆と出版、さらに停滞していた日本美術院の局面を打開する結果をもたらす旅であった。

一九〇三年一二月から一九〇四年一月にかけて（インドから帰国し、渡米するまでの間）、『日本美術』に岡倉の講演録「美術家の覚悟」が連載された。その中で岡倉は「日本画の極致は写意にして、東洋哲学の帰趣も亦た写意に外ならず」と述べている。日本美術を東洋哲学と比較し、両者の根幹に共通性を見出した岡倉の視座は、渡印前に「日本画の真髄」を「気韻」に求めたときとは異なるものであり、インド滞在の経験が岡倉の日本美術観に影響を与えたことがわかる。岡倉は画家に「精神教育」を図ることを求め、「画筆を執らんと要せば、須らく古の宗教家の如き熱心を以てせよ」と、画家に宗教家のような求道の精神で、日本画の改良に臨むことを求めた。描く対象や画家自身の精神性を写した作品を求める岡倉によって、芸術を創作する精神は宗教の域にまで高められたと言える。岡倉が新しい日本画の創造に精神性を重んじたことは、「精神の安住は絵画に取りて必要の事たり。作画の危げなるは畢竟其心危ければなり」と述べ、画家にとって精神が安定し制作に集中できる環境を整えることが最優先されると説いたことからもわかる(38)。

そのために岡倉は、一九〇三年八月に購入した茨城県五浦の土地を拠点にして、理想の再構築を図った。一九〇四年二月には「朦朧体」の非難をもっとも受けていた横山大観（一八六八―一九五八）と菱田春草（一八七四―一九一一）を伴い渡米し、一九〇六年には五浦へ日本美術院第一部（絵画部）を移転させた(39)。大観、春草、下村観山（一八七三―一九三〇）、木村武山（一八七六―一九四二）は中央画壇から離れた地で絵画制作に没頭することになる。このように岡倉の新日本画を模索する道は、「朦朧体」の批判や美術院の財政難にあっても、断たれることなく継続していったのである。

一九〇七年八月、岡倉は文部省美術展覧会審査委員に着任した。審査委員の選出をめぐって日本美術協会、日本南宋画会などの旧派が正派同志会を結成すると、これに対抗して日本美術院を筆頭に新派の美術団体諸派は玉成会（九月に国画玉成会と改称）を組織し、岡倉は会長に就任した。「玉成会趣旨」には三つの方針が提言された。それは（一）古代に於ける絵画法の復興、（二）現在絵画の発達、（三）世界的趣味の調和である。第三の「世界的趣味の調和」の冒頭には「世界日新の思潮に触接を保ち、東西趣味の調和を図るは現代絵画の一面の任務なり」という一文が掲げられた。「古代に於ける絵画法の復興」を行い「現在絵画の発達」を目指して、「東西趣味の調和を図」りながら「現在絵画」の創造を謳った玉成会趣旨には、岡倉の「自然発達論」の理念が反映されているのがわかる。一方で「古代に於ける絵画法の復興」は、日本の諸流派の源泉に遡り「広く東洋古来の長所を収攬」することまで視野に入れており、岡倉自身の東洋美術観の発展が、彼の理想とする新日本画創造の理念に影響を及ぼしていた[40]。一〇月二五日に開催された文部省第一回美術展覧会において、大観は《二百十日》、観山は《木の間の秋》、春草は《賢首菩薩》、武山は《阿房却火》を出品する。五浦での研鑽を積んだ彼らは、新たな創作段階への移行を見せ、やがて各々の個性の開花と独自の表現方法を確立していくのである。

ところで、「玉成会趣旨」には「東西趣味の調和」を図るため、画家が日本や世界の思潮を知り、その品性や学術上の修養に努めることが目標として掲げられたが、東洋と西洋の美術における差異については言及されていない。一九〇七年一一月、岡倉は東京美術学校で開催された講演会で「夫等美術が一つ東西に於て、美術の巧妙の域に至つては、元素に至つては、異るべき筈がない。発展の方法がかはつてゐるのみでありますと主張した。そして、西洋の既成の美術品によってのみ構築された美学を論じるカント、ヘーゲルについて「議論は好いが、実際は物笑ひである」と述べた[41]。このような岡倉の発言は、西洋美術、東洋美術の両者を区別して論じることが不可能であるという意識から生じている。岡倉が輸入された西洋の学問を受容した後も、絶えず検証しながら、自ら美術史観を形成し、塗り変え、再構築していく過程で、西洋文明中心史観を克服して、西洋、東洋という二項対立に還元できない美術史観を構築していったことが窺える。

岡倉はこのような視座を、一九〇四年の渡米以降、ボストン美術館を拠点にして欧州、中国、インドという広域で作品を鑑賞し、比較文化史的な視点で西洋美術と東洋美術の相互的関連性を見出す作業を通して獲得していったと考えられる。岡倉は一八八七年の欧州視察旅行の段階で、ギルダー夫人に「彼らは、東洋の『形式の詩人たち』と異なる記号で語りかけますが、同じ愛と共感に訴えてくるのです」と書き送った。このことを考えれば、若い岡倉がすでに直感していたこと――西洋美術が東洋美術と「同じ愛と共感に訴えてくる」こと、すなわち「元素に至つては、異るべき筈がない」こと――を確認する旅であったともいえよう。

（1）「美術取調委員」（『大日本教育会雑誌』第四〇号、『全集』第五巻、平凡社、一九七九年）、五〇二頁。

（2）一行のアメリカでの旅行を概観するにあたって、村形明子「フェノロサと岡倉の足跡を尋ねて――明治十九～二〇年の欧米美術視察（1）アメリカにおける歓迎――新聞報道を中心に」および「（2）アメリカ見聞拾遺――岡倉と小松宮一行」（『LOTUS』第九・一〇号、日本フェノロサ学会、一九八九・九〇年）、山口静一『フェノロサ――日本文化の宣揚に捧げた一生』上巻（三省堂、一九八二年）、Harold Dean Cater, ed., *Henry Adams and His Friends: A Collection of His Unpublished Letters* (Boston: Houghton Mifflin Company, 1947), Clara Louise Kellogg, *Memoirs of an American Prima Donna* (New York and London: G. P. Putnam's Sons, 1913) などを参照した。

（3）岡倉の欧州旅行を概観するにあたって、一八八七年三月二日から八月七日にかけて記した日誌（「欧州視察日誌（明治二〇年）」）と、ケロッグおよびギルダー夫人宛の書簡を参照した。これらの資料からわかる旅程は、おおよそ次の通りである（―は移動、…はその間の旅程不明を表す）。

一月七日頃フランス入港…パリ…三月二日リヨン―三日ヴォワロン―四日グルノーブル―リヨン―五日クリュニー―七日リヨン―八日ジュネーヴ―一一日チューリッヒ―一二日インスブルック―一三日ウィーン…リヒテンシュタイン…ウィーン―四月七日ヴェネチア―一一日フィレンツェ―二〇日ローマ―二七日ナポリ―二九日ポンペイ―五月一日ピサ―ミラノ―三日ジェノヴァ―四日マルセイユ―六日バルセロナ―七日マドリード―八日コルドバ…パリ…（六月）ロン

ドン…七月一二日ロンドン―ミュンヘン―ドレスデン―カールスバート―二四～二八日ベルリン…八月七日リバプール―セルティック。
（4）村形明子『アーネスト・F・フェノロサ文書集成――翻刻・翻訳と研究』上巻（京都大学学術出版会、二〇〇〇年）、二五七―二六九頁。
（5）Okakura, Letter to C. L. Kellogg, 4［14］March 1887. Kellogg, *Memoirs of an American Prima Donna*, pp. 222-223.
（6）岡倉「欧州視察日誌（明治二〇年）」『全集』第五巻、二九一―二九二頁。原本は日本美術院所蔵。著者実見。
（7）山口静一「岡倉天心書簡（九鬼龍一宛）について」（『LOTUS』第一一号、日本フェノロサ学会、一九九一年）、三八―三九頁。
（8）同右、三七頁。
（9）Okakura, Letter to Mrs. Gilder, 23 March 1887. *CEW* 3, pp. 30-31.
（10）人が神秘的体験をするきっかけとなる出来事のなかでも、「自然美・音楽・美術などの芸術に触れること、祈りや瞑想などの宗教的実践はその代表的なもの」だという。神秘的体験を定義することは困難であるが、「あえて、それを、端的に表現するならば、制限され秩序づけられた、われわれの日常生活が「超越」され、「変容」され、超越的なるもの、聖なるものへと開かれる、非日常的なエクスタシー体験のこと」であると位置づけられる（頼住光子ほか『比較宗教への途三　人間の文化と神秘主義』北樹出版、二〇〇五年、一五―二八頁）。
（11）Okakura, Letter to C. L. Kellogg, 24 July 1887, Kellogg, *Memoirs of an American Prima Donna*, p.224.
（12）Okakura, Letter to C. L. Kellogg, 28 July 1887, Kellogg, Ibid. p.224.
（13）Okakura, Letter to C. L. Kellogg, 28 July 1887, Kellogg, Ibid. pp.224-225.
（14）岡倉も一八八九年『國華』第二号に発表した「狩野芳崖」において「彼ノアルノルド氏カ作リタル亜細亜之光」と記し、*The Light of Asia* に言及している（『全集』第三巻、平凡社、一九七九年、六四頁）。
（15）岡倉「鑑画会に於て」（『大日本美術新報』第五〇号）『全集』第三巻、一七三―一七八頁。
（16）桑原住雄「John La Farge と岡倉天心――その思想的相互影響について」（『芸術研究報』第一号、筑波大学芸術学系研究報編集委員会、一九八〇年）、一九頁。

(17) 東京国立近代美術館編『揺らぐ近代　日本画と洋画のはざまに』(東京国立近代美術館、二〇〇六年)。
(18) 岡倉注(15)前掲演説筆記、一七八頁。
(19) 岡倉「絵画配色ノ原理講究セサルヘカラス」(『大日本美術新報』第一九号)『全集』第三巻、二〇頁。
(20) 岡倉「日本美術ノ滅亡坐シテ俟ツヘケンヤ」(『大日本美術新報』第二四号)『全集』第三巻、二二頁。
(21) 岡倉「東洋絵画共進会批評」(『東京日日新聞』四月一四・一五日号)『全集』第三巻、二六頁。
(22) 高階秀爾「『欧州視察日誌』の意義」(『全集』月報二、平凡社、一九七九年)、八頁。
(23)「鑑画会フェノロサ氏〈帰朝〉演説筆記」(アーネスト・F・フェノロサ、山口静一編『フェノロサ美術論集』中央公論美術出版、一九八八年)、一三三頁。
(24) 河北倫明「美術振興の情熱と見識」『全集』第三巻、四六〇頁。
(25) 岡倉「『国華』発刊ノ辞」『全集』第三巻、四四頁。無記名だが、文体、内容から推して岡倉の文章と判断され、國華社でも岡倉の執筆とされている。
(26) 明治二四年度岡倉講義「日本美術史」『全集』第四巻、五・一六七頁。
(27) 神林恒道「岡倉天心の芸術思想」(『LOTUS』第九号、日本フェノロサ学会、一九八九年)、二七―二八頁。このとき岡倉の説いた「日本の精神的伝統」は、後の清旅行、インド旅行を経て岡倉のアジア観が形成されるに従い、東洋精神を基盤としたものと捉え直されるようになる。
(28) 岡倉「明治三十年の美術界」(『太陽』第四巻第一号)『全集』第三巻、一三三―一三九頁。
(29)「日本美術院規則」(『日本美術』第一号)『全集』第三巻、四四二頁。
(30) 岡倉「日本美術院仙台展にて」(「日本美術院職員招待会」『奥羽日日新聞』一一月二五日号)『全集』第三巻、二二七―二二八頁。
(31) 高階秀爾『西洋の眼　日本の眼』(青土社、二〇〇一年)、一五二―一五三頁。
(32) 岡倉「九州博物館の必要」(「岡倉覚三氏の美術談」『福岡日日新聞』二月八〜九日号)『全集』第三巻、二三二―二三三頁。
(33) 岡倉「日本美術院福岡展にて」(「岡倉氏の演説」『福岡日日新聞』二月一一・一四〜一五日)『全集』第三巻、二四一頁。

(34) 岡倉「福岡での招待会席上にて」(「岡倉覚三氏招待会」『九州日報』二月九日号)『全集』第三巻、二三五頁。

(35) 稲賀繁美「日本美術像の変遷――印象主義日本観から『東洋美学』論争まで」(『環』第六号、二〇〇一年)、一九九―二〇一頁。

(36) 高木博志「近代天皇制と古代文化――『国体の精華』としての正倉院・天皇陵」(『岩波講座　天皇と王権を考える第五巻　王権と儀礼』、岩波書店、二〇〇二年)、二五〇―二六四頁。

(37) 熊田由美子「岡倉天心の古代彫刻論――その年代観・作品観の変遷について(『五浦論叢』第七号、茨城大学五浦美術文化研究所、二〇〇〇年)、一〇〇―一〇六頁。

(38) 岡倉「美術家の覚悟」(『日本美術』第五九・六〇号)『全集』第三巻、二八〇―二八一頁。

(39) 小泉晋弥は、五浦移転は文部省第一回美術展覧会開催の情報を得た岡倉が、画家に集中して出品作品を創作させるための戦略だったのではないかと推察する。また五浦の地を選んだ理由として、北茨城と福島を活動拠点とした雪村への憧憬、隠棲した文人イメージの自己表現に適した場の選択などを挙げている(「岡倉天心――芸術教育の歩み」展実行委員会編『東京藝術大学創立一二〇周年　岡倉天心展記念シンポジウム　いま天心を語る』東京藝術大学出版会、二〇一〇年、一六四―一六七頁)。五浦移転と日本美術院の活動については、藤本陽子「日本美術院の五浦時代」(『日本美術院百年史』第三巻(上)、日本美術院、一九九二年、四五六―四七二頁)、後藤末吉「五浦と天心」(『茨城大学五浦美術文化研究所報』第一〇号、一九八五年、二六―六一頁)を参照されたい。

(40) 「玉成会発会席上に於て」(『多都美』第一巻第九号)『全集』第三巻、四八二頁。岡倉は一九〇八年「美術上の急務」(『時事新報　文藝週報』第九三号)においても「東洋の絵画を振興しやうとするには、支那へは必ず遊歴すべく、東洋の彫刻を研究するには、印度へは必ず遊歴すべき必要がある」と述べている。

(41) 岡倉「美術上の所感」(『美術新報』第六巻第一九・二〇号)『全集』第三巻、三〇六・三一一頁。

第一章　岡倉覚三のボストン・ネットワーク構築

はじめに

ボストン美術館中国日本美術部の経営や、『茶の本』『白狐』の執筆など、米国における岡倉の諸活動を、そのフィールドであったボストンの社会的・文化的文脈から切り離してしまうことは、彼の心情との関係性を軸にした個人史の枠組の中だけで論じることに他ならない。これら諸活動は、二〇世紀初頭のボストンという文化装置、すなわちボストンを構築する歴史、教育、芸術、宗教、政治、経済、民族といった種々の要素、アメリカ国内の他地域との差異と共通項、世紀転換期における社会情勢などを視野に入れて捉え直す必要がある。また、岡倉の活動を支えた背景には、この社会的・文化的環境の特色とともに、「ボストン・ネットワーク」とでも言うべき岡倉と地域社会との独自の人的ネットワークが絡み合って存在していた。当時のボストン社会は彼の発信活動の最前線であり、また彼を受容する基盤でもあった。

そこで本章では、岡倉の活動拠点であった世紀転換期のボストンの文化的位置と、人的ネットワークの基礎形成と発展過程について考察する。岡倉と当時のボストン社会との関係性を明らかにした上で、彼の活動を再考することは、従来の研究に新たな視点を付与するものと思われる。

第一節では、入植以来のボストンの歴史、岡倉と交流のあった「ボストン・ブラーミン（Boston Brahmin）」と呼ばれる裕福な知識人階層の特質、ボストンと東洋、および日本との関係という多角的な視点から、ボストン社会における岡倉受容という問題を、当時の社会的・文化的文脈の中で考察する。

これらを踏まえた上で、第二節以降、岡倉のアメリカ進出やその後の彼の活動において、重要な役割を果たしたアメリカ人との交流を取り上げ、彼がどのようにしてボストン社会に独自のネットワークを構築し拡げていったのかを検討する。

岡倉のボストンとのコネクションが、来日した三人の親日家エドワード・S・モース、アーネスト・F・フェノロサ、ウィリアム・S・ビゲロウとの関係性の中で形成されたことは、先行研究で論じられている通りである。イギリスの建築史家ケヴィン・ニュートは、モース、フェノロサ、岡倉、アーサー・ダウ（Arthur Wesley Dow, 1857–1922）といった東京大学とボストン美術館をつなぐグループを、世紀転換期のボストンにおける日本美術研究の最先端と位置づけた(1)。

さらに岡倉古志郎は、この「ボストン・オリエンタリスト」にビゲロウを加え、彼らと岡倉との人脈形成や日本美術との関係について論じた(2)。第二節では、これらの研究成果を参考にしながら、彼らの日本およびアメリカでの活動と、岡倉との関係性について考察を試みるとともに、ボストンにおける人脈の基盤形成に、彼らがどのような役割を果たしたのかを明らかにする。

モースがボストンで行った日本に関する連続講演が呼び水となって、日本美術や仏教に関心を持った人々の来日が続いた。一八八三年に来日したガードナー夫人、一八八六年に来日した画家ラ・ファージもそのひとりである。特にラ・ファージはフェノロサやビゲロウを介して、旅行中に岡倉との出会いを果たすことになる。第三節では、日本美術に関心を抱いたラ・ファージによって形成された日本のイメージと、それが帰国後の彼の作品にどのように反映されたのかを追いながら、彼の日本理解に影響を及ぼした岡倉との交流と、岡倉の人的ネットワーク拡大におけるラ・ファージの役割について考察する。

一九〇四年、ボストンを訪れた岡倉は、地元の有力者であるガードナー夫人の知己を得た。ガードナー夫人の人物像に関しては、著名な美術収集家であり、社交界の女王のような存在であったという紹介にとどまり、彼女の生涯全体に関してはあまり言及されてこなかった。また、彼らの交流が当時のボストン社会にどのように位置づけられ、岡倉の人脈形成に彼女がどのような影響力を持っていたのかということも、十分に考察されてこなかった。そこで第四節では、ガードナー夫人のボストンにおける文化的位置や交流関係を確認し、一八八三年の日本旅行における彼女の体験と日本文化への眼差しについて考察した上で、夫人のサロンを拠点として岡倉のボストン・ネットワークがどのように発展していったのかを検討する。

第一節　世紀転換期におけるボストンの文化的位置

1　アメリカのアテネ

アメリカ合衆国北東部のコネチカット、ロードアイランド、マサチューセッツ、ニューハンプシャー、バーモント、メインの六州はニューイングランドと総称される。マサチューセッツの州都ボストン市は、隣接するケンブリッジ市など近郊の地域とともに「大ボストン（Greater Boston）」を形成するニューイングランド最大の都市であり、アメリカ合衆国建国と独立の歴史に深く関わる地域である(3)。

一六三〇年、ボストンはマサチューセッツ湾植民地に入植した清教徒によって開かれた。「ピルグリム・ファーザーズ」がニューイングランド最初の植民地プリマスを建設した約一〇年後のことである。多くの入植者にとって、移住の目的は、母国イギリスのヒエラルキーから逃れ、平等と機会が重要視される地で新しい生活を始めることであった。ボストンは、地形が港に適していたため海運業が盛んになり、西インド諸島との貿易を活発に行いながら、清教徒の厳格な倫理感を背景に、安定かつ組織化された社会を構築していった。一六三五年にはアメリカ最初の公立学校ボストン・ラテン・スクール、翌年にはアメリカ最古の高等教育機関（現ハーヴァード大学）が、隣市ケンブリッジに設立され、プロテスタントの倫理規範とされる勤勉、道徳、教育の重視が、ボストン社会の美徳として育まれていった。

英国本国が植民地への重税を強いると、人々はこれに抵抗して一七七三年ボストン茶会事件を起こす。二年後独立戦争が始まると、レキシントン・コンコードの戦い、バンカー・ヒルの戦いなどが起こり、ボストンと周辺地域は戦争の舞台となった。本国の社会的ヒエラルキーの複製を図るイギリス政府と対立したアメリカ植民地の人々は、革命後は称号を廃止し、一七八三年の合衆国独立承認後、共和主義的立憲政治と平等主義社会からなる非帝国的な路線でスタートした。

新たに誕生したアメリカ合衆国のなかで、ヨーロッパにもっとも近い港のひとつであるボストンは、世界有数の国際貿易都市へと発展を遂げる。海上交易で巨大な富を蓄積した少数の人々は、ボストン社会のエリートとして政治、経済、文化の領域で主要な地位を占め、都市上層階層を形成していった。彼らはピューリタンの子孫という血統を誇りにする白人のアングロ・サクソン系プロテスタント（WASP）の旧家で、インドのカースト制度の最高階層である司祭階級バラモンに由来する「ボストン・ブラーミン」と謳われた。彼らは富裕な経済的特権集団であるだけでなく、ハーヴァード大学を母校とする知識人階級でもあった。彼らは芸術や学問や慈善事業を支援することに熱心に取り組み、富と知識を有効に使うことでボストンに洗練された文化を作り上げた(4)。一八〇七年には、会員制の私立図書館であるボストン・アセニアム（Boston Athenaeum）が開設された。また一八三六年に死去したジョン・ローウェル（John Lowell Jr., 1799–1836）の遺産によって、教育財団ローウェル・インスティテュートが設立された。園田英弘は、ロナルド・ストーリィの『貴族の形成――ハーヴァードとボストン上流階級』（一九八〇年）を援用し、ボストン・アセニアムとローウェル・インスティテュートは、ボストンの文化施設の中心に位置し、その主要な構成メンバーは重なり合って、彼らの文化的活動のための複合体として形成されていったと述べる[5]。高い教育水準と莫大な富を背景に、ボストンは「アメリカのアテネ」と呼ばれるようになっていった。ケンブリッジ出身の作家オリヴァー・W・ホームズ（Oliver Wendell Holmes, Sr., 1809-94）の「ボストンの州議事堂は太陽系のハブである」（一八五八年）ということばは、当時のボストンの繁栄ぶりと、文化のパトロンたるブラーミンの自負を物語っている。

南北戦争直前には、市内の高級住宅地ビーコン・ヒルの北斜面に黒人が多く居住し、アフリカ系市民の教会であるアフリカン・ミーティング・ハウスを拠点に、奴隷制廃止運動の中心地となった。一八六一年から四年間続いた南北戦争が終わると、アメリカでは第二次産業革命が始まり「金メッキ時代」に突入する。ヨーロッパの先進国に追いつこうと、連邦政府のもとに近代的な統一国家が形成され、資本主義が急速に成長する。アメリカは経済至上主義と官僚体制のもとで、自治共同体の集合から領土拡張に邁進する国家へと転換した。鉄道、工場、銀行、鉄鋼を中心に、経済や産業が急速に発展した。ロックフェラー、カーネギー、グッゲンハイムなどの大富豪が輩出され、人々は富の追求と消費に夢中になった。ボストンは、依然主要な産業都市のひとつであったが、経済の中心はニューイングランドからニューヨークへと移行していった。

一方、工業大国アメリカが創出した雇用の機会を目指して、ヨーロッパから多数の移民が労働力として押し寄せ、人口が爆発的に増加した。移民の流入は世紀転換期に急増し、一九〇〇年代にはピークに達する[6]。ボストンの民族構成比も、多様な民族の流入によって変化していった。アイルランドやイタリアから大量の移民が流れ込み、増加したローマ・カトリック信者が政治的にも影響を及ぼすようになる。一九〇六年、アイルランド系カトリックから初の市長としてジョン・F・フィッツジェラルド（John F. Fitzgerald, 1863-1950）が就任した。彼の就任期間（一九〇六～七、一九一〇～一三年）は、ちょうど岡倉がボストンと日本を往復していた時期と重なっている。岡倉が渡米した頃のボストンは、ブラーミンの権力基盤が徐々に弱まりを見せ始めた時期だった。政治的にはアイルランド・カトリック系のパワーが無視できない存在となりつつあり、経済的にはニューヨークの新興資本家の前に競争力を失っていったときであった。

だが文化面を見れば、ボストンは依然「アメリカのアテネ」であった。ブラーミンは芸術のパトロンとして、その持てる力を惜しまず注ぎこんでいた。一九世紀半ばから後半にかけて、彼らの寄付によってボストン美術館やボストン交響楽団の設立が相次ぎ、ボストンは文化的隆盛を極める。彼らは学問的、芸術的に優れた人物に対しては、旺盛な好奇心と尊敬の念を抱き、援助の手を差し伸べた。慈善事業の精神は何世代にもわたってブラーミンのアイデンティティを育み、その事業の取り組みには自己利益の獲得や社会的影響力の拡大という打算とともに、ノブレス・オブリージュ（階級の高い者の義務）の精神が存在していた。ボストニアンとしての誇りや名誉、知性や芸術への敬意という崇高な動機が、彼らの活動を精神的に支えていた。渡辺靖は、このような彼らの「市民的美徳」やノブレス・オブリージュなどは、「リベラリズム」の精神の体現だとして次のように指摘する。

同時に、「リベラリズム」は「エキセントリック」、「因習打破主義」、「（良い意味での）スノビズム」といったものとも近い関係にある。東洋の美術品の収集、インド旅行、「原始的な」民族の研究、珍しい昆虫の標本作りなどは、彼らの趣味・趣向の独自性や卓越性を表すものとして理解されている。アダムス氏やハンコック氏が主張したように、ヤンキー文化を打破すること自体、より深いレベルで、自身の文化的伝統そのものと解することも可能なのである。(7)

このようなブラーミンの「文化的伝統」は、後述するガードナー夫人の幅広い後援活動や、民族、地理、宗教を超越したサロンの形成を可能にした精神的土壌であったと考えられる。

また、世紀転換期のアメリカでは、合理化・産業化・都市化を推進する近代主義の台頭に疑問を抱いた人々が、反近代主義（アンティ・モダニズム）の意識を持つようになっていった。T・J・ジャクソン・リアーズは、近代化による労働の細分化によって自治の感覚を奪われ、現実感からの孤立という危機感を抱いた中上流階級が、中世趣味、東洋の思想や文化への傾倒、アーツ・アンド・クラフツ運動を通して、実体のある生活（real life）を渇望する心情と反応について論じ、それを「アンティ・モダニズム」として位置づけた。[8] 例えば、一八八六年にラ・ファージとともに来日したヘンリー・アダムズが、中世のゴシック建築に憧れ聖母マリアに帰依したことは、反近代主義的な反応の典型だとされる。立木智子は、リアーズの「アンティ・モダニズム」の概念を援用し、ボストン知識人たちと岡倉は、アンティ・モダンな心情に根ざす文化理念を共有していたと指摘する。[9]

岡倉が交際したアメリカ人の中には、アダムズ家、ローウェル家、ガードナー家、クーリッジ家、ロッジ家などボストン・ブラーミンの中核をなす旧家に属する人々が多くいた。彼らは、日本人である岡倉を自らのサークルに受け入れ、活動の支援を行った。それは日本美術や東洋思想の専門家、あるいは作家として、ボストン社会の独自性・卓越性を高める能力と資質を有し、彼らと共有する文化的理念を持つ岡倉を、コミュニティに必要な人物だと評価していたからだと考えられる。

2　ボストンと東洋

ボストンにおける岡倉の活動やブラーミンたちとの交流を検討する上で、ボストン社会と東洋、および日本との関係は、重要な視点のひとつである。[10] ボストン茶会事件で海に投げ捨てられた茶は福建省から輸入されたもので、アメリカと東洋の出会いは独立戦争以前にさかのぼる。独立戦争以降、インドや中国との間に通商関係が結ばれると、船員たちは東洋から茶や絹織物など数々の品を本国に持ち帰った。一七世紀半ばから一八世紀にかけてヨーロッパでシノワズリー（中国趣味）が流行したが、それを追いかけるようにしてアメリカでも中国の陶磁器、家具、カーテン、扇、彫刻、銀器、掛軸などの市場が形成された。陶磁器や絵画は外国人の注文に応じて作られた輸出専用の品で、富裕層の好奇心や異国趣味に応えるものだった。当時のアメリカ人はヨーロッパの文化を規範としていたため、中国美術に対する需要はほとんどなかった。だが中国の品々に親しむうちに、自然と中国のイメージが形成されていった(11)。

東洋貿易の主要港のひとつ、ボストンより北に位置するマサチューセッツ州セーラムに、一七九九年セーラム東インド海運協会が設立された。この組織は東洋貿易に関わる船長たちのグループで構成され、アメリカ最初の東洋コレクションが収められた。セーラムは多大な富をもたらした同協会の功績を称え、市の印章に「富める東洋のもっとも遠き港へ」というモットーをラテン語で記した。こうしたセーラムの社会史的文脈を念頭におけば、後に来日して、アメリカの東洋美術コレクション形成に重要な役割を果たしたモースやフェノロサがセーラム出身であったことは首肯できる。だが東方貿易の隆盛が人々の東洋への興味を喚起させたとはいえ、東洋思想に関してはイギリス、アメリカの活字媒体から知識を得る程度にとどまっていた。

一八三〇年代の後期、ニューイングランドを中心にトランセンデンタリズム（超絶主義・超越主義）と呼ばれる文学、宗教における新しい運動が起こった。トランセンデンタリストたちはヒンドゥー教や儒教などの東洋思想に関心を示し、それらを自らの思想に取り入れ馴致しようと試みた。彼らが東洋思想に好意的な反応を示した要因として、カルヴィニズム、ユニテリアニズム以外の新思考の模索、彼らの持つ折衷主義的な性格、東洋古典の英訳書籍の流通などが挙げられる。彼らの中心的存在はボストン出身の哲学者エマソン（Ralph Waldo Emerson, 1803

–82）、マサチューセッツ州コンコード出身で隠棲的生活を送ったソロー（Henry David Thoreau, 1817–1862）で、ほかにもハーヴァード出身のジェイムズ・F・クラーク（James Freeman Clarke, 1810–88）、ケンブリッジ生まれのトーマス・W・ヒギンソン（Thomas Wentworth Higginson, 1823–1911）らがいた。また、彼らと接触を持ち東洋思想に興味を示した人々のなかに、先述のオリヴァー・W・ホームズがいた。トランセンデンタリストの多くは、一八六七年にはユニテリアン派の中央組織から離れ、自由宗教協会を新たに組織するグループに属していた。同協会は東洋の宗教にキリスト教と同等の価値を認め、七〇年には小規模ながら宗教会議を開催している。この時代は、それまで規範としていたヨーロッパの価値体系の復興ではなく、アメリカ独自の文学が花開き「文学の一大収穫期」をもたらした黄金時代として、「アメリカン・ルネッサンス」と呼ばれるようになった。

一八四二年、マサチューセッツ州でアメリカ東洋協会が設立された。東洋の言語や思想など東洋研究の推進を目的に設立された学術団体である。一八七八年の名簿にはエマソン、ハーヴァード大学教授チャールズ・エリオット・ノートン（Charles Eliot Norton, 1827–1908）、詩人ジェイムズ・ラッセル・ローウェル（James Russell Lowell, 1819–1891）などボストンゆかりの文化人が名を連ね、会員二百名の大半が牧師と大学の教授であった。[12]宗教の比較的・歴史的研究の気運が高まると、東洋思想に対する関心は大学や神学校に広がっていった。一八六七年、トランセンデンタリストのクラークは、ハーヴァード大学で非キリスト教宗教の講師として短期間教鞭を執った。さらにボストン大学が「比較神学および宗教の歴史と哲理」を開講すると、国内の諸大学がこれに倣い、同様の講座を設けた。

一八七九年、イギリスの詩人エドウィン・アーノルドの『アジアの光』がアメリカで出版されると、仏教は幅広い流行をみることになった。この流行を欧州視察でアメリカを訪問した岡倉が知っていたことは、欧州視察旅行中に交わしたケロッグとの往復書簡で明らかである。同時期、編集者ポール・ケイラス（Paul Carus, 1852–

1919）は、自ら手がけた雑誌『オープン・コート』に仏教の教義と西洋科学の類似点を分析した論説を掲載し、一八九七年に渡米した鈴木大拙（一八七〇―一九六六）の協力を得て東洋学関連書籍の出版に当たった。大学や学術団体、書籍を通して東洋思想はその影響範囲を広げていったのである。

トランセンデンタリズムで高まった東洋思想への関心は、アメリカにおける本格的な東洋研究へと発展した。この時期にもたらされた東洋の情報はもっぱら書物や文字による二次的なものだったとはいえ、東洋思想がアメリカで成熟していくための重要な段階であった。その運動のリーダー的存在がボストンやケンブリッジの知識人であったことは、ブラーミンの東洋思想に対する強い関心の証左となる。彼らが仏教など東洋思想の伝道者である岡倉を受容しえた理由が、ここからも窺われる。

3　ボストンと日本

では東洋の島国日本について、ボストニアンはどのように認識していたのであろうか。日本にボストンの船が入港したのは、ペリー来航（一八五三年）より数十年も前のことである。オランダがイギリスと戦争状態に陥ったため、バタビアのオランダ人はイギリス船による拿捕から逃れようと、一七九七年から一八〇九年にかけて、中立関係にある国の船舶を傭船として採用した。アメリカの傭船はオランダの国旗を掲げ、幕府の役人と交渉を行った。セーラムから出航したフランクリン号は、一七九九年長崎出島に入港した。翌年はボストンのマサチューセッツ号、翌々年はセーラムのマーガレット号が交易に携わった。ボストンやセーラムには、日米和親条約の締結以前、すでに多くの日本の物品が集められていた。日本の美術工芸品は早い時期からボストンやセーラムで売買され、個人コレクションの対象となっていたのである。

正式に日米貿易が始まると日本の文物が大量に流入し、アメリカにもシノワズリーのような日本趣味のブームが沸き起こる。日本趣味の流行を背景に、日本文化の様式や表現方法が、西洋の生活文化や美術工芸、音楽、演劇などの芸術世界に広く与えた影響は、「ジャポネズリー」や「ジャポニスム」という言葉で表される。高階秀爾はこの二つの言葉について、「ジャポネズリー」とは「明らかにそれとわかる日本的な主題やモティーフを、その主題やモティーフに対する特別な関心から作品に利用した場合、その利用のしかたや作品そのものを暗示する用語」で、「日本に対する特別な好みを主要な動機」とした「異国趣味の一種」だと述べた。それに対し「ジャポニスム」は、「『ジャポネズリー』をも含みながら、さらに広く、造形原理、構造様式、価値観をも視野に入れて、日本とはまったく関係のない主題を扱った作品にも日本との関連、あるいは日本の影響を跡づけ、その意味を探ること」とし、日本への関心が単なる異国趣味に留まらず、いっそう深く西欧の芸術展開と結びついていると明確に区別した(13)。稲賀繁美は、東洋の影響はヨーロッパの三百年にわたるアカデミーの放縦という島を孤立させることに貢献した、というフェノロサの言論に即して、ジャポニスムを「大藝術という『島』がその覇権を失い、一事的にせよ装飾藝術という『潮流』の東西の合流点に飲み込まれてしまう過程に出現した歴史的現象」と要約する(14)。

さらに岡部昌幸は、膨張政策と西漸運動の結果、交易の航路を伸ばして日本にたどり着いたアメリカには、ヨーロッパ各国と同じ「西回り」ルートと、太平洋を横断する「東回り」ルートの両方から日本の文物や産品がもたらされたことを指摘し、日本からの距離も方向もヨーロッパとは異なる条件にあったアメリカのジャポニスムは、ヨーロッパのそれとは差異が見られると分析する。一九世紀後半のアメリカ美術の主要な展開である唯美主義を推進する役割を日本美術が果たしたこと、同時代に女性のための美術教育が普及し、女性の美術家が多く現れたことは、アメリカにおけるジャポニスムの独自性であった(15)。さらにアメリカの日本趣味は、美術の領域にとどまらず服飾、文学、建築、音楽、庭園など幅広い分野に及ぶこととなる。

一八七六年、アメリカ合衆国独立一〇〇周年を記念してフィラデルフィア万国博覧会が開催されると、日本は庭付きの茶室を建てて参加し、金工、漆工、陶磁、七宝、染織などの美術工芸品を出品した。日本趣味の流行の中、出品物は日本文化に関心を寄せる入場者を魅了し、その繊細さに敬意を払う愛好家や美術商が品々を買い漁った。一八九三年に開催したシカゴ万国博覧会では、当時東京美術学校校長であった岡倉が、評議員と事務局鑑査官に任命された。出品された「鳳凰殿」の室内装飾は東京美術学校が手がけ、「鳳凰殿」の英文解説 *THE HŌ-Ō-DEN* は岡倉の手によるものであった。シカゴ万博への出展にあたり、評議委員会は、日本の作品群が工芸品ではなく美術品として展示されることを第一の目標に掲げた。日本の美術が世界水準にあると認められることは、日本国自体が世界の一等国であると認められるに等しいと考えたからである。鳳凰殿や日本の出品物に対する評価は概して好ましいものであり、博覧会を訪れた人々は、日本が伝統的な価値を守りながら、欧米社会を模範として技術を発展させている姿を見た。そのため日本は、欧米の文明に従順な子役たるアジアの小国として、アジア諸国を「文明化」していく役割を果たすことを期待されていく。しかし、やがて日本がアジアの帝国主義国家として膨張を始めると、アメリカ人の日本に対する感情は複雑な様相を呈していく。日清戦争（一八九四―九五）や日露戦争（一九〇四―五）を契機として、欧米で「黄禍（Yellow Peril）」が叫ばれるようになっていくのである。

南北戦争以後、西部開拓が推進され大陸横断鉄道の敷設が進められるなか、多くの中国人労働者が鉱山労働や鉄道建設に従事したが、一八七〇年代に経済不況が起こると、貧困層の白人労働者と彼らとの間で緊張が生まれた。一八九五年、日清戦争に勝利した日本に対し、ロシアがフランス、ドイツとともに圧力をかけるのと時を同じくして、黄禍論が勃興し浸透していく。日本人は明治初頭からハワイ移住を開始していたが、やがて米大陸本土へ移住するようになると、白人の雇用を奪うなどの理由で排斥されるようになっていく。一九〇六年、サン・

フランシスコ教育局は公立学校に通学する日本人学童に中国人の隔離学校への転校を強制した。この隔離命令はセオドア・ローズヴェルト（Theodore Roosevelt, Jr., 1858–1919）の干渉により、翌一九〇七年撤回されたが、日本人移民の入国は制限されることになった。

日本の政治家はアメリカ社会の懸念を鎮めるため、自国は西洋文明の水準に達した唯一のアジア国家で、日清戦争はアジア大陸に文明の前哨地を築くための戦いであることを新聞や雑誌を通して訴えた。日本をアジアの隣国から差異化させ、アメリカ世論における日本の「脱亜入欧」を図った。日露戦争中は金子堅太郎（一八五三―一九四二）らがこの外交路線を踏襲し、日本は西洋文明を模範としているのに、ロシアは異教徒的行動をとっていると強調し、有利な対日世論の形成を図った。[16] 施策は功を奏し、ホワイトハウスを味方につけると、メディアも金子や大統領に賛同する方向に傾いた。

だがジョセフ・M・ヘニングは、日本がロシアよりも「より近代的」で「より西洋的」だとする日本側の言明よりも、アングロ・サクソンとキリスト教の優位に信念を持ち、来日経験のある宣教師や学者たちの言明のほうがより大きな働きかけになったと指摘する。彼らは、日本はキリスト教国のアジアにおける代理人で、人種的にアメリカ人と多くの共通点を持つとして日本を擁護した。異教徒で黄色人種である日本人、という明らかな差異に対して、アメリカ人との宗教的、人種的な類似性を強調し、日本人はそれゆえ成功を収めたと説いたのである。彼らは日本をアジア隣国から差異化させ、その武力行使の正当化を手助けした。しかし、それは彼らが日本人を「同等の者として、かつ同時に完全なる『他者』として」受容できなかったことを示している。[17]

日清・日露戦争の影響は、政治的・宗教的・人種的な問題と複雑にからみあいながら、一方で対照的な反応、例えば日本をモティーフにしたオペラやオペレッタの人気に見るような、他者としてのアジアに憧憬と優越感を覚え、日本へのエキゾティシズムを煽る契機ともなった。巽孝之は、このような世紀転換期を「進化論的発想が人種差別意識の内部へ融合しながらも、まったく同時に他者への蠱惑をもかきたててやまないエキゾティシズム勃興の時代」と捉え、アメリカが内部において多様な民族を受け入れながら生み出す多文化主義の実現への一歩として位置づける。[18] 日本人に対するアンビバレントな感情は、当時のアメリカ文学にも顕著に表れている。ジャック・ロンドン（一八七六—一九一六）の『比類なき侵略』（一九一〇年）が、黄禍論に立脚した人種偏見を描き出す一方、ジョン・L・ロング（一八六一—一九二七）やオノト・ワタンナ（一八七五—一九五四）、メアリー・フェノロサ（一八六五—一九五四）などのジャポニスム小説家が同時期に活躍したのである。

このように世紀転換期の日本人に対する感情は錯綜し、アメリカ国内において一般化できるものではない。さらにボストンと西海岸とでは、明らかに日本に対する温度差があった。それは日露開戦の一九〇四年、ボストンにおいて全米で初めての日米交流のための組織、ボストン日本協会が、日本に好意的な人々によって設立されたことからも明らかである。

ボストンの親日的ムードを形成した要因には、日系移民の流入が極小規模に止まったボストンの地理的・社会的条件に加え、日本人留学生や官僚たちと直接的な知的・文化的交渉を持った人々の経験と好意があげられる。ボストンは合衆国の中でも日本人留学生が集中した地であった。幕末には新島襄（一八四三—九〇）をはじめ福井、薩摩、岡山、久留米の各藩留学生らが、東方交易の船に乗船して国際貿易港ボストンにたどり着いた。維新後は金子堅太郎、小村寿太郎（一八五五—一九一一）、伊沢修二（一八五一—一九一七）らをはじめ、公費や私費で渡航した多数の留学生が「アメリカのアテネ」で西洋の知識や技術を吸収した。ボストニアンにとって、彼らは日本に関する生きた情報源であった。地元名士のなかにはロングフェロー（Henry Wadsworth Longfellow, 1807–82）やアトウッド（Gilbert Attwood, 1825–81）など日本人留学生と親密に交流する者もいた。[19] 日本とボストンとの関係は、日本に招聘されたお雇い外国人や日本への旅行客などの経験や情報を通して、一層深くなっていく。

岡倉が渡米し、ボストン美術館に着任した一九〇四年は、日露戦争が勃発、プッチーニ（一八五八―一九二四）のオペラ *Madama Butterfly*《蝶々夫人》がイタリアで成功を収め、ボストンで日本協会の設立をみた年であった。アメリカ国内における日本、および日本人への感情は、地域、階層、直接交流の経験、言説、イメージなどさまざまな要因に左右され、恐怖と憧憬、嫌悪と好意、類似と差異といった対立する価値観の間を揺れ動いていた時期だったのである。

第二節　ボストン・ネットワークの形成――モース、フェノロサ、ビゲロウ

1　モースの日本紹介

1―1　日本陶器と民具の収集

お雇い外国人として東京大学の初代動物学教授となったモースは、岡倉の生涯に影響を及ぼすことになるフェノロサ、ビゲロウ、ラ・ファージ、ガードナー夫人らの来日の契機となり、彼らと岡倉とを結びつけたという点で、ボストン・ネットワーク形成過程の筆頭に置かれる人物である[20]。

一八三八年、アメリカ東海岸メイン州の港町ポートランドに生まれたモースは、一八五九年から六一年までハーヴァード大学の海洋生物学者ルイ・アガシー（Jean Louis Rodolphe Agassiz, 1807–73）の指導を受けた。一八六七年には動物学専門誌の草分け的存在である『アメリカン・ナチュラリスト』の創刊に関わり、セーラムのピーボディ科学アカデミー創設の学芸員となる。以後セーラムに居を定め、一八七〇年代はじめからボードイン大学、ハーヴァード大学で教鞭を執る一方、ダーウィン支持を表明し、進化論普及の講演を行うようになる。一八七六年には北米における科学者最大の組織であるアメリカ科学振興協会の副会長に就任し、動物学者としての地位を確固たるものとした。

モースは腕足類採集のために一八七七年六月一七日に初来日を果たすと、同年四月一二日に開校した東京大学の動物学教授に就任する。当時、明治維新政府は、「万国対峙」を実現するための基礎となる「富国強兵」「殖産興業」政策を推進していた。すでに幕末期から軍事、土木事業などの指導者として、外国から専門家が招かれ来日していたが、維新後は西洋技術文明を摂取し近代化を図ることが急務となったため、さらに多数の外国人指導者や教師が西洋先進諸国から高額な報酬で招聘された。モースもこのようなお雇い外国人のひとりとして、日本に滞在することになったのである。モースは横浜から東京へ向かう汽車の中で大森貝塚を発見したが、その発掘は日本における考古学、人類学の端緒となり、彼の名を一躍有名にした。モースの日本滞在は、一八七七年六～一一月、一八七八年四月～翌七九年九月、一八八二年六月～翌八三年二月の三回に及んだ。その間東京大学生物学会の創設、進化論の講演などを通して日本に近代動物学を根付かせた。最初の日本滞在から一時帰国したモースは、大学から物理学と政治学の教師を探すよう依頼を受けていた。このときモースが政治学の教師として推薦したのがフェノロサである。

最初のアメリカ帰国後の一八七七年一二月一九日、モースはボストン博物学会で「日本のシャミセンガイと貝塚」と題し、帰国報告を行った。またその年の大晦日と翌一八七八年一月二一日には、セーラムのエセックス研究所の講演で、日本人の生活に関する観察結果を写真を用いて報告した。これらの報告が示すように、モースの日本の住居や民具への関心、民俗資料や写真の収集などは来日当初から始まっていた。モースは科学者としての客観的な観察眼、記憶力を駆使して、採集意欲のおもむくまま日本文化にアプローチしていった。

モースの日本文化を見つめる眼差しは、日本人の日常的な生活全般に向けられた。国内を旅行する自由が与えられていたモースは、旅行先で民具や家具、菓子類に至るまで日常のありふれた生活用品を収集し、人々の生活の様子や道具、住居の形態、祭り、髪型、服装などを観察してはスケッチと文章で記録していった。こうしてモースは教師として学生を育成する一方、人類学的、民族学的見地から日本人の環境と生活との関連性について興味を持つようになっていき、彼が収集した民俗資料や生活風景を収めた写真はピーボディ科学アカデミー博物館に収蔵された[21]。日本滞在はモースに、動物学者の領域を超えてジャパノロジストとしての道を歩ませることになったのである。

なかでも一八七八年の晩秋、陶器店で偶然帆立貝に似た小皿を発見し陶器に興味を持ったことは、後のボストン美術館日本陶器コレクション形成に結びつく点で、特筆すべきことである。モースは蜷川式胤《にながわのりたね》(一八三五―八二)に弟子入りして鑑識の方法を学び、陶器を収集しては写生し、目録の作成とその分類を図った。一八七九年秋、二度目の日本滞在を終えて帰国したモースは、一八八〇年七月三日ピーボディ科学アカデミー博物館館長に就任する。アメリカ帰国後もモースの陶器収集熱は衰えることはなく、エセックス研究所例会などで陶器について講演を行った。

一八八二年六月にはお雇い教師としてではなく、陶器収集を主目的に三度目となる来日を果たした。さらにモースはヨーロッパに流出した日本陶器の収集と研究にも従事するようになる。一八九二年、コレクションのボストン美術館への売却を機に、自ら日本陶器の管理責任者となり、一九〇一年には美術館から『日本陶器モース・コレクション目録』を出版した。岡倉が一九〇四年から一三年にかけて中国日本美術部に勤務している間も、モースは継続して陶器管理者の任についていた[22]。だがドロシー・G・ウェイマンが、彼は形態や事象に対する観察力と記憶力と分析力に恵まれていたが、審美的情操はなかったと評価したように、モースにとって収集した陶器類は、その美を鑑賞し共感する対象というよりも、採集した腕足類と同じように標本し分類し系統を分析する対象であったようだ[23]。

モースがアメリカで発表した日本に関する論文は、「日本人の衛生事情」(一八七八年)、「日本のドルメン」(一八八〇年）、「北斎覚書」（一八八〇年）、「古代日本の銅鐸」（一八八一年）、「日本人の室内遊戯」（一八八三年）、アメリカと日本における弓術の比較に基づく「弓術――今と昔」（一八八五年）など多岐にわたっている。一八八六年に出版された『日本のすまい・内と外』は、日本の住居と住環境を西洋社会に初めて紹介した書物であり、モースの日本研究の集大成であった。さらに日本滞在から三〇数年経った一九一七年には『日本その日その日』を出版した。(24) ビゲロウの勧めによって、モースの滞日中の日記をもとに執筆された同書は、モースの眼差しを通して記録された明治一〇年代の日本人の生活文化であり、そこには西洋中心主義を批判し、日本人や日本文化を自国より優位に置くモースの日本文化観が表れている。

『日本その日その日』には一八八二年七月からモースが、フェノロサやビゲロウとともに刀剣、鐔、漆器、絵画など日本の骨董品を渉猟する旅行記が綴られている。モースたちは、陸路を名古屋、京都、大阪と進み、瀬戸内海を船で移動して岩国、宮島まで足を伸ばし、さらに神戸に戻り和歌山、奈良を巡り再度京都を訪ねた。このときモースたちは将来ボストンに自分たちの日本美術コレクションを集中させたいという望みを共有していた。

> 私は陶器の収集に多数の標本を増加しようと思う。ドクタア・ビゲロウは刀剣、鍔、漆器のいろいろな形式の物を手に入れるだろうし、フェノロサ氏は彼の顕著な絵画の収集を増大することであろう。かくて我々はボストンを中心に、世界のどこよりも大きな、日本の美術品の蒐集を持つようになるであろう。(25)

やがて三人の日本美術コレクションは、ボストン美術館日本美術部の新設に寄与することになり、このときの願いは現実のものとなった。さらに一八九〇年、日本美術部の初代キュレイターにフェノロサが就任し、ビゲロウが美術館理事に加わり、一八九二年からモースが日本陶器管理者となったことによって、三人はともにコレクション管理と美術館経営に関わることになったのである。

1―2　日本に関する連続講演

モースは一八八一年から翌年にかけてローウェル・インスティテュートで日本に関する一二回の連続講演を行った。ローウェル・インスティテュートはボストンにおける文化活動拠点のひとつであり、高い水準の講演を広く市民に提供する教育機関であった。アメリカで一九世紀半ばに最盛期を迎えた文化講演運動に大きく寄与し、一八六〇年までにニューイングランド地方の主要な講演団体を吸収した組織である。ここから講演を依頼されることは、ボストンの知識人にとって大いに名誉なことであった(26)。

『日本その日その日』によると、一二回分の講演の各表題は「1．国土、国民、言語、2．国民性、3．家庭、食物、化粧、4．家庭及びその周囲、5．子ども、玩具、遊戯、6．寺院、劇場、音楽、7．都市生活と保健事項、8．田舎の生活と自然の景色、9．教育と学生、10．産業的職業、11．陶器及び絵画技術、12．古物」であった。両手で黒板にすばやくスケッチをしながら話すモースの講演は、好評を博した。会場は演壇の登り段まで押しかける聴衆で満員となり、モースの講演を聞いた聴衆はまるで日本を旅行しているような臨場感を味わったという(27)。モースは一八八二年二月から三月にかけて招かれたガードナー邸で、さらに一八八三年から八四年にかけて再びローウェル・インスティテュートの要請を受けて、同様の連続講演を行った。

これら一連の講演について、守屋毅は、講演の題目にモースが興味を示さなかった宗教や神話、民話がないことから、日本の民族誌としてはバランスの欠いたものとなっているが、「科学」を一三番目の題目に加えようとしていた点に、モースの日本研究における独自の立場が表れていると指摘した(28)。また太田雄三は、一八七七年以降モースの講演内容にほとんど日本の変化が反映されていないことに注目し、モースが明治初期の日本に対する強い愛着からそれを記録に残すことに価値を置き、それ以後の日本に生じている変化を拒絶したと分析した[29]。ともあれ"Japantheist"と異名をとるほど日本に心酔したモースの口から語られる日本に、ボストニアンは魅了され、一八八〇年代には日本美術や仏教に関心を持った人々が日本に押し寄せる契機となった。当時のボストンからの日本旅行ブームを分析した井戸桂子は、技術革新によって可能となった空間的移動と「外」への知的好奇心、利潤追求や物質主義など時代の価値観への反発による精神的逃避行という「金メッキ時代」の表と裏の二重の意味があったと指摘する[30]。

一八八一年、モースを別荘に招待したビゲロウは、彼の話に刺激を受け、翌年六月モースに同行して日本にやって来た。ガードナー夫人も自邸でのモースの講演に感銘を受けて、一八八三年日本旅行を実行に移した。旅行中ガードナー夫人が岡倉と会うことはなかったが、このときの彼女の日本体験は、後年岡倉との交流を育む土台となったと考えられる。そのほか一八八三年に天文学者パーシヴァル・ローウェル（Percival Lowell, 1855–1916）、一八八五年に富裕な医者チャールズ・ゴダード・ウェルド（Charles Goddard Weld, 1857–1911）、一八八七年に中国陶器収集家ジョン・ガードナー・クーリッジ（John Gardner Coolidge, 1863–1936）などの来日が続いた。一八八六年に来日した歴史家ヘンリー・アダムズも、モースの講演を聴いたひとりであった。アダムズの同行者はアメリカにおける日本趣味の先駆者であった画家ジョン・ラ・ファージであった。

このように、モースはアメリカにおける日本文化の紹介者にとどまらず、アメリカ人たちを日本へと導く伝道者となった。モースはフェノロサ、ビゲロウ、ガードナー、ラ・ファージらの訪日を導き、間接的に岡倉と彼らを結びつけ、岡倉のボストン・ネットワーク形成の礎を築く役割を果たしたのである。

2　フェノロサと日本美術

2―1　美術行政への参画

①古画収集と日本美術研究

一八五三年、セーラムにスペイン移民の音楽家の息子として生まれたフェノロサは、一八七〇年ハーヴァード大学に入学してスペンサーの社会学や心理学、ヘーゲルの美学を学び、大学卒業後は美術教育家もしくは美術評論家となることを目指して、ボストン美術館附属の絵画学校に入学する。(31) その後定職を探していたフェノロサは、当時アメリカで東京大学政治学教授の適任者を探していたモースの推薦によって、日本における地位と高額な報酬を得ることになった。フェノロサは一八七八年八月九日に来日し、東京大学に着任した。このとき文学部の三学年に在籍していたのが岡倉である。

来日当初は日本美術に関する知識が乏しく、むしろ西洋学問の普及者であったフェノロサだが、モースをはじめとするお雇い外国人たちの美術品収集熱に触発されて、古画収集と日本美術研究に着手する。フェノロサは古典主義的な美的価値判断に準拠して、フランスの前衛批評家たちが贔屓した北斎ではなく、狩野派を重んじた。しかし狩野派をはじめとするフェノロサの古画研究には通訳や翻訳、解説をする協力者が必要であり、そのひとりが岡倉であった。一九〇八年、フェノロサの追悼会特集を組んだ『太陽』（一一月一日刊行）において、岡倉は当時フェノロサが狩野友信などの画家から絵画の説明を聞いていたことを述べ、次のように回想した。

然るにいつまでも人の説のみを聞いて居てはといふ気になつたものか、更に自分の力にて十分研究攷覈して見様といふ勇気を起したけれども、何分日本の書物はちつとも読めぬ故、私に種々の書物を調べて呉れと頼まれて、能く使はれたものだ。其時はまだ書生であったから、夏蝿と思った事もある。やれ探幽を調べて呉れの、四条派の沿革を精査して呉れのと、使はれたものだ。有賀君なども矢張り其中の一人で、時折洋食位の御馳走にありついたものだ。それから十三年に、私と共に古代の名画を見る為めに、初めて京都、奈良へ行つたので、それからといふものは一層の勇気を起して益々深く研究し出したのである。(32)

文中の「有賀君」とは有賀長雄（一八六〇―一九二一）のことで、フェノロサ着任当時は文学部一年生で、岡倉の二級下であった。有賀は卒業後文学部で教鞭を執り、一八八六年に元老院に転出した後も、フェノロサの日本美術研究を支援し続けた。古美術への関心が高まったフェノロサは一八八〇年以降、毎年のように関西を旅し古社寺をめぐり、体系的に日本美術史を研究していった。

当時、フェノロサら在日外国人たちの間で日本美術品収集が流行した背景には、維新後の美術を取り巻く社会状況の大変化がある。一八六九年の版籍奉還、一八七一年の廃藩置県によって領有体制が消滅すると、旧権力階級は財政的に逼迫し、家財や家宝である古画や古美術を売り立てする状況に追い込まれ、御用絵師として抱えられていた人々の失職を招いた。また一八六八年に発令された神仏分離の宗教政策は、古物軽視、西洋崇拝の時代風潮と相俟って、寺院破壊や仏像仏画の焼却という廃仏毀釈を誘発し、社寺の宝物を破壊、散逸させる結果を招いた。維新政府の欧化政策によって伝統的美術の国内需要が停滞したため、その担い手たちの生活は困窮を極め、旧藩主階級や寺院から古美術市場に流出した文化財の価値を凋落させた。こうした状況のもとで、生活工芸品から国宝級の古美術に至るまで、高給によって余剰購買力の高かったお雇い外国人の手に渡っていったのである。

このような風潮のなか、文化財の散逸を防止するために、一八七一年九月文部省内に古器旧物の収集保存を目的とした博物局が設置され、翌年から博物局関係者による宝物調査が実施された。宝物調査は天皇陵墓の整備と同じように、伝統再発見の事業であり、日本が西洋諸国と対等の国家となるためのアイデンティティ探求の作業であった。一方、一八七三年にドイツ人お雇い教師ワグネル（Gottfried Wagner, 1831-92）を顧問として政府が参加したウィーン万博が、当時の熱狂的な日本美術ブームの中で成功を収めると、殖産興業の一環として伝統的な美術工芸品の輸出に力が注がれることになった。日本美術品の海外流出はジャポニスムを引き起こし、そのことが明治初頭の日本の産業構造に影響を及ぼすことになったのである。

佐藤道信は、ジャポニスムの受容という点において、モース、フェノロサ、ビゲロウの収集活動や研究は、欧米でなされた日本美術品収集と同じ構造を持っていたが、質の高さ、規模の大きさ、系統的な収集を目指した点に特徴があったと述べている。[33] なかでもフェノロサは、作品の優劣を問わず、流派や系統という史的体系のなかに作例を並べていくというスペンサー流社会進化論者的方法論で収集していった。そのため後年ボストン美術館日本美術コレクションの調査を行った岡倉によって、贋作や模写本が少なからず発見されることになったのである。[34]

②龍池会と鑑画会

一八七九年三月一五日には貿易拡充に寄与する伝統美術の振興、すなわち「考古利今」（古ヲ考ヘテ今ヲ利スル）を目指した龍池会が結成された。会頭は元ウィーン万国博覧会副総裁で元老院議官の佐野常民（一八二三―一九〇二）、副会頭は大蔵省大書記官商務局長でシドニー・メルボルン博覧会事務官長の河瀬秀治（一八四二―一九〇七）であった。フェノロサはワグネルとともにこの龍池会の名誉会員に名を連ねた。一八八一年ワグネルは佐野常民に宛てた報告書で、日本の美術工芸が海外で評判を博しているのは、そこに日本固有の美術があるからで、それを軽視していたずらに西洋美術の模倣をすることは国家のためにならないと提言し、日本画の伝統的描法の保護、日本画の美術学校の設立、学校の図画教育における鉛筆使用の反対を主張した。これらの意見は後年のフェノロサの日本美術論と共通するものであり、フェノロサの主張はワグネルの提言を採用した政府の美術行政路線に沿うものであった(35)。

一八八二年五月一四日、フェノロサは龍池会に依頼され、日本美術に関する講演を行った。同年一〇月龍池会はこの講演を『美術真説』と題した冊子にまとめ頒布した。日本画の衰退を嘆き、画家を激励するフェノロサの主張は、『美術真説』では極端な日本画擁護、洋画排斥に潤色され、歪められていた。西洋中心主義の風潮の中で衰退していた日本美術の振興を図るため、西洋人を政治的に利用して、国粋主義宣伝の具にしようとした龍池会の狙いが看取できる。

さらに一八八三年、文部少輔九鬼隆一が河瀬に代わって龍池会副会頭に就任し、翌八四年一月二〇日には岡倉が入会して同会の録事になる。殖産興業を目的とした日本画復興と洋画排斥を掲げる龍池会は、極端な欧化政策に対する批判運動、国粋主義の時流にのって発展していった。だが画家の教育を行い、日本画の新様式の創造を重視するフェノロサと、守旧的な伝統美術の保存と振興を図る龍池会との間で齟齬が生じるようになっていった。

一八八四年二月、刀剣商町田平吉を会主に、狩野永悳《かのうえいとく》（一八一五―九一）から「狩野永探理信」の名号と鑑定状発行の資格を与えられたフェノロサ、狩野友信を中心に、古画鑑定を目的にした鑑画会が組織されると、そこに岡倉も参加する。鑑画会の出品作のほとんどは、フェノロサとビゲロウのコレクションが占め、有賀長雄の通訳によってフェノロサが講演を行った。町田平吉が退会した後は、事実上フェノロサが鑑画会を主宰することになり、有賀が秘書の任に就いた。翌一八八五年に鑑画会は改組され、アメリカ合衆国ワシントンにあった九鬼が名誉会長、河瀬秀治が会長に就任する。これを期に鑑画会の本旨は、かねてからフェノロサが主張していた日本美術再興のための画家奨励と新日本画制作へと変容する。鑑画会の目指す日本画は、洋画の画法に著しく染まった作品や単に古画を模倣したような作品を対象外に置くものであった。そのため急進的な洋画派だけでなく、龍池会などの保守勢力とも対立することとなった。

鑑画会におけるフェノロサの新しい日本画創作の試みは、狩野芳崖ら日本画家との共同作業によって行われたため、その方法論は欧米のジャポニスム作家が、現地で日本美術を発見し、創作に生かしたのとは基本的に異なっている。遠近表現や立体表現など西洋絵画の論理を日本画の内側に導入しようとしたフェノロサと芳崖らの試みは、新派の日本画創作活動に引き継がれていくことになる。(36)

③東京美術学校の開設

一八八四年一一月、文部省内に初等教育の図画教育、美術学校設立の可否、古美術調査とその保存などを討議する図画調査会が設置され、岡倉、狩野友信、狩野芳崖、今泉雄作(一八五〇―一九三一)、小山正太郎(一八五七―一九一六)らが委員に選出された。同年一二月三日にはフェノロサも東京大学雇在任のまま同会委員を委嘱された。

岡倉はフェノロサに、調査会の現状を手紙で報告し、自分が提出した主要議題(1)日本式のフリーハンド画法の学校導入における利点と欠点、(2)公教育における美術教育方法の見直し、(3)職工学校における美術教育方法の見直し、(4)美術教員養成の手段について、満場一致で同意を得たことを知らせた。だが日本画法はあらゆる芸術的、実用的な対象を描くことができるという岡倉の意見に対し、日本画は外国の陰影法の使用なしには全ての対象物を描くことはできないと小山が反論したことを述べた。また、西洋人が生活芸術と評する日本の工芸の優秀性を強調し、外国画法の導入は日本美術の活力を奪うという岡倉の主張に対しても、小山が反対の立場にあることを報告した。岡倉は大多数が自分に賛成しているが、反対者を説得させるためにはフェノロサの力が必要であると説き、「芸術は日本で復興するに違いありません。なぜなら、あなたからご支援の約束を得ることができたからです。私は芳崖から手を、あなたから魂を得たのです」と結んだ。[37]

村形明子はこの岡倉の言葉を「来るべき美術行政革新の息吹きを伝えるとともに、その助言者ないし鼓吹者としての役割がフェノロサに期待された」ものと位置づける。[38]これに対して山口静一は、岡倉がフェノロサを自分の陣営に引き込もうとしたのは、岡倉がフェノロサの所論を援用し、鑑画会方針を文部省路線に載せることと引き換えに、小山らの反論を封じ込め、自己の目的実現を図ったのだと分析する。[39]岡倉は鑑画会でのフェノロサの主張に共感する自らの立場を明確に伝え、それゆえ岡倉の反対者は、フェノロサの目指す日本美術の復興を阻む存在であることを強調した。こうして岡倉は、図画調査会においてどのように振舞えばフェノロサの利益になるかを事前に知らせたのである。その結果、一二月六日に図画調査会に出席したフェノロサは、図画教育の目的のためには外国の絵画よりも日本画が役立つと論じて、岡倉の主張の後押しをした。フェノロサが岡倉の書簡から、彼と同調することが自分の利益になると判断したからである。岡倉は調査会の二日後（一二月八日）、再びフェノロサに書簡を送り、次回の討議で予想されるいくつかの反論と、それに対する模範回答を伝えた。新しい日本画制作と美術教育における考えに共通性を確認した岡倉とフェノロサが、共同戦線を張り、反対論者を封じ込めようと図っていたことがわかる。こうして岡倉・フェノロサ路線は双方の目的と利益の一致によって確立され、これ以降二人は協力して美術行政にあたることになる。

一八八五年一二月一〇日、文部省図画調査会が発展的解消を遂げて、図画取調掛が設置された。一八八六年、岡倉が同掛主幹に、狩野芳崖、狩野友信ほか一名が同掛雇に、フェノロサ、今泉雄作が委員に任ぜられて、美術学校創立の準備を進めていく。同年一〇月から、フェノロサと岡倉は欧米の美術事情、美術教育調査の目的で欧米美術視察旅行に赴くが、欧州で岡倉と別行動をとったフェノロサの足跡は詳かにはされていない。翌八七年一〇月に帰国した二人は、鑑画会において伝統を基盤とした新しい日本美術の創造を目指す意思を表明するが、このとき二人の日本美術観に差異が生じていたことは、すでに述べた通りである。

フェノロサと岡倉が帰国する一週間前の一〇月五日に、図画取調掛は東京美術学校と改称された。一〇月一四日、文部省専門学務局長の浜尾新は、東京美術学校事務取扱兼任を命ぜられ、岡倉は東京美術学校幹事となった。一一月二八日に特命全権公使の任を終えてアメリカから九鬼が帰国し、一二月二日にはフェノロサも同校雇となり、開校の準備にあたることになった。

だが当時の文部大臣森有礼《ありのり》（一八四七―八九）は、国家主義的教育実現のため師範学校の充実を図る一方、美術家養成の国立学校の必要性を軽視した。さらに美術学校は外国の制度を取り入れ、日本式と西洋式の教育を並行的に採用しようとする意見も生じていたため、森との間に衝突が生まれた。一八八八年二月八日、岡倉はフェノロサに宛てた書簡で、森に提出する抗議文に対する浜尾の意見や指示を伝えた(40)。この書簡にはほかにも、森の提案が外山正一（一八四八―一九〇〇）派の最近の立場に沿うものであること、浜尾と森が何度も折衝を重ねていること、宮内省の動きについて早急に岡倉と九鬼が話し合うことなどが記された。森の政策に対抗するため、岡倉は浜尾、フェノロサ、九鬼と密接に連絡を取り、三者の結束を維持するため周到に動いている。ここから、美術が制度化されていく過程で、浜尾・九鬼・岡倉・フェノロサのグループと、森や外山など急進的欧化主義者のグループとの主導権をめぐる対立構図が浮かび上がる。対立に決着を見て東京美術学校が開校したのは一八八九年二月一日であり、フェノロサは画格と美学美術史を担当することとなった。

④文化財保護と美術品流出

フェノロサは日本における美術教育機関の成立に関わる一方、文化財保護の領域においても一定の存在感を示した。一八八四年六月から行われた京阪地方の古社寺調査に、フェノロサは顧問として参加した。だが、文化財の保護とその海外流出防止の事業に携わることは、自身の古画収集という行為との間に矛盾を生じさせることになった。旅行中ひそかに古画数点を購入したフェノロサは、良心の呵責を感じながらも、作品をボストン美術館に収めたいという欲求に打ち勝つことはできなかった。フェノロサは、モースの講演に刺激されて一八八五年来日したC・G・ウェルドと、ビゲロウの保証と斡旋によって収集品売却の契約を結んだ。フェノロサ収集の絵画をボストンに置き、これをフェノロサ＝ウェルド・コレクションと公称することを条件に、収集品はウェルドに譲渡された。

一八八六年四月、フェノロサは岡倉や狩野芳崖らとともに、関西古社寺の古美術調査に出張した。八月には文部省雇と宮内省博物館美術事業幹部雇を兼務することになり、帝国大学（同年三月東京大学から改称）を辞任した。一八八八年一月には博物館事務を掌握する宮内省図書寮の所属となり、同年五月から九鬼図書頭が陣頭に立って実施した宮内、文部、内務三省による大規模な畿内宝物調査に参加した。

だが同年九月二七日、宮内省に九鬼を委員長として臨時全国宝物取調局が設置されたとき、フェノロサは委員に任命されなかった。臨時全国宝物取調局での鑑査作業を基礎として、一八八九年五月一六日に発足した帝国博物館にも、フェノロサの理事席はなかった。帝国博物館初代総長となった九鬼は、宮内省下の帝国博物館、京都博物館、帝国奈良博物館を統括することになったが、このような博物館体制の成立は、帝室御物を中心とした近代日本天皇制の文化財政策の成立を意味していた。(41) フェノロサと文部省、宮内省との契約は一八九〇年に解除されることになっていたが、政府が帰国した日本人留学生を外国人教師に代わって採用し、経費節減に努めていた時勢において、東京美術学校の年間経費約一万二千円のうちフェノロサの給与が半分の六千円を占める状況が、延長される可能性はなかった。

2―2　岡倉との関係

明治政府にとって不必要となったフェノロサが、次の活躍の場としたのはボストンであった。そのころボストン美術館はフェノロサ＝ウェルド・コレクションやビゲロウ・コレクションからの寄託により、新たに日本美術部を設置することが決まり、フェノロサは日本の報酬のおよそ半額で初代キュレイターに就任することとなった。一八九〇年六月三〇日、文部省と宮内省雇を辞任したフェノロサは、七月六日に日本を後にした。

フェノロサが二度目に来日したのは、ボストン美術館を辞職した後の一八九六年で、翌九七年から一九〇〇年にかけて、三度目の来日を果たした。再会した岡倉は、フェノロサの就職の相談にのり、九鬼に斡旋を依頼し、謡曲研究の必要性を助言した。フェノロサは一八九八年一月から高等師範学校講師の職を得た。

しかしその直後、三月一六日に九鬼が帝国博物館総長を更迭されると、翌日岡倉も帝国博物館理事兼美術部長の辞職願を提出し、二二日には依願免官となった。さらに三月二六日に岡倉が東京美術学校長の辞職を申し出ると、四月六日に橋本雅邦（一八三五―一九〇八）以下三四名の東京美術学校職員が辞職声明書の公表を決議した。いわゆる「東京美術学校事件」と呼ばれる騒動が起こったのである。七月一日、岡倉が東京美術学校を連袂辞職した美術工芸家たちと日本美術院を創立すると、フェノロサはビゲロウとともに名誉賛助会員となった。一九〇〇年三月、岡倉はフェノロサのため漢詩の翻訳を開始したが、フェノロサは高等師範学校との契約を更新することなく、八月にアメリカに帰国した。

村形明子は、日本におけるフェノロサの美術活動の動機について、日本美術の専門的知識を獲得し、系統的日本絵画コレクションを築き上げ、東洋美術研究の第一人者として国際的な舞台に認められることであったと述べている。美術教育、文化財保存、美術の振興など日本の美術行政における基本政策が確立し、体制が整備されたとき、フェノロサは行政機構から排除される運命にあった。だが、政府が提供した東京大学教授、文部、宮内両省雇としての身分や特権、高額な報酬は、結果としてフェノロサに日本美術研究の先駆者となる絶好の条件を与えたのである(42)。

岡倉は、フェノロサの日本絵画研究の意欲を向上させたのは、訪日以前すでに日本美術に高い関心を持っていたビゲロウの来日であった、という興味深い証言を残している(43)。日本趣味を持つアメリカ人を通して、西洋における日本美術の価値を認識したフェノロサは、日本絵画の専門家になることで、西洋社会でしかるべき地位を獲得する可能性を見出していたのであろう。佐藤道信は、フェノロサの講演などに見られる西洋絵画排斥の背景には、西欧世界がジャポニスムの中で日本に熱い眼差しを注いでいる状況に対する認識があったと指摘し、フェノロサが帰国後に日本美術研究家として活躍する舞台を提供したのもジャポニスムだったと述べている(44)。

フェノロサの着任時学生であった岡倉は、彼の日本美術研究に通訳として同行することはあったが、彼らが本格的に歩調を合わせて美術行政事業にあたるようになったのは、一八八四年結成の鑑画会、同年文部省に設置された図画調査会において、各々の目的実現のため対立意見を打破する必要性から手を組んだときであっただろう。だが、フェノロサや岡倉の活躍の背後に、浜尾や九鬼の存在があったことを忘れてはならない。エレン・コナントは、当時の政府と官僚の複雑な人間関係の中で、一外国人のフェノロサが影響力を持てたのは、九鬼の存在があったからだと指摘する。コナントは、フェノロサや岡倉の影響で一八八〇年代の日本美術が新しい発展を見たという論調を批判し、むしろ二人が登場する前から美術の世界で指導的役割を果たしていた九鬼が、二人の才能や野心、雄弁を巧みに利用したのだと捉える(45)。高木博志も、一八八〇年代の岡倉やフェノロサの活躍を彼らの個性と捉える見方に警鐘を鳴らし、立憲制を射程におき日本の伝統が文化戦略として必要になる時期に、彼らが活躍できる舞台装置が整ったという見方をすべきだと主張する(46)。

確かに、東京美術学校設立や古社寺調査といったフェノロサや岡倉の美術行政路線は、浜尾、九鬼を中心とする文部省、宮内省の政治勢力と結びついたものであった。瀧悌三は、岡倉、フェノロサ、浜尾、九鬼らが結束して、内務、農商務省の官僚や反目する政治家と競り合いながら、徐々に美術行政シェアを拡大していく過程を浮き彫りにした。岡倉が、フェノロサに図画調査会委員参加を依頼して反対派を封じ込め、浜尾やフェノロサ、九鬼とのパイプ役を務めて森の教育政策に抵抗したことは既に述べたが、一八八六年、美術行政統合機関である美術局の新設案を提出した時は、文部大臣の森が取り合わなかったため、鑑画会会長河瀬秀治を通じて、総理大臣伊藤博文に建議内容を伝えようとした。(47) このような岡倉の政策遂行における熱意や行動力、官僚としての手腕は、ともに活動した浜尾と九鬼の記憶に強く刻みつけられたであろう。それゆえ、後年岡倉の追悼式で、浜尾、九鬼両名が強調した岡倉の業績が、日本美術の復興、文化財保護、東京美術学校創立など、文部省時代にフェノロサとともに従事した事業になったのだと考えられる。

このように見ていくと、フェノロサと岡倉との関係は、後述するビゲロウやラ・ファージと比較すると、目的と利害を共有する同志、言い換えればビジネス・パートナー的な性格が強かったのではないかと思われる。フェノロサの再来日時における岡倉との関係も、かつてのビジネス・パートナー同志の交流という印象を受けるのである。

3　ビゲロウと仏教

3—1　ボストン・ブラーミンの血統

岡倉のボストン・ネットワーク形成上、重要な役割を果たしたのはビゲロウであった。(48) ビゲロウは一八五〇年、マサチューセッツ総合病院外科部長でハーヴァード大学医学部教授の父と、東洋貿易で巨万の富を築いた商家の母の間に生まれた。マサチューセッツ総合病院はボストンの医療機関の中心に位置し、その主要な管理職は、ローウェル・インスティテュート、ボストン・アセニウムと相互に重なって、一つの複合体を形成していた[49]。その運営を支配していたのがボストン・ブラーミンであり、ビゲロウはその一員として育った点で、モースやフェノロサと異なっている。ビゲロウは、一八七一年ハーヴァード大学を卒業し、さらに一八七四年に医科大学を卒業した。学生時代に後の上院議員ヘンリー・キャボット・ロッジ（Henry Cabot Lodge, 1850-1924）や、祖父と曽祖父に大統領を持つヘンリー・アダムズら名家の子弟との親交を深めた。医科大学卒業後は欧州に留学し、当時パリで流行していた浮世絵、根付など日本の美術工芸品に関心を持つようになる。パリでは高価な日本刀を購入し、一八七六年に一時帰国したときには、フィラデルフィア万国博覧会で日本館を見学した。ヨーロッパ遊学を終えて帰国したビゲロウは、一八七九年にマサチューセッツ総合病院の外科医とハーヴァード医科大学外科助手の職に就いた。しかし、一八八一年には健康を害し仕事を断念せざるを得なくなる。この失意の時期にモースから日本の話を聞いたことが、ビゲロウを挫折から回復させる人生の転機となった。

彼はモースの来日に同行し、一八八二年六月五日横浜に到着した。精養軒で歓迎会が催され、ビゲロウはモースと親交を持つ日本の知識人たちと知り合う機会を得る。ビゲロウは東京大学がモースのために用意した住居に同居し、建築中の家に出かけては大工道具を調べたり、刀剣商から剣術を見せてもらったりしながら、日本の美術工芸品や生活文化への理解を深めていった。同年七月、ビゲロウはモース、フェノロサとともに、初めて京阪地方へ美術工芸品収集のための旅行に出かけた。骨董屋や商人から刀剣や漆器を買い求めながら、食事や人々との交流を満喫した。一八八三年二月にモースが去った後もビゲロウは日本に残り、フェノロサと行動をともにして莫大な資産を古美術収集に費やした。日本美術工芸品の需要が高まり市場における古美術の値は上がっていたが、金満家のビゲロウにとっては問題ではなかった。

ビゲロウの従妹でヘンリー・アダムズの妻マリアン（Marian Adams, 1865-83）が、一八八三年四月八日に父親に宛てた書簡には、「ビル・ビゲロウが日本でとても幸せなので嬉しいわ。ボストンは彼をとても憂鬱にさせるから、そこで彼が暮らしていけるかどうか疑わしかったし、彼がそうしなければならない理由もないですもの」と記されている。(50)ビゲロウがボストンでの生活よりも、日本の生活に馴染んで快適に過ごしていたことが窺える。

一八八三年六月、ビゲロウの父親が主治医を務めるガードナー夫妻が日本を訪れると、ビゲロウはしばしば彼らと行動をともにした。夫妻にフェノロサを紹介したのもこのときである。六月三〇日にイザベラ・ガードナーが友人に宛てた手紙から、ビゲロウがすっかり日本通となり、生活も日本様式になっていたことが窺える。

ここはとても魅力的なので、スタージス・ビゲロウがここから離れられないのはよくわかります。(中略)スタージス・ビゲロウ(私の(私たちの)医師の息子です)は、私たちをいつも気にかけてくれて、昼食や夕食をとるためにたびたびここに現れたり、あれやこれやいろんなことのために、東京に出てくるよう電報をくれたりします。その結果、私たちはありとあらゆる場所やスタイルで昼食や夕食をともにしてきました。(中略)ビゲロウは自宅にいるときはいつも日本の着物を着ています。靴はきれいな畳の上ではまったく許されない物なので、私はいつも靴を脱ぎ捨てています。昨日もビゲロウと食事をしました。(51)

その三年後の一八八六年、妻マリアンと死別したアダムズが、友人のラ・ファージを誘って日本を訪れたときも、ビゲロウはガイド役として彼らをもてなし、ガードナー夫妻にしたようにフェノロサを紹介した。アダムズの目に映ったビゲロウは、すでにフェノロサと並んで「漆器と掛物における最高の権威」であった。(52)

ビゲロウと岡倉との出会いは、おそらくフェノロサを介して行われたものと考えられる。二人とも一八八四年の発足当初から鑑画会に関わっていることから、この頃にはお互い面識があったと考えて良いだろう。ビゲロウは鑑画会の一切の費用を負担したり、美術品を購入してはフェノロサに鑑定を依頼して研究の便宜を図ったり、窮境にあった画家たちに画材の費用や報酬を与えたりした。また同年六月から九月にかけて、岡倉やフェノロサらが行った京阪地方の古社寺調査に同行したビゲロウは、奈良聖林寺十一面観音をはじめ、修理保存に必要な費用を寄進したという。村形明子は、ビゲロウの功績を、フェノロサや岡倉の指導による美術運動に経済的援助を提供したことと位置づけている(53)。

たとえばボストン美術館のビゲロウ・コレクションには、ビゲロウへの謝意を表して彼の名を刻んだ短刀や鐔がある。一八八三年、米沢の刀工七代目石堂是一と門人綱秀によって作刀された短刀と、同年水戸金工の海野盛壽によって製作された《猛禽図鐔》である。一八七六年の廃刀令以後、刀工や金工は職を失い、装身具の彫金などを作って糊口を凌いでいた。ビゲロウはもともと刀剣に興味があったこともあり、彼らを後援した。是一や盛壽の作品には「為美藝郎先生（ビゲロウ先生の為）」と刻まれており、ボストン美術館には盛壽がビゲロウのために作った鐔が、もう一枚所蔵されている(54)。これらの例が示すように、ビゲロウは美術品収集だけでなく、美術工芸家への支援、美術運動団体への寄付、古社寺への寄進などに莫大な金額を支払った。このような美術への経済的援助は、ビゲロウが莫大な富を背景にして文化のパトロンであることを自負するボストン・ブラーミンの血統であることを物語っている。

3―2　仏教への帰依

一八八五年九月二一日、ビゲロウはフェノロサとともに園城寺（三井寺）法明院の桜井敬徳阿闍梨（一八三四―八九）より菩薩戒を受け、月心という法号を授かった。フェノロサも日本美術研究の過程で仏画や仏像の根本にある仏教に関心を持つようになり、諦信という法号を授かった。彼らを町田久成（一八三八―九七）邸に滞在する敬徳に紹介したのは岡倉であった。岡倉も同年九月一五日、敬徳に就いて菩薩十善戒を受けて「仏子覚三」となり、さらに一八八六年五月三一日、菩薩優婆塞戒ならびに円頓一乗五戒を受けて、雪信の名を敬徳から与えられている[55]。モースが日本で進化論を説いて日本在住の宣教師やお雇い外国人と対立したことを考えると、モース、フェノロサ、ビゲロウの共通点としてキリスト教に対する懐疑的な姿勢が挙げられよう。受戒後、ビゲロウはしばしば敬徳を訪問、あるいは東京に招待して話を聞く機会を持ち、やがて敬徳の東京における伝道教化のために「円密道場」を建立した。頻繁に書簡を交換し、その翻訳は岡倉や弟の由三郎（一八六八―一九三六）があたった。山口静一は、菩薩戒の実践に努力し帰国後も仏教の紹介と研究に熱心だったのは、フェノロサよりもビゲロウであったと述べている[56]。

一八八六年、ビゲロウは欧米視察旅行に出発する岡倉、フェノロサ、そして日本旅行から帰るアダムズ、ラ・ファージに同行して一時アメリカに帰国し、翌年再び岡倉、フェノロサとともに日本に戻った。その後もビゲロウは鑑画会や文化財保護への支援を継続して行った。一八八八年九鬼の畿内宝物調査団に同行したときは、寺宝修復のため寺院に寄進し、同年九月と翌八九年一月に鑑画会が図案公募展を開催した際には、懸賞金を提供した。ビゲロウは畿内宝物調査の間に京都と奈良で三回講演を行い、海外に輸出すべき日本の生産物として美術工芸品を挙げた。そして、輸出振興のためにデザイン研究の向上、従来の輸出工芸品と異なる工芸品の開発の必要性を説き、古美術を研究した上で独創的創作を行うべきだと述べた。ビゲロウが七年間の日本滞在を終え、ボストンに戻ったのは一八八九年秋のことである。翌年病床にあった父親がみまかると、ビゲロウは莫大な遺産を相続し、ボストン美術館理事となった。

それから約一〇年後の一八九八年、「東京美術学校事件」が起き、岡倉が評議員長となって日本美術院が設立されるが、その運営資金は十分とはいえなかった。国内での資金繰りに限界を感じた岡倉は、ボストンのビゲロウを頼った。ビゲロウは岡倉の書状を受け取ると、資金の醵出を快諾し、一万ドルを電送したのである。

一九〇二年夏、ビゲロウは桜井敬徳の十三回忌法要への出席などを目的に、二度目の訪日を果たした。このとき岡倉は渡印中であったが、帰国後二人は再会し、一一月一四日に大西良慶（一八七五―一九八三）を訪ねたり、山中商会から招待を受けたりした。岡倉はインド滞在中にビゲロウに書簡を送り、ボストン美術館の日本美術コレクション研究の希望と報酬額を伝えていた。岡倉はビゲロウから「可能」という返事を受け取って渡米していることから、京都滞在時に二人の間でなんらかの話がなされたと考えるのが自然である。[57]一九〇三年一月、ビゲロウは日本を出発し、ヨーロッパ経由で年末ボストンに戻った。岡倉が渡米したのは翌一九〇四年二月であり、四月にはボストン美術館の日本絵画および彫刻のエキスパートというポストを得ることになる。ビゲロウは日本美術院への経済的援助を行っただけでなく、岡倉の新たな活動の舞台となるボストン美術館への足がかりを作ったのである。

だがビゲロウと岡倉との関係は、ビゲロウから岡倉への経済的援助や就職斡旋といった一方向的なものではなかった。ビゲロウが岡倉の紹介で桜井敬徳より受戒し、ビゲロウと阿闍梨の往復書簡を岡倉が翻訳しており、ビゲロウ二度目の来日時に岡倉とともに大西良慶と会っていることから、二人の交流には美術だけでなく、仏教の介在があったことは明らかである。

先述したように岡倉は一八八五年に受戒したが、一八八九年一二月に桜井敬徳が示寂した後は、仏教復興運動を展開していた真言宗室生寺貫主の丸山貫長（一八四三―一九二七）に師事した。岡倉の家は代々真宗門徒であるが、天台宗と真言宗の両宗派の僧に師事したことを考えると、彼自身は一宗に片寄らず、宗派を超えて共通する仏教の教えを理解しようとしていたように思われる。[58]奈良で丸山が真言実行会を結成すると、一八九三年三月岡倉は道場建立資金を援助した。岡倉が一八九二年一〇月二四日に丸山に送った書簡からは、彼の仏教理解と、修行に臨む赤心を窺うことができる。

其後静観スルニ真教の妙門自然ニ洞開スルモノ、如し　諸法一もなく二もなし　第三義ハ即チ最勝義ニシテ心眼の中世間出世観の差別相対ハ消滅セントス　後世仏道の衰頽アルハ出世間法ニ偏着シテ三一至妙の理ニ遠カリタルニ因ルナカランヤ　輪王ハ即法王ナリ　法王ハ即輪王ナリ　事理二相ノ真実ハ中和ノ本体ヲ離レテ識得スヘカラス　真教ハ蓋し諸教法ノ従来偏欹スル所ヲ正し円満具足セシムルニ外ナラサルへし　是レ余カ邪見カ将タ正見カ　正見ナレハ皆和上の賜なり　茲ニ大願ヲ発して謹テ和上ニ随テ無上ノ果ヲ証得セント欲ス。[59]

岡倉一雄によると、岡倉の中根岸四番地時代（一八九〇年冬より初音町に新居を構えた一八九七年冬まで）の中頃、丸山は岡倉邸二階の書斎に一ヶ月あまり滞在した。岡倉は丸山とともに毎朝五時に起床し、床にかけた愛染明王の画像の前に結跏趺坐して、朝の勤行を怠らなかったという。[60]

また、岡倉はビゲロウのために二度『天台小止観』を英訳している。一九一二年七月一五日、ビゲロウは「親愛なるセンセイ」と記して岡倉に手紙を送り、彼がビゲロウのために英訳したことに深謝した。『天台小止観』は座禅の作法と心得を説いた指導書であり、一八七一年東洋学者サミュエル・ビール（Samuel Beal, 1825-89）によって前半だけ英訳がなされていたが、全体にわたる訳出は岡倉が最初であった。[61] ビゲロウはお礼の手紙に、次のように記した。

最後になりましたが、天台稿本は素晴らしいです。これを一度ならず二度も翻訳して下さるあなたは、なんと豊かな「人情」にあふれているのでしょう！　大変時間のかかる難しい仕事です。この指導書は非常に価値が高く、以前見たどんなものよりも、はるかにわかりやすく明確で実用的です。（中略）かつて桜井阿闍梨と長時間話をした後、私は少しは学んでいるという考えが思い浮かびました。彼は明らかに私の考えを読んで「学問まだ余程あります」と言いました。あなたは、物質を超越した形――例えば「精神」――に関する「学問」をどこで求められるかご存知ですか？　そちら側からこの問題に取り組む方が良いのではないでしょうか？　一般的な西洋思想――いわゆる科学――のことばで活動することに慣れた私たちの考え方では、西洋思想のことばで瞑想と集中の過程と目的を明確に述べることは役に立たないのでしょうか？　なぜ私たちは精神的なものや心理的側面においてのみ見るべきなのでしょうか？[62]

この後ビゲロウは堰を切ったように、精神はいかに創り出されいかに終わるのか、戒が与えられ真言が教えられる手段や仕組みとは何か、など多くの質問を岡倉に投げかけ、自分の理解の是非を問うた。仏教に帰依した後も、ビゲロウの精神は西洋思想と仏教の教えとの狭間でせめぎあい、苦しんでいたように思われる。ビゲロウは、西洋思想や科学だけでは理解できない仏教の教えや解決できない疑問を、岡倉が説明し解明してくれることを求めていたのであろう。そのようなビゲロウに、岡倉は観音図を贈った。ビゲロウはその観音図をガラス入りの額縁に入れて寝室に掛け、朝晩その前で「護身法」を繰り返していると伝えた。ビゲロウは尊敬の念を表して岡倉に腕時計を贈り、それが鳴るたび自分を思い出すようにと書いた。

異教徒としてキリスト教国に暮らすビゲロウにとって、岡倉は仏教について相談することのできる唯一の身近な「センセイ」だったのであろう。岡倉がこの世を去った後、ビゲロウは仏教について話すことのできる人がボストンに一人もいなくなったと友人に書き送っている。[63] ビゲロウは岡倉が贈った『天台小止観』の英訳を、一九二三年四月『ハーヴァード大学神学部紀要』第一六巻第二号に、岡倉との回想を綴った序文とともに掲載した。

岡倉とビゲロウとの関係は、文部省官僚と美術品コレクター、日本美術院設立者とパトロン、ボストン美術館理事と中国日本美術部キュレイターと、岡倉の地位や境遇の変遷によって変化していった。しかし、公の立場を超越して二人を精神的に結びつけていたものは、仏教だったといえよう。

第三節　岡倉とアメリカ人画家ジョン・ラ・ファージ

1　日本美術との出会い

ラ・ファージは、二〇世紀転換期のアメリカを代表する画家のひとりである。[64] 彼は富裕なフランス移民の子として一八三五年ニューヨークに生まれ、フランス系移民社会でカトリック教育を受けて育った。幼児期より絵を描くことに興味を持ち、カレッジ時代にはラスキンの思想に出会うことでヨーロッパ中世に魅力を覚える。カレッジ卒業後、一八五六年から翌年にかけてヨーロッパに滞在し、一時パリのトマ・クチュール（Tomas Couture, 1815-79）のアトリエで学んだ。その後、各地を旅行し、模写や風景のスケッチにいそしんだ。帰国途中イギリスに立ち寄った際、展覧会で見たラファエル前派の作品に強い感銘を受けている。帰国後、絵画の正式な教育を受けるため、ニューポートでモリス・ハント（William Morris Hunt, 1824-79）に師事した。はじめは風景画や静物画を主としていたが、一八七四年ハーヴァード大学メモリアル・ホールのステンドグラスのデザインや、一八七六年ボストンのトリニティ教会の装飾を機に、壁画やステンドグラスのデザインや製造を手がけるようになった。創作活動以外にも、美術に関する著作の執筆や講演を行い、一九一〇年に七五歳で亡くなった。初期の油彩画にはバルビゾン派的な要素、水彩画や版画にはラファエル前派や浮世絵からの影響、壁画やステンドグラ

図1　John La Farge, *Lady with a Fan*（1868年、墨・木板、14.6×10.6cm、カーネギー美術館蔵）
出典：Henry Adams et al., *John La Farge*, p.95

スには、中世やルネサンスの美術、アーツ・アンド・クラフツ運動との関連性が見られる。ラ・ファージは、さまざまな時代や地域の美術の影響を同時に受けた芸術家であった。(65)

　ラ・ファージが北斎の浮世絵と出会ったのは、おそらく一八五六年のパリ滞在の時だと考えられている。(66) 一九〇八年ニューヨークで自身の所有する東洋文物のオークションを行った時、知人に「ちょうど五〇年前、私は初めて北斎の本を買いました――初めて発見した喜びを想像してください」と手紙を書き送っている。(67) ヨーロッパでもてはやされた北斎に反発したフェノロサに対し、ラ・ファージは北斎の絶大な賛美者だった。(68) 時が経つにつれて彼の浮世絵蒐集の熱は嵩じ、一八六三年頃からはニューヨークの貿易商会Ａ・Ａ・ロウを通して、浮世絵を大量に日本から買い付けるようになった。一八六〇年に結婚したマーガレット（Margaret Mason Perry, 1839–1925）の大叔父が、ペリー提督（Matthew Calbraith Perry, 1794–1858）であったことも、彼を一層日本に惹きつける要因となったであろう。二人の結婚前にペリーは物故していたが、ラ・ファージがペリーの『日本遠征記』（一八五六年）を読んでいた可能性が考えられる。

　この頃のラ・ファージの作品からは、彼がホイッスラー（James Abbott McNeill Whistler, 1834–1903）と同時期に、アメリカでの「ジャポネズリー」の早い作例を見せていたことが窺える。例えば *Flowers in Japanese Vase*（《日本花瓶の中の花》一八六四年）と題された油彩画では、画中に金屏風を取り入れ、日本製の花瓶をクローズアップで描いた。また木板にインクで彩色した *Lady with a Fan*（《扇を持つ女性》一八六八年／図1）は、日本の着物を着てイーゼルの脇に立つ女性を描いたものである。ラ・ファージは雑誌などの挿絵を描く時も、しばしば浮

世絵の構図を自分の作品に活用した。(69)

彼は一八七〇年にラファエル・パンペリー(Raphael Pumpelly, 1837–1923)編の*Across America and Asia*(『アメリカとアジアを結んで』)第一四章に「日本美術論」を執筆する。これはアメリカにおける日本美術紹介の最初の論文となった。この中で、彼は漆器や陶磁器や彩色版画に表れた職人のすぐれた技術を賛美し、日本美術における大きな特徴として装飾の使用を挙げている。彼は、日本美術品を"perfect work"と呼び、「我々は、完全な美術品を眺めている、産業と幸福な結婚をした独特の文明の存在を目の当たりにしている、と感じる」と述べた。そして「写実と装飾という二つの相反する要素」が日本美術を形成していることを指摘し、それゆえに日本美術は「論理的な美術史において今まで満たされたことのなかった独特の位置を占める」と主張した。(70)また一八七六年のフィラデルフィア万国博覧会では日本庭園を見学し、モースの『日本のすまい・内と外』も読んでいた。(71)これらが示すように、ラ・ファージは日本美術研究家、収集家としてアメリカでの先駆者のひとりであった。そんな彼にとって、一八八六年の日本旅行がどんなに心躍るものであったか、想像に難くない。

2 ラ・ファージの日本旅行

ラ・ファージは日本旅行での体験をまとめ、一八九七年に*An Artist's Letters From Japan*(『画家東遊録』、以下邦題を表記)を出版した。『画家東遊録』の記事をなぞり、彼らの旅程を整理しておく。ラ・ファージとアダムズが横浜に到着したのは一八八六年七月二日で、出迎えたビゲロウが横浜の海岸通りのホテルへと一行を案内した。二人は横浜を拠点に東京を観光し、七月五日にはフェノロサ宅を訪ねて彼が収集した日本美術品を鑑賞した。七月二〇日、コレラの伝染と猛暑を避けてビゲロウ、フェノロサとともに日光へ赴き、八月二九日までフェノロサの別荘近くの禅智院の離れで過ごした。(72)八月三〇日に日光を下山し、横浜に戻った二人は、九月三日鎌倉で大仏を見物した後、横浜から海路西へと向かった。大阪から汽車で京都に入り、そこを拠点に奈良や大阪で古寺巡礼と骨董品を渉猟し、二二日京都から陸路横浜へと戻った。途上岐阜で鵜飼を見学、蒲原では富士山の美しさに感嘆し、雨の中箱根の山越えを果たして横浜に到着した。三ヶ月の日本滞在を終え、二人が帰国の途についたのは一〇月二日のことだった。同じ船には美術取調委員として欧州視察旅行に向かう岡倉とフェノロサが乗り込んでいた。

ラ・ファージは帰国から三年以上経過した一八九〇年二月、ザ・センチュリー誌において『画家東遊録』の連載を開始した。『画家東遊録』は、日本旅行中にラ・ファージがアメリカに送った手紙というスタイルで書かれているが、実際は三年以上前の旅行中のメモやスケッチ、記憶をもとに書かれた旅行記である。その結果、ラ・ファージが日本で強く心に残った場所に紙面の多くを割く構成となった。全一七章から構成されるこの旅行記には合計四八枚のスケッチや写真が掲載されているが、その半数以上の二六枚が日光に関わるものである（表1）。これら二六枚の図版が使われた六つの章とあわせ、図版のない「道」、「日本建築」、「骨董」、「スケッチ―雨中の塔」、「日光から鎌倉へ」、「日光から横浜へ」の六章も日光での体験を基にしている。実に全一七章のうち一二章が日光に関連した内容になっており、これらの総頁数は旅行記全体の約六割を占める。このように日光の記事や図版の比重が大きいことを例証として、ラ・ファージが日本で最も印象に残った場所は、二ヶ月近く滞在した日光であったと言えよう。そこでラ・ファージの日光滞在期間に焦点を当て、彼が日光の何に感銘を受けたのか、それを契機にどのような日本のイメージを形成していったのか、検討を試みる。

ラ・ファージは、まず日光での建築物とそこに施された装飾に感銘を受け、これらを詳細に観察している。例えば彼は日光山輪王寺家光廟大猷院の夜叉門の装飾について次のように記した。

見上げると、朱と白の大きな牡丹の彫り物と深く彫り込んで浮き彫りにした大きな緑の葉とで飾られた黄金の軒縁に、屋根の黄金の腕木が光の中に映っている。縦溝彫りの赤い柱からチューリップの花のように赤い縞のある大きな黄金のバクの頭と足とが飛び出している。金メッキした金属製の受け口や接合部やわずかに立体的な壁の浮き彫りは全て鈍い黄金色をしており、それが赤い漆に対して緑色に見える。向こうの内部の横木は、森の明るい緑に対して、孔雀石のような緑をしている。面取りしたその端は、向こう側の光と影を金色に映し、背景の同じ緑の木立は、柱頭の赤と金色のバクの長い頭と胴を浮かび上がらせる。(73)

表1　『画家東遊録』の図版

章のタイトル	図版の枚数	日光に関する図版の枚数
(扉)	1	
一画家の日本便り	7	
東京から日光へ	5	3
聖なる日光山の家康と家光の廟	11	11
家光	6	5
道		
日本建築		
骨董	4	
スケッチ	4	4
涅槃	2	2
スケッチ—家康の笛	1	1
スケッチ—雨中の塔		
日光から鎌倉へ		
日光から横浜へ		
横浜—鎌倉		
京都	3	
日本的な一日—京都から岐阜へ	2	
蒲原から宮ノ下へ—駕籠からの便り	2	
合計枚数	48	26

John La Farge, *An Artist's Letters from Japan* (New York : The Century Co., 1903) より作成。

ラ・ファージは石ノ鳥居、五重の塔、陽明門、拝殿などの装飾に関しても、同様に色彩、形状、材質などを丹念に観察し、記録している。そして「目的のために徹底的に手を尽くされた、繊細で微妙な配置や簡潔性」に感嘆し、西洋建築における装飾と日光でのそれとを比較して「その配置の能力は、現代のわれわれには望めない統制力と、どんな通りすがりのものでも惹きつけるだけの魅力と、現在の建築家が総力を結集し、全生涯をかけて成し遂げようと夢に描くよりも、さらに繊細な美を表している」と高く評価する。(74)ここには、井戸桂子が指摘したように、教会や邸宅の装飾に関わる一芸術家として日光の職人たちの技巧に感嘆する眼差しが窺える。(75)帰国後ラ・ファージは日本的モティーフを取り入れた数々のステンドグラスを制作するようになるが、日光で見た職人の手による精緻で美しい装飾の数々に触発されたものと考えられる。(76)

装飾の他に、ラ・ファージが心惹かれたものに日光の自然がある。彼は自然における建物の配置から、西欧とは異なる自然と人間との関係に気づき、そこに神秘性を見出している。

自然と人間との関係は、日本人の信仰において作り出された独特なものであり、これらの建物の配置様式を通して、それは意味づけられ、象徴化され、あるいは典型化されるのである。日本の寺はわれわれの教会堂のようにその建物だけで完結する単一体ではない。（中略）各々の社殿は何か聖なる象徴の言明であって、あらゆる建物が、広々とした場所や木や岩で囲まれた場所の広大な空間に、無限の芸術を広げている。建物はこうした全体の中の部分でしかない。建物は自然に囲まれている。自然は全ての建物を一つに継ぎ合わせる、いわく言い難い、神秘的な意味を持った根源であり、装飾でもある。(77)

ラ・ファージは日光の風景をスケッチしながら「文明は決して自然から切り離されたことはなかったし、宗教も芸術も歴史的な事柄もあらゆる自然現象と絡み合っている」と感じ、日光を「木立や森を神聖化し、この世のあらゆる場所にいる個々の形あるものと精神世界を結びつける世界」だと捉えた。(78)ラ・ファージにとって日光は単に装飾的な美だけでなく、「神秘的な意味」を感じさせる場所だったのである。

『画家東遊録』には、「日本の友人たち」に教わった仏教や日光の歴史に関する記述が散見される。ラ・ファージが日光のイメージを形成していく過程で、フェノロサや岡倉らからさまざまな知識を与えられ、影響を受けた可能性は高い。もちろんラ・ファージ自らもすすんで日光を知ろうとした。滞在中は毎日のようにスケッチに出かけ、時には日焼けで肌が焦げ軽い眩暈を起こすほど、作業に熱中した。彼はこうしたスケッチを通して、芸術家の感性と直観力で、自然と人間の関係やその神秘性を感じ取ったのであろう。「日本の友人たち」から得た知識や情報と合わせて、画家の眼差しで日光の自然や美と対峙することで、日本のイメージを形成していった。

3　ニューヨーク昇天教会の壁画

では、ラ・ファージは、帰国後どのように日本のイメージを作品に表したのであろうか。日光での体験に触発されたと考えて良いニューヨーク市の昇天教会（The Church of the Ascension）の壁画を取り上げて考察したい。

ラ・ファージは、渡日直前に昇天教会正面の壁画 *Ascension of Our Lord* の制作を開始しており、旅行中は壁画にふさわしい背景を構想中であった。ラ・ファージは日本での経験を壁画制作に役立てようと考えていたが、日光で僧たちの会話のささやき声が心に残り、巡礼の聖人の昇天や消滅といった話のすべてが混ざり合い、自分の壁画へと漠然と向けられ」、「壁画の背景に雲や荒野を使うこと、少なくとも、自分が表現しなくてはならないものと何か関係があると感じる瞬間、つまり西欧人にとって対立しているものではなく、我々が奇蹟的だと呼ぶのにふさわしい雰囲気」をキリスト昇天の壁画に盛り込むことを考えた。(79) そして、そのとき感じたことについて、次のように語った。

少なくともこの土地では、外部の自然を隔離されたものとか、対立的なものと考えなくてすむし、あらゆるものの端々が混ざり合っていて、人間界と外側の世界は互いに通じ合っているという考え――あるいは、もしあなたが感覚といいたければそれでもいいが――そういう雰囲気に浸ることができる。だから、折に触れ、私はこうした木々や岩や水の流れを、何か霊的な要素がそこから引き出されるのではないかと、考えるのが好きである。釈迦牟尼は、あらゆる（生ある）ものは仏性、すなわち絶対的な本質を持つ、と言ったのではないだろうか。（中略）こうした汎神論的共感は、私にもうひとつの宗派が、その秘儀的な世界観の中に三つの偉大な神秘を見出したことを朧気ながら思い出させた。木立を通して囁く風、岩に砕ける川、人間とその声の動き――あるいは、実際はその沈黙――は、肉体と言葉と思想という偉大な神秘の表現である。(80)

ラ・ファージは、日光における神秘的な雰囲気を仏教的なものと考えながら、汎神論的共感を引き起こされているのである。こうした日光での体験は、壁画制作へ影響を与えることになった。ラ・ファージは帰国後早々に壁画制作を再開し、一八八八年二月に完成させたが、この壁画の背景には日本で見た山々が描かれていると言われている（図2）(81)。ラ・ファージが日光の山並みをスケッチした *Mountain in Fog, From Our Garden, Nikko*《日光の庭から見た霧の山》一八八六年）（図3）と壁画の背景とを比較してみると、*Mountain in Fog, From Our Garden, Nikko* における中央の山の左側と、壁画のキリストの左側、及び壁画右端前面に描かれた山の稜線には、重なる部分が見出される(82)。

一方、ジェームズ・ヤーナルは、キリストや天使の体を包んでいる霧に注目し、壁画の背景はラ・ファージのスケッチ *Mountain of Fuji-San From Fuji-Kawa*（《富士川から見た富士山》一八八六年）が土台となっており、壁画の霧は富士山の上に流れる霧であると述べる(83)。しかし、*Mountain of Fuji-San From Fuji-Kawa* は、富士山の中腹にたなびく雲がかかっているものの、富士山や前景の山々の稜線は明確に描かれており、この見通しの良い風景画が、壁画の背景の土台となったとは考え難い。むしろ、前述した*Mountain in Fog, From Our Garden, Nikko*や、京都の街並みをスケッチした*Sunrise in Fog over Kiyoto*（《京都の朝靄》一八八六年）のほうが、濃い霧で稜線が曖昧となった山並みや、朝靄に霞む風景が描かれ、壁画の背景に近いように思われる。そのため、ラ・ファージは霧に包まれた日本の山々の風景を融合させ、自然に感じた神秘性や「奇蹟的だと呼ぶのにふさわしい雰囲気」を、聖なる壁画に表現しようと試みたのだと考えられる。

ところで、壁画完成の前年の夏、ラ・ファージの制作現場を足繁く訪ねる日本人がいた。欧州での美術視察を終え、日本帰国の途次に滞米していた岡倉である。ラ・ファージは、このときのことを次のように回想する。

その夏の間、友人の岡倉は多くの時間を私とともに過ごした。私は絵を描き、小休止している時には、霊の

図2　John La Farge, *Ascension of Our Lord*（1888年、ニューヨーク昇天教会堂の壁画）
出典：Henry Adams et al., *John La Farge*, p.177

図3　John La Farge, *Mountain in Fog, From our Garden, Nikko*（1886年、不透明水彩絵の具・紙、27.62×20.95cm、個人蔵）
出典：*The American Journal* vol.21, New York: Kennedy Galleries, Inc., 1989, p.52

出現や、その美しく素晴らしい世界についてあらゆることを私たちは話し合った。仏教徒が言うには、そこでは霊の体が形をとっては消え去り、現実と想像の端々が溶け合っている。(84)

ラ・ファージは、仕事の合間に岡倉と仏教の話をしながら壁画制作に没頭した。岡倉との会話が、一年以上前に日光で感じた神秘性や汎神論的共感を鮮やかに呼び起こしたことは想像に難くない。壁画には、日光での経験と、岡倉との会話を通して得た芸術的なインスピレーションが反映されているのである。昇天教会の壁画には、彼が日本で目にした風景や経験が反映されており、来日以前の作品に見るようなジャポネズリー的表象とは異なり、「汎神論的共感」を抱いた、画家の日本への眼差しがこめられている。装飾や自然や絵画など日本で見たさまざまな美の造形原理と、日本で体験した目に見えない雰囲気や精神性とが渾然一体となって、ラ・ファージの創作活動の強力な霊感源として働いたのである。(85)

4　岡倉とラ・ファージとの交流

4―1　日本文化と東洋思想の発信と受信

以上ラ・ファージが描いた「日本」のイメージについて述べてきたが、壁画制作時のエピソードが示すように、彼の日本理解の過程で岡倉の役割が与えた影響は大きい。『画家東遊録』は、同行したアダムズと岡倉に捧げられたが、そこに掲載された「岡倉サン」への献辞「あなたのお話の思い出は、あなたの国とその国の物語が好きだという私の気持ちと結びついており、そして時には私にとっての日本はあなただったからです」からも裏づけられる。(86)

来日したラ・ファージに、岡倉を紹介した人物は定かではない。おそらくフェノロサかビゲロウであると推察されるが、当時駐米公使だった九鬼はアダムズと知り合いで、アダムズの来日に際して紹介状を数通渡していることから、岡倉は彼らのことを九鬼から聞いていたかもしれない[87]。いずれにしても、岡倉はラ・ファージ一行の滞在中に日光を訪れており、この頃には初対面があったと考えられる。『画家東遊録』にはしばしば「O」という岡倉と思しき人物が登場しており、ラ・ファージが彼によって日本の歴史や仏教への理解を深めていく様子が窺われ、興味深い。昇天教会の壁画制作現場に足繁く訪れていたことを合わせ考えても、ラ・ファージの日本観の形成に岡倉が影響を与えたことは明らかであろう。

ラ・ファージは『画家東遊録』に"Tao"（「道」）という章を設けて、道教についても熱心に語っている。一九〇四年一〇月一八日、ラ・ファージはガードナー夫人に道教の書物と書簡を送った。彼が送った本は、自身が持つ英訳本二冊のうちの一冊であり、すでに日本にいたとき持っていたものだという。蔵書には一六世紀の日本語の初版本もあるが、「岡倉のように流暢に中国語を読むことができない」ため、「自分には過ぎた宝物である」と手紙に書いている。この手紙は、岡倉がロードアイランド州ニューポートのラ・ファージの別荘に一日滞在して帰った後に書かれたものである。岡倉に本の内容についてもっと質問しておけば良かったと後悔の念を表し、彼の助けがあれば本から多くのことを学ぶことができると夫人に伝えている[88]。ここから、ラ・ファージの道教理解の深化にも、岡倉の助力があったことが推察できる。

また、ラ・ファージは儒教についても関心を持ち、岡倉を指南役として孔子の教えを学んでいった。ラ・ファージは「孔子について語るのが好きで、岡倉の助けを借りて勉強するときは、小説と同じくらい楽しかった」ようだ[89]。一九〇四年、ラ・ファージはミネソタ州都最高裁判所に、巻物を読む孔子と弟子の壁画 *The Recording of Precedents: Confucius and His Disciples*（《先例の記録：孔子と弟子たち》一九〇四年）を描いた[90]（図4）。

この絵について村形明子は、画中左から二人目の孔子は岡倉がモデルで、壁画の背景はラ・ファージとアダム

巻物に書かれた漢字

図4　John La Farge, *The Recording of Precedents: Confucius and His Disciples*（1904年、蝋画・キャンバス、4×8.2m、ミネソタ州都最高裁判所蔵）
出典：Henry Adams et al., *John La Farge*, p.189

背景の滝

ズが宿泊した日光の家の庭園だと指摘する。[91] クリストファー・ベンフィーも、孔子の周りにいる弟子たちは、渡米した日本美術院の画家たちだと述べる。[92] 確かに弟子の数は四人であり、横山大観、菱田春草、六角紫水（一八六七―一九五〇）、岡部覚弥（一八七三―一九一八）の数と符合する。また、壁画の背景中央に流れる小さな滝は、ラ・ファージが日光の家の庭園をスケッチした *Water-fall in our Garden at Nikko*（《日光の庭の滝》一八八六年）に描かれた滝や、*The Fountain in Our Garden at Nikko*（《日光の庭の湧き水》一八八六年）の左端の滝と形状が類似している（図5）。どちらの滝も、一段から二段の階層があるように見え、水は落ち口から分岐して流れを作っている。滝の左側にごつごつとした岩肌が見え、その間に草木が生い茂っている点も共通している。壁画右端の植物は、庭園の池に生えている植物と葉の形状が類似しており、壁画の背景はこのスケッチが土台となっていると考えられる。昇天教会の壁画と同じように、日光での経験と岡倉の存在が、ラ・ファージのほかの創作活動にも影響を及ぼしていたと言えるだろう。

ラ・ファージは、メリーランド州ボルチモア裁判所にも孔子をモティーフにした壁画 *Confucius: Founder of Law and Philosophy in China*（《孔子：中国における法と哲学の創始者》一九〇六年）を制作し

図5　John La Farge, The Fountain in Our Garden at Nikko（1886年、油彩画、29.84×24.76cm、個人蔵）
出典：*The American Journal* vol.21, p. 50

た。この壁画においても、画中中央の孔子は、口元にたくわえた髭や重たそうな瞼といった身体的特徴から岡倉がモデルであるように思われる。両脇に侍す弟子たちも、岡倉に従って渡米した日本美術院の弟子たちと重なる。また、孔子の琴を鳴らすポーズは、同一九〇六年出版された『茶の本』の中の「琴馴らし（Taming of the Harp）」の話を想起させる。岡倉は東京大学在学中、加藤桜老（一八一二―八四）について琴を習ったといわれているが、ボストンでは、人と人との調和を作り出すため音楽を重んじる孔子の思想を伝えることがあった。(93)もともとラ・ファージには東洋への興味が基盤としてあったが、岡倉との会話と東洋を主題にした作品の創作活動を通して、東洋思想に対する理解や共感を深めていったものと考えられる。壁画の孔子像のモデルが岡倉だとするならば、作品に表象されたものは、東洋思想の伝道者たる岡倉へのオマージュであったと言えよう。

4―2　新たなネットワークの形成

だが岡倉とラ・ファージの交流は、岡倉がラ・ファージに日本文化や東洋思想の知識を与えるという一方的なものではなかった。岡倉もまた、ラ・ファージからさまざまな影響を受けている。たとえば桑原住雄は、欧州視察旅行に向かう岡倉に「欧米美術に関する見方と、欧米美術への接近のオリエンテーション」を与えたのは、欧州の美術動向や美術教育制度について詳しい知識をもつラ・ファージであり、彼の美術観は岡倉を介して、その後の日本の美術教育に影響を与えたと指摘した。帰国後、岡倉は「欧人の如く純正美術（Pure Art）又は高等美術（High Art）と工業美術（Industrial Art）（一に装飾美術（Decorative Art）又は応用美術（Applied Art）と云ふ）の間に人為的の区別を付けざるなり」と主張した[94]。これはラ・ファージが「日本美術論」において日本美術品を「芸術が幸運にも産業と結婚した」"perfect work"と称し、その装飾と職人の精緻な技巧を高く評価したことと通じるものがある[95]。そのため、ラ・ファージの日本美術理解、特に応用美術の評価が、岡倉の日本美術行政の指針に影響を与えた可能性が示唆されるのである。

また岡倉は、最初の訪米の際、ラ・ファージに案内されてレンブラントの秀作数点を鑑賞している。このとき岡倉は作品の前に膝まづき「これはまさに中国の水墨画の巨匠たちがやろうとしていたことだ」と言ったという[96]。ラ・ファージは、京都で牧谿《もっけい》の《観音図》を見たときラファエッロの聖母像を思い出しているが、それと同じ衝撃を、岡倉もレンブラントから受けたのである[97]。岡倉は作品を注意深く観察し、一日中線や空間の配置を勉強した。翌日は白と黒の配置について、さらに次の日はエッチングの繊細な線によって表現された描画能力やその効果について、分析を行った。ラ・ファージは、このときの岡倉について「彼は私が持っていた基本法則に忠実だった。彼はすべての偉大な作品と共通しているレンブラントの基礎を見た後で、レンブラント独特の美を見たのである」と回想している[98]。ラ・ファージは、レンブラントの作品を通して、岡倉に西洋における作品分析法や鑑賞法を教授した。岡倉は、欧米視察旅行の中で西洋美術と東洋美術との精神的な共通性を見出していくが、ニューヨークでレンブラントの作品と水墨画との共通性を見出した体験は、その起点として位置づけられよう。

さらに、アメリカにおける岡倉の新たな人的ネットワークの形成と拡大に、ラ・ファージは重要な役割を果たすことになった。すでに述べたように、岡倉はラ・ファージに連れられてニューヨークのセンチュリー社の雑誌『センチュリー・マガジン』編集長ギルダーのスタジオを訪ね、そこでアメリカの国際的オペラ歌手ケロッグと出会った。ギルダー家のスタジオには知識人や芸術家が集まり、当時のニューヨークの文的拠点となっていた。

岡倉はラ・ファージを介して、ニューヨークに基盤を置く新しい人脈を築く機会を得たのである。さらに一九〇四年に再び渡米した岡倉を、ラ・ファージがボストンの有力者のひとりガードナー夫人に紹介したことは、岡倉のボストン・ネットワークの拡大と、ボストン社会における地歩の確立に大きな寄与となった(99)。同年九月のセントルイス万国博覧会で岡倉が"Modern Problems in Painting"(「絵画における近代の問題」)の講演を行ったのも、ラ・ファージの強い薦めによるものであった。一九〇四年四月三日から、ニューヨークのセンチュリー・アソシエーションで開催された横山大観、菱田春草作品展に関しても、ラ・ファージやギルダーらの支援があったことは言うまでもない(100)。

ラ・ファージの持つ人的ネットワークは、ボストンとニューヨークをカバーし、友人のアダムズを通して彼の居住地ワシントンにも及ぶこととなった。ラ・ファージのネットワークのなかに自身を組み込むことによって、岡倉はニューヨークとボストンを基盤とした新たな人脈を形成していったのである。そのネットワークが、渡米後の彼の新たな活動を支えることになる。一九〇六年、岡倉は『茶の本』を「ラ・ファージセンセイへ」捧げたが、それは『画家東遊録』の献辞への返礼以上のものがあったに違いない。ラ・ファージの日本旅行は、ラ・ファージと岡倉の交流の起点であるだけでなく、その後のアメリカにおける岡倉の活動にとって重要な意味を持っていたと言えよう。

第四節　岡倉とイザベラ・スチュワート・ガードナー

1　イザベラ・スチュワート・ガードナーの生涯

1―1　異国への旅行

イザベラ・スチュワート・ガードナーは、美術コレクションの収蔵と公開のため、一九〇三年ボストン市フェンウェイに私邸兼美術館を建てた人物として知られている。当時フェンウェイ・コートFenway Courtと呼ばれたこの建物が、現在のイザベラ・スチュワート・ガードナー美術館である。

イザベラはアイリッシュ・リネンと鉄鋼業で財を成したデヴィッド・スチュワートの長女として、一八四〇年四月一四日ニューヨークに生まれた。(101) 彼女は家庭教師やプライベート・スクールで教育を受けた後、一八五六年から五八年までパリのプロテスタント・スクールで花嫁修業を行った。

パリ滞在中、彼女は両親とイタリアを旅行して、ミラノの貴族ペッツォーリ邸を訪問し、彼の膨大な美術コレクションを見た。この屋敷とコレクションは、ペッツォーリの死後、彼の遺言によりポルディ・ペッツォーリ美術館として市民のために維持された。この屋敷の役割は、後のフェンウェイ・コートの建設に影響を及ぼしている。それは、一九二三年ヒギンソン夫人（Ida Agassiz Higginson, 1837–1935）がイザベラに送った書簡の「あなたは私にこう言いました。（中略）『もし自由に使える遺産を相続したら、私［引用者注：イザベラ］は家を持つでしょう。それは美しい絵画や芸術品で満たされ、人々が訪れて楽しめるミラノの屋敷のような家よ』と。そしてあなたは娘時代の夢をかなえ、たくさんの人々に幸せを与えました」という文章から窺える。(102)

欧州から帰国後、一八六〇年にイザベラはボストンの富裕な貿易商人ジョン（通称ジャック）・ローウェル・ガードナー（John Lowell Gardner II, 1837–98）と結婚した。ボストン市内に新居を構え、一八六三年には長男を出産する。しかしその二年後に子どもを失い、その後授かった命も流産によって失ってしまう。さらに医者に出産を諦めるように言われ、失望した彼女は神経衰弱に陥った。

一八六七年、夫ジャックは妻をヨーロッパ旅行に誘い、療養を試みた。スカンジナビア半島、ロシア、パリ、ウィーンなどを訪れるうち徐々にイザベラは回復し、生きることに前向きに対峙するようになる。一八七四年から翌年にかけて夫妻は再び旅行に出かけ、エジプト、ヌビア、パレスチナ、アテネ、ウィーン、ミュンヘン、パりなどを訪問した。

一八八二年二月から三月にかけて、ガードナー邸でモースが日本について講演を行うと、刺激を受けた夫妻は旅程に日本訪問を組み込んで、一八八三年世界各国を周る大旅行に出る。夫妻は三ヶ月日本に滞在した後、翌一八八四年にかけて中国、カンボジア、インドネシア、インド、エジプト、イタリアを訪れた。ヴェネチアでは五週間かけてイタリア美術を学び、一五、一六、一八世紀の名作の写真を収集した。これらの旅行を通して夫人は歴史的建築物や、異国の文化や生活様式に興味を抱くようになっていく。未知なる土地への旅行という行為そのものや異文化のなかで味わう感動や驚き、人々との新しい出会い、収集した数々の美術品などが慰撫となり、彼女は子どもを失った悲しみや自己喪失の危機を乗り越えていった。異国への旅行を通して本来の自由で解放的な自分を取り戻していったのである。

さらに海外旅行は、ガードナー夫妻に新たな人脈構築の機会を与え、後年のフェンウェイ・コートの建設に影響を与えることになった。一八七九年、夫妻はイギリスのパーティで画家ホイッスラーと知り合う。夫妻が初めて彼の作品を鑑賞したのはロンドンのグローブナー・ギャラリーであったが、そこは晩餐会やコンサートが開催され、ロンドンの人々が集う場所となっていた。貴族趣味の店内には、ラファエル前派やホイッスラーなど若い芸術家の作品が巨匠の作品と同列に展示されていた。この画廊のロンドンにおける文化的な立ち位置は、後のフェンウェイ・コートと通じるものがあり、ガードナー夫妻がグローブナー画廊に感銘を受けたことが推察できる。

一八八四年に訪れたヴェネチアには、ジャックの親戚ダニエル・カーティス（Daniel Sargent Curtis, 1825–1908）がカナル・グランデ沿いのパラッツォ・バルバロに住んでいた。フェンウェイ・コートは、いくつかの点でこの邸宅を参考にしているという。たとえばフェンウェイ・コートには、デザインや展示方法などでパラッツォのロココ調の部屋をなぞったギャラリーがあり、その屋内庭園は、縮尺を拡大してフェンウェイ・コートの中庭に再現された。また、画家だったダニエルの息子ラルフ（Ralph Wormeley Curtis, 1854-1922）は、後にガードナー夫人の美術品収集に助言を与えるひとりとなった。

ガードナー夫人は、地元ボストンにおいても知性と教養を高め、積極的に新しい人間関係を構築していった。彼女は小説家クロフォード（Francis Marion Crawford, 1854-1909）の紹介で、ハーヴァート大学のチャールズ・エリオット・ノートンの読書会に参加するようになり、一八八五年にはノートンが会長を務めるダンテ・ソサエティの一員となった。ダンテ・ソサエティとは、ダンテ作品の研究を目的に、一八八一年ノートンらが中心となって設立された組織である。ガードナー夫人はノートンの勧めで、ダンテの稀少本や草稿を収集するようになる。

1―2　芸術支援と美術品収集

知識人との交流を深める一方で、彼女は芸術家や芸術団体に援助を与える後援者としての役割も担うようになっていく。一八八六年、夫妻は再び訪れたロンドンで、小説家ヘンリー・ジェイムス（Henry James, 1843-1916）の紹介により、ジョン・シンガー・サージェント（John Singer Sargent, 1856-1925）と出会った。彼はアメリカ人画家で、後に上流階級の人々の肖像画で知られることになる。ロンドンでの出会いを機に、彼らは友人として親交を深めるとともに、画家と後援者という関係を築いていく。サージェントはガードナー夫人の肖像画を描き、夫妻の所有するサージェントの作品は六〇以上にものぼった。また一八八一年よりボストン美術館への寄附を行い、ボストン美術館年報には毎年ジョン・ローウェル・ガードナー基金からの収入が計上された(103)。

ボストン交響楽団創立者ヘンリー・リー・ヒギンソン（Henry Lee Higginson, 1834-1919）の友人であったガードナー夫人は、同交響楽団や楽団員たちへも経済的支援も行った。リハーサル・チケットが公の競売に出されたときは高い値をつけて全て買い取り、一八九八年楽団がカーニー病院のために慈善コンサートを行ったときは、夏の別荘地グリーン・ヒルの土地を提供した[104]。元ウィーン・コート・オペラのカペルマイスターで、一八八四年交響楽団の指揮者となったゲリック（Wilhelm Gericke, 1845–1925）は、このようなガードナー夫人の後援に謝意を表し、彼女が着席するまでコンサートを始めなかったという。ビーコン・ストリートにあったガードナー邸の音楽室では頻繁に音楽会が開かれ、楽団員やニューイングランド音楽院の生徒が演奏した。彼らの中には、当時楽団のコンサートマスターでヴァイオリン奏者だったレフラー（Charles Martin Loeffler, 1861–1935）がいた[105]。ガードナー夫人の支援は個々の音楽家にも及んだ。一八八八年一月一九日、ガードナー邸においてマニュスクリプト・クラブの第一回演奏会が開催された。このクラブは地元の作曲家支援を目的に組織され、彼らに聴衆の前で自分の作品を演奏する機会を提供した。

旅行や文化的支援を行う一方で、夫妻は膨大な美術コレクションを形成していった。一八九一年ガードナー夫人の父親が財産を残して死去すると、服喪後、夫妻はヨーロッパを再訪しフェルメール、ホイッスラー、ペッセリーノの作品を獲得した。

さらに一八九四年にはボッティチェッリの *Tragedy of Lucretia*《ルクレチアの悲劇》を購入した。このボッティチェッリ購入には、後に彼女の美術品収集アドバイザーとなるバーナード・ベレンソン（Bernard Berenson, 1865–1959）の存在があった。彼らが初めて出会ったのは、ベレンソンがハーヴァード大学に入学し、ノートンのクラスを受講した一八八四年のことである。ガードナー夫妻はベレンソンとその家族のためにブルックラインの別荘を提供し、彼の欧州留学のために金銭的な援助を与えた。ベレンソンは文学研究者を目指して渡欧したが、フィレンツェでイタリア絵画に接したことが契機となり、鑑定家、美術品収集の代理人としての道を進んだ。六年間音信が途絶えていた二人の交流は、ベレンソンが一八九四年『ルネッサンスのヴェネチア画家』を出版し、ガードナー夫人に手紙を送ったことで復活した。その半年後、ベレンソンはロンドンでボッティチェッリを探し出したのである。

ガードナー夫人のまわりにはベレンソンをチーフとして、ラルフ・カーティス、画家のアンダース・ゾーン（Anders Zorn, 1860–1920）など美術品収集のアドバイザーたちがいた。しかし彼女は彼らの助言に従順に従うのではなく、自身の直感や感覚に忠実に美術品を購入した。一八九六年にはレンブラントの自画像、ティツィアーノ、ベラスケスの作品を入手したが、収蔵美術品の増加に従ってガードナー邸は手狭になっていく。さらに広い収蔵スペースの確保に迫られたため、夫妻は美術館の建築を考えるようになる。隣り合う二つの家に美術館と住居の役割を持たせようと考えたイザベラに対し、ジャックは新たに土地を購入し、彼らの居住空間も含めた新しい建物の建築を考えた。夫妻は美術館にふさわしい土地としてフェンウェイを候補に選んだ。そこは景観設計士オルムステッド（Frederick Law Olmsted, 1822–1903）によって造られたボストンの新しいエリアだった。

1―3　フェンウェイ・コートの建設

この計画の矢先、イザベラを予期せぬ悲劇が襲った。一八九八年一二月一〇日、ジャックが脳卒中で急死したのである。ガードナー夫人は息子の死をともに乗り越えた、人生の伴侶を失うという大きな喪失感に再びさいなまれた。

だが約一ヶ月後の一八九九年一月三一日、ガードナー夫人はフェンウェイの土地を購入すると、夫の死による空疎を紛らわすように美術館の建設に没頭した。彼女自身がフェンウェイ・コートの設計を行い、ヴェネチアのパラッツォのようなルネサンス期の建物の建築を押し進めた。ペンキの入ったバケツを手に梯子を登り、自ら塗装工に指示を与え、煉瓦工や大工には要求どおりの材木や石を用意するよう叱咤し、左官や配管工とも議論を交わした。彼女はフェンウェイ・コートの建築に関して妥協を許さず、何度も考えを変更して、新しい設計図や青写真を作ってはそれら全てを試みようとした。その徹底ぶりは、階段部分の建造と解体を二回繰り返すほどであった。

一九〇〇年一二月一九日、ガードナー夫人は美術教育、特に美術品の公開展示を目的とする法人の設立許可を取得し、一九〇一年一一月一八日、完成したフェンウェイ・コートに移り住んだ。彼女の居住空間は最上階の四階に設けられた。一九〇三年元旦の夜には集った招待客に向けて、音楽室でのプライベート・コンサートを開催した。このコンサートではボストン交響楽団五〇人がバッハやモーツァルト、シューマンなどの楽曲を演奏した。同年二月には美術館を一般に公開したが、当初は公開日数をイースターと感謝祭の各一〇日間、年二〇日間のみと定め、入場者数も一日二〇〇名という制限を設けた。さらに物珍しさに惹かれただけの者を入場させないように、一ドルの入場料を課した。

並行して彼女は個々の芸術家や音楽家のみならず、動物愛護団体、ボストン動物園、文学協会、病院、聖公会、ハーヴァード大学の各種団体、ボストン・レッド・ソックス等広範囲な文化団体、医療機関に経済援助を行った。一九一九年一二月、彼女は右半身を麻痺させる発作によって寝たきりの状態に陥り、五年後の一九二四年七月一七日、八四年の生涯を閉じた。

美術館の紋章には、彼女の座右の銘、“C'est mon plaisir”（It is my pleasure）が刻まれている。ガードナー夫人にとって美術館の建設に没頭することは、夫の死の喪失感を乗り越えるための行為であったのかもしれない。そしてその開館は、美術品展示によって多くの人々に楽しみを与える自らの夢の実現となった。芸術という分野で人々に奉仕することが彼女個人の喜びであり、社会的支援に参画するという自覚と誇りが、彼女の精神への慰撫となったといえよう。彼女の収蔵する美術品は古代美術品、巨匠の作品からフォービズムやアール・デコまでを網羅している。その生涯を通じ美術、文学、音楽など全ての芸術的領域における新しい動きに興味を抱き続けた。新しい美術品の収集は美術館の展示に結実し、ひいてはそれが彼女の喜び（plaisir）となった。彼女の文化のパトロネージュは、美術館の建設と公開、芸術家や文化団体への後援と多岐にわたっていたが、そのひとつひとつが彼女自身の幸福と結びついていたのである。

創作的にも経済的にも苦境に陥った日本美術院の活路を拓くため、一九〇四年に渡米した岡倉にとって、このようなガードナー夫人の惜しみない芸術へのパトロネージュは、理想的な芸術と社会の関係と映ったに違いない。岡倉は一九〇四年九月、セントルイスで開かれた万国博覧会で「近代における絵画の問題」という講演を行い、「社会は、パトロンのふりをして、自身の真の役目が母親のそれであることを忘れています。芸術がその胸に抱かれ、身を落ち着ける場所を許されるのは稀なのです」と述べた。(106) 芸術活動における理想的なパトロンのありかたを暗示する「母親」という言葉は、当時のボストン社会の文脈にあてはめれば、芸術家を支援し、その成長を“C'est mon plaisir”としたガードナー夫人の姿が浮かび上がってくる。

2　ガードナー夫妻の日本旅行

2―1　夫ジャックの日本旅行記

ガードナー夫妻は、ラ・ファージとアダムスの来日より三年早い一八八三年六月から九月までの三ヶ月間、日本に滞在した。この旅行中、夫妻が岡倉と会うことはなかったようだ。しかしガードナー夫人と岡倉との交流を考察する上で、この旅行がどのようなものだったのかを把握することは、彼女の日本体験を知るために意義があろう。裕福なアメリカ人夫婦による日本旅行の具体例を知る意味においても、その足取りを辿ることは興味深い。ガードナー美術館には夫妻の日本旅行記が残されており、二〇〇九年にガードナー美術館から刊行された *Journeys East: Isabella Stewart Gardner and Asia* で紹介されている。とくに、夫ジャックが毎日の行動を簡潔に記録した旅行記には、訪問地や人名、移動手段や出発時刻などが記されており、夫妻の旅程の詳細を知ることが可能である(巻末資料参照)(107)。

二人は六月一八日横浜に到着し、翌日パーシヴァル・ローウェルとビゲロウに会った。未知の土地を旅行するとき、二人がまず頼みとしたのは現地に住むボストン・ブラーミンのメンバーであった。夫妻の旅行の前半は横浜を拠点とし、汽車に乗って頻繁に東京に出かけては、当地に滞在する知人たちの案内で、芝増上寺や赤穂浪士の墓などさまざまな観光名所を訪れた。また、骨董品店での買い物、茶屋での食事や観劇を楽しみ、愛宕山神社や隅田川の祭りを見物した。何度か泊りがけの小旅行にも出かけ、七月二日は鎌倉、江ノ島に一泊、同月二一日から二七日まで日光に滞在、八月二日から五日にかけては箱根に遊んだ。夫妻は時に別々の行動をとったが、滞日外国人のためのクラブである横浜ユナイテッド・クラブに顔を出し、東京のアメリカ公使館に出かけて社交に時間を割くジャックとは対照的に、イザベラはビゲロウの案内で茶会を見学したり、日光の寺院で早朝の勤行を行ったりした。二人の行動の差異からは、異国の文化や宗教に興味を持ち、機会があれば積極的に体験しようとするガードナー夫人の旺盛な好奇心が窺われる。

横浜に逗留している間、彼らともっとも多く行動をともにした人物はビゲロウだった。彼は自宅の食事に夫妻を招いては友人たちを紹介した。六月二六日、二人はフェノロサ夫妻を紹介されると、滞在中何度か彼らと食事をともにした。六月三〇日にはフェノロサ宅で彼のコレクションである多数の日本画を鑑賞し、横浜から出発する前日にも、イザベラは単身東京に赴きフェノロサ夫妻と昼食の食卓を囲んでいる。食事中、彼らが日本美術に関する話題に興じたことは想像に難くない。

八月八日、夫妻は横浜から海路を西へ向かい、一〇日に神戸に到着した。横浜の時とは異なり、二人は神戸から大阪、京都、奈良、大阪、そしてまた神戸と畿内の観光地を転々と移動した。一三日には大阪の山中吉郎兵衛の店で買い物をし、相撲観戦をした後、京都に移動している。京都には二週間ほど滞在し、寺院を中心に観光名所を巡り、東京の時と同様観劇や茶屋での食事や買い物を楽しんだ。ときには大津に足を伸ばして琵琶湖を周遊し、嵐山の川下りを楽しむこともあった。二四日にはイザベラが夫を誘ったのか、夫婦そろって知恩院で説教を聴いているのが興味深い。翌二五日は、宇治を経由して奈良に移動し、神楽舞を鑑賞、翌日大仏や法隆寺を見物した後、大阪へ移動した。大阪では川で船遊びの際、花火を数個上げさせるという豪遊ぶりであった。また観光の合間を縫うように、山中商会や骨董品店での買い物にいそしんだ。夫妻は神戸の倉庫に購入した骨董品や美術品を保管していたが、神戸に戻るとそれらを仕分けして、送り状を作成する作業に追われた。日本での美術品収集が実り多いものだったことが推察できる。三一日には神戸港を出発し、下関や長崎に寄航しながら、次の目的地である中国に向かった。

このようにジャックの旅行記からは、明治一〇年代における裕福なアメリカ人夫婦の日本旅行の様子がまざまざと浮かび上がってくる。彼らは外国人専門のホテルに宿泊し、馬車を駆って観光地をめぐり、茶屋で芸者を揚げ、潤沢な旅行資金を骨董品漁りにつぎ込んだ。交際するのは専ら現地のアメリカ人、もしくはアメリカ人旅行客で、ガイドや馬子など雇用した者を除けば、彼らが接した日本人は極めて限定された。旅行記には「ハコダテ」と「タカミネ」という二名の日本人の名前が記されるのみである。ハコダテは横浜到着の数日後一日一ドルで夫妻に雇われたガイドで、関西まで夫妻に同行し、荷物の運搬や手紙の受け取りなどの雑用を行った。タカミネはおそらく教育者の高嶺秀夫（一八五四―一九一〇）であろう。夫妻は七月一六日、ビゲロウ宅で彼と会っている。

2―2　ガードナー夫人の日本旅行記

一方ガードナー美術館には、ガードナー夫人が日本旅行の思い出の品々を貼り付けたスクラップブックも保存されている。(108) 毎日の出来事を簡潔に記録したジャックの日録的旅行記に対して、彼女は各地で入手した写真、パンフレット、お札、地図、メニュー、劇場のプログラム、広告の切り抜きなど種々雑多なものをスクラップブックに貼り混ぜ、そこに短いコメントを記した（図6）。ビゲロウとともに新富座で終日過ごした七月九日のページには、当時人気の歌舞伎役者九代目市川団十郎（一八三八―一九〇三）、五代目尾上菊五郎（一八四四―一九〇三）、初代市川左団次（一八四二―一九〇四）の写真が貼られ、写真の下には“Danjurô”,“Kikugoro i.e. Otowaya”,“Sadanji”とガードナー夫人の文字が記される。菊五郎の屋号が「音羽屋」であることを知ったのは、場内での掛け声を聞いて興味を抱きビゲロウに尋ねたのかもしれない。頁の下部には小さく折りたたまれた歌舞伎番付が貼り付けられており、その日の演目を知ることができる。(109)

彼女は夫のように毎日記録をつけることはしなかったが、心に残った出来事があれば、好きなだけ頁を使い、記念の品を貼りつけた。感情を表に出さず必要な事だけを几帳面に記録したジャックの旅行記に比べ、ガードナー夫人の旅行記からは彼女が日本の何に心魅かれ、何に感銘を受けたのかを窺い知ることができる。

たとえば七月二日に鎌倉、江ノ島を見物した日の二人の記録を比較してみると、ジャックの旅行記が「八時四五分出発。鎌倉に行き、一二時半に昼食、八幡宮を見学後、大仏を見て、五時半ごろ江ノ島に到着。午後は弁天岩屋に行った。岩本楼にて一泊」という簡潔なものであるのに対して、イザベラはこの日の記録に一〇頁近くを費やしている。そこには大仏や江ノ島などの写真、鎌倉の名所が記された日本語の地図、江ノ島弁天や長谷観音の木版刷り、八幡宮で拾ったと思われる銀杏の葉など旅先の思い出となる品々が貼り付けられている。

銀杏の葉が貼られた頁には「木。（銀杏）樹齢千年。実朝殺害のために公暁はこの木の背後に隠れて待ち伏せした」と記されている。八幡宮で大銀杏にまつわる歴史上の出来事を知り感銘を受けたことが、押し花にした銀杏の葉から看取できる。歴史的な事柄やその地にまつわる伝説にガードナー夫人が関心を持ったことは、弁天の木版刷りが貼付された頁に「紀元前一五二年、激しい嵐のあと雲の中から女神が頂上に座した江ノ島が現れた。以後そこは女神に仕えた龍の住処となった」と記していることからも窺える。ガードナー夫人は長谷寺で見た十一面観音菩薩像にも興味を持ち、「坂東四番相州鎌倉長谷寺」と印刷された観音像の木版刷りを貼り、その横に「大仏の近く――長谷村の寺院にある黄金の巨大な観音」と記した。そして観音について「片手に花、片手に錫杖を持ち、小さな顔で作られた頭飾りをつけて、曼荼羅に囲まれている」と描写した（図7）。

　このようなガードナー夫人の日本への眼差しは、日光旅行の記録にも表れている。彼女は日光の記録にさらに多くの頁を費やし、多数の写真とともにその地で得た知識を書きとめた。神橋の写真の頁には「赤い橋。深砂大

図6　ガードナー夫人の旅行記（1883年、イザベラ・スチュワート・ガードナー美術館蔵）

王の神社」、相輪塔の写真の下には“Sō-rin-to”と記してある。おそらく日本人ガイドに尋ねたり、ガイドブックで確認したりして、名前を書きとめたのであろう。これらの記述から、彼女が日本で見聞きするさまざまなものに好奇の眼差しを向け、印象に残った場所、ものの由来や伝説、歴史的なできごとを記憶に留めようとしていたことがわかる。このような記述はジャックの旅行記には見出せず、ガードナー夫妻の日本への眼差しや異文化体験の姿勢には差異が認められる。

しかし、二人とも当時の日本美術愛好の影響を受けて、工芸品や美術品を渉猟したことはジャックの旅行記から明らかである。そもそも彼らが来日した背景には、当時のアメリカにおける日本趣味の風潮、モースの講演で形成された「美の国」日本のイメージがあった。さらに現地でフェノロサの収集品を目の当たりにしたことで、彼らの購買欲はさらに刺激されたと考えられる。

彼らの収集熱は帰国後も冷めることなく、ボストンの山中商会や松木文恭（一八六七―一九四〇）から多量の買い付けを行った。やがてその収蔵品は、フェンウェイ・コートの「中国室（The Chinese Room）」と呼ばれる一室に西洋美術品と混在されて展示される。また、ブルックラインの別邸には修学院離宮を模した日本庭園が造営された。それらは、まさに西洋人の東洋趣味を満喫させるに足る空間であった。

図7　ガードナー夫人の旅行記（1883年7月2〜3日、イザベラ・スチュワート・ガードナー美術館蔵）

旅行以来日本文化への興味を保持していたガードナー夫人が、日本美術の専門家である岡倉に魅かれたことは、自然の流れであったと言える。岡倉との交流は、それまで異国趣味の域を出なかった彼女の日本文化や東洋思想への理解を深化させることになった。そして彼女が岡倉の説く

「日本」を受容できた基盤として、この三ヶ月間の日本体験があったことは間違いないであろう。

3　岡倉とガードナー夫人との交流

3―1　ネットワーク拠点としてのサロン

岡倉とガードナー夫人の交流に関しては、往復書簡、岡倉の英詩やオペラ台本『白狐』を手がかりに論じられてきた[110]。これらの研究成果を踏まえながら、岡倉がガードナー夫人との交流を通して、どのようにネットワークを発展させていったのか見ていきたい。

一九〇四年三月二二日、ラ・ファージはガードナー夫人に宛てた書簡の中で、渡米した岡倉がガードナー邸を訪問することを知らせ、ボストンでの目的のひとつが収蔵品の整理とカタログ作成であることを伝えた。彼のことを「もっとも知的な芸術批評家」で「彼が確かな方法で得た非常に多くの学識は、その多くが役に立たないものと彼が認識しているために、バランスが保たれている」と評し、このようなたぐい稀な人物と会う喜ばしい機会を逃すべきではないと強調した。日本文化に興味を持っていたガードナー夫人が、この手紙で岡倉への興味を強めたことは容易に想像できる。岡倉が画家ペニングトン（Harper Pennington, 1854–1920）の手紙を携えて、ガードナー夫人を訪問したのは三月二七日のことであった[111]。

このときの記録が、ガードナー美術館所蔵のゲストブックに残されている[112]。岡倉が日本語で記した名前、東京谷中初音町の住所、訪問日の横に、ガードナー夫人は「岡倉、フェンウェイ・コート来訪、一九〇四年三月二七日」と追記した。彼はしばしばゲストブックに、漢詩や俳句、短歌を記し、それを訳した英詩を書き添えた[113]。ゲストブックから確認できる岡倉のガードナー邸訪問は一七回だが、実際にはもっと多かったであろう（章末の表2参照）。

一九〇四年一二月二三日、ガードナー夫人は単身ボストンに在住している「放浪者と迷子」を招いて、クリスマス晩餐会を催した。招待客は岡倉と、ボストン美術館副館長マシュー・スチュワート・プリチャード（Matthew Stewart Prichard, 1865–1936）、絵画管理者ジョン・ブリッグス・ポッター（John Briggs Potter, 1864–1945）、中国日本美術部キュレイターのポール・チャルフィン（Paul Chalfin, 1874–1959）、歌手のリナ・リトル（Lena Little）、ピアニストのジョージ・プロクター（George Proctor, 1873–1949）、写真を学んでいたリチャード・フィッシャー（Richard Fisher）の八名で、主にボストン美術館員と芸術家という顔ぶれであった。[114]このときの座席配置図によると、長方形の食卓の一辺にガードナー夫人と岡倉の座席が並んで設けられた。招待客は夫人からプレゼントを受け取り、バッハやベートーヴェン、スカルラッティ、ショパンの音楽や、屋敷内の散策を楽しんだ。ガードナー夫人は会の成功に満足し、「他のクリスマス・ディナーがこの半分でも楽しければいいのに」と感想を記している。[115]クリスマス晩餐会の記述から、岡倉がガードナー夫人のサロンにおけるこのようなイベントを通して、ボストンで新たな人脈を形成し、地歩を固めていったことが窺える。

岡倉のネットワーク形成に彼女のサロンが果たした役割は、ガードナー邸のゲストブックからも窺うことができる。たとえば一九〇八年一月二二日、岡倉がフェンウェイ・コートを訪問したときの同席者は、ボストン美術館館長アーサー・フェアバンクス（Arthur Fairbanks, 1864–1944）、美術館秘書ベンジャミン・アイブス・ギルマン（Benjamin Ives Gilman, 1852–1933）、古典美術部アシスタント・キュレイターのシドニー・ノートン・ディーン（Sidney Norton Deane, 1878–1943）、版画部キュレイターのエミル・ハインリッヒ・リヒター（Emil Heinrich Richter）、建設本部長ウィリアム・ウォレス・マクリーン（William Wallace MacLean）、中国日本美術部アソシエート・キュレイターのフランシス・ガードナー・カーティス（Francis Gardner Curtis, 1868–1915）、同部コレクション管理者フランシス・スチュワート・カーショウ（Francis Stewart Kershaw, 1869–1930）、同部助手ジョン・アーサー・マック

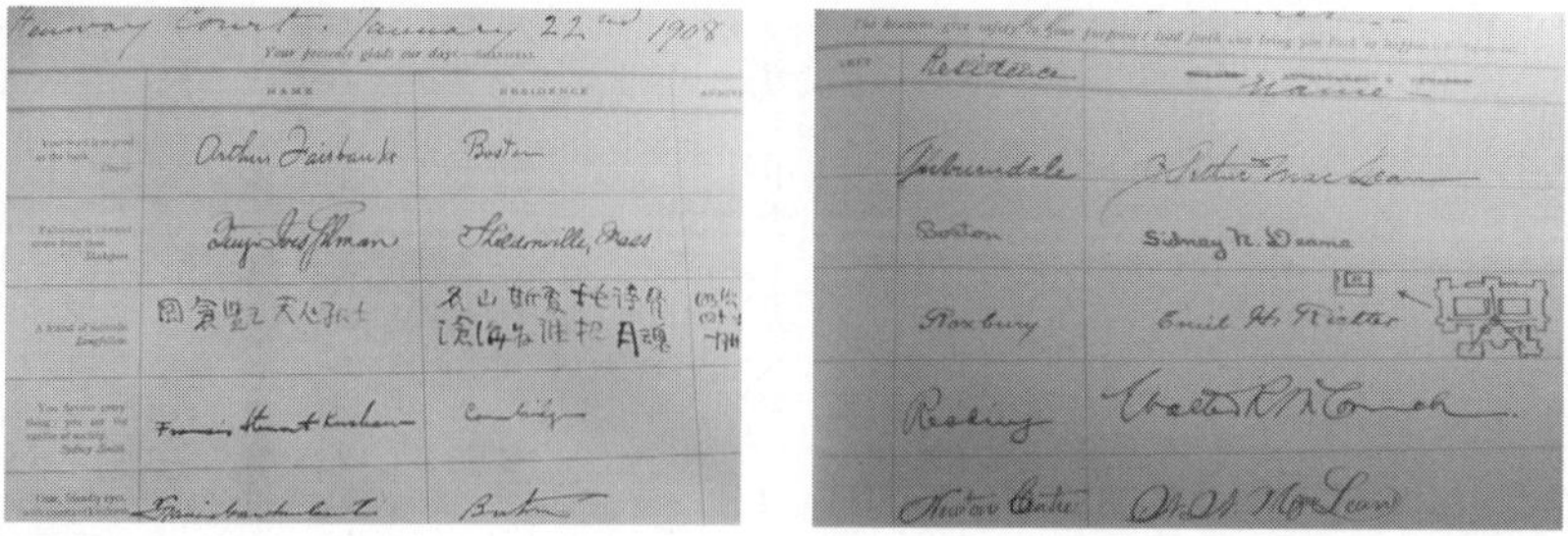

図8　ガードナー夫人のゲストブック　1908年1月22日　ボストン美術館スタッフとの晩餐会（左頁上から3行目が岡倉の記入欄、イザベラ・スチュワート・ガードナー美術館蔵）

リーン（John Arthur MacLean, 1879-1964）などであった[116]。彼らが記入した頁の上部にはガードナー夫人の文字で　フェンウェイ・コートにてスタッフ・ディナー　一九〇八年一月二二日」とあり、この日はガードナー夫人がボストン美術館職員を招いて、夕食会を催したことがわかる（図8）。岡倉のボストン美術館における人的ネットワークは、会議や面談など公の仕事を通して形成されただけでなく、職場を離れた空間であるガードナー邸のサロンにおいて、プライベートな食事や会話を楽しみながら、地位や担当部署を越えて、より広く、より親密に構築されていったのである。

　ボストンで岡倉が属していた主たるサークルは、ひとつは職場であるボストン美術館であり、もうひとつはガードナー夫人を中心としたサークルだったと言える。だが、ガードナー夫人がボストン美術館の後援者であったために、この二つのサークルは重なり合う部分があり、ガードナー夫人のサロンという交流の場を共有していた。実際に、当時ボストン美術館の人事はビゲロウとガードナー夫人との間で決定されるという慣例があったという[117]。岡倉はビゲロウとガードナー夫人と結びつき、これら二つのサークルの重なりあう部分に位置していたのであり、そこに属する富裕な知識人層が、ボストンにおける彼の活動を支える基盤になったのである。

　一九〇八年三月一二日の『ボストン・デイリー・グローブ』には、ガードナー夫人が「著名な日本の芸術家にして美術批評家で作家」岡倉に敬意を表して催した、ユニークなパーティの記事が掲載されている。[118]「東洋の祝宴」と報道されたパーティは、チャイナタウンのレストランで開かれ、ボストン美術館員と日本の芸術家が招かれた。[119]ボストン美術館のスタッフは六時から予定していた会議を延期して、会場に移動した。このことから、ボストン美術館とガードナー夫人のサークルの重なり合う範囲の大きさが窺われる。また、岡倉とともに日本の芸術家たちが宴会の主役であったことから、会場には東洋美術に興味を持つ人々が多く参集したことが推察される。この記事は、岡倉がガードナー夫人とボストン美術館という二つのサークルと強く結びつき、一九〇八年にはその中央で確固たる地歩を築いていたことを示唆している。[120]

3―2　ボストン・ネットワークの発展

ガードナー夫人のサロンを拠点に発展していったのは、岡倉個人の人脈だけではなかった。日本美術院メンバーなど渡米した岡倉の身近な日本人たちも、彼女のサロンを拠点として活動の場と人脈を確実なものとしていった。ゲストブックには、岡倉がしばしば横山大観や六角紫水らを伴ってガードナー邸を訪問したことが記録されている。一九〇四年五月一七日は六角、一一月六日は大観、六角、菱田春草、一九〇五年一〇月二五日から三〇日にかけては六角、岡部覚弥の名が岡倉とともにゲストブックに記されている。[121]また、ガードナー夫人が一九〇四年八月二日、ベレンソンに宛てた書簡によると、この年の夏、岡倉は六角、岡部を連れてグリーン・ヒルと呼ばれるブルックラインの別荘をよく訪れたらしい。ガードナー夫人は彼らが訪問したときのことを次のように語っている。

岡倉と二人の友人は、彼らが「青山」と呼ぶグリーン・ヒルによくやってきます。そして樹の下に座り、ひ

図９　ゲストブックにみる六角と岡部の写真／フランシス・Ｇ・カーティスの別邸にて、ボストン美術館の同僚と鱈釣。右からカーティス、六角、Ｊ・Ａ・マックリーン、岡部。（イザベラ・スチュワート・ガードナー美術館蔵）
※写真説明は六角紫水『外遊に就て之一部分』（六角鬼丈氏所蔵）を参考にした。

とりは（私たちとは異なるやり方で）絵を描き、ひとりは彼らにしかできないように花を活けます。なにもかもが私たちを遠い場所へと導き、ただ聞こえるのは素晴らしい詩を朗読し、東洋の話をしてくれる岡倉の声だけ。おそらく明日の夜も、靄の立ちこめた草の上を煙草の火だけ灯してやってくる彼らに会えるでしょう。私の今年の夏は、いつもとは違うものになっています[122]。

グリーン・ヒルでのこのような時間の過ごし方を、ガードナー夫人は「東洋の生活」と手紙に記した。彼らとの交流を通して、彼女の内側で日本や東洋に対する理解が変化を見せるとともに、彼女自身の生活にも変化をもたらしていったことが窺われる。

一方岡倉にとっても、六角らを伴ってガードナー邸を訪問することは、彼女の持つ広範囲なネットワークに、日本美術院のメンバーを結びつけることにつながり、岡倉不在時の彼らを、彼女の保護下に置く環境を整えることになった。ガードナー夫人は、岡倉の留守中、六角と岡部をブルックラインの別荘横の小屋に住まわせ、彼らはそこから博物館に通った。岡倉不在の一九〇五年二月から一〇月の間、ガードナー邸のゲストブックには六角と岡部の名前や写真が散見され、彼らの交流が頻繁に行われていたことを示している[123]（図９）。当時を回想した六角は、ガードナー夫人が子どものように二人の面倒を見、全てにおいて日本式でやらせてくれたと述べた。その一例として、当時アメリカでは女性の前での喫煙は許可を必要としたが、ガードナー夫人は煙草を二人に渡して「日本の通りにやれ」と言ったことを挙げた。六角は二人に対するガードナー夫人の態度に、岡倉と彼女の親交の深さを見出している(124)。

六角が指摘したように、ガードナー夫人が二人の面倒をみた背景に、岡倉との信頼関係があったことは確かであろう。だが、ボストン美術館に勤務する彼らを支援することもまた、彼女の"C'est mon plaisir"たる文化慈善事業のひとつであったといえる。また、二人に西洋の生活様式を押し付けることをせず日本式を推奨したのは、彼女が日本旅行を通して、その生活様式の差異を認識していたからだと考えられる。そこには日本と西洋の文化的差異を認めた上で、異なる文化を尊重するガードナー夫人の態度が見て取れる。このような彼女の態度は『茶の本』で「一体、いつになったら西洋は東洋を理解するのか、あるいは理解しようとするのだろうか?」と嘆いた岡倉が、西洋に望んだ東洋理解のあり方と重なっているように思われる。

こうしてフェンウェイ・コートは、岡倉の日本の仲間がボストン訪問の際、真っ先に訪れる場所となった。ガードナー夫人のサロンは、岡倉のボストン・ネットワークの拠点であると同時に、日本美術院の仲間たちにとっても、活動の拠点となっていったのである。岡倉は一九〇九年一二月三日、ローウェル・インスティテュートに招かれて渡米する弟由三郎に、次のような手紙を送った。

近々出発被致候由万事都合如何候や　先方到着の上ハワーナル一家カーチス其他新納氏モ罷在候儀ニ付何も心配なき事と存候　別ニ添書の必要もなく存候

ボストンにて小生の為メニ友人として親切ニ被致候人ニては

Mrs. Gardner

この人は有名なる人なり　宜敷御伝言被下度

Mr. and Mrs. Samuel Warner（引用者注：Warren）
Mr. and Mrs. Edward Holmes
Dr. Denman Ross
Mr. and Mrs. Potter Mrs. P ハビゲロー氏の niece なり
等必ス候《ママ》面会被下度候　猶用事候ハ、御申聞被下度[125]

文中の「ワーナル家」とはラングドン・ウォーナーとその父ジョセフの家族を指し、「カーチス」は中国日本美術部アソシエイト・キュレイターのカーティスを指す。由三郎は、日本語を教えたウォーナーや日本美術院と関わりのあったカーティスとは、すでに面識を持っていたので「別ニ添書の必要もなく存候」と書いたのであろう。岡倉が「小生の為メニ友人として親切ニ被致候人」の筆頭としてガードナー夫人を挙げ、「宜敷御伝言被下度」と記していることに注目したい。由三郎はローウェル・インスティテュートやボストン美術館で講演を行ったが、一九一〇年二月二三日にはフェンウェイ・コートでも三回講演を行った[126]。

また一九〇九年には、日本美術院第二部主任の新納《にいろ》忠之介《ちゅうのすけ》（一八六九―一九五四）が、ボストン美術館で新館展示と仏像修理に従事することになった。渡米する新納のために、岡倉はガードナー夫人に「若い彫刻家で鑑定家でもある新納が、ボストンに戻るフランク（引用者注：カーティス）に同行します。彼は一年間ボストン美術館のインスタレーションの仕事に従事することになります。彼は立派で清潔な男なので、面倒を見てくださいますようお願いします」と手紙を書いて保護を依頼した[127]。岡倉の身内や日本美術院会員がボストンで活動するにあたって、ガードナー夫人の庇護がどれだけ重要なものであったのかが推察できる。

岡倉がガードナー夫人のほかに信頼できる人物として由三郎に伝えたのは、すべてボストン美術館関係者であった。サミュエル・デニス・ウォレン（Samuel Dennis Warren, 1852–1910）とデンマン・ウォルド・ロス（Denman Waldo Ross, 1835–1935）は美術館理事、エドワード・ジャクソン・ホームズ（Edward Jackson Holmes Jr., 1873–1950）は中国日本美術部評議委員会委員長、ポッターは西洋美術部絵画管理者で、夫人はビゲロウの姪であった。[128] 彼らは、岡倉が身内を任せるに足ると評価した信頼できる人物であったと考えて良いだろう。彼らはガードナー夫人とともに、ボストンにおける岡倉のもっとも良き理解者、支援者であり、一九〇四年の渡米以来、岡倉が構築してきたボストン・ネットワークの中核に位置する存在だったと言える。ガードナー夫人をはじめとして、ウォレンやホームズ、ロスなどのボストン美術館関係者を頼りに、岡倉は日本から自分のサークルに属する人々を、次々と渡米させた。

岡倉がボストン社会で安定した位置を獲得し得たのは、ガードナー夫人との信頼関係が基盤にあったからである。このように考えると、岡倉とガードナー夫人との交流は、先行研究に見られるようにお互いの孤独感を埋めあう心の交流という視点にとどまって解釈されるものではなく、岡倉のボストン・ネットワークを発展させ、さらに日本で岡倉が主体となって活動する組織と、富裕なボストン知識人層という二つのサークルを結びつける役割を果たしたものと解釈できるであろう。

おわりに

岡倉が渡米した頃のボストンは、ボストン・ブラーミンと呼ばれる上流階層の権力基盤が徐々に弱まりを見せ始めた時期だったが、文化面を見ればボストンは依然「アメリカのアテネ」であった。ブラーミンたちは芸術のパトロンとして、その持てる力を惜しまず注ぎこみ、世紀転換期のボストンは文化的隆盛を極めていた。

当時のアメリカ国内における日本人に対する感情は、恐怖と憧憬、嫌悪と好意、類似と差異といった対立する価値観の間を揺れ動いて複雑な様相を呈し、地域によって微妙な温度差があった。ボストンの富裕な知識人層は、日本人である岡倉を自らのサークルに受け入れ、活動の支援を行ったが、その背景にはトランセンデンタリズムで発展した東洋思想への関心、貿易による日本趣味の風潮、日本人留学生との交流などで培った地域特有の親日的なムードがあった。なによりも岡倉自身が、日本美術や東洋思想の専門家として、ボストン社会の独自性・卓越性を高める能力と資質を有しているだけでなく、アンティ・モダニズムなどブラーミンたちと共有する文化的理念を持っていた点で、彼らのコミュニティに必要な人物と高く評価されたからであろう。

岡倉が一九〇四年にボストン美術館に着任し、以後一〇年間の活動を展開する基盤となったのは、このようなボストンの社会的・文化的条件と、本書で「ボストン・ネットワーク」と呼ぶ岡倉とボストン社会を結ぶ人的ネットワークである。

一八七七年、来日して東京大学に就任したモースは、アメリカにおける日本文化の紹介者にとどまらず、アメリカ人たちを日本へと導く伝道者となった。西洋中心主義を批判し、日本人や日本文化を自国より優位に置く彼の口から語られる日本に、ボストニアンは魅了され、一八八〇年代には日本美術や仏教に関心を持った人々の日本旅行ブームを起こす。モースは岡倉の生涯に影響を及ぼした人々の訪日を導き、間接的にだが岡倉と彼らを結びつけ、人脈形成の礎を築く役割を果たした。

一八七八年、お雇い外国人として着任したフェノロサは、日本の美術行政に参画する過程で、新しい日本画制作と美術教育における共通性を見出した岡倉と、轡を並べて美術行政事業にあたるようになる。二人の後ろ盾には浜尾や九鬼がおり、彼らの美術行政路線は、浜尾らを中心とする文部省、宮内省の政治勢力と結びついたものであった。したがってフェノロサと岡倉との関係は、ビゲロウやラ・ファージなどと比べると、理想とする美術運動を推進するビジネス・パートナー的な性格が強かったと言えよう。

一八八二年、モースの来日に同行したビゲロウは、ボストン・ブラーミンの一員らしく、美術品収集のかたわら、美術工芸家の支援、美術運動団体への寄付、古社寺への寄進など美術界各方面への経済的援助を提供した。さらにビゲロウは岡倉の依頼に応えて日本美術院を支援し、岡倉の新たな活動の舞台となるボストン美術館への足がかりを作った。お互いの地位や境遇が変化しても、岡倉とビゲロウとを精神的に結びつけていたのは仏教であった。滞日中に帰依したビゲロウは、帰国後も仏教の紹介と研究に熱心で、岡倉は彼の仏教の師としてあり続けた。

一八八六年、日本美術に対する造詣の深かった画家ラ・ファージは、日本旅行を通して岡倉と出会う。岡倉との会話や東洋を主題にした創作活動を通して、ラ・ファージは東洋思想に対する理解や共感を深めていった。岡倉がラ・ファージに日本文化や東洋思想を教える一方、ラ・ファージは岡倉に欧州の美術動向、西洋における作品分析法や鑑賞法に関する知識を授け、その後の日本の美術教育に影響を与えることになった。岡倉はラ・ファージを介して、ニューヨークとボストンを基盤とした新たな人脈を形成していったが、そのネットワークが再渡米後の岡倉の新たな活動を支えることになった。ラ・ファージの日本旅行は、ラ・ファージと岡倉の交流の起点であるだけでなく、その後のアメリカにおける岡倉の活動にとって重要な意味を持っていたのである。

創作活動の行き詰まりと経済的苦境に陥った日本美術院の活路を拓くため、一九〇四年に渡米した岡倉は、ボストンの有力者ガードナー夫人の知己を得た。芸術支援を自らの喜びとするガードナー夫人のパトロネージュは、岡倉の活動の後援だけでなく、渡米する日本美術院メンバーの庇護にも及んだ。また一八八三年に日本を旅行した夫人にとって、岡倉との交流は日本や東洋への理解を深化させるとともに、彼女自身の生活に変化をもたらすことになった。ボストンで岡倉が属していた主たるサークルは、ボストン美術館とガードナー夫人のサロンであったが、夫人がボストン美術館の後援者であったため、この二つのサークルは彼女のサロンという交流の場を共有していた。これらのサークルに属していた富裕な知識人層が、ボストンにおける岡倉の活動を支える基盤となったのである。

こうして岡倉が構築したボストン・ネットワークは、日本美術院を主軸とする岡倉サークルのメンバーが、ボストン社会で活動する受け皿となった。ボストンにとっても、日本および東洋美術の専門知識や技術を持った人々を受容し、活動の場を供給することは、地域の文化水準を高める上で望ましいことだったと推察される。

（1）ケヴィン・ニュート、大木順子訳『フランクロイドライトと日本文化』（鹿島出版会、一九九七年）、二六頁。
（2）岡倉古志郎『祖父岡倉天心』（茨城大学五浦美術文化研究所、一九九九年）、一五三―一七八頁。同氏の「フェノロサ＝天心関係に見られる東西文化の相互交流（研究ノート）」、「フェノロサ＝天心関係に見られる東西文化の相互交流（承前）」（『東洋研究』第一二四・一二五号、大東文化大学東洋研究所、一九九七年）にも同様の論述がある。
（3）ボストン史を概観するにあたってRonald P. Formisano ed., *Boston, 1700–1980 : The Evolution of Urban Politics* (Westport : Greenwood Press, 1984, pp. 59–86), Walter Muir Whitehill and Lawrence W. Kennedy, *Boston : A Topographical History* (3 rd ed. Cambridge : The Belknap Press of Harvard University Press, 2000, pp. 1-199)、佐々木隆ほか編『100年前のアメリカ――世紀転換期のアメリカ社会と文化』（修学社、一九九五年）、D・キャナダイン、平田雅博ほか訳『虚飾の帝国――オリエンタリズムからオーナメンタリズムへ』（日本経済評論社、二〇〇四年）などを参照した。
（4）Frederic Cople Jaher, "The Politics of the Boston Brahmins : 1800–1860", Ronald P. Formisano ed., *op. cit.*, pp. 59–86.
（5）園田英弘「ニューイングランドにおけるモースの知的環境」（守屋毅編『共同研究モースと日本』、小学館、一九八八年）、四五〇―四五二頁。
（6）野村達朗「ヨーロッパ系移民の流入と世紀転換期の合衆国人口の構成」、佐々木隆ほか編注（3）前掲書、一五一―一五三頁。
（7）渡辺靖『アフター・アメリカ　ボストニアンの軌跡と〈文化の政治学〉』（慶應義塾大学出版会、二〇〇四年）、一〇〇―一〇一頁。

（8） T. J. Jackson Lears, *No Place of Grace, Antimodernism and the Transformation of American Culture*, 1880–1920, Chicago : University of Chicago Press, 1994.

（9） 立木智子「太平洋を越えたアンティモダニズムの邂逅――岡倉天心が日本文化の紹介に果たした役割」、佐々木隆ほか編注（3）前掲書、三〇三―三三二頁。

（10） 当時アメリカが東洋世界に抱いていた概念は漠然としたものであったため、「東洋」という用語もそれら漠然としたイメージや東洋文化の多様性を包括している。ここでは一九世紀から二〇世紀初頭にかけてアメリカ文化に広く影響を与えた東洋思想（主にヒンドゥー教、仏教、儒教、道教における宗教観）、シノワズリー、ジャポニスムの流行の源泉となった東洋美術への興味を中心に論じるため、主にインド、中国、日本を対象に用いたい。

（11） ウォレン・I・コーエン、川嶌一穂訳『アメリカが見た東アジア美術』（スカイドア、一九九九年）、六―二四頁。

（12） 塩崎智『アメリカ「知日派」の起源　明治の留学生交流譚』（平凡社、二〇〇一年）、五三頁。

（13） 高階秀爾「序・ジャポニスムとは何か」（ジャポニスム学会編『ジャポニスム入門』、思文閣出版、二〇〇〇年）、五―六頁。また、三井秀樹は、「ジャポニスム」は日本の文化・様式の影響を受けたヨーロッパの美術・工芸や文化の表現方法を指し、「日本美術・工芸の研究や愛好」と、芸術・文化における「日本からの影響」という二つの意味に分けられる、と定義した（三井秀樹『美のジャポニスム』、文藝春秋、一九九九年、一七―一八頁）。

（14） 稲賀繁美『絵画の東方――オリエンタリズムからジャポニスムへ』（名古屋大学出版会、一九九九年）、一七四―一七五頁。

（15） 岡部昌幸「アメリカ――東回りとフェミニズムのジャポニスム」（ジャポニスム学会『ジャポニスム入門』、思文閣出版、二〇〇〇年）、九〇―一〇九頁。

（16） 山崎新珖『日露戦争期の米国における広報活動――岡倉天心と金子堅太郎』（山崎書林、二〇〇一年）、八―二一頁。

（17） ジョセフ・M・ヘニング、空井護訳『アメリカ文化の日本経験　人種・宗教・文明と形成期米日関係』（みすず書房、二〇〇五年）、一九八―二三〇頁。

（18） 巽孝之『アメリカ文学史――駆動する物語の時空間』（慶應義塾大学出版会、二〇〇三年）、一二一―一二七頁。

(19)　塩崎注(12)前掲書、九一―一二三九頁。

(20)　モースの生涯を概観するにあたって、ドロシー・G・ウェイマン、蜷川親正訳『エドワード・シルベスター・モース』上・下巻(中央公論美術出版、一九七六年。原書はハーヴァード大学プレスから一九四二年出版)、E・S・モース、石川欣一訳『日本その日その日』全三巻(平凡社、一九七〇―七一年)、守屋毅編『共同研究モースと日本』(小学館、一九八八年)、磯野直秀『モースその日その日――ある御雇教師と近代日本』(有隣堂、一九八七年)、椎名仙卓『モースの発掘――日本に魅せられたナチュラリスト』(恒和出版、一九八八年)などを参照した。

(21)　モースの民芸・写真コレクションに関しては、国立民族学博物館編『モース・コレクション』(小学館、一九九〇年)、『百年前の日本　セイラム・ピーボディー博物館蔵モース・コレクション/写真編』(小学館、一九八三年)などを参照されたい。

(22)　Walter Muir Whitehill, *Museum of Fine Arts Boston : A Centennial History*. v. 1 Cambridge : The Belknap Press of Harvard University Press, 1970, pp. 121-123.

(23)　ドロシー・G・ウェイマン、蜷川親正訳『エドワード・シルベスター・モース』下巻(中央公論美術出版、一九七六年)、五頁。

(24)　E・S・モース、石川欣一訳注(20)前掲書。第一巻の緒言には「ジェー・イー・ロッジ氏」(John Ellerton Lodge)や富田幸次郎などボストン美術館中国日本美術部員の名前が登場し、原稿執筆にあたって彼らの助言があったことを示唆している。

(25)　モース同右書第三巻、六八頁。フェノロサと通訳の有賀長雄は、広島から別行動をとり大阪に引き返している。また、ウェイマンはこの旅行について、一九三九年に跡見玉枝(一八五九―一九四三)から聞いたという次のエピソードを紹介している。「夜になると宿の蝋燭の灯のもとで、半透明の障子を閉め切って、柔らかい藁の畳の上に寝そべり、各人がその日に見付け出した宝物を見せ合った。そして三人の話を完全にマスターするのに懸命だった岡倉は、その傍らで静かに聴き入っていた。ビゲロウは多分珍しい大小の刀を、フェノロサは掛物を、モースは茶入れか茶碗を手に入れたのであろう。ある晩、モースは突然黙りこくってしまった。それは今までにないことだったので、他の者がどうしたのかと尋ねた。「多くの日本の立派な美術品は、私たちが買っている物と同じく今市場に出ている。それは日本にとっては、隠された傷口から滲み出る命取りの血液のようなものだ。日本人は自分たちの美しい宝が、日本人たちの国を去って行くことがいかに悲しいことであるかに気付いていない」とモースは答えた。モースのこの言葉は、影になって座っていた若い日本人の心に刀のように突き刺さった。そしてその瞬間に、岡倉は一つの使命に目覚めたのであった」。一八八二年に当時跡見が生徒だった京都美術学校にモース、フェノロサ、岡倉が訪れたという（ウェイマン注23前掲書下巻、五九―六一頁）。しかし『日本その日その日』によると、旅行に同行した通訳は有賀長雄であり岡倉の名前は見当たらない。また跡見からの聞き取りが旅行から五〇年以上経過した一九三九年に行われており、さらにこの逸話の前後の記述にも事実と異なる点が認められる。そのためウェイマンのこの記述に関しては、信憑性を疑う必要があろう。

(26) 園田英弘「ニューイングランドにおけるモースの知的環境」（守屋毅編『共同研究モースと日本』、小学館、一九八八年）、四五一―四五二頁。
(27) ウェイマン注（23）前掲書下巻、五二―五三頁。
(28) 守屋毅「モースとその日本研究」、注（26）前掲書、一四一―一四四頁。
(29) 太田雄三『E・S・モース――〈古き日本〉を伝えた親日科学者』（リブロポート、一九八八年）、一二六―一二七頁。
(30) 井戸桂子「ボストンからの来訪者の波――一八八〇年代の日本旅行ブームの背景」（『日本文化研究』創刊記念号、駒沢女子大学日本文化研究所、一九九九年）、一六一―一六三頁。
(31) フェノロサの生涯を概観するにあたって、おもに山口静一『フェノロサ――日本文化の宣揚に捧げた一生』上・下巻（三省堂、一九八二年）、村形明子『アーネスト・F・フェノロサ文書集成――翻訳・翻刻と研究』上・下巻（京都大学学術出版会、二〇〇〇―一年）を参照した。
(32) 岡倉「日本美術の恩人・故フエノロサ君」（『全集』第三巻、平凡社、一九八〇年）、三一七頁。
(33) 佐藤道信「フェノロサとジャポニスム」（『LOTUS』第一〇号、日本フェノロサ学会、一九九〇年）、五―一六頁。
(34) 山口静一「ボストン美術館所蔵フェノロサ＝ウェルド・コレクションについて」（『埼玉大学紀要人文科学篇』第二六巻、一九七七年）、一〇二頁。

(35) 山口注(31)前掲書上巻、一五八―一六一頁。一八八二年、工部美術学校で西欧的な美術教育を受けた小山正太郎が、『東洋学藝雑誌』第八～一〇号で鉛筆採用論「書ハ美術ナラス」を主張すると、同年岡倉が毛筆採用論「書ハ美術ナラスノ論ヲ読ム」を『東洋学藝雑誌』第一一、一二、一五号に掲載して反論した。これも文部省行政官であった岡倉が、鉛筆使用反対の政府路線を後押しした動きであったと言えるが、神林恒道氏は「書画一致」を東洋の伝統的な芸術として捉える岡倉の芸術観は、フェノロサの芸術観と一線を画していると指摘する（「『日本の美学』の形成　フェノロサから天心へ」『美術フォーラム21』創刊号、醍醐書房、一九九九年、一三八―一三九頁）。

(36) 佐藤注(33)前掲論文、一六―二五頁。

(37) Okakura, Letter to E. F. Fenollosa, 5 Dec. 1884, *CEW* 3, pp. 23-26.

(38) 村形明子「フェノロサの宝物調査と帝国博物館の構想（上）――ハーヴァード大学ホートン・ライブラリー蔵遺稿を中心に」（『Museum：東京国立博物館研究誌』第三四七号、東京国立博物館、一九八〇年）、二三頁。

(39) 山口注(31)前掲書上巻、二七八―二八三頁。

(40) Okakura, Letter to E. F. Fenollosa, 8 Feb.1888, *CEW* 3, pp. 34-35. 同書簡の訳を掲載した『全集』第六巻では、日付は「四月八日」とある。

(41) 鈴木良「近代日本文化財問題研究の課題」（鈴木良ほか編『文化財と近代日本』、山川出版社、二〇〇二年）、一〇―一一頁。

(42) 村形明子「フェノロサの宝物調査と帝国博物館の構想（下）」（『Museum：東京国立博物館研究誌』第三四八号、東京国立博物館、一九八〇年）、三四―三五頁。

(43) 岡倉注(32)前掲論文、三二六頁。

(44) 佐藤道信「フェノロサと周辺の画家」（『LOTUS』第七号、日本フェノロサ学会、一九八七年）、六―七頁。

(45) エレン・コナント、山崎信子ほか訳「明治初期日本における美術と政治――フェノロサの『影響』をめぐって」（芳賀徹ほか編『講座比較文学四　近代日本の思想と芸術Ⅱ』、東京大学出版会、一九七四年）、七八―八〇頁。

(46) 高木博志「日本の近代化と伝統の創出」（パルテノン多摩編『パルテノン多摩連続講演記録集「伝統」の創造と文化変容』、パルテノン多摩、二〇〇一年）、一〇〇―一〇一頁。

(47) 瀧悌三『日本近代美術事件史』(東方出版、一九九三年)、一六五―三九五頁。

(48) ビゲロウの生涯を概観するにあたって、おもに村形明子「日本美術の恩人ビゲロー略伝」(『古美術』第三五号、三彩社、一九七一年)を参照した。

(49) 園田注(26)前掲論文、四五一―四五二頁。

(50) Marian Adams, Letter to R. W. Hooper, April 8, 1993. Ward Thoron ed., *The Letters of Mrs. Henry Adams : 1865–1883*, Boston : Little, Brown, and Company, 1936, p. 438.

(51) Morris Carter, *Isabella Stewart Gardner and Fenway Court*, Boston : Isabella Stewart Gardner Museum, 1972, pp. 59–60.

(52) Harold Dean Cater ed., *Henry Adams and His Friends*, Boston : Houghton Mifflin Company, 1947, p. 166.

(53) 村形注(48)前掲論文、六〇頁。

(54) 小川盛弘『ボストン美術館蔵　日本刀・刀装・刀装具集』(大塚巧藝社、一九八四年)、一五八―一五九頁、三三六―三三七頁。

(55) 中村愿は、理想実現に向けて働けば働くほど、卑小な政治的行為に没頭せざるを得ない自己に対する矛盾が肥大化していったことが、彼を仏教の実践へと向かわせたのではないか、と推測する(『美の復権――岡倉覚三伝』、邑心文庫、一九九九年、二三九頁)。また、岡倉は学生時代から仏教に傾倒しており、文部省の古社寺調査で優れた仏教美術に数多く接したこと、仏教学者の大内青巒(一八四五―一九一八)や在俗仏教者であった町田久成ら仏教に造詣の深い知人からの影響も、受戒の背景にあったと考えられている(茨城大学五浦美術文化研究所監修、中村愿編『岡倉天心アルバム』、中央公論美術出版、二〇〇〇年、三五頁)。

(56) 山口注(31)前掲書上巻、四四四―四五〇頁。

(57) "Memorandum" (11 April 1904), *CEW* 3, p. 351.

(58) ビゲロウによると、敬徳がその死に際して弟子たちに真言宗の長老のもとで修行するように遺言したと言う(Bigelow, "On The Method of Practising Concentration and Contemplation, Chiki (Chik I《sic》), A Monk of Shuzenji (Hsiutanszu) Monastery of Tendai (Tient' ai) Mountain, Translated by Kakuzo Okakura with a Prefatory Note by William Sturgis

Bigelow." *CEW* 2, p. 222)。

（59）長谷寺所蔵文書、中村愿「花落ちぬ——新発見書簡に見る岡倉天心の実像」（『中央公論』一一月号、中央公論新社、一九九一年）、三四五—三四六頁。

（60）岡倉一雄『父岡倉天心』（中央公論社、一九七一年）、一〇八頁。

（61）一島正真「『天台小止観』をめぐる異文化交流」（『印度学佛教学研究』第四九巻第二号、日本印度学仏教学会、二〇〇一年）、八五一頁。一島によれば、岡倉の達意の英訳は、後年のワイ・タオ（Wai-tao）やチャールズ・ラク（Lu K'uan Yü, Charles Luk, 1898-1978）の逐語訳と比較すると、英語を母国語とする人々に理解されやすいという。

（62）Bigelow, Letter to Okakura, 15 July 1912. 茨城県天心記念五浦美術館所蔵（複写）。『全集』別巻（平凡社、一九八一年、二三四—二三七頁）に訳のみ掲載。このほか書簡の冒頭で、一九〇九年にビゲロウが勲三等旭日章を受勲したときの岡倉の尽力に対する謝意を述べている。また文末で、ボストン美術館におけるロスとロッジのトラブルについて触れ、岡倉からの助言を期待した。ビゲロウが美術館のキュレイターとしても、岡倉に信頼を寄せていたことが窺える。

（63）村形注（48）前掲論文、六七頁。村形によると、一九一三年から一四年にかけてビゲロウはアメリカ人文科学会議例会で仏教をテーマに三回講演を行っており、その最初（一九一三年一一月一二日）の「智顗著『修習止観座禅法要』」が、ハーヴァード大学神学部紀要に発表されたという。

（64）ラ・ファージの生涯については、Royal Cortissoz, *John La Farge: A Memoir and a Study*（Boston: Houghton Mifflin Company, 1911）を参照した。ラ・ファージに関する研究は、久住貢「ジョン・ラファージと日本」（『美術』第三巻第四号、日本美術出版、一九四六年、二五—三四頁）、村形明子「ジョン・ラファージと日本」（『季刊藝術』第二一号、季刊藝術出版、一九七二年、八二—九六頁）、桑原住雄「ラファージと日本美術」（ジョン・ラファージ、久住貢ほか訳『画家東遊録』、中央公論美術出版、一九八一年、二三二—二六四頁）、堀岡弥寿子「天心と観音——ラファージとの出会い」（『岡倉天心考』、吉川弘文館、一九八二年、一—三二頁）、山口静一「ジョン・ラファージの日本美術論——原題"An Essay on Japanese Art"」（『浮世絵芸術』第七五号、日本浮世絵協会、一九八三年、三—八頁）ほか多数ある。

（65）志邨匠子「ジョン・ラ・ファージにみるヨーロッパと日本」（『女子美術大学紀要』第二八号、一九九八年）、二三頁。

(66) Henry Adams, "The Mind of John La Farge", Henry Adams et al., *John La Farge*, New York：Abbeville Press Publishers, 1987, p. 21.

(67) Cortissoz, *op. cit*., p. 243.

(68) 山口注（64）前掲論文、三頁。

(69) James L. Yarnall, "Nature and Art in the Painting of John La Farge", Henry Adams et al., *John La Farge*, p. 95.

(70) John La Farge, "An Essay on Japanese Art", Raphael Pampelly, *Across America and Asia, Japan in English：Key Nineteenth-Century Sources on Japan*, vol. 15, Tokyo：Edition Synapse, 2003, Reprint originally published, New York：Leypoldt & Holt, 1870, pp. 196–200.

(71) John La Farge, *An Artist's Letters from Japan,* New York：The Century Co., 1903, p. 101, p. 125. 邦訳は、久住貢・桑原住雄訳『画家東遊録』（中央公論美術出版、一九八一年）がある。原書の表紙の中央には、日本語で『画家東遊録』と記されている。

(72) 禅智院は輪王寺に一五院ある一山支院のひとつ、輪王寺の末寺であると同時に制度上は独立した一寺院で、建物は明治以来のままである。当時の住職は鈴木静海和尚であった。ラ・ファージらの滞在した離れは、現在工事によって取り除かれ写真が残るのみである。本章の執筆にあたり、輪王寺総務部長今井昌英氏に貴重なお話をお伺いした。禅智院及び離れ跡を拝見させていただき、さらにラ・ファージのスケッチを頼りに想定される写生場所を案内していただいた（二〇〇四年六月三〇日）。記して謝意を表したい。

(73) La Farge, *op. cit*., p. 91.

(74) Ibid., p. 100.

(75) 井戸桂子「明治十九年、アメリカからの来訪者　アダムズとラファージの相反する日本理解」（平川祐弘編『叢書比較文学比較文化二　異文化を生きた人々』、中央公論社、一九九三年）、二二二頁。

(76) 例えば *Peonies in the Wind with Kakemono Borders*《掛物型の縁のついた風の中の牡丹》, 1893,Window from John Hay house, National Museum of American Art, Smithsonian Institute, Washington, D.C.）や *Fish and Flowering Branch*（《魚と花枝》、1896, Window from Gordon Abbott house, Museum of Fine Art, Boston）などが挙げられる。また、清水真砂

は《掛物型の縁のついた風の中の牡丹》と、葛飾北斎筆《牡丹に胡蝶》とを比較して、浮世絵がラ・ファージのステンド・グラス制作に与えた影響を指摘している（「アメリカにおけるジャポニスムの先駆　楽冨和慈《ラファージ》」『日本美術工芸』七月号、日本美術工芸社、一九九三年、二四―二六頁）。

（77）La Farge, *op. cit.*, pp. 121–122.

（78）Ibid., p. 160.

（79）Ibid., p. 170.

（80）Ibid., pp. 170–173.

（81）村形明子『アーネスト・F・フェノロサ文書集成――翻刻・翻訳と研究（上）』（京都大学学術出版会、二〇〇〇年）、三一三頁。

（82）クリストファー・ベンフィーは壁画の左端前面に描かれた山には、ラ・ファージがスケッチした富士山の斜面が正確に再現されていると指摘する（Cristopher Benfey, *The Great Wave : Gilded Age Misfits, Japanese Eccentrics, and the Opening of Old Japan*, New York : Random House, 2003, p. 161）。

（83）James L. Yarnall, "John La Farge and Henry Adams in Japan", *The American Journal* vol.21, New York : Kennedy Galleries, Inc., 1989, pp. 66–69. 同行者ヘンリー・アダムズの「日本アルバム」（"Japan Album", *Henry Adams Photographs* : 1866–*ca*.1900、マサチューセッツ歴史協会蔵）には、ラ・ファージの *Mountain of Fuji-San From Fuji-Kawa* と同じ構図の持つ蒲原から富士山を撮影した写真がある（右下に Kanbara とある）。『画家東遊録』二五七頁の挿絵である *Fusi-*(sic) *Yama from Kambara Beach* の富士山も同じ稜線で、同じように雲がかかっており、ラ・ファージはこの写真を参考に制作したと考えられる。ラ・ファージの水彩画の中には、旅行中アダムズが撮影、もしくは購入した写真と類似しているものが見られ、ラ・ファージがアダムズの写真を参考に、帰国後作品を描いたことがわかる（二〇〇五年一一月一〇日調査）。

（84）Cortissoz, *op. cit.*, p. 166.

（85）ラ・ファージの描いた日本のイメージが当時のアメリカ社会にどのように流通し、どのような影響を与えたのか一例を挙げる。ワシントンのスミソニアン・アメリカ美術館には木版画家ウォルフ（Henry Wolf, 1852–1916）がラ・ファ

ージの *Statue of Oya Jizo*《大谷地蔵》と *Old Pagoda*《古い塔》を模写した、一〇センチ四方の作品が所蔵されている。ウォルフの絵はどちらも一八九〇年の作品であり、『画家東遊録』の連載開始と同じ年に模写され、センチュリー社からの出版物に掲載された（二〇〇四年一月二三日調査）。センチュリー社は『画家東遊録』や岡倉の『日本の覚醒』を出版していることから、日本に高い関心を持つ読者が多かったと推察される。ウォルフの作品は、ラ・ファージの描いた日本のイメージがアメリカでどのように再生され、流通したのか、その一端を垣間見せてくれる。まだ日本を訪れたことのないアメリカ人たちは、ラ・ファージの文章や絵を手がかりに、日本のイメージをふくらませていったのである。

(86) La Farge, *op. cit.*, p. ix.

(87) アダムズは、九鬼の紹介状を七月一七日迄に一通、京都で一通使用したことを友人のドワイト（Theodore F. Dwight, 1846–1917）に書き送っている（Harold Dean Cater ed., *Henry Adams and His Friends*, Boston：Houghton Mifflin Company, 1947, p. 165, p. 170）。

(88) La Farge, Letter to I. S. Gardner, Oct. 18, 1904.マイクロフィルム、ボストン公共図書館美術部所蔵ガードナーペーパー。著者実見。堀岡弥寿子は著書『岡倉天心考』（九頁）でこの書簡を引用し、この書物は『荘子』だと述べている。ラ・ファージは書簡中で書名を明らかにしていないが、作者について“He is known in Japanese as Choshi”と紹介している。

(89) Cortissoz, *op. cit.*, p. 181.

(90) ラ・ファージは岡倉の援助を得て、画中の巻物に孔子の言葉「初めは白で、それから色をつける」を漢字で書いたという（Cortissoz, *op. cit.*, p.181）。壁画の巻物に書かれている漢字は、壁画の写真と、この文意に相当すると思われる『論語』の「子夏問曰、巧笑倩兮、美目盼兮、素以為絢兮、何謂也。子曰、絵事後素。曰礼後乎。子曰、起予者商也。始可與言詩已矣（子夏問うて曰く、巧笑倩たり、美目盼たり、素を以て絢と為す。何の謂い也。子曰く、絵の事は素より後にす。曰く礼は後なるか。子曰く、予を起こす者は商也。始めて与に詩を言うべきのみ）」から「絵事後素」と推察されるが、確認のための調査が必要である。なおラ・ファージはこの作品の習作として、一九〇三年に同名の作品（メトロポリタン美術館蔵）を描いているが、岡倉の渡米以前だったため、巻物は白紙で漢字は書かれていない。

（91）村形注（81）前掲書、三一三頁。

（92）Christopher Benfey, *The Great Wave : Gilded Age Misfits, Japanese Eccentrics, and the Opening of Old Japan*, pp. 166–167.

（93）Okakura, "Religions in East Asiatic Art", *CEW* 2, p. 136.

（94）岡倉「美術教育の施設に就きて」『全集』第三巻、一二〇頁。

（95）桑原住雄「John La Fargeと岡倉天心——その思想的相互影響について」（『芸術研究報』第一号、筑波大学芸術学系、一九八〇年）、一八—二三頁。

（96）Cortissoz, *op. cit.*, p. 124.

（97）ラ・ファージと観音に関しては、第四章第二節を参照されたい。

（98）Cortissoz, *op. cit.*, p. 124.

（99）Victoria Weston, *East Meets West : Isabella Stewart Gardner and Okakura Kakuzō*, Boston : Isabella Stewart Gardner Museum, 1992, p. 19.

（100）横山大観『大観自伝』（講談社、一九八一年）、六六頁。アメリカにおける日本美術院の作品展については、岡本佳子「日露戦争期英米ジャーナリズムに見る岡倉覚三一行——『日本美術院欧米展新聞記事切抜帖』について」（『アジア文化研究』第三一号、国際基督教大学アジア文化研究所、二〇〇五年、七一—九二頁）、堀岡弥寿子「日本美術院の海外展〔一九〇四／〇五〕——天心、大観、春草、紫水の渡米」（『日本美術院百年史』第三巻（上）、日本美術院、一九九二年、四一五—四二三頁）、佐藤道信「大観・春草の欧米遊学と朦朧体」（『日本美術院百年史』第三巻（上）、四三六—四五五頁）を参照されたい。

（101）ガードナー夫人の生涯を概説するにあたって、Morris Carter, *Isabella Stewart Gardner and Fenway Court*, Boston : Isabella Stewart Gardner Museum, 1925, 3 rd ed., 1972), Louise Hall Tharp, *Mrs. Jack : A Biography of Isabella Stewart Gardner*, New York : Peter Weed Books, 1984), Douglass Shand-Tucci, *The Art of Scandal : The Life and Times of Isabella Stewart Gardner* (New York : HarperCollins Publishers, 1997), Hilliard T. Goldfarb, "Isabella Stewart Gardner and the Creation of Fenway Court" (*The Isabella Stewart Gardner Museum : A Companion Guide and History*, The Isabella

Stewart Gardner Museum, New Haven：Yale University Press, 1995, pp. 3–20）などを参照した。

(102) Rollin Van N. Hadley ed., *The Letters of Bernard Berenson and Isabella Stewart Gardner, 1887–1924*, Boston：Northeastern University Press, 1987, p. 586. ヒギンソン夫人はボストン交響楽団創設者ヘンリー・L・ヒギンソンの妻である。

(103) ボストン美術館の *Annual Report*（『ボストン美術館年報』）によれば、ジョン・ローウェル・ガードナー基金の使途は美術館の必需品の購入に制限されており、美術館は毎年二万ドルの収入をガードナー基金から得ていた。

(104) Ellen Knight, *Charles Martin Loeffler：A Life Apart in American Music*, Urbana：University of Illinois Press, 1993, p. 68.

(105) 戸口幸策によるとLoefflerは「レフラー（ローフラー）」と表記されるべきだという（戸口「天心とオペラ――岡倉天心のオペラ台本『白狐』をめぐって」、『五浦論叢別冊　岡倉天心来五浦百年記念：講演とオペラの夕べ』、茨城大学五浦美術文化研究所、二〇〇四年、一五頁）。本書ではこの指摘を踏まえ、『ニューグローヴ世界音楽大事典』（第二〇巻、講談社、一九九五年、二二七頁）に倣って「レフラー」と表記する。

(106) Okakura Kakuzo, "Modern Problems in Painting", *CEW* 2, p. 72.

(107) ガードナー夫妻の日本旅行の詳細については、巻末資料「一八八三年　ジョン・L・ガードナーの日本旅行記」を参照されたい。*John L. Gardner Travel Diaries* 1883-4 の転写（A４版ワード書類、イザベラ・スチュワート・ガードナー美術館所蔵、五―一七頁、同美術館アーキビストより二〇〇六年二月入手）を和訳したものである。

(108) *Travel Scrapbook 1883 Japan v.1.a./4.6*（資料名 Japan Volume 1（a/4.11））イザベラ・スチュワート・ガードナー美術館所蔵。二〇〇六年二月著者実見。

(109) スクラップ・ブックに添付された番付には「明治十六年七月四日開場」、「午前第八時より開場」、「上等平土間二円八十銭」とある。演目は「夏祭浪花鑑　第四幕」、「花菖蒲慶安実記　第六幕」。写真は全部で四枚あり、うち二枚が菊五郎の写真である。

(110) 岡倉とガードナー夫人との交流については、堀岡弥寿子『岡倉天心考』（吉川弘文館、一九八二年）、『岡倉天心――アジア文化宣揚の先駆者』（吉川弘文館、一九七四年）、佐伯彰一「岡倉天心――コスモポリタン・ナショナリストの内面」（芳賀徹ほか編『講座比較文学五　西洋の衝撃と日本』、東京大学出版会、一九七三年）、Victoria Weston, *East Meets West: Isabella Stewart Gardner and Okakura Kakuzō* (Boston: Isabella Stewart Gardner Museum, 1992. 小泉晋弥訳「東と西の出会い――イザベラ・スチュワート・ガードナーと岡倉覚三」『五浦論叢』第七号、茨城大学五浦美術文化研究所、二〇〇〇年）、Alan Chong and Murai Noriko, *Journeys East: Isabella Stewart Gardner and Asia* (Boston: Isabella Stewart Gardner Museum, 2009) などの研究がある。またイザベラ・スチュワート・ガードナー美術館に関する研究には、雨宮正子「平成四年度・米国博物館事情視察報告八　イザベラ・スチュアート・ガードナーミュージアム」（『博物館研究』第二八号、日本博物館協会、一九九三年）、堀岡弥寿子「イザベラ・スチュワート・ガードナー美術館〔ボストン〕」（『古美術』第三八号、三彩社、一九七二年）などがある。

（111）La Farge, Letter to I. S. Gardner, March 22, 1904. ボストン公共図書館美術部所蔵。"Papers of Isabella Stewart Gardner" マイクロフィルム、著者実見。堀岡弥寿子によると、ラ・ファージは、この日以前にもガードナー夫人に岡倉の渡米を告げる書簡を送っていたという（同右書『岡倉天心――アジア文化宣揚の先駆者』、一八三頁）。

（112）ゲストブックと『全集』別巻の年譜とを比較すると、『全集』年譜には、岡倉のガードナー邸訪問の記述に洩れや相違があることがわかる。『全集』年譜に記述のない岡倉の訪問日は、一九〇四年五月一七日、八月一五日、九月一九日頃（訪問日未記入のため、前後の訪問客の記述から推定）、一九一一年七月二二日（"+25" と追記あり）、八月五日、一九一二年一一月一四日（岡倉が訪問日の欄に "same" と記したことから、上段の客の訪問日と同じと推定）である。また『全集』年譜には、一九〇五年一〇月三〇日に「フェンウェイ・コートを訪問する」とあるが、ゲストブックによれば岡倉は一〇月二五日から三〇日まで滞在したことになっている。同様に『全集』年譜には、一九〇八年一月二二日に「グリーン・ヒルを訪問する」とあるが、ゲストブックではこの日の訪問先はフェンウェイ・コートである。本章では第一次資料であるゲストブックの記述にしたがった。

（113）これらの作品は『全集』第七巻（三三八―三七八頁）、*CEW* 3 (pp. 5-13) に収録されているが、ゲストブックとの相違が若干認められる。表2を参照されたい。

（114）ボストン美術館スタッフの役職は *Annual Report* (1904) を参照した。リトルはアマチュア歌手でガードナー夫人の親しい友人、プロクターはガードナー夫人が後援した音楽家のひとり、フィッシャーは一八九一年に、美術収集家ネッド・ウォレン（Edward Perry Warren, *1860–1928*）とサセックスのルイス・ハウスに同居し、写真の勉強を行った（Hadley ed., *The Letters of Bernard Berenson and Isabella Stewart Gardner, 1887–1924*, p. 185, p. 254, p. 355）。

（115） I. S. Gardner, Letter to B. Brenson, December 24, 1904, Hadley ed., *The Letters of Bernard Berenson and Isabella Stewart Gardner, 1887–1924*, pp. 354–355.

（116） 各参会者の美術館における役職名は、*Annual Report*（1907）の一九〇八年度職員録を参照した。

（117） 村形明子『アーネスト・F・フェノロサ文書集成翻訳・翻刻と研究（下）』（京都大学学術出版会、二〇〇一年）、四一五頁。

（118） "Gives Unique Party", *Boston Daily Glove*, March 12, 1908. ボストン公共図書館所蔵。著者実見。

（119） この会に参加した日本人芸術家の氏名は詳らかではない。しかし主たる参加者として記事上に紹介された"Mr. Rokaker"は、六角紫水のことを指すと思われる。

（120） この記事の中で、岡倉は次のように評された。「岡倉覚三氏――日本のラスキンとも称される――は、時折ウィットに富んだ話で客を楽しませた。スピーチの冒頭部分でガードナー夫人の気前の良い芸術へのパトロネージュについて話し、彼女を賛辞した。（中略）岡倉覚三氏は日本に戻った後、二年前ボストン美術館の東洋美術の宝物を調査し、カタログを作成するために日本からやってきたと記憶されている。今回は氏にとって二回目の渡米で、彼は、滞在中出会ったガードナー夫人や、ほかのボストンの芸術後援者たちについて多くの極端な褒め言葉を書いたと言われている」。この記事からは、ガードナー夫人と岡倉との関係を、経済的援助を授受する間柄と見なす新聞記者の視点が看取できる。この記事によって、ガードナー夫人のサロンに属し、パトロンにお世辞を振りまく岡倉の人物像が、同紙の読者に伝わることになった。六角の回想によれば、フェンウェイ・コートに無料で入館できなかった新聞記者が、怒ってガードナー夫人の悪口を掲載し、彼女が支援する音楽家を「男妾」と書いたことがあったという（座談会記録「岡倉天心先生を語る」第二回（昭和一八年一〇月一三日）、『五浦論叢』第七号、茨城大学五浦美術文化研究所、二〇〇〇年、三四―三五頁）。新聞記事が伝える岡倉像については、このようなガードナー夫人とメディアとの関係を考慮する必要があろう。

（121） ゲストブックの一一月六日の欄に、岡倉は「菊の葉で描いた横山の絵を見てください」と記した。同ゲストブックには大観が没線描法を用いて描いた淡彩色の絵が残されている。またこの日六角は香を焚き、花を活けた。

(122) I. S. Gardner, Letter to B. Brenson, August 2［1904］, Hadley ed., *The Letters of Bernard Berenson and Isabella Stewart Gardner, 1887–1924*, p. 342.

(123) 岡倉の不在時にゲストブックに記録された六角と岡部の訪問日として、一九〇五年五月七日、六月一日、九日（「＋16」と追記あり）、一八日、七月六日（「＋9」と追記あり、一七日、二三日、八月五日、一四日、二五日、九月六日がある（ゲストブック Vol.Ⅷ, pp. 9-34. イザベラ・スチュワート・ガードナー美術館所蔵）。著者実見。六角・岡部とガードナー夫人との交流については、拙稿「六角紫水とガードナー夫人」（宮本真希子ほか編『「国宝」を創った男　六角紫水展』六角紫水展実行委員会、二〇〇八年、五九頁）を参照されたい。

(124) 座談会記録「岡倉天心先生を語る」第二回（昭和一八年一〇月一三日）、四五―四六頁。

(125) 岡倉由三郎宛岡倉書簡（一九〇九年一二月三日）、『全集』第六巻、三七七―三七八頁。

(126) Hadley ed., *The Letters of Bernard Berenson and Isabella Stewart Gardner, 1887–1924*, p. 467.

(127) Okakura, Letter to I. S. Gadner, January 13, 1909, *CEW* 3, p. 102.

(128) 各人の美術館における役職名は、*Annual Report*（1908）の一九〇九年度職員録を参照した。

表2　イザベラ・スチュワート・ガードナー美術館所蔵ゲストブックにみる岡倉関連記事

Vol.	Year	Page	記入欄						備考	
			Name	Residence	Arrived	Left	Going to	Event˚Adventure˚Remark	訪問先・同伴者	『全集』年譜記載
VII	1904	33	岡倉覚三	東京谷中初音町	明治卅七三月廿七日	i.e. [ISG]	Okakura [ISG]	Came to Fenway Court Sunday March 27 th 1904. [ISG]		あり
		36	岡倉覚三	Tokio	17[May]		dream	nothing	六角紫水	なし
		47	岡倉覚三	Nippon	July 10th		Norfork Street or somewhere near	深院無人花自落 春山一路鳥空啼[1]		あり
		52	岡倉覚三	栗山	八月十五日		同上 [Dover][2]	気韻生動		なし
		55	Okakura-Kakuzo	Where I am	L. Sensei [Sept. 19]	L. Sensei	L. Sensei	宿是主 which may be translated as House is Empty without the Master		なし
VIII[3]		1	Okakura-Kakuzo	Boston	20th [October]	20th	To think of the yellow leaves	撲衣黄葉急於雨 一路踏迷銀杏秋	Green Hill	あり
		4[4]	Okakura-Kakuzo	Land of the The [sic] Birthday	Nov 6th	Nov 6th	Forest Hill	Saw Taikan paint with chrystamem[sic] leaves.[5]	横山大観 菱田春草 六角紫水	あり

		7	天心居士	日本	十一月十一日	〃	Richard III			あり
	1905	39	Okakura-Kakuzo	Idzura	Oct 25th	Oct. 30	Fenway Court	落葉打我衣／依々引我衣／帰来我如情／燕乎何処去／孤雁我亦来／颯爽秋風冷／故人意漫如珠璣／不知長別離　天心	六角紫水 岡部覚弥	あり(6)
IX	1908	17	岡倉覚三 天心居士	名山斯処托待骨滄海為誰招月魂	明治四十一年一月廿一日(7)				Fenway Court	あり(8)
XI	1910	1	岡倉覚三	日本　五浦	十月廿四日	同日	海棠亭	青山一路古苔香 紅樹残鴉呼夕陽 One Pathway/ On the Green Hill/ Where the incense/ Of the Ancient Moss/ Invites me./ Scattering jays/ On the crimson tree/ Where the after-glow/ Of the craning autumn/ Calls me.	Green Hill	あり
	1911	9	岡倉覚三	五浦	六月十一日		cloud	又の世は蝉にやならん 夏木立　O think I was born a cicadae[sic]!/To talk to the rocks in the summer trees.		あり

		15	Okakura-Kakuzo	among friend	June 24[9]	Same	Races	青山や夢のたとるは何処やらん　O blue hill! On what paths shall my dreams tread when I am gone ?		あり
		21	Okakura-Kakuzo	with the Cloud	July 12	Same	Cloud	涼しさや大樹の蔭に立椅りて　Oh delight! To bathe in the shadows of a giant tree !		あり
		22	Okakura-Kakuzo	with the Cloud	July 22＋25	〃	To the Cloud	来ん雪に問わはや夏の林の跡　Will the snow of the next year remember my footsteps among the summer grass ?（庭で会話する岡倉の写真貼付）		なし
		24	Okakura-Kakuzo	Hemenway	Aug	5th	The East	青山の緑を海に筑波峯に／蟋蟀我鳴く聲と聞玉へ　O green hill ! thy green I shall see on the sea, on the Tsukuba hills ! If the cricket sings, it is my voice crying for you.[10]		なし
XII	1912	27	Okakura Kakuzo	〃 [Boston Mass]	Same [Nov. 14]	Same [Nov.14]	My dreams	I have come back again under the shadow of the Jade–Tree		なし

*この表は執筆者が2005年11月10日及び14日にイザベラ・スチュワート・ガードナー美術館において調査したゲストブック Vol. Ⅶ、Ⅷ、Ⅸ、ⅩⅠ、ⅩⅡ(1904〜1912年)より作成したものである。ゲストブック記入欄における岡倉の記述はできるだけ忠実に書き写し、備考欄には訪問先(フェンウェイ・コートとグリーン・ヒルと2ヶ所あるため)、日本人の同伴者および平凡社版『岡倉天心全集』(以下『全集』と略記)別巻の巻末年譜における記載の有無を記した。なお表中の[ISG]はイザベラの文字で追記されたことを示している。また訪問月日が未記入の場合は、その前後の客の記録から推定した。『全集』年譜との間に訪問日や訪問先に相違が見られる。相違の詳細については注釈で指摘した。

(1) 『全集』第7巻(p. 338)には「鶯空啼」とある。
(2) 上段の客は"Dover"と記入している。
(3) 表紙裏の見開き頁に岡倉の写真が4枚貼り付けてある(図39参照)。
(4) 岡倉と大観の記入欄の右側にフランス公使本野一郎(1862－1918))の談話「偉大な芸術家しかいなかった時、彼らは我々を野蛮人のように扱った。人々の命を奪っている今は、我々が文明化したと言っている」に関する記事が貼り付けられている。『茶の本』第1章に類似の文章があることから、執筆への影響が示唆される。
(5) ゲストブックには大観の描いた絵が残されている。
(6) 『全集』別巻の年譜には、訪問日は10月30日とある(p. 424)。
(7) 1月22日の誤り。図15参照。
(8) 『全集』別巻の年譜には、訪問先はグリーン・ヒルとある(p. 428)。
(9) *CEW* 3では日付はJune, 20とある(p. 12)。
(10) 『全集』第7巻(p. 376)、および *CEW* 3 (p. 11)には「青山の緑を海に筑波峯に蟋蟀我が鳴声と聞玉へ」とある。

第二章　ボストン美術館中国日本美術部経営

はじめに

前章で明らかにしたように、岡倉が実際にボストンで活動した時期にボストン・ネットワークの中心に位置していたのは、ガードナー夫人やボストン美術館理事など、芸術を愛好する富裕なエリート層、すなわちボストン・ブラーミンであった。このことを考えれば、彼らが岡倉の活動を支えたのは、それが、ボストンの文化水準を高めるという彼らの利益と一致していたからだと考えられよう。そのためボストンにおける岡倉の諸活動は、彼の生涯の思想や活動における意義とともに、それがボストン社会にとってどのような利益をもたらすものだったのか、という二つの視座から考察することが必要である。

そこで本章では、ボストンにおける岡倉の活動の中でもっとも主要なものと位置づけられる、ボストン美術館中国日本美術部経営を取り上げ、岡倉とボストン側と二つの視点からその意義について考察を試みる。

ボストン美術館と岡倉に関する先行研究では、モース、フェノロサ、ビゲロウといった一部の美術館関係者と岡倉との関係について詳細に論じられてきた。しかし、岡倉のもとで中国日本美術部の経営に参画した個々のスタッフ、すなわち同部の人的資源については、その人数の多さにも関わらず、ウォーナーなど数名の部員以外は紹介程度にとどまり、等閑視されてきたことは否めない。また岡倉が、美術品収集や展示活動と並行して進めていた他の事業――人材育成、美術館教育、予算獲得と執行、他美術館とのネットワーク形成など――を取り上げ、美術館行政という視点から事業推進の核となった理念や、中国日本美術部の組織マネジメントに主眼を置いた議論が十分なされてきたとは言いがたい。岡倉の美術館行政の全体像に迫るためには、これらの事業をボストン美術館における活動全体の中に位置づけることが必要であろう。そこで、本章では次のように論述を進める。

第一節において、ボストン美術館創設以前から岡倉着任までの、ボストンの美術状況について概観する。

第二節では、岡倉を受け入れた二〇世紀初頭のボストンの文化的状況を明確にした上で、岡倉が館内外で地歩を固め、人的ネットワークを形成していく過程と、中国日本美術部の経営理念やそのための戦略を確立する経緯について明らかにする。

第三節では、中国日本美術部の諸事業において、岡倉を支えたスタッフのひとりひとりを照射し、個々の役割と活動を明らかにするとともに、岡倉の美術館経営における人的資源の調達と育成、ならびに経営方針の転換について考察を行う。

中国日本美術部は、コレクションの収集、整理、展示だけでなく、美術館の持つ教育機関としての役割を通して、東洋美術やその基盤にある文化を参観者に伝えていった。第四節では、同部が実施した教育プログラムを手がかりに、その基盤となったコレクション形成との関連性を視野に入れながら、彼が提供した美術館教育、およびその展望について考察を試みる。

岡倉の多岐にわたる実践活動のなかには途中で頓挫したものもあった。そのような事業に光を当て、そこに反映された岡倉の美術館経営について考察することは、彼が実践した事例の分析と同じように、必要な作業であろう。また、どのような事業であれ、その推進には年度ごとの予算獲得と執行とが密接に連動している。中国日本美術部運営に割り当てられた予算や特別基金、それらの収支決算など、岡倉の資金調達とその使途も、今後追究していかなければならない課題である。これらの問題に取り組む端緒として、一九〇六年から一九〇七年にかけて推進された茶室建築計画を取り上げ、岡倉の経営方針や事業目的について考察するとともに、同時期に出版された『茶の本』との関連性と、その背景にあったボストンの文化的土壌について検討する。

岡倉の経営の根幹にあった理念を確認し、その実現のための活動を浮き彫りにしながら、岡倉が中国日本美術部を東洋美術発信装置として構築していった過程を明らかにすることが本章の目的である。

第一節　ボストンにおける美術状況の俯瞰

1　ボストン・アセニウム

本節では、まずボストン美術館創設以前から岡倉着任までのボストンにおける美術状況について概観したい。ボストン美術館創設以前に美術品収蔵・公開の役割を果たしたのは、ローウェル・インスティテュートと並んでボストンの文化的拠点であったボストン・アセニウムである。[1]アセニウムは、公共図書館が成立する以前に多く見られた会員制の図書館であったが、会員権は全米で最高額の三〇〇ドル、会員数はわずか千人、会員の九六パーセントがボストンの富裕層であったことからわかるように、ボストン・ブラーミン向けの会員制図書館であった。[2]一八〇七年、ビーコン・ストリートに開設された施設には、図書室だけでなく美術品展示室が併設され、美術品保管庫としての役割も担っていた。

一八二二年にパール・ストリートへ移転し、講演や展覧会を行うスペースを確保するため、三階建てに改築された。一階は小規模な展示会や会議に、二階は五〇〇人を収容する講堂にあてられた。最上階の三階が美術品展示室に使用されたため、建物全体がアセニウム・ギャラリーと呼ばれるようになった。当時アセニウムは、アメリカ人画家ギルバート・スチュアート（Gilbert Stuart, 1755–1828）の作品を含む絵画七点を所有していたが、一八二七年には会員から資金を募り、最初の展覧会を開催した。以後約半世紀にわたって年一回の展覧会が開催され、アメリカ人画家の作品、ヨーロッパの絵画、彫刻などが展示された。

寄贈や購入によってアセニウムに収蔵品が集まったため、一八四七年から四九年にかけてビーコン・ストリートに三階建ての建物が新築された。一階に新聞閲覧用の読書室と彫刻室、二階に図書館、最上階に美術品展示室が置かれた。彫刻室を設置したのは、一八二二年に古典主義的な等身大の石膏模型一一体を得たことによる。一八四九年の夏に図書室がパール・ストリートの旧建物から移転し、翌一八五〇年の晩春までに全ての美術品の移動が完了すると、五月には新ギャラリーで展覧会が開催された。

移転当時は広々と見えた新しい建物も、収蔵品の増加の速さに収容能力が追いつかず、やがて手狭になっていった。一八六六年、アセニウムの美術委員会は最上階の絵画が劣悪な環境に置かれていることを憂慮した。だが作品を三階からどこへ移動させるかが問題であった。そこで美術委員会は「今後アセニウムが適当な場所を所有するか、あるいは土地を所有する誰かがこの目的のために土地を使えるのなら、委員会の意見の中には、現在のギャラリーを図書館に明け渡し、あらゆる点で造形芸術に敬意を表する建物を建てることが望ましいという考えがある」と報告した(3)。この提言が、ボストン美術館創設の契機となったとされている。

美術品だけでなく、アセニウムの蔵書数も一八四九年の移転時の二倍に増加していた。一八六七年、アセニウムの図書委員会は彫刻室のスペースを読書室として使用することを希望した。美術・図書両委員会の提言を踏まえ、書籍と美術品のどちらにも十分な収容スペースを供給するため、トレモント・プレイスにあるアセニウム所有の建物を増築し、新ギャラリーを造ることが提案された。アセニウムはその所蔵品の充実にあわせるように、より収容能力の高い建物の新築や移転を繰り返していったのである。

だが、増築したものの、翌一八六八年にローレンス大佐（Timothy Bigelow Lawrence, 1826–1869）の武具と武器の大規模なコレクションが遺贈されると、ギャラリーにはもはやそれらを十分に収容し、展示する余地はなかった。寄贈コレクションのために引き起こされる収容スペースの不足は、アセニウムだけでなくハーヴァード大学やマサチューセッツ工科大学（以下M・I・Tと略記）など、市内の教育機関においても共通する問題となり、ボストンでの美術館の建築が急務の課題となっていった。

ところで、一九世紀後半のアメリカは、ボストンのように、自らの美術館を持とうとする動きが各都市で起こっていた。一八七〇年にはニューヨークのメトロポリタン美術館が、一八七七年にはフィラデルフィア美術館が開館している。その背景には、ヨーロッパと同等水準の美術館を持つことが、アメリカがヨーロッパに匹敵する文化水準に到達したことの証明だとする考え方があった。マイケル・コンフォーティは、一八世紀以降設立された美術館は、「共同体の力、エリートの勝利、文化的社会と美的理想の多義的で偶発的な出現を、巧妙かつ多様に象徴してきた」と位置づけた(4)。当時のアメリカの美術館建築は、まさに各都市の威信をかけた文化政策だったと言える。そしてボストンに美術館を創設することは、「アメリカのアテネ」の支配階層たるブラーミンの力の誇示でもあった。

当時、アメリカの各都市が模範とした美術館は、英国のサウス・ケンジントン美術館（現ヴィクトリア・アンド・アルバート美術館）であった。同美術館は、応用美術に従事する人々がデザインを学ぶため、体系化された教育プログラムを創造し、教育機関としての役割を果たしていた。サウス・ケンジントン美術館の成功と国際的な名声は、アメリカのビジネス界、教育界のリーダーたちに教育を通して社会に奉仕する美術館を建設させる誘因となった。ボストンにおいて、サウス・ケンジントン・スタイルの美術館創設を主張した主要な人物として、チャールズ・パーキンス（Charles Callahan Perkins, 1823–86）が挙げられる。中国貿易の商人でアセニウムの後援者の祖父を持つパーキンスは、ハーヴァード大学卒業後渡欧して美術を学び、イタリア彫刻に関する書籍を著した。彼はボストン・スクールにケンジントン方式の線描とデザインの教授法を導入するほど、同美術館の信奉者であった。

一八七〇年二月四日、マサチューセッツ州議会において、美術品の保存と展示、美術コレクションの収集と維持と確立、美術教育の提供を目的とする美術館の理事からなる法人組織を設立する法律が通過した。美術館の理事はパーキンスやハーヴァード大学総長チャールズ・ウィリアム・エリオット（Charles William Eliot, 1834–1926）ら一二名が任命され、年毎にハーヴァード大学総長と同大学同窓会、ボストン・アセニウム理事、M・I・Tから選出された九名（各機関が三名ずつ選出）、ボストン市長、ボストン公共図書館理事長、公立学校教育長、教育委員会教育長、ローウェル・インスティテュート理事を加えて理事会が構成された。

彼らの役職から明らかなように、理事会はボストンの裕福な知識人層、すなわちボストン・ブラーミンによって構成されていたが、理事の役職を伝統として継承する一族もあった。たとえば創立年にM・I・Tから指名されたマセイアス・D・ロス（Mathias Denman Ross, 1819–92）は、没するまで美術館に奉仕したが、その後もロス家の一族が理事に就任することになった。一八九五年には彼の甥であるデンマン・W・ロスが理事に任命され、四〇年間にわたって美術館に貢献した。彼は岡倉が渡米する由三郎に「小生の為メニ友人として親切ニ被致候人」と紹介した人物であった。このように理事の役職は半ば世襲されていたこともあり、岡倉着任時の美術館理事の多くはボストン・ブラーミンに連なる者だった。

2　ボストン美術館の開館

一八七〇年五月二六日、ボストン市は美術館建設のために、埋め立てて作られた新興地区バック・ベイの一区画を供与した。ダートマス・ストリートとセント・ジェイムズ・アヴェニューが交差する一画で、現在コプリー・スクエアに面する場所である。建設用地はもともとボストン水力会社の土地だったが、マセイアス・ロスの説得もあって会社から市に譲渡され、さらに市が美術館に授与したのである。この土地を供与するにあたって、理事会は三年を期限に一〇万ドル相当の美術館を建築すること、一ヶ月のうち四日間は入場料無料とすること、という二つの条件に同意した。実際には基金調達の難航から開館までには六年の歳月が費やされ、美術館は建物の大部分が未完成のまま、独立宣言公布一〇〇年を記念して一八七六年七月四日に開館した。

赤煉瓦で造られた耐火性の建物は、英国製のテラ・コッタの装飾物が門のアーチや円柱などにふんだんに使われ、サウス・ケンジントン美術館との外見的類似から、同美術館の建築スタイルを踏襲したことがわかる。アン・ニシムラ・モースは、建築様式とあわせて展示室自体も、サウス・ケンジントン美術館が提唱する素材と技術によって体系化された展示方針を範に構成されたと指摘する。(5) 美術館の一階には古代の工芸品や石膏像が多数設置され、二階には家具・武器・絵画など西洋や東洋の種々の作品が陳列されていた。ボストン美術館の基礎に、サウス・ケンジントン美術館の成功があったことは明白であった。

美術館の開館日はサンクス・ギビング・デーと日祝日を除く平日で、設立条件どおり土曜日の入場は無料となった。その年の入場者数は、月曜日から金曜日の総計が五五五一人にとどまったのに比べ、無料の土曜日はその約六倍の三三、一四七人に達した。平日は人影がまばらな館内が、土曜日になると収容能力の限界まで人があふれた。一八七七年三月一日からは日曜日午後も無料としたため、週末は群集が美術館に押し寄せることとなった。また芸術家、M・I・Tの建築科の学生、ローウェル・インスティテュートのデザイン学校など地元の美術学生たちの入場料は、常に無料という優遇措置が取られた。これらの取り組みは、一八七〇年に美術館設立のときに掲げられた「美術教育の提供」の理念に基づいていたと言える。

さらに「美術教育の提供」の具現化として、美術学校の設立が挙げられる。一八七六年、美術館は附属学校設立のための常設委員会を設置した。常設委員会はパーキンスら美術館の理事三名と建築家三名、画家五名、ハーヴァード大学会計士一名によって構成された。画家にはジョン・ラ・ファージや彼の師ウィリアム・モリス・ハントも含まれていた。美術館開館から半年後の七七年一月にはボストン美術館附属の美術学校が開校した。こうしてボストン美術館は、市民の教育機関という役割を担ってスタートしたのである。

美術館や美術学校の運営は、経済的支援者であり、理事であるボストン・ブラーミンの寄付金の上に成り立っていた。ボストン美術館は彼らの文化理念に基づき、その莫大な資金援助によって運営された機構であった。だが美術館創設時の資金調達に応じたのは、ブラーミンだけではなかった。現存する当時の募金名簿には一〇セントという僅かな額を寄せた市民の名が数多く見られるという(6)。美術館の創設は、ブラーミンたちの財力だけでなく、ボストンに美術館を望む多くの市民から寄せられた支援の結集だった。無料の美術館開館日に市民が押し寄せたことが、このことを物語っている。こうしてボストン美術館は、地域の新たな文化拠点として、ボストン市民の支援のもとに発展を遂げていったのである。

3　日本美術コレクションの形成

お雇い外国人や旅行客の手によって、夥しい数の良質な美術品が日本から流出しボストンに渡ったが、彼らの寄贈によってボストン美術館は豊かな日本美術コレクションを形成することになった。一九七〇年の時点で東洋部（Asiatic Department）の所有する日本美術品は、絵画五千点、版画六万点、陶器七七〇〇点、鐔二五〇〇点、刀剣六〇〇点、能面二〇〇点、能衣装八〇〇点、根付け千点を数え、これらの多くが一八八四年以前にモース、フェノロサ、ビゲロウによって収集されたものである(7)。

ビゲロウは、まだ来日する以前に日本刺繍二点を美術館に寄託している。一八八二年の訪日後、美術品を積極的に収集したことはすでに述べた通りであるが、一八八九年、ボストン美術館が彼に将来の列品について尋ねたとき、寄託品のほとんどがガラス付き陳列ケースを必要とし、その量は八〇から九〇箱分、そのうち美術館の分は四〇から五〇箱分あると返信している。(8) 一八九〇年の日本部（Japanese Department）開設までに、ビゲロウは一五二〇点に及ぶ日本美術品と、三箱分の浮世絵を美術館に寄託した。(9) ビゲロウは一八九一年、ハーヴァード大学から美術館の理事に任命され、亡くなる一九二六年までその職にあった。

フェノロサのコレクションは、一八八六年にチャールズ・G・ウェルドによって購入された。ウェルドはモースの講演に感銘を受けて来日し、刀剣、刀装具などの工芸品を積極的に収集した。フェノロサはコレクション売却の際、これらをフェノロサ＝ウェルド・コレクションと名づけて、ボストンから出さないという条件を提示した。条件通り、ウェルドの収集した美術工芸品とともにそれらのほとんどがボストン美術館に委託された。それまで財源的な理由から、主に模型の石膏像を購入していた美術館は、この委託によって量、質ともに優れたオリジナルの美術コレクションを所蔵することとなった。一九一一年六月一八日、ウェルドが亡くなるとコレクションは美術館に遺贈された。美術品総数は二〇七二点で、日本刀、刀装具などの工芸品が九七三点、残りの一〇九九点はフェノロサが収集した絵画であった。同年はビゲロウも鐔一〇四一点、漆器一二〇七点、書籍四千点、絵画三六三四点を含む一四、八三九点の美術品を寄贈しており、日本美術コレクションはいっそうの充実をみることになった。(10)

モースは日本から帰国した後も、陶磁器の研究と収集を継続していたが、旅行や購入による借財が増加していった。そこでボストン美術館は募金を募り、一八九二年に七万六千ドルでコレクションを入手するとともに、モースを日本陶磁器の管理責任者に任命した。以後、彼はコレクションの目録作成に取り組み、一九〇一年『日本陶磁器モース・コレクション目録』を著した。これが美術館出版目録の嚆矢となる。加えるに、ガードナー夫妻の甥ジョン・ガードナー・クーリッジが、一八八七年から八九年の日韓滞在時に形成したコレクションが、後にボストン美術館の中国陶器部門の充実をもたらした。

このような経緯で、ボストン美術館には大規模な日本美術コレクションが形成されていった。海を渡り日本から流出した美術品は、レプリカの石膏像からは得られなかった新しい美的体験をボストン市民にもたらすこととなった。また豊富な日本美術コレクションを背景に、ボストン美術館は日本美術研究者にとって日本国外では最良の場所となり、後にヨーロッパの美術館からも日本美術を学ぶため学芸員がボストンを訪問するようになる。

膨大なコレクションの増加に伴い、ボストン美術館は収蔵・展示スペースを拡張するため、増築を行った。一八九〇年に日本美術品の展示スペースとして日本室（Japanese Room）と日本回廊（Japanese Corridor）が設けられた。また新たに日本部が創設されることになった。当時日本部のコレクションは、館内の版画部（一八八七年創設）や古典部（一八八七年創設）のコレクション、あるいはエジプト美術コレクションや絵画コレクションと比較しても、優れて系統だったコレクションであった[11]。

この日本部の責任者として選ばれたのがフェノロサである。フェノロサはこの申し出を受諾し、一八九〇年日本を離れると、五年間の契約でキュレイターに就任した[12]。彼は梱包された美術品の開封、分類と目録作成、収蔵コレクションの整理などに忙殺されながら、合い間に北斎展、パリの美術商サミュエル・ビング（Samuel Bing, 1838-1905）所蔵の浮世絵版画展、大徳寺五百羅漢展などさまざまな展示会を開催した。だが一八九五年一〇月にリジー夫人と離婚が成立し、一二月美術館で彼の助手をしていたメアリー・M・スコット（Mary McNeil Scott, 1865-1954）との再婚を契機に、彼は美術館を去ることになる。フェノロサは翌一八九六年四月に辞表を提出し、以後ボストン美術館に関わることはなかった。

フェノロサが一八九六年に去った後、岡倉が美術館に着任する一九〇四年までの間に、複数の人物が日本部の経営に携わった。一八九三年にフェノロサの助手として働いていたアーサー・W・ダウが、一八九七年九月から日本絵画と版画のキーパーとして美術館に勤務した。ダウはロスのコレクションから雪舟、狩野派、土佐派の屏風の展示会などを催した。一八九九年に二代目キュレイターとして任命されたウォルター・M・キャボット(Walter Mason Cabot)は、ビゲロウやロスのコレクションから絵画と版画の展示会を開催した。キャボットの後任に選ばれたのは、キャボットとはハーヴァード大学の同期で、パリ在住の経験を持つニューヨークの画家ポール・チャルフィンであった。もともとチャルフィンはキャボットの補佐として雇われた人物で、日本の美術や歴史の専門家ではなかった。だがキャボットが急病に倒れたため、急遽チャルフィンが後任者となったのである(13)。

一九〇三年、日本部は中国日本美術部(Department of Chinese and Japanese Art)と名称が変更になった。しかし当時のボストン美術館には、日本および中国美術コレクションの価値を認識し、それを発展させようというヴィジョンを持った人物はいなかった。収蔵品は未整理のまま、展示室には夥しい数の漆器や金工品がぎっしりと並べられていた(図10)。これが岡倉の同美術館着任一年前に、日本美術コレクションの置かれていた状況であった。

一方、開館当時は美術館周囲の目ぼしい建物といえばトリニティ教会しかなかったが、世紀転換期には個人宅が立ち並ぶ環境に変わり、火災類焼の危惧が生じていた。さらに美術館に隣接して建てられたホテルによって、館内の採光不足という問題が起こっていた。加えて増加するコレクションによって、再び館内のスペース不足が問題視され、一八九九年には新しい埋立て地フェンウェイのハンティントン・アヴェニューに土地を購入し、移転準備を進めることが決まった。

一九〇四年一月、当時美術館総裁だったサミュエル・D・ウォレンと館長エドワード・ロビンソン(Edward Robinson, 1858–1931)が、模範とすべきヨーロッパの美術館を視察する。しかしモデルになる美術館を見出すことができなかったため、従来のサウス・ケンジントン・スタイルではなく、新美術館にふさわしい展示方法を模索す

図10　コプリー・スクエア時代のボストン美術館

①ボストン美術館外観

②鐔の展示

出典：①*Museum of Fine Arts Bulletin* 7, 1909, p. 17 ②ボストン美術館蔵、ⒸMuseum of Fine Arts, Boston. All Rights Reserved. c/o DNPartcom（図26も同）.

ることになった。館内では新美術館の展示方法について議論が交わされ、やがて対立する二つの意見によって、職員間に亀裂が生じていった。岡倉がボストン美術館を来館したのは、膨大な日本美術コレクションが放置され、人心は新美術館の方針をめぐって混迷している最中だったのである。

第二節　経営理念の確立と展開

1　岡倉の美術館着任

一九〇四年二月一〇日、岡倉は行き詰まっていた日本美術院の資金調達とボストン美術館日本美術コレクションの調査研究を目的に、横山大観・菱田春草・六角紫水を伴って渡米した。三月二日にニューヨークに到着し、同月二三日に単身ボストン美術館を訪問した。四月一一日の美術館館長エドワード・ロビンソンと岡倉との会見録によると、岡倉はインド滞在中にビゲロウに書簡を送り、「ボストン美術館のコレクションを研究するため」

アメリカに渡りたいという希望と報酬額を伝えていたという。そして、ビゲロウから「可能」という返事を受け取ったことが岡倉来館の契機と記される[14]。これに基づいて、岡倉自らが美術館での雇用を希望し、その実現はビゲロウの仲介によって果たされたと理解されてきた。

これに対して石橋智慧は、岡倉渡米後のビゲロウの行動が、受け入れる美術館側と岡倉との間に混乱を引き起こしていたと指摘する。ビゲロウは、一九〇四年三月二日にニューヨークに到着していた岡倉に会わずに、同月八日中国日本美術部キュレイターのチャルフィンと、美術館理事のジョン・テンプルマン・クーリッジ(John Templeman Coolidge, Jr., 1856–1945)に岡倉の紹介状を送ったが、どちらの書状にも岡倉との合意事項には一切触れていなかった[15]。また、岡倉・ロビンソンの会見録には、岡倉がビゲロウから二千ドルの報酬支給が可能という電報を受け取ったとあるが、ビゲロウはクーリッジに「評議委員会が支払わないなら、時間に応じて私が彼に支払います」と書き送っており、この時点で岡倉の給与について美術館側の決定事項は存在していなかった[16]。ビゲロウの言葉を頼りにボストンを訪れた岡倉と、直前になって岡倉の訪問を美術館側に伝えたビゲロウとの意思の疎通は十分でなかったことが窺える。

一九〇二年一一月一四日には再来日したビゲロウとインドから帰国した岡倉が京都で再会を果たしており、このとき二人の間でボストン美術館コレクション調査について、何らかのやり取りがあったと考えられる。その後日本から欧州へ向かったビゲロウは、体調を崩したため静養に専念し、病を理由にボストン美術館からの委員再任依頼を断った。帰米したのは一九〇四年早々で、外遊の間にボストン美術館中国日本美術部キュレイターはキャボットからチャルフィンに変わっていた[17]。一年半近くボストンを離れ、手紙で美術館の動向を把握するだけのビゲロウが、人事に直接関わり内部状況を十分把握していたとは言えず、ビゲロウが岡倉と美術館との橋渡しが上手くできなかった一因となったろう。

加えて世紀転換期のボストン美術館は、新館移転の計画とそれに伴うコレクション展示の構想に対して活発な議論が交わされている最中であった。フェノロサの辞任以来、中国日本美術部の責任者はめまぐるしく入れ替わり、膨大なコレクションの整理が急務であるにも関わらず、画家であり東洋美術について初歩的な知識しか持たないチャルフィンがキュレイターに任命されていた。新館構想をめぐる美術館の混乱期に美術館との合意が不完全なまま着任した岡倉が、館内に地歩を築き上げるために時間と労力を費やさなければならなかったことは容易に推察できる。

三月二五日から美術館で作業を開始した岡倉は、二日後に紹介状を持参してガードナー邸を訪問した。この訪問は功を奏し、岡倉はビゲロウという日本で培ったコネクションに加えて、ガードナーという新たな知己を現地で得ることになった。ガードナー夫人のサロンを拠点としたネットワークが、ボストン美術館内における彼の活動を支える基盤となったのはすでに述べたとおりである。

来館から三週間を経た頃には、美術館は岡倉を迎え入れる環境を整えようとしていた。四月一四日にはビゲロウから岡倉に日本とボストンの往復旅費千ドルを支給することが決まり、翌一五日には往路の旅費五〇〇ドルが支払われた(18)。旅費をビゲロウが負担するという条件で、美術館と岡倉との間で交渉が行われたことから、岡倉の受け入れ体制の整備にビゲロウの理事としての影響力および資金面の援助があったことがわかる(19)。さらに一週間後の四月二一日、岡倉は正式に日本絵画および彫刻の専門員（Expert）というポストを得たのである。

岡倉の専門員就任からまもない五月一二日、ガードナー夫人はベレンソンに宛てた書簡で岡倉の仕事について次のように記している。「岡倉は、美術館でフェノロサの時代から集められた日本美術品の目録作りに忙しくしていますが、見つかるのは偽物に次ぐ偽物!!!　それでフェノロサの悪口ばかり言っています(20)」ボストン美術館と絶縁したフェノロサに対するボストン・ブラーミンの心証を割り引いて考えても、この頃岡倉がガードナー夫人と良好な関係を築きつつあったことが窺える。混乱のボストン入りからわずか一ヶ月後に岡倉が館内で安定した地歩を固めた背景には、美術館理事ビゲロウとの関係とともに、美術館のパトロンでボストン社交界に影響力を持つガードナー夫人の知己を得たことが寄与していた。

2 経営理念の確立

2―1 コレクション目録作成

岡倉は当初コレクションの目録作成を一ヶ月で終えようと考えていたが、一九〇四年四月一一日のロビンソンとの会見で、「単なる収集品の記録」にとどまらない仕事を希望していることを明らかにした。彼は「より重要な作品と、日本絵画史を教える際のコレクションの位置づけに注意を払いながら、その概要を作成すること」を提案した。これを受けてロビンソンは、作品の信憑性を調査するにあたっては出来る限り厳格な姿勢で臨み、その結果コレクションが損害を蒙ることがあっても報告を躊躇することのないよう、岡倉を奨励している。こうして岡倉は、①重要な作品とそうでないものの区別、②日本絵画史におけるコレクションの位置づけの把握という明確な研究目的を持って、目録作成に望んだ(21)。このような態度を美術館側が容認したことが、多数の贋作の発見につながった。

最初の会見から約半年後の一九〇四年一一月二七日、ロビンソンは中国日本美術部に関する意見を聞くために、再び岡倉と会談した。美術館総裁サミュエル・D・ウォレンが、中国日本美術部の将来を念頭において美術館全体の職務分掌を考える際、岡倉の意見が参考になると考えたからであった。特に岡倉が意見を求められたのは、チャルフィンがキュレイターとして適任であるかどうかについてだった(22)。総裁が館長を通して、中国日本美術部の経営方針やキュレイターの適性を尋ねていることから、この時期には館内での岡倉への信頼が堅固なものになっていたことが窺える。

チャルフィンは、一九〇三年に日本の木彫工芸品と広重の風景画の小規模な展示会を開催した。木彫工芸品の展示では日本の神社仏閣の一部であった欄間、木鼻、蛙股、破風、持送りなどが展示されたが、漆工芸、皮工芸、中国の文物も混在していた[23]。その年の報告では、フェノロサ以来未完成のまま放置されていたカード目録は多少整理されたものの、収蔵品の正確な数は把握できておらず、ビゲロウから寄託された作品はまだ記録していないこと、また修理の必要な美術品のために工房から提示された見本を確認しているところだが、屏風の修理については成功しているのかどうかわからないと述べている[24]。

このようなチャルフィンの中国・日本美術品の知識や取扱いに接し、岡倉は中国日本美術部のキュレイターは中国語と日本語の知識のある学者で「東洋の思想、生活、目的に精通し、共感する」人物でなければならないと説いた。加えてコレクション拡充のためには、収集は東洋で行われなければならず、チャルフィンは適任者ではないという評価を下した[25]。

2―2　コレクション拡充への転換

この会見で、岡倉が中国日本美術部の経営に関わる重要な発言をしていることに注目したい。ひとつは「ボストン美術館のコレクションを西洋の代表的な東洋美術コレクションに発展させたい」という意思の表明である[26]。着任直後に彼が語ったコレクション調査が、約半年で東洋美術コレクションの拡充という方向へ大きく転換したことがわかる。

岡倉はこの転換について、副館長のマシュー・S・プリチャードに、日本にいたときは常に美術品の輸出に反対を唱えてきたが、アメリカ滞在を経て考え方が変わり、美術館コレクションの拡充こそを切望するようになったと語った[27]。それは、「このコレクションによって日本美術の歴史を完璧に説明し得ることは、西洋世界の利益であり、美術館だけではなく、日本から見ても望ましいことだと確信した」からであった[28]。

彼は一九〇三年『東洋の理想』を著し、日本美術史を英語で伝えようと試みたが、その歴史を体系的に可視化できる装置として、ボストン美術館が適した場であると認識したのであろう。日本美術を体系的に展示するために、コレクションの弱点を補強しようと考えるのは当然のことであった。

だが彼が日本美術史コレクションの発展を目指そうとした目的は、『東洋の理想』で描いた歴史の可視化のさらに先にあった。一九〇五年一月の『ボストン美術館紀要』（以下『紀要』と略記）に、岡倉は「ボストン美術館の日本・中国絵画」という論文を掲載した。東洋美術に対して一般の市民が真剣な理解を寄せることを希望していると述べ、次のような言葉で結んだ。

最後に、アジア芸術の真の意味に近づく素晴らしい機会を、参観者に提供する重要性について触れておきたい。芸術の精神は普遍であるが、異なる民族の理想や生活哲学に多くの表現があるように、その形式はさまざまである。日本や中国の芸術は、ヨーロッパの芸術と同じようにその内側から解釈されることが必要であり、少しでも関心がある人は、珍しいものや不思議なものとして作品を扱うべきではない。私は、当美術館が、目録出版やコレクションに関する講演を通じて、東洋芸術のより深い概念を形成し、将来、芸術を愛する一般の愛好家や美術学生にとって最高の施設となることを願っている[29]

この言葉からは、岡倉が西洋社会に対して、どの程度の理解を求めたのかが窺える。岡倉は、人々が東洋の芸術に対して、異国情緒を満足させる「珍しいものや不思議なもの」として関心を持つのではなく、西洋の芸術と同じように「その内側から解釈されること」を求めていたのである。東洋の芸術を「内側」から理解する、ということは、東洋の芸術が西洋と形式が異なっているのは、東洋には西洋と異なる「民族の理想や生活哲学」があるからだということを知り、それらを理解することであろう。それが「アジア芸術の真の意味に近づく」ということであり、数多くの日本美術品を所蔵するボストン美術館が、そのための「素晴らしい機会」を参観者に提供する重要性を訴えたのである。そして岡倉のこのような主張は、かつて欧州視察旅行中に、西洋の美術や音楽作品に触れて味わった恍惚的な芸術体験と結びついているように思われる。岡倉は類似の感動体験の蓄積によって、東洋と西洋は芸術への「共感」によって理解しあうことができると実感していった。それゆえ、アメリカの人々も、かつての岡倉と同じように、芸術への「共感」を通して、東洋も西洋も「芸術の精神は普遍」であると感じ、作品の「内側」にある東洋の「民族の理想や生活哲学」を理解することを求めていたのではないか、と考えられる。そのためには、参観者が「共感」を寄せるような優れた作品を美術館が所有することが必要であった。

岡倉は一九〇五年二月二三日に行われた評議委員会においても、西洋社会における優秀な中国日本美術コレクションの存在は「東洋と西洋がお互いをより良く理解しあう」ために役立つと考え、その好ましい影響が日本にも反映されることを望んでいると説いた。さらに、アメリカを「東洋と西洋の中間の家 (half-way house between the East and the West)」と喩え、そこでこのようなコレクションが形成されることは日本美術にとってもっとも望ましいと訴え、それが美術館の新たな使命となるように働きかけた(30)。これらの発言から、岡倉が日本の美術品を日本に留め置くべきではないという考えに転換した理由が明らかであろう。彼はボストン美術館を「東洋と西洋がお互いをより良く理解しあう」ための装置として形成しようとしていたのである。

このような岡倉の想いは「東洋が西洋について学ばなければならないように、西洋は東洋について学ばなければならないのではないか」と問いかけた『日本の覚醒』や、「いつになったら西洋は東洋を理解するのか、いや、理解しようとするのだろうか」と嘆き、隔たった東西の感情はティー・カップの中でひとつになると説いた『茶の本』の執筆に共通する。「東洋と西洋がお互いをより良く理解しあう」ことは、アメリカにおける彼の活動を支える理念であったと言えよう。西洋に東洋をより理解させるために、岡倉はボストン美術館においても様々な手段や方法を講じて東洋を発信しようとした。中国日本美術部の専門員の職を得た岡倉が、この目的のためにまずしなければならなかったのが「日本美術の歴史を完璧に説明し得る」コレクションを形成することだった。

2―3　目的の共有

さらに岡倉は、コレクション発展のため日本人とアメリカ人が協力する必要性を主張した。ロビンソンとの会談では、日本の学者を助手として雇用することを提案し、古社寺保存会委員の片野四郎（一八六七―一九〇九）と中川忠順（一八七三―一九二九）を候補に挙げている。この提案を受けてロビンソンが、日本人の学者が加わり日本と関係ができることでコレクションが体系的に強化される可能性を見出し、日本における岡倉の影響力を期待したことは興味深い[31]。美術館が岡倉を媒介に、コレクションを充実させる可能性を考え始めたことを示唆するからである。

そこで岡倉は、日本人が負うべき仕事としてコレクションの保存と修理を挙げ、当時館内でクリーニングや修復、収納箱の製作などに従事していた六角紫水と岡部覚弥（一八七三―一九一八）に全権限を与えるように進言した。目録作成についても、新しいキュレイターが就任するたび新目録が作成される従来の方法を批判し、後任のキュレイターが追記できる日本式を推薦した。岡倉は一方で、出版される目録の作成主幹やキュレイターはアメリカ人が勤めなければならないと述べた。一般の参観者が何に興味を持ち、何を学びたいかについては、日本人よりアメリカ人の方が理解しており、美術品と参観者の「橋渡し役（interpreter）」となるのがキュレイターの役割だと考えていたからだ。キュレイターには日本語と日本美術の知識を十分に擁していることを求めた岡倉だが、館内にその役職に足る人物のいないことを認識していた。そこで、適切な資質を備えたアメリカ人を日本や中国に派遣し長期間訓練を施す必要があると提案している。(32) この岡倉の提言は、後にラングドン・ウォーナーの日本派遣となって実現する。

岡倉は一九〇五年二月二三日、美術館評議委員会での発言の冒頭において、美術館の日本美術コレクションが「世界最大」規模であることを強調し、質的にも日本の次に重要であると位置づけて、さらなる発展を促した。(33) 西洋社会で質・量ともに優れた日本美術コレクションを形成することは、ボストン美術館にとっても利益をもたらすものであった。最良のコレクションを持つことは、すなわち美術館が最高水準にあることを意味するからである。早速評議委員会は、岡倉が日本滞在中、美術館のための美術品購入や手配などを行うために往復旅費と月額二五〇ドルを支払うことに合意した。(34) 岡倉とボストン美術館は、日本美術コレクションの発展という目的を共有することになったのである。

3　中国日本美術部キュレイターへ

3―1　新美術館展示法をめぐる対立とプリチャード

一九〇四年一一月二七日、ロビンソンとの会見において岡倉はもうひとつ重要な発言をした。それは、コレクション発展のために数量を絞って名品だけを購入することが重要だと主張したことである。(35)

コレクション調査の結果、岡倉は量を誇る中国日本美術コレクションの欠点を発見していた。彼はおよそ五千点あるコレクションのうち、一〇ヶ月で三六四二点の絵画の目録を作成したが、そのうち真作は二八八九点、残りは贋作四七六点、模写二七七点だったと報告した。(36) 真作のうち重要といえる絵画は二〇〇点にとどまり、彫刻、中国美術品は良品に乏しかった。また工芸品は制作年代に偏りが見られ、陶器コレクションの大部分は目録に誤りがあった。岡倉はこれらの陶器は当館ではなく、産業博物館に置くべき物だと厳しい評価を下した。彼は翌一九〇五年二月の美術館評議委員会においても、コレクションの大部分をただ並べるのではなく知性を駆使して厳選した良品を展示し、参観者の興味関心を呼び覚ますことが重要であると述べている(37)。

このような岡倉の意見は館内で孤立したものではなく、副館長プリチャードの主張していた新美術館の展示法と同調したものであった。プリチャードはオックスフォード大学卒のイギリス人で、一九〇二年ボストン美術館秘書官に就き、一九〇三年から副館長となった人物である。一九〇四年、彼は収蔵品の全てを展示する従来のサウス・ケンジントン方式の展示法を批判し、所蔵品の中で優れた作品だけを展示するべきだと主張した。彼は美術館の所蔵品には公開に供する物と研究用として保管しておく物の二種類があると述べ、美術館は参観者のために存在しているのだから、吟味された名品だけをゆとりある空間に展示するべきであり、それゆえ各美術部の責任者は二種類の作品を識別する能力が必要だと説いた。また彫刻や絵画以外の小さな美術工芸品は、素材で体系化された展示方法ではなく、時代や地域ごとに一貫性を持って展示することを提案した(38)。このようなプリチャードの論点は、岡倉が一般の参観者のことを考え、名品だけを展示すると主張した態度と共通している。参観者は日本の陶器など目に留めないというプリチャードの批判は、岡倉がモース・コレクションの陶器は当館にふさわしくないという意見と通じている。

新館の展示方式に関する議論は、特に石膏模型の扱いを巡って激しく対立した。ロビンソンが美術史教育における石膏模型の効果を主張したのに対し、プリチャードは美術館の審美的な役割について注意を喚起し、模造品の石膏像に比べればオリジナルを写した写真の方が効果的であると述べた(39)。一九〇四年一一月プリチャードは、サミュエル・D・ウォレンとガードナー夫人に送った手紙で、館内の自分の味方として、ウォレンやデンマン・

W・ロスなどの名を記し、対抗勢力はロビンソンと、おそらくビゲロウもそれに与するだろうと推測している。さらに態度を明確にしない人物を数人挙げた後で、「私も岡倉のように、厳しさと冷静な態度を持って考えることができれば良いのですが」と記している。[40] 新館をめぐる内部抗争の渦中に着任した岡倉が、一歩引いた態度で冷静に対処しながら、プリチャードの方針を支持していたことが窺われる。

アン・ニシムラ・モースは、岡倉がプリチャードのアイディアを支持した理由を、『東洋の理想』で日本美術の歴史を時代順に概説した彼が「原稿から展示室へ彼の思想を置き換えることは極めて易いことだった」からに違いない、と推測している。[41] 確かにプリチャードの唱えた展示法は、岡倉の構築した美術史の可視化に都合の良いものであった。

結局、新美術館ではプリチャードの唱えた展示方式が採用されることになり、この展示法は他の美術館にも刺激を与えることとなった。アン・ニシムラ・モースは、美術館の大転換期に岡倉が来館したのは最高のタイミングだったと指摘する。もしコレクションの大半が未鑑定のままだったら、時代的展開に沿った新美術館の展示法に中国日本美術部は対応できなかったからである。[42] この後、対立に敗れたロビンソンは一九〇五年一二月に辞職することになるが、その相手だったプリチャードも翌年一月経理部長に降格となり、七月には離職し、一九〇七年にヨーロッパへ戻って行った。

ところで、プリチャードの後ろ盾にガードナー夫人がいたことは、先述した彼の書簡から推察できるが、後にガードナー美術館の初代館長となったモリス・カーター（Morris Carter, 1877–1965）の回想は、そのことを強調するものである。一九〇四年、岡倉とほぼ同時期に美術館で図書館司書として勤務を開始したカーターは、面接時にロビンソンが、カーターとガードナー夫人が知り合いであるかどうかを気にしていたと回顧した。また、ガードナー夫人がロビンソン側のビゲロウを新館建設評議委員会に欠席させるため、フェンウェイ・コートでの岡倉同席のランチを口実に引き止めたことがあったという[43]。このことからガードナー夫人がプリチャードの考えを館内で後押しするために、なんらかの働きかけを行っていたことが想像でき、美術館にとって彼女は単なるパトロン以上の政治的影響力を持つ存在であったことがわかる。

プリチャードは、ガードナー夫人と彼女の死の直前まで連絡を取り続けた。二人は出会ってすぐにお互いを理解し、親しい協力者となったが、プリチャードと岡倉との出会いも同様であったという[44]。岡倉は日本に帰国する際、六角と岡部の世話をガードナー夫人に頼んだが、同時にプリチャードにも、美術館での二人の仕事がチャルフィンの介入なしに円滑に進むようにと依頼した[45]。岡倉が自分の不在中の弟子たちを託したことから、プリチャードとの間には十分な信頼関係が築かれていたと考えて良い。

コレクション発展にかける岡倉の想いを、その初期段階で理解していた者は、おそらくプリチャードであったろう。プリチャードは一九〇六年六月、岡倉に中国と日本の美術を教える一五回の講義の提供を依頼し、その講義を「東洋の理想を理解するための、重要な基盤を築くことになるもの」と位置づけている[46]。また、岡倉は死の直前、ガードナー夫人にオペラ台本『白狐』をプリチャードに送るように頼み、彼に上演の望みを託した。プリチャードはその想いに応えるべく、岡倉没後に複数の音楽家に働きかけた[47]。このことは彼らがたまさかガードナー夫人のサークルに属した者同士という関係にとどまらず、美術館経営の理想や芸術に対する考えを共有しあう同志だったことを物語っている。

3―3　経営基盤の確立

岡倉は、新美術館展示法に関してはプリチャードとガードナー夫人のグループに身を置いていたものの、依然ビゲロウとも良好な関係を維持していた。たとえばビゲロウは岡倉の旅費だけでなく、一九〇四年五月五日から、漆工芸品整理の仕事を始めた六角紫水の給料三ヶ月分を支払うことに同意している[48]。また一九〇五年二月二〇日、岡倉は書籍コレクションの増加についてビゲロウの協力を期待するという発言をしている[49]。ビゲロウは同年二月二三日岡倉の雇用を決定する会議において、日本人の信頼性に疑問を呈した委員に対し、六角や岡部の正直さを保証し、岡倉を「稀有な人格者であり、財政的見地から言っても絶対に信頼できる」と擁護している[50]。岡倉としては自分の理想実現のために、理事であるビゲロウと対立し、信頼を失うことは避けなければならなかったであろう。岡倉が石膏模型の取り扱いについて、一歩引いた態度を保っていた理由もそこにあるのではないかと思われる。村形明子が「群雄割拠の狭く保守的なボストン社交界をものの見事に泳ぎ切った」と岡倉の処世術を評したように、新美術館の展示法を巡る対立における岡倉の態度や発言は、彼のボストンにおける初期の人脈形成を考える上で注目に値する[51]。

こうして岡倉は、館内における力関係を見極め、慎重に振舞いながら、ビゲロウとガードナーを介してネットワークを確実に構築していった。そして、それを可能にしたのは、彼が文部省時代に農商務省や政治家と渡り合いながら培った経験であったと考えられる。岡倉は、官僚時代に習得した交渉術、人心掌握術などを、ボストン美術館の経営や社交界での交際に発揮したのである。

一九〇五年チャルフィンが職を辞してイタリアへ去ると、一一月二日、理事会は日本から戻った岡倉を中国日本美術部キュレイターに任命した。だが岡倉は日本での仕事を理由に辞退を考えていたため、理事会は代わりにアドバイザーという地位を与えた[52]。岡倉が、美術館と参観者の「橋渡し役」たるキュレイターには、アメリカ人がふさわしいと考えていたこともあろう。同日、岡倉は評議委員会において、日本における美術品売買の市場状況および彫刻や絵画を中心とした収集の報告を行った。このときロスは美術品市場の動向の把握は岡倉に一任すべきと述べ、ビゲロウも岡倉に自由裁量を与えるべきだと発言している[53]。実質上の中国日本美術部責任者として部門経営を掌握する立場になった岡倉だったが、さらに理事であるロスやビゲロウの支持を得たことで、経営に関する彼の提案は、美術館側により受容されやすくなった。

翌一九〇六年一月一二日、理事会はあらためて岡倉をキュレイターに任命する[54]。美術館にとって、もはや岡倉は中国日本美術部の経営全般に必要不可欠な人物となっていた。だが岡倉は西洋式ビジネスの知識不足、日本での仕事などを理由に辞退し、嘱託（attaché）や相談役（a consulting member）のような立場で部に関わりたいと申し出た[55]。一九〇六年八月には日本美術院を改正し、第一部（絵画）を五浦に、第二部（国宝彫刻修理）を奈良に置いたことを考えると、岡倉が就任を固辞したのは当然のことであった。しかし辞退したことで、岡倉はかえって推進したい事業に集中できるようになったと考えられる。岡倉という人材を確保するために、美術館はその申し出を容認せざるを得なかったからである。岡倉が一年間の契約で正式にキュレイター就任を受諾するのは、一九一〇年一〇月二〇日のことであった。

4　欧州の美術館とのネットワーク

4―1　岡倉とガストン・ミジョン

岡倉は館内における経営基盤を固めると、ボストン美術館を拠点としてさらに欧州の美術館とのネットワークを構築していった。世界有数の東洋美術コレクションを有するボストン美術館には、欧州の美術館や博物館から日本美術に携わる人々が訪れた。ボストン美術館は日本美術の権威として岡倉を彼らに紹介し、ときには彼らの指導を岡倉に依頼することもあった。ここでは岡倉とルーヴル美術館極東美術コレクション初代学芸員ガストン・ミジョン（Gaston Migeon, 1861–1930）との交流を中心に、ベルリン民族学博物館のオットー・キュンメル（Otto Kümmel, 1874–1952）に関する資料も視野に入れながら、岡倉がボストン美術館を拠点に欧州の美術館とネットワークを形成する過程と、そのネットワークが中国日本美術部の経営をどう反映していったのか考察を試みる。

岡倉とミジョンの交流についてはほとんど知られていないが、ボストン美術館長臨時代行ジョゼフ・ランドルフ・クーリッジ（Joseph Randolph Coolidge Jr., 1862-1928）が、一九〇六年八月二四日岡倉に宛てた書簡にミジョンの名が見える。当時ミジョンはボストン美術館で三日間にわたり、日本美術コレクションの調査を行っていた。

あなたへの紹介状を、ルーヴル美術館西洋美術の学芸員であるM・G・ミジョンに渡しました。彼は魅力的な個性の持ち主で、芸術に関して優れた知識を備えています。フリーア氏の紹介で、彼とともに私たちの美術館を訪れ、三日間（これまでになく大変に暑かった三日間）を費やし、日本美術コレクションの調査をしました。私たちは、彼ほど完全な鑑賞力のある訪問者を迎えることはめったにありません。彼がウォレン氏と私に与えた印象は、西洋美術部と連携を図り、彼をこの美術館に結びつけたいと本気で思わせるほどのものでした。もし彼が印象通りの人物だと我々も確認できたなら、彼をスタッフとして獲得しようと試みるかもしれませんので、内緒でこのことをお伝えしておきます。彼が美術館の所蔵品と将来性に大変感銘を受けているのがわかりました。あなたのここでの経験をお話したり、キュレイターや館長によって感銘を受けた美術館の理事や個人的な友人の活動から、あなたの部門や他部門における将来の発展性を示したりしていただけないでしょうか？[56]

ミジョンが行った日本美術コレクション調査が、クーリッジとウォレンに感銘を与えたことが看て取れる。クーリッジは、当時日本に帰国中の岡倉への紹介状をミジョンに与え、岡倉には彼が将来ボストン美術館職員になる可能性を示唆して、ミジョンに岡倉の経験談や中国日本美術部が将来どう発展していくかなどを話して欲しい述べた。

と依頼している。一方岡倉に渡す紹介状をクーリッジから受け取ったミジョンは、翌日礼状を送り、次のように

岡倉氏への紹介状を拝受いたしましたので、取り急ぎお礼を申し上げます。氏が帰米する前に、東京で会えるという幸運を願っております。（中略）クーリッジ夫人にくれぐれもよろしくお伝え下さい。こちらに戻りましたらルーヴル美術館を代表して、あなたの美術館の『紀要』を第一号から購読契約するつもりです。(57)

ミジョンはボストンでの調査の後、クーリッジの紹介状を携えて日本に向かい、東京で岡倉と会うことを切望していた。文末には帰国後ルーヴル美術館を代表して『紀要』を初号から購入する意思を付け加えている。日本美術コレクションの調査を通じて、ボストン美術館とルーヴル美術館との結びつきが強まり、それによって岡倉とミジョンの出会いが導かれたといえる。クーリッジが岡倉に宛てたミジョンの紹介状は次の通りである。

この手紙を持参するミジョンは、ルーヴル美術館ゴシック・ルネッサンス美術のキュレイターで、あなたに紹介できることを大変嬉しく思います。彼の現在の目的は、自身の美術館におけるコレクションの更なる発展を視野に入れ、日本美術を急ぎ勉強することです。彼が知的な批評家でありながら、とても快活な人物であることがお分かりいただけるでしょう。思い浮かんだことでも必要なことでも、どんな形であれ彼を援助してくださいますようお願いいたします。(58)

この紹介状にはミジョンの来日の目的が明確に記されている。彼はルーヴル美術館のコレクションの発展を見

越して、日本美術を学ぶために日本に派遣されたのであり、そのために岡倉と会う必要があったのである。クーリッジは紹介状の中で岡倉にミジョンの手助けを求めているが、前掲の岡倉に宛てた書簡が示すように、それはミジョンを将来のボストン美術館職員として考えていたからかもしれない。翻って、平素からボストン美術館中国日本美術部の発展には、美術品の拡充とともに優秀な人材育成の必要性を説いてきた岡倉にとっても、ミジョンと会うことは有意義なことだったと思われる。ミジョンと岡倉が日本で会ったことを裏づける資料は未発見であり、ミジョンの日本滞在時の詳細もほとんど知られていない。だがミジョンはこの年の日本滞在の経験をもとに『日本にて：美術の聖域へのプロムナード』（一九〇八年）を著し、その序論で「ボストン美術館学芸員岡倉覚三氏」の紹介をしている。稲賀繁美は、その本文から『東洋の理想』に影響を受けたと思われる日本美術への理解が見られる、と指摘する。(59)

またクーリッジは一九〇六年一二月一四日付の書簡で、ベルリン民族学博物館のキュンメルのことも岡倉に紹介している。キュンメルは一九〇六年から同博物館東洋部長としてドイツでの東洋美術史の基礎を築いた人物である。(60)

あなたにベルリン民族学博物館のオットー・キュンメル博士を紹介するとともに、彼に対する配慮をお願いします。彼は当美術館にある初期の日本絵画の、大変熱心で理解力のある生徒です。彼は二週間ほどボストンで過ごしましたが、コレクションの勉強にあたり、彼ほど細心の注意を払い大いにそれを役立てた者は、過去の訪問者にはおそらくいません。日本であなたが差し伸べるどんな好意でも、彼の大きな利益となり喜びとなるでしょう。(61)

当時岡倉は中国におり、キュンメルとの接点が存在したかは不明であるが、この書簡も岡倉の人的ネットワークがボストン美術館を拠点に欧州に拡大して行く過程の一端を示している。

4—2　欧州における情報収集

一九〇八年、岡倉はボストンから欧州を経由して日本に帰国する際、東洋美術に関心を持っている美術館を視察した。出発前に美術館館長アーサー・フェアバンクスに依頼した推薦状の宛先は、大英博物館、サウス・ケンジントン美術館、ルーヴル美術館、ベルリン民族博物館、ハンブルグ美術館、サンクト・ペテルブルク（エルミタージュ）であった。[62]四月二九日にボストンを出発した岡倉は、英国での視察の後、五月二六日から六月一〇日までパリに滞在した。岡倉の日誌から、数日間をルーヴル美術館の調査に費やしたことがわかる。このときルーヴルで彼を案内したのがミジョンである。

パリ到着の翌日二七日午前九時半、岡倉はミジョンの訪問を受け、一〇時半にルーヴルを訪れた。そこで東洋学者シャヴァンヌ（Édouard Chavannes, 1865-1918）が河南省で発掘した盛唐の塑像を見て、岡倉は「法隆寺五重塔内の塑像中にある駱駝」との類似性を発見する。[63]午餐の前にミジョンと別れ、午後再びルーヴルでヨーロッパ絵画を見学した岡倉は「陳列大ニ異なり盛ンナルか」、「古画ニ思フ所多し新画ハ一見して尽くル如し」と感想を記した。五月三一日もルーヴルで、古代芸術や新古典主義およびロマン主義の絵画を鑑賞した。六月一日は午後二時から、ミジョンに請われてルーヴルの日本部を見学し、続く二日、三日もルーヴルでミジョンに会っている。五日の日記にはルーヴルで見たアッシリアの納骨壺のスケッチを描き、中国の青銅製品で見つかるものと似ていると記した。

パリではほかにギメ美術館、クリュニー中世美術館、チェルヌスキ美術館、トロカデロ宮のジャワ館など、東洋美術品を所蔵する施設を見学した。クリュニー美術館を訪れたときの日誌には、絹製品や洗礼盤のスケッチとともに「法隆寺旗切と同一」、「殆と東洋風なり」などのメモを残している。岡倉が各施設で、展示品の内容や展示法をボストン美術館と比較しながら、西洋と東洋の美術品との間に類似点を見出していった様子が日誌の記述から窺える。パリを後にした岡倉は、六月ベルリン民族学博物館を訪ねた。旅行の日録を綴ったノートには「ベルリンでキュンメルに会い、彼が持ってきた日本の文物を見る」という文が残されていることから、岡倉がキュンメルと会ったことが考えられる(64)。

欧州を後にした岡倉は、シベリア鉄道で奉天に入り、七月一日ボストン美術館中国日本美術部の評議委員会委員長であるエドワード・J・ホームズに書簡を送った。この書簡には、岡倉が欧州での美術館視察を通して得た今後のボストン美術館経営についての考えが記されている。岡倉は、欧州の美術館とボストン美術館のコレクションを比較して、欧州の美術に関しては大英博物館やルーヴル美術館にかなうべくもないが、東洋美術についてはボストン美術館が卓越した位置にいることを報告し、ゆえに当美術館は東洋美術の収集に最大の努力をするべきだと主張した。

また、欧州の美術館が政府の援助を受けて、積極的に東洋への探検を行っている現状を警告し、東洋美術コレクションの発展のために、資金確保の方策を建言した。岡倉が欧州で確認したのは、中国古美術調査における欧州と、日本及びアメリカとの格差であった。岡倉は一八九三年、文部省官僚時代に清での美術調査を通して中国古美術研究に着手していた。しかし、その後公的な学術調査と制度の整備において、日本の調査体制は欧州に後れを取る。岡倉は欧州視察を通して、欧州の考古学調査の成果を目の当たりにし、ボストンにおいても踏査の必要性を主張したのである(65)。

さらに、欧州の美術館には東洋学の学識を身につけた高い能力の職員がいるが、ボストン美術館にはそのような人材が不足していることを指摘し、ウォーナーのような人物の育成がもっと必要であると訴えた(66)。欧州各地の美術館で東洋美術コレクションに触れ、ミジョンをはじめ東洋学の学識を持つ人々と話し、さらに彼らからもたらされた東洋の探検調査の実態が刺激となって、岡倉がこのような提言をしたことは明らかであろう。岡倉はボストン美術館に軸足を置き、欧州の美術館へと人脈を拡げ、その人的ネットワークを活用して得た情報と経験を、中国日本美術部の経営方針にフィードバックさせていったのである。

第三節　中国日本美術部の人的資源

1　メイン・スタッフの構成

岡倉は早い時期から、参観者と作品との「橋渡し役」としてアメリカ人スタッフの重要性を訴えており、そのための人材を獲得していった。岡倉の来館以前、中国日本美術部のスタッフは、キュレイターのチャルフィンと日本陶器管理者のモースしかいなかった。だが一九〇五年の岡倉のアドバイザー就任以来、同部には徐々にだが、確実に人材が増えていく（章末表3）。一九〇六年三月からフランシス・ガードナー・カーティスとジョン・アーサー・マックリーン、一九〇八年四月からフランシス・スチュワート・カーショウが中国日本美術部スタッフとして『年報』に記載されるようになる。ラングドン・ウォーナーは一九〇六年夏キュレイターの訓練候補生として日本に派遣され、一九〇九年一月にアシスタント、同年四月にアシスタント・キュレイターに任命された。さらに一九一〇年一一月頃、富田幸次郎の正式雇用が決定し、一九一一年五月からジョン・エラートン・ロッジがアシスタント（八月にはアソシエート）として加わった(67)。

一九一一年には部員は八名となり、同年の版画部・古典美術部・エジプト美術部・西洋美術部がそれぞれ二～四名であったことを考えれば、中国日本美術部が当時館内で最大の人的資源を保持していたことがわかる(68)。岡倉は東洋美術発信の拠点となる中国日本美術部を組織化するために、必要な人材を調達し、育成していったのである。彼らは岡倉との共同作業やコレクションの整理などを通して、東洋美術に関する知識や理解を深めていった。同部が取り組んだ膨大なコレクションの収集・登録・管理、およびその効果的な展示など多岐にわたる事業は、岡倉単独の力ではなく、スタッフ個々の力が結集して、はじめて可能であったといえる。

以下、従来あまり注目されてこなかった個々の中国日本美術部スタッフについて、その雇用の経緯、職務内容、岡倉との交流などについて述べる。

①フランシス・ガードナー・カーティス（Francis Gardner Curtis, 1868–1915）

一九〇六年三月八日、無給で中国日本美術部のアソシエート（Associate）の職を引き受けたカーティスは、一九〇七年にはアソシエート・キュレイター、一九一三年には管理者となり、一九一五年他界するまで勤務を全うした。カーティスは、ガードナーの夫ジョン・ローウェル・ガードナーの縁者であったが、一八九八年には来日しており、岡倉が渡米する前から二人の交流は始まっている[69]。カーティスは日本美術院創立のために資金援助を行い、自身も「カルチス霞亭」の名で日本画を描くなど日本美術に造詣が深かった。岡倉は初めてボストンに滞在したとき、カーティス家に宿泊しており、ボストン美術館へもカーティスを伴って来館している[70]。ボストン訪問に際して、岡倉がカーティスを頼りにしていたことが窺われる。一九〇八年には岡倉の欧州視察旅行にベルリンまで同行、同年秋には来日して古社寺保存会の調査に同行した。一九一一年にも来日し、岡倉や新納忠之介とともに古美術品を購入している。このようにカーティスは、ボストン美術館だけでなく、日本美術院や古社寺保存会の組織とも関わり、岡倉とは公私ともに親密な関係にあった。カーティスは岡倉の書いた「ヨシツネ物語」の韻文化を試みたこともある。

一九一〇年一二月の中国日本美術部職務分担によると、カーティスの担当は①美術品展示の計画と実施、②

『紀要』記事の準備、③教育プログラムの提供、④来館者への絵画・版画・仏像の案内などであった。[71]なかでも注目すべき活動のひとつは、中国日本美術品の展示である。一九〇六年の日本キャビネットの展示は、その目的や方法を述べたカーティスの記事が美術館の『年報』に掲載されていることから、カーティスが作業に関わったものと推察されている。公開に先立つ同年二月一日には『年報』購読者三二名を日本キャビネットに招待しているので、それ以前にインスタレーションは済んでいたと考えて良い。[72]このとき岡倉はボストンに滞在しており、カーティスはまだアソシエートのポストに就いていなかった。しかし、カーティスは以前から岡倉の仕事を手伝っており、日本キャビネットの展示も岡倉との共同作業だったのであろう。[73]カーティスはこの共同作業を通して、岡倉の理想とする中国・日本美術品の展示方法を共有するに至ったと考えられる。

コプリー・スクエアのボストン美術館は一九〇九年五月二日に閉館となり、一一月一五日ハンティントン通りに新館（現ボストン美術館）が開館した。岡倉は一九〇八年四月にはボストンを離れ、ヨーロッパ経由で日本に帰国しており、ボストンに戻ったのは一九一〇年一〇月であった。つまり、ボストン美術館新館における中国・日本美術品の展示は岡倉の不在時になされたことになる。新美術館の展示は「国の美術はその文明と理想を反映するものである」という考えを基盤に、元来作品が置かれていた背景や雰囲気を暗示させるような空間創出が試みられた。障子・襖・床の間・落ち着いた採光・天然木や壁土の使用によって「日本人の優れた感性、とりわけ足利時代における禅（Zenism）の普及以降」の感性を表す環境作りが目指された。また仏像展示室には円柱や腕木を配し、奈良時代の寺院建築の様式に従って作られた。[74]美術品の配置は、日本美術の母体である中国美術から日本美術へと展開し、その流れに沿って参観者が、日本美術の歴史的発展を理解できるよう配慮されたものであった（図11）。[75]

アン・ニシムラ・モースは、中心になって展示空間を構成し、インスタレーションを遂行したのはカーティス

図11　ボストン美術館の中国日本美術部展示室

①仏像展示室

②ジャパニーズ・コート

出典：*Museum of Fine Arts Bulletin* 7, 1909, p. 56, p. 61.

であったと述べている[76]。だが一九〇九年三月から、新納忠之介が展示作業の助手としてボストン美術館の勤務を開始していることから、展示作業はカーティスだけでなく新納とともになされたものと考える必要があろう。

一九一五年一一月二九日、この世を去ったカーティスは二万五千ドルを美術館に遺贈し、翌年「優れた品質の東洋美術品」購入に使途を制限したフランシス・ガードナー・カーティス基金が設立された。この基金によって一九一七年に一三世紀南宋時代の陳容作《九竜図》が購入されるのである[77]。

②ジョン・アーサー・マックリーン（John Arthur MacLean, 1879–1964）

一九〇三年から中国日本美術部の助手として非常勤で働いていたマックリーンは、カーティスと同じ一九〇六年三月八日にコレクション管理助手として雇用され、一九〇八年に助手となる。一九〇五年一一月二日、岡倉は評議委員会において作業用目録と収蔵棚目録の作成にマックリーンを専念させるべきであると述べているが、この発言が当時パートタイムで同部に勤務していたマックリーンの雇用に結びついたと推察される[78]。

一九一〇年の職務分担によると、マックリーンの担当は絵画の新収蔵庫および絵画の管理であった[79]。中国日本美術部では、絵画の登録と目録作成の方法が細かく定められ、仕事によって担当者が明確に決められていた。絵画管理者であるマックリーンの担当は①収蔵庫のクリーニング、②箱のクリーニングおよび箱のない掛物や画板などの汚れ除去と綿布の包装、③絵画の年代順登録、④美術品の番号と岡倉作成の目録との照合、⑤岡倉作成の目録を真作もしくは近代の模写・贋作に分類、⑥真作を流派順に並べ、新ラベルの貼付、⑦近代の模写・贋作についても⑥の真作同様に行う、⑧新収蔵庫完成後、再び絵画の汚れ除去と順序どおりに収納、とほぼ全過程を網羅するもので、あるときは単独で、あるときは他のスタッフと協力して仕事にあたった。[80] 彼の執務室は絵画収蔵庫に置かれ、特別に運搬助手がついていた。また新収蔵庫完成後は、カーティスの展示室設置を援助することになっていた。マックリーンが助手として種々の仕事をこなしていたことが推察される。彼は一九一三年まで同部に勤務した。

③フランシス・スチュワート・カーショウ（Francis Stewart Kershaw, 1869–1930）

金工品の調査と保存の面で、中国日本美術部を手伝っていたカーショウは、その学識と能力を見込まれ、一九〇八年四月に陶器を除いたコレクション管理者として雇用された。同年三月六日に仕事を終えた岡部の助手を務めていたため、その後任として採用されたと考えられる。[81] 一九二五年にモースが死去した後は、コレクション全体を管理するようになる。

一九〇八年四月、カーショウが岡倉と連名で執筆した「中国および日本の鏡」が、美術館の『紀要』に掲載された。[82] 同年五月九日にヨーロッパへ向かう船上で岡倉がカーショウに宛てた書簡から、当時カーショウが『漆工芸品目録』刊行の準備に従事する岡倉、岡部、六角ら日本人スタッフの手伝いをしていたことがわかる。岡倉は『漆工芸品目録』序文と、中国日本美術部の報告書を書簡に同封し、その校正を依頼した。また、後日漆工芸工人のリストを郵送することを知らせ、その編集をカーショウに託した。[83] さらにカーショウは、一九一〇年八月から一一月まで中国陶磁器の研究のため欧州に赴いている。[84]

一九一〇年一二月の職務分担によると、カーショウは①公式文書、②絵画以外の美術品の作業用目録準備、③絵画以外のコレクションの管理、④来館者への金工品、陶磁器、漆工芸品の案内、⑤学生の案内、⑥鑑定に関する情報の申請、⑦教育プログラムの提供、⑧『漆工芸品目録』と職務は広範囲にわたった[85]。コレクション管理においては、特に青銅器、漆工芸品、金工品、モース・コレクションを除く陶磁器の担当責任者を任された[86]。

彼が一九一二年の職務計画を「岡倉センセイ」に知らせた書簡によると、前年に長年寄託されていたビゲロウとウェルドの大規模なコレクションが寄贈されたことで、登録やカード作成など課業が山積していたことがわかる。『漆工芸品目録』の完了と、印刷業者への入稿もその一つだった[87]。一九一三年、岡倉が健康を害して日本に帰国する直前まで、カーショウは富田の協力を得ながら図録の校正を行っていた。だが、同年九月岡倉が他界したため図録が出版されることはなかった。

一九一三年一月、岡倉はウェルド夫人から委託された漆工芸品・銅製の鏡・白磁の置物・花瓶などの調査をカーショウに依頼している。岡倉がカーショウの鑑定力を認め信頼していたことが察せられる[88]。

④富田幸次郎（一八九〇—一九七六）

富田は京都市立美術工芸学校卒業後、同校専攻科在籍中に農商務省海外実業練習生に選ばれると同時に京都市嘱託となり、一九〇六年渡米して留学先のボストンで岡倉と出会った。一九〇七年海外実業練習生と京都市嘱託のまま、富田はボストン美術館中国日本美術部の嘱託員となる。一九〇九年、ハーヴァード大学夏期講習を受講し、海外実業練習生の期間は満了となるが、京都市嘱託は留任となる。その間継続してボストン美術館で作業を行っていたが、一九一〇年三月に日英博覧会の日本出品協会事務取扱を嘱託されて英国に滞在し、フランス、ベルギーの両国を視察した。だが同年一一月、岡倉から美術館での雇用が決定したという報せを受け取ると、再び中国日本美術部に戻ることとなった[89]。一九一一年からアシスタントとして勤務し、カーショウの多岐にわたる執務に協力することとなる。一九一三年には管理者となり、一九一六年には中国日本美術部アシスタント・キュレイターに就任した。一九三一年に中国日本美術部が東洋部に改称されると、同年から六二年までキュレイターを務め、太平洋戦争中もその地位にあった。一九五三年アメリカに帰化している。

岡倉の書簡には自分の留守中、富田にガードナー夫人から贈られたペルシャ猫「孤雲」の様子を尋ねたり、美術館に送られたバネルジー夫人の写真を日本へ送り届けるよう依頼したりするものがある(90)。富田が後年「私は先生と生活を共にし、食事・買出し・掃除まで、一切の雑用は何でも奉仕致しましたが、実に心の大らかな方で、一度もお叱りを受けたことは御座いませんでした。(中略)私は先生にお仕えし、そして先生の衣鉢を継いで東洋部を護り、育てることが、私の一生の仕事でした」と語った言葉は、彼がボストンでの岡倉の私的な出来事をよく知る存在であったこと、岡倉の美術館経営理念を継承するべくボストン美術館に身を置いていたことを示している(91)。

⑤ジョン・エラートン・ロッジ(John Ellerton Lodge, 1876–1942)

ロッジは一九一一年五月、中国日本美術部のアシスタントとして任命され、八月にはアソシエートとして絵画と展示の担当責任者となった。一九一二年にはウェルド、およびビゲロウ・コレクションの絵画の登録と目録の完成、部が所蔵するすべての絵画の安全な保管計画の実行に従事した。このほかガラス細工と翡翠細工の登録と収納を行い、表装すべき絵画および素描画を二五〇〇点選択した(92)。一一月に辞任したウォーナーに代わり、アシスタント・キュレイターとなった。

岡倉はロッジの知識、判断力、管理能力を評価し、一九一三年、病気を理由に休職願いを申し出る際、自分の不在時は、ロッジに中国日本美術部の経営を委託することを美術館に伝えた。このとき、ロッジは岡倉とともに彫刻目録の作成を開始しており、絵画目録に関しても岡倉の原稿提出後、直ちにロッジが出版の手配を行うことが決まっていた。[93]ロッジは他のスタッフに比べると在職年数が短く、岡倉とともに仕事をしたのは数ヶ月間であった。それにも関わらず岡倉がロッジを責任者として指名したのは、彼自身の評価に加えて、彼がヘンリー・キャボット・ロッジ上院議員の息子でブラーミンの出であり、さらに父親とビゲロウとの親交が厚かったことと無関係ではなかったであろう。

⑥ラングドン・ウォーナー（Langdon Warner, 1881–1955）

ウォーナーは一九〇九年一月には中国日本美術部のアシスタントに、同年四月にはアシスタント・キュレイターに任命され、一九一二年一一月美術館を依願免職して去るまでその職にあった。[94]

彼は一九〇六年六月、美術館評議委員会から中国日本美術部キュレイターの訓練候補生として選出された。当初彼の資質や能力に関しては未知数であったため、美術館は彼の教育と、将来中国日本美術部に役立つ人材であるかどうかの判断を岡倉に委ねるべく日本に派遣した。[95]

一九〇六年七月二日、ウォーナーは日本美術院に岡倉を訪ねた。ウォーナーは、高等師範学校の語学教授であった岡倉由三郎の個人教授で、日本語を基礎から学びながら、東京帝室博物館で日本美術の勉強を開始する。[96]中国日本美術部キュレイターは日本や中国で長期間訓練を受けたアメリカ人が望ましいと考えていた岡倉が、ウォーナーに出来る限りの便宜を図ったことは想像に難くない。ウォーナーに見込みがあると判断した岡倉は、さらに彼を東京帝室博物館や古社寺保存会の専門家につかせ、奈良や京都に派遣する計画を立てる。[97]一時帰国したウォーナーは同年一〇月に再来日し、奈良の新納忠之介宅に滞在し、彫刻や美術品の保存、修理の技術修得に励んだ。岡倉からウォーナーの習得した能力や成長を聞いた美術館は、帰国した彼にアシスタントの職を与えた。

ウォーナーは一九〇九年八月再び来日し、岡倉・中川忠順・片野四郎とともに翌年ロンドンで開催される日英博覧会に出品する『国宝帖』の英文解説を執筆する。一九一〇年二月には帰国し、一〇月末には再び勉強のため日本に向かった。一九一一年六月にボストンに戻った後は、仏像や浮世絵の管理責任者となる。一九一二年に仏像収蔵庫が設置されると、そこに仏像、根付、能面などを収納した。だが彼は同年一一月辞職して美術館を去ることになる(98)。部内での人間関係の不和が、主な原因であった。

⑦ハロルド・アーヴィング・トンプソン(Harold Irving Thompson, 1890-?)

トンプソンはマサチューセッツ州出身で、ハーヴァード大学を卒業した後、一九一三年一月一日から中国日本美術部のアシスタントとして勤務を開始した。その職掌は事務である。

2 参加した日本人アシスタント

一方、岡倉の推薦によって、専門技術を有した日本人が同部の運営に次々と参画した。第二節で述べたように、一九〇四年一一月二七日、岡倉は東洋美術コレクション発展のために、日本人学者や修復保存専門家を雇用する必要性をロビンソンに説いた。この提言によって、コレクションの修復と改善のために専門技術を有した日本人が次々と海を渡っていった。また、渡米せずにコレクションの発展に寄与した人々もいた。日本や中国における美術品市場の動向に注意を払い、実際に売買を行う代理人がいなければ、岡倉は情報を得ることも、適切な時期に良品を入手することも困難であった。『年報』の職員名簿に名前は記録されていないが、彼らが中国日本美術部の発展に果たした役割は大きい。

まず漆工芸家の六角紫水と金工家の岡部覚弥が、館内で漆工品と金工品の目録作成、クリーニングと修復、収納箱の製作に従事した(99)。さらに表具師の田村基吉と木下与吉が、屛風や掛物の修復と表具を手がけた(100)。コレクション購入においては、新納忠之介や早崎稉吉が岡倉に的確な情報をもたらし手助けをした(101)。顧問的な役割を担ったのは中川忠順と長尾雨山で、彼らはしばしば岡倉から資料解読や書籍購入などの依頼を受けた(102)。

久世夏奈子は、コレクションの修理や購入など専門的な業務を日本人に、コレクションの登録・展示・解説など一般的な業務をアメリカ人に割り当てたと指摘する(103)。確かに質、量だけでなく保存状態や管理体制において万全のコレクションを構築するには、美術館に勤務するスタッフと、現地において市場調査にあたるスタッフとが不可欠であった。そのため岡倉は、日本人とアメリカ人が分担協業する職員構成を図り、適切な人材を調達、確保した。

ボストン美術館に関わった日本人は、日本美術院や古社寺保存会など、主に岡倉が主体的に関わる団体のメンバーであった。彼らは、岡倉を介してボストン美術館と結びつき、さまざまな場面で同部のアメリカ人スタッフと協力して作業する機会を重ねていった。彼らは各自の専門的な能力を発揮して、コレクションの修復保存・美術品収集・展示作業・目録作成・執筆・教育プログラムなど、日米の幅広い領域で役割を果たしていった。こうして岡倉を中心に、ボストン美術館と日本、厳密には日本で岡倉が主体的に関わった組織――古社寺保存会や日本美術院――とそれぞれの構成メンバーが結びついていったのである。日米の人材が協力して事業を推進した中国日本美術部自体が、「東洋と西洋の中間の家」の理念実践の場となっていたといえる。

以下、アメリカ人スタッフと同様、個々の日本人スタッフについても雇用の経緯や職務内容などについて述べ、中国日本美術部の人的資源全体と岡倉の経営に関する考察の端緒とする。

①六角紫水（一八六七―一九五〇）、岡部覚弥（一八七三―一九一八）

一九〇四年四月二一日、エキスパートとなった岡倉は、中国日本美術部コレクションの修理と保存を目的に、日本の専門家二人を美術館に推薦した。それが、日本美術院正員の六角紫水と岡部覚弥である。六角は漆工の専門家として一九〇四年五月五日から、岡部は金工の専門家として一二月一九日から仕事を開始した(104)。岡倉が帰国中も彼らはボストンに留まり、イザベラ・ガードナーの庇護の下に活動したのは先述したとおりである。
一九〇六年の『年報』によると、彼らの仕事は漆工芸品と金工品の目録作成、クリーニングと修復、収納箱(それまでコレクションの漆工芸品や金工品には収納箱がなかった)の製作であった。また、岡倉が美術品保存用の絹袋を製作する女性たちに談話を行った際、六角や岡部も岡倉の通訳で漆工芸や金工の歴史や技術について話し、とりわけ六角は集まりのたびに女性たちが持参する花を使って活け花を披露した。[105]
岡部は、一九〇七年日本キャビネットで短期間開催された日本の鐔展の展示品を選定した。展示に合わせてカタログ『日本の鐔』が刊行されたが、これも岡部を中心にして中国日本美術部スタッフが協力して作成したものであった。[106]二人は一九〇八年三月初旬に美術館での仕事を終え、岡倉に同行してヨーロッパ経由で日本に帰国した。六角は帰国後も漆工芸品目録作成に従事した。

②田村基吉、木下与吉(両者とも生没年不詳)

田村基吉は表具師で、一九〇七年二月からボストン美術館で屛風や掛物の修復と表具を手がけた。田村が来る前の屛風と掛物の状態は「専門家が手入れする必要のある悲しい」ものであった。[107]このような絵画コレクションの悲惨な状況を改善するため、岡倉は日本で適任者を探したのであろう。一九〇六年八月七日、岡倉はクーリッジに、帝室博物館の掛物修理専門家の筆頭助手だった田村を、八〇ドルまでの昇給を条件に月額六〇ドルで契約し、六角とともに一一月ボストンに向かわせることを報告した。[108]一九〇六年六月二二日から日本に一時帰国していた六角が、一一月二二日ボストンに戻ったとき、田村も同行したと考えられる。

木下与吉は、一九一〇年の日英博覧会のために渡英していた表具師で、田村の推薦によって岡倉が雇用の手続きを進めた。木下の採用は週給一五ドル、英国からの旅費七五ドルという条件で決定した。同年一一月二二日、岡倉はこのことを英国にいた富田に報告し、彼と同伴で渡米するよう依頼した。[109]

一九一三年、さらに岡倉は田村と木下の師匠である寺内銀次郎の雇用を考え、交渉を試みた。しかし、寺内の渡航時期や給与などが折り合わず、実現に至らなかった。このとき岡倉は寺内の第一助手を雇用する代替案も検討している。美術館の掛物や屛風コレクションは、修復に技量ある職人の時間を費やさなければならない状態が継続していたことがわかる。(110)

③新納忠之介（一八六九―一九五四）

新納は日本美術院正員の彫刻家であり、古社寺保存活動に従事し、一九〇六年美術院が改組されて第二部（彫刻部）が設置されると、その責任者となった。新納は改組以前から奈良で仏像修理に従事しており、第二部の事務所も奈良東大寺観学院内に置かれた。

日本における岡倉の美術品購入に新納の助力があったことは、岡倉の新納宛書簡から知る事ができる。たとえば一九〇五年六月一一日、岡倉は新納に「藤原時代不動250の由御求メ置被下度」と手紙を出し、その一週間後には二五〇円の小切手を送っている。(111)九月一九日岡倉は日本で購入した仏像一四箱をボストンへ送り、プリチャードに仏像の内容を伝えた。そこに「不動、三フィート七インチ、藤原」とあることから、岡倉の指示に従い新納が不動像を購入し、岡倉に送ったことが推察される。(112)また、六月三〇日に岡倉が五浦から新納に送った書簡には「観音地蔵八百円ニて宜敷　此分金ハ小生帰京の上（凡ソ十日内）ニ御送り可申候　二天の弐百七拾五円ハ宅へ申遺し候間不日御送り申候事ト存候　毘沙門天ハ余り不望敷候　絶品ナレハイザ知ラス御考如何ニや」とあり、新納が美術商や古物商などから得た情報を伝え、岡倉が判断を下している様子が窺える。(113)翌一九〇六年にはウォーナーが来日し、岡倉から彼の指導を託された新納は彼を自宅に下宿させて、彫刻や美術品の保存、修理を教授した。

また、新納は一九〇九年三月から、仏像の修復、展示作業の相談役としてボストン美術館に勤務した。これは岡倉が一九〇八年一一月六日、新納の雇用を美術館に依頼したことによる。当時美術館が書記として日本人学者の雇用を考慮中であると知った岡倉は、現時点では書記より新館における展示作業を手伝える有能な助手が必要であると訴え、新納を推薦したのである。岡倉は一九〇九年の渡米がかなわないため、その年の自分の給与と旅費の半額を新納に支給するよう提案をして、美術館に新納との契約を促した。日本美術院改組からわずか二年、第二部主任である新納を一年間もボストンに派遣するには、しかるべき理由があった。岡倉は書簡の末尾に「来たる展示作業にとって、彼（引用者注：新納）は計り知れないほど貴重な貢献をしてくれるでしょう」と記した[114]。ここで岡倉の言う「来たる展示作業」とは、新館における中国日本美術部新展示室のインスタレーションである。

美術館から新納雇用承諾の電報を受け取った後、岡倉は美術館館長アーサー・フェアバンクスに書簡を送り、新納が展示の過程において、いかに重要な存在であるか再度強調した[115]。岡倉が新館の展示作業を重要視し、現場に立ち会えない自分の代理として新納を派遣しようと考えていたことは、このことから明らかだと思われる。新館展示を行ったカーティスは、ちょうどこの頃デンマン・W・ロスとともに古社寺保存会の調査隊に加わっており、奈良で岡倉と合流後、熊野地方の古社寺調査に同行していた。カーティスと新納とは既知の仲であり、新納の雇用にはカーティスも賛同していた[116]。岡倉は二人を信頼し、新館の展示作業を託したのではないかと思われる。翌一九〇九年二月八日、新納はカーティスとともに渡米した。展示作業の成果は、カーティスの項で述べたとおりである。

一九一一年四月二一日、美術館は新納を中国日本美術部の鑑査顧問（Advisory Staff）に任命し、報酬として年額五〇〇円を決議した。職務範囲は、芸術に関する諮問に答え、カーティスやウォーナーらが購入した美術品の鑑定とその報告であった[117]。さらに岡倉は一九一三年五月一七日、新納に英文彫刻史およびボストン彫刻解説編さんの委嘱を考えていることを伝えた[118]。このように、新納が中国日本美術部のために果たした、あるいは果たす可能性のあった役割は、美術品購入・展示の助手・彫刻の修復保存・鑑査・彫刻に関する書籍の刊行と多岐にわたっていたことがわかる。

④早崎稉吉（一八七四―一九五六）

一八九三年、岡倉は初めての清国美術調査の際、東京美術学校の生徒だった早崎に中国語と写真技術を学ばせ、随行させた。早崎は美校卒業後、中国美術研究を志して渡清、岡倉の中国美術収集時にはいつも彼の助力があった。ボストンの岡倉からの便りに「適当の美術品心当り有之候ハ、小生直接ニ御報道被下度（写真価格ヲ添へて）」とあるように、早崎送付の写真と価格から、岡倉が美術品購入の判断を下していたことが窺える[119]。一九一一年四月には、新納とともに美術館の鑑査顧問に嘱託される。

一九一二年五月から六月にかけて、岡倉は辛亥革命直後の中国で、早崎とともに美術品収集にあたった。その最中、岡倉は早崎を購入担当として数年中国に滞在させることを考え、その旨をフェアバンクスに伝えている[120]。革命直後の動乱の中で没落した満州貴族の美術品が散逸する事態を危惧し、優れた中国美術品を確実に入手するためには、中国の文化と美術に通じた早崎が必要であった。岡倉はカーティスに「早崎は驚嘆すべき仕事をしました。われわれがこれほど多くを成し得たのは、彼の努力のおかげです。彼が昨年の十月以来、測り知れないほどの機転と忍耐力を持って道筋を準備してくれなかったら、美術品は決して手に入らなかったでしょう」と書き、早崎の活躍と存在価値をアピールした[121]。事実、早崎無しには中国美術コレクションの発展は為し得なかったのである。

⑤中川忠順（一八七三―一九二九）

中川は東京帝国大学卒業後内務省に入省し、古社寺保存会の仕事に終生従事した人物で、東大講師を務めたこともある東洋美術史の学者である。岡倉は、ロビンソンとの会談で日本の学者を助手として雇用することを提案したとき、候補者のひとりとして彼の名前を挙げている。

一九〇九年に岡倉は中川・片野四郎・ウォーナーとともに翌年の日英博覧会に出品する『国宝帖』の英文解説を執筆した。前年、中川が岡倉と熊野の古社寺調査を行った際、カーティスやロスが同行している。岡倉は中川に、一九一〇年再来日したロスが内務省に持参した絵画の鑑定や、ウォーナーがハーヴァード大学の推薦で日本に派遣された際の指導など、来日する美術館スタッフの教育や指導をしばしば依頼した[122]。また、モースの写真に写っている物の名称や用法を尋ねたり、ボストンでの出版を予定していた漆工小史の工人名録について、工人の姓名音訓確認を依頼したりしており、岡倉が中川を東洋美術史学者として信頼していたことが窺える[123]。中川は一九一一年四月二一日には、新納や早崎とともに中国日本美術部の鑑査顧問に任命された。さらに岡倉没後の一九一五年三月から六月にかけて、ボストン美術館で中国と日本絵画コレクションの調査研究を行っている[124]。

⑥長尾雨山（一八六四―一九四二）

長尾は東京大学卒業後、岡倉の要請で東京美術学校雇となり、『國華』発刊に参画、一九〇三年から上海の商務印書館に勤務した漢学者・書家・篆刻家である。中国でのみ入手可能な書籍の発送、ボストン美術館にある古銅器の銘の年代や難読部分に関する質問、インドの画家の画印作成など、岡倉が長尾に依頼し、教えを仰いだことは多岐にわたっている[125]。中国での美術品収集や美術研究に関して、早崎とともに長尾の助けが重要であったことが窺える。一九一二年一一月一五日、美術館は長尾を新納らと同じ鑑査顧問に任命した。長尾の職務は「時々名画市場ニ見ハレ候御通知又ハ御送付」することと「一年ニ一回乃至二回古芸術ニ関シ何ニても高見御起草」することであった[126]。

⑦岡崎雪聲（一八五四―一九二一）、岡倉由三郎（一八六八―一九三六）

岡崎と岡倉の二人はボストン美術館と契約を交わし雇用されたわけではないが、中国日本美術部の展示や教育プログラムに関わった人物として記しておく。

岡崎は日本美術院正員で、彫金を専門とした。一九〇八年岡崎から貸与された宋、周、漢の青銅品を用いて中国日本美術部は金工室で特別展を催した[127]。岡倉由三郎は一九〇九年一二月一一日、ローウェル・インスティテュートに招聘されて渡米した。ボストン美術館をはじめ各所で日本に関する講演を繰り返し行い、紹介記事が新聞紙面を飾った[128]。

3 経営方針の転換

3—1 人材育成の失敗

順風満帆のように見えた中国日本美術部の経営であったが、ウォーナーがボストン美術館で勤務を開始すると、同部の人間関係に不和が生じるようになる。部内における人間関係の衝突は各スタッフの活動に支障をきたし、最後にはウォーナーの免職という事態を招くことになった。ここではウォーナー着任から免職までを概観し、その結果、岡倉がどのように経営の転換を図ったのかを考察する。

一九〇九年四月、アシスタント・キュレイターに任命された直後のウォーナーは、岡倉に美術館での待遇に対する不満と、同僚への反感を露わにする手紙を送った。おそらく将来のキュレイター候補として日本で長期間訓練を受けたウォーナーは、日本美術のことを同僚の誰より理解しているという自負があり、ほかのスタッフとは異なる特別な存在として、それに見合った尊敬と実務を与えられることを期待していたのであろう。書簡からは館内で思い通りに動けず、同僚とも良い関係が築けずにいるウォーナーの苛立ちが窺える[129]。

一九一〇年三月フェアバンクスは、ウォーナーが力を発揮するためにも、ほかの中国日本美術部のスタッフが良い仕事をするためにも、岡倉の存在が必要であることを訴え、最低一年間のボストン滞在を懇願した。[130] 一〇月一四日からボストン美術館での勤務を再開した岡倉は、同月二〇日に一年間の契約で、正式にキュレイターを引き受けることとなる。その背景には、ウォーナーをめぐる中国日本美術部内の問題があったと考えるべきであろう。岡倉のキュレイター就任と長期のボストン滞在は、部内の人間関係を修復し、円滑な経営を推進するために必要な措置だったのである。

まず、岡倉は同年一一月一六日、美術館総裁ガーディナー・マーティン・レーン（Gardiner Martin Lane, 1859–1914）に、中国日本美術部の組織においてキュレイター、アソシエート・キュレイター、アシスタント・キュレイター、キーパーの職責が明確になっておらず、各自の職務を区別することが必要であると提案した。[131] 岡倉はコレクションにおけるスタッフの職掌分担を明確にするため、ウォーナーを仏像と浮世絵、ロッジを絵画と展示、カーショウを青銅器・漆工芸品・金工品・モース・コレクションを除く陶磁器の担当責任者に配した。[132]

一九一一年七月二七日、岡倉は日本に帰国する直前に中国日本美術部のスタッフに手紙を書き、各自の任務遂行と部内の協調について注意を喚起した。そこには各々が自分の職務を重んじ、ほかの仕事に干渉しないこと、一致団結して中国日本美術部の利益を最優先させること、問題が生じたときは館長や中国日本美術部評議会に報告すること、などが書かれていた。[133]

しかし岡倉が帰国すると部内は再び平穏を欠き、不和は一層深刻な事態に陥った。一九一二年初めにはウォーナー、ロッジ、カーショウの関係はさらに悪化し、個々の作業も停滞しがちとなった。フェアバンクスは、岡倉の帰米まで三人が在職しているかどうかわからない不安定な状況であり、今のところ各自の自己抑制によって衝突は回避されているが、ウォーナーは不満を募らせていると伝えた。[134] 部の惨状を聞いた岡倉は、事態を深刻に受け止め、自分にできることがあれば何でも言うように依頼した。[135] 同年一一月、岡倉は五回目になるボストン美術館勤務についた。だが、もはや悪化した人間関係を修復する手立てはなく、同月ウォーナーの免職という結末を迎える。

岡倉は、中川忠順にウォーナーが依願免職となったことを伝え、その原因を「ワーナル氏事部員と折合悪敷（同氏大天狗ニナリタル結果なり）」と記している。(136) 岡倉が、部員間の不和の原因をウォーナーの高慢な態度にあると見なしていたことがわかる。アメリカ人キュレイターの育成は岡倉の念願であっただけに、ウォーナーの免職という結果はその育成の失敗を意味し、大きな衝撃を受けたに違いない。その衝撃は、それまで彼が行ってきた中国日本美術部の経営、特に彼の不在時における部門経営のあり方について見直す転機となった。

3―2　組織改編と人事

岡倉は、彼の不在時に部員間の不和が生じた原因は「船頭が多すぎたこと」だと反省した。スタッフ各員の職務分担は明確であったが、岡倉は彼の不在時に代役を務めるサブリーダー的な存在を作らなかった。ウォーナー、ロッジ、カーティス、カーショウの間に上下関係はなく、皆独立した職務を持つ同等の立場であった。そこに今回の失敗があったと考えた岡倉は、一九一三年二月二五日、今後は留守中の全ての責任をロッジに負わせることをフェアバンクスに伝えた。(137) 岡倉不在時の舵取りをロッジひとりに限定することで、中国日本美術部の円満な経営を図ろうとしたのである。一九一二年度『年報』の職員名簿には、キュレイターである岡倉のすぐ下にアシスタント・キュレイターのロッジを置き、その下に部全体の管理者（Keepers in the Department）として、カーティス、カーショウ、富田が同列に配置された。岡倉不在時はロッジが部門の責任者であることが一目で認識でき、中国日本美術部の組織が改編されたことを物語るものであった。

さらに岡倉は部に「天狗箱（The Tengu Box）」を設置した。そして「高慢の炎を燃やし、自分が知者だと思う者」「無知を恥じずに他人を教える者」など「天狗」になったスタッフには、天狗箱に二五セントの罰金を支払うように定めた。[138] 岡倉特有のユーモアのひとつと解釈することもできるが、この設置には深刻な不和を招いた部員たちへ反省を促すとともに、事態をここまで悪化させてしまった自身の経営に対する自戒の意味もあったと推察できる。岡倉がウォーナーに長期間かけて日本美術に関する知識や技術を習得させたのは、彼が将来「東洋の思想、生活、目的に精通し、共感」し、美術品と参観者の「橋渡し役」となる役割を担ってくれると期待したからだった。その想いをウォーナーに理解させることができなかったことに対する自責の念も込められていたかもしれない。

組織内の人事を変えて再出発したのもつかの間、岡倉は九月二日に病に倒れ、二度とボストン美術館に戻ることはなかった。彼がボストンを離れる前にロッジを責任者に任命し、組織の指揮系統を明確にしておいたことは、不幸中の幸いだったと言えるだろう。ロッジはビゲロウとともに岡倉の追悼文を『紀要』に掲載し、一九一六年には岡倉の後を継いで中国日本美術部キュレイターに就任した。ウォーナーの免職は、同部におけるアメリカ人キュレイターの育成と挫折の過程を示す事例として、岡倉の経営が決して順調なものではなく、方針転換を余儀なくさせるものであったことを物語っている。

第四節　経営理念の具体化と実践

1　美術館教育

1―1　ボストン美術館の教育事業と岡倉の実践

中国日本美術部は、コレクションの収集、整理、展示だけでなく、美術館の持つ教育機関としての役割を通して、東洋美術やその基盤にある文化を参観者に伝えていった。久世夏奈子は、展示活動の詳細な分析を通して岡倉のコレクション活動全容を考察する際、その背景であるボストン美術館の教育事業や、日本人とアメリカ人が分担協業する中国日本美術部の職員構成についても論じた[139]。本節では氏の研究を踏まえた上で、中国日本美術部全体で実施した美術館教育に対象を広げ、その詳細について検討する。

岡倉は、市民に東洋美術の真の意味を理解させるためには、良質なコレクションを形成し、それを展示するだけでは不十分だと考えていた。彼は一九〇五年の『紀要』一月号において「私は、当美術館が、目録出版やコレクションに関する講演を通じて、東洋芸術のより深い概念を形成し、将来、芸術を愛する一般の愛好家や美術学生にとって最高の施設となることを願っている」と述べた[140]。岡倉が、参観者が東洋美術を理解するには、作品の内側にある精神に共感を寄せることが必要であると考え、そのための具体的事業として「目録出版やコレクションに関する講演」、すなわち美術館教育を重視していたことがわかる。同年二月二三日の評議委員会においても、特別展示会の際には講演を行い、目録は参観者の美術品への関心を喚起させるために作成すべきであると発言し、教育事業に積極的な姿勢を示している[141]。

では、ボストン美術館における教育事業はどのようなものだったのか、設立時からの取り組みを概観してみよう。ボストン美術館は、第一節で述べたように、市民の美術教育機関という役割を担ってスタートした。ボストン市は、美術館建設のために土地を譲渡する際、毎月四日間は入館料を無料にするという条件を提示した。理事会は市の条件を受け入れ、土曜日の入場を無料とし、後に日曜日午後も無料とした。開館の翌年一八七七年には美術館附属の学校を開校し、芸術家や地元の美術学生の美術館入館料は、常に無料という優遇措置が取られた。これらの取り組みは、設立目的に掲げられた美術教育の提供という使命に基づいていたといえる。

ボストン美術館の教育事業が本格的に軌道に乗るのは一九〇〇年代で、岡倉の活動時期と重なっている。美術館の教育事業は『紀要』・『美術館ハンドブック』・新館案内リーフレットなどの印刷物によるコレクション紹介と、口頭による来館者への美術品解説の二つに大別できる[142]。

『年報』によると、岡倉が来館した一九〇四年は、芸術家や美術学生に加えコレクション研究者の入館料も無料となっていた。また、教員を対象とした連続講演が始まり、その際美術館所蔵の作品が例として用いられた。一九〇六年には、岡倉も「日本の思想と表現」という連続講演を行っているが、同年三月一二日に二回目のボストン美術館勤務を終え帰国の途についているため、講座はそれ以前に行われたものであろう。一九〇六年、同美術館は日本キャビネットという展示室を開設しているが、岡倉はそこに日本で新規購入した彫刻や絵画を展示した。二月一日には年会員が招かれて一般公開に先立ち内覧している[143]。同年の『紀要』二月号と四月号には、これら新収品の紹介記事が掲載され、絵画や彫刻に現れた仏教・儒教・道教の影響や各時代の特徴的な様式について述べられた[144]。岡倉の連続講座も、日本キャビネットの新収品を活用して日本美術における思想と造形表現について話したものと考えられる。岡倉が「コレクションに関する講演」を、自ら率先して行っていたことがわかる。

ボストン美術館が一九〇七年に提供した講演や講話の回数は一六八回を数え、聴衆は三二六三人にのぼった。講演に加えて、一九〇七年から新たにドーセント・サービス（Docent Service）とカンファレンス（Conference）が始まった。これらは、美術館員と参加者の相互交流を可能にする新たなサービスであり、さらなる美術館教育の発展を図る教育プログラムであった[145]。

ドーセント・サービスは、書記のベンジャミン・アイブス・ギルマンのもとで制度化された事業で、参観者の要求に応じて館員が付き添い、展示室を案内して作品の解説を行う館内案内サービスである。当時欧米では、館員が来館者に直接コレクションの説明を行う教育活動への関心が高まっており、ボストン美術館でも口頭での案内を行うことになったのである。参観者に付き添う係はドーセントと呼ばれ、当初一〜二名の担当者がすべてのコレクションの案内を行っていた。事前に申し込みが必要で、一グループは一〇人まで、所要時間は一時間と定められた[146]。

まずウィークリー・ドーセント・サービスが一九〇七年四月から開始され、初年は四三七人がこのサービスを利用した。徐々に申込者が増加したため、新館案内リーフレットが作成され、一九一〇年からはすべての職員がサービスを提供できるよう制度が改正された。これによって同年のサービス利用者は三六一一人に及んだ。一九〇八年一月からは、来館者が大勢訪れる日曜日にサンディ・ドーセント・サービスが提供されるようになった。このサービスには①座学で聴く館員の説明、②館員に先導され美術セクションを巡るツアー、③特定の展示や美術セクションに関する館員との意見交換の三種類があり、館外から解説者を招くこともあった。美術館は毎日曜日ごとに、異なる二つの美術部門からサービスを提供した。その予定を前週に美術館入り口に貼り出し、慈善施設、教育施設、人が集まる場所に配布するとともに、土曜日の『トランスクリプト』紙「日曜サービス欄」に掲載した[147]。美術館が紙媒体やメディアを通して、普及活動に努めていたことがわかる。

カンファレンスは一九〇八年一月から開始され、ギャラリー・カンファレンスとも呼ばれた。特定のコレクションに関心を持つ人々を対象に、個々の美術品の正しい鑑賞法を学んでもらおうと、専門の職員が展示品を用いて解説を行った。作品について議論する時間や、作品を繰り返し調べる機会も設けられ、参加者の知的好奇心を促進するプログラムであった。講師は館員だけでなく、館外からも招かれた。展示室内の限られた空間での活動となるため、参加者は少人数であることが求められた[148]。

このようなボストン美術館の教育事業の制度に沿って、岡倉も教育プログラムを提供した。たとえば一九一一年に三回、一九一三年に二回、平日ドーセント・サービスを行い、来館者に中国日本部展示室を案内した[149]。また、一九〇八年三月二六日と二八日には「中国および日本の鏡」というカンファレンスを行った。同年の『紀要』四月号に、同題の記事がフランシス・S・カーショウとの連名で掲載されている。同紙上で日本回廊における中国銅鏡展が告知されていることから、岡倉が特別展開催にあわせて話したものと推定され、その内容も『紀要』記事に準ずるものだったと考えられる。[150] 一九一〇年一一月一六日には、マサチューセッツ州のマウント・ホリヨーク・カレッジの美学クラスの学生に、中国日本美術コレクションに関する講話を行った。[151] 翌一九一一年一月二六日と二月九日にも岡倉のカンファレンスが予定されていたが、美術館の公務で急遽ヨーロッパへ出張となったため中止となっている。[152] 同年四月六日、一三日、五月四日は展示室において「東アジア美術史概要」「美術における東洋の宗教」「東アジア美術における自然」と連続してカンファレンスを行った。これら三つの内容は、日付から判断して、平凡社版『岡倉天心全集』およびその英語版に収録されている類題の講演記録と同じものであろう。[153] 岡倉は展示室の美術品を用いながら、中国および日本の美術史、芸術観、美術に影響を与えた宗教観、自然観などの説明を行ったのである。これらの事例から、岡倉が西洋に東洋文化を発信する有効な場として、ドーセント・サービスやカンファレンスなどの教育プログラムを利用していたことが窺える。

1—2　中国日本美術部における実践

だが、中国日本美術部の美術館教育は、ひとり岡倉によってのみ提供されたのではない。章末の表4は、ドーセント・サービス開始の一九〇七年から岡倉没年の一九一三年まで、『年報』や『紀要』の教育事業に関する記録に基づいて、中国日本美術部が実施したと考えられる教育プログラムをまとめたものである。ここから、ほかの部員によっても教育プログラムが提供されていたことが明らかである。

表から、すべての美術館員がドーセント・サービスを提供するようになる一九一〇年以前は、講演やカンファレンスが美術館教育の中心であったことがわかる。参加者は、地元の高校生、大学生、美術学生、職人組合、婦人会、教師グループなど多彩な顔ぶれであった。プログラムは展示室や講義室、図書室などさまざまな場所で実施され、一九〇八年一一月二四日カーショウがYMCAで講義を行ったように、スタッフが館外に出向くこともあった。一九〇九年に実施回数が少ないのは、美術館が五月二日に閉館し、一一月一五日ハンティントン通りに新館が開館したことによる。また、岡倉が帰国や出張で不在の間も、スタッフによって教育プログラムが途切れることなく実践されていた。

教育プログラムの演題から、各部員が自らの専門知識を駆使して、収蔵コレクションを紹介していたことが窺える。たとえば、日本陶器管理者だったモースは「ボストン美術館日本陶器コレクション」（一九〇七年一月一六日）や「日本の美術工芸」（一九〇八年二月一三日ほか）について話した。金工品の調査や『漆工芸品目録』出版準備に従事し、一九一〇年八月から海外で中国陶磁器を研究したカーショウは、金工・中国陶磁器・漆工芸に関する教育プログラムを提供した。フランシス・G・カーティスの「日本美術の精神」（一九一一年一月二一・一四日）という演題からは、岡倉の「美術における東洋の宗教」と同様、美術の重要な背景である東洋思想について、参観者の理解を深めようとする狙いが推察される。

また、岡倉の評議委員会での発言をなぞるように、特別展開催にあわせてテーマに即した教育プログラムが提供された。たとえば一九〇八年一月から浮世絵版画展が催された際、同月一六・一八・二一日にカーティスが「初期の浮世絵」、六月二五・二七・二九日にジョン・A・マックリーンが「浮世絵」という演題でカンファレンスを行った。また一九一一年一一月から日本の装束展が開催されると、富田幸次郎が同月二一日に「日本の装束」の講演を行い、一二月三日には「日本の装束展の案内」というドーセント・サービスを提供した。さらに一九一二年の唐代の大理石菩薩坐像展にあわせて、ラングドン・ウォーナーが、二月八日に観音のトルソーを用いて唐代彫刻について話し、三月七日にも中国彫刻に関するカンファレンスを実施した。東洋美術の世界を可視化するべく展示された美術品を用いて、中国日本美術部員が参観者へ直接語りかける教育プログラムは、東洋美術と参観者を結びつけるために効果的に作用したと考えられる。

さらに、岡倉が一九〇六年以来中国で美術品を積極的に購入したことによって、一九〇八年から新収品を中心にした中国美術の展示が行われるようになり、一九〇九年に開館した新館に中国展示室が設置されると、中国美術を扱った教育プログラムが増加していく。ここから、まず美術館に働きかけて予算を獲得し、それを資金に良質なコレクションを収集し、展示して刊行物で紹介するとともに、教育プログラムを通して参観者の東洋美術への理解を促進していく、という美術館における岡倉の活動の流れが見て取れる。美術館教育は、ボストン美術館を「東洋と西洋の中間の家」とする理念を具現化する最終段階に位置する事業であったといえる。

一九一二年に実施された平日のドーセント・サービスは、美術館全体で一五七件であったが、このうち三五件は中国日本美術部が提供したもので、古典美術部の四五件に次いで二番目に多い(154)。実施回数の多さは、岡倉の薫陶を受けた部員たちの美術館教育を重視する姿勢とともに、参観者の東洋美術に関する関心の高まりをも示唆している。

中国日本美術部が多様なプログラムを数多く提供できたのは、豊富なコレクションに加えて、先述したように、岡倉が優秀な人材をスタッフとして確保し、必要に応じて育成を行ったからであった。岡倉は部門の長であるキュレイターに、専門知識と語学力を備え、美術品と参観者の間の「橋渡し役」を勤めることのできるアメリカ人を望んだが、これはボストン美術館が、教育事業の機能のひとつを「来館者と収蔵品との橋渡し」と位置づけたことに通じている(155)。岡倉が中国日本美術部のキュレイターに求めた人材は、美術館の教育理念を実現できる人材でもあったのである。

一方、岡倉の推薦によって、専門技術を有した日本人が同部の運営に次々と参画したが、これら日本人スタッフの中には、美術館教育に携わる者もいた。たとえば六角は、一九〇七年マックリーンとともにケンタブリジア・クラブの人々に生け花の講演を行っている。六角の回想によると、彼が生け花の解説を行い、マックリーンが通訳を行ったものと考えられる。[156]また、一九〇九年三月から、ボストン美術館で仏像修理と新館の展示作業補佐を行った新納は、一九一〇年三月三日、富田の通訳を得て「日本の仏像」のカンファレンスを行った。さらに一九〇九年一二月にローウェル・インスティテュートに招聘されて渡米した岡倉の弟由三郎は、館外の専門家として、一九一〇年二月二四日「中国の稿本」のカンファレンスを行った。日米の人材が協力して事業を推進した中国日本美術部は、美術館教育においても、「東洋と西洋の中間の家」の理念実践の場となっていたと言える。

1―3　岡倉の美術館教育改革案

では、岡倉はボストン美術館の教育事業についてどのように考えていたのであろうか。「ドーセント・サービスに関するいくつかの提案」と題されたタイプ稿には、岡倉の名と一九一二年一二月一一日の日付がある。そのなかで岡倉は、ドーセント・サービスが人々の美術館への知的関心を喚起してきたことを評価する一方、美術館は教育的側面にいっそう力を注ぐべきで、制度をより体系化することで大きな効果を上げるであろうと指摘した。そして現行の教育制度の欠点を指摘し、それを改善する新体制について次のように提案した。

ご寛恕いただけるのであれば、現行制度の主な欠点について意見を申し上げます。(1)ドーセント・サービスは、参観者の資質や知識を吸収する力を考慮することなく、誰彼かまわず話をしています。(2)美術やデザイン学校との定期的な連絡に欠けています。(3)児童生徒や一般参観者にコレクションを案内する特別な訓練を受けたドーセントを用意しておりません。私たちはやりすぎているか、ほとんどなにもしていないかのどちらかなのです。参観者は大体次の五グループに分類できます。a．児童生徒、b．一般参観者、c．美術学校の学生、d．美術全般、もしくはある分野に特別な関心を持つ人々、e．鑑定家や収集家です。ドーセント・サービスは、このようなグループのそれぞれの要求に応じるように分類されなければなりません。(157)

続けて岡倉は、各グループに提供すべき具体的なサービス内容を述べる。たとえば、児童生徒に対しては、美術を通して楽しさを教えることが重要であり、その教育は無意識の喜びを通してもたらされなければならない。美術に関する知識を持たない一般参観者に対しては、彼らの知識を目覚めさせるような教育を提供するべきである。それゆえ児童生徒や一般参観者に対しては、彼らと同じ次元で接することのできる特別な人材が必要となる。一方、美術学生には、美術館員による定期的な教育的講座によって、美術の知識を習得し、コレクションを知ってもらうことが望ましい。美術に関心を持つ人々に対しては講座を提供し、これによってボストン美術館は地域社会の指導的教育機関の位置を得ることができる。さらに専門家のために、コレクション研究のための特別な援助と、特別講義の開催を提案した。

岡倉がこのような提案を行ったのは、美術館教育の中でも「ドーセント・サービスは美術館が一般参観者に近づく最も重要な装置」と捉えていたからであった。今まで見てきたように、岡倉の美術館経営の理想は、東洋美術への共感を通して西洋社会に東洋文化を理解してもらうことであり、展示品を前に行われるドーセント・サービスは、美術品とその「橋渡し役」であるスタッフによる情報の発信と、参観者による受信とが相互に、かつ効果的に行われる場であった。岡倉がドーセント・サービスの改革案を記したのは、教育的効果を上げることによって、参観者の東洋美術への理解をより深いものにするためだったと考えられる。

さらに岡倉の提案は、ドーセント・サービスの現行制度を根本的に刷新するものであった。参加者に応じてプログラムの内容、形式、提供者を変えることで、参加者の満足度も教育的効果も確実なものとなり、ひいてはボストン美術館を地域の社会教育、生涯教育の拠点となさしめるものであった。このような改善策は、岡倉が美術館の制度に沿って、複数の教育プログラムを実践した経験のもとに立てられたと考えられ、美術館教育を発展させるための独自の発想だったといえる。

だが翌一九一三年三月一九日、岡倉は健康悪化を理由に帰国の途につき、二度とボストンに戻ることはなかった。ここからわかるように、岡倉の実際の活動と展望との間には隔たりがある。しかし、それは彼の展望が、提案だけで終わったことを意味するものではない。ギルマンは一九一二年度『年報』（一九一三年刊行）のなかで、ドーセント・サービスは、交流を通して各参観者の関心を喚起することが求められていると述べ、案内ではなく仲間づきあいのようなサービスと、親しみやすい体系が必要だと主張した[158]。ギルマンの考えは、岡倉が主張した学童や一般参観者に対するドーセント・サービスとの共通性が見られ、彼の提案が現行制度の見直しに何らかの影響を及ぼした可能性がある。

また中国日本美術部は、一九一三年五月二一日から一一月九日までフォアコート・ルームにおいて子ども展（子どものための中国日本美術特別展）を開催した。子どもを対象にした特別展の開催は、同部にとって初めての試みである。美術品を通して楽しさを味わわせ、好奇心を刺激することを目的とし、子どもの好きな動物や明るい色、巧みな細工を通して、芸術的意匠や色彩の調和などを無意識のうちに感じ取れるような作品が展示された[159]。理解よりも楽しさや無意識の喜びを優先する趣旨から、同部の子ども展が、岡倉の唱えた学童に対するドーセント・サービスのあり方を基盤としていたことが窺える。子ども展開催に際し、五月二五日富田は展示室でドーセント・サービスを行った。おそらく富田は、展示された刀や鎧・鏡・弁当箱・根付などを用いて、楽しみながら美術に親しむプログラムの提供を試みたことであろう。

2　茶室建築計画と『茶の本』

2―1　茶室建設計画と経営方針の転換

中国日本美術品の購入には巨額の資金が必要であった。そこで岡倉は、中国日本美術コレクションの発展は、ボストン美術館が最高水準にあることを意味し、美術館に利益をもたらすと評議委員会や理事会に働きかけ、資金獲得に努力した。『年報』で報告された中国日本美術品の購入費は、一九〇四年は五一八五・八四ドルだったが、一九〇七年は二八、六四三・二六ドルと増加している。さらに一九〇六年と一九〇七年には、中国日本美術品購入特別基金が設けられ、そこから三千ドルが醸出された[160]。資金額の増加は、岡倉が美術館に同じ目的を共有させることに成功したことを裏づけている。

一九〇六年三月一〇日、岡倉とボストン美術館との合意書において、茶室購入を目的とした予算の成立が言及されている。そこには「岡倉氏は二千ドルを限度額に当美術館のために茶室購入の実行、もしくは購入を手配する権限を有する。旅費、代理業者、美術品の梱包および運送料、港での船積みに関連する経費は追加で三百ドルまで支払われる」とある[161]。茶室に関して美術館側と契約を交わした後、三月一二日に岡倉は帰国の途についた。岡倉が去った後、美術館は茶室購入費として二千ドル、輸送建築費として一千ドル（日本で三百ドル、アメリカで七百ドル）、合計三千ドルをジェームズ基金に請求した[162]。この時点で美術館にとって茶室の購入は決定事項であり、予算枠の中で岡倉が日本で茶室を購入する段階にあったことがわかる。

岡倉は四月六日に日本に帰国すると、同月一二日には福井に向かい、四月末には京都、奈良で美術館のために美術品を購入した。五月頃には越後赤倉に旅行し、土地を購入した。同月、アメリカでは『茶の本』が出版されている。六月には五浦で大観・春草・観山・武山らの家屋建築が開始され、七月にはウォーナーの初来日を迎えた。この頃腎臓炎を患い数日入院したが、八月には日本美術院を改組し、第一部である絵画部を茨城県五浦に、

第二部である国宝修理部を奈良に設置するという大事業に着手した。

八月七日、岡倉は美術館評議委員のジョセフ・R・クーリッジに、購入すべき茶室は未決のままで、おそらくもう一年必要であろうと見通しを告げた。日本美術院の再起という事業に力を割かなければならなかった岡倉には、予算に見合う茶室を探す時間は極めて限られていたことが想像できる。そのため、今年度の茶室購入は不可能と見なしたのであろう。だが、岡倉が茶室購入を先送りしたのには、ほかにも理由があったと考えられる。クーリッジに送った書簡の冒頭で、岡倉は清の状況が以前と変わり、優れた美術品を収集できる機会が到来したことを興奮気味に伝えている。清での調査の重要性を主張し、自分の現地派遣と資金五千ドルの支出を訴えるくだりは、茶室探しの難航を短く伝える文章とは対照的である[163]。岡倉は九月一二日に再び入院して手術を受けたが、二五日に五浦に戻ると、一〇月八日には中国美術品収集のため清に出発した。岡倉の経営の優先順位が、茶室建築から中国調査に推移していたことが窺える。

この書簡を受け取った美術館評議委員会は、岡倉の中国派遣と五千ドルの資金捻出に賛同した。中国での美術品購入費としてさらに二千ドルを上乗せし、七千ドルの支出を決議した。さらに岡倉が中国から帰国後、茶室を購入することも考慮して、三千ドルの予算執行期限の延長が承認された[164]。評議委員会は一万ドルを上限に、この資金を中国美術品購入に使うか、茶室購入に使うかは岡倉の裁量に任せた。美術館は中国美術コレクション発展と、茶室建築という二つの事業の同時進行を射程に入れて、予算を組んだのである。どちらの事業もボストン美術館の発展に寄与するものであったことが窺えるが、その執行の選択を岡倉に全権委任したことから、岡倉の経営手腕に対する美術館の信頼が推察できる。

岡倉は中国で美術品を購入し、一九〇七年二月日本に帰国した。購入した美術品のボストン配送を手配し、三月一五日、ベンジャミン・I・ギルマンに調査の成功を伝えた。岡倉は書簡のなかで、美術館が希望すればさらに美術品を収集する意欲があることを述べ「茶室を購入しなければ中国基金には約三千ドルの資金がある」ことを確認した[165]。この基金はもともと茶室購入費・輸送建築費として予算に計上されたものであったが、岡倉はこの資金を転用し、中国美術品の購入に充当することを考えたのである。岡倉がこの時点で、中国美術コレクションの発展を最重要視していたことがわかる。

同年五月六日ギルマンは岡倉に、茶室購入に留保されていた資金は、間尺に合う茶室が見つからなければ何か適切な品の購入に充てることを評議委員会が了承することを伝えた[166]。その後開かれた評議委員会で、その支出の目的を問わず、茶室購入資金三千ドルの使用権限を岡倉に与えることが正式に決定された[167]。

この評議委員会の決定によって、美術館での茶室建築計画は中止された可能性が高い。茶室の購入資金は、おそらく中国や日本での美術品購入に使途が切り換えられたと推察され、その結果、岡倉は中国美術コレクション拡充という成果を得ることとなった。岡倉は茶室の建築を中止しても、中国美術品の良品購入の好機を逃すまいと考えていたのである。

茶室建築から中国美術コレクション発展へ、岡倉が予算執行の優先順位を転換したのには、さまざまな要因が考えられる。多忙を極める日本滞在において、茶室を見つける時間的余裕がなかったこと、清における各国の探検や調査活動の活発化によって、一刻も早く渡清して中国美術品を購入する必要に迫られていたこと、『茶の本』出版によって、茶道を通して東洋思想や日本文化についてある程度発信でき、多額の資金を投入しての茶室建築の必要性が低下したことなどが挙げられる[168]。あるいは、ボストン美術館を「東洋と西洋がお互いをより良く理解しあう」拠点にするという目的を達成するためには、日本文化の代表的なモニュメントとなる茶室の建築以上に、中国美術コレクションの充実のほうが、より重要だと判断したことが考えられる。また、岡倉が中国美術に的を絞るようになった背景には、美術品の価格の高騰によって、傑作の購入が困難になってきた日本市場の状況と、美術館の財政事情があったのである。[169]

2―2 『茶の本』執筆との関係性

ボストン美術館が茶室購入を決断した理由は詳らかではない。しかし時期を同じくして一九〇六年五月、ニューヨークのフォックス・ダフィールド社より岡倉の『茶の本』が出版されていることから、岡倉にとって茶室建築と『茶の本』出版は連動した事業であり、目的を共有していた可能性が考えられる。そこで岡倉のボストン美術館における活動と、『茶の本』執筆との関連性について検討し、茶室建築の目的について考察を試みる。

富田幸次郎は、『茶の本』草稿の執筆時期と成立に至るまでの経緯について、岡倉がボストン美術館で女性たちを対象に行った談話の草稿が、マックリーンを通して一九〇五年四月『インターナショナル・クォータリー』に掲載されたと回想する。確かに『茶の本』の第一章"The Cup of Humanity"と第二章"The School of Tea"は、『茶の本』と同じ版元であるフォックス・ダフィールド社の『インターナショナル・クォータリー』誌上に、"The Cup of Humanity"という題名で掲載されている。また、第五章"Art Appreciation"も、一九〇六年五月にニューヨークのクリティック・カンパニーから出版された『ザ・クリティック』誌に掲載されている。[170] ここから『茶の本』の一部が刊行以前に他のメディアで発表されていたことがわかる。そして、その原稿の元にボストン美術館での談話があったことから、『茶の本』と岡倉の談話とを比較して、両者の関連性を検討したい。

岡倉は二回目のボストン滞在中（一九〇五年一〇月～翌年三月）、ボランティアの女性たちを前に何度か談話を行った。一九〇五年一二月一八日の話は、岡倉が彼女たちに漆工芸品や金工品を保存する絹袋の縫製を依頼するものであった。岡倉は、ボストン美術館の東洋美術コレクションは欧米において世界最高水準であるが、唯一残念なことは大半の収蔵品から収納箱や包装が失われてしまったことだと告げた。そして芸術が希求するのは人に

「支配」されることではなく、人の「崇拝」の念であると語り、次のように述べた。

十七世紀初頭の偉大な鑑定家で、自身は大名であった小堀遠州は「名品に接する時は、強大な君主に拝謁する如くせよ」と説きました。私たちの国ではもっとも身分の高い人は、厳格な礼法によって、どのような人に対しても、時には神々に対してさえ、頭を下げることを禁じられていますが、茶席にかけられた一幅の絵には礼をします。姫君たちは、花器や掛物の絹の覆いを作ることを競いあいます。大事な作品は、まず絹の覆いのなかに安置され、少なくとも二重にした箱に収められます。時には、至聖所にある作品にたどり着くために五層の箱を開かなければなりません。それぞれの箱はこの宝物の幸福な所有者や、当時の名高い芸術家の年紀や署名を伝えていきます。それぞれの容器はいわば祭壇であり、それを代々受け継いできた芸術礼拝者たちは自己犠牲の炎を燃やしてきたのです(171)。

岡倉は、日本では崇拝の念をもって芸術作品に接すること、作品は絹の袱紗や何重もの箱によって秘匿された神聖なものであること、箱は作品の価値や来歴を伝える役割を担っていることを説いた。彼は作品の神聖さと、箱や所有者の崇高な役割を伝えるために「至聖所（holy of holies）」、「祭壇（alter）」、「礼拝者（worshipper）」など聞き手に馴染みのある宗教的な用語を使い、理解を促した。さらに代々作品を受け継ぐ者は、それを保護し次世代に伝えるために「犠牲」を払っていること、彼らが芸術の支配者ではなく崇拝者であることを述べた。このような岡倉の芸術観は『茶の本』にも共通しており、第五章“Art Appreciation”には談話と類似する記述が見出せる。

茶人で、自身は大名であった小堀遠州は、次のような記憶すべきことばをわれわれに残している。「偉大な絵画に接する時は、偉大な君主に接する如くせよ」。名品を理解するためにはその前で身を低く伏せ、息を殺して作品がわずかに発することばを待ち構えていなければならない。（中略）こうして芸術は宗教に似たものとなり、人間を高尚にする。このことは名品を神聖なものとする。昔、日本人が偉大な芸術家の作品に抱いた畏敬の念は厚かった。茶人たちは名品を宗教的な秘密で保護したので、しばしば、聖堂――絹の包みで柔らかに包んで安置した至聖所――にたどり着くには、入れ子構造になった重箱を全部開ける必要があったのである。(172)

作品の神聖さ、崇拝の念を抱いて芸術に接することの大切さ、それゆえ芸術が宗教に近いものであるという主張、それらを茶人のことばや宗教的な用語になぞらえる語り口に、美術館での談話との共通性が認められる。これらの言葉から、岡倉がボストン美術館の収蔵庫に入り、箱や覆布をむしり取られた無残な美術品を見て心を痛めたことが察せられる。六角や岡部の修理によってコレクションの保存状態は改善され、新しい箱も発注された。絹袋も箱と同様に発注すれば事足りたであろう。だが岡倉がわざわざこの作業を女性たちに依頼するには理由があった。

私たちがあなたたちの高貴な指の奉仕をお願いしようと思ったのは、ともに芸術の崇拝に加わっていただきたいと願ったからです。私たちはあなたたちに絹だけでなく、共感で美術品を包んで欲しいのです。私たちにとって糸は愛情の象徴――心と心をひとつにつなぐものです。縫うという漢字には糸が逢うという意味があります。人間性という衣服を完成させるために愛情が出会うのです。ただ共感を通じてのみ、美を理解することができます。芸術とは心と心の交流なのです。(173)

岡倉が女性たちに求めたのは、美術品に「共感」を寄せながら絹袋を縫製することであった。それは「芸術の崇拝」であり、糸という愛情で、西洋の女性たちと美術品の土壌にある東洋の「心と心がひとつになる」ことだと説いた。岡倉が女性たちに絹袋の縫製を頼んだのは、その行為を通じて東洋美術に共感を持って接し、その美を理解して欲しいと願ったからであった。

岡倉は『茶の本』においても、芸術鑑賞に必要なものは「共感しあう心の交流」であり、「芸術において同類の精神が結ばれることほど神聖なことはない」と述べている。[174] ボストン美術館の談話では、東洋と西洋の心をひとつにするものは「人類の衣（the garb of humanity）」たる絹であったが、『茶の本』では「人類のカップ（the cup of humanity）」であった。

このような談話と『茶の本』との共通点から、岡倉が、西洋が東洋を理解するには「芸術の崇拝」を通して交わされる「共感しあう心の交流」がもっとも重要であると考えていたことがわかる。それは、岡倉が欧州視察旅行中に得た、美の共感を通して西洋と東洋は理解しあうことができる、という理想に基づくものであった。

岡倉は、彼女たちが東洋美術への共感を持つためには、作品の背景にある歴史や宗教、風俗習慣などを話すことが大事だが、さらに「東洋生活の理想を表す」芸術である「活け花や、茶を出すことによって共感可能な雰囲気の創出ができればもっと良いでしょう」と述べている。[175]

この発言によって想起されるのは、一九〇五年一月二一日にフェンウェイ・コートのガードナー邸において岡倉が催した茶会である。茶会は蝋燭の灯をともし、夕方五時から行われた。翌日ガードナー夫人がベレンソンに送った手紙には「いまだにあの素晴らしい茶の儀式『茶の湯』の情緒と花に満たされています」と記され、彼女が「茶の湯」に深い共感を覚えたことがわかる。[176]「共感可能な雰囲気の創出」がより効果的だという岡倉の考えは、ボストンでのこのような体験から導き出されたものであろう。そして、それがボストン美術館の茶室建築計画に通底していたのではないかと推察される。「芸術の崇拝」を通して、「共感しあう心の交流」が行われる場の創出が、岡倉の中国日本美術部経営の目的であり、着任以来の活動の主軸だったからだ。

『茶の本』が、茶道の背景にある東洋の文化、すなわち歴史・宗教・芸術・美意識・風俗習慣などを伝える役割を担うものだったとしたら、ボストン美術館の茶室は「活け花や、茶を出すことによって共感可能な雰囲気の創出」を担う場となったことであろう。茶室建築計画は、主人が茶を点て客が喫する実際の行為を通して、ボストンの人々が東洋の芸術に共感する場を創出し、カップの中で東洋と西洋の「心と心の交流」を可能にするものであったと言える。

2―3　アメリカ人の茶道体験

茶室建築計画が推進された背景には、ボストン美術館に関わる人々の茶道体験があったと考えられる。モースは日本で茶道を習ったことがあり、そのときのことを『日本その日その日』（一九一七）の中で、「私は茶の湯のこみ入った勉強を始め、日本人の組に加入した。先生の古筆氏は、私がこの芸術を習う最初の外国人だという。私が茶の湯を始めたという事実と、その時持ち出される陶器を素早く鑑定して茶の湯学校の爺さんたちを吃驚させたという記事とが、新聞に出た」と回想している。高嶺秀夫の正餐に招かれたとき、食後茶室で茶を点てたこともあったという。(177)

こうしたモースの茶道体験は、『日本のすまい・内と外』（一八八五）における茶室の説明からも窺うことができる。モースは、茶の湯の作法、茶道具、日本美術、特に陶芸への影響について言及し、茶室や水屋のスケッチを提示しながら、室内の特徴や道具の配置について紹介した。モースは、茶室の特徴を簡素さや道具類の素朴さに見出し、そこにピューリタンの清純で素朴な装飾との類似性を見出している。また、モースは茶の宗匠として唯一小堀遠州の名を挙げ、彼の作である南禅寺金地院八窓席を紹介した。[178]『日本のすまい・内と外』を読み、茶室に興味を持った者ならば、茶室の簡素さ、ピューリタン精神に似た清らかさ、代表的な茶室の空間や小堀遠州の名前などを心に留めたことであろう。

モースとともに来日したフェノロサやビゲロウも、茶道体験がある。一八八二年七月、モース、フェノロサ、ビゲロウは、骨董品を渉猟しながら陸路京都に向かう途中、名古屋で茶会に招かれた。モースは『日本その日その日』のなかで、このときの茶室の構造と大きさ、内部の装飾、作法の手順などを丹念に書き記し、彼自身の詳細なスケッチを添えて、茶会の様子を回想している。そして「如何にも真面目で厳粛なので、茶の湯を宗教上の儀式だと記述した筆者もいる。（中略）この部屋の簡単さと、絶対的な清潔さとは、顕著なものであった」と感想を書いた。[179]この「茶の湯を宗教上の儀式だと記述した筆者」とは、おそらく岡倉を指していると考えられる。

茶道に関する知識と体験を得たビゲロウは、一八八三年に来日したガードナー夫人を茶会に連れていった。このとき、彼女がどのような印象を持ったかは不明であるが、一九〇五年一月岡倉が催したフェンウェイ・コートの「茶の湯」に感銘を受けたことは確かである。この茶会の後、二月にボストンを離れ帰国の途についた岡倉は、ボストンに戻る直前の九月一一日、ガードナー夫人に茶道具一式を贈っている。

ヘンリー・アダムズは、一八八六年の来日前にワシントンで、アメリカ全権公使だった吉田清成（一八四五―一八九二）から茶道を紹介されていたという。[180]ラ・ファージと対照的にアダムズの日本文化批評は辛辣で、日本滞在の感想を「人形の国に住み、赤ん坊を演じている」と記したほどであるが、茶の湯だけは「人生で唯一厳粛な事実」で、「高貴なお茶を作る儀式」であり、アメリカにおける五時のハイ・ティーのようなものだと紹介している。[181]村形明子は、茶道のなかに儀式に通じる厳粛さと、アフタヌーン・ティーとの類似性を感じ取ったアダムズの慧眼を評価し、「骨董」と「涅槃」を求めて来日した彼は、「茶人」の生き方に活路を見出したのではないかと指摘する。[182]

一九〇二年、日本を再訪したビゲロウは徳川時代の銀器茶道具一式を購入し、ボストン美術館に送った。ビゲロウは茶道具を独立したケースに展示することを望んだが、コプリー・スクエアの美術館はスペース不足だったため、展示することができなかった。[183]ボストン美術館に茶室が建築された暁には、ビゲロウが茶道具を茶室に展示する可能性があったのである。

岡倉は茶の湯を"tea-ceremony"ではなく"Teaism"という造語を用いて論じたが、大久保喬樹は、そこから茶道が単なる儀式、儀礼にとどまらず道教"Taoism"や仏教"Buddhism"と同様の宗教的レベルに達するものであることを示そうとした岡倉の意図が窺えると述べた。[184]また木下長宏は、茶道の底に潜む哲理として、道教とそれを根底に置いた禅の思想を紹介する意図があったと指摘した。[185]

一方で、『茶の本』出版以前に、ボストン・ネットワークに属する人々が、茶の湯に西洋の喫茶文化との類似性、宗教的儀式に通じる厳かな精神性を見出していたことにも注目すべきであろう。世紀転換期のボストン、特にハーヴァード大学では美学に対する関心が高められ、チャールズ・エリオット・ノートンは、美の賞賛の程度を個人とその集合としての文明の尺度と見なし、美をほとんど宗教的な価値をもって取り扱った。[186]とすれば、崇拝の念を抱いて芸術を鑑賞する行為の神聖さを通して、芸術を宗教の域に高めた岡倉の主張は、ノートンらの芸術理念を後押しするものであったと言える。つまり、ボストンの知識人層は、茶の湯を宗教の域に到達した"Teaism"として紹介した『茶の本』を受容する土壌を持っていたのである。それゆえ、岡倉は「Teaism を東西両洋に共通する主義として規定」[187]することができたのであろう。『茶の本』は、二〇世紀初頭のボストン文化の動向を把握した上で、執筆されたテキストであったと言える。

ボストン美術館の茶室建築計画の背景には、このようなボストニアンの茶道経験や茶の湯への興味関心といった文化的土壌があった。ボストン美術館に茶室が建築されていたとしたら、そこはアメリカ人が茶道を経験する、あるいは雰囲気を味わう場となり、『茶の本』は茶の湯、すなわち岡倉の説く"Teaism"を理解するための手引書となったと考えられるのである。

3　東洋美術コレクションの発展

岡倉没後の美術館教育の方向性が示唆するように、岡倉の美術館行政の全体像を把握するには、彼の理念が後の美術館にどのような影響を与えたのか、という視点からの考察が必要である。また、一〇年間に及ぶボストン美術館での勤務経験が、岡倉自身の思想形成に及ぼした影響についても考察されてしかるべきであろう。そこで最後に、ボストン美術館において岡倉のもっとも主要な事業と位置づけられるコレクション事業を通して、彼が描いた中国日本美術部全体の将来像、東洋美術観の変容、没後における経営理念の継承について考察する。

3―1　中国日本美術部の展示活動

第二節で述べたように、一九〇五年二月二三日、岡倉は美術評議委員会において、中国日本美術コレクションの拡充とともに、その保存や修理に関しても従来の方法を改善することが必要だと考え、新たな方策を提言した。岡倉は、質、量だけでなく保存状態や管理体制においても万全のコレクションの構築を目指そうとしたのである。一般の参観者に東洋美術を理解してもらうためには、豊富な収蔵品を活用して、彼らに東洋美術をより深く学ぶ場を提供することが必要であった。岡倉は中国日本美術部が、東洋美術を発信する装置として企画展や講演会の開催、目録出版などの事業を行う必要性を館内で繰り返し発言し、美術館に働きかけた。

一九〇六年、前年に岡倉が購入した新収品を展示するため、貨幣展示に使用されていた部屋の模様替えが行われた。日本キャビネットと呼ばれる新設の中国日本美術部の展示室には、光を和らげるため障子を真似たものが設置され、日本の古い寺院の雰囲気に似た環境が整えられた。そこは単なる寺院の内装の復元ではなく、作品を適切に展示するため「威厳のある質素な雰囲気」を醸し出す目的で創出された空間であった(188)。そこで開催されたさまざまな企画展の紹介や関連論文が『年報』や『紀要』に掲載された。これらの会誌を通して、理事・評議委員・後援会・他部門スタッフ・定期購読者らに個々の展示内容の報告をすると同時に、東洋美術に関する知識の提供が行われた。

これらの記事に基づき、実際に行われたとされる展示活動の内容、時期、場所を特定し、美術史の観点から分析を行ったのが久世夏奈子である。久世によると中国日本美術部は、一九〇五年に日本絵画、勝川春章の役者絵、一九〇六年に日本・中国絵画・日本彫刻、日本絵画、日本・中国の工芸、日本美術の写真、歌麿の版画、宗達・光琳の屛風、一九〇七年に日本の鐔、チベットと北インドの仏画、一九〇八年に浮世絵版画、日本・中国の漆器、中国・日本の銅鏡、中国の古銅器、中国の石像、中国絵画、中国の銅器・玉器・陶器、一九一〇年に応挙と四条派、日本の型版、日本絵画、一九一一年に中国の鐘・石像・陶俑、フェノロサおよびビゲロウ・コレクション、日本の装束、一九一二年に狩野永徳・山楽・山雪、唐代の大理石菩薩坐像、中国絵画・銅器・玉器、一九一三年に中国の玉、日本の鐔をテーマに展示活動を行った。一九〇六年、日本キャビネットに展示された日本・中国絵画・日本彫刻について、久世は、岡倉が「*The Ideals of the East* で展開した時代区分や歴史認識」に基づいて説明し、「自ら購入した作品を、自ら設えた物理的空間（展示室）で、自らの歴史的文脈において提示した」と指摘している(189)。

一九〇九年五月、ボストン美術館は旧館を閉館し、一一月一五日に新館をオープンした。カーティスと新納が中心になって創出した新館の中国日本美術部の展示空間は、中国室二室、日本室四室、仏像室が設けられ、参観の動線が中国美術、仏教美術、日本美術と展開することによって、日本美術がその源泉である中国美術から発展していった流れを示すものであった。だが中国美術新収品が増加するに従って、中国室の展示スペースに不足が生じ、一九一一年頃から中国室二室、日本室四室の枠組みは崩れていく。(190) 展示の枠組みが順守されなくなった背景には、この時期、中国日本美術部内の人間関係が深刻な状況に陥っていたため、それが展示活動に支障を及ぼしていたことも考えられる。

このように、中国日本美術部が実際に行った展示活動を見る限りでは、展示空間に陳列された美術品は日本美術品と中国美術品に集中している。だが、岡倉が構築しようとしたコレクションのヴィジョンは、日本や中国美術品の補充にとどまるものではなかった。

3―2　東洋美術観の変容と経営のヴィジョン

一九〇八年四月二九日、岡倉は欧州経由で帰国するためボストンを出発、欧州へ向かう船上で、中国日本美術部の現状と将来について評議委員会に提出する文書を認めた。そのなかで中国日本美術部は、日本や中国を越えて「東洋の芸術文化全体（the whole range of Eastern artistic culture）」を対象にする部門となることが望ましいと記した。(191) 岡倉がアジアの広い地域の美術を射程に入れて、コレクションを構築しようとしていたことがわかる。

岡倉はあわせてインド、中国、日本の美術における発展の概略を図示して説明を試みた（図12）。その図は、『東洋の理想』で描いた日本美術におけるインドや中国美術との関連性だけにとどまらず、インドおよび中国美術におけるペルシャ美術、ガンダーラ美術、トルキスタン美術などの関連性や、仏教、イスラム教、ヒンドゥー教との緊密な関係、およびチベット、ネパール、シャムなど諸地域への影響を表す複雑な相関図であった。小泉晋弥は、この図を「一本の線のように見える『日本美術』が、アジア全体の美術を成す網の一つの縦糸であるこ

図12　岡倉の東洋美術観（1908年）

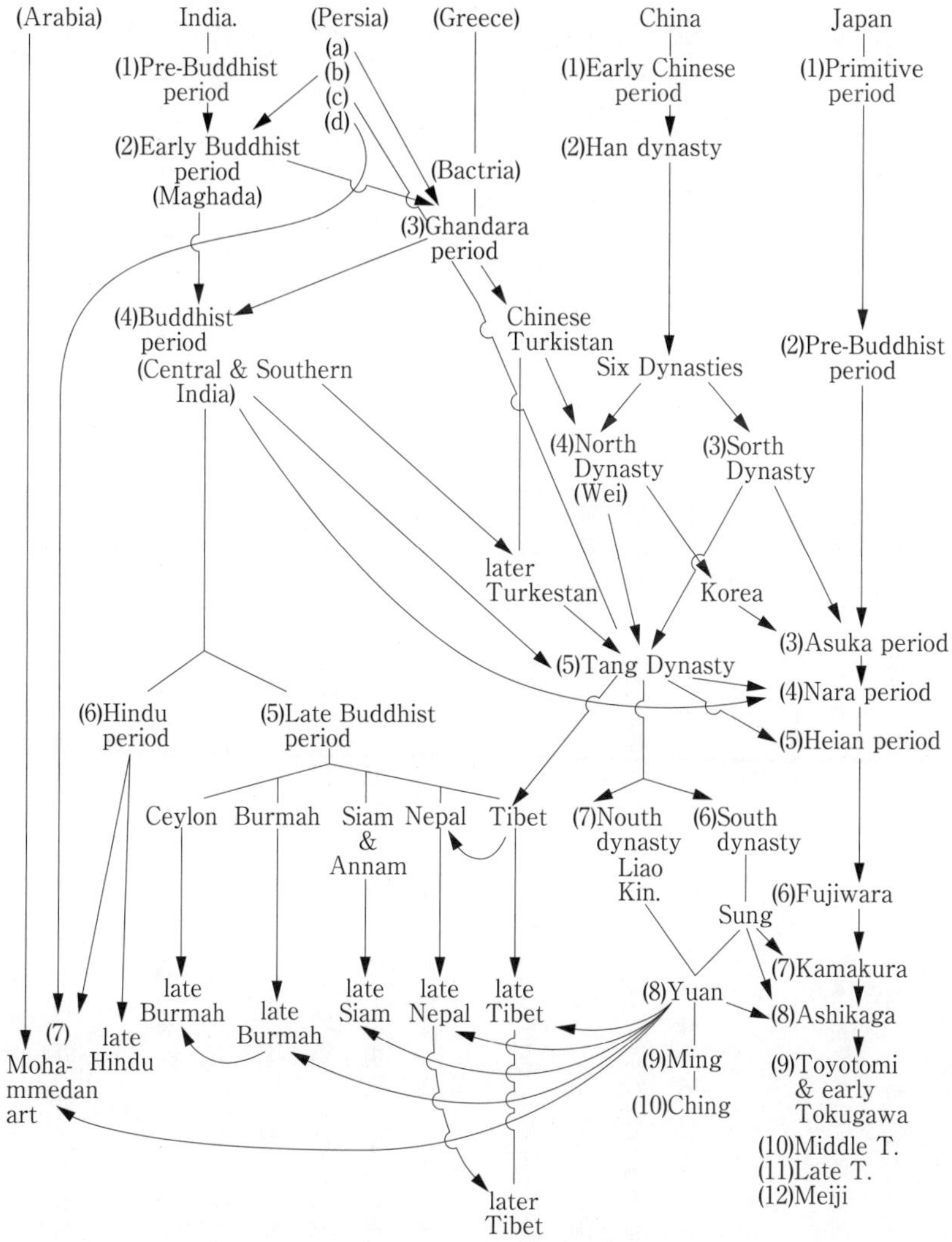

出典：Okakura-Kakuzo, "To the Committee of the Museum"（9 May 1908）. ボストン美術館所蔵のタイプ稿（著者実見）と、『全集』第2巻の掲載図（252頁）と、*CEW* 3の掲載図（p. 372）とでは、相違が散見される。この図は、タイプ稿と自筆草稿との異同を校訂した『全集』第2巻掲載図を転載し、語句の綴りを訂正したものである。

とを具体的に表し、空間性が重要なポストモダニズムのチャート」だと評価する。[192] この図から、「『東洋の理想』は大雑把で不十分なものである」（一九〇八）という岡倉の言は決して謙遜ではなく、彼の東洋美術観が『東洋の理想』以降も変容し、発展していたことの証左と捉えるべきであろう。[193]

たとえば『東洋の理想』において、元朝は宋代文化を破壊した征服者として、『茶の本』においては、茶の精神を衰退させた原因として位置づけられている。だがこの報告書では、元朝の美術は東洋の全地域に中国美術様式を普及させてチベット、シャム、ビルマなどに影響を与え、征服した国々の宗教を採用したことで、ヒンドゥー教やイスラム教美術とも関連性を持ちえたものとして紹介されている。『東洋の理想』で日本美術を主軸に中国、インド美術との関連性を見出した岡倉の視点は、ボストン美術館で東洋美術史を視覚化する試みの過程で、東洋全体を俯瞰して、日本以外の諸地域の美術における影響関係や、西洋美術と東洋美術との相互関連性をも見出すことのできるマクロ的な視点へと移行していったのである。

このような東洋美術観を背景に、岡倉は中国、日本美術コレクションにおいて補充すべき課題を把握していた。岡倉は評議委員会宛ての報告書に、美術館の欠点としてインド美術コレクションの貧弱さを指摘し、欧州へ出発する前アーサー・フェアバンクスに、帰国途中に満州と韓国で美術品を購入する際の資金額を尋ねた。[194] さらに、途中の奉天から評議委員会委員長のエドワード・J・ホームズに書簡を送り、サウス・ケンジントン博物館で展示中のインド菩薩像胴部を購入するよう依頼している。[195] 機会あるごとにインドやほかの東洋美術品を収集し、中国日本美術部コレクションを拡大させようとする岡倉の意欲が窺える。

一九一〇年一一月一六日、岡倉は美術館総裁ガーディナー・M・レーンに、部の名称変更の必要性も視野に入れて、中国日本美術部にインド仏教美術部門の設置を要望した。[196] 翌一九一一年一月二五日、岡倉は手紙でアーナンダ・K・クーマラスワーミー（Ananda Kentish Coomaraswamy, 1877–1947）に面会を申し入れた。[197] クーマラスワーミーはロンドン大学卒業後、セイロン鉱物学研究所長に就任、国民教育運動に関わり、一九〇八年『インド美術の目的』を著した人物である。稲賀繁美によると、この著書でクーマラスワーミーはインド美術には統一性があり、インド思想の統合も一つであると説いたが、そこには岡倉が『東洋の理想』で述べたアドヴァティズム（不二一元論）の言葉が響いているという。(198) 岡倉の面会申し入れは、クーマラスワーミーの著書に感銘を受けたことが大きいが、インド美術部門設置を念頭に彼に働きかけようとしていたことが推察できる。

一九一二年八月一四日、岡倉はインド美術品購入の計画立案と、インド美術部門設置の可能性を判断する目的で渡印した。(199) このときインドで女流詩人バネルジー夫人と出会い、岡倉は死ぬ直前まで彼女と手紙を交わすこととなる。岡倉はカルカッタでタゴール家の客となり、一九〇三年の渡印で出会ったベンガルの画家ガガネンドラナート・タゴール（Gaganendranath Tagore, 1867–1938）らと再会した。

この後、岡倉にインド美術品収集の協力を依頼されたガガネンドラナートからの成果が、ボストン美術館に届くようになる。一九一三年にガガネンドラナートはインドのカーングラ派の絵画を送ったが、それらが満足できる水準に達していなかったため、岡倉は倍額を出しても良品を求めるようにと指示を出した。レーンからインド絵画の購入資金として千ドルの前払いを受け、岡倉はインド美術部門設置に向けて準備を進めていった。(200) 岡倉が中国日本美術部をさらなる東洋文化発信の拠点に発展させようとしていたことが、美術館教育だけでなく、コレクション形成の過程にも明確に顕れている。だが、その実現を見ることなく岡倉は病に倒れてしまう。ボストン美術館にアメリカ初のインド美術部門（Section of Indian Art）が設置されたのは、岡倉の死から四年後、一九一七年のことであった。その初代管理者となったのはクーマラスワーミーであった。

岡倉没後も中国日本美術部は教育プログラムを提供していたが、日本文化や中国美術に関する内容が主だった。形成途上のインド美術コレクションを用いて、参観者に解説できる人材が不在だったからである。クーマラスワーミーは着任後、大広間から中国仏像展示室へと通じる廊下にインド回廊を新設し、そこにムガール絵画、ラージプート絵画、インド仏像などを展示した[201]。そして一九一八年一月三一日に「インド仏教美術」、二月七日と一四日に「一四五〇年以後のインド絵画」というカンフェレンスを行った[202]。このとき、インド美術コレクションと参観者は「橋渡し役」によって結びつき、中国日本美術部は「東洋の芸術文化全体」を発信する部門に近づいたのである。

クーマラスワーミーは、一九一七年度の『年報』において「現在美術館は、首尾一貫した統一体——岡倉氏が常々主張していた意味での統一——として東洋美術を論理的に説明するための材料を所有している」と述べた[203]。この言葉は、岡倉の去った後もボストン美術館において彼の理念が継承され、実践されていったことを表しているといえよう。

おわりに

ボストン美術館は、ボストン・アセニウムを前身として、美術品の収集・保存・展示、および美術教育の提供を目的に一八七〇年に設立され、ボストン・ブラーミンを中心に地域の文化拠点として発展を遂げた。美術館はお雇い外国人や旅行客の委託や寄贈によって、大量の日本美術コレクションを集積したが、それらをきちんと保存し発展させる適任者に恵まれなかった。また新美術館の展示方法をめぐって館内職員の対立が顕在化していた。これが、岡倉が来館した頃の美術館の状況であった。

岡倉は一九〇四年三月二五日からボストン美術館での勤務を開始する。当初はコレクション調査が主目的だった岡倉が、コレクションの拡充を目指すようになったのは、アメリカ（ボストン）を「東洋と西洋の中間の家」と位置づけ、そこに優秀な中国日本美術コレクションを形成することは「東洋と西洋がお互いをより良く理解しあう」ために役立つと考えたからであった。この考えが岡倉の中国日本美術部経営の理念となった。岡倉は優れた中国日本美術コレクションの形成はボストン美術館へも利益をもたらすものであると主張し、美術館に目的を共有させることに成功した。最良のコレクションを持つことは、ボストン美術館が最高水準にあることを意味するからである。

岡倉は理念実現のために、館内の人間関係を見極めながら、確実に地歩を固めていった。中国日本美術部の実質上の責任者となった後は、ボストン美術館を拠点に欧州の美術館へと人脈を拡げ、人的ネットワークを活用して得た情報をマネジメントにフィードバックさせていった。

中国日本美術部を東洋美術発信拠点として発展させるために、岡倉はまず美術館に働きかけて予算を獲得し、それを資金に良質なコレクションを収集し、そのコレクションを展示して刊行物で紹介するとともに、教育プログラムを通して参観者の東洋美術への理解を促進していった。岡倉はこれらの事業推進のために、美術品と参観者の「橋渡し役」となるべき人材を調達し、育成するとともに、コレクションの修復保存や現地での美術品収集にあたる日本人を適所に配置していった。岡倉を仲介にボストン美術館と日本とを結ぶネットワークが形成され、それは日本とボストンの双方向の交流によって強化された。中国日本美術部の多様な事業は、日米の人的資源を結集したことによってはじめて成し得たのである。

多岐にわたる事業の中には、茶室建築計画のように経営方針転換のため、計画段階で終わってしまったものもある。茶室の建築は、美術館における談話や『茶の本』との共通点から、茶道を通して「共感しあう心の交流」を可能にする場の創出が目的であったと推察される。

中国日本美術部の展示の実践は、日本および中国美術を中心にしたものであったが、岡倉は同部を「東洋の芸術文化全体」を対象とする部門として位置づけ、その目標に向かってコレクション発展を図っていった。岡倉は日本美術収蔵品の目録作成から開始し、日本美術、中国美術、インド美術の収集と段階を踏んでコレクションを発展させ、中国日本美術部を東洋美術発信装置として構築していったのである。

一九一三年九月二日、美術館に「東洋の芸術文化全体」を対象とする部を構築するという志を遂げぬまま、岡倉は病に倒れてしまう。しかし、彼の理念は美術館や中国日本美術部のスタッフに継承されていき、美術館教育の発展や、インド美術部門設置という形で実現されていったのである。

本章では、ボストン美術館における岡倉の中国日本美術部経営について、多様な事例を例証として、岡倉がボストン美術館を、東洋美術品を通して「東洋と西洋がお互いをより良く理解しあう」「西洋と東洋の中間の家」にすることを目的に、中国日本美術部をその中核として位置づけ、資源の集中集約を図りながら東洋美術発信装置に形成していったことを明らかにした。従来の研究では取り上げられてこなかった個々のスタッフの役割、教育プログラムの実践、茶室建築計画と『茶の本』の関係という視座からのアプローチを試みた。その結果、岡倉の美術館行政の全体像を把握するには、彼が遂行した事業だけでなく頓挫や失敗した事業にも視野を広げ、彼の経営の弱点や方向転換を考察することが必要であり、彼の経営理念と将来のヴィジョンが美術館に与えた影響や、彼の没後にどのような形で継承されたのか、という視点からの考察も重要なことを浮き彫りにしたと考える。

（1）ボストン・アセニウムからボストン美術館開館までの経緯を概観するにあたって、主にWalter Muir Whitehill, *Museum of Fine Arts, Boston : A Centennial History* vol.1（Cambridge : The Belknap Press of Harvard University Press, 1970, pp. 1-41）を参照した。

（2）園田英弘「ニューイングランドにおけるモースの知的環境」（守屋毅編『共同研究モースと日本』小学館、一九八八年）、四五二頁。

（3）Whitehill, *Museum of Fine Arts, Boston : A Centennial History*vol.1, pp. 5-6.

（4） Michael Conforti, "The Idealist Enterprise and the Applied Arts", Malcolm Baker and Brenda Richardson eds., *A Grand Design : The Art of the Victoria and Albert Museum*, New York : Harry N. Abrams, the Baltimore Museum of Art, 1997, p. 23.

（5） アン・ニシムラ・モース「正当性の提唱――岡倉覚三とボストン美術館日本コレクション」（『岡倉覚三とボストン美術館　図録』、名古屋ボストン美術館、一九九九年）、一三八頁。

（6） 堀田謹吾『名品流転――ボストン美術館の「日本」』（日本放送出版協会、二〇〇一年）、四七頁。

（7） Whitehill, *Museum of Fine Arts, Boston : A Centennial History* vol.1, p.109.

（8） 村形明子「ビゲロウ、フェノロサ、岡倉――ボストン美術館日本部の形成と発展（1）創設まで」（『Museum』第三八四号、東京国立博物館、一九八三年）、一四・二二―二三頁。

（9） 岸田勉「ボストン美術館蒐集の日本絵画調査報告（その一）――室町時代の作品について」（『研究論文集』第一三集、佐賀大学教育学部、一九六五年）、八六頁。

（10） Whitehill, *Museum of Fine Arts, Boston : A Centennial History* vol.1, p. 116.

（11） 山脇佐江子「フェノロサ、天心とボストン美術館」（『LOTUS』第二四号、日本フェノロサ学会、二〇〇四年）、二一―二三頁。

（12） 従来の研究ではキュレイターを「部長」と訳す場合が多いが、当時ボストン美術館の全美術部にキュレイターがいたわけではなかった。そのため「部長」と訳すことの妥当性について検討する余地があると考え、本書では「キュレイター」と記す。

（13） 村形明子「ボストン美術館アジア・オセアニア・アフリカ部蔵W・S・ビゲロウ関係書簡――岡倉覚三との関わりを中心に」（『LOTUS』第二六号、日本フェノロサ学会、二〇〇六年）、一〇―一一頁。

（14） "Memorandum"（11 Apr. 1904）, *CEW* 3, p. 351.

（15） 石橋智慧「天心のボストン入り」（『全集』月報七、平凡社、一九八一年、六―八頁）及び「天心とボストン美術館」（『日本美術院百年史』第三巻上巻、財団法人日本美術院、一九九二年、四二五―四二七頁）。石橋はこの書簡から、岡倉のボストン入りに「ビゲロウの果した役割は、従来考えられてきたほど積極的なものではないことが判明した」とし、ビゲロウが書簡で岡倉を東京美術学校校長と紹介し、「奇妙な男（a queer duck）」と評したことについて、「何故このような形で紹介したのか、ビゲロウの真意ははかりかねる」と述べている。

(16) W. S. Bigelow, Letter to J. T. Coolidge, 16 Mar. 1904. 二つ折りのカード、封筒入り。ボストン美術館所蔵。著者実見。

(17) 村形注（13）前掲論文、九—一四頁。村形は、一九〇三年一月一七日、ビゲロウが日本から欧州へ向かう途中でボストン美術館館長に宛てた書簡に、日本人キュレイター候補として高嶺秀夫を挙げていることから、当時ビゲロウが日本人キュレイターを迎えようと考えていたことを指摘した。また、ビゲロウの浮世絵コレクションを考えると、浮世絵収集家であった高嶺を招聘しようとした意図が窺えると述べている。

(18) 原題なし。“April 14, 1904.” で始まるタイプ用紙一枚のタイプ稿。ボストン美術館所蔵。著者実見。

(19) 村形注（13）前掲論文、一一頁。

(20) I. S. Gardner, Letter to B. Berenson, 12 May 1904. Rollin Van N. Hadley ed., *The Letters of Bernard Berenson and Isabella Stewart Gardner, 1887–1924*, Boston : Northeastern University Press, 1987, p. 335.

(21) “Memorandum”, *CEW* 3, p. 351.

(22) “Conversation with Mr. Okakura”（27 Nov. 1904）, *CEW* 3, p. 352. 原資料のタイトルは“Minutes of Conversation with Mr. Okakura”.ボストン美術館所蔵。著者実見。

(23) Paul Chalfin, *Japanese Wood Carvings : Architectural and Decorative Fragments from Temples and Palaces*, Museum of Fine Arts, Boston, 1903.

(24) Paul Chalfin, “Report of the Curator of the Chinese and Japanese Department”, *Annual Report*（1903）, pp. 84–92.

(25) “Conversation with Mr. Okakura”, *CEW* 3, p. 352.

(26) Ibid., p. 352.

(27) “February 20, 1905.” で始まるタイプ稿。題名なし。タイプ稿一枚。ボストン美術館所蔵。著者実見。“Conversation between Mr. Warren, Mr. Prichard and Mr. Okakura”（*CEW* 3, p. 357）に収録。

(28) “Memorandum of Okakura's conversation with E.R.”（13 Feb. 1905）, *CEW* 3, p. 355.

(29) Okakura, “Japanese and Chinese Paintings in the Museum”, *CEW* 2, Heibonsha, 1984, pp. 86–87.

（30）“Notes of Address Delivered by Mr. Okakura to the Committee on the Museum”（23 Feb. 1905）, *CEW* 3, p. 360.

（31）“Minutes of Conversation with Mr. Okakura”, *CEW* 3, pp. 353–354.

（32）“Memorandum of Okakura's Conversation with E. R.”, “Notes of Address Delivered by Mr. Okakura to the Committee on the Museum” *CEW* 3, pp. 354–361.

（33）“Notes of Address Delivered by Mr. Okakura to the Committee on the Museum” p. 357.

（34）“Discussion by the Committee on the Museum of the question of the employment of Okakura-Kakuzo in Japan”（23 Feb. 1905）タイプ稿。タイプ用紙二枚（一枚は表紙）。訳「岡倉覚三氏の雇用について」『全集』第二巻、五二二—五二三頁。“Memorandum of agreement between the Museum of Fine Arts, Boston, and Mr. Okakura-Kakuzo”（24 Feb. 1905）タイプ稿。タイプ用紙二枚。訳「ボストン美術館と岡倉覚三氏の間の合意書」『全集』第二巻、五二三－五二四頁。いずれもボストン美術館所蔵。著者実見。

（35）“Minutes of Conversation with Mr. Okakura”, *CEW* 3, p. 354.

（36）“Mr. Okakura catalogued 3642 paintings” で始まるタイプ稿。ボストン美術館所蔵。著者実見。訳「絵画目録分類作業」『全集』第二巻、五二一頁。

（37）“Notes of Address Delivered by Mr. Okakura to the Committee on the Museum”, *CEW* 3, p. 359.

（38）M. S. Prichard, “Current Theories of the Arrangement of Museums of Art and their Application to the Museum of Fine Art,” *Museum of Fine Arts Boston*, privately printed, The Committee on the Museum Boston, 1904, pp. 6–16.

（39）M. S. Prichard, “Letter from the Assistant Director（November 1, 1904）” *Museum of Fine Arts, Boston*, privately printed, The Committee on the Museum Boston, 1904, pp. 22–38. ボストン美術館図書館所蔵。岡倉も講演の際には写真が役立つと考え、写真コレクションの形成について同意を得ている（“Conversation between Mr. Warren, Mr. Prichard and Mr. Okakura”, *CEW* 3, p. 356）。

（40）M. S. Prichard, Letter to I. S. Gardner. 3 November 1904.Walter Muir Whitehill, *Museum of Fine Arts Boston : A Centennial History*, Cambridge : The Belknap Press of Harvard University Press, 1970, p. 203.

（41）モース注（5）前掲論文、一四二頁。

(42) 同右、一三九頁。

(43) Whitehill, *Museum of Fine Arts Boston : A Centennial History* vol. 1, p. 181, p. 189.

(44) Ibid., pp. 176-177. 岡倉とプリチャードの出会いは、岡倉が初めてボストン美術館を訪れた一九〇四年三月二三日である。

(45) "February 20, 1905."(“Conversation between Mr. Warren, Mr. Prichard and Mr. Okakura”に収録)*CEW* 3, p. 356-357.プリチャードは六角と岡部の様子を伝える手紙を岡倉に送っている(M. S. Prichard, Letter to Okakura, 27 Mar. 1905.タイプ用紙二枚。ボストン美術館所蔵。著者実見。訳『全集』別巻、平凡社、一九八〇年、二〇五頁)。

(46) M. S. Prichard, Letter to Okakura, 16 June 1906.タイプ用紙、ボストン美術館所蔵。著者実見。訳『全集』別巻、二一〇頁。岡倉はこの申し出を受けられないことをガードナー夫人に伝え、プリチャードへの伝言を依頼している。岡倉はボストン美術館美術品蒐集のため清に向け出発するところであった。(Okakura, Letter to I. S. Gardner, 10 Oct. 1906, *CEW* 3, p. 78)。

(47) 堀岡弥寿子『岡倉天心考』(吉川弘文館、一九八二年)、二一三—二二一頁。

(48) 村形注(13)前掲論文、一一—一二頁。

(49) "Conversation between Mr. Warren, Mr. Prichard and Mr. Okakura", *CEW* 3, p. 356.

(50) "Discussion by the Committee on the Museum of the question of the employment of Okakura- Kakuzo".

(51) 村形明子『アーネスト・F・フェノロサ文書集成——翻訳・翻刻と研究(下)』(京都大学学術出版会、二〇〇一年)、四一五頁。

(52) "Report of the Associate of the Department of Chinese and Japanese Art." (31 Dec. 1906) タイプ稿。ボストン美術館所蔵。著者実見。一部が訳されている(「研究員の報告書より(抄)」『全集』第二巻、五二四頁)。

(53) "Okakura Kakuzo, Statement to the Committee on the Museum" (2 Nov. 1905), *CEW* 3, p.362.

(54) 石橋注(15)前掲論文「天心とボストン美術館」、四二四頁。

(55) Okakura, Letter, to B. I. Gilman, 17 Jan. 1906, *CEW* 3, p. 69.

(56) J. R. Coolidge, Letter to Okakura, 24 Aug. 1906.ボストン美術館所蔵。洋便箋一枚。タイプ稿。サインのみ自筆。著者

実見。文中の"Mr. Freer"はCharles Lang Freer（1854-1919）のこと。訳『全集』別巻、二一〇—二一一頁。

(57) G. Migeon, Letter to J. R. Coolidge, 25 Aug. 1906. ボストン美術館所蔵。洋便箋一枚。タイプ稿。上部に"COPY TRANSLATION."とある。著者実見。

(58) J. R. Coolidge, Letter to Okakura, 24 Aug. 1906. ボストン美術館所蔵。洋便箋一枚。タイプ稿。サインのみ自筆。著者実見。

(59) Gaston Migeon, *Au Japon : promenades aux sanctuaires de l'art*, Paris : Librairie Hachette & Cie, 1908, p. 10. 稲賀繁美「日本美術像の変遷——印象主義日本観から『東洋美学』論争まで」（『環』第六号、藤原書店、二〇〇一年）、二〇一頁。

(60) 桑原節子「ドイツ——ユーゲントシュティールのグラフィックと工芸」（『ジャポニスム入門』、思文閣出版、二〇〇〇年）、一三七頁。

(61) J. R. Coolidge, Letter to Okakura, 14 Dec .1906. ボストン美術館所蔵。洋便箋一枚。タイプ稿。サインのみ自筆。著者実見。

(62) Okakura, Letter to A. Fairbanks, 8 Apr. 1908, *CEW* 3, p. 89. 一九〇八年の欧州旅行については、岡倉「欧州旅行日誌（明治四一年）」（『全集』第五巻、三八九—四四八頁）を参照した。

(63) 岡倉「日本趣味と外国人」『全集』第三巻、三二五頁。

(64) ただし"See Kümmel..."の文を含む数行は他人の筆跡だという編者の注記がある（『全集』第五巻、四二八頁）。

(65) 藤原貞朗「東洋美術史学の起源における歴史観・文化的価値観・分析方法をめぐる日本と欧米の競合について」（総合的検討）」（『人文学科論集』第四五号、茨城大学人文学部、二〇〇六年）、一—三頁。

(66) Okakura, Letter to E. J. Homes,1 July 1908, *CEW* 3, pp. 94-97.

(67) A. Fairbanks, "Report of the Director", *Annual Report* (1911), p. 72.

(68) "The Staff of the Museum"（一九一一年度）、*Annual Report* (1910), p. 12.

(69) 『全集』第六巻（平凡社、一九八〇年、四三三頁）によるとカーティスはジョン・L・ガードナーのいとこ、堀岡弥寿子『岡倉天心考』（吉川弘文館、一九八二年、二〇六頁）によると、またいとことある。

(70) 石橋智慧「天心とボストン美術館」（『日本美術院百年史』第三巻上、日本美術院、一九九二年）、四二六頁。岡倉は二回目のボストン滞在時もカーティス宅に宿泊したとされる（日本美術院編『日本美術院百年史』第三巻下、一九九二年、一一八頁）が、堀岡弥寿子によると、岡倉が滞在したのはカーティスの両親宅だという（前掲書、二〇六頁）。

(71) "Division of Duties in the Department of Chinese and Japanese Art." (1 Dec. 1910) タイプ稿、タイプ用紙二枚。ボストン美術館所蔵。著者実見。訳「中国日本美術部の職務分担」（『全集』第二巻、五三五頁）。

(72) F. G. Curtis, "Report of the Department of Chinese and Japanese Art", *Annual Report* (1906), p. 63. アン・ニシムラ・モース注（5）前掲論文、一四二頁。

(73) "Notes", *Museum of Fine Arts Bulletin* 4, 1906, p. 10.

(74) "Department of Chinese and Japanese Art", *Museum of Fine Arts Bulletin* 7, 1909, p. 56.

(75) 久世夏奈子「岡倉覚三とボストン美術館」（『美術史』第一五九号、美術史学会、二〇〇五年）、八頁。

(76) モース注（5）前掲論文、一四二頁。モースは、カーティスがこのような展示を行ったのは、『東洋の理想』に描かれた日本美術史の流れを作品で例証したいという彼自身の想いの表れであると述べた。

(77) *Annual Report* (1915), p. 20. *Annual Report* (1917), p.17.《九竜図》は紙本墨画一巻、『ボストン美術館東洋美術名品集』（日本放送出版協会、一九九一年、一五八頁）によると、この作品には中国道教への思いが表現されているという。

(78) "Okakura Kaku. Memorandum of the work to be dune in Japanese Department, Read to the Committee on the Museum", *CEW* 3, p. 364.

(79) "Division of Duties in the Department of Chinese and Japanese Art."

(80) "The Method of Preparing the Working Catalogue and Arranging the Paintings for Installation in the New Storage." (17 Dec. 1910)。タイプ稿、タイプ用紙二枚。ボストン美術館所蔵。著者実見。訳「絵画の登録・目録作成の方法」（『全集』第二巻、五三六—五三七頁）。

(81) *Annual Report* (1908), p. 42, pp. 66–67.

(82) Okakura-Kakuzo and F. S. K, "Chinese and Japanese Mirrors", *Museum of Fine Arts Bulletin* 6, 1908, pp. 10–14. *CEW*

2,pp. 109–119.

（83）Okakura, Letter to F. S. Kershaw, 9 May 1908. *CEW* 3, p. 91.

（84）F. S. Kershaw, “Department of Chinese and Japanese Art”, *Annual Report*（1910）, p. 68.

（85）“Division of Duties in the Department of Chinese and Japanese Art.”

（86）F. S. Kershaw, “Department of Chinese and Japanese Art”, *Annual Report*（1911）, p. 99.

（87）F. S. Kershaw, Letter to Okakura-Sensei, January,（1911）. ボストン美術館所蔵。著者実見。

（88）F. S. Kershaw, Letter to the Curator of the Department, 13 Jan. 1913.ボストン美術館所蔵。著者実見。

（89）富田宛岡倉書簡（一九一〇年一一月二二日、『全集』第七巻）、三九頁。

（90）富田宛岡倉書簡（一九一一年二月一〇日、一九一三年五月七日、『全集』第七巻）、五七・二三五頁。

（91）緒方廣之「富田幸次郎先生を偲んで」（『茨城大学五浦美術文化研究所報』第六号、茨城大学五浦美術文化研究所、一九七七年）、二八頁。富田には中国美術に関する複数の著述がある（*Portfolio of Chinese Paintings in the Museum : Han to Sung periods*（Museum of Fine Arts, Boston, 1933）, *Yuan to Ching periods*（Museum of Fine Arts, Boston, 1961, etc.）。

（92）F. S. Kershaw, “Department of Chinese and Japanese Art”, *Annual Report*（1911）, p. 99,（1912）, p. 92.

（93）Okakura, Letter to A. Fairbanks, 25 February 1913, *CEW* 3, pp. 180–181.

（94）F. S. Kershaw, “Department of Chinese and Japanese Art”, *Annual Report*（1909）, p. 58.ウォーナーについては吉田守男『京都に原爆を投下せよ――ウォーナー伝説の真実』（角川書店、一九九五年）、村形明子「フェノロサ・岡倉・ウォーナー」（『アーネスト・F・フェノロサ文書集成――翻刻・翻訳と研究（下）』（京都大学学術出版会、二〇〇一年、三九八―四二六頁）、岡倉登志「岡倉天心とボストン・ブラーミンズ（2）ラングドン＝ウォーナー」（『東洋研究』一五二、大東文化大学東洋研究所、二〇〇四年、四五―六六頁）ほか多数の研究がある。

（95）J. R. Coolidge, Letter to Okakura, 8 June 1906.タイプ稿、サイン自筆、タイプ用紙一枚。ボストン美術館所蔵。著者実見。訳『全集』別巻、二〇七―二〇九頁。

（96）Okakura, Letter, to J. R. Coolidge, 3 July 1906, *CEW* 3, p. 73.

(97) Okakura, Letter, to J. R. Coolidge, 7 Aug. 1906, *CEW* 3, p. 76.

(98) F. S. Kershaw, "Department of Chinese and Japanese Art", *Annual Report* (1910), p. 68, (1911), p. 99. 美術館を去ったウォーナーは、一九二三～二四年にハーヴァード大学の第一次フォッグ探検隊として敦煌に赴き、莫高窟の石窟から壁画を剝がしてアメリカに持ち帰った。このウォーナーの略奪行為の源流には、日本における岡倉の教育があったと非難された（茂木雅博「岡倉天心とウォーナー」『博古研究』第二一号、博古研究会、二〇〇一年）。これに対し小泉晋弥は、岡倉が一九〇九年一〇月一一日、龍門石窟踏査調査計画をカーネギー財団に申請したことをウォーナーの父親に報告する手紙で、調査方法を「叙述、写真、石膏型」としていることに注目し、岡倉は剝ぎ取りなどは想定していなかったと論じた（「岡倉天心と文化財保存一　ウォーナー像の変化」「岡倉天心と文化財保存二　中国美術コレクションと天心」『アート・トップ』第二〇二～二〇三号、芸術新聞社、二〇〇五年）。

(99) E. Robinson, "Report of the Director of the Museum", *Annual Report* (1904), p. 37.

(100) F. G. Curtis, "Report of the Associate of the Department of Chinese and Japanese Art", *Annual Report* (1907), p. 55. 富田幸次郎宛岡倉書簡（一九一〇年一一月二二日、『全集』第七巻）、三九頁。

(101) 新納の著述と関連文献については『新納忠之介五十回忌記念　仏像修理五十年』（財団法人美術院、二〇〇三年）を参照されたい。早崎についてはJan　Fontein、新野岩男訳「岡倉覚三、早崎稉吉と洛陽白馬寺」（『仏教芸術』第九〇号、毎日新聞社、一九七三年、三―七頁）、白川一郎「竜門石仏を発見した一日本人――岡倉天心の中国探題として中国美術を世界に齎らした早崎天真」（『芸術新潮』第一〇巻七号、新潮社、一九五九年、二八四―二九四頁）などの研究がある。

(102) 中川は岡倉没後の一九一五年ボストン美術館中国・日本絵画コレクションの調査研究を行い、『仏教芸術の研究』（共編、金港堂書籍、一九一四年）、『雲崗石窟』（文求堂書店、一九二一年）などを編纂した。長尾は『中国書画話』（筑摩書房、一九六五年）を著し、樽本照雄「長尾雨山と上海文芸界」（『書論』第三五号、書論研究会、二〇〇六年、一九二―一九九頁）、松村茂樹「『漱石全集』の装幀から――漱石と呉昌碩そして長尾雨山」（『漱石研究』第九号、一九九七年、翰林書房、一五七―一六九頁）などの研究がある。

(103) 久世注（75）前掲論文、四頁。

（104）村野夏生は、ボストン滞在中の六角がどのような仕事をしたのかは記録を欠くのでほとんど判っていないと述べる。広島美術館学芸員倉橋清方が製作した年譜でもボストン滞在期間は空白になっているという（『漆の精　六角紫水伝』構想社、一九九四年、一五四頁）。六角紫水の『外遊に就て之一部分』（六角鬼丈氏所蔵）は、六角と岡部のボストンでの生活や現地での交流が窺える貴重な資料である。そこには、依嘱されてガードナー邸のピアノに蒔絵を施す六角の写真も収められている。

（105）F. G. Curtis, "Report of the Associate of the Department of Chinese and Japanese Art", *Annual Report*（1906）, pp. 62–65.

（106）"Notes", "Exhibitions", *Museum of Fine Arts Bulletin* 5, 1907, p. 7, p. 12. 鐔の歴史、金工師とその流派などについて紹介されたカタログの値段は八〇セント（館内での購入は七五セント）であった。

（107）F. G. Curtis, *Annual Report*（1907）, p. 55.

（108）Okakura, Letter to J. R. Coolidge, 7 Aug. 1906, *CEW* 3, p. 76. 一九一〇年秋には、岡倉は田村ら数人の日本人とボストン郊外ブルックラインに日本式の家を作って住んでいた（中川忠順宛岡倉書簡、一九一〇年一〇月二七日。『全集』第七巻、三〇頁）。

（109）富田幸次郎宛岡倉書簡、一九一〇年一一月二二日。『全集』第七巻、三九頁。一九一三年五月、岡倉がロッジに宛てた手紙には、木下が使用する材料一箱の船積み書の写しを同封したとの記載があり、木下がその頃まで美術館で仕事を続けていたことがわかる（Okakura, Letter to J. E. Lodge, 9 May 1913, *CEW* 3, p. 195）。

（110）Okakura, Letter to J. E. Lodge, 17 May 1913, *CEW* 3, pp. 200–201.

（111）新納宛岡倉書簡（一九〇五年六月一一日、六月一七日、『全集』第六巻）、一九八・二〇二頁。

（112）Okakura, Letter to M. S. Prichard, 19 Sept. 1905, *CEW* 3, p. 65.

（113）新納宛岡倉書簡（一九〇五年六月三〇日、『全集』第六巻）、二〇四頁。一九〇五年九月一九日プリチャード宛岡倉書簡によると、ボストンへの船荷には複数の観音像と地蔵像、「二天」に相当する毘沙門天像、持国天像が含まれており、新納が購入したと推察される。

（114）Okakura, Letter to A. Fairbanks, 6 Nov. 1908, *CEW* 3, p. 100.

(115) Okakura, Letter to A. Fairbanks, 16 Nov. 1908, *CEW* 3, p. 101.
(116) Okakura, Letter to A. Fairbanks, 6 Nov. 1908, p. 100.
(117) 新納宛岡倉書簡（一九一一年四月二二日）、『全集』第七巻、六二頁。
(118) 新納宛岡倉書簡（一九一三年五月一七日）、『全集』第七巻、二四九頁。
(119) 早崎宛岡倉書簡（一九一一年四月二二日）、『全集』第七巻、六〇頁。
(120) Okakura, Letter to A. Fairbanks, 16 May 1912, *CEW* 3, p. 149.
(121) Okakura, Letter to F. G. Curtis, 17 May 1912, *CEW* 3, pp. 150–151.
(122) 中川宛岡倉書簡（一九一〇年七月一三日、同年一〇月二七日）、『全集』第七巻、一九・二九頁。
(123) 中川宛岡倉書簡（一九一〇年一二月三日、一九一三年六月二七日）、『全集』第七巻、四三・二七一頁。
(124) *Annual Report*（1915）, p.110. *Museum of Fine Arts Bulletin* 13, 1915, p. 36.
(125) 長尾宛岡倉書簡（一九一二年一〇月七日、一九一三年五月一六日）『全集』第七巻、一八一・二四三頁。
(126) 長尾宛岡倉書簡（一九一二年一一月二一日）、『全集』第七巻、一八六—一八八頁。報酬金は年額二五〇ドル。
(127) *Annual Report*（1908）, p. 68, p. 107. *Museum of Fine Arts Bulletin* 6, 1908, p. 28.
(128) “Japan, Past and Present”（29 Jan. 1910）, “Prof Yoshisaburo Okakura Declares It Started in Japan in Latter Part of Eight Century”（12 Feb. 1910）, *Boston Daily Globe*.ボストン公共図書館所蔵。著者実見。
(129) L. Warner, Letter to Okakura, 27 Apr. 1909,コピー、茨城県天心記念五浦美術館所蔵。訳『全集』別巻、二一八—二二〇頁。
(130) A. Fairbanks, Letter to Okakura, 8 Mar. 1910. ボストン美術館所蔵。著者実見。訳『全集』別巻、二二二—二二三頁。
(131) Okakura, Letter to G. M. Lane, 16 Nov. 1910, *CEW* 3, pp. 119–120.
(132) F. S. Kershaw, “Department of Chinese and Japanese Art”, *Annual Report*（1911）, P. 99.
(133) Okakura, Letter to the Chinese and Japanese Department, 27 July 1911, *CEW* 3, p. 136–137.
(134) A. Fairbanks, Letter to Okakura, 9 Feb. 1912, 12 Mar. 1912. ボストン美術館所蔵。著者実見。訳『全集』別巻、二二一

九―二三三頁。

(135) Okakura, Letter to A. Fairbanks, 17 Mar. 1912, *CEW* 3, p. 145.

(136) 中川忠順宛岡倉書簡（一九一二年一二月四日）、『全集』第七巻、一九二頁。

(137) Okakura, Letter to A. Fairbanks, 25 Feb. 1913, *CEW* 3, p. 181.

(138) [The Tengu Box], *CEW* 3, pp. 18–19.

(139) 久世注（75）前掲論文、一一―一七頁。

(140) Okakura, "Japanese and Chinese Paintings in the Museum", *CEW* 2, p. 87.

(141) "Notes of Address Delivered by Mr. Okakura to the Committee on the Museum", *CEW* 3, p. 359.

(142) 久世注（75）前掲論文、四頁。

(143) *Annual Report*（1904）, p. 9. *Annual Report*（1905）, p. 41. *Annual Report*（1906）, p. 44. p. 63.

(144) "Recent Acquisitions of the Chinese and Japanese Department", "Sculpture in the New Japanese Cabinet", "Catalogue of Objects in the New Japanese Cabinet", *Museum of Fine Arts Bulletin* 4, 1906, pp. 3–6, pp. 11–15. 原文は *CEW* 2, pp. 93–105, 訳文は『全集』二、九八―一一〇頁。

(145) A. Fairbanks, "Report of the Director", *Annual Report*（1907）, p. 40. ドーセント・サービスを石橋智慧は「美術館案内制度」（訳「美術館案内制度に関する幾つかの提案」『全集』第二巻、平凡社、一九八〇年、二六一―二六六頁）、久世夏奈子は「ガイドツアー」と訳しており、先行研究における訳の統一がない。また久世夏奈子はカンファレンスを「ギャラリー・トーク」と訳したが、ボストン美術館では現在 "Gallery Talk" が実施されている。そのため本書では混乱を避けるため、当時の呼称を訳さずそのまま使用する。

(146) "Guidance in the Galleries. The Office of Docent." *Museum of Fine Arts Bulletin* 5, 1907, p. 9.

(147) Gilman, "Report of the Secretary of the Museum", *Annual Report*（1911）, pp. 86–88.

(148) Fairbanks, "Report of the Director", *Annual Report*（1908）, p. 46.

(149) "Weekday Docent Service, 1911", *Annual Report*（1911）, p. 91."Docent Service : Weekdays", *Annual Report*（1913）, p. 167.

(150) "Lectures Under the Auspices of the Museum, 1908", *Annual Report* (1908), p.52. *Museum of Fine Arts Bulletin* 6, 1908, pp. 10-17. 原文は *CEW* 2, pp. 109-119, 訳文は『全集』第二巻、一一四—一二四頁に掲載。

(151) "Lectures Under the Auspices of the Museum, 1910", *Annual Report* (1910), p. 136.マウント・ホリヨーク・カレッジはマサチューセッツ州サウス・ハドリーにある一八三七年創立の女子大学である。

(152) "Gallery Conferences, 1911", *Museum of Fine Arts Bulletin* 8, 1910, p. 48. 演題は不詳。記事には演題は後日公表とある。岡倉は一九一一年一月一六日にボストンを出発、帰着は二月二三日であった。

(153) "Gallery Conferences, 1911", *Annual Report* (1911), p. 189. Museum of Fine Arts *Bulletin* 9, 1911, p. 9. Okakura, 演題は"A Synopsis of the History of Eastern Asiatic Art," "Eastern Religions in Art", "Nature in Eastern Asiatic Art". *CEW* 2, pp. 122-154.『全集』第二巻、一三九—一七〇、五〇八—五〇九頁。

(154) "Docent Service Weekdays", *Annual Report* (1912), pp. 163-165. 内訳はウォーナー七回、カーティス六回、マックリーン六回、カーショウ五回、ロッジ五回、富田四回、モース二回である。

(155) A. Fairbanks,"Report of the Director," *Annual Report* (1910). p. 51.

(156) 座談会記録「岡倉天心先生を語る」第二回（昭和一八年一〇月一三日、『五浦論叢』第七号、茨城大学五浦美術文化研究所、二〇〇〇年、四〇頁）の中で六角は「貴婦人会から、花の話を一度でもいいからして呉れと言つて来た。（中略）誰か通訳をといふので、今ヒ《（ママ）》レドーの館長をしてゐる人が、一緒に行くことになつた」と話している。「ヒレドーの館長」とは、クリーブランド美術館勤務の後、一九二七年からトレド美術館のアジア美術部創設に関わったマックリーンを指していると考えられる。六角は、美術品の収納袋を縫製する女性たちの前で生け花について話したり、ガードナー夫人邸を訪問した際、花を生けたりしており、生け花を紹介する機会が多かったことが窺われる（ガードナー美術館所蔵のゲストブックには、一九〇四年一一月六日、六角の欄に「生花ヲ可仕候」とある）。

(157) Okakura, "Some Suggestions about the Docent Service", pp. 379-380.

(158) Gilman, "Docent Service : Its Sphere, Character and Need", *Annual Report* (1912), pp. 80-82.

(159) *Annual Report* (1913), p. 105. *Museum of Fine Arts Bulletin* 11, 1913, p. 34.一九一三年は中国日本美術部の取り組みのほかに、五月二四日から六月二五日まで印刷展示室で子ども展が開催され、夏期には子どもを対象にした教育プログラムが提供されている。

(160) *Annual Report*（1904）, p. 17. *Annual Report*（1906）, p. 29. *Annual Report*（1907）, pp. 18–19.

(161) “Memorandum of Agreement Between the Museum of Fine Arts, Boston, and Mr. Okakura-Kakuzo.”（10 Mar. 10, 1906）タイプ稿、タイプ用紙二枚、写し。ボストン美術館所蔵。著者実見。訳「ボストン美術館と岡倉覚三氏の合意書」『全集』第二巻、五二八頁。

(162) “Money at Disposal of Mr. Okakura, 1906.”タイプ稿、タイプ用紙一枚。ボストン美術館所蔵。著者実見。訳「岡倉氏の自由使用金」、『全集』第二巻、五三一頁。

(163) Okakura, Letter to J. R. Coolidge, 7 Aug. 1906, *CEW*, 3, pp. 75–76.

(164) Gilman, Letter to Okakura, 14 Sept. 1906.タイプ稿、タイプ用紙二枚。ボストン美術館所蔵。著者実見。訳『全集』別巻、二二一—二二二頁。

(165) Okakura, Letter to Gilman, 5 May 1907, *CEW*, 3, p. 84.　文中の「中国基金」は、一九〇六年と一九〇七年の *Annual Report* に「中国日本美術品購入特別基金」として記録された三千ドルの基金を指していると考えられる。

(166) Gilman, Letter to Okakura, 6 May 1907.　タイプ稿、タイプ用紙二枚。ボストン美術館所蔵。著者実見。訳『全集』別巻、二二四—二二五頁。

(167) Gilman, Letter to Okakura, 20 May 1907.タイプ稿、タイプ用紙一枚。ボストン美術館所蔵。著者実見。

(168) ソーントン不破直子は、『茶の本』出版当時の書評三編を分析し、「目のある読者には、この本が非常に深いものを持っていることはわかったようで（中略）天心の意図したところをよく理解し、それを高く評価している」と指摘する（「岡倉天心の『茶の本』と当時のアメリカ文壇」『比較文学』第二五巻、日本比較文学会、一九八二年、四六頁）。

(169) 小泉晋弥「岡倉天心と文化財保存二　中国美術コレクションと天心」（『アート・トップ』第二〇三号、芸術新聞社、二〇〇五年）、一〇六頁。

(170) Okakura-Kakuzo, “The Cup of Humanity”, *International Quarterly* vol.11, no.1, NY: Fox, Duffield & Company, 1905, pp. 39–51. “Art Appreciation”, *The Critic* vol.48, no.5, NY: The Critic Company, 1906, pp. 406–409.　堀岡弥寿子によれば、第三章の“Taoism and Zennism”も一九〇六年ニューヨークの『ホミレティック・レヴュー』誌に掲載されたという

（「岡倉天心と禅――『茶の本』をめぐる一考察」『禅文化』第九三号、財団法人禅文化研究所、一九七九年、六六頁）。

(171) Okakura, "Talk Given to Ladies who Assisted in the Work of the Chinese and Japanese Department", *CEW* 2, pp. 89–90.

(172) Okakura, "The Book of Tea", *CEW*, 1, pp. 306-308.

(173) Okakura, "Talk Given to Ladies who Assisted in the Work of the Chinese and Japanese Department", p. 90.

(174) Okakura, "The Book of Tea", p. 306, p. 308. 岡倉は、一九〇四年九月セント・ルイス万国博覧会における講演「絵画における近代の問題」においても、芸術に必要なものは共感であって、芸術品には尊敬の念を持って接すべきであると説いている（"Modern Problems in Painting", *CEW* 2, p. 71）。

(175) Okakura, "Talk Given to Ladies who Assisted in the Work of the Chinese and Japanese Department", p.91.

(176) I. S. Gardner, Letter to B. Berenson, 22 Jan. 1905, Rollin N. Hadley ed., *The Letter of Bernard Berenson and Isabella Stewart Gardner*, 1887–1924, 1987, p. 360.

(177) E・S・モース、石川欣一訳『日本その日その日』第三巻、（平凡社、一九七一年）、一五七・一六六頁。

(178) E・S・モース、上田篤ほか訳『日本のすまい・内と外』（鹿島出版会、一九七九年）、一五六―一六四頁。

(179) E・S・モース注（177）前掲書、七五―八一頁。

(180) 田中剛「アダムズ記念像をめぐって――ヘンリー・アダムズと涅槃」（『英語青年』三月号、研究社出版、一九八五年）、一〇頁。

(181) Harold Dean Cater ed., *Henry Adams and His Friends* Boston : Houghton Mifflin Company, 1947, p. 165.

(182) 村形明子『アーネスト・F・フェノロサ文書集成――翻訳・翻刻と研究（上）』（京都大学学術出版会、二〇〇〇年）、二三二頁。

(183) 村形明子「ボストン美術館アジア・オセアニア・アフリカ部蔵W・S・ビゲロウ関係書簡――岡倉覚三との関わりを中心に」（『LOTUS』第二六号、日本フェノロサ学会、二〇〇六年）、一五―一六頁。

(184) 大久保喬樹訳『新訳茶の本』（角川書店、二〇〇五年）、三四―三五頁。

(185) 木下長宏『岡倉天心――物ニ観ズレバ竟ニ吾無シ』（ミネルヴァ書房、二〇〇五年）、二八三頁。

(186) ケヴィン・ニュート、大木順子訳『フランクロイドライトと日本文化』（鹿島出版会、一九九七年）、一一頁。
(187) 田中仙堂「天心からのメッセージ二　主義としての茶道」（『茶の湯』第三四四号、茶の湯同好会二〇〇二年）、一〇頁。二〇世紀初頭のボストン文化の文脈における『茶の本』の受容については、村井則子「アメリカ文化史の観点から読む『茶の本』」（『ジャポニスム学会』第二六号、ジャポニスム学会、二〇〇七年、三三—四二頁）を参照されたい。
(188) F. G. Curtis, "Report of the Associate of the Department of Chinese and Japanese Art", *Annual Report* (1906), pp. 63–72.
(189) 久世注（75）前掲論文、一一—一七頁。
(190) 同右、七—九頁
(191) Okakura, "To the Committee of the Museum" (9 May 1908), *CEW* 3, p. 365.
(192) 小泉晋弥「天心と日本美術史」（『アート・トップ』第二〇四号、芸術新聞社、二〇〇五年）、一九頁。
(193) Okakura, "To the Committee of the Museum", p. 377.
(194) Okakura, Letter to A. Fairbanks, 8 Apr. 1908, *CEW* 3, p. 89.
(195) Okakura, Letter to E. J. Holmes,1 July 1908. *CEW* 3, p. 97.
(196) Okakura, Letter to G. M. Lane, 16 Nov. 1910, *CEW* 3, p. 119.
(197) Okakura, Letter to A. K. Coomaraswamy, 25 Jan.1911, *CEW* 3, p. 127. クーマラスワーミーの伝記によると、このとき二人の会談は実現しなかったという（『全集』第七巻、四二一—四二二頁）。
(198) 稲賀繁美「岡倉天心と観念としての東洋美術の創出」（『ワタリウム美術館の岡倉天心・研究会』、ワタリウム美術館、二〇〇五年）、一三六頁。
(199) Okakura, Letter to G. M. Lane, 28 July 1912, 15 Aug. 1912, *CEW* 3, p. 157, p. 167.
(200) Okakura, Letter to J. E. Lodge, 25 May 1913, *CEW*, 3, pp. 204-206. Okakura, Letter to J. E. Lodge, 21 Apr. 1913, *CEW*, 3, p. 186.
(201) Coomaraswany, "Section of Indian Art", *Annual Report* (1917), pp. 102-103. Coomaraswany, "Mughal Painting", *Museum of Fine Arts Bulletin* 16, 1918, pp. 2-8.

(202) Huger Elliot, "The Supervisor of Educational Work", *Annual Report* (1918), p. 124.

(203) Coomaraswany, "Section of Indian Art", *Annual Report* (1917), p. 105.

表３　ボストン美術館中国日本美術部スタッフ（1904〜1913年）

年	キュレイター (Curator)	顧問 (Adviser)	アソシエート/アソシエート・キュレイター	アシスタント・キュレイター	管理者 (Keeper)	助手 (Assistants)	日本陶器管理者 (Keeper of Japanese Pottery)	専門員 (Expert)
1904	チャルフィン						モース	岡倉
1905	チャルフィン	岡倉					モース	
1906		岡倉	カーティス			マックリーン	モース	
1907		岡倉	カーティス			マックリーン	モース	
1908		岡倉	カーティス		カーショウ	マックリーン	モース	
1909		岡倉	カーティス	ウォーナー（4月）	カーショウ	マックリーン ウォーナー（1月）	モース	
1910	岡倉		カーティス	ウォーナー	カーショウ	マックリーン	モース	
1911	岡倉		ロッジ（8月） カーティス	ウォーナー	カーショウ	マックリーン 富田 ロッジ（5月）	モース	
1912	岡倉		ロッジ カーティス	ウォーナー（11月辞任） ロッジ（11月）	カーショウ	マックリーン 富田	モース	
1913	岡倉			ロッジ	カーティス カーショウ 富田	マックリーン トンプソン	モース	

＊1905〜13年度 *Annual Report* の“The Staff of the Museum： Department of Chinese and Japanese Art”など人事に関する記述、および『岡倉天心全集』別巻（平凡社、1980年）の年譜より作成。ただし、スタッフが臨時嘱託員、訓練候補生だった期間は、表に反映させていない。特別契約で中国日本美術部に勤務した日本人は *Annual Report* の“The Staff of the Museum： Department of Chinese and Japanese Art”に掲載されていないため、この表から除外した。岡倉の専門員としての雇用も該当頁に掲載されていないため備考に記載した。

＊無給で奉仕していたカーティスは、1907年度まで「アソシエート（Associate）」、1908年度から「アソシエート・キュレイター」と職名が変更になったが、表では区別していない。同様に、1909年度から1911年度まで「管理者」の正式名称は「コレクションの管理者（Keeper of the Collections）」で、1912年度からは「部門における管理者（Keepers in the Department）」だが、表では区別していない。

表4　中国日本美術部の教育プログラム（1907～1913年）

年	月日	題名	担当者	種類	対象者	場所	備考
1907	1月3・11・25日、2月1日	主な日本画の流派、生け花ほか	カーティス	L	ウエスト・ニュートン・ストリート女子校の卒業クラス		
	1月16日	ボストン美術館日本陶器コレクション	モース	L	ミュージアム・スクールの学生		
	5月2日	日本の生活	カーティス	L	トレード女子校のクラス		
	5月31日	日本の生活	ウォーナー	L	同上		
	（不明）	中国日本美術部コレクション	カーティス	L	ミュージアム・スクールの学生		3回実施
	（不明）	生け花	マックリーン 六角	L	ケンブリッジのケンタブリジア・クラブ		
1908	1月16・18・21日	初期の浮世絵	カーティス	C		日本キャビネット	
	2月13・15・18日	日本の美術工芸	モース	C			
	3月26・28日	中国および日本の鏡	岡倉	C			
	6月8日	日本の金工	カーショウ	L	アーツ・アンド・クラフツ協会金工組合		
	6月25・27・29日	浮世絵	マックリーン	C	婦人会総連美術委員会		
	11月24日	日本の金工	カーショウ	L		Y.M.C.A	

	(不明)	日本の手工芸	モース	L	ミュージアム・スクールの学生		
	(不明)	(不明)	カーティス	L	同上		2回実施
1909	2月11・13日	日本の金工	カーショウ	C		日本回廊	6回実施
1910	2月20日、3月6日	中国日本美術部の案内	富田	S.D.S			
	2月24日	中国の稿本	岡倉由三郎	C[1]		日本図書室	
	3月3日	日本の仏像	新納	C		仏像展示室	通訳富田
	3月24日	中国陶器	カーショウ	C		日本回廊	
	4月7日	鎌倉時代の仏像	ウォーナー	C		仏像展示室	
	7月24日	中国日本美術部の案内	マックリーン	S.D.S			
	9月4日	中国展示室の見学	マックリーン	S.D.S			
	10月2日	中国日本美術部の見学	ウォーナー	S.D.S			
	11月16日	中国日本美術部コレクション	岡倉	L	マウント・ホリヨーク・カレッジの美学クラス		
1911	1月12・14日	日本美術の精神	カーティス	C		第3日本室	
	1月26日、2月9日	(不明)	岡倉	C			中止
	1月15日、2月5・19日	中国日本美術展示室の案内	富田	S.D.S			
	3月9・11日	古代中国陶器の新収品	カーショウ	C		ジャパニーズ・スタディ	
	4月6日	東アジア美術史概要	岡倉	C		中国日本美術展示室	

	4月13日	美術における東洋の宗教	岡倉	C		中国日本美術展示室	
	5月4日	東アジア美術における自然	岡倉	C			
	10月15日	東洋美術の仏像の特徴	富田	S.D.S		中国日本美術展示室	
	11月5日	日本画の筆使い	富田	S.D.S		ジャパニーズ・スタディ	
	11月19日	陶磁器展の案内	カーショウ	S.D.S		コート・ギャラリー	
	11月21日	日本の装束	富田	L	ボストン高校の先生		
	12月3日	日本の装束展の案内	富田	S.D.S		フォアコート・ルーム	
1912	1月11日	河南省の洞窟彫刻	ウォーナー	C(2)		ジャパニーズ・スタディ	
	1月14日	『平治物語絵巻』の勉強	富田	S.D.S		中国日本部7室	
	1月18日	漆工芸	カーショウ	C		ジャパニーズ・スタディ	
	1月28日、4月28日	中国日本美術部展示室の案内	マックリーン	S.D.S			
	2月1日	中国陶器	カーショウ	C		コート・ギャラリー	
	2月8日	唐代の彫刻(観音のトルソー)	ウォーナー	C		第1中国室	
	2月29日	中国絵画	カーティス	C			
	3月7日	中国彫刻	ウォーナー	C			
	3月31日	中国日本美術部展示室の見学	ウォーナー	S.D.S			
	6月2日	中国日本美術部展示室の案内	富田	S.D.S			

	10月20日	日本の刀装具	富田	S.D.S		ウェスト・クラスルーム	
	12月15日	日本の劇場と役者	富田	S.D.S		ジャパニーズ・スタディ	
	12月28日	極東美術新収品展の案内	カーショウ	S.D.S			
1913	1月30日	漆	カーショウ	C		浮世絵室	25名出席
	2月6日	日本の美術工芸	モース	C		講義室	50名出席
	2月13日	日本の民具	モース	C		講義室	85名出席
	2月27日	日本における大衆芸術の始まり	カーティス	C		理事室	18名出席
	3月9日	日本の屏風	カーショウ	S.D.S		ルネッサンス・コート	
	3月13日	日本刀と刀装具	カーショウ	C			26名出席
	5月25日	こどものための中国日本美術特別展	富田	S.D.S		フォアコート・ルーム	

＊1907年〜13年度 *Annual Report* と *Museum of Fine Arts Bulletin* の教育事業に関する記録より作成。L は「レクチャー」、C は「カンファレンス」、S. D. S は「サンデー・ドーセント・サービス」を指す。なお「月日」「題名」欄の「(不明)」、「対象者」「場所」欄の空欄はいずれも該当する事項の記載が見つからなかったことを示す。また中国日本美術部は上記の事業以外にも平日のドーセント・サービスを行ったが、内容など詳細は不明であり、表には含めていない。

（1）　1910年の *Annual Report* には“Gallery Conference”という名称で記されている。

（2）　1912年の *Annual Report* には“Docent Service Gallery Conference”という名称で記されているが、同誌の中国日本美術部の報告には「６つのコンファレンスを提供した」と記されるため、コンファレンスと見なし“C”と記す。

第三章　オペラ台本『白狐』執筆への軌跡

はじめに

岡倉は最晩年、ボストンにおいて『白狐』と題する三幕もののオペラ台本を執筆した。

岡倉がいつ頃から『白狐』執筆に取り組んでいたのかは詳らかではないが、バネルジー夫人宛の書簡によると、その脱稿は一九一三年二月一八日のことである。(1)その一週間後の二五日、岡倉は病気を理由に、ボストン美術館に休職を願い出た。(2)三月二日、ガードナー夫人に『白狐』のタイプ稿を献呈すると、三月一九日にはボストンを後にする。『白狐』の作曲は音楽家チャールズ・マーティン・レフラーに委ねられたが、台本の修正をめぐって岡倉とレフラーとの間で折り合いがつかず、作曲は難航した。帰国後、岡倉は赤倉山荘で療養に専念したが、九月二日不帰の人となり、図らずも『白狐』は岡倉最後の作品となった。岡倉の死後、レフラーは『白狐』の曲を完成させることができぬまま、一九三五年に亡くなった。つまり『白狐』は、台本は作られたものの、音楽がつかなかった幻のオペラなのである。

『白狐』は、岡倉が序文で述べているように信太妻《しのだづま》伝説を基にして執筆された。第一幕は魔法の玉を持つ狐の女王、白狐のコルハが魔法使いのアッケイモンに狩られる場面から始まる。コルハはアベノの領主ヤスナに救われるが、アッケイモンがヤスナの婚約者クズノハを略奪したため、ヤスナは発狂してしまう。第二幕ではコルハが報恩のためクズノハに変化する。コルハを本物のクズノハだと思ったヤスナは正気を取り戻し、コルハはアッケイモンを計略にはめ断崖から落とす。第三幕では数年が経過し、ともに暮らすコルハとヤスナとの間には幼子が生まれている。ある日、コルハの前に巡礼たちが現れる。彼らがクズノハの従者でヤスナとの再会を祈願していることを知り、コルハは去る決心をする。コルハが書置きを残して去ると、巡礼の歌とともにクズノハとヤスナが現れ、二人は子どもの母親がコルハだったことを知る。

「はじめに」で述べたように、『白狐』は、どちらかと言えば岡倉の生涯の活動や思想から離れたところに存在する作品として位置づけられてきた。しかし、本章では『白狐』が未発表のオペラ台本であることに注目して、新しい視点からのアプローチを試みたい。

オペラは「演技者が台詞の全体、あるいは一部を歌唱する音楽劇作品に対する総称」で「音楽と演劇とスペクタクルとが合体したもの」と定義され、オペラ台本を書いたのは大多数が詩人または劇作家であった(3)。岡倉が漢詩や英詩を能くする詩人の一面を持っていたことは周知のことだが、オペラ台本を執筆するにはオペラの劇作法にも通じていなければならない。つまり西洋音楽への深い理解こそが、オペラ台本執筆の要諦となる。しかし岡倉がいつ頃からオペラに興味を持ち、どのような音楽体験を得て、オペラの劇作法を学んだのか、という議論はなされてこなかった。従来の研究に岡倉の活動を音楽との関連性から考察するという視座が欠如していたことは否めない。彼と西洋音楽との関わりについて考察することは、なぜ岡倉がオペラ台本を執筆したのかという疑問を解くために必要な作業であろう。

また岡倉には、『白狐』と同じようにボストンで執筆し、未発表に終わった英文著作が存在する。それは『白狐』以前に執筆した『ヨシツネ物語』『アタカ』『コアツモリ（若き敦盛）琵琶歌』である。いずれも源平合戦を舞台にした義経伝説や合戦悲話など日本の説話をもとに執筆された作品で、岡倉の生前は活字化されなかった。

しかし先行研究においてこれらの英文著作は研究対象として等閑視され、十分な検討が尽くされていない。

さらに、岡倉の『白狐』執筆の意義を検討するためには、彼の生涯の活動や思想との関係性とともに、当時のボストンの音楽状況を明らかにする必要がある。それは、オペラが莫大な費用がかかる贅沢な芸術であり、どんな劇場で上演されるのか、どのような観客を対象にするのかが、オペラ作家の題材選択を左右してきたからである。

ところで、『白狐』の作曲を委託されたレフラーとは、どのような音楽家だったのであろうか。先行研究において、レフラーはガードナー夫人の友人のひとりで、彼女の援助を受けた音楽家として位置づけられているが、彼の音楽家としての業績やボストンにおける文化的地位に言及するところまでは至っていない。また、レフラーがなぜ岡倉のオペラ台本の作曲をすることになったのか、作曲が未完に終わったにも関わらず、なぜ岡倉没後もその作曲権を手放さなかったのか、という問題もあまり追究されてこなかった(4)。それは『白狐』の執筆意義が、当時のボストンの音楽状況と切り離されて論議されてきたことと無関係ではないであろう。

そこで第一節では『白狐』執筆に至る前史として、岡倉の日誌や書簡、著述などの資料を通して岡倉と西洋音楽との関わりを明らかにすることを試みる。異なった時期に書かれた欧州旅行日誌から彼の音楽鑑賞体験を明らかにし、オペラ創作意欲の萌芽や音楽素養の深化、オペラ歌手との交流について考察し、『白狐』は岡倉が上演を視野に入れて執筆したオペラ台本であることを検証する。

第二節では、未発表の『ヨシツネ物語』『アタカ』『コアツモリ』について、その執筆経緯、関連する岡倉の活動や当時の文化的背景、ボストンにおける人的ネットワークなど複合的な視座から分析する。特に各作品から見いだせる岡倉の日米合作の試み、演劇界との関わり、邦楽への造詣と『白狐』との関連性を考察し、これらの作品を『白狐』に至る軌跡に位置づける。

第三節では、世紀転換期のボストンにおける音楽の状況、特にオペラに関する動向に焦点をあて、ボストン音楽界における『白狐』執筆の意義について考察する。

第四節では、レフラーの音楽家としての業績やボストンにおける文化的地位、ガードナー夫人や岡倉との交流、オペラ作曲への関心を検討し、レフラーと『白狐』との関わりについて考察する。

岡倉がなぜボストンで、英文のオペラ台本を執筆したのか、という問題意識に立脚して、多角的なアプローチから『白狐』の成立事情を明らかにすることで、『白狐』という作品を、岡倉の生涯の活動や思想の軌跡上に位置づけるだけでなく、ボストン社会における意義という側面から考察することが、本章の目的である。

第一節　岡倉と西洋音楽

1　欧州旅行における音楽体験

1―1　一八八七年の欧州美術視察旅行

まず『白狐』執筆前史として、岡倉と西洋音楽との関わりを明らかにすることを試みたい。

岡倉は一八八〇年七月に東京大学を卒業すると、一〇月一八日文部省に就職し音楽取調掛に勤務した。同掛は一八七九年に設置された文部省の音楽研究機関で、一八八七年に東京音楽学校となった。掛長の伊沢修二は、アメリカ留学中に知り合った音楽教育家メーソン（Luther Whiting Mason, 1818-96）を、音楽取調掛の外国人音楽教師として招いた。メーソンは日本で最初の音楽教科書『小学唱歌集初編』（奥付は明治一四年発行）の編集に関わったが、岡倉の主な仕事はこのメーソンの通訳や書類の翻訳、旅行手続き等の事務であった。その後一八八一年一一月四日に専門学務局勤務となり、音楽取調掛の兼務を命ぜられ、翌一八八二年四月一四日には音楽取調掛の兼務を解かれている(5)。岡倉が、音楽取調掛勤務時代にどのように西洋音楽と関わったのかは明らかではない。

しかし、明治時代の日本における西洋音楽導入の中心的な役割を担った音楽取締掛への出仕が、岡倉に西洋音楽の知識や情報を与えたであろうことは十分考えられる。

岡倉が具体的に西洋音楽と関わった記録の初見は、一八八六年から一八八七年の欧米美術視察旅行中、彼が欧州で記した日誌においてである。序章で述べたように、欧米視察旅行での経験と旅行中に形成された理念は、帰国後の岡倉の活動方針を決定づけ、さらにボストンにおける活動にも影響を及ぼすものであった。それゆえ『白狐』執筆につながる西洋音楽との関わりを示す記録が、最初の欧州旅行日誌に見出されることは興味深い。

日誌には出張の目的に従って各地の美術学校、美術館、博物館、教会堂などの記事が多く見られるが、音楽鑑賞、音楽学校、音楽施設など音楽に関わる記事も見られ、彼が音楽施設や音楽教育の領域にも興味を持っていたことがわかる。音楽に関する記事は主に一八八七年三月一三日から四月七日までのウィーン、リヒテンシュタイン滞在時に書かれた頁に見出される。まず演奏を聴いた、あるいは演奏会場に出かけたという音楽鑑賞の記事について見てみたい。なお、文中の傍線や括弧は岡倉によるものである。

3月13日（中略）クーアザールで音楽を聴く。ヴァーグナー、素晴らしい。マイヤー、バッハ、見事。

3月14日から4月2日にかけて街の観光に時を過ごす。（中略）オペラ・ハウスはパリのより良い。リヒテンシュタインにて（ハンス・ウェスリーのヴァイオリンを聴く。シューマンが美しい。）

4月3日、日曜日。（中略）クーアザローンに行った。(6)

三月一三日の日誌から、岡倉がウィーン到着日にクーアザールにおいてヴァーグナー、マイヤー、バッハを聴いたこと、曲目や演奏形式は不明だが「素晴らしい」「見事」という感想を持ったことがわかる。クーアザールは保養所にあるホールのことで、音楽の演奏が行われた。当時ウィーン及びその近郊には多くのクーアザールがあり、場所を特定することは難しい。三月一四日から四月二日にかけての出来事は一括して記されており、岡倉はこの期間にハンス・ウェスリー（Hans Wessely, 1862–1926）のヴァイオリン演奏を聴いている。四月三日の記事にあるクーアザローンは、一八六六年から六七年にかけてウィーンの市立公園に建設された。本来保養を目的とする施設であったが一年後には演奏会のみに使用されるようになった。そのため「クーアザローンに行った」のは、音楽を聴くためと考えて良い。

また、日誌には音楽学校に関する記述も見られる。岡倉は四月五日に「歌と踊り、オペラ、劇などを教えるコンセルヴァトワール」である楽友協会を訪れ、校長の宮廷音楽家ゼーデルベルガー（Sederberger）から案内を受けた。記事には「学期六年　入学年齢凡ソ婦人十六七年」「男子生徒は全般的に多少文学の素養があり、科学に失望している」、「ここには約七〇人の宮廷音楽家がいる」とあり、修業年数や生徒及び教授陣などに対する岡倉の関心を窺うことができる。ヴァイオリニストのウェスリーも楽友協会の卒業生だと記している。岡倉は楽友協会の建物（一八七〇年完成）にも興味を持ち、日誌に「建築面白シ　大小両個ノ楽堂アリ　大ノ方正面ニ風琴ノ大形ヲ付ケ椅子全傾面ニアリ　左右ニ桟敷アリ　粧飾ハ本府ノ能屋ニ似テ悪カラス」と記し、さらに「大小両個ノ楽堂」の内部を観察してスケッチした(7)。

音楽施設に対する岡倉の関心はオペラ座の感想からも窺える。日誌にはウィーンのオペラ・ハウス（ウィーン国立歌劇場、一八六九年完成）をパリのオペラ座と比較して「良い」と評価している。岡倉はウィーンからクララ・ルイーズ・ケロッグに宛てた書簡に「フランス音楽にはいくぶん失望しております」と記し、その理由としてわざとらしい演技や素晴らしい声に出会えなかったことを挙げている。[8] 岡倉がウィーンのオペラ座で何を鑑賞したのか特定はできないが、パリのオペラ座よりは好みにあう音楽体験ができたことが窺える。国境を越えて出会う音楽の差異は、シュタインの教えとともに、岡倉に欧州諸国の文化の多様性を認識させる一因となったであろう。

岡倉の観察眼は、四月六日に訪問したブルグ劇場（一八八八年完成）にも向けられた。岡倉の関心の高さは、当時建築中だったブルグ劇場の防火、換気、音響システムに関する詳細な記録や、劇場内部のスケッチから窺うことができる。欧米美術視察旅行の調査項目には「（第四）美術博物館建築の模様」があり、岡倉はおそらく調査の一環として建築中の劇場建築を視察したのであろう。岡倉はウィーンのオペラ・ハウスと比較すると劇場の規模が小さいことに注目し、両劇場の差違は主として音楽と演劇の違いにあると述べ、「音楽は舞台にもっと広い横幅が必要であり、演劇は舞台にもっと深い奥行きが必要である。劇は集中的芸術であるため、オペラ・ハウスよりも小さいことが必要となる」と記した。さらにオペラ・ハウス計画案の出版物や値段についても書き留めている。[9]

ブルグ劇場への眼差しとは対照的に、同日訪問したウィーンの美術史博物館と自然史博物館に対しては「博物館モ格別ニナシ」「美術館ノ方ニハ（中略）格別の趣向ニは非ス」と短い感想を述べるにとどまっている。[10] このことから「建築の模様」「美術館」調査に関しては、ウィーンでは劇場のほうにより興味を持ったことが推察される。岡倉は欧州の美術学校や美術館だけではなく、音楽学校や劇場にも関心を持って視察し、演劇や音楽の劇場を比較して、その差異を分析しながら知識と情報を蓄積していったのである。明治時代、欧州に旅行、もしくは滞在した官僚であれば、滞在時に現地の人間に招待されて有名な音楽施設を訪問し、そこで音楽を鑑賞するということは特別な体験ではなかったかもしれない。しかし音楽に関わる記事を日誌に記したということは、欧州滞在中の岡倉の関心が音楽にも向けられていたことを物語っている。

1―2　一九〇八年の欧州旅行

岡倉は一九〇八年にも欧州視察旅行日誌を書いている。当時の岡倉はボストン美術館に勤務しており、地位も生活も文部省官僚だった一八八七年のときから大きく変化していた。ここでは、この日誌に記された音楽に関わる記事を読み、一八八七年の記事と比較する。二冊の日誌の間には約二〇年という歳月がある。二度目の欧州旅行日誌が書かれた時は、一九〇六年の再渡米から四年が経ち、岡倉は三度目のボストン滞在から帰国するところであった。

岡倉は一九〇八年四月二九日、ヨーロッパの美術館視察をかねてボストンからヨーロッパに向かい、シベリア鉄道で中国に移動して、七月一〇日日本に帰国した。日誌によると岡倉は五月一二日から同月二六日までロンドンに滞在し、この間オペラやオペレッタの舞台を鑑賞した。

[May]15 th（中略）此夜 Covent Garden Theatre ニ行く Cavalleria 並ニ Pagliacci なり Norwegian Prima, Brhyd アリ　好し　劇場古風　王の座ニ列ニ在中

May 16 th Saturday（中略）八時15、Daly 座に Merry Widow ヲ見ル (Sonia) Miss Lillie[sic] Elsie を山美にして能く演ス　滑稽ハ Graves 氏の Popoff, Coyne 氏の Daniello 可なり(11)

一五日の夜、岡倉はコヴェント・ガーデン劇場（現ロイヤル・オペラ・ハウス、現在の建物は一八五八年完成）にお

いて、マスカーニ（一八六三―一九四五）作 *Cavalleria rusticana*《カヴァレリア・ルスティカーナ》と、レオンカヴァッロ（一八五七―一九一九）作 *Pagliacci*《道化師》というオペラを観ている。特にノルウェー人のプリマドンナが心に残ったようだ。この二つの作品は、一幕物のヴェリズモ・オペラの代表作品とされる。ヴェリズモとは一九世紀末にイタリアで興った自然主義を志向する運動に与えられた名称で、ヴェリズモ・オペラは下層階級の人々を登場させ、強い地方色を持ち、荒々しく残酷な感情の衝突を中心とする状況を設定する傾向を持つ。翌一六日の夜は、八時一五分からダリー劇場（一八九三年開場、一九三七年閉館）でレハール（一八七〇―一九四八）のオペレッタ *The Merry Widow*《メリー・ウィドウ》（*Die lustige Witwe* の英語版）を観ている。英語版では主人公ハンナの役名は"Sonia"と変わっており、リリー・エルシー（Lily Elsie, 1886-1962）がこの役を演じて評判になった。岡倉は、ダニーロ男爵役のコイン（Joseph Coyne, 1867-1941）やポポフ男爵役のグレイブス（George Graves）の演技についても端的に評している。

一八八七年の日誌では岡倉がどこで何を聴いたのか特定することは難しかったが、一九〇八年の日誌では劇場名、作品名、俳優や歌手名および役名、演技に対する短い感想など、岡倉はより多くの情報を記している。しかも《カヴァレリア・ルスティカーナ》の初演は一八九〇年、《道化師》の初演は一八九二年、《メリー・ウィドウ》の上演は一九〇七年（*Die lustige Witwe* の初演は一九〇五年）であり、いずれも当時流行の演目であった。日誌からは、欧米の人々と同時代的な感覚で当代の西洋音楽に接していた岡倉の姿が浮かんでくる。

一方音楽施設に関する記事は、一九〇八年の日誌ではコヴェント・ガーデン劇場を「古風」と評し、座席を示す小さな図を残すのみで、一八八七年の日誌と比較すると施設に対する関心は低い。このことも音楽劇場がもはや視察の対象ではなく、岡倉の中で次第に身近な場へと推移していったことを裏付けていると考えられる。もともと音楽に関心のあった岡倉が、長期のボストン滞在によって音楽に接する機会を得、その素養を深めていったことは想像に難くない。
日本では一九一一年三月一日に、国策の一環として日本初の洋式劇場である帝国劇場が開場した。欧米人の視線に耐えられる近代的劇場であることを証明するために、帝国劇場は歌劇部を開設し、オペラの上演を急いだ。しかし岡倉はそれより三年前に、当時欧米で評判のオペラやオペレッタを、ロンドンの劇場で欧州の人たちとともに鑑賞していたのである。

2　オペラ創作への関心

次に岡倉がオペラ創作に関心を持った時期を明らかにし、その関心の継続について考察する。一八八七年の欧州視察日誌には、六月二六日の頁に"Glenghiskhan"と題された"Opera in 3 acts"の構想メモが記されており、岡倉が早い時期からオペラ創作に関心を持っていたことがわかる。メモには各幕の舞台となる場所、場面、登場人物、歌と推察される語が並び、二枚のスケッチが一緒に残されている。スケッチは横長でそれぞれ浜辺の風景と室内が描かれ、まるでオペラ舞台をイメージしているようにも見える（図13）。以下、原文をそのまま引用する。

六月廿六日　Glenghiskhan.
Opera in 3 acts
Ⅰ　堀越駅　　重忠
（a）　array of soldiers after victory
（b）　reception by 重忠

（c）〃　by 梶原
（d）parting of soldiers
（e）departure with（抹消）［静の舞］
北斗の星の横ハる
蒙胡の沙漠三千里
日本刀の霜散ラス
御門の威光仰クヘシ
Ⅱ（抹消）［静］　大物ノ浦
（a）parting with 静 ｝船長の門前
（b）静の舞
（c）［図13（上）］
（d）弁慶謝ヲ乞ふ処
（e）reception by the 船長
（c）静の独行
（d）静の舞
（e）大風雨
（f）弁慶の呪語及静の身ヲ換ふ
Ⅲ［図13（下）］
（a）（抹消）［offering of the crown and maiden.］

図13　1887年の欧州視察旅行日誌（6月26日）"Glenghiskhan"の挿絵

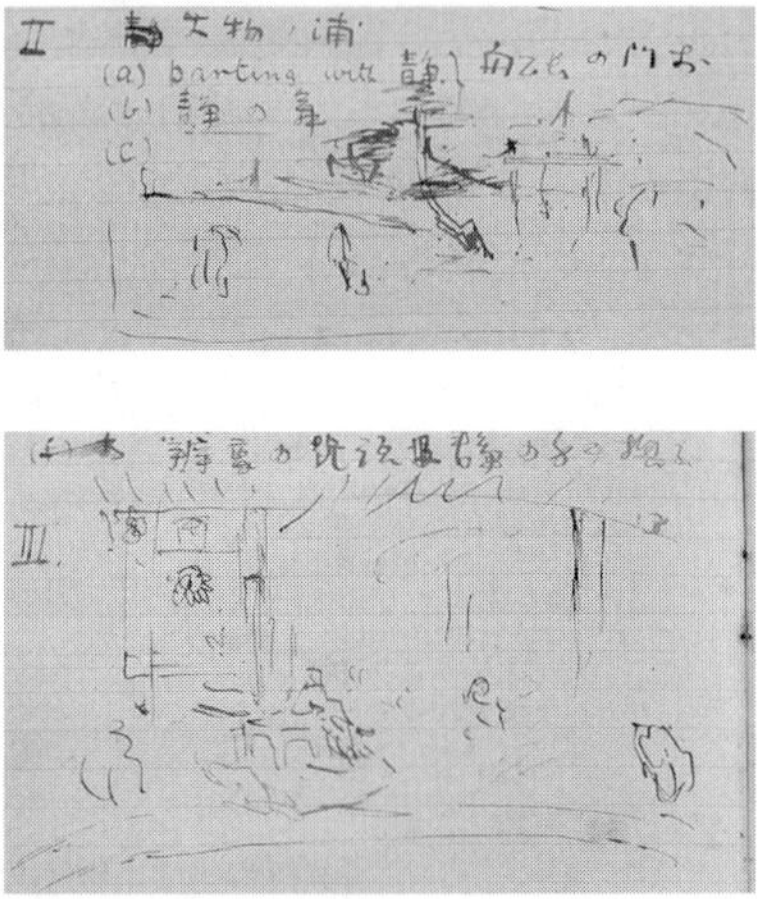

出典：日本美術院蔵「欧州視察日誌」

（b）（抹消）[by benkei his refusal]
（a）refusal of the crown
（b）勅使　青海波の
（c）内侍の賜（抹消）[青海波]
日本一の貞節に
御門の御感浅らす
此度内侍に位ヲ賜ヒ
かゝル空しき御感なれは
よもや辞退に及フ
（d）veil ヲ取ル物語
its her voice
波ニ揺れて三保カ崎
噫如何ニせむ面影の
（e）祝へ大君[12]

「重忠」「梶原」「静」「弁慶」「大物ノ浦」などの固有名詞から、岡倉がオペラの題材を義経伝説から求めたことは明らかである。義経を主人公とする現存最古の文学作品『義経記』によって一生を美化された九郎判官は、謡曲や舞曲に多くの素材を提供した。この流行に伴って義経はますます世人の同情を集め、一層伝説や文学の世界に活躍することになった。概ね室町時代に形成された義経伝説は、江戸時代になると文学化・戯曲化・劇化が活発に行われ、義経文学最盛期を迎える。文明開化以降、義経文学は文壇、劇場において領分を狭められたものの、童話味の強い義経伝説は、次第に児童文学に重きをなすようになっていった。また、唱歌の題材にも取られたことで、音楽教育の現場でも牛若丸と弁慶の物語が浸透していった。[13] こうして、近代以降も義経は日本人に愛されて、伝説の世界で生き続けたのである。

一八七九年に、末松謙澄（一八五五―一九二〇）がロンドンで、義経とジンギス・カン（Genghis Khan）を同一人物と見なす『大征服者ジンギス・カンは日本の英雄義経であること』を執筆すると、一八八五年には、内田弥八の訳による『義経再興記』が出版された。翌一八八六年には清水米州編輯『通俗義経再興記』という実録風の小説が刊行され、源義経＝ジンギス・カン説は賛否相半ばして世を湧かせることになった。[14] 岡倉が一八八七年に義経伝説を題材にオペラを構想し、題名を"Glenghiskhan"にしたことは、当時のこのような文化的世相を反映していたと言える。

また、ケロッグ宛書簡（一八八七年七月一二日、ロンドン）から、オペラ構想を記録した六月二六日頃に岡倉はロンドンに滞在していたことが推察される。そのためオペラ構想には、当地の文化潮流やそこでの体験が反映された可能性が考えられよう。そのひとつとして、日本趣味のオペラやオペレッタの流行が挙げられる。

一九世紀後半に起こった日本美術愛好の高まりは、オペラやオペレッタのジャンルにおいても日本趣味の流行を及ぼした。常に新奇の題材を探しているオペラやオペレッタの作者にとって、日本趣味はその要求を満たすものであり、聴衆を異国の夢の世界へ誘うものであった。日本を題材にした作品は、一八七二年パリで初演されたサン＝サーンス（Charles Camille Saint-Saëns, 1835–1921）作《黄色い皇女》を嚆矢とする。一八八五年にサリヴァン（Arthur S. Sullivan, 1842–1900）が作曲した《ミカド》がロンドンで初演されると大当たりとなった。[15] 岡倉が欧州を視察した一八八七年のロンドンは《ミカド》が流行していた時期であった。そのため《ミカド》の流行が岡倉になんらかの作用を及ぼし、日本を題材にしたオペラを構想する契機を与えた可能性は否定できない。

ところで、岡倉がオペラを構想したとき、上演などの具体的な目的があったとは考えられない。彼の帰国後にそのような動きは見当たらないし、所々に抹消部分が見えるのは構想が完全ではなかったことを示している。だが"Glenghiskhan"の構想案は、消滅したわけではなかった。そのことは、岡倉が一九〇四年夏頃にボストンで執筆したとされる『ヨシツネ物語』を読むと明らかである。そこには"Glenghiskhan"の構想メモに見える「重忠」「梶原」「静」「弁慶」などの人物が登場し、「大物ノ浦」の「大風雨」や、吉野における「静の舞」などが描かれる。『ヨシツネ物語』では、義経は陸奥から蝦夷へ向かい、さらにモンゴリアの岸辺へと船出する。物語は「義経の孫クビライ・カンが鎌倉将軍に祖父の仇をはらそうとして軍勢を日本に送った」という文で終わる。(16) 岡倉が義経ジンギス・カン説を信じていたか否かは詳らかではないが、岡倉にとって義経が創作意欲を起こさせる伝説的英雄であったことは疑いない。"Glenghiskhan"の構想案は消滅せずに、後年『ヨシツネ物語』の執筆に引き継がれたのである。

同様に、日本の伝説を基にオペラを創作するという関心も、また持続されていった。日本美術院の事務を担当した塩田力蔵（一八六四―一九四六）によれば、一九〇四年、坪内逍遥（一八五九―一九三五）が『新曲浦島』を刊行すると、岡倉は「僕も成功を急ぐ方だが、坪内君も中々急ぐ様である。僕は羽衣を書いて見ようか」と話したという。(17)『新曲浦島』は、坪内が同時に出版した『新楽劇論』の理念の具現化を試みた作品である。岡倉と坪内はともに一八八八年に設立された日本演芸協会の文芸委員であった。演劇運動をともに行った坪内が浦島伝説を題材に『新曲浦島』を発表したことが、岡倉のオペラ創作への意欲を刺激したことは容易に想像できる。岡倉は羽衣伝説を題材にオペラを書くことはなかったが、オペラ創作への意欲は消滅することなく、信太妻伝説に依拠したオペラ『白狐』の執筆に引き継がれていったと考えられる。

3　アメリカ人歌手との交流

①クララ・ルイーズ・ケロッグ（Clara Louise Kellogg, 1842–1916）

岡倉のオペラの素養を深めたのは、彼自身の音楽鑑賞体験に加えて、二人のアメリカ人歌手の存在があった。ひとりは、アメリカ最初の国際的なオペラ歌手クララ・ルイーズ・ケロッグである。ケロッグはオペラ《ファウスト》のマルグリート役を得意とし、その全盛期は一八六〇年代後半から七〇年代初めであった。その後はイングリッシュ・オペラ・カンパニーを主宰して全国各地を巡業し、後進の指導に務めた。一八八〇年代初めのペテルスブルグ公演から帰国した後は、専ら国内のコンサートに出演することが多くなる。一八七七年のボストンのヘンデル・ハイドン協会のフェスティバルや、一八八五年のセントルイス公演では、後述するエマ・サースビーと共演している[18]。岡倉は一八八六年の暮れ、欧米美術視察旅行でニューヨークに滞在した際ケロッグと出会った。ケロッグはニューヨークでの岡倉との思い出について、次のように語っている。

彼のラファエッロやティツィアーノの批評は並外れたものがありました。音楽に関しても、彼は素晴らしい感覚を持っています。ラ・ファージは岡倉をトマスのコンサートに連れて行きましたが、彼はベートーヴェンの音楽にたいそう感銘を受けました。ある者は、彼は生涯ずっと西洋のクラシック音楽を聴いてきたと思ったかもしれません。（中略）私がニューヨークのリチャード・ワトソン・ギルダーのスタジオで岡倉と初めて出会ったとき、彼はまだ二六歳でした。しかし彼はすでに教授で、完璧な英語を話し、私たちの優れた文学を全て知っていました。ハンガリーの画家ムンカーチが訪米した時、同郷の音楽家フランシス・コーベイが晩餐会を開いたので、私はこの日本の友人を連れて行きました。それはとても魅力的な夜で、晩餐会の成功は岡倉にありました。その紹介が始まった時、彼は教授以外の何者でもありませんでした。彼は会場を一巡するうちに、東洋の王子か大金持ちになっていました。彼は「素晴らしいマナー」の持ち主で、フォーマルな場にふさわしい華麗な衣服をまとっていました。[19]

当時ニューヨーク・フィルハーモニックの音楽監督だったセオドア・トマス（Theodore Thomas, 1835–1905）の指揮するベートーヴェンに感動し、ブダペスト出身の音楽家フランシス・コーベイ（Francis Korbay, 1846–1913）のパーティで、堂々と振舞う岡倉の姿が垣間見える。ケロッグの目に映った岡倉は、教授のような風格を備え、西洋の美術、音楽、文学に精通し、社交の場においては話術やマナーで人々を魅了する若き東洋の王子であった。なかでも岡倉の音楽に対する感覚は、国際的プリマドンナであったケロッグが高く評価するものであった。「彼は生涯ずっと西洋音楽を聴いてきた」と思ったのは、岡倉の西洋音楽に対する知識や鑑賞力に驚いたケロッグ自身のことばでもあっただろう。このような評価は、彼女が想定していた日本人の西洋音楽の鑑賞力よりも岡倉のそれが上回っていたためであろうが、それは同時に、岡倉が早い時期から西洋音楽に親しんで理解していたことを示すものでもある。

岡倉が欧州旅行中に送った書簡から、音楽について述べている箇所を引用したい。

［三月四（引用者注：一四）日　ウィーン］
フランス音楽にはやや失望しました。おそらく私は「ペルシャのセレナーデ」をえこひいきするあまり、他の曲を正しく評価することができないのでしょう。演技はわざとらしく、そこに「ナイチンゲールの魂」を少しでも持つ声はありませんでした。以前あなたはこの夏大西洋を渡る予定だとおっしゃいましたね。いつですか。

［七月一二日　ロンドン］

私の音楽観は少しずつ変わってきています。第九シンフォニーはそれに革命を起こしました。音楽の未来はどうなるのでしょうか。多くの質問が押し寄せて、カールスバードであなたにそれらをお話するのが待ち遠しいです。そうするのを許していただけますか。(20)

ウィーンからの書簡には、岡倉が「ナイチンゲールの魂」を持つケロッグと比べ、フランスの歌手に不満を持ったことが記される。そこにはケロッグへの賞賛が含まれているものの、フランスの歌手に対する辛い評価は、一八八七年の旅行日誌の「（ウィーンの）オペラ・ハウスはパリのより良い」という記事と通じるものである。

フランス音楽には失望した岡倉が、ロンドンで「私の音楽観は少しずつ変わってきています」と書いたのは、ベートーヴェンの《交響曲第九番ニ短調作品一二五》を聴いたためである。それは彼の音楽観に「革命を起こす」ほどであった。国によって異なる音楽の印象は、岡倉の音楽観を変容させ、そのような経験の積み重ねが、彼にヨーロッパ諸国の持つ文化の多様性を認識させていくことになったのだろう。ケロッグの自伝に「彼はベートーヴェンの音楽にたいそう感銘を受けました」とあるように、岡倉はニューヨークとヨーロッパでベートーヴェンの音楽に感動を覚えたことになる。このとき岡倉がベートーヴェンの音楽に心を動かされたのは、音楽が異なる時間や空間を超えて彼の共感に訴えたからであった。岡倉は美術体験とともにこのような音楽体験を通して、東洋と西洋は芸術の共感によって理解しあうことができると確信するようになっていったと考えられる。

ところでロンドンの書簡からは、岡倉が滞欧中のケロッグとカールスバード（カルロヴィ・ヴァリ）で再会する予定になっていたことがわかる。岡倉が七月二八日ベルリンからギルダー夫人に送った書簡には「数日前、私はカールスバードでケロッグ嬢にお会いするという稀な幸せを得ました。彼女はとても感動的で、とても魅力的で、とても優しい方でした。どうしてあなたのお友達はこんなに申し分ないのでしょう」と記した。[21]二人の再会が果たされたことがわかると同時に、ケロッグとの再会を喜び、彼女を賞賛する岡倉の様子が目に浮かぶ。若き日の岡倉は、賛美すべきプリマドンナとの交流を通して、オペラや西洋音楽の世界にいっそう親しみ、その理解を深めて行ったのである。

②エマ・セシリア・サースビー（Emma Cecilia Thursby, 1845–1931）

岡倉と交流があったもうひとりの歌手は、音楽の守護聖人「聖セシリア」をミドルネームに持つエマ・サースビーである。彼女は一八九三年シカゴ万国博覧会で公演したとき、同地で開催された万国宗教会議で演説したヒンドゥー僧スワーミー・ヴィヴェーカーナンダ（Swami Vivekananda, 1863–1902）に感銘を受け、教えを仰ぐようになる。彼の弟子の中にはエマの妹アイナ（Ina Love Thursby, 1855–?）、エマの知己であるサラ・ブル（Sara Bull, 1850–1911）、一九〇一年に岡倉とともに渡印したジョセフィン・マクラウド（Josephine MacLeod, 1858–1949）らがいた。岡倉はマクラウドに同行して、インドにヴィヴェーカーナンダを訪れ、そこでサラ・ブルと出会った。岡倉とエマを結びつけたのは、このようなヴィヴェーカーナンダを信奉する女性たちであった。

一九〇三年エマはサラ・ブルとともに訪日し、五ヶ月間滞在した。日本で一行の世話をしたのは岡倉家であった。やがてインドから来日したアイナも合流し、エマたちは夏には五浦まで足を伸ばした。一行は日本から中国に渡り、エマは天津で依頼されて一〇月五日にコンサートを開いた。彼女はそこでグノーの《アヴェ・マリア》など一〇曲を披露している。[22]

一九〇四年三月二日、ニューヨークに岡倉一行が到着すると、今度はサースビー姉妹が彼らを厚遇した。岡倉一行はサースビー宅に宿泊し、同月四日金曜日の夜、エマはグラマシー公園のアパートメントで一行の歓迎レセプションを開いた。エマは音楽家、作家、芸術家、またニューヨーク、ボストン、ワシントンの仲間を呼んで一〜二月の金曜日に音楽会を開いていた。それは当時「サースビーの金曜日（Thursby's Friday）」として社会に知られた催しで、二五年間続けられた。エマはこの音楽会の主客として、岡倉や大観らを招き歓迎したのである。[23]さらに妹のアイナは、四月九日から五月一日までセンチュリー・アソシエーションで開催される日本美術院ニューヨーク展のため、展示や作品販売の手はずを整えた。[24]このようにサースビー姉妹は、岡倉にニューヨークでの活動拠点を提供し、現地で新たな人間関係を培う機会を与え、日本美術院の画家たちの後援を行ったのである。

岡倉が三月二三日からボストン美術館で仕事を始めると、サースビー姉妹との間で書簡が往復するようになる。手紙の内容は季節の挨拶や招待を辞するお詫び、姉妹からの質問の答え、簡単な依頼などが主で文章も簡潔である。音楽に関する記述はわずかで、一九〇七年一二月二六日のアイナ宛書簡に「姉上様によろしくお伝えください。美しいお声をまたお聞かせいただきたいと願っております」と記された程度である。[25]ケロッグ宛ての書簡と比較すると、岡倉にとってエマは憧憬の対象であるプリマドンナというより、身近な知人という感じが否めない。その理由のひとつとして、岡倉にとってすでに西洋音楽が身近なものになっていたことが挙げられよう。

ところで、一九〇五年一〇月二七日、岡倉がサースビー姉妹に宛てた書簡には「横山と菱田からよろしくとのことです」とある。また一九〇八年七月六日のアイナ宛てハガキには、六角と岡部からそれぞれ「いつもあなたのことを思っています。R．六角」、「姉上によろしく　K．岡部」というメッセージが添えられている。サースビー姉妹が、渡米した日本美術院のメンバーと広く交流を持っていたことがわかる。[26]

このようなケロッグやエマという著名な歌手との交友は、岡倉の音楽理解におおいに寄与し、オペラ創作への関心を持続させることになった。ケロッグやエマとの交流が、岡倉の国際的な人的ネットワーク、すなわちボストン・ネットワークを基盤に培われたことから、『白狐』成立についても、岡倉と音楽という視座とともに、彼のアメリカにおける人的ネットワークを視野に入れて考察することの重要性を示唆している。

4　岡倉とオペラ

岡倉は渡米直後の一九〇四年三月六日、アメリカのオペラ歌手マダム・リリアン・ノーディカ(Mme. Lillian Nordica, 1857–1914)のヴァーグナー・コンサートを聴きに、カーネギー・ホールに足を運んでいる。[27] 同行した六角紫水は、ニューヨークではサースビー姉妹の優待を受けて、毎晩のように特等席でオペラを鑑賞したと回想している。[28] ボストン美術館書記ベンジャミン・I・ギルマンのアシスタントとして一九〇九年から勤務したハリエット・E・ディッキンソン(Harriet E. Dickinson　後の冨田幸次郎夫人)によると、岡倉はボストンでも当時流行のオペラを鑑賞していたという。[29] クリストファー・ベンフィーは、シンフォニーやオペラを鑑賞するようなボストニアンならガードナー夫人のボックス席に座る着物姿の岡倉をよく知っていたと述べているが、これも岡倉が音楽鑑賞の場によく足を運んでいたことを表している。[30]

一九一一年一月一五日に岡倉がガードナー夫人に送った書簡はその一端を垣間見せてくれる。ボストン美術館から急遽ヨーロッパ出張を命じられた岡倉は、ガードナー夫人に「火曜日夜のオペラにはご一緒することができず申し訳ありません」と手紙を送った。[31] 手紙を認めた日が日曜日であるため、文中の「火曜日」は一月一七日を指す。このシーズンにメトロポリタン・オペラのボストン巡業はなく、一七日にボストン・オペラ・カンパニーはプッチーニの《西部の娘》(一九一〇年初演)を上演した。そのため岡倉が夫人と観劇を予定していたオペラは《西部の娘》だったことがわかる。

このような岡倉のオペラ体験は身近な人間にも影響を与えた。一九一三年三月一二日、当時サン・フランシスコの銀行に勤めていた甥の八杉直が、岡倉に宛てた書簡はそれを如実に物語っている。木下長宏はこの手紙には、ケロッグ、ギルダー夫人、サースビー姉妹、ガードナー夫人などの女性たちに見せていた顔に共通する「公やけの場面では見せなかった岡倉の〈私的〉な姿」が照射されていると指摘し、この手紙を岡倉の人間像を再考察するためのテキストとして重視する。[32] その書簡の後半は音楽の話題で占められている。

荒涼たるホームなき生活の中に小生が唯一の慰安ハ Music に御座候　此の点についてハ御伯父上様に如何はかりの御礼を申上るとも言葉にあまるへく御情深き御手によりて小生の趣味の一門ハ開かれ生涯を通じて此の喜を enjoy いたす事を得候　只今小生帰朝いたし候ハアメリカの楽しかりし話ハオペラと Musical Comedy とオーケストラとソプラノソロとテノルソロとに以て大部分を占め候事疑なく一ヶ月に二三度ハ半狂的に音に憧れ申居り生活の余裕ハ多少の書籍を除きて全部音楽の為めに捨てゝ一片の未練も無之是れさへあればと申すより言葉なく屢無我の域に昏睡いたし銀行も為替相場も俗骨も千里の外に逐い唯我れのみ住む世界に楽を擅にいたす事を得候
昨秋 Grand Opera の興行ありし時ハ月給の前とてオーケストラの席より上の方へ堕落いたし次ハ Balcony 次は三階の天辺と最下等の席まで経験いたし申候　今週より Chicago Grand Opera が当市に来り居り只今苦心惨憺たるもの有之　衣食の慾にハ一向気をひかれず候へとも音楽を自由に聞かれ《ママ》だけの収入を得候（中略）友達のウアイオリンを目下預り居り日曜の朝に家人の御馬乗りの留守を見斗らひ私かに幽玄と申さむよりものの怪を誘ふ様なる怪しき音を出し居り候　シューマンの Iuavmre-Lei［引用者注：Traumerei カ］と思候曲をクラブの蓄音機を師宗といたし目下研究中に有之他日蓄音機と戦ひ度心得に御座候[33]

直が岡倉を慕う気持ちが切々と伝わる書簡である。異国での孤独な生活のなかで直の心を癒すものは唯一音楽であり、その喜びを教えてくれたのは「御伯父」岡倉であった。直は「如何はかりの御礼を申上るとも言葉にあまるへく」と感謝の気持ちを岡倉に表し、日々の生活の中で音楽がどれだけ彼に慰めをもたらし、心に糧を与えているかを書き綴る。岡倉が直に音楽の喜びを伝え大きな影響を与えたことは、それを伝えた岡倉にとっても音楽は喜びであり慰めであったことを窺わせる。そして岡倉の「私的」な姿を投影する手紙に、美術ではなく音楽の話題が語られていることに注目したい。従来岡倉の公的な姿は美術と結びついて語られてきたが、岡倉と音楽の関係はより私的な空間において結びついてきたと考えられるからである。

一九一三年一二月、岡倉の没後に、美術館理事ビゲロウと中国日本美術部のロッジによる「岡倉覚三追悼文」が『紀要』に掲載された。そこには岡倉と音楽との関わりについて、次のような回顧がなされている。

我々西洋の文学や美術への彼［岡倉］の理解力は並外れていた。彼とともに絵画を観、音楽を聴きに行くことは愉快だった。彼の鑑賞力は鋭く、判断は堅実で極めて識別力が高かった。ベートーヴェンの交響曲を聞いた後で、彼は同伴者にこう言った。「恐らくこれは西洋が東洋よりはるかに優れた唯一の芸術だ」。一方、彼が気乗りしなかったにもかかわらず現代風のコミック・オペラに連れて行かれ、喧しいオーケストラと合唱と、色のついたぴかぴか光る飾りで埋められた舞台を観た翌日、微笑みながらこう言った。「虹色に輝く悪夢だった」と。(34)

ビゲロウやロッジにとっても、音楽を楽しむ岡倉の姿は印象的に残っていたようだ。そしてケロッグと同じように、彼らもまた岡倉の音楽の鑑賞力を高く評価している。それは岡倉が音楽取調掛時代に音楽教師のメーソンと会い、音楽の情報や知識を得たこと、欧米において実際に音楽を鑑賞する機会に恵まれたこと、オペラ歌手との交流などによって長年醸成されたものであった。それらの体験を通して得た音楽の素養が、二〇年以上もの間保持されたオペラ創作の関心と結びつき、オペラ台本『白狐』の執筆へと帰結したと考えられる。

だが、西洋音楽体験が豊富でオペラ創作の素養があるということと、実際にオペラ台本を執筆することの間には隔たりがある。その落差を埋めるひとつの手がかりとして、平凡社版『岡倉天心全集』の資料収集過程で、一九七九年日本美術院で発見されたオペラ台本がある。それはコンヴァース（Frederick Shepherd Converse, 1871-1940）作曲の英語オペラ *The Sacrifice*《犠牲》の台本である。《犠牲》は一九世紀半ばの米墨戦争を舞台にして、メキシコ人の娘に恋した合衆国の騎兵隊長が、彼女とその恋人のために犠牲になる物語である。[35] 石橋智慧は「（このオペラ台本が）岡倉の所蔵品であったことを明示する証拠はないが、美術院の所蔵品であることと、その制作年代から、岡倉との強い関連性を否定することはできないように思われる」と述べる。さらに、『白狐』と《犠牲》の共通点として、コルハが第二幕で歌う「月の歌」と《犠牲》でチョニータが歌う「月の歌」、『白狐』の第三幕の巡礼の歌や《犠牲》のスペイン語で歌う聖母マリアの賛美歌などを挙げて、岡倉が何らかの形で《犠牲》を参考にしたと推測する。[36]

コンヴァースはマサチューセッツ州出身の音楽家で、ボストン・オペラ・カンパニーの創立と運営に積極的に関与した。《犠牲》は一九一一年三月三日、八日、一三日、一八日にボストンで上演された。このとき岡倉はボストンに滞在しており、《犠牲》を鑑賞できる環境にあった。岡倉が『白狐』を執筆する上で、いくつかのオペラ台本を取り寄せてオペラの劇作法を勉強していたことは十分考えられ、石橋智慧が指摘したように《犠牲》がそのうちの一冊だった可能性は高い。『白狐』執筆にあたっては、岡倉が他のオペラを参考にしたことも検討する必要があるが、これについては第四章第三節で後述する。

戸口幸策は、音楽学の視座から、『白狐』には二つの点でオペラの劇作法が活かされていると指摘する。ひとつは、『白狐』にはギリシャ悲劇の手法が導入されており、「勢子たち」「狐の少女たち」「巡礼たち」のような集団の登場人物は、古代ギリシャ悲劇におけるコロスのような役割を果たせるように設定されていることである。このコロス的な用法は、第二幕冒頭で狐の少女たちが歌う場面や、第三章の巡礼たちの歌に認められる。もうひとつは、西洋の古典的なオペラの台本においてアリア、重唱、合唱向けに作られた台詞が詩の形式で書かれたように、『白狐』にも韻文を意識して書かれていると思われる箇所が認められることである。例えば第二幕の冒頭の、狐の少女の台詞"The night is ripe, /Another fairy day is born / Our torches are alight, / The will-o'-the wipes aflame."（夜が深まり、妖精の一日が始まる、たいまつは狐火、あかあかと灯そう）は、弱拍と強拍の交替による韻律（iambic meter）である。このような韻文的な響きは、巡礼たちの台詞"From Star to star swinging thy lamp ; The snowy peaks are thy alters high"（星から星へとゆらめく光明、雪の高嶺は天上の祭壇）にも見出すことができる[37]。ここから岡倉がオペラの劇作法を理解して、『白狐』を執筆したことが窺える。

5　『白狐』上演を目指して

岡倉は一九一三年二月一八日に『白狐』を書き上げ、ボストン美術館のハリエット・E・ディッキンソンにタイプ稿を数部作らせた。三月二日、献辞を添えてガードナー夫人に『白狐』のタイプ稿を献呈し、翌日バネルジー夫人にも書留便で送った。だが三月一九日、健康が悪化したため帰国の途につかなければならなくなる。台本献呈からわずか二週間余りのことであった。そしてこれを最後に、岡倉はボストンの地を訪れることはなかった。

ボストンを発つ前、岡倉はレフラーから『白狐』台本の修正について提案を受けた。レフラーが提案したのは、三幕の『白狐』を二幕に再構成するか、もしくはパントマイムにアレンジすることだった。日本に出港する前日の三月二四日、岡倉はシアトルからガードナー夫人に手紙を送り、この提案に対する彼の気持ちを告げ、レフラーへの伝言を頼んだ。

レフラー氏にお伝え下さいますか。何度か試みましたが、『白狐』を二幕ものに再構成するというアイディアは諦めたと。私は長い汽車旅行中一所懸命試みましたが、不可能だという結論に達しました。これを短くする唯一の方法は、あちらこちらの要点を切り取るしかないと思われるので、レフラー氏が好きなように鋏を入れて下さってかまいません。これをパントマイムにアレンジするというもうひとつの彼の代案は、私を楽しませるものではありません。レフラー氏がこれに曲を書かないならば、『白狐』はこのまま詩として残すべきだと考えています。（中略）私は彼に惹かれていますし、可能なことならなんでもやるつもりです。いつか、もし彼が望むなら何かほかの二幕ものを試みてもかまいません。これについて彼がどう感じているかお聞かせ下さい(38)。

ここで注目したいのは、岡倉が台本を縮めて再構成する自由をレフラーに認めていることである。岡倉はオペラに造詣が深かったとはいえ、オペラ台本の専門家ではない。石橋智慧が指摘したように、『白狐』は岡倉がギルマンの助言を得ながら、何度も推敲を重ねて完成させたものである(39)。タイプ稿を同封したバネルジー夫人宛ての手紙に「最初の草案を送ります」と記したように、作曲の段階で台本を変更せざるを得ないことは予期していたであろう(40)。岡倉にとっては台本をそのままの形で保持するより、レフラーの裁量に任せてでも『白狐』に曲をつけるほうが重要だったのである。音楽がつかなければ詩として残すべきだと述べているが、『白狐』がオペラとして上演されることが最優先であった。

岡倉はレフラーが曲をつけられない場合でも、ほかの作曲家に依頼しようとは考えていなかった。機会があれば、次は二幕もののオペラ台本を書くことまで提案している。このことからも、『白狐』上演のプロジェクトが、岡倉、ガードナー夫人、レフラーの三人の話し合いから企画されたものであったことが窺える。岡倉から手紙を受け取ったガードナー夫人は、レフラーに伝えたことを四月七日の書簡で知らせた。

あなたのお手紙の一部を書き写し、それをレフラーに渡しました。おそらく彼はあなたに手紙を送るでしょう。あなたが以前のような決定をなさったことを大変嬉しく思います。献辞をいただいた名誉をこの上なく誇りに思うと同時に、幸甚に存じます。いつも私をお信じくださいますように。

イザベラ・S・ガードナー

追伸　先日パーシー・マッケイ氏とお茶を飲みました。あなたが『白狐』について決めたことについて、彼にお話ししました。彼も完全にあなたに賛成だと言っておりました。(41)

ここから、ガードナー夫人も岡倉に献呈された『白狐』の台本を気に入っていたことがわかるが、同時に、彼女が劇作家で詩人でもあるパーシー・マッケイ（Percy MacKaye, 1875–1956）と友人であり、彼に岡倉の考えを伝え、アドバイスを得ていたことは興味深い。ニューヨーク出身のマッケイは、ハーヴァード大学在籍時から戯曲を書き始め、『カンタベリーの巡礼者たち』（一九〇三年）、『ジャンヌ・ダルク』（一九〇六年）、『案山子』（一九〇八年）、『明日』（一九一二年）、『リップ・ヴァン・ウィンクル：三幕ものの民族オペラ』（一九一九年）などの作品を手がけた作家であった。手紙の内容から、ガードナー夫人が『白狐』台本をマッケイに見せていたことは明らかであり、『白狐』上演はマッケイも注目していた事業であったことが推察される。

だが、岡倉の提案に対するレフラーの返事は届かなかった。六月二八日、岡倉は再びガードナー夫人に手紙でこの件にふれている。

レフラー氏からまだ手紙はありません。彼は『白狐』に曲をつけるすべてのアイディアを諦めたのだ、という結論を下しました。私はプリチャードが原稿に目を通すことを願っています。ギルマン夫人にお願いして、私のためにもう一通コピーを作っていただき、それを彼のところへ送っていただけないでしょうか。おそらくそれが上演されることはないでしょうから、一つの詩として出版することを考えています。[42]

この手紙からは、自身の健康の悪化もあり、限られた時間の中で『白狐』をなんとかして世に出したいという岡倉の焦燥が看て取れる。岡倉のために『白狐』のタイプを打ったハリエット・E・ディッキンソンは、岡倉の体調が思わしくなく、療養で日本に戻る前に『白狐』を仕上げようと急いでいたと回想している。[43] 岡倉が、一九一三年二月四日のバネルジー夫人宛書簡に「あなたの詩から三、四行を盗もうと思っています。許してくださいますか?」と尋ねたことから、この時点でもまだ改稿を行っていたことがわかるが、その二週間後には、『白狐』を脱稿したことを知らせている。[44] このことは岡倉が『白狐』を急いで仕上げたことを表しており、健康悪化のため完成を急いだというディッキンソンの回想と一致する。岡倉は健康への不安からか、レフラーが『白狐』の作曲の意欲を失ったと見切りをつけると、『白狐』を発表するための選択肢をあれこれ模索し始めた。『白狐』のタイプ稿をイギリスにいるプリチャードのところに送るよう頼んだのは、彼の働きかけによって上演する可能性が生じることを期待したからであろう。その一方で上演が実現されないことを考え、アメリカで詩として刊行することも考え始めるのである。

七月三一日、ボストン美術館のギルマンから、『白狐』の写しを新たに四部作成し、そのひとつをガードナー夫人に送ったという書簡が届いた。ギルマンは『白狐』の英語の言葉遣いの面で助言を与えており、上演を期待していた人物であった。このとき再び『白狐』を読み直したギルマンは、第二幕で同じ音節の繰り返しが一ヶ所あることに気付き、岡倉に修正案を伝えている。(45)

一方岡倉は、八月九日、学友で当時外務大臣だった牧野伸顕（一八六一―一九四九）から要請されていた日米交換教授の話を受諾した。このとき牧野に宛てた書簡に「兼而得貴意候拙劣の脚本原稿御笑草迄坐右ニ呈シ候　御叱正被下度　御注意ノ点何卒御示し被下度願上候」とあることから、岡倉が「脚本原稿」を送ったことがわかる。この「脚本原稿」は『白狐』タイプ稿を指していると推察される。(46)牧野へ台本を送ることで、日本国内での上演にも望みを託したのかもしれない。

だが同月一六日、岡倉は静養のため赤倉山荘に行き、九月二日還らぬ人となった。八月三一日に赤倉に到着した大観は「亡くなる時も、上演されなかつたのは残念であつたと言つてをつたさうです」と回想した。(47)岡倉は死ぬまで『白狐』上演の夢を諦め切れなかったのである。

第二節　未発表の英文著作と『白狐』との関連性

1　『ヨシツネ物語』――日本人と西洋人による合作の試み

1―1　『ヨシツネ物語』と『義経記』

次に、『ヨシツネ物語』『アタカ』『コアツモリ』の三作品を『白狐』に至る軌跡に位置づけて、その関連性を考察したい。(48)『ヨシツネ物語』は、源義経という日本の悲劇的英雄の一生を、出生時からのエピソードに基づきまとめあげた作品である。岡倉一雄によると、岡倉は船旅に『義経記』を携行し、『ヨシツネ物語』は「『義経記』によった」ものだという[49]。堀岡弥寿子も『ヨシツネ物語』を『義経記』の「英語版」と捉えている[50]。

『義経記』は室町中期までに成立したと考えられ、伝承された義経の諸伝説を蒐集して一代記風な集大成を図ったものであり、義経伝説の原典となるものである。しかし『ヨシツネ物語』と『義経記』を比較すると、そこにはいくつもの差異が認められる。それは、エピソードの提示順、鬼一法眼の人物設定、吉野山での別れの場面における静の描写、『義経記』にはない合戦場面の挿入、義経ジンギス・カン説の採用などに見出せる。

そこで、まず『ヨシツネ物語』と『義経記』におけるエピソードの並び方をみてみよう。『ヨシツネ物語』の見出しは順に①どのように鞍馬の僧院で育てられたか、②橋の弁慶、③龍虎の書、④義経の陸奥下向、⑤牛若と伊勢の三郎との出会い、⑥義経の陸奥到着、⑦義経・陸奥を去る、⑧一ノ谷の戦い、⑨屋島の戦い、⑩土佐房の襲撃、⑪大物の嵐、⑫吉野における義経、⑬安宅の関で、⑭蝦夷下向となる。だが『義経記』に倣うなら、④「義経の陸奥下向」の後、③「龍虎の書」のエピソードを経て、②「橋の弁慶」に出会わなければならない[51]。つまり、『ヨシツネ物語』と『義経記』とではエピソード提示の順番が逆なのである。

『ヨシツネ物語』では牛若と弁慶の出会いが早い段階で紹介されることで、物語全体を通して生涯を通じた主従関係が強調される。物語要素の多い義経伝説は、明治期になると少年文学に重きをなし、巌谷小波（一八七〇—一九三三）が「牛若丸」（『日本昔噺』第二三編）や「武蔵坊弁慶」（『日本御伽噺』第六編）を発表するなど、義経と弁慶の物語が少年雑誌に繰り返し取り上げられた。島津久基は「牛若・弁慶五条橋の物語は、すべての日本国民が、義務教育を受けるに先立って、曾て一度は与えられる幼年時代の最も興味深い不文の教科書の一つ」と位置づける[52]。『ヨシツネ物語』における五条橋のエピソードの順番は、当時の義経伝説の語られ方を反映していると言える。

次に、『ヨシツネ物語』の「龍虎の書」と、『義経記』における鬼一法眼の設定を比較してみよう。「龍虎の書」は平家の重臣鬼一法眼秘蔵の兵法書である龍虎の書を牛若が入手する話である。牛若は下男として鬼一法眼の屋敷に入り、龍虎の書を盗み出そうとする。実は、鬼一の正体は鞍馬で牛若に剣術の手ほどきをした天狗であり、将軍の道を教えるという虎の書を牛若に渡して自害するという話である。『義経記』巻第二「鬼一法眼の事」にも、義経が鬼一法眼の持つ六韜の兵法書を手に入れる話がある。しかし『義経記』では、鬼一は弟子の湛海をそそのかして義経を亡き者にせんと企む悪役として描かれている。

「龍虎の書」の話は、『義経記』よりむしろ浄瑠璃や歌舞伎の『鬼一法眼三略巻』の内容に近い。歌舞伎『鬼一法眼三略巻』の「今出川菊畑の場」では、牛若が奴に身をやつして鬼一の屋敷に入り込み、鬼一が牛若に天狗の姿で剣術を指南したことを告白した後、三略の虎の巻を与えて切腹する場面がある。岡倉が『鬼一法眼三略巻』を参考にして「龍虎の書」を書いたことが考えられる。

また、吉野山で義経と静御前が別れる場面での差異も顕著である。『ヨシツネ物語』では、義経を捕らえようと急襲してきた吉野の僧兵達を引き留めるために静が舞を舞い、その間に義経は無事逃げおおせたという話となっている。一方『義経記』巻第五「判官よし野に入給ふ事」、「しづかよし野山にすてらるる事」では、女連れの道中の困難なことを憂慮して、義経は静を都に返すが、静につけた従者たちは義経が与えた財宝を横取りして姿を消してしまう。『義経記』の静は別れの場面で泣き崩れ、従者にも裏切られる弱く薄幸な女性であるが、『ヨシツネ物語』の静は、機転が利き愛する者の危機を救う女性として描かれる。

さらに『ヨシツネ物語』には『義経記』にはないエピソードが盛り込まれている。たとえば「一ノ谷の戦い」や「屋島の戦い」などの合戦場面は『義経記』には見られず、『平家物語』、『源平盛衰記』で描かれる物語に近い。

図14　下村観山《天心岡倉先生》（草稿、1922年　紙本淡彩　130.0×66.7cm　東京藝術大学美術館蔵）

また、義経が蝦夷に逃れモンゴルで“Genghis”（ジンギス）になったというラストは『義経記』『平家物語』のどちらとも異なる。このラストは、岡倉が一八八七年の欧米美術視察旅行中に義経伝説をもとに構想を練ったオペラの題名が、“Glenghiskhan”であったことを思い起こさせる。“Glenghiskhan”の構想案が消滅せずに、『ヨシツネ物語』の執筆へと引き継がれたことを物語っている。

岡倉が源平合戦の舞台を創作の題材に好んだことは、下村観山が一九二二年、第九回再興院展に出品した『天心岡倉先生』（草稿のみ現存）からも窺うことができる。画面に描かれた机上の紙は岡倉自筆のメモを貼り付けたもので、そこには「（一）厳島舞楽（二）中宮（三）南都（四）重盛（五）頼朝の起（六）都落（七）一の谷（八）壇浦（九）海底　龍宮」と、源平合戦にまつわる言葉が綴られている（図14）。

以上の事例から、岡倉が『義経記』『平家物語』『源平盛衰記』をはじめとして、講談本や歌舞伎、流行の話題に至るまで、義経をめぐるさまざまな言説を混交して『ヨシツネ物語』を創作したと結論できる。『ヨシツネ物語』は当時の日本に浸透した義経伝説の、岡倉の手による集大成であったと言えよう。

1—2　日米合作の試み

では、なぜ岡倉は義経伝説を英語で執筆したのだろうか。まず『ヨシツネ物語』執筆の経緯を見てみたい。ガードナー美術館所蔵の『ヨシツネ物語』タイプ稿には次のような覚書がある。

これら日本古来の伝説は、岡倉覚三によって翻訳された。彼は様々な物語や歌を資料として集め、そこから彼の翻訳に独創的な形式や書き方のヒントを得た。そしていつも物語の中にはぐくまれた王朝風の雰囲気に稀なる共感を寄せながら翻訳をしていた。彼は友人フランシス・ガードナー・カーティスが取り組んだ英語の韻文の原文とするべく、これを書いた。(53)

これによると、岡倉は『ヨシツネ物語』をカーティスのために執筆したとある。第二章で述べたように、カーティスは、公私ともに岡倉と親密な関係にあった人物である。

岡倉が『ヨシツネ物語』について言及したはじめての資料は、一九〇四年八月一五日『センチュリー・マガジン』編集者ギルダーへの書簡である。ボストン美術館に『ヨシツネ物語』『アタカ』『コアツモリ』が合綴で残されていることから、岡倉がこれらを執筆したのはおそらく同時期であると推測されているが、その時期が一九〇四年の夏以前だと推察される根拠はこの書簡にある。

滞日経験がある我が友フランシス・ガードナー・カーティス氏は、わが国の叙事詩のひとつを英語の韻文にし、貴社での出版を望んでおります。彼の手紙とともにその詩を同封いたします。〈一二世紀の源平合戦を描いたわが国の長篇叙事詩の一章です。〉ご高覧の上ご意見をお聞かせ下さい。彼の韻文は原文の叙事詩の精神に忠実で、事実彼に渡した私の訳をなぞっております。(中略)あなたがこの詩を気に入り、挿絵を入れてみたいとお考えでしたら、私の日本の友人である画家横山大観氏がその期待に応えるでしょう。(54)

この書簡から、岡倉が『ヨシツネ物語』の原文を書き、カーティスに渡していたこと、カーティスの韻文が一章の完成を見ていたこと、岡倉の執筆目的が、カーティスによる『ヨシツネ物語』の出版にあったことがわかる。

『ヨシツネ物語』は、『義経記』を忠実に英訳したものではない。そのため滞日経験のあるカーティスなら、岡倉の原文なしでも義経伝説に依拠した物語を書くことはある程度可能であっただろう。それにも関わらず岡倉が原文を書いたところに、『ヨシツネ物語』の出版が岡倉による発案であったことが窺われる。編集者に出版を働きかけ、挿絵画家に横山大観を紹介する岡倉の書簡からは、一冊の本の企画、制作を試みるプロデューサーとしての姿が浮かび上がってくる。

だが義経伝説をアメリカで出版するのが目的なら、岡倉の原文を使えば良い。わざわざカーティスが韻文化する必要はどこにあるのだろうか。

書簡で「わが国の長編叙事詩」と述べたように、岡倉は義経伝説を日本における叙事詩と捉えていた。叙事詩とは民族やそのほかの社会集団の歴史的事件、特に英雄の事跡を叙述する韻文の作品であり、吟遊詩人や語り部などが口承で伝え、後世に書き残されたものが多い。日本で叙事詩的な文学といえば『平家物語』などの軍記ものが挙げられる。『義経記』や『源平盛衰記』も軍記ものジャンルに含まれる。岡倉は書簡のなかで、日本の義経伝説もカーティスの韻文も「叙事詩」と呼んでいることから、口承、語り物、軍記ものなどで語り継がれてきた義経伝説に、西洋の英雄叙事詩との共通性を見出していたことが窺える。

岡倉は『東洋の理想』で鎌倉時代を「叙事詩的なヒロイズムの時代」と位置づけ、その時代を象徴する人物である義経の生涯にアーサー王伝説との類似性を見出している。

叙事詩的なヒロイズムの時代のただなかに大きく現れるのが源義経のロマンチックな人物像である。彼の生涯は円卓騎士の物語を想起させるもので、ペンドラゴンの騎士のように、詩的な霧の中に失われてしまったものである。それゆえに、後世の想像力をかきたてることとなった。モンゴルのジンギス・カンと同一人物だとするまことしやかな意見もある[55]。

岡倉は義経をアーサー王のようにロマンチックな伝説を持つ日本の英雄として紹介した。さらに『茶の本』では、義経を「われわれのアーサー王伝説の主人公」としてアメリカの読者に紹介している[56]。ここから、岡倉が義経伝説を、アーサー王伝説に匹敵する日本の英雄叙事詩として位置づけていたことがわかる。

しかし義経伝説をアメリカで英雄叙事詩として出版するには、西洋の伝統的な叙事詩の形式、すなわち英語の韻文に整える必要がある。そのために岡倉が原文を執筆した後、カーティスがその原文を韻文にするという二段階の手順を踏む必要があった。岡倉がカーティスに韻文化を託した理由のひとつとして、日本文化に対する理解が深く、事業のパートナーとして適任と評価していたことが考えられる。

では岡倉の原文がカーティスの韻文化でどう変わったのか、両者の『ヨシツネ物語』の冒頭を比較して考察する。

〈岡倉版『ヨシツネ物語』（原文）〉

Hear ye, brethren, of the way of knighthood, of their passages at arms, of their sorrows and loves, of all that passes and yet remains in the memory of man. For the high will be laid low, the proud will be humbled and the worthiest and strongest will often have their discomfitures. Death is the only thing eternal.

聞くがよい、同胞たちよ、騎士道を、彼らの戦いの道を、その悲しみと愛を、過ぎ去っても人々の記憶に残る全てのことを。高き者は倒され、奢れる者は卑しめられ、富める者、強き者は敗北する。死が唯一の永遠である。

〈カーティス版『ヨシツネ物語』（韻文）〉

Hear ye, O brethren, of the way of eld, / Of knighthood's passages and deeds of arms,
The adventures and the countless episodes / Of war and love and vengeance and remorse
That erstwhile happed, and happening, passed again
Into the emptiness which gave them birth.
The highest in the land will be laid low; / The proudest humbled; and the worthiest
Will often meet with sore discomfiture.
Death only is eternal; all besides / But dreams, amid a troubled world of dreams.

聞くがよい　ああ同胞たちよ　いにしえの道を　騎士道と戦の武勲を
冒険と　過去に起きた　数え尽くせぬ　戦と愛と復讐と後悔の出来事を
いにしえに起こり　そして再び過ぎ去りし出来事が生まれた　空虚な場所へ
地位高き者は倒され　奢れる者は卑しめられ　富める者は痛い敗北を喫する
死だけが永遠　ほかはすべて　ただの夢　夢の憂き世のただなかにある。

これら二つの冒頭を読み比べれば、カーティスが岡倉の原文をなぞって、韻文化を試みたことが看て取れる。特に岡倉版の「高き者は倒され、奢れる者は卑しめられ、富める者、強き者は敗北し去る。死が唯一の永遠である」と、カーティス版の「地位高き者は倒され　奢れる者は卑しめられ　富める者は痛い敗北を喫する　死だけが永遠　ほかはすべて　ただの夢　夢の憂き世のただなかにある」という文章は、『平家物語』の冒頭「祇園精舎の鐘のこえ、諸行無常の響きあり。娑羅双樹の花の色、盛者必衰の理を顕す。奢れる人も久しからず、只春の夜の夢の如し。猛き者も終には滅びぬ、ひとえに風の前の塵に同じ」と重なる。ここから岡倉が『平家物語』の冒頭を英訳したことが窺え、万物が常住し得ないことを前提として超越解脱に至ろうとする仏教の思想を、読者に発信しようとしていたことが推察できる。

ギルダー宛て書簡で、岡倉は「（カーティスの）韻文は原文の叙事詩の精神に忠実で、事実彼に渡した私の訳をなぞっております」と述べた。『ヨシツネ物語』を通して岡倉がアメリカ人読者に伝えようとした「精神」のひとつは、『平家物語』冒頭に掲げられた仏教の思想だったのであろう。そしてカーティスがその「精神」を忠実に韻文化するためには、岡倉が原文を書く必要があったのである。

散文形式の岡倉の原文をカーティスが韻文化したことで、『ヨシツネ物語』は西洋の伝統的な詩の形式に整えられた。だが原文である岡倉の文章も、行の分かち書きをしない散文形式をとっているものの、語調が良く詩的な雰囲気を持っていることがわかる。岡倉は少年時代に森春濤（一八一九―八九）について漢詩を学んだと言われ、東京大学在学中に「三匝堂詩草」、卒業後に「痩吟詩草」と題した漢詩集を編んだ。清国旅行中やボストン滞在中にも多くの漢詩を詠んでおり、韻律をはじめ詩の約束事は熟知していた。このような岡倉の漢詩の素養は、英詩を創作する際に効果を発揮したのである。

ところでカーティスによる韻文化を必要としたのは、岡倉の英語力のほかにも理由が考えられる。一九〇五年二月岡倉はボストン美術館館長ロビンソンに対し、中国日本美術部の経営に関していくつかの提言を行ったが、美術館が出版する目録作成について次のように述べた。

出版される目録はアメリカ人によって作られるべきである。なぜならばアメリカ人は、一般の来館者が何に特別な興味があり、何を学びたいかということを、日本人より良く理解しているからであり、展覧会の陳列は来館者のためになされるからである(57)。

この文脈で『ヨシツネ物語』の出版を考えると、岡倉が韻文をカーティスに託したのは、自分よりカーティスのほうが一般のアメリカ人読者が「何に特別な興味があり、何を学びたいかということ」をよく理解していると考えたからだと推察できる。言いかえれば、岡倉はアメリカで義経伝説を発信する際、カーティスのフィルターを通すことの必要性を感じていたと言える。

1―3　未完に終わったカーティス版

だが結果として、この試みは完成を見なかった。カーティスの『ヨシツネ物語』の最後の章は「いかにして義経は平家を屋島に追いつめたか」で終わっている。これは岡倉の原文の「屋島の戦い」に相当する部分であり、残り五つのエピソードを韻文化する前にカーティスの筆は止まってしまった。カーティスのタイプ稿の冒頭には、未完であることを示す覚書がある。

日本における騎士の時代の物語集は、岡倉覚三が英語の散文体で書いた原文から、フランシス・ガードナー・カーティスが韻文で書いたものである。完成には至らなかったが、どこにでもある騎士道精神の類縁に光をあてるという形で、ヨシツネ主従と敵軍の物語を説明しようとした企画の一部である(58)。

ここからも、カーティスの韻文化は、義経主従の物語を出版するという計画のもとで行われたということがわかる。だが一方で、この覚書は、カーティスが「ヨシツネ主従と敵軍の物語」を、「どこにでもある騎士道精神の類縁」として説明しようとしていたことを示している。カーティスが頓挫した理由は詳らかでないが、この覚書は日本の英雄叙事詩を通して日本の「精神」を発信しようとした岡倉と、その意を受けたカーティスの理解の間に、なんらかのギャップが存在していたことを示唆しているように思われる。

その後、岡倉版とカーティス版の『ヨシツネ物語』は、カーティス夫人を通してガードナー夫人の手に渡った。カーティス版『ヨシツネ物語』には「カーティスからあなたへの贈り物を置いていきます。興味を持っていただけると思います」というカーティスの短い手紙が添えられた。また、カーティス夫人は、岡倉版に次のような手紙を添えた。

日本の伝説を岡倉が書いたこの本を、あなたに置いていきます。――あなたはフランクの書いたものを持っていますので、彼が何からこれを作ったか知ることは興味深いことだと思います。この中にはいくつか誤りがあります。彼のものにしては残念ですが。でもそれらを正しく書くのはとても難しいことです。私はいつか富田氏の指示のもとで、数部の写しが印刷されるよう試みるつもりです(59)。

この書簡から、カーティス夫人は岡倉の『ヨシツネ物語』より先に、カーティス版をガードナー夫人に渡していたことがわかる。岡倉版に添えた手紙には五月三〇日の日付が記されているだけで年次は不明である。しかし、文中の「富田氏」が富田幸次郎を指すと考えられることから、この手紙は富田がボストンを訪れる一九〇六年以降に書かれたものである。岡倉の『ヨシツネ物語』執筆は、一九〇四年夏頃だと推定されているが、ガードナー夫人の手に渡ったのはそれから二年後だったということになる。カーティスの韻文化に時間がかかったのか、それとも韻文化を断念してから原稿が数年置かれていたのか、この時間の経過が意味するところは詳らかではないが、カーティス夫人がなぜこの時期ガードナー夫人に二人の原稿を渡し、印刷まで考えていたのか、という疑問は今後追究されるべき課題であろう。

結果的には『ヨシツネ物語』は出版されることなく、岡倉、ギルダー、カーティス夫妻、ガードナー夫人、富田らを結ぶ小さなネットワークの中だけの存在に終わってしまった。おそらく岡倉が『ヨシツネ物語』をひとりで執筆したならば、計画は頓挫せず出版は実現したかもしれない。しかし岡倉はカーティスとの合作、つまり韻文化にこだわった。そこに『ヨシツネ物語』が、『東洋の理想』や『茶の本』など、他の英文著作とは異なる点がある。『ヨシツネ物語』の特徴は、日本人（岡倉）と西洋人（カーティス）との合作によって、日本の長編叙事詩である義経伝説の本をアメリカで出版しようと試みたことにある。そして、この合作の構図は、日本の信太妻伝説をもとに日本人（岡倉）が執筆したオペラ台本に西洋人（レフラー）が音楽をつけるという、『白狐』創作における共同作業の構図と重なるのである。

また、義経伝説を英語で韻文化し、西洋文学の叙事詩の「形式」を採用してアメリカ読者に発信しようとした岡倉の方法は、『白狐』において信太妻伝説をオペラという「形式」にあてはめて発表しようとした方法と類似している。ここから、西洋人が共感する日本の物語を、西洋文化の枠組みにあてはめて、東洋の「精神」を発信しようとする岡倉の方法論が浮かび上がってくる。『ヨシツネ物語』は叙事詩、『白狐』はオペラと形態は異なるものの、西洋のフレームを利用して発信するという点において、二作品は類縁関係にあると言えるだろう。この点において『ヨシツネ物語』執筆は、共感によって西洋と東洋は理解できると確信し、西洋に対し東洋を発信し続けた岡倉の活動のなかに位置づけられる。『ヨシツネ物語』の試みは、後に『白狐』へと発展していく軌跡の上に置くことができるのである。

2 『アタカ』――岡倉と演劇改良運動

2―1 『アタカ』と「勧進帳」

『アタカ』は、『ヨシツネ物語』の第一三章「安宅の関で」を独立させた話である。『アタカ』と「安宅の関で」の文章は同一ではないが、粗筋は同じである。義経一行は山伏に変装し北国落ちをしようとするが、途中加賀国安宅関で関守の富樫左衛門に阻まれる。弁慶が偽の請願文を読み上げたことで富樫は通過を許そうとするが、一行の中に義経と思しき人物を見つける。弁慶は疑いを晴らすため主人を杖で打擲するが、弁慶の目に涙を見た富樫は、彼らを義経一行と承知した上で関所の通過を許す。関所を通過した後は、主人を打擲した恐ろしさに泣く弁慶と、その手を握って慰める義経、涙にくれる一行が描かれる。

まず、安宅関を題材にした代表的な文学・芸能作品を概観してみよう。『義経記』では、巻第七「三の口の関通り給ふ事」「平泉寺御見物の事」「如意のわたりにて義経を弁慶うち奉る事」のなかに、関守との問答、加賀国の富樫介と勧進帳、弁慶の義経打擲などが描かれる。謡曲「安宅」は、素材を『義経記』に求めて作られたものである。悲運の英雄義経と主従の諸所での受難を安宅の関に集約し、義経を守る弁慶の知略と哀情を描いた物語である。『義経記』や能で文芸化された安宅の関の題材は、歌舞伎や浄瑠璃でも上演されるようになる。一八四〇年（天保一一）、七代目市川団十郎（一七九一―一八五九）によって初演された「勧進帳」は、謡曲「安宅」を基に創作されたものである。

明治時代になると、「勧進帳」は九代目市川団十郎の高尚趣味と合致して、歌舞伎十八番の代表的作品となった。市川団十郎は「勧進帳」の弁慶を持ち役とし、一八九一年の天覧劇を含めて九回演じたが、彼の在世中は他の俳優が弁慶をつとめることはなかったという。[60]「勧進帳」は九代目以降も圧倒的な上演回数を誇り、大正、昭和にわたって「またかの関」と言われるほど盛んに上演された。一九〇四年一一月には、榎本虎彦（一八六六―一九一六）が近松門左衛門の作品を翻案した「安宅関」が歌舞伎座で上演され、七代目市川八百蔵（中車、一八六〇―一九三六）の当たり狂言となった。このような歌舞伎の影響は壮士芝居にも及び、一八九二年には川上音二郎（一八六四―一九一一）が義経を勤める「安宅義経問答」がかけられている。[61]このような明治以降の「勧進帳」の人気を考えると、岡倉が「勧進帳」を参考にして『アタカ』を執筆した可能性を考えなければならない。

神田由築は、歌舞伎「勧進帳」と能「安宅」とを比較し、「勧進帳」は「安宅」を原型としながらも、弁慶（家来）が義経（主人）を「杖で打つ」行為をめぐってドラマが増幅されており、「安宅」ではワキにすぎなかった富樫は、「勧進帳」では、主従の命を賭けた行為の重みに耐え、自らも死を覚悟する人物に書き直されたと述べる。近世の日本社会では、「杖で打たれる」ことは死に至るほどの重大な恥辱という共通認識があり、弁慶の打擲は、弁慶はもちろん、義経の死をも意味する行為であった。義経が、自分を打ったのは正八幡大菩薩の深慮である、と弁慶に言うことで、主従は死なずに済むのである。富樫が義経一行と知りながら通過を許可したのは、このような主従の生命をかけた行為の重みを共有して、自らも死を覚悟したからであった。だが、時代が下るにつれ「杖で打たれる」ことの重みは希薄になり、近世社会の人々と同じ感覚で捉えられなくなったと指摘する。[62]

一方「安宅」では、富樫が偽山伏の弁慶が下人（実は義経）を打つ行為を見て、下人は義経でないと判断して関所通過を認めており、富樫が重要な決断をする場面は強調されない。このように「安宅」と「勧進帳」との大きな相違のひとつは、弁慶が義経を「杖で打つ」シーンでの富樫の心理と行動にある。このことを踏まえて、『アタカ』では義経打擲の場面がどのように描写されているか見てみよう。

彼〔引用者注：弁慶〕は巡礼の杖を振り上げ、従者を地面に打ち倒した。騎士《knight》富樫は黙って見守っていた。彼は弁慶の両目に光るものを見て、人知れず溜息をついた。己れの主君を打たなければならぬとは、騎士にとってどんなに耐えがたいことか。富樫は考えた。自分の職分は軽いものではない、しかし人間性のほうがそれ以上に重い。弁慶は（義経を）打つたびに、（自分自身のことを）打ちつけているのだ。富樫は決心した。わが城もわが家名も、あの偽山伏への献金として犠牲にしよう。「僧侶殿」と彼は言った。「従者を放すが良い！」(63)

このように『アタカ』では、主君を杖で打擲しなければならない弁慶の苦痛を受け止めた富樫が、自らの家名も命も犠牲にする覚悟を決めて、義経一行の関所通過を許すまでの心理描写に重点が置かれている。ここに「勧進帳」で描かれる富樫像との共通点を見出すことができる。だが、ここで富樫の胸を打つのは、「己れの主君を打たなければならぬ」弁慶の苦渋であって、「杖で打たれる」義経の覚悟まで汲み取ってはいない。ここから近世社会の日本人とは異なる、岡倉の弁慶打擲シーンの解釈が看取できる。

また、安宅の関を抜けた後の場面にも「勧進帳」と『アタカ』の共通点が見出せる。「勧進帳」では、義経は弁慶に「我を打って助けしは、正に、天の加護、弓矢正八幡の神慮と思へば、忝く思ふぞよ」と感謝のことばをかける。しかし、弁慶は主人を打擲した己の行為に耐え切れず「世は末世に及ぶといへども、日月いまだ地に落ち給はぬ御高運、はゝ有難し、有難し。計略とは申しながら、正しき主君を打擲、天罰そら恐ろしく、千鈞を上ぐるそれがし、腕も痺るゝ如く覚え候、あら、勿体なや勿体なや」と生涯ただ一度の涙を流す。その弁慶の手を義経が取るという主従のやり取りが見せ場のひとつとなっている。(64)『アタカ』でも安宅の関から遠く離れたところで、弁慶が「世は末世に及ぶといえども、日月いまだ天から堕ちず。わが腕を衰えさえたまえ、主君を打ったこの腕を」と生涯で初めての涙を流す。義経は優しく弁慶の手を握ると、「私を打ったのはお前の手ではない、わが祖先、戦神八幡の手が導いたのだ。安心しなさい」と慰め、武士たちは声を放って泣くのである(65)。この主従二人の台詞の類似に加えて、弁慶が生涯一度の涙を流し、その手を義経が握るという行為が、「勧進帳」と共通していることがわかる。

さらに『アタカ』では、義経主従の奥州下りの経緯が述べられた後、「巡礼の鈴の音響かせて、旅人の衣は露に濡れ、四月に花の都を立ち出でて」という文章が続く。この表現は、「勧進帳」の安宅までの道行の詞章「旅の衣は篠懸の、旅の衣は篠懸の、露けき袖やしをるらん。時しも頃は如月の、如月の十日の夜、月の都を立ち出でて」と類似していることが認められる(66)。以上の事例から、岡倉が当時人気の演目だった「勧進帳」を参考にして、『アタカ』を執筆したことが推察できる。

2―2　岡倉と演劇

先行研究において、岡倉と歌舞伎という視座から論じられることはほとんどなかったが、彼は一八八九年に発足した日本演芸協会の事務委員、および文芸委員を務めている。岡倉と日本演芸協会との関わりは、高田早苗（一八六〇―一九三八）や坪内逍遥の回想、および彼自身の日記「雪泥痕」に会員との交流が記される程度で、具体的な活動は詳らかではない。だが、岡倉と演劇との関わりを考える上で、考慮すべき出来事として述べておきたい。

明治初期から中期にかけて行われた演劇改良運動は、狭義には明治一〇年代の欧化改良主義に呼応した社会改良運動の一環を指すが、本質的には一八七二年から一八九一年頃までの歌舞伎の新運動が含まれる。一八七二年は明治新政府が近代化を目指す諸政策を集中的に打ち出した年であるが、芸能内容への統制も開始され、上演される演目は勧善懲悪を主とすること、淫風醜態に流れ風俗を乱さないこと、風俗改良の一助となるよう心がけること、などが命じられた。これは各種の風俗改良措置の一環であり、その背景には条約改正にむけて社会の対外的近代化を急ぐ、政府の欧米列強に対する対外配慮があった(67)。政府は歌舞伎を上流貴紳・内外高官の見るべきものとして、世話物を非難し、上品で忠孝道徳をテーマとする史実第一主義の劇を奨励した。政府の奨励に順応して改良を進めたのが九代目市川団十郎であった。団十郎は「活歴物」と呼ばれる史実尊重で写実風の歌舞伎を創始した。団十郎の「勧進帳」はこの「活歴物」の代表であり、政府に好都合な芝居であった。「勧進帳」の流行は、このような政治背景に支えられていたのである。また、五代目尾上菊五郎も河竹黙阿弥の協力を得て、文明開化の時代風潮を描写した「散切物」を上演した(68)。

一八八五年に成立した第一次伊藤内閣は、演劇改良を条約改正のための欧化政策の重要な一環として推進した。翌一八八六年八月には演劇改良会が結成される。首唱者は伊藤の女婿末松謙澄で、会員には外山正一、森有礼、渋沢栄一（一八四〇―一九三一）など政・官・学・財界の有力者が名を連ねていた。演劇改良会の目的のひとつは、「猥雑野鄙にして紳士淑女の目に触る可らざるもの極めて多」い日本の演劇の「陋習を改良し好演劇を実際に出さしむる事」を目指すことであった(69)。たとえば末松や外山は、歌舞伎改革として女形やチョボ、黒子の廃止や改良を訴え、狂言に女性を用い、能においても男女を混ぜて直面で上演するよう提案するなど、それまでの伝統を無視して西洋を模範とした改良政策を掲げた(70)。

一方、このような演劇改良会は洋式偏重で非現実的なものだとして、坪内逍遙や森鷗外（一八六二―一九二二）、高田早苗などから激しい反論が起こった(71)。結局演劇改良会は、新劇場建設案の討議会が開かれたものの、実質的には一八八七年に歌舞伎の天覧劇を実現した後に、自然消滅した。

皮相な欧化改良思想の演劇改良会とは別に、一八八八年に歌舞伎の特色や長所の啓発を目指した日本演芸矯風会が起こる。その実権が高田早苗に移行すると、一八八九年九月、日本演芸協会と改称された。この協会は極端な写実主義でも活歴主義でもなければ、英雄烈婦、忠臣孝子本位の優美高尚専一主義でも、西洋劇化主義でもなく、国劇の特長を保存しつつ、芸術としての向上を目指した点で演劇改良会と異なっていた。

岡倉は、この日本演芸協会に事務委員、文芸委員として関わった。高田の回想によると、日本演芸協会を組織する時に、彼とともに尽力したのは岡倉と森田思軒（一八六一―九七）であった。日本演芸協会を創設するにあたり、岡倉は組織に対する世間的な信用を得る必要があると主張し、宮内大臣土方久元（一八三三―一九一八）、皇太后宮太夫香川敬三（一八四一―一九一五）を説得して、彼らから正副会長就任の承諾を得たという。高田は、このような岡倉の「方針を立てる事と、特に其の実行に奔走する点」に「頗る感服した」と述べており、岡倉が演芸協会の組織作りに、積極的に関与したことが推察される(72)。さらに高田は、坪内逍遥の述懐を引用し、演芸協会の主義や方針について次のように記している。

此会の事実上の主脳者は高田、岡倉の二君であつたといってよい。二君は、其頃に在つては、文芸の真旨を理解せる点に於て、明かに群を抜き、内外の文学芸術の造詣に於て、前々の劇改良論者の、或ひは国劇の知識を缺き、或ひは写実主義に偏し、或ひは劇を一図に矯風と機関視するやうな浅薄さとは同日にして論ずべからざるものがあつた。（中略）両者の意気、理想は期せずして投合したらしく、前の二改良会の主張の行き過ぎたり偏したりしたのを矯正し、国劇の長所を保持しつつ而も時代に副って向上せしめようといふ意見を抱いて、毎年一回づゝ諸演芸の演習を行ひ、且つ特に十二月に於ては、文芸委員の新作に係る新劇を上演すべしといふ会規を作つた。特に新進の作家中より脚本を募るといふ此一事だけでも、此会の旨が在来のとは違つてゐたのである(73)。

ここから、岡倉が高田とともに日本演芸協会の中心的位置にいたことがわかる。また、日本演芸協会設立の目的は、「国劇の長所を保持しつつしかも時代に副って向上せしめ」ることであり、この理念は、序章で述べた鑑画会演説における岡倉の「自然発達論」と共通している。[74] 岡倉が、東京美術学校で新しい日本画の創造を模索する一方、日本の演劇の長所を保持しながら時代にあった新しい演劇を創作し、上演するという試みを行っていたとしたら、新しい日本画を創造することと、新しい演劇を創作することの底流には同じ理念があったといえる。

しかし、その後日本演芸協会は思うように新作脚本を発表することができず、やがて解体の余儀なきに及んだ。理想は高邁だったが、それがほとんど実現できずに自然消滅してしまったのである。[75]

岡倉が日本演芸協会の設立に関わったことを考えれば、後年、歌舞伎を題材に『アタカ』を執筆したことは自然なことだったと考えられる。さらに言えば、『白狐』にも歌舞伎「芦屋道満大内鑑」の様式や趣向が見出され、『白狐』執筆とその上演に対する情熱の端緒も、岡倉が日本演芸協会に所属していた時期に遡って見出すことができよう。

ところで、『アタカ』の執筆動機は、『ヨシツネ物語』と異なり明確にはされていない。だが、カーティス版『ヨシツネ物語』の後ろに、“Ataka”と題された短い韻文が同綴されていることに注目したい。このカーティス版『アタカ』の内容が、岡倉の『アタカ』を韻文化したものだからである。[76] たとえば弁慶が杖で義経を打擲する場面では、弁慶の目に光るものを見た富樫が全てを理解し、彼らの通過を許可する様子が描かれ、岡倉の『アタカ』を忠実になぞっている。カーティス版は義経打擲の場面で終わっており、安宅関を抜けた後の場面はないが、岡倉が『アタカ』を書いた後で、カーティスがそれを韻文化したことは明らかである。

このことから、岡倉が『ヨシツネ物語』を書いてカーティスが韻文化を試みたように、『アタカ』でも岡倉とカーティスによって同じ作業がなされことが推察される。その分量の少なさと、新たに「安宅の関で」として

『ヨシツネ物語』の一部に収録されたことを考えると、英語叙事詩として義経伝説を出版するという共同事業の準備段階として、岡倉とカーティスはまず安宅の関の場面だけ韻文化を試みたことが考えられる。(77)

3 『コアツモリ（若き敦盛）琵琶歌』――既存の「日本」イメージへのアンチテーゼ

3―1 岡倉と薩摩琵琶

『コアツモリ』とは「小敦盛」のことであり、これも『ヨシツネ物語』のなかの「一ノ谷の戦い」で描いた源氏の武将熊谷直実と平家の少年公達敦盛との哀話を独立させたものである。

『平家物語』の敦盛と直実の合戦悲話も、さまざまな文学や芸能に脚色され発展していったもので、義経伝説と同様、古来人々に愛され馴染みのある話であった。たとえば御伽草子の『小敦盛』は敦盛の死を起点として、敦盛の遺児が法然上人や熊谷入道の導きで母と再会し、父の亡霊と対面する物語である。古浄瑠璃や説経節の「こあつもり」では、前半部に敦盛、直実の戦いと直実の出家を描き、後半部に御伽草子『小敦盛』と同様の物語が展開される。また謡曲「敦盛」は蓮生上人（出家後の直実）が敦盛の亡霊に出会う話である。歌舞伎「一ノ谷嫩軍記」では首桶の中が敦盛ではなく直実の実子小次郎にすり替わっているなど『平家物語』とは大きく異なっているが、一ノ谷合戦の話が元になっている。このように敦盛と熊谷の合戦悲話のバリエーションは数多く存在する。それは、明治期に日本を訪れた外国人旅行客の耳にも届くほどであった。ラ・ファージは『画家東遊録』のなかで、京都の黒谷金戒光明寺に直実と敦盛の墓があることに触れ、そこで聞いた敦盛の悲劇の死と直実の出家について語っている。(78)

『コアツモリ』の物語は『ヨシツネ物語』のエピソードのひとつにあたるが、それを基にして韻文化された形跡は今のところない。『ヨシツネ物語』や『アタカ』と異なり、『コアツモリ』の最大の特徴は、琵琶歌のテキストとして英語で書かれたという点にある。歌詞の合間には「海岸に沿って馬が走るさまを表す琵琶の音の動き」「琵琶の音の動きは、波の彷徨と突然の海への突入の雰囲気を満たす」「琵琶の音の動きは荒々しく」「ここでの琵琶はもっとも趣深く」のように、琵琶の弾奏の調子を表す記述が挿入される(79)。

なぜ岡倉は小敦盛を題材にして英語で琵琶歌を書いたのだろうか。そのためにはまず明治期における琵琶の文化的位置や、岡倉と琵琶の関係について見ていく必要があろう。薩摩琵琶は、主に薩摩藩内で武士や町人に親しまれていたが、明治維新後、薩摩人士の東京進出とともに広く世人に知られるようになった。はじめは格式ある教育的情操音楽として、皇族をはじめ一部の人々に愛好されていたが、日清日露戦争を機に勇壮悲憤の芸風が当時の人々の共感を呼び、東京を中心に全国的な流行を巻き起こした。薩摩琵琶は勇壮でありながら、戦争の悲劇を歌った題材が多いという(80)。

当時、優れた薩摩琵琶の弾き手のひとりに、西幸吉（一八五五―一九三一）がいた。西は一八七九年薩摩から上京後、森有礼の知己を得て来日中のグラント前米大統領（一八二二―八五）の招待席上で琵琶を弾奏する。これにより西の名は在京の薩摩人の間に喧伝され、後援者となった大久保利和（一八五九―一九四五）が九鬼隆一に推薦したことにより、西は翌一八八〇年一月から音楽取調掛に出仕することとなる。その後、一八八一年に文部省統計院本務、音楽取調掛兼務となり、一八八二年には宮内省式部寮に移った(81)。西が音楽取調掛に出仕して数ヶ月経った一八八〇年一〇月、岡倉が同掛での勤務を開始した。岡倉は西と出会い、薩摩琵琶に魅せられた。岡倉は一八八一年に専門学務局勤務となり、一八八二年には音楽取調掛の兼務を解かれているため二人が同僚であった期間は短いが、息子の一雄は、岡倉は西幸吉のために二、三の作詞を試みたと回想する(82)。また弟の由三郎によると、西幸吉が岡倉家を訪ね「小敦盛」「武蔵野」の名曲を弾吟したこともあったという(83)。このような二人の交流は、岡倉の漢詩「聴薩摩西幸吉君弾琵琶（薩摩の西幸吉君の弾ずる琵琶を聴く）」からも窺える。

百二都城将星落　百二の都城将星落つ
帥旗令影風沙悪　帥旗《すいき》令影風沙悪し
何人鉄撥度琵琶　何人ぞ鉄撥《てつばち》もて琵琶を度《う》つ
氈帳如氷破蟾薄　氈帳《せんちょう》氷の如く破蟾《はせん》は薄し
一弾大雪壓刀鐶　一弾すれば大雪刀鐶《とうかん》を圧し
胡騎銜枚度燕山　胡騎枚《ばい》を銜《ふく》んで燕山を度《わた》る
再弾鵑血汚湘竹　再弾すれば鵑血《けんけつ》湘竹《しょうちく》を汚し
漂渺胡梧人未還　漂渺《ひょうびょう》たる胡梧《ここ》人未だ還らず
三弾四弾胥濤急　三弾四弾ずれば胥濤《しょとう》は急にして
子弟八千江水泣　子弟八千江水に泣く
曲歇秋営粛無声　曲歇《や》み秋営粛として声無し
戎王窃聴彪裘湿　戎王窃《ひそか》に聴きて彪裘《ひょうきゅう》湿る
往時蒼茫怕思量　往時蒼茫として思量を怕《おそ》る
空山乱後骨荒涼　空山乱の後は骨荒涼
傷心重按平家怨　傷心重ねて按ず平家の怨
夜雨秋燈易惨愴　夜雨秋燈易《たち》まち惨愴たり
君不見薩摩海連須磨浦　君見ずや薩摩の海須磨の浦に連なるを
思裏魂怨空千古　思裏の魂は怨む空しく千古(84)

この漢詩は岡倉の漢詩集「痩吟詩草」に収められたもので、おそらく一八八一年頃の作であろうと推察されている。この漢詩から岡倉が西幸吉の琵琶を賞賛し、薩摩琵琶に関心を寄せていたことがわかる。西が岡倉宅で弾奏したという「小敦盛」は、初段と二段の二段構成で、平敦盛が熊谷直実と組み打ち、最後を遂げる物語が描かれる。熊谷が息子の直家を思い出し、敦盛亡き後の父経盛の心中を察する場面では親心が強調され、武士の無情や戦争の悲しさを訴える。岡倉の漢詩の中にも「傷心重按平家怨」、「君不見薩摩海連須磨浦　思裏魂怨空千古」など、薩摩琵琶「小敦盛」の世界を反映した句が見出される。

岡倉が薩摩琵琶の「小敦盛」に感銘を受けたことは想像に難くないが、『コアツモリ』は薩摩琵琶の「小敦盛」を単に英訳したものではない。薩摩琵琶の『小敦盛』は二段構成だが、『コアツモリ』には段分けがなく、二段で歌われる物語を短縮している。岡倉は『ヨシツネ物語』と同様、薩摩琵琶「小敦盛」をもとにして独自の物語を執筆したと言える。大学在学中に加藤桜老（一八一一―八四）について琴曲を修得したことを考えても、岡倉が日本の伝統的な音楽に対する知識や教養を持っていたことは明らかで、そのことが琵琶歌「小敦盛」のテキスト執筆を可能にさせたことは間違いない。

ところで平凡社版『岡倉天心全集』で底本にした自筆草稿と、一九二二年刊行の日本美術院版『天心全集』乙とを比較すると、語句にかなりの異同が認められ、ほかにタイプ稿が存在した可能性が指摘されている(85)。複数の底本の存在は、その執筆が単なる思いつきではなく、何らかの意図があってなされたことを示唆しているように思われる。そして英語での執筆は、『コアツモリ』を通して、岡倉が何らかのメッセージをアメリカ人に伝えようとしたことが考えられる。

3—2 『コアツモリ』と『武士道』

『コアツモリ』の冒頭は、「祇園（祇園精舎）の鐘は『全てのものは消えていく』と告げて鳴る。娑羅（仏陀がその下で死んだ娑羅の木）の花は『生は死である』ことを表す。高貴な者も永劫には続かず、栄華と成功を誇る歓喜は春の夜の夢に過ぎない」で始まる。これは『平家物語』の「祇園精舎の鐘の声、諸行無常の響きあり。娑羅双樹の花の色、盛者必衰の理を顕す。奢れるものも久しからず、ただ春の夜の夢のごとし」の英訳であるが、薩摩琵琶「小敦盛」も、『平家物語』の有名なこの文から歌が始まっているため、そのまま英訳したものと考えて良い。『コアツモリ』では、文中にも関わらず「全てのものは消えていく（All is Evanescent）」と「生は死である（Life is Death）」の部分は大文字を使って強調されている。『ヨシツネ物語』の冒頭にも「死が唯一の永遠である（Death is the only thing eternal）」という類似の表現が使われ、それを韻文化したカーティス版の冒頭にも「死だけが永遠（Death only is eternal）」と記される。このことから『コアツモリ』にも岡倉が『ヨシツネ物語』で伝えようとした思想、すなわちすべては生滅変化する無常なものであり、永遠不滅の本体などないと考える仏教の思想的特徴が織り込まれていることがわかり、それを西洋社会に発信しようとした岡倉の意図が推察される。

大岡信は、『ヨシツネ物語』を「武士道の『もののあはれ』や、犠牲的な『死』に対する瞑想的な美化といった要素が強く底流として流れている天心独自の叙情的史譚」と位置づけ、岡倉が『ヨシツネ物語』『アタカ』『コアツモリ』を書いたのは「往昔の武士道の中に見出して外国人にそれを語ろうと欲した好ましい美質が、敵味方の間に流れる思いやりの深さ、自己犠牲の精神、『もののあはれ』に感動し涙さえ流す猛々しい勇者の心根といったところにあった」と解釈している。[86]「武士道」と言えば、一九〇〇年、新渡戸稲造（一八六二—一九三三）の *Bushido, The Soul of Japan: An Exposition of Japanese Thought*（『武士道』、以下邦題を表記）が出版されたことが想起される。日露戦争で日本軍が善戦するとアメリカ国内で日本への関心が高まり、日本関連書物がよく読まれるようになり、一九〇五年には『武士道』が再版された[87]。岡倉は『茶の本』のなかで、「武士道」を意識したと思われる「サムライの掟（Code of the Samurai）」という言葉を用いて、次のように述べている。

西洋は、日本が穏やかな平和の芸術に耽っていた間は、野蛮国とみなしていた。だが日本が満州の戦場で大虐殺を犯し始めると、文明国と呼ぶようになった。最近「サムライの掟」——日本の兵士達が喜んで自らの命を絶つ「死の術」——についてさかんに取りざたされているが、われわれの「生の術」を非常によく表している茶の湯（Teaism）を取り上げることに、ほとんど注意が払われない。もし、われわれが文明国だという主張が、身の毛もよだつ戦争の栄光を根拠としているのだとしたら、喜んで野蛮人のままでいよう。喜んで、われわれの芸術と理想に尊敬が払われるようになる時を待とう[88]。

おそらく岡倉は、『武士道』、特に第一二章「自殺と敵討ちの制度」で描かれたサムライと切腹の話が、日露戦争での日本軍と結びつき強調され、「日本の兵士達が喜んで自らの命を絶つ」というイメージを作り上げていることに危惧を抱き、「生の術」である茶道を通して、日本の異なる精神文化を伝えようとしていたと推察される。岡倉はまた、このような日本イメージを西洋社会に発信する日本人に対しても批判的な立場にあったと思われる。たとえば新渡戸は『武士道』のなかで「鴨緑江や、朝鮮や、満州において戦勝をおさめたものは、われわれの手を導き、われわれの心臓に鼓動を打つ父祖の霊である。（中略）もっとも進歩した考えを持つ日本人を剥がしてみると、彼がサムライであることがわかる」と述べている[89]。大陸における日本軍の勝利を誇り、もっとも文明的な日本人はサムライであるという言論に対して、岡倉は「もし、われわれが文明国だという主張が、身の毛もよだつ戦争の栄光を根拠としているのだとしたら、喜んで野蛮人のままでいよう」と対立する。

このような岡倉の主張と呼応するように、『コアツモリ』から漂うのは、勇猛果敢な武士の戦さぶりでも、犠牲的な死や献身に対する美化でもなく、戦争の非情さ、戦うことの空しさであり、無常観である。岡倉は『コアツモリ』を「あらゆる哀れのなかでいっそう哀れな敦盛の物語」と評し、武士を「哀れな」存在として描き出す。敦盛が己の名誉のため、熊谷に頼んで非業な最期を迎えようとするとき「琵琶はもっとも趣深く」なり、熊谷の悲痛な心情を調べに乗せる。

彼は事の悲哀と刀とを量りにかけて考えた。人間性？ なにゆえの戦いか？ なにゆえ弓矢でやりあうのか？ 武器を投げ捨てればわが身はなくなり、武器を手にすれば悲哀があるのみ。取ろうが取るまいが——武器は災いの種である！
アツモリの首が落ちると、戦士の夢も共に落ちた(90)。

岡倉が『コアツモリ』で描いたのは、敦盛を殺すか、助けるか、という葛藤の中で、戦さの悲惨さ、武士の哀れさと空しさ、「人間性（Humanity）」の尊さを悟り、敦盛の命とともに武士としての自らの未来も葬り去った熊谷の姿である。このような熊谷の姿は、『アタカ』で岡倉が描いた富樫の人間像と重なる。主君を打つ弁慶の苦渋を知り、「自分の職分は軽いものではない、しかし人間性（humanity）のほうがそれ以上に重い」と主従の通過を許す富樫は、武士の本分より情けに重きを置いて行動した人間として描かれる(91)。彼らは武士であるが、新渡戸の説く「日本軍を大陸での戦勝に導いた父祖の霊」とは対極的な位置にある。それゆえ、岡倉の伝えようとした『コアツモリ』の世界観は、日本人＝サムライ＝日本軍＝文明国という構図を形成しながら普及する「日本」イメージを、解体するためのアンチテーゼと見なすことが出来る。

佐藤全弘は、新渡戸が、西洋文明は世界で唯一の文明ではなく、キリスト教も真実を説く唯一の教えではなく、すべての民族の歴史が人類の歴史の一頁を構成しているという考えに基づいて『武士道』を執筆したと述べている。[92] このような新渡戸の考えは、岡倉と共通性を持つ。だが問題は、発信された日本文化論が時代状況と結びついて、どのような「日本」イメージを形成していったか、ということである。

一九〇〇年、パリ万国博覧会でロイ・フラー劇場の舞台に立った川上音二郎一座は、芝居の中で「ハラキリ」の場面を入れることを注文された。切腹のシーンは川上貞奴（一八七一―一九四六）の「道成寺」と相俟って観客を魅了し、一座の舞台は評判を呼んだ。こうして、欧米人の異国趣味を満足させるために、日本人自らのパフォーマンスによって、日本と切腹のイメージが広まっていった。このような日本イメージを是正するために、日本古来の物語を通して、いかにして戦争の悲劇と、救いとしての仏教という思想を伝えるかという課題が、『コアツモリ』執筆の意図に含まれていたように思われる。

そこには『茶の本』と同じように、強大な軍事力を文明の優劣と見なす西洋社会の価値観や、戦争の勝利を文明国への参入と見なす日本人に対する批判をも見出すことができる。熊谷の葛藤を表す「（武器を）取ろうが取るまいが（to take and not to take）」は、『ハムレット』の台詞“To be or not to be”を想起させるが、いずれを選んでも武器が人々に災いをもたらすものであることを訴えるものとなっている。

当時、アメリカ東部の知識人層の間で、米西戦争（一八九八年）で割譲させたプエルトリコ、キューバ、フィリピンを植民地として領有することに反対する「反帝同盟」が形成されており、そのメンバーにはボストン市長、ハーヴァード大学総長などボストンの有力者が名を連ねていた。小泉晋弥は、彼らの思想と、インドにおける岡倉の「反植民地」の思想とが響きあい、岡倉は“the Cup of Humanity”の中で東西の反帝国主義者を結ぼうとしていたのだという『茶の本』の政治的側面を指摘している。[93]『茶の本』と同時期に執筆されたとされる『コアツモリ』も、このようなボストン社会の思想的風潮と岡倉自身の思想との共鳴があったと考える必要があるだろう。

そしてこれらを伝えるために琵琶歌という形式を採ったのは、芸術の共感を通して東洋と西洋は理解することができるという、岡倉の理想が基盤にあったと考えられる。琵琶の調べや歌によって、敦盛の悲劇は聴衆の感情に強く訴えることが可能だからである。とはいえ、実現には英語で琵琶を弾奏できる人物が不可欠であり、岡倉がどこまで具体的な上演を企図していたかは、現時点では不明である。

だが『コアツモリ』は、英語で執筆された日本の物語に音楽がつくことを前提にした作品という点で、信太妻伝説をもとにしたオペラ台本『白狐』の執筆と共通性を有している。『白狐』でも戦争による悲劇が描かれており、軍勢と魔法力で他人を蹂躙するアッケイモンは、戦争で弱者を苦しめる残虐な兵士の姿と重なる。アッケイモンは、「騎士道の本分は、永劫のものの哀れを知ることと聞く」とコルハの助命を願うヤスナを嘲笑し、「獣も女も、法にかなった男の戦利品」と豪語する。(94) コルハによってアッケイモンにもたらされる死は、軍事力を誇ろうとも自然の力の前には敗北を喫する人間の姿を象徴しており、「栄華と成功を誇る歓喜は春の夜の夢に過ぎない」というメッセージがこめられているように思われる。このように考えると、『コアツモリ』もまた『白狐』へと結実する軌跡の上に位置づけることができる作品なのである。

第三節　ボストンの音楽状況と『白狐』

1　ボストン音楽状況の俯瞰

ここまで岡倉の生涯の活動や思想と『白狐』執筆との関係性を考察してきたが、本節では当時のボストンの音楽状況における『白狐』執筆の意義について検討したい。

ボストンは植民地時代から、アメリカ合衆国における音楽活動の重要な拠点であった。一六四〇年には、聖職者のグループが植民地における初めての出版物となる賛美歌全書を出版し、一七一七年にはボストン初の歌唱学校が教会に開設された。一八世紀も後半になると、幾つかのバンドや合唱団によってコンサートが開催されるようになる。一八一五年、ボストンの文化の質を高めるため富裕な商人たちによって設立されたヘンデル・ハイドン協会は、一〇〇名からなる合唱団のコンサートを行い、全国的な名声を得た。室内音楽では、メンデルスゾーン・クィンテット・クラブが一八四九年から演奏会を行った。また一八七〇年代にはセシリア協会、アポロ・クラブ、ボイルストン・クラブなどの合唱団が発足した。

ハーヴァード大学卒業生の音楽の演奏水準を高め、大学に寄附講座を準備する目的で、一八三七年に設立されたハーヴァード音楽協会は、ボストン交響楽団の先駆的な存在である。この協会はセミプロのオーケストラの後援や演奏会を行い、ボストン交響楽団創立まで市民にオーケストラ演奏を提供した。こうしてコンサートはボストニアンの新たな娯楽となり、音楽は家庭に浸透していった。

また、渡米したヨーロッパの音楽家たちは、ボストンの演奏水準の向上に大きな役割を果たすこととなった。たとえば一八四九年に来訪したジャーメニア音楽協会のドイツ人音楽家二四名は、ボストンで定期コンサートを開いて、メンデルスゾーンや初期のヴァーグナー作品を紹介した。彼らは一八五三年、ボストンで初めてヴァーグナーの作品から構成されるコンサートを開き、グループが解散した後もメンバーのひとりはボストンに留まり、ヘンデル・ハイドン協会を指導した。一八六五年、ヘンデル・ハイドン協会は南北戦争終結を祝して七五〇名のコーラスと百名の奏者による音楽祭を開催した。また一八六九年には一万人のコーラスと千人のオーケストラを動員して、大規模な平和祝典が行われた。一八七二年にはその二倍の規模で二回目が開かれた。

音楽教育に関しても、ボストンは早くから制度を確立していた。一八三三年にボストン音楽アカデミーが開校し、一八三七年には公立学校に音楽が導入された。一八六七年にはボストン音楽院とニューイングランド音楽院が設立した。一八七八年には、ニューイングランド音楽院はアメリカ最大規模の音楽学校となった。

一九世紀後半にはアメリカの各都市で新しいオーケストラが次々に結成された。アメリカの社会生活においては、いまだ古典音楽は特権階級と一般大衆を隔てる祭礼の場であり、資本家エリートたちは演奏会に顔を出すと同時に、交響楽団に多額の資金援助をするようになる。歌唱力や演奏技術の向上、世俗への音楽の浸透、音楽教育の充実などを背景に、ボストンでも地元のプロフェッショナルなオーケストラを編成すべきであるという気運が高まった。一八八一年、実業家で、ガードナー夫妻の友人でもあるヘンリー・L・ヒギンソンによってボストン交響楽団が設立されると、ボストンは音楽の中心地として成熟期を迎える。一九〇〇年一〇月には楽団の本拠であるシンフォニー・ホールが落成し、現在に至っている。

当時ボストンのドイツ系人口は多くなかったが、音楽の主導性に関してはドイツの影響が強く、楽団に雇用された音楽家の大半がドイツ国籍であった。二年目のシーズンが終了すると、ドイツ、オーストリア―ハンガリーの指揮者が相次いで楽団に招聘された。このようなクラシック界におけるドイツの支配はアメリカ全体の傾向であり、レパートリーの大半はバッハやヴァーグナーなどドイツの作曲家の作品あるいはその影響を受けた作曲家の作品で占められていた(95)。

このように植民地時代から世紀転換期までのボストンの音楽状況を俯瞰すると、教会の礼拝、室内楽コンサート、オーケストラにおける合唱や演奏、音楽教育など多岐にわたる音楽活動が、ドイツ音楽の影響を受けながら、長期的に積み重ねられてきたことがわかる。欧州の音楽家たちの来訪や移住は、ボストンの音楽家の演奏力と市民の鑑賞力を向上させた。ヒギンソンやガードナー夫妻など、ボストン社会の富裕者層がノブリス・オブリージュに基づいて、音楽団体や音楽家たちに手厚い援助を与えたことにより、世紀転換期のボストンでは音楽文化が栄えていたのである。

2　ボストンにおけるオペラの状況

次に、ボストンの劇場およびオペラ上演について見てみよう。最初はピューリタンの倫理規範にのっとった「モラル・レクチャー」を装いながら、シェークスピアの古典劇などが仮小屋で上演されていた。ボストンで最初の劇場であるニュー・エキジビション・ルームで劇が初演されたのは一七九二年のことである。一七九四年にはボストン劇場、一七九六年にはヘイ・マーケット劇場が開館し、一九世紀になると次々と新たな劇場が開館した。表5は、ニュー・エキジビション・ルームの開館から、岡倉がボストン美術館に最後に勤務した一九一三年までにボストンで設立された主要な劇場をまとめたものである。一八世紀末からボストンでは次々と新しい劇場が開館したが、一方で開館から数年後には閉館する劇場も多かったことがわかる。これらの劇場はスターを抱えた座付劇団を持ち、現代劇やシェークスピア劇、オペラなど多彩な演目を上演していた。一九世紀末になると俳優たちが寄り集まって一座を作り、地元劇場を離れて合衆国内を巡業する動きが見られるようになる。二〇世紀初頭には劇場建築ブームが起こり、新しい劇場の建築が相次いだ。このような動きはアメリカ合衆国全体の傾向と同調するもので、世紀転換期のボストンでは地元の劇団と他都市の劇団が混ざり合い、多彩な舞台を提供していたのである。(96)

アメリカ合衆国のオペラの歴史は、ヨーロッパのコミック・オペラの輸入で幕を開けた。ボストンでは、一八六二年ボストン・ミュージアムで、ボストン音楽院の設立者、ドイツ生まれのジュリアス・アイヒバーグ（一八二四—一八九三）の英語の喜歌劇 *The Doctor of Alcantara*《アルカンタラの医者》が上演されると、オペレッタやコミック・オペラの上演が盛んになっていく。一八八五年一一月には、ホリス・ストリート劇場でオペレッタ

表5　1792－1913年に開館したボストンの主な劇場

開館	劇場名	閉館	備考
1792	ニュー・エキジビション・ルーム	1793	
1794	ボストン劇場	1852	1798年焼失、1835年再建、1846年劇場として再開
1796	ヘイ・マーケット劇場	1803	
1827	トレモント劇場	1843	
1832	ナショナル劇場	1863	
1836	ライオン劇場	1878	
1841	ボストン・ミュージアム	1846	1843年からコンサートに使用していたホールを劇場に。1846年新築移転
1845	ハワード・アセニウム	1953	1962年劇場撤去
1846	ボストン・ミュージアム	1903	
1854	ボストン劇場	1925	
1866	コンティネンタル劇場	1873	
1867	セルウィンズ劇場	1870	1870年グローヴ劇場と改称
1870	グローヴ劇場	1873	
1874	グローヴ劇場	1903	
1879	パーク劇場	—	1930年以降、ステート劇場と改称
1882	ウィンザー劇場	1888	
1885	ホリス・ストリート劇場	1935	
1888	グランド・オペラ・ハウス	1956	
1889	トレモント劇場	1949	1949年アスター劇場と改称
1891	コロンビア劇場	1955	1915年以降、映画館に
1892	ボードイン・スクエア劇場	1955	
1894	キャッスル・スクエア劇場	1927	1932年劇場撤去
1894	B. F.　キースズ劇場	1952	1934年以降、映画館に
1900	コロニアル劇場	—	現在も運営
1901	チッカリング・ホール	1975	1912年以降、映画館に
1903	マジェスティック劇場	—	1958年映画館に
1903	グローヴ劇場	—	映画館に
1909	ボストン・オペラ・ハウス	1957	
1910	シューバート劇場	—	現在も運営
1911	プリマス劇場	—	1958年映画館に
1911	ナショナル劇場	—	現在、同所にはオフェンシブ劇場がある
1911	トイ劇場	1913	1914年ガードナー夫人の寄付によって再開館（1922年閉館）

Elliot Norton, *Broadway Down East: An Informal Account of the Play, Players and Playhouses of Boston from Puritan Times to the Present*（Boston: Trustees of the Public Library of the City of Boston, 1978, pp. 133－139）より作成。閉館年が明確でない劇場は該当欄に「－」を記した

《ミカド》が二〇週のロングランを収めている。(97)

アメリカ合衆国のオペラの歴史は、一九世紀に入ると、イタリア・オペラ、フランスのグランド・オペラ、ドイツの楽劇とめまぐるしく流行が変わった。アメリカの作曲家は、流行したスタイルでオペラを書こうと試みたが、見るべき成果を残すことができなかった。オペラのために財政的に援助され、維持される劇場がなく、作品が上演される確実な保証もないため、作曲家がオペラを書くことは困難であった。(98)当時アメリカはロシア、東欧・中南米諸国などとともに、オペラにおいて「後進国」であった。これらの国々にとって「先進国」の仲間入りを果たすには、ヨーロッパ帝国の富と権力のシンボルたるオペラ劇場の建設が必要不可欠であった。一九世紀後半はカイロ、トルコ、チェコ、ハンガリーなどで、欧化政策の仕上げとして世界各地で大規模な国民歌劇場が建設された。(99)日本でもルネサンス建築様式の帝国劇場が一九一一年に開場し、オペラ上演を試みた。

この流れの中、アメリカでは、一八八三年ニューヨークでメトロポリタン・オペラが創設され、メトロポリタン歌劇場がオープンする。メトロポリタン・オペラは、発足以来ほぼ毎年ボストンを訪れ、オペラ活動を展開した。表6は、メトロポリタン・オペラが巡業公演を行った年のボストン公演期間と上演演目を、創立年から一九一三年までのシーズンに限定して、まとめたものである。これによると、メトロポリタン・オペラは一八八三年から一九〇四—〇五年のシーズンまで、一シーズン（一八八五—八六年）を除き、毎シーズンボストンに巡業に来ていたことがわかる。メトロポリタン・オペラはイタリア語で上演するシーズンとドイツ語で上演するシーズンとがあったが、一八八四—八五年や一八八九—九〇年のように、イタリア語とドイツ語のグループが別々に訪れることもあった。一回の公演における滞在期間は主に一～二週間だったが、三週間のときもあり、一八九九—一九〇〇年のようにボストン公演の合間に他都市に巡業に行ってから、再びボストンに戻ってくるというパターンもあった。メトロポリタン・オペラはヨーロッパの第一級の歌手たちを団員に抱え、豪華な配役で観衆を魅了し

表6　メトロポリタン・オペラのボストン巡業公演（1883–1913）

シーズン	ボストン公演期間	上演演目	備考
1883–84	1883/12/26〜1884/1/5	ファウスト（2回）、ランメルモーアのルチア、イル・トロヴァトーレ、ミニヨン、夢遊病の女、椿姫、ラ・ジョコンダ、セビリアの理髪師、ローエングリン、マルタ、カルメン	上演言語(伊)
1884–85	1884/3/3〜29	ハムレット、メフィストーフェレ、悪魔ロベール、ドン・ジョバンニ、預言者、セビリアの理髪師、ラ・ジョコンダ	上演言語(伊)
	1885/4/6〜18	預言者、タンホイザー（3回）、フィデリオ（2回）、ローエングリン（2回）、ユダヤの女、オルフェオとエウリディーチェ、ヴァルキューレ（3回）、白い貴婦人	上演言語(独)
1885–86	ボストン公演なし		
1888–89	1889/4/1〜13	ラインの黄金（3回）、ヴァルキューレ（2回）、ジークフリート（2回）、神々の黄昏（2回）、タンホイザー、ニュルンベルクのマイスタージンガー（2回）	上演言語(独)
1889–90	1890/3/17〜22	オテッロ（2回）、セミラーミデ、イル・トロヴァトーレ、マルタ、ウィリアム・テル、ファウスト、ラクメ	上演言語(伊)
	1890/4/7〜19	タンホイザー（2回）、ウィリアム・テル、ノルマ、ローエングリン（2回）、ニュルンベルクのマイスタージンガー（2回）、ユグノー教徒、さまよえるオランダ人、フィデリオ、ドン・ジョバンニ	上演言語(独)
1891–92	1892/3/14〜26	ユグノー教徒、ラクメ、ロメオとジュリエット、オルフェオとエウリディーチェ、カヴァレリア・ルスティカーナ、マルタ、ファウスト（2回）、ニュルンベルクのマイスタージンガー、セミラーミデ、ローエングリン、ドン・ジョバンニ、椿姫	
1893–94	1894/2/26〜3/10	ファウスト（3回）、カルメン（3回）、フィガロの結婚、ロメオとジュリエット（2回）、道化師、カヴァレリア・ルスティカーナ、ランメルモーアの	

		ルチア、ユグノー教徒、ミニヨン、セミラーミデ、ローエングリン	
1894–95	1895/2/25～3/10	ユグノー教徒（3回）、オテッロ（2回）、カルメン（2回）、ファルスタッフ（2回）、イル・トロヴァトーレ、リゴレット、ファウスト（2回）、サムソンとデリラ、ドン・ジョバンニ、ロメオとジュリエット、マノン・レスコー	
	1895/4/9～14	ローエングリン、フィガロの結婚、ロメオとジュリエット、アイーダ、道化師、カヴァレリア・ルスティカーナ、ランメルモーアのルチア、ファウスト	
1895–96	1896/2/17～29	ファウスト（2回）、カルメン（3回）、ユグノー教徒、ランメルモーアのルチア、カヴァレリア・ルスティカーナ、トリスタンとイゾルデ、ファルスタッフ、ロメオとジュリエット、アイーダ、ナヴァラの女、マノン・レスコー、イル・トロヴァトーレ、ローエングリン	
1896–97	1897/4/5～10	ジークフリート、ファウスト（2回）、ローエングリン、カルメン、マルタ	
1898–99	1899/3/27～4/8	ローエングリン（2回）、タンホイザー、ロメオとジュリエット（2回）、ユグノー教徒（2回）、ヴァルキューレ、セビリアの理髪師、ファウスト（2回）、ドン・ジョバンニ（2回）、トリスタンとイゾルデ、フィガロの結婚、ヘロとレアンドロス	
1899–00	1899/12/4～17	カルメン（3回）、フィガロの結婚（2回）、ローエングリン（2回）、アイーダ、ファウスト（2回）、ドン・ジョバンニ、ユグノー教徒、ロメオとジュリエット、さまよえるオランダ人、ヴァルキューレ、セビリアの理髪師	途中(12/14)メイン州ポートランドに巡業
1900–01	1901/4/1～13	ファウスト（2回）、ユグノー教徒（2回）、アイーダ、道化師、カヴァレリア・ルスティカーナ、トスカ（2回）、ローエングリン、ラ・ボエーム、タンホイザー、ロメオとジュリエット、ヴァルキューレ、ドン・ジョバンニ、トリスタンとイゾルデ、ニュルンベルクのマイスタージンガー	

1901–02	1902/3/10 ～23	アイーダ、トスカ、ローエングリン（2回）、カルメン、魔笛（2回）、ル・シッド、ファウスト、マンル、タンホイザー、フィガロの結婚、カルメン、ユグノー教徒、オテロ、カヴァレリア・ルスティカーナ、道化師	
1902–03	1903/3/23 ～4/4	連隊の娘、ローエングリン、ニュルンベルグのマイスタージンガー、椿姫、イル・トロヴァトーレ、預言者、ラ・ボエーム、ヴァルキューレ、ドン・ジョバンニ、ドン・パスクァーレ、カヴァレリア・ルスティカーナ、アイーダ、ジークフリート、魔笛、ファウスト、カルメン、神々の黄昏	
1903–04	1904/4/4 ～16	ローエングリン、カルメン（2回）、魔笛、トスカ、ヴァルキューレ、セビリアの理髪師、カヴァレリア・ルスティカーナ、ロメオとジュリエット、トリスタンとイゾルデ、アイーダ、ジークフリート、ファウスト、愛の妙薬、タンホイザー、フィガロの結婚、神々の黄昏	
1904–05	1905/3/6 ～11	ランメルモーアのルチア、パルジファル（2回）、カヴァレリア・ルスティカーナ、道化師、こうもり、ラ・ジョコンダ、ユグノー教徒、ニュルンベルクのマイスタージンガー	
1905–06	ボストン公演なし		
1906–07	1907/4/1 ～6	ファウスト、トスカ、蝶々夫人、トリスタンとイゾルデ、マルタ、タンホイザー、アイーダ、ヘンゼルとグレーテル、道化師	
1907–08	1908/4/6 –11	イリス、ラ・ボエーム、イル・トロヴァトーレ、ヴァルキューレ、ドン・ジョバンニ、マノン・レスコー、トリスタンとイゾルデ、ミニヨン	
1908–09	ボストン公演なし		
1909–10	1910/1/10 ～15	トリスタンとイゾルデ、ローエングリン、トスカ、パルジファル、ヘンゼルとグレーテル、道化師	途中(1/11)フィラデルフィアに巡業

	1910/3/28 ～4/2	アイーダ、蝶々夫人（2回）、マルタ、ラ・ボエーム、トスカ、ニュルンベルクのマイスタージンガー	途中(3/29)ブルックリンに巡業
1910–11	ボストン公演なし		
1911–12	1912/4/15 ～19	タンホイザー、王の子どもたち、カヴァレリア・ルスティカーナ、道化師、ローエングリン、ラ・ボエーム、アイーダ	
1912–13	ボストン公演なし		

Quaintance Eaton, *Opera Caravan: Adventure of the Metropolitan on Tour, 1883–1956* (NY : Da Capo Press, 1978, pp. 188–265, 389) より作成

た。またオペラ経験を持つ支配人たちの雇用に伴い、上演するオペラの質も向上していった。

オーケストラの演奏能力や教育機関に関しては、ほかのアメリカの地域と比べて卓越していたボストンだったが、オペラに関しては例外であったと言わざるをえない。ボストンにはしばしば他地域からオペラ・カンパニーが訪れたが、ボストン自身はグランド・オペラを上演するようなオペラ一座を持っていなかった。ボストンでグランド・オペラを鑑賞するには、メトロポリタン・オペラなどの巡業を待たなくてはならなかった。しかもツアーで訪れた有名な歌劇団の上演を担うのは、一八五四年開場のボストン劇場一館のみであった。このような状況の下、ボストンを本拠とするオペラ一座を望む気運が、徐々に高まりを見せていった。「アメリカのアテネ」たるボストンの文化の担い手であることに自負を持つブラーミンたちが、地元に大規模なオペラ一座とオペラ・ハウスを欲するようになっていったのは自然の成り行きだったと言える。

3　ボストン・オペラ・カンパニーとオペラ・ハウス

地元のオペラ一座であるボストン・オペラ・カンパニーの創設に尽力したのは、百貨店ジョーダン・マーシュ創始者の息子で、オペラ愛

好家のエベン・ジョーダン（Eben Dyer Jordan Jr., 1857–1916）と、一九〇七年ナポリ・サンカルロ・カンパニーを率いて訪米したロンドンの興行主ヘンリー・ラッセル（Henry Russell, 1871–1937）であった。[100] ジョーダンは、ニューイングランド音楽院の理事となり一九〇三年にマジェスティック劇場とコンサート会場のジョーダン・ホールを建設、また一九〇七年からボストン美術館の絵画部門の評議委員を務めた人物である。彼は、オペラ・ハウス建築のために、シンフォニー・ホール近くのハンティントン・アヴェニューの土地を購入し、自らはオペラ・カンパニーの総裁、ラッセルは総支配人の地位に就いた。

一九〇八年三月二二日、『ボストン・デイリー・グローブ』に「常設オペラを持つボストン」と題した記事が掲載され、オペラ・カンパニー創設の計画がボストン市民に公表された。記事には事業に携わる人々として、ボストン美術館総裁ガーディナー・M・レーンとともに、チャドウィック、フレデリック・S・コンヴァース、『白狐』作曲を試みたチャールズ・マーティン・レフラーら音楽家の名が挙げられている。[101] このときレフラーはオペラ・カンパニー理事会の一員であった。一九〇八年一一月三〇日には、オペラ・ハウスの定礎式が行われ、音楽愛好家、歌手、芸術のパトロンなど二〇〇名がハンティントン・アヴェニューに集まった。その中には早くからカンパニーの支援者となったガードナー夫人の姿があった。彼女は招待客としてラッセルのすぐ後ろに座り、式典を見物した。

オペラ・ハウスの建設が始まると、カンパニーは将来オペラ・ハウスの舞台を担う人材育成を図るため、ニューイングランド音楽院と提携して、附属のグランド・オペラ学校設立を企てた。[102] ボストン・オペラ・カンパニーは、ヨーロッパとアメリカの歌手で形成された欧米の混成歌劇団であったが、合唱隊メンバーの大半はニューイングランド音楽院出身者であった。オーケストラの指揮者を務めるのはイタリア人でナポリ・サンカルロ・カンパニーの指揮者だったコンティ（Arnaldo Conti）と、マサチューセッツ州出身のウォレス・グッドリッチ（Wallace

Goodrich, 1871-1952）であった[103]。オペラ座の質の保持にはまだ欧州の音楽家の力が必要であったとはいえ、ボストンが少しずつ地元の一座を形成するだけの音楽力を蓄積してきたことが窺える。

一九〇九年一一月八日、ボストンにおける最初の本格的な歌劇場、ボストン・オペラ・ハウスが開館した。柿落としは *La Gioconda*《ラ・ジョコンダ》であった。主役を演じたアメリカ出身のソプラノ歌手リリアン・ノーディカは、ニューイングランド音楽院を卒業後、欧州やメトロポリタン・オペラで活躍したプリマドンナで、前述したように、岡倉も渡米直後の一九〇四年三月六日、ニューヨークのカーネギー・ホールで催された彼女のコンサートに足を運んでいる。翌日の『ボストン・デイリー・グローブ』は初興行の成功を伝える複数の記事を掲載した。それによると、オペラ・ハウスには観衆が押し寄せ、彼らを乗せた車や馬車で長蛇の列ができ、劇場に入れない人々もオペラ・ハウスの眩いイルミネーションに惹きつけられたという[104]。「倍の成功」と題した記事には、次のように記された。

一幕ごとのカーテン・コールと気前の良い花束贈呈――ジョーダンへの熱烈な喝采。オペラはここにあり。ついにボストンはオペラ・ハウスに常置のオペラ座を所有する世界の都市の仲間入りをした。ボストンはもはや親善に依存することも、一シーズンのうち二、三週間しか滞在しないニューヨークの経営者のぼろ儲けを望むこともない。（中略）ボストンの上流社会は劇場を埋め尽くした。この時のボストンは臨機応変に対応し、オペラのために着飾った。その結果、舞台上、観衆、桟敷席、ロビーがもっとも美しい絵画で満たされた一夜となった[105]。

ようやく他都市のオペラ座への依存から解放され、地元のオペラ一座を所有することのできたボストンの人々の喜びと熱狂が窺える。オペラ・ハウスでの初興行を成功で収めたことは、「アメリカのアテネ」ボストンの面目躍如たる出来事であった。

この夜、ガードナー夫人は黒いレースのドレスに真珠の首飾りをつけ、五番の桟敷席で観劇した。カーティスは隣の四番ボックスから、レフラーは一番ボックスから舞台を鑑賞した[106]。カンパニーの株式引受人のリストにはボックス・ホルダーであるガードナー夫人やカーティスのほか、ガーディナー・M・レーンなどボストン美術館の理事や委員の名が多く認められ、オペラ・カンパニー設立がボストンの芸術支援者たちの援助によって実現したことがわかる[107]。豪華なオペラ・ハウスの建築は、ブラーミンたちの誇りと威信をかけた事業だったのである。

4　英語オペラの上演

D・J・グラウトは、一九世紀末から二〇世紀初頭のオペラ史の重要なできごととして、国民オペラの発展を挙げ、次のように述べている。

一九世紀後半には、それまでヨーロッパの主要な音楽国に対して従属的な地位に立つか、またはスペイン、イギリスのように長らく後進国の地位にあった多数の国に、独立した学派が起った。この音楽上の国民主義の興隆に、オペラは大きな役割を果した。国粋的な動機から、しばしば国民的な特色ある題材が選ばれ、作曲家たちも、それに応じて国民的な特色のある音楽的表現を探し求めるようになった[108]。

ドイツ音楽の支配によって自国における音楽創造の育成に脅威を感じていた国々において、自国ならではの独自の表現への探求が高まっていった。このような国民オペラ創出の気運の高まりは、オペラ「後進国」たるアメリカにも伝播した。岡倉が一八八六年欧州美術視察旅行の途上で出会ったオペラ歌手ケロッグが、一八七三年に組織したイングリッシュ・オペラ・カンパニーの活動は、アメリカにおける国民オペラ創出の初期段階の動きと捉えることが出来る。彼女は独唱団、合唱団の人材を育成し、舞台監督をするとともに、精力的にツアー公演を行った。多くの若いアメリカ人が、ツアーで経験を重ね実力をつけることは、合衆国の音楽芸術向上に寄与することにつながると彼女は考えたのである。さらにカンパニーは、外国語のオペラ台本の英語翻訳も手がけた。ケロッグは英語オペラの上演に興味を持っていたが、字余りや不適切な訳のある従来の対訳本に不満を抱いていた。英語へのオペラ翻訳は、ひとつひとつの言葉の音節と楽譜の音調が合うことが必要であり、その作業は容易なことではない。だがケロッグは、観客が物語に同化し楽しく鑑賞するためには、適切な英訳を提供することが必要だと感じていたのである(109)。

一八九二年一〇月から二年間、チェコの作曲家ドヴォルジャーク（一八四一―一九〇四）は、ニューヨークのナショナル音楽院の要請を受け、院長に就任した。音楽院創立者がドヴォルジャークを招聘した理由のひとつは、アメリカに国民学派的な音楽の動きを起こしてもらうことであった。国民学派は狭義ではロシア国民学派のことを指すが、広義ではドイツ、イタリア、フランスなど、西洋音楽の中心にある諸民族に対し、ロシア、東欧諸国、北欧、スペイン、イギリスなど周辺の民族における音楽運動と位置づけられ、アメリカも周辺の民族のひとつに数えることができる。ドヴォルジャーク招聘のもうひとつの理由は、ロングフェローによるネイティヴ・アメリカンの英雄叙事詩『ハイアワサの歌』（一八五五年）を主題にしたアメリカのオペラを書いてもらうことであった。

ボストンの知識人階級にとっても、ボストンにおいてアメリカ・オペラを創作し、上演することは、その文化的威信を高めるためにも望ましいことであった。ボストン・オペラ・カンパニー創設に積極的に関わった音楽家コンヴァースは、一幕ものの英語オペラ *The Pipe of Desire*《望みの笛》を作曲した。コンヴァースはマサチューセッツ州出身で、「ボストン・シックス」のペインやチャドウィックに師事し、ミュンヘンで学んだ後、ニューイングランド音楽院やハーヴァード大学で、後進の育成に従事する音楽家であった。彼は一九〇六年一月にジョーダン・ホールで上演され、さらに同年三月に再上演されたものを基にして、《望みの笛》を創作した。[110]《望みの笛》は一九一〇年三月一八日にニューヨークのメトロポリタン・オペラで初演され、これが同一座におけるアメリカ人音楽家によるオペラ上演の嚆矢となった。[111]一九一一年一月六日にはボストン・オペラ・ハウスでの凱旋公演が行われた。ボストンにおいて初めて上演される英語オペラであり、アメリカ人歌手とアメリカ人作曲家による、アメリカ人の楽しめるオペラを目指すボストン・オペラ・カンパニーにとって、記念すべきイベントであった。[112]

《望みの笛》上演の二ヶ月後の三月三日には、コンヴァースの二作目となる三幕ものの英語オペラ《犠牲》がボストン・オペラ・ハウスで初演された。初演の夜、ガードナー夫人は「若い友人たち」とともに五番ボックスで観劇した。[113]岡倉が、このメンバーに含まれていたかは詳らかではないが、先述したように、日本美術院からこの台本が発見されたことから、岡倉が《犠牲》を観劇した可能性は高い。

5　『白狐』執筆とボストンとの関連性

以上、オペラを中心に世紀転換期のボストンにおける音楽状況を見てきた。ボストンは、一八八〇年から音楽の中心地として成熟期を迎え、ヨーロッパの音楽家たちがそこを本拠に活躍した。一八八一年のボストン交響楽団設立を経て、一九〇〇年にはシンフォニー・ホールが落成した。だがオペラに関しては主にニューヨークから訪れるメトロポリタン・オペラなどの巡業公演しかなく、一九〇八年ようやく地元の一座としてボストン・オペラ・カンパニーが結成される。

岡倉が『白狐』を執筆する頃のボストンでは、地元のオペラ・カンパニーと、豪華なオペラ劇場の出現で人々はオペラに熱狂していた。さらに音楽家コンヴァースによって英語オペラが作られ、ボストンから発信されていった。ボストン・オペラ・カンパニーの理事であったレフラーは、オペラ作曲を強く望むようになっていた[114]。同カンパニーのパトロンであったガードナー夫人は、オペラ・ハウスの最前列ボックス席の持ち主となり、一座から半ば公式に財政的援助を依頼されるようになる[115]。一方、岡倉は若い頃から西洋音楽に親しみ、オペラ創作にも興味があった。オペラ作曲に興味を持つレフラーと岡倉がガードナー夫人のサロンで出会い、ガードナー夫人はサロンに集う才能への支援を惜しまなかった。

岡倉がいつ頃から『白狐』の構想に取り組んでいたかは不明であるが、一九〇八年三月、ガードナー邸からの帰路、同伴者のカーティスに、狐と不老不死の薬の話を語ったことがあった。興味を持ったカーティスは、早速この話をガードナー夫人に伝えている[116]。この年の一一月にはオペラ・ハウスの定礎式が行われており、『白狐』執筆の発端を考える上で、興味深いエピソードである。

一九一三年二月、岡倉はインドのバネルジー夫人に「フランスの作曲家が曲をつけることになっているオペラの台本を書いています」と手紙を送り、翌月『白狐』のタイプ稿に同封した書簡には「作曲家が今仕事にとりかかっていて、彼は次のシーズン（来たる冬）に上演することを考えています」と書いている[117]。ここから、『白狐』は執筆時すでにフランスの作曲家（レフラー）による作曲が予定され、上演を前提にしていたことがわかる。六月にガードナー夫人に宛てた書簡には「おそらくそれが上演されることはないでしょう」とあり、やはり岡倉が『白狐』の上演を想定していたことが窺える。

また『白狐』のサブタイトルに「音楽のための三幕の妖精劇」とあることからも、音楽がつくことを前提に岡倉が『白狐』を執筆したことがわかる。コルハの表記を“Kolha”、悪右衛門の表記を“Ackeimon”としたことも、想定していた歌手や観客がアメリカ人であったことを示唆していよう。

一九四三年一〇月に開催された「岡倉先生を語る」座談会において、六角紫水は『白狐』について「ボストンにオペラ座が出来ることになつて、その開館記念にやるといふので稽古してをつたのです」、「これにはガードナー夫人あたりは非常に賛成して、ボストンにオペラ座を建てることにもこの人が一番力があるし、第一にあれで開館することになつてをつた」と回顧した。(118)ここで言う「オペラ座」とは一九〇九年一一月開館したボストン・オペラ・ハウスのことである。実際に上演されたのは《ラ・ジョコンダ》であったが、六角の発言から浮かび上がってくるのは、『白狐』がボストンで上演される予定であったこと、『白狐』とボストン・オペラ・カンパニーやガードナー夫人との関係である。

この六角の発言を裏づける証言として、ボストンでの岡倉の生活をよく知る富田幸次郎が、一九四八年にボストン・オペラ・カンパニーとニューイングランド音楽院の指揮者だったウォレス・グッドリッチに宛てた書簡がある。そこには『白狐』執筆の契機が記されている。

『白狐』はガードナー夫人とレフラーと岡倉との間で話し合いがなされた結果、一九一三年岡倉によって執筆されました。台本は「イザベラ・スチュワート・ガードナー夫人」に捧げられました。(119)

この富田の回想は、ガードナー夫人に献呈した『白狐』タイプ稿の岡倉の献辞「あなたの提案がなければ、この愚かな試みは決してなされなかったでしょう。この拙い結果を捧げます」に通じている。(120)これらを考え合わせると『白狐』が岡倉ひとりの思惑で起筆されたオペラ台本ではなく、その執筆にはガードナー夫人とレフラーが関与していたことは明らかである。

右記の岡倉や富田の書簡、六角の回想に加え、当時のボストンの音楽状況、レフラーやガードナー夫人のボストン・オペラ・カンパニーにおける影響力を考慮すれば、『白狐』はボストンでの上演を前提に執筆されたものと考えて良い。ボストンで『白狐』を上演するということは、ボストンから新たな英語オペラが創出されることになり、作曲家であるレフラーや後援者であるガードナー夫人はもちろん、ボストンの音楽界にとっても意義のあるプロジェクトとなったはずである。『白狐』執筆は、岡倉だけでなく、レフラー、ガードナー夫人の利益が合致した上で着手された事業だったと位置づけられよう。

第四節　音楽家レフラーと『白狐』

1　ボストンにおけるレフラーの文化的地位

最後に、音楽家レフラーについて、その業績を明らかにし、彼にとって『白狐』作曲がどのような意味を持っていたのかを考察する。

現在のアメリカにおいてレフラーは大衆に知られた著名な作曲家ではないが、そのことは彼の音楽家としての力量を推し量る物差しとはならない。なぜならレフラーは、当時のアメリカで成功した音楽家のひとりだったからである。

彼はヴァイオリニストとしてスタートし、後に作曲家に転向した。出身地はベルリン近郊シェーンベルクで、両親はともにドイツ人であった。しかし父親がプロイセン政府に投獄され、一八八四年に亡くなったことで、ドイツに対して強い敵意を抱くようになり、自らの出身地をフランスのアルザスと紹介するようになった。レフラーは市民権獲得後アメリカに帰化したが、趣味や生活様式においてはフランス人のようであったという。実際、アメリカ人は彼をフランス人だと思いこみ、岡倉もバネルジー夫人宛の書簡で、レフラーのことを「フランスの作曲家」と紹介している。しかしレフラーは、フランスではアメリカ人と見なされていた。レフラーの音楽は、技術的には基礎訓練を受けたドイツの伝統を基盤としていたが、様式的にはフランスの作曲家の影響を受けており、彼の作品にはロシア、アイルランド、スペイン、中世音楽、ジャズなど多様な要素が含まれている。音楽家としての個性や文化的アイデンティティをひとつのナショナリティーに限定することができないため、当時彼は「コスモポリタン」と称されていた[121]。

音楽家としての彼のキャリアは、少年時代に過ごしたキエフ近郊で、ロシア帝国オーケストラ団員のドイツ人音楽家にヴァイオリンを師事したことに始まる。その後、一家はハンガリーのデブレツェン、スイスへと住まいを移すが、レフラーはこの頃音楽家を志すようになる。一八七四年から七七年にかけて、ベルリンの高等音楽学校でヴァイオリンと音楽理論の指導を受け、さらにパリでヴァイオリンと作曲を学んだ。パリの管弦楽団で一シーズンを過ごし、一八七九年からロシア貴族の私設管弦楽団の一席を占めた。

この貴族が死去すると、レフラーはベルリンの恩師の手紙を携えて、一八八一年ニューヨークに渡った。当時のアメリカの芸術的価値基準はヨーロッパに置かれていたため、レフラーの渡米は好機であった。アメリカにおける主要な音楽的地位はヨーロッパ出身の音楽家によって占められ、アメリカの音楽家たちは大抵ヨーロッパで基礎訓練を受けていたからである。レフラーは恩師の推薦状を手に、当時ニューヨーク・フィルハーモニックの音楽監督だったセオドア・トマスとニューヨーク交響楽団の創設者で、後にメトロポリタン・オペラの指揮者となるレオポルド・ダムロシュ（Leopold Damrosh, 1832–85）を訪ねた。ニューヨーク管弦楽のリーダーであった二人は、どちらもドイツ移民であった。レフラーはニューヨークで一シーズンを過ごし、管弦楽コンサートや、ニューヨーク・フェスティバルに参加した。

一八八二年、レフラーはボストン交響楽団創設者のヒギンソンに招かれ、コンサートマスターとして同交響楽団に入団する。ボストンへ居を移したレフラーは、請われてボストンや隣市ケンブリッジで演奏を行い、音楽や芸術に一家言を持つブラーミンたちと交流を深めていった。彼は芸術家としてボストン市民の尊敬を集め、その人気は次第に高まっていった。レフラーはヴァイオリニストと作曲家、二つの立場から交響楽団に関わっていたが、徐々にその軸足を作曲に移していった。一八九一年一一月ヴァイオリンと管弦楽のための組曲 *Les veillées de l'Ukraine*《ウクライナの夜》の初演を皮切りに、ボストン交響楽団はレフラーの曲を演奏するようになっていく。一九〇〇年のシンフォニー・ホール落成後、レフラーの手がけた *La mort de Tintagiles*《ティンタジルの死》(一八九八年)が演奏される際には、彼はソリストとして聴衆の前に登場した。[122] レフラーは一九〇三年に同楽団を辞めると、作曲に専念した。レフラーは詩や絵画に造詣が深く、しばしば作品から曲想を得た。ほかにも、中世の教会旋法から二〇世紀の印象派に至るまでの音楽研究や、ヨーロッパ古典文学から象徴派作家の作品まで網羅する読書量が、彼の作曲のインスピレーションを支えていた。

作曲家としてのレフラーの評判は、ボストンからアメリカ国内や欧州各地の音楽の都へと広がっていった。ヴァイオリニストだったレフラーは、多くの器楽曲を作った。特に *Music for Four Stringed Instruments*《四つの弦楽器のための音楽》(一九一七―一九年)は、レフラーのヴァイオリニストと作曲家の両面が融合した作品で、彼のもっとも有名な弦楽合奏曲である。音楽家として成功を収めたレフラーは裕福な生活を送り、一九〇六年にアカデミーのオフィシエ章を、一九一九年にレジオン・ドヌールのシュヴァリエ章を授与された。一九〇八年アメリカ芸術文学協会、一九三一年アメリカ芸術文学アカデミーの会員に選出され、一九二六年にはイエール大学から名誉音楽博士号を贈られている。優雅な生活と輝かしい経歴が、彼が富と名声を得た当時のアメリカを代表する音楽家のひとりであったことを物語っている。

レフラーの業績や社会的地位を踏まえると、岡倉やガードナー夫人がレフラーとともに『白狐』上演を計画した背景には、当時のボストン社会における彼の人気や、アメリカ国内外における高い評価があったことがわかる。岡倉もガードナー夫人も、作曲家としてのレフラーの能力を信頼したからこそ、彼に『白狐』作曲を託したのであろう。また、前述したようにレフラーは、音楽・詩・美術・文学など幅広い芸術領域に精通し、ひとつの国の音楽様式にはまらないため、「コスモポリタン」と称されていた。岡倉やガードナー夫人がそのような彼を、日本の伝説を基にしたオペラを作曲する資質を備えた音楽家だと見なしたとしても、不思議ではないように思われる。

2　レフラーとガードナー夫人

レフラーがガードナー夫人と出会ったのは、彼がボストンに移って間もない頃である。ガードナー夫妻は彼を自邸に招いては、ヴァイオリンの演奏を求めた。一八八八年一月一九日、地元の作曲家支援を目的に組織されたマニュスクリプト・クラブが、第一回演奏会をガードナー邸で開いたとき、レフラーはクララ・K・ロジャーズ（一八四四—一九三一）作の *Sonata Dramatico in D minor, op.* 25 とクレイトン・ジョーンズ（一八五七—一九三二）作の *Petite Suite for Piano and Violin* でヴァイオリンを演奏した[123]。レフラーはガードナー邸での演奏を通して、彼女のサロンの著名な人々と知己を得ていった。岡倉同様、レフラーもガードナー夫人のサロンを拠点のひとつとして、ボストン社会における人脈を形成していったと言えよう。

レフラーが作曲家として自立していく過程で、ガードナー夫人の助力と支援は欠かせなかった。一八九三年、レフラーは夫人から借りたヴェルレーヌの詩集から着想を得て、七つの作品を創作した。さらにヴォードレールの詩を題材にして二曲作り、一八九四年には、このうち五曲の楽譜の写しを彼女に贈った。彼は次第にボストン交響楽団だけでなく、オーケストラ・クラブ・オブ・ボストンにも曲を提供するようになっていった。オーケストラ・クラブ・オブ・ボストンは、アマチュア音楽家やプロを目指す学生がオーケストラの技量を得る目的で、一八八四年設立された会で、ガードナー夫人は後援者のひとりとして副会長を務めていた。ガードナー夫人が本格的に作曲に取り組み始めたレフラーに、活躍の場を提供したものと考えられる。

一八九八年に未亡人となった後も、ガードナー夫人はレフラーの熱心な支援者のひとりであり続けた。一八九九年、レフラーは、フェンウェイ・コート建築に必要な資材を求めに欧州へ出発するガードナー夫人に、自作の *Divertissement*《喜遊曲》の楽譜を渡した。レフラーは、ガードナー夫人がパリの出版社に楽譜を見せて、出版の可否を尋ねることを望んだのである。《喜遊曲》はレフラーがガードナー夫人に献呈した曲であった。一八九五年一月ボストン交響楽団のコンサートで、レフラーは夫人がパリで購入したストラディヴァリウスを借りて、この曲を演奏している。[124] 結果としてこの楽譜が出版されることはなかったが、作曲家として成功するためにレフラーがガードナー夫人の援助を頼りにし、彼女もその望みに応えようとしていたことがわかる。

一九〇三年のフェンウェイ・コート開館後、ガードナー夫人は自分の誕生日を祝うため、三つのコンサートを企画した。最初のコンサートは誕生日前日の四月一三日であったが、プログラムはすべてレフラーの楽曲で構成され、彼自身が演奏に加わった。演奏曲はピアノとトランペットのための *Poème Païen*《異教徒の詩》（一九〇三年）、女性混声合唱曲 L' Archet《射手》（一八九七―九九年頃）ほか、歌曲六作品である。レフラーはこのとき初演した *Poème Païen* に手を加え、一九〇四年から一九〇六年にかけてオーケストラのための *A Pagan Poem*《異教徒の詩》を作曲した。その初演は一九〇七年一〇月二九日フェンウェイ・コートにおいて行われた。同年一一月二二日シンフォニー・ホールにおいて演奏されると、レフラーの代表作として賞賛され、人気の高い管弦楽曲となっていった。[125] ガードナー夫人は一一月二六日ベレンソンに、この日のことを興奮気味に書き送っている。

ここで私たちのオーケストラがレフラーの《異教徒の詩》を演奏したことは、素晴らしい音楽センセーションでした。それは本当に「ものすごい」ことでした。あなたに送るプログラムがそのことを伝えてくれるでしょう。[126]

ボストン交響楽団のことを「私たちのオーケストラ」と書いていることから、彼女が創設時から支援し続けた同楽団に身内のような感覚を持っていたことが窺われる。《異教徒の詩》がシンフォニー・ホールで成功を収めたことは、彼女にとって誇らしいことだったに違いない。

ガードナー夫人の晩年には、レフラーは足繁くフェンウェイ・コートを訪問し、音楽を演奏して彼女を慰めた。一九二四年に彼女が亡くなると、レフラーは友人に書簡を送り「かけがえのない友人であるガードナー夫人を失って以来、この街は私にとってほとんど何の意味も持たない」と嘆いた。[127]ガードナー夫人とレフラーは芸術家とパトロンという関係を越えて、音楽を愛し、新しい芸術の創造に興味を抱く者として深い友情で結ばれていた。ガードナー夫人はレフラーにとって良き理解者、最愛の友人のひとりというだけでなく、彼とボストンとを結びつけていた要石であり、ボストンの魅力の大半を占める存在だったのである。

3　レフラーと岡倉覚三

一九〇四年のある日、レフラーはガードナー夫人の招きを辞退する一通の手紙を書いた。欠席の理由に「この旬日は一日たりとも外出できそうにありません。仕上げた楽譜を八月一五日までに出版社に渡さなければならないのです」とあることから、この手紙が八月初旬に書かれたことが推察できる。書簡には「もう一度岡倉に会うことを、とても楽しみにしていたのですが」という一文がある。[128]ここから、当日の招待客の中に岡倉がいたこと、レフラーはこのときすでに岡倉との対面を済ませていたことが読み取れる。レフラーは、岡倉がボストンに滞在する以前からガードナー夫人のサークルに属しており、新たな仲間となった岡倉と出会うのは自然の流れであった。岡倉もガードナー夫人のサロンを拠点に新たなネットワークを形成する過程で、ボストンで地位と名声を確立していた音楽家レフラーの存在を知るのに、時間はかからなかったであろう。

また、日付は定かではないが、レフラーがガードナー夫人に欠席を告げる書簡の中に「私は大損いたしますが、岡倉氏の話を聴きたいという私の望みをわかってくださいますことに心から感謝いたします」という一文がある。[129] レフラーは「波うつ稲田の国の賢人」による道教の話の聴講を熱望し、ガードナー邸訪問を予定していたが、当日、他の約束があったことを思い出し欠席せざるを得なくなったため、ガードナー夫人に知らせたのだった。この「波うつ稲田の国の賢人」が岡倉を指すことは、明らかであろう。

右記二通の書簡は、レフラーがガードナー夫人から誘われたイベントへの欠礼を述べたものである。どちらのイベントにも岡倉が関わっているため、レフラーは書簡で岡倉について言及しているものの、欠席の詫び言はガードナー夫人に出されている。ここから、岡倉とレフラーとの関係は、その間にガードナー夫人が仲介者として存在していたことが窺える。そのため、二人の交流は主にガードナー夫人のサロン、あるいは彼女が設けた「場」で行われていたと考えられる。

ガードナー夫人のサロンの仲間であったピアニスト、ハインリッヒ・ゲブハルト（Heinrich Gebhard, 1878–1963）の回想によると、岡倉はフェンウェイ・コートで行われた《異教徒の詩》のリハーサル現場を訪れている。このときのことをゲブハルトは次のように述べている。

フェンウェイ・コートの開館間もない頃、この天国のような場所の一階は巨大な、高い天井を持つ美しい音楽室となっていた。この上演のための五、六回のリハーサルは類稀なイベントだった。いずれも夜八時に始まり一一時に終わる。ガードナー夫人は人生の絶頂期にあり、いつもその場に居合わせた。レフラーがリハーサルを仕切る時間には毎回四～五人の著名な客の姿があった。ジョン・シンガー・サージェントは当時アメリカにいて、多くの肖像画を手がけていた。そして偉大な日本の美術鑑定家である岡倉は、ボストン美術館の素晴らしい新日本コレクションの管理をしていた。サージェントと岡倉は、心躍らせる夜を私たちとともに過ごし、皆は大邸宅のいろいろな場所でトランペットの効果を試すことに大変夢中になった。（中略）リハーサルが終わるたび、ガードナー夫人はゴシック・ルームにおいて遅い夕食で私たちをもてなした。そして何とも忘れがたいのは我々を取り囲んだ、サージェントとレフラーと岡倉が交わした素晴らしい会話、ガードナー夫人の社交性、彼女の美しい話し声と無比の話術の才能である。[130]

ゲブハルトの回想は、ガードナー邸で行われた《異教徒の詩》のリハーサルに、夫人をはじめとして、レフラー、岡倉、サージェントといった彼女のサロンのメンバーが集い、音楽や食事や会話を楽しむ知的で優雅な情景を浮かび上がらせる。これらのリハーサルは、一九〇七年にフェンウェイ・コートで初演するまでの間に催されたと考えられるが、岡倉は一九〇六年三月一二日にボストンを離れたので、彼が立ち会ったリハーサルはそれ以前に行われたものとなる。岡倉が再びボストンに戻ってきたのは一九〇七年一二月七日であったため、《異教徒の詩》初演日は日本からボストンへ向かう途上であった。演奏会での「ものすごい」経験をガードナー夫人たちと共有することはできなかったものの、岡倉はすでにレフラーの音楽をフェンウェイ・コートのリハーサルで鑑賞し、かつ楽しんでいたことがわかる。岡倉はリハーサルでの経験に加えて、ボストン交響楽団のコンサートやレフラー自身の演奏、社会における評判などを通して、彼の音楽家としての資質や人気を理解していったことと考えられる。

レフラー研究家エレン・ナイトは、レフラーが岡倉を「英知と詩と芸術の大家」と呼び、『茶の本』を高く評価していたことから、レフラーが岡倉に好意を抱いていたと述べている。レフラーは外国に滞在中、友人から送られた『茶の本』の一冊を、すぐ手の届く枕頭に置いていたという。(131) ガードナー夫人のサロンを通して出会った「フランス」の音楽家と、日本の「大家」は、ともにガードナー夫人の支援を得ていただけでなく、ボストン社会に受け入れられた異邦人という共通点を持っていた。お互いそれぞれの存在に一目置いていたものと考えられ、その力を認めあっていたからこそ、二人はオペラの共同創作というプロジェクトを、実行可能なプランとして試みたものと推測できる。

4　オペラ作曲と『白狐』

一九〇八年、レフラーはドビュッシーの歌劇《ペリアスとメリザンド》（一九〇二年）のニューヨーク初演を前にして、メトロポリタン・オペラのウォルター・ダムロシュ（Walter Damrosch, 1862-1950）をフェンウェイ・コートに招き、彼に演目の講義をしてもらうようガードナー夫人に提案した。ガードナー夫人は彼の案に同意したが、結局このアイディアは実現しなかった。ドビュッシーはフランスの作曲家であり、レフラーはオペラでも、フランスの様式を好んでいたことが窺える。同年、ボストン・オペラ・カンパニーが創設されると、レフラーは理事のひとりに就任した。一九一〇年には、メトロポリタン・オペラにおけるアメリカン・オペラのコンクールで審査員を務めることになった。レフラー自身もオペラ作曲に興味を抱いており、ボストンとニューヨークでオペラの仕事に関わるうちに、創作への欲求を募らせていった。パリやアメリカで良い台本を探すうちに、レフラーはウィリアム・シャープ（一八五五—一九〇五）の『ヒラリオンの情熱』に出会う。それは、スペインのカトリック教会を舞台に宗教と恋愛を描いた英語劇であった。レフラーは一九一二年から一三年にかけて、これを基にオペラを創るべく作曲を試みた[132]。

一九一二年一二月二八日、レフラーはガードナー夫人に創作中のオペラが完成間近であることを伝えた。そして「今、私はわれわれの大変尊敬すべき東洋の詩人からの知らせを待っています。——どうやって事を始めるかは、すでに考えているのです!」と述べた[133]。「東洋の詩人」とは岡倉のことであり、この時点で岡倉が執筆するオペラ台本にレフラーが曲をつけることが決まっていたことがわかる。つまり、富田幸次郎が後にグッドリッチに伝えたように「ガードナー夫人とレフラーと岡倉との間で話し合いがなされた」のは、一九一二年一二月二八日以前だということになる。このときレフラーは、岡倉から手渡される新しいオペラの作曲に意欲を燃やしていたのである。

しかし先述したように、岡倉の台本を受け取った後、レフラーの作曲は難航した。岡倉の残された時間が僅かであることなど知る由もないレフラーは、日本でレフラーからの返事を待つ岡倉の焦燥など、おそらく正しく理解していなかったのではないかと思われる。レフラーは完璧主義者であり、完成まで曲の手直しが多かったため、多作な作曲家ではなかった。岡倉へ台本の大幅修正を要求したのは、この曲作りの姿勢が『白狐』でも変わらなかったことを示している。レフラーは、今までの作品と同じように、『白狐』に対しても時間をかけて取り組むつもりだったのであろう。

レフラーの作曲が未完に終わった要因として、この手直しの多い曲作りのスタイルとともに、彼のオペラ作曲家としての資質の有無という根本的な問題も考えざるを得ない。レフラーが作曲を手がけたオペラは『白狐』以外に七曲あるが、*The Passion of Hilarion*《ヒラリオンの情熱》を除き、すべてが未完に終わっている。唯一完成した《ヒラリオンの情熱》も、懺悔室の中で愛のデュエットを歌うシーンが問題となり、上演されることはなかった。石橋智慧は、レフラーが未完に終わったのは、「『白狐』に対して純粋に音楽上の関心を抱きながらも、日本の伝説にもとづいて書かれたこのオペラに曲をつけるという困難な作業に、圧倒されてしまったのではなかろうか」と推測している。[134] しかし、「曲をつけるという困難な作業に、圧倒されてしまった」のは、『白狐』以外に六曲もあった事実を考え合わせなければならない。レフラーは、オペラを創作したいという熱意を抱きつつも、その想いを完遂することができなかったのである。

翻って、オペラ台本作者としての岡倉の資質についても検討しなければ不公平であろう。篠田一士は、オペラにおいて「音楽と言葉とが、『台本』という器の中で不可分の関係にある以上、音楽も、言葉も、独立しては存在し得ない」と述べる。ヴァーグナー（Wilhelm Richard Wagner, 1813–83）は、音楽と演劇の合体というロマン派以来の最大課題を解決したと見なされているが、彼による《ニーベルンゲンの指輪》の台本は、音楽なしで読み続けることは困難で、文学作品としては失格物だとする。[135] つまり、詩作品とオペラ台本における言語機能は異なるのであり、『白狐』が詩作品として優れているという評価は、オペラ台本としての評価と等価ではない。レフラーが岡倉に求めた修正案は『白狐』を三幕から二幕に再構成することであった。それは富田幸次郎がグッドリッチに送った書簡に「私は、岡倉がオペラの歌詞を完成させたとき、レフラーが少し長すぎると感じたのを、よく覚えています。しかし、それを短くする前に、不幸にも岡倉が亡くなってしまった」と記したように、レフラーは曲をつけるには歌詞が長いと感じたからであった。[136] 音と言葉が結びついてオペラが成立する以上、岡倉の詩句とレフラーの音楽様式とが上手く合致しなかったことも、『白狐』未完成の理由のひとつであろう。

さらに、富田幸次郎が「不幸にも岡倉が亡くなってしまった」と述べたように、岡倉とレフラーとが緊密に直接連絡を取る機会が持てず、予期せぬ岡倉の死により共同作業の時間が不十分であったという時間的制限が挙げられる。『白狐』の作曲は、単純に台本に音楽をつけるという行為ではなく、岡倉の世界観を形成しているドラマに、音楽による有機的統一を与えることが必要であった。だが、台本と音楽が互いにひとつの世界を形成するには、二人に残された時間はあまりに少なかったのである。

5　未完のオペラ《牡丹燈籠》

最後に、レフラー未完のオペラに、岡倉から聞いた話にインスピレーションを受けて創作を手がけた作品が存在することを述べておきたい。ひとつは"The Peony Lantern"《牡丹燈籠》（一九一九年頃）である。日本を舞台に英語で書かれた作品で、鉛筆書きの楽譜草稿に"Hagiwara Shinzaburo"（萩原新三郎）、"Tsuyu-ko"（露子＝お露）、"O-yone"（お米）などの名が見られる[137]（図15）。

もうひとつは、"The Lantern Ghosts; or, "Life is But a Dream"《燈籠の幽霊または人生はただの夢》（一九一九年頃）である。これは《牡丹燈籠》の中国ヴァージョンで、タイトルの後には「四幕の東洋劇　Oによる物語の後にC・M・レフラーが作曲」とある。この〝O〟は岡倉を指すと考えられている[138]。「怪談牡丹燈籠」の原本は、中国明朝の怪異小説集『剪燈新話』の中の「牡丹燈記」に由来している。第四章で後述するが、『聊斎志異』など中国の幻想小説に親しんだ岡倉なら、ガードナー夫人のサロンで『牡丹燈記』の夜話をしたこともあったであろう。タイトルにある《人生はただの夢》は、岡倉が『ヨシツネ物語』や『コアツモリ』の冒頭でなぞった『平家物語』の「ただ春の夜の夢の如し」というフレーズと重なり合う。

ここで、「怪談牡丹燈籠」の明治演劇史における位置づけと、アメリカにおける受容について触れておきたい。文久年間初代三遊亭円朝（一八三九―一九〇〇）が、「怪談牡丹燈籠」を創作自演した。一八八四年に「怪談牡丹燈籠」の速記本が出版されると、円朝の怪談噺や講談の速記本が次々と刊行され愛読された。一八九二年七月、歌舞伎座で「怪異談牡丹燈籠」が上演された。上演に際して、劇場付近は勿論、東京市中の各氷屋に牡丹

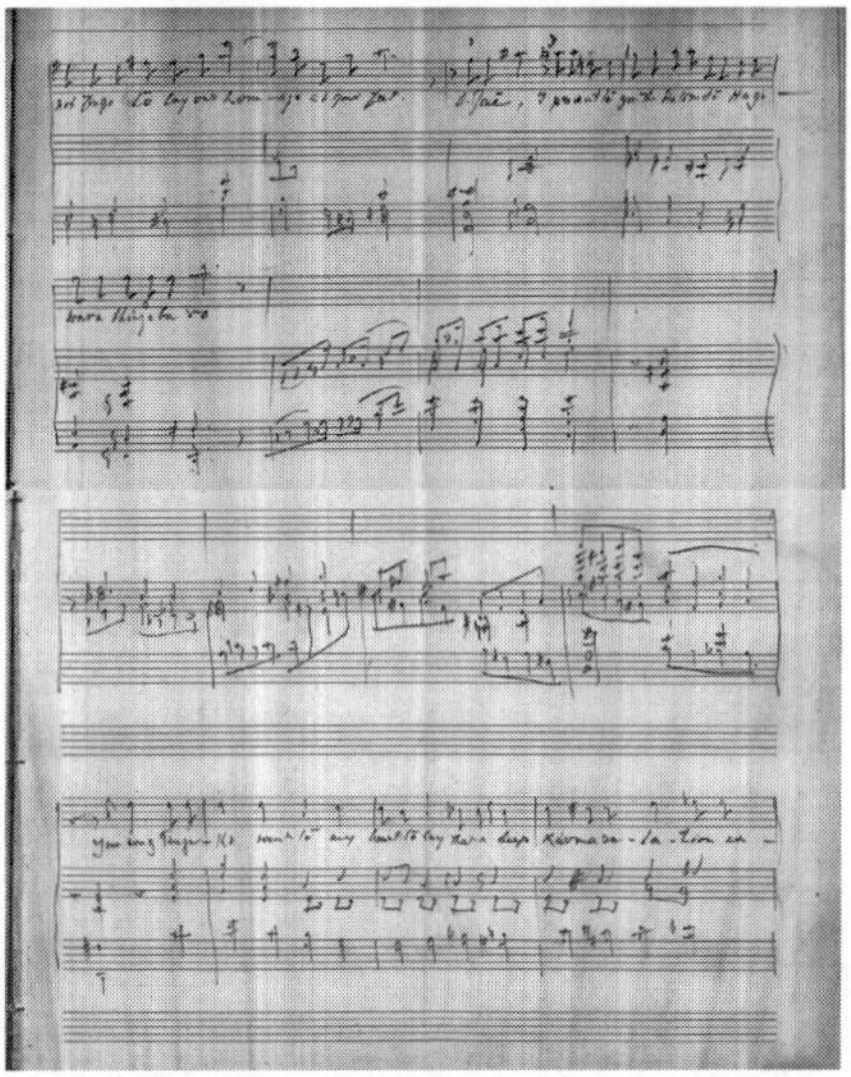

図15　レフラーの遺稿“The Peony Lantern”（《牡丹燈籠》）
“Oyone”（１段目）、“Hagiwara Shinzaburo（１～２段目）、“Tsuyuko”、“deep Karma”（４段目）の文字が確認できる（ワシントン議会図書館音楽部蔵）

の造花を添えた盆燈籠をかけ、同月二三日の川開きには牡丹燈籠二千個を大川に流すなど、大掛かりな宣伝が試みられた。宣伝は功を奏し、興行は連日大入りとなり、東京市中で評判になった。このとき孝助を演じた尾上菊五郎は、以後大劇場における円朝物を一手専売に引き受けるようになった。[139]

　この「怪談牡丹燈籠」を、ラフカディオ・ハーン（一八五〇―一九〇四）が滑稽味や世俗的な要素を切り捨て、ロマンチックな神秘的世界として再話したのが“A Passional Karma”（「情熱的な因果」）である。*In Ghostly Japan*『霊の日本』に収められて一八九九年にボストンで出版された。ハーンは序文で菊五郎の舞台を見たと記し、「怪談牡丹燈籠」は中国の怪奇小説が下敷きになっていることを紹介した。[140]レフラーの《牡丹燈籠》の楽譜に“deep Karma”というフレーズが認められることから、“A Passional Karma”がレフラーに影響を与えた可能性があろう。

　また、「怪談牡丹燈籠」を英語で小説化したのはハーンだけでない。アリス・ベーコン（Alice Mabel Bacon, 1858-1918）もまた、「怪談牡丹燈籠」の速記本を参照しながら、一九世紀半ばにアメリカ人女性に読まれた感傷小説の様式を取り入れ、明治の日本を舞台とした短編“The Peony of Lantern”を書いた。これも一九〇五年に日本の民話集 *In the Land of the Gods*『神々の国』に収録されて、ボストンで出版された。[141]このように世紀転換期のボストンでは「怪談牡丹燈籠」に着想を得た物語が出版されていたのであり、レフラーがこれらの物語も参考にして、オペラ《牡丹燈籠》の創作を試みたことが推察できる。レフラーの未完成のスコアは、物語を語った岡倉と、ハーン、ベーコンの小説を介して、ジャポニスム・オペラの一例として立ち現れたと言えるかもしれない。

ところで、岡倉とハーンとの関係については、岡倉がハーンを中傷する書物から彼を弁護するために、『ニューヨーク・タイムズ』に書簡を投函し、それが「ラフカディオ・ハーンの擁護」というタイトルで一九〇六年一一月三日同紙に掲載されたことが知られている[142]。また、井上哲次郎（一八五六―一九四四）によれば、ハーンの『霊の日本』の執筆には岡倉が関与していたという。井上は、二人には「どこか性格上共通したところがあった」と述べ、次のように回想した。

小泉八雲君は著述をすると、よく私に呉れました。その中の一つはゴーストリー・ジヤパンといふ著述です。幽霊的な日本とでも訳しますか、さういふ題の著書を私に呉れました。そのゴーストリー・ジヤパンといふのを見ると、一番最初に口絵が出てゐる。それはどういふ口絵かといふと、頭蓋骨がたくさん集まつて山になつてゐる。その頂上が見えない。つまり絶頂の見えない髑髏の高山が描いてある。その真中辺りに坊さんが錫杖をついて人に説法してゐる。ちよと見て何だらうと思つて読むと、そこはあの人はなか〳〵うまいもので、面白く書いてある。小説家だから……。天才的な人でした。「あなたはどこからあゝいふ材料を得たか」と問ひましたら「岡倉から聴いた」。そこで岡倉と関係のあつたことが分る[143]。

岡倉がハーンに題材を提供したという小説は、『霊の日本』に収められた“Fragment”（「断片」）であり、菩薩と巡礼の若者が無数の髑髏が重なってできた高山を登り続けるという話である[144]。ハーンが岡倉の話から小説のヒントを得たというのは興味深い話だが、同じようにレフラーも岡倉から提供された東洋の物語を題材にオペラ創作を試みたのである。

レフラーの遺稿が収められたワシントン議会図書館音楽部のエドワード・N・ウォーターズ（Edward Neighbor Water, 1906-91）は、『白狐』の楽譜の所在を尋ねたウォレス・グッドリッチに対して、これら二つの作品は、レフラーの興味関心が極東に向いていたことを示唆していると述べた(145)。『白狐』の作曲が思うように進まなかったレフラーは、日本を題材にした小説や岡倉の話からインスピレーションを得て、日本や中国の伝説を基にした別のオペラを作り、『白狐』の代替作品にしようとしていたのかもしれない。レフラーが、岡倉没後も彼の話した東洋の物語に心を留め置き、それを題材にしてオペラ化を試みていたことは興味深い。レフラーにとって岡倉は、ガードナー夫人のサロンに集い、『白狐』プロジェクトに参画した仲間であるとともに、東洋を象徴する存在であり、芸術創作の源泉のひとつだったと考えられる。岡倉の没後、レフラーが『白狐』に曲をつけることができなかったのは、『白狐』の世界観そのものである「東洋」を失ってしまったからかもしれない。

おわりに

本章では、さまざまな角度から『白狐』の成立事情に迫り、岡倉の生涯を通しての活動や思想における意義と、ボストン社会における意義という二つの側面から、『白狐』執筆について考察した。

まず『白狐』執筆の準備段階として、岡倉と西洋音楽との関わりに焦点をあて、彼が西洋音楽に対する理解力やオペラ創作の意欲を持ち、欧米の音楽的環境の中で、『白狐』執筆に取り組むだけのオペラの素養を高めていったことを浮き彫りにした。岡倉が『白狐』を脱稿したのは一九一三年だったが、その萌芽は一八八七年の欧米視察旅行に遡って見出すことができ、その芽は、さまざまな西洋音楽の感動体験を土壌にして、岡倉の国際的な活躍の場と人的ネットワークの拡大とともに成長していったのである。

次に『ヨシツネ物語』『アタカ』『コアツモリ』の三作品を『白狐』に至る軌跡に位置づけて、その関連性を考察した。『ヨシツネ物語』の韻文化は未完に終わったが、完成すれば日本人とアメリカ人による合作が実現する可能性があった。また、日本の物語を西洋文化の形式にあてはめて、日本人と西洋人とが協力して作品を創作するという試みは、後の『白狐』に受け継がれている。『アタカ』は歌舞伎「勧進帳」に依って執筆されたと考えられるが、岡倉と歌舞伎との関係は明治期の演劇改良運動と結びついており、新しい演劇を創作するという想いが『白狐』執筆へ発展していったと考えられる。『コアツモリ』は薩摩琵琶「小敦盛」をもとに書かれた作品で、岡倉が邦楽に対しても高い関心を持っていたことを示すものである。『コアツモリ』に描かれた戦争悲話は、『武士道』や日露戦争の勝利によって当時普及していた日本イメージのアンチテーゼであったことが考えられ、ここで示された岡倉の思想は『白狐』へと引き継がれていく。

以上のことから、岡倉の生涯を通しての思想や活動が、『白狐』執筆に結実していったことが明らかになったと思われる。そこに見出せるのは、芸術を通して東洋と西洋は理解しあうことができるという理念であり、西洋において日本文化や東洋思想を発信し続けた岡倉の活動の主軸である。

翻って、当時のボストンの音楽状況、レフラーやガードナー夫人のボストン・オペラ・カンパニーへの影響力を考慮すれば、『白狐』はボストンでの上演を前提に執筆されたものと考えられる。『白狐』は日本の伝説を題材にした点で岡倉にとっては自国の民族的なオペラであるが、ボストンにおいては自国の言語で書かれたオペラとなりうる一曲であった。ボストンで『白狐』を上演することは、ボストンから新たな英語オペラが発信されることになり、作曲家であるレフラーや後援者であるガードナー夫人はもちろん、ボストンの音楽界にとっても意義あるプロジェクトとなったはずである。『白狐』の執筆は、岡倉、レフラー、ガードナー夫人の利益が合致した上で着手されたのである。

だが『白狐』脱稿後、岡倉は健康悪化のため帰国、作曲を委託されたレフラーとは台本修正をめぐって折り合いがつかず、上演を望みながら岡倉はこの世を去った。堀岡弥寿子が明らかにしたように、レフラーは岡倉とガードナー夫人の死後も頑なに『白狐』作曲権を手放さなかった。そこにはオペラ作曲と上演に対する欲望、音楽家としてのプライド、ガードナー夫人との友情、岡倉の存命中完成できなかった負い目など種々の理由が推察できるが、なによりもガードナー夫人、岡倉とともに『白狐』上演を企画した一員として、作曲権を他の音楽家に渡したくないという独占欲、作品への執着心、ガードナー夫人や岡倉への想いなどが重層的に交差していたのではないかと思われる。結果的には、上演を望む人々の願いを裏切ることになってしまったが、権利を主張しながら作曲を果たせずこの世を去ったレフラーも、岡倉同様『白狐』上演という夢を諦められずにいたと言えるだろう。

『白狐』は、「アメリカ人」ガードナー夫人によって出会った「日本人」岡倉と、「フランス人」レフラーとによって創出が試みられたオペラである。それがボストンで上演されることは、東洋と西洋をひとつに結びつけて新しい芸術を創るという理想の実現を意味していたのである。

（1） Okakura Kakuzo, Letter to P. D. Banerjee, 20 Feb. 1913, *CEW* 3, p. 178. 岡倉一雄によると『白狐』は「起草後、数年間にわたり推敲を重ねてから」ガードナー夫人に献呈したものだという（岡倉一雄『父岡倉天心』、中央公論社、一九七一年、二二四頁）。実際に石橋智慧によって稿本が数種類存在することが明らかになっている（「解題」、木下順二訳『白狐』、平凡社、一九八三年、一〇〇―一〇一頁）。

（2） Okakura, Letter to A. Fairbanks, 25 Feb. 1913, *CEW* 3, p. 180.

(3) Stanley Sadie、吉田泰輔訳「オペラ」(Stanley Sadieほか編、柴田南雄ほか監修『ニューグローヴ世界音楽大事典』第三巻、講談社、一九九三年)、四七五頁。

(4) 岡倉没後の『白狐』作曲権をめぐる経緯は、堀岡弥寿子『岡倉天心考』(吉川弘文館、一九八二年、二一一—二二一頁)に詳述されているので参照されたい。

(5) この一連の人事の原因に、岡倉と伊沢の性格の不一致や両者の対立を挙げる回顧録や伝記の記述がある(岡倉一雄注1前掲書、二八頁。斎藤隆三『岡倉天心』、吉川弘文館、一九六〇年、三四頁)。しかしこれらの記述の事実確認はいまだ明らかではなく、伊沢と岡倉との西洋音楽受容における見解の対立の実態と人事との関連を論じるには、さらなる資料調査が必要と考える。また中川浩一は、音楽取調掛での岡倉の業務は通訳であったと述べ、専門学務局への配置換えは、専任通訳を配置する必要が薄らいだという事情があったと推測する(「文部省官吏岡倉覚三——就任から学事巡視随行まで」『茨城大学五浦美術文化研究所報』第一一号、茨城大学五浦美術文化研究所、一九八七年、三三一—三四頁)。

(6) 岡倉覚三「欧州視察日誌(明治二〇年)」『全集』第五巻、二九七—三〇〇頁。

(7) 同右、三〇〇—三〇一頁。

(8) Clara Louise Kellogg, *Memoirs of an American Prima Donna*, New York: G.P. Putnam's Sons, 1913, p. 223.

(9) 岡倉注(6)前掲「欧州視察日誌(明治二〇年)」、三〇一—三〇三頁。

(10) 旅行日誌には所々に岡倉による下線が引かれている。線は固有名詞、一般名詞、日付、自分の意見など様々な箇所に引かれ統一感はなく、その数は必ずしも滞在日数と比例しない。例えば一日滞在したヴォワロンでは八本、二日間滞在したクリュニーでは一本の下線が引かれている。そのため、岡倉が個々に関心を持った事物に対し、強調の意味で付したと考えるのが妥当であろう。一ケ月近く滞在したウィーン、リヒテンシュタインでは合計二二本の下線が引かれているが、約三分の一にあたる七本が音楽に関わる語句「クーアザール」「ヴァーグナー」「バッハ」「ハンス・ウェスリー」「クーアザローン」「ゼーデルベルガー」「オペラ・ハウス」に施されている。この下線の比率は、岡倉の関心の対象が音楽に関わる事物に多かったことを示唆している。

(11) 岡倉覚三「欧州旅行日誌(明治四一年)」『全集』第五巻、三九〇、三九七頁。

(12) 日本美術院所蔵「欧州視察日誌」(複写)、六一—六三頁。傍線は岡倉によって引かれた下線。タイトルは"Genghisk-

han"を指すと考えられるが、原本の複写を見る限りでは、"Glenghiskhan"としか読めない。タイトルの綴りは今後議論されるべき未解決の問題であると考え、ここでは『全集』の表記に従うことにした。また、「か丶ル空しき御感なれは」の部分は、『全集』第五巻（三二四頁）では「か丶ル深□き御感なれは」となっており、読み間違いであろうと思われる。

（13）島津久基『義経伝説と文学』（明治書院、一九三五年）、一二〇―一二三頁。

（14）同右、一二四頁。

（15）鶴園紫磯子「音楽――近代音楽の誕生とジャポニスム」（ジャポニスム学会編『ジャポニスム入門』、思文閣出版、二〇〇〇年）、二〇四―二〇五頁。

（16）Okakura, "The Legend of Yoshitsune", *CEW* 1, pp. 367–417.

（17）塩田力蔵「我が岡倉先生」『全集』別巻、三三七頁。

（18）村形明子『アーネスト・F・フェノロサ文書集成――翻刻・翻訳と研究（上）』（京都大学学術出版会、二〇〇〇年）、二五八―二五九頁。

（19）Kellogg, *Memoirs of an American Prima Donna*, p. 219.

（20）Ibid., p. 223-224.三月四日の書簡の日付について、その日岡倉はまだフランス、グルノーブルに滞在しており、March 14の誤りである。

（21）Okakura, Letter to Mrs. Gilder, 28 July 1887, *CEW* 3, p. 32.傍線は岡倉によって引かれた下線。

（22）Richard McCandless Gipson, *The Life of Emma Thursby*, New York：The New-York Historical Society, 1940, pp. 378-379.

（23）"Art Experts From Japan", 7 Mar.1904.*New York Times*（1857–Current file), ProQuest Historical Newspapers The New York Times（1851-2002).Gipson, *The Life of Emma Thursby*, p. 375-379.エマが招待した客のリストには岡倉・横山・菱田・六角の名前とともに、ケロッグやマダム・ノーディカなどアメリカを代表するオペラ歌手や三浦環の名前が記録されており、サースビー姉妹の交友関係の広さを窺う事ができる。

（24）Gipson, *The Life of Emma Thursby*, p. 379.これを機縁にサースビー家が横山、菱田の作品を数点所蔵することになっ

た（『大観・春草展――日本画近代化への道』、茨城県天心記念五浦美術館、二〇〇一年、一一〇頁）。
（25） Okakura, Letter to I. L. Thursby, 26 Dec.1907, *CEW* 3, p. 88.
サースビー姉妹に宛てた岡倉書簡については、堀岡弥寿子『岡倉天心考』（吉川弘文館、一九八二年、一五六―一九六頁）を参照されたい。
（26） Okakura, Letter to I. L. Thursby, 27 Oct. 1905, [n. d.]1908, *CEW* 3, p. 67, p. 98.
ニューヨーク歴史協会には、六角からアイナ・サースビーに宛てた数通の書簡が残されている。またアイナ・サースビーも一九〇五年一二月と一九〇八年八月に六角紫水に絵はがきを送っている（六角鬼丈氏所蔵）。
（27） "Mme. Nordica's Concert： She Gives Wagnerian Selections with Orchestra in Carnegie Hall", 3 Mar. 1904. "Art Experts From Japan", 7 Mar. 1904.*New York Times*.
（28） 六角紫水「紫水自叙伝」（後編）№７、六角鬼丈氏所蔵。
（29） 石橋智慧「解題」（木下順二訳『白狐』、平凡社、一九八三年）、一一七頁。
（30） Christopher Benfey, *The Great Wave*： *Gilded Age Misfits, Japanese Eccentrics, and the Opening of Old Japan*, New York： Random House, 2003, p. 75.
（31） Okakura, Letter to I. S. Gardner, Sunday［1911］, *CEW* 3, p. 126.
（32） 木下長宏『岡倉天心――物ニ観ズレバ竟ニ吾無シ』（ミネルヴァ書房、二〇〇五年）、三三九頁。
（33） 岡倉宛八杉直書簡、一九一三年三月一二日、『全集』別巻、二四七―二四八頁。
（34） W. S. Bigelow., J. E. Lodge., "Kakuzo Okakura：1862–1913" ,*CEW* 3, p. 231.
（35） Frederick S. Converse, *The Sacrifice*, New York： Novello & Co., Ltd, n.d.日本美術院所蔵。
（36） 石橋注（29）前掲論文、一一七―一二四頁。
（37） 戸口幸策「天心とオペラ――岡倉天心のオペラ台本『白狐』をめぐって」（『五浦論叢別冊　岡倉天心来五浦百年記念：講演とオペラの夕べ』、茨城大学五浦美術文化研究所、二〇〇四年）、一三―一四頁。
（38） Okakura, Letter to I. S. Gardner, 24 Mar. 1913, *CEW* 3, p. 185.
（39） 石橋注（29）前掲論文、九九―一一六頁。石橋は『白狐』には九通りの稿本が存在したと述べ、『白狐』は、日本美術院版『天心全集』乙（一九二二年）収録の原文と、創元社版『岡倉天心全集』二（岡倉天心偉績顕彰会編、一九四五年）収録の原文を作成した後の段階で、ギルマンの援助を受けるようになり、さらに改稿を重ねて完成したと指摘した。今のところ『白狐』執筆開始の時期は詳らかではないが、岡倉が何度も推敲を重ねていたことから、『白狐』は短期間で書き上げられたものではないと考えられる。

(40) Okakura, Letter to P. D. Banerjee, 3 Mar. 1913, *CEW* 3, p. 181.

(41) I. S. Gardner, Letter to Okakura, 7 Apr. 1913. 茨城県天心記念五浦美術館所蔵（写し）。訳は『全集』別巻、二五一頁。

(42) Okakura, Letter to I. S. Gardner, 28 June 1913, *CEW* 3, pp. 207–208.

(43) 石橋注（29）前掲論文、一一〇頁。

(44) Okakura, Letter to P. D. Benerjee, 4 Feb. 20 Feb.1913, *CEW* 3, pp. 176–178.

(45) B. I. Gilman, Letter to Okakura, 31 July 1913.茨城県天心記念五浦美術館所蔵（写し）。訳は『全集』別巻二九九頁。

(46) 牧野伸顕宛岡倉書簡（一九一三年八月九日）『全集』第七巻、二八六頁。

(47) 横山大観、六角紫水ほか「第二回『岡倉天心先生を語る』座談会」（昭和一八年一〇月一三日、『茨城大学五浦美術文化研究所紀要　五浦論叢』第七号、茨城大学五浦美術研究所、二〇〇〇年）、三九頁。

(48) Okakura, "The Legend of Yoshitsune", "Ataka", "Ko-Atsumori (The Little Atsumori) A Biwa Song", Sunao Nakamura ed., *CEW* 1, Tokyo : Heibonsha Limited, Publishers, 1984, pp. 367–431.『全集』第一巻の和訳に倣って、本章ではそれぞれ『ヨシツネ物語』『コアツモリ』『アタカ』という邦題で記述する。

(49) 岡倉一雄注（1）前掲書、二一三頁。

(50) 堀岡弥寿子『岡倉天心考』（吉川弘文館、一九八二年）、一九七頁。

(51) 佐藤謙三・小林弘邦訳『義経記』第一・二巻（平凡社、一九六八年）。

(52) 島津久基注（13）前掲書、一二二―一二三頁。

(53) "Note." *The Legend of Yoshitsune*, n. Pag. タイプ稿、和綴本、ガードナー美術館所蔵。著者実見。

(54) Okakura, Letter to R. W. Gilder, 15 Aug.1904, *CEW* 3, 1984, pp. 47–48.書簡にはカーティスが『ヨシツネ物語』の出版

を望んでいる、とある。この部分の原文は"My Friend Mr. Francis Gardner Curtis [...] am desirous that the Century should publish it."であり、主語（Mr. Francis）と動詞（am）に文法上の誤りが見られる。これは、無意識のうちに主語が"I"になってしまったためと考えられ、岡倉自身も出版を望んでいたことが推察できる。

(55) Okakura, "The Ideals of the East", *CEW* 1, p. 90.

(56) Okakura, "The Book of Tea", *CEW* 1, p. 316.このように考えると"The Legend of Yoshitsune"は『ヨシツネ物語』ではなく『義経伝説』と訳したほうが適しているように思われる。

(57) "Memorandum of Okakura's Conversation with E.R., Feb. 13, 1905." *CEW* 3, p. 355.

(58) F. G. Curtis, "The Legend of Yoshitsune" n. page. タイプ稿、和綴本、茨城大学五浦美術文化研究所所蔵。著者実見。

(59) Mrs. F. G. Curtis, Letter to Cousin Belle [I. S. Gardner], 30 May. "Papers of Isabella Stewart Gardner"、マイクロフィルム、ボストン公共図書館美術部所蔵。著者実見。

(60) 戸板康二編『歌舞伎名作選』第一五巻（創元社、一九五六年）、二九七頁。

(61) 島津注（13）前掲書、一二一―一二五頁。

(62) 神田由築「歌舞伎『勧進帳』の背景――『杖で打たれる』ということ」（『お茶の水女子大学「魅力ある大学院教育」イニシアティブ〈対話と深化〉の次世代女性リーダーの育成　平成一七年度活動報告書　海外研修事業編』、二〇〇六年）、八四―九三頁。

(63) Okakura, "Ataka", *CEW* 1, p. 424.

(64) 「勧進帳」郡司正勝校注『日本古典文学大系九八　歌舞伎十八番集』（岩波書店、一九六五年）、一八八―一八九頁。

(65) Okakura, "Ataka", *CEW* 1, p. 424.

(66) 大岡信『岡倉天心』（朝日新聞社、一九七五年）、一二七頁。

(67) 大日方純夫「芸能と権力――明治期の東京を中心に」（『幕末維新論集一一　幕末維新の文化』、吉川弘文館、二〇〇一年）、二七七―二九四頁。

(68) 藤波隆之『歌舞伎の世界』（講談社、一九八九年）、四四―四五頁。

(69) 「演劇改良会趣意書」（野村喬ほか編『近代文学評論体系九　演劇論』、角川書店、一九七二年）、五五一―五五二頁。

演劇改良会会員はほかに井上馨、穂積陳重、和田垣謙三、福地源一郎、箕作麟祥、三島通庸など二三名、賛成員には伊藤博文、岩倉具定、徳川昭武、大隈重信、西園寺公望、大倉喜八郎、陸奥宗光など四八名がいた。

(70) 末松謙澄「演劇改良意見」、外山正一「演劇改良論私考」（土方定一編『明治文学全集七九　明治芸術・文学論』、筑摩書房、一九七五年）、九九―一一一・一三八―一四八頁。

(71) 坪内逍遙「末松君の演劇改良論を読む」「再び末松君に質す」「チョボは改良すべし廃すべからず」「再びチョボと傍言を論ず」、森鷗外「演劇改良論の偏見に驚く」、高田早苗「演劇改良会の解散を望む」などがあげられる（野村喬ほか編注69前掲書、二四―二八・三〇―四九頁）。

(72) 高田早苗「半峯昔ばなし（抄）」（臼井吉見編『明治文学全集九八　明治文学回顧録集（1）』、筑摩書房、一九八〇年）、一一六―一一八頁。文芸委員は、坪内逍遥、森鷗外、森田思軒、饗庭篁村、尾崎紅葉、黒川真頼、依田学海、山田美妙など文学界、演劇界の主なる人々一七名が参加し、技芸員は市川団十郎、尾上菊五郎、市川左団次、藤間勘右衛門、清元延壽太夫、常磐津小文字太夫、花柳勝次郎、竹本綾瀬太夫、鶴澤豊造、三遊亭円朝など二七名、演習委員には守田勘弥など三名がいた。岡倉が一八九〇年の一一月下旬から翌九一年の二月までつけた短い日記「雪泥痕」には、森鷗外、坪内逍遥、森田思軒、饗庭篁村（一八五五―一九二二）など、同協会の文芸委員の名前が頻繁に登場し、当時彼らとの交流が盛んであったことを示唆している（『全集』第五巻、五―八頁）。

(73) 高田注（72）前掲「半峯昔ばなし（抄）」、一一八頁。

(74) 日本演芸協会の目的は「日本固有の演芸を保存し（中略）其特質に由て発達せしむるにあり」と定められた（「日本演芸協会規約」、『読売新聞附録』、一八八九年一〇月一三日）。高田が、日本演芸協会設立にあたり、岡倉の「主義は大分豊富な内容であったから私は遂に是に共鳴した」と述べていることから、会の設立趣旨に岡倉の考えが反映されていたことが窺える。また、坪内は、当時の岡倉について「後の美術院運動を既に胸中に描きながら、傍ら此方面にも食指頗りに動いていた」と回顧しており、岡倉が演劇に対しても関心を持っていたことを示唆している（高田注72前掲「半峯昔ばなし（抄）」、一一七―一一八頁）。

(75) 日本演芸協会の活動を概観すると、創立後一ヶ月後の一〇月一三日には、鹿鳴館で第一回の演習会が開催され、菊五郎が保名物狂いを演じた『喜久重夢路狂乱』や、団十郎・左団次による『紅葉狩』などが上演された（思軒居士「演芸協会の演習会」『郵便報知新聞』朝版一八八九年一〇月一七日)。翌一八九〇年二月には第二回演習会が上野で開催され、森鷗外ら文芸委員による演説が行われた。一八九二年九月には演芸協会の提唱により、市川門下の役者が団十郎の指導のもとで、赤坂福禄座で『慶安太平記』などを上演した(秋庭太郎『東都明治演劇史』、鳳出版、一九七五年、一八〇―一八二頁。早稲田大学演劇博物館編『日本演劇史年表』、八木書店、一九九八年、二二二頁)。一八九一年一〇月にはようやく文芸委員宮崎三昧(一八五九―一九一九)と河竹新七の合作による『泉三郎』が中村座で上演され、団十郎が主役を演じた(思軒居士「日本演芸協会の演習を記す」『郵便報知新聞』、一八九一年一一月一日)。

(76) F. G. Curtis, "Ataka" pp. 105–112. タイプ稿、和綴本、茨城大学五浦美術文化研究所所蔵。著者実見。

(77) このように考えると、一九〇四年八月一五日に岡倉のギルダー宛書簡に同封されたカーティスの「一二世紀の源平合戦を描いたわが国の長篇叙事詩の一章」とは、『アタカ』だったことも考えられるが、現段階では推測の域を出ない。

(78) John La Farge, *An Artist's Letters from Japan*, New York: The Century Co., 1903, pp. 235–236.

(79) Okakura, "Ko-Atsumori (The Little Atsumori) A Biwa Song", *CEW* 1, pp. 427–431.

(80) 田中錦煌『薩摩琵琶の栞』(薩摩琵琶錦煌会、二〇〇一年)、二頁。

(81) 島津正編『薩摩琵琶の真髄――西幸吉先生の秘録とその解題』(ぺりかん社、一九九三年)、二二二―二二四頁。

(82) 岡倉一雄『五浦論叢別冊・美術編一　岡倉天心をめぐる人々』(茨城大学五浦美術文化研究所、一九九八年)、四〇頁。

(83) 岡倉由三郎「次兄天心をめぐって」(『回顧五十年　中央公論社創立五十周年記念』、中央公論社、一九三五年)、一二〇頁。

(84) 岡倉「聴薩摩西幸吉君弾琵琶」(「痩吟詩草」所収、『全集』第七巻)、三一五・四七八頁。

(85) 『全集』第一巻、五〇四頁。

(86) 大岡信『岡倉天心』(朝日新聞社、一九七五年)、七六―七七頁。

(87) 塩崎智「日露戦争中、米国で読まれた『日本』:米国公共図書館で請求された日本及び日本文化関連書物に関する考察(上)」(『敬愛大学国際研究』第一四号、二〇〇四年)、九六頁。

(88) Okakura, "The Book of Tea", *CEW* 1, pp. 270–271.

（89）Inazo Nitobe, *Bushido : The Soul of Japan*, London : Simpkin, Marshall, Hamilton, Kent & Co. Ltd., 1904, p. 127.

（90）Okakura, "Ko-Atsumori", *CEW* 1, pp. 430–431.

（91）Okakura, "Ataka", *CEW* 1, p. 424.

（92）Masahiro Sato, "Nitobe Inazo and Bushido", *Journal of Japanese Trade & Industry* : January/February, Japan Economic Foundation, 2002, p. 43.

（93）小泉晋弥「岡倉天心のアジア観『東洋の理想』の位置」（『国際交流基金三〇周年記念事業国際シンポジウム二〇〇二「流動するアジア――表象とアイデンティティ」報告書』、国際交流基金アジアセンター、二〇〇三年）、三八頁。

（94）Okakura, "The White Fox", *CEW* 1, p. 337.

（95）ジム・サムソン編、三宅幸夫監訳『西洋の音楽と社会九　世紀末とナショナリズム　後期ロマン派Ⅱ』（音楽之友社、一九九六年）、一二一―一二五頁。アメリカの音楽家たちは、演奏技術を高めるためヨーロッパ、たいていの場合はドイツに留学してドイツ音楽の技術と精神を吸収した。帰国してボストンを拠点とした作曲家、ジョン・ノールズ・ペイン（一八三九―一九〇六）、アーサー・フット（一八五三―一九三七）、エイミー・ビーチ（一八六七―一九四四）、ジョージ・W・チャドウィック（一八五四―一九三一）、ホレイショ・パーカー（一八六三―一九一九）、エドワード・マクドウェル（一八六〇―一九〇八）の六人は、「ボストン・シックス」と呼ばれて活躍した。

　アメリカのみならず一九世紀後半の西洋音楽は、ドイツ音楽の圧倒的な影響のもとにあり、その影響のもとで自国の音楽文化を形成していった。その意味では日本もドイツ音楽の影響下に置かれていた（西原稔『「楽聖」ベートーヴェンの誕生　近代国家がもとめた音楽』、平凡社、二〇〇〇年、一九頁）。

（96）Elliot Norton, *Broadway Down East : An Informal Account of the Plays, Players and Playhouses of Boston from Puritan Times to the Present*, Boston : Trustees of the Public Library of the City of Boston, 1978, pp. 1–15.

（97）Norton, *Broadway Down East*, p. 141. 一八八三年五月一九日の『ボストン・デイリー・グローブ』紙の広告頁を見ると、ボストンを本拠とするボストン・アイデアル・オペラ・カンパニー、ニューヨークを本拠とするスタンダード・オペラ・カンパニーのほか、パーラー・ホーム・オブ・コミック・オペラ、コリアーズ・スタンダード・オペラ・カンパニー、タリーア・コミック・オペラ・カンパニーなど複数の劇団のスケジュールが掲載され、当時ボストンで喜歌劇の上演が盛んだったことが窺われる。

(98) D・J・グラウト、服部幸三訳『オペラ史』下巻（音楽之友社、一九五八年）、七三六―七三七頁。

(99) 岡田暁生『オペラの運命』（中央公論新社、二〇〇一年）、一四五頁。

(100) ボストン・オペラ・カンパニーの創設とオペラ・ハウス開館については Quaintance Eaton, *The Boston Opera Company*（1965. Da Capo Press Music Reprint Ser., New York： Da Capo Press, 1980）を参照した。

(101) “Boston to Have Permanent Opera.” *Boston Daily Globe*, 22 Mar. 1908, p. 26.ボストン公共図書館所蔵。以下、同図書館所蔵『ボストン・デイリー・グローブ』の記事はすべて著者実見。

(102) *The Boston Opera Company's School of Grand Opera*： *Prospectus*, Boston： The Boston Opera Company, 1908.ノースイースタン大学アーカイブス所蔵。著者実見。

(103) Ellen Knight, *Charles Martin Loeffler*： *A Life Apart in American Music*, Urbana & Chicago： University of Illinois press, 1993, p. 183.

(104) “An Array of Vehicles Notable for Boston.” *Boston Daily Globe*, 9 Nov. 1909, p. 5.ボストン公共図書館所蔵。

(105) “Score Double Success.” *Boston Daily Globe*, 9 Nov. 1909, p. 1.ボストン公共図書館所蔵。

(106) “Fashion Adds to Spectacle” *Boston Daily Globe*, 9 Nov. 1909, p. 1.ボストン公共図書館所蔵。

(107) “Full List of Subscribers at the Boston Opera House”, *Boston Daily Globe*, 9 Nov. 1909, p. 4.ボストン公共図書館所蔵。

(108) グラウト注（98）前掲書、六八六頁。

(109) Kellogg, *Memoirs of an American Prima Donna*, New York： The Knikerbocker Press, 193, pp. 254-275.

(110) “Music and Musicians.” *Boston Daily Globe*, 1 Jan. 1911, p. 48.ボストン公共図書館所蔵。

(111) “Opera in English.” *Boston Daily Globe*, 19 Mar.1910, p. 8.ボストン公共図書館所蔵。

(112) “American Opera in English.” *Boston Daily Globe*, 7 Jan. 1911, p. 4.ボストン公共図書館所蔵。

(113) “The Sacrifice” is given its Premiere” *Boston Daily Globe*, 4 Mar. 1911, p. 1.ボストン公共図書館所蔵。

(114) Knight, *Charles Martin Loeffler*： *A Life Apart in American Music*, p. 183.

(115) Eaton, *The Boston Opera Company*, p. 324. Morris Carter, *Isabella Stewart Gardner and Fenwey Court*, Boston： The

Trustees Isabella Stewart Gardner Museum, 1925, p. 237.

（116） Curtis, Letter to I. Gardner,14 March 1908.“Papers of Isabella Stewart Gardner”.マイクロフィルム、ボストン公共図書館美術部所蔵。著者実見。

（117） Okakura, Letter to P. D. Banerjee, 4 Feb. 1913, 3 Mar. 1913, *CEW* 3, p. 176, p. 181.

（118） 座談会記録「岡倉天心先生を語る」第二回（昭和一八年一〇月一三日、『茨城大学五浦美術文化研究所紀要　五浦論叢』第七号、茨城大学五浦美術文化研究所、二〇〇〇年、三九―四〇頁）。もし開館のために執筆を始めたのであれば、『白狐』起筆は一九〇九年以前ということになる。六角の発言には「稽古をしてをつた」など従来の研究との間に齟齬をきたす部分がある。座談会が岡倉没後三〇年に開催されていることから、参加者の記憶違いの可能性は否定できないが、当時身近にいた人間の『白狐』に関する数少ない記憶として、今後さまざまな角度から検証される必要があろう。この六角の発言は、斎藤隆三の「ボストン・オペラ座の新築計画を耳にして、その開場式に上演の料として作った戯曲“The White Fox”（白狐）がある。ガードナー女史に捧げる一曲と銘打ってのもので、明治四十一年（一九〇八）以来筆を走らせたもの、三幕の長編に成り、推敲に推敲を重ね、何回かは舞台稽古にまでかけた」という記述に呼応するが、六角から聞いて書いたことも考えられる（斎藤『岡倉天心』、吉川弘文館、一九六〇年、二二三―二二四頁）。

（119） Tomita, Letter to W. Goodrich, 26 May 1948.タイプ稿、タイプ用紙一枚（写し）。ワシントン議会図書館音楽部所蔵。著者実見。

（120） Okakura, “The White Fox”, *CEW* 1, pp. 438–439.

（121） レフラーの生涯を概観するにあたっては、おもにLawrence Gilman, “The Music of Loeffler”（George Harvey ed., *The North American Review* 193, NY: The North American Review Publishing Co., 1911, pp. 47–59）、Knight 注（103）前掲書を参照した。

（122） Knight, *Charles Martin Loeffler* p. 87, p. 120.

（123） Morris Carter, *Isabella Stewart Gardner and Fenway Court*, Boston： Isabella Stewart Gardner Museum, 1925, pp. 112–113.

（124） Knight, *Charles Martin Loeffler*, pp. 93–120.

(125) Carter, *Isabella Stewart Gardner and Fenway Court*, pp. 205–211.
(126) I. S. Gardner, Letter to B. Berenson, 26 November 1907, Rollin Van N. Hadley ed., *The Letters of Bernard Berenson and Isabella Stewart Gardner, 1887–1924*, Boston： Northeastern University Press, 1987, p. 414.
(127) C. M. Loeffler, Letter to Richard Aldrich, 18 September 1924, Knight, *Charles Martin Loeffler*, p. 232.
(128) C. M. Loeffler to I. S. Gardner, Sunday 1904. “Papers of Isabella Stewart Gardner”.マイクロフィルム、ボストン公共図書館美術部所蔵。筆者実見。
(129) C. M. Loeffler to I. S. Gardner, n.d. “Papers of Isabella Stewart Gardner”.マイクロフィルム、ボストン公共図書館美術部所蔵。筆者実見。書簡は年代順に整理されているため、前後の書簡の日付から一九〇八年と推定される。
(130) Heinrich Gebhard, *Reminiscences of a Boston Musician*,（privately printed, n.p., n.d.）, p. 5, Knight, *Charles Martin Loeffler*, p. 126.ナイトはこの資料を一九〇三年に初演された *Poéme Païen* のリハーサルを伝えるものとして引用している。しかし一九〇三年は岡倉の渡米以前であり、文中のリハーサル曲名も“Pagan　Poem”とあることから、一九〇七年に上演された *A Pagan Poem* のリハーサルを伝えるものと考えられる。
(131) Knight, *Charles Martin Loeffler*, p. 187.
(132) Knight, *Charles Martin Loeffler*, pp. 162, pp. 183–186.
(133) C. M. Loeffler to I. S. Gardner, 28 XII 1912, “Papers of Isabella Stewart Gardner”.マイクロフィルム、ボストン公共図書館美術部所蔵。著者実見。
(134) 石橋智慧注（29）前掲論文、一三二頁。
(135) 篠田一士・諸井誠『往復書簡　世紀末芸術と音楽』（音楽之友社、一九八三年）、一〇五―一〇七頁。
(136) Tomita, Letter to W. Goodrich, 26 May 1948.
(137) The Peony Lantern–Sketch in “Sketchbooks for various works, including a projected opera The White Fox”, Loeffler Collection of Literary Works. ワシントン議会図書館音楽部。著者実見。
(138) Knight, *Charles Martin Loeffler*, p. 279.
(139) 岡本綺堂『大東名著選三〇　明治の演劇』（大東出版社、一九四二年）、二六三―二八五頁。

（140）Lafcadio Hearn, "A Passional Karma", *In Ghostly Japan*, Rutland：Chales E. Tuttle Company, Inc., 1971, Reprint originally published in 1899, p. 73.

（141）Alice Mabel Bacon, *In the Land of the Gods*：*Some Stories of Japan*, Boston：Houghton, Mifflin and Company, 1905.

（142）Okakura, Letter to New York Times Saturday Review of Books, Oct. 1906, *CEW* 3, 1984, pp. 79–80. "In Defense of Lafcadio Hearn：Mr. Okakura-Kakuzo Gives Us an Authoritative Japanese Opinion of the Self-Exiled American Writer", *New York Times*, 3 Nov. 1903.

（143）第三回「岡倉天心先生を語る」座談会（昭和一九年一月一五日、『五浦論叢』第七号、茨城大学五浦美術文化研究所、二〇〇〇年）、五三頁。井上哲次郎『懐旧録』（春秋社松柏館、一九四三年、二四四―二四五頁）にも同様の記述がある。

（144）Lafcadio Hearn, "Fragment", *In Ghostly Japan*, pp. 3–7.

（145）Edward N. Waters, Letter to W. Goodrich, 13 May 1948.ワシントン議会図書館音楽部。著者実見。

第四章　『白狐』に見る岡倉の思想と方法論

はじめに

前章で述べたように、『白狐』はボストンでの上演を前提に執筆された可能性が高い。上演を企図して英語で執筆されたオペラ台本という性質を考えれば、『白狐』分析のアプローチは本来多岐にわたるはずである。その際、岡倉がアメリカの人々に『白狐』上演を通して何を発信しようとしたか、という視座での分析は必要不可欠となる。それは、『白狐』を岡倉の生涯の思想や活動の中に、どのように位置づけるかという問題と直結している。また、岡倉は『茶の本』を執筆したときのように、『白狐』を観劇する人々の反応や受容の可能性を想定しながら、彼が意図した通りに観客が理解できるよう、さまざまな工夫を用いてオペラ台本を執筆したと考えられる。それゆえ『白狐』は、発信者である岡倉と、受信者であるアメリカ人という双方向の観点から分析がなされるべきであろう。

岡倉は、『白狐』の序文で次のように述べる。

日本の民話では、狐は超自然的な力を持つと信じられ、人間の姿——特に若い女性の姿になることができる。この考えから、多くの伝奇物語が生まれた。この劇は、有名な信太の森の狐の伝説に基づいている。妻の不在時に、狐は彼女の姿になって夫と幸せな生活を送るが、本物の妻が帰ってくると、偽りの妻は悲しみながら去らなくてはならない。(1)

ここから、『白狐』が「有名な信太の森の狐の伝説」すなわち信太妻伝説をもとに創られたことは明らかである。しかし、なぜ岡倉は数多ある日本の伝説の中から、狐女房譚の信太妻伝説をベースにしたのであろうか。先行研究では、信太妻伝説の持つ子別れや異類婚といった要素を、岡倉の生い立ちや個人的な女性関係と結びつけて、その理由が論じられてきた。しかし、ボストン社会と『白狐』の関係や、オペラという芸術の特質を考えると、岡倉がオペラの形式を使ってまでアメリカに発信しようとしたのが個人的な感傷や憧憬だけであったとは、それまでのボストンにおける岡倉の活動から見ても考えにくい。

『白狐』は、白狐コルハを主人公にした物語であり、狐をモティーフにした作品のひとつと数えて良い。『白狐』の序文は、そもそも信太妻伝説など知らないアメリカ人に、日本の狐像を基礎情報として与え、このオペラが日本の狐を主人公にした作品だと知らせるものであった。冒頭で日本の狐に関する初歩的な知識をわざわざ提示しているのは、受信者であるアメリカ人の持つ狐像とコルハとの間に差異を認めていたからである。このことは、なぜ西洋と異なる狐をオペラの主人公にしたのか、コルハという狐像を通して西洋社会に何を伝えようとしたのか、という新たな視座から『白狐』を分析する必要性を浮かび上がらせる。

また、折口信夫（一八八七―一九五三）が信太妻伝説における童子の母を慕う心を「妣の国」と関係づけたように、『白狐』の子別れのモティーフは、幼少時に母と死別した岡倉本人の体験を想起させ、執筆の動機として解釈されてきた。(2)しかし、『白狐』のコルハは「母なるもの」として、幼子の生みの母だけではなく、ヤスナとクズノハを救済する観音という二重の性質を持っている。それは、観音と母性との結びつきが強調され、文化的活動の場で生成されていった近代日本という時代背景と、『白狐』の世界観が無関係ではないことを示唆する。またラ・ファージやヘンリー・アダムズは、日本から持ち帰った観音のイメージをアメリカで再生した(3)。彼らの観音像の同一性と差異性とを検討し、日本とアメリカにおける観音の表象を比較することは、『白狐』の母性と観音のイメージが、アメリカでどう受容されるかを考察する手がかりとなろう。

さらに、岡倉は東洋と西洋を結びつけて新しい芸術を創造するという理想を抱いて、新しい日本美術の創造に取り組んできた。日本の伝説を基にしてオペラを創作するという活動の表れである『白狐』も、この理念のもとに構想されており、そこには東洋の芸術と西洋の芸術が結びついている。岡倉はボストンを拠点として、芸術の共感を通して、西洋に向けて東洋文化を発信する活動を重視してきた。だが、馴染みのない日本の伝説を基にしながら、アメリカ人観客が理解し、感動し、楽しめるようなオペラを創作するには、上演時の効果や観客の反応を考慮して執筆する必要がある。このような観点で『白狐』を読むと、「芦屋道満大内鑑」など歌舞伎の趣向や様式を取り入れた場面や、リヒャルト・ヴァーグナーなど当時流行のオペラと類似する場面が浮かび上がってくる。

そこで本章では、狐・母性と観音・歌舞伎とヴァーグナーのオペラという多角的な視点から、岡倉が信太妻伝説を採用した動機を追究するとともに、さらなる『白狐』分析を試みる。第一節では、コルハ像から見出せる岡倉の狐観を浮き彫りにし、コルハと東西における狐像との比較を通して、岡倉が信太妻伝説を採用した理由や、『白狐』の執筆動機に迫る。

第二節では「母なるもの」の表象として、世紀転換期の日米において、いかに観音が生成され、流通され、再生されたかを、岡倉とその周辺の人々を中心に検討し、『白狐』における母性と観音のイメージを考察する。

第三節では、『白狐』に取り入れられた歌舞伎の趣向や様式と、ヴァーグナーのオペラ作品との相似の検討を通して、岡倉が歌舞伎とヴァーグナーのオペラの要素を取り入れた意図を推察し、『白狐』執筆の意義について総括する。

アメリカにおける発信と受容という二つの側面から『白狐』のテキスト分析を試み、岡倉の生涯の活動や思想における『白狐』の位置づけを図るのが、本章の目的である。

第一節　岡倉の狐観と東西における狐像の比較

1　西洋の狐像とコルハ

1―1　対立するWhiteとFoxのイメージ

"The White Fox"というタイトルが示しているように、『白狐』は白い狐、すなわちコルハの物語である。タイトルに使用されるwhiteとfoxは、この劇詩を象徴する語彙であり、シンボルだといえる。詩の読解や鑑賞に際して、シンボルは重要な意味を持つ。文学テキストにおけるシンボルは情緒的な含蓄を持ち、その幅や深さは、作者と読者の双方の思想や教養によって差異を生じさせるからである。そこで、西洋においてwhiteとfoxが持つ複数の象徴的意味から、西洋人にとって『白狐』というタイトルがどのようなイメージを持つのか見てみよう。

アト・ド・フリースの『イメージ・シンボル事典』によると、西洋における白のイメージは、純潔・聖性・霊性・完全性・高貴・畏怖・讃美・歓喜などがある。これらのイメージの生成には、キリスト教が密接に関わっている。白は完全なる神の子キリストを意味するとともに、処女性も表す。白い衣装は清純な至福の喜びを意味し、それゆえ白い動物は神々の生贄に捧げられた。また、白は平和・救済・慈悲・再生を意味する。その一方で、白は死を表し、亡霊の色、魔性の女の色でもあった。白い動物が騎士を日常生活から冒険の森へと誘ったり、白い女が亡霊の城に現れ死を予言したりする民話からもたらされたイメージである。さらに、白は月の色でもあり、ローマ神話においては豊饒神ケレスの色とされた。このように、白はキリストや処女性を意味する一方で、異教の女神の属性でもあり、聖性と魔性という対極のイメージを持つことがわかる。この対極的なイメージは、コルハが魔法を操る夜の女王と、夫やクズノハを救済する聖女という二つの性質を持っていることと重なる。また白の持つ平和・救済・慈悲・再生のイメージは『白狐』のテーマのひとつである救済と通じており、その救済は観音の慈悲、輪廻転生による再生と関わっている。

しかし、当然のことながら白には「白人」という意味がある。ペリーが砲艦によって日本の門戸を開けた頃、アメリカ人の多くは白人キリスト教徒が文明の頂点に位置すると信じていた。彼らにとって、白は優位性・文明・キリスト教を意味する語であった。それゆえ、キリスト教原理に従わず近代化を推進する黄色人種の国日本は、白人キリスト教徒の優位を信じるアメリカ人にとって自己のアイデンティティを揺るがす脅威となった。黄禍としてその脅威を叫ぶ一方で、多くのアメリカ人宣教師や学者たちが「白人」と「キリスト教徒」の概念を拡大解釈し、既に構築されている人種と文化のヒエラルキーの中に、日本人を「白人」、「キリスト教徒」として分類し直すことによって日本を受容したという。黄禍論を唱える者同様、日本はキリスト教国であり日本人はアジア人ではないと主張する者も日本を「同等の者として、かつ同時に完全なる『他者』として」理解し受容することができなかったわけである。(4) 岡倉は「其地方の特色を其儘認めて」日本を理解することのできないアメリカ人を「普通人」と呼んだが、当時アメリカ人の大多数がそうであったことを実感していたのだろう。(5) このようなアメリカ人にとって、白はキリストや処女性、白人を象徴する高貴で聖なる色であったと言えよう。

一方、狐は、古代では太陽の動物とされ、豊饒の象徴であった。ギリシャ神話では豊饒神デメテルの捧げ物となり、月の女神は雌狐の女神としてうやまわれた。ローマ神話やギリシャ神話において、狐のイメージは白と同じように豊饒神や月と結びついている。そしてこのイメージは、月明かりに照らされて登場する、千年生きて魔法の力を持った狐の女王コルハと重なる。この点に限定して見れば白や狐は『白狐』のヒロイン像や主題を象徴している単語だといえる。

だが、西洋における一般的な狐の象徴的意味は、ずるい盗人・たくらみ・詭計・へつらい・忘恩・異端・孤独など、概してネガティブなものである。特にキリスト教において、狐は偽善的な説教者、詭計を弄する卑劣者を表した。寓話や諺などにおいて、狐のもっとも顕著な性格はその狡猾さであった。このような狐のイメージは、白の持つ聖性、高貴というイメージとは対極的な位置にある。白はキリストや人種ヒエラルキーの頂点に位置する白人という意味を持つが、対する狐は人間の下位に置かれた動物であり、その中でも軽蔑に値する狡猾な存在であった。

このように見ていくと“The White Fox”が、西洋のキリスト社会において、かけ離れたイメージを結合させたタイトルであることがわかる。人間が世界の全動物界の頂点に立つと信じる人々にとって、このタイトルは「毛皮が白い狐」というイメージしか持たず、狐に聖性や高貴というイメージを結びつけることは困難であり、たとえ結びついたとしても「神に捧げられた狐」という意味にとどまったと考えられる。しかし、そのようなアメリカの「普通人」も、『白狐』を観れば、コルハが西洋における白のイメージ、すなわち聖性を持った狐であることを認識するであろう。岡倉がそのことを期待していたとしたら、オペラの主人公として選んだ白きものが、神でも白人でもなく、一匹の狐であったことは重要な意味を持つ。『白狐』のタイトルからは、西洋と異なる狐像を提示することで、西洋とは異なる価値観を提示しようとした岡倉の意図が見え隠れする。

1—2　西洋の狐文学とコルハ

次に、西洋における狐をモティーフにした代表的な作品に描かれた狐像とコルハとを比較し、岡倉が『白狐』でどのような狐像を西洋に提示しようとしたのか考察する。

西洋最古の動物寓話であるイソップ寓話には、狐が頻繁に登場する。狐は奸智にたけ、詭計を弄する動物として描かれており、なかでも狼を陥れ獅子に取り入る「獅子と狼と狐」の話は、中世ヨーロッパの動物叙事詩の原型をなすものと位置づけられている。[6] 中世ヨーロッパでは数多くの動物叙事詩が流布したが、フランスでは一二世紀から一三世紀にわたって悪狐ルナールの話を主人公にした物語が多く成立した。この一連の話の総称を『ルナール物語』という。登場する動物は擬人化され、当時の人間社会への風刺を意図した作品となっており、ルナールの反道徳的性格が顕著に描かれる。さらに『ルナール物語』の多くの説話を構成要素として、動物叙事詩『ライナエルト狐』が作られ、これを多少修正して『ラインケ狐』が中低ドイツ語で書かれ、一四九八年に初版が出版された。時代が下って、ゲーテ（一七四九—一八三二）は『ラインケ狐』を改作し『ライネケ狐』を書いた。『ライネケ狐』は井上勤（一八五〇—一九二八）によって邦訳され、『禽獣世界　狐乃裁判』として一八八四年に出版された。

イギリスの劇作家ベン・ジョンソン（一五七二—一六三七）の戯曲『古ぎつね——ヴォルポーネ』（一六〇六年）にも、動物叙事詩に描かれた狐像の伝統を見ることが出来る。動物たちは人間と変わらず思考し行動するが、各自の持つ動物性は保持したまま、ヴォルポーネも狡猾という狐のイメージ通りの思考や行動をとる。戸沢明は、このような動物叙事詩は動物のマスクをかぶった人間の現実の争いを映し出す鏡であり、動物の姿を借りて世相を風刺し、教訓や娯楽を与えたりするために書かれたのだと述べる。[7] また伊東勉は、西洋では動物は人間と同じ徳を持たないと考えられ、その結果動物が徳を示す文学作品はないという。[8]

『白狐』執筆から約十年後、チェコの作曲家ヤナーチェク（一八五四―一九二八）のオペラ《利口な女狐の物語》が、一九二四年初演をみた。このオペラは人間と動物と二つの世界が交錯し、それらを包み込む自然の中で表現されている点で、それまでのオペラとは一線を画している。《利口な女狐の物語》の主人公は女狐のビストロウシカであり、女狐を主人公にしたオペラという点で『白狐』と共通性を持つ。ビストロウシカは、従来の狐像を踏襲して知恵があり、人間に対立する存在として描かれる。コルハにとっても、自分を殺そうとし恩人ヤスナを傷つけたアッケイモンとその配下は、躊躇なく復讐すべき敵であり、この場合コルハは人間と対立する存在である。しかし、その一方で自分の命を救ったヤスナは庇護すべき相手であり、やがてその気持ちは愛へと変わる。コルハにとって人間は常に対立する存在ではない。『白狐』は、《利口な女狐の物語》と異なり、人間と動物との間に確固たる対立関係がないのである。

その人間と動物の曖昧な境界線のなかで、ヤスナとコルハの異類婚が行われる。コルハは人間と結ばれ、子どもを儲ける。雄狐と結婚し、子狐を生むビストロウシカとコルハとの大きな相違がそこにある。人にあらざるものと人間とが結婚する異類婚姻譚は、東洋でも西洋でも見られる。だが、西洋において人にあらざるものは、動物ではない。例えばギリシャ神話では、ゼウスが動物に変化して女性のもとに訪れるが、女性が結婚するのは神である。またヴァーグナーのオペラ《ローエングリン》（一八五〇年）において、エルザと婚礼の式を挙げる騎士ローエングリンは、聖杯を守護する王の息子であり、人間と神の間に位置する聖なる存在である。ドヴォルジャークのオペラ《ルサルカ》（一九〇一年）で王子と結婚するルサルカは水の精霊である。フランス民話『美女と野獣』の野獣や、ドイツの童話に依拠したチャイコフスキー（一八四〇―一八九三）のバレエ《白鳥の湖》（一八七七年）のオデット姫は、魔法をかけられた人間である。このように見ていくと、西洋において人間と動物の異類婚姻譚を見つけることは難しい。一方、コルハは千年生きて魔力を得たとはいえ、人間に「卑しい獣」と蔑まれる存在であると自覚する動物世界の住人である[9]。

また《利口な女狐の物語》は、生命の循環や自然の再生というテーマを扱っている。しかしヤナーチェクの輪廻転生観において、動物は同種の動物にしか転生することができない。つまり、狐は狐に、蛙は蛙に、永遠に転生し続けるのである。『白狐』で、コルハが子どもと別れてヤスナをクズノハの元に行かせるのは、かつてヤスナに来世での高い地位への転生を目指すように説かれたからであり、徳を積むために行った行為である。『白狐』の基底に流れる輪廻転生観が、《利口な女狐の物語》とは異なることは明らかであろう。

岡倉が西洋に提示しようとした狐像、すなわちコルハは、報恩のため人間を助け、人間との間に子どもを生み、最後は徳を積むため自己を犠牲にして人間を救済する狐である。魔性だけでなく聖性を持っており、このような狐を西洋の物語から見出すことは困難である。西洋の狐は、その毛皮の色に注意が払われることはほとんどない。ルナールは茶色で、ビストロウシカの色に関する記述はない。この点においても白い毛皮を持つコルハは西洋の狐と異なる。

『白狐』と、西洋における狐の物語との相違点を整理すると、次のようになる。
①人間と動物の世界に明確な境界線がない。また両者は常に対立する存在ではない。
②人間と動物による異類婚が行われる。
③動物も徳を積めば来世で高い地位への転生が得られるという宗教観に基づく。
以上、西洋における狐像と比較すると、コルハには西洋の狐とは異なる属性が与えられており、『白狐』が西洋にはない世界観を持つ狐物語であることが明らかであろう。『白狐』の世界観を構築するのは、東洋における動物観であり、西洋とは異なる宗教観である。ここに、岡倉が西洋の狐像と異なるコルハを主人公にしたこと、すなわち『白狐』執筆の動機が潜んでいると考えられる。

2　東洋の狐像とコルハ

2—1　日本の狐観

次に、日本や中国の狐像とコルハ像とを比較してみよう。その分析の過程で、岡倉が多くの狐伝説のなかから、なぜ信太妻伝説を題材として選択したのかという問題を検討する。

岡倉は『白狐』の序文で「狐は超自然的な力を持つと信じられ、人間の姿——特に若い女性の姿になることができる」という日本の狐のイメージを提示した(10)。この狐像は様々な伝承を生んだが、そのひとつが信太妻伝説である。そこでまず信太妻伝説を生んだ背景として、近代以前の日本人の狐観について概観したい。

日本において、狐は稲荷信仰と結びつき人々の生活に浸透していくと同時に、その怪異は多彩な伝承を生み、芸能や文学の分野において重要なモティーフとなった。吉野裕子によれば、複雑多岐な内容を持つ日本の狐の諸相は、現実の狐の生態と、中国における狐観の二点に源を成すという。さらに中国の狐の影響としては、陰陽五行思想における土徳としての狐と、妖獣としての狐があげられる(11)。

中村禎里も、古代日本における白狐・黒狐の瑞兆視や、狐の行動を怪異と見る観念の発達には、大陸の影響があったと推測する。中村は、平安時代初期に書かれた日本最古の説話集『日本霊異記』を取り上げ、狐の人への変身、人との通婚と出産、人への憑依、予兆などの記載から、この頃すでに民話や伝承などで語り継がれる狐の俗信と行動イメージが形成されていたと述べる。また、狐は九世紀には地方で農耕豊饒神として信仰を集めるようになり、京の町では愛の成就、火災防除などの現世利益の祈願対象と看做されるようになった。日本人にとって狐が身近な存在になった最大の要因は、稲荷信仰にあると見て良いだろう。一四世紀に、農耕神として広範な信仰の伝統を持っていた稲荷山が狐と習合した(12)。

近世になると、江戸に多いものは「伊勢屋、稲荷に犬の糞」と俗諺が伝えるように、稲荷社が乱立し増殖した。これは農耕、商売繁盛、土地や屋敷の守護、火除け、皮膚病の治癒など、多元的な祈願のために、稲荷・狐信仰が流行したことによる[13]。現在、企業や個人の屋敷神として祀られるおびただしい数の稲荷社からも、これほど日本人の信仰の対象になっている神はいないと言っていいであろう。

ここで、稲荷社頭の狐や絵馬に描かれる狐など、信仰の対象としての狐がほとんど白狐であることに注目したい。『稲荷大明神流記』(一四世紀半ば)によると、白狐は現世利益の願を万人に与えるために、人々の信仰の対象となったという[14]。

他方で、狐信仰は真言、天台密教で行われた祈願成就のダキニの法にも取り込まれた。ダキニと習合した狐は、辰狐王の尊称を得、白辰狐王菩薩とも呼ばれた。辰狐は天に通じる聖なる狐を意味し、天を媒介に天照大神にも変身し得ることから、日本において最高神の地位を獲得したと言える[15]。このダキニの法には真言宗の東密と天台宗の寺門、三井寺(園城寺)の流れがあった。三井寺は、岡倉が一八八五年、法明院の律師桜井敬徳阿闍梨より菩薩十善戒牒を授かった場所である。岡倉は翌年再び三井寺を訪れ、桜井敬徳より受戒し、雪信の戒号を与えられている。岡倉は、仏教と狐が習合した辰狐王と縁の深い寺院において帰依したことになる。

また、園城寺には《尊星王像》という一三世紀の絹本著色の絵画が伝来する。尊星王は北極星を神格化したものだが、背景の大円相内に白狐が描かれている。九鬼を筆頭に、岡倉も名を連ねた臨時全国宝物取調局は、一八八八年滋賀県社寺宝物調査を実施したが、園城寺の《尊星王像》を「優等ト認メタルモノ」と評価している[16]。この《尊星王像》の調査が、『白狐』における勢子の歌詞「彼女(引用者注:コルハ)は千年もの間、冬空の北極星に祈りを捧げたという」に反映されているように思われる[17]。このように日本では、白狐は種々の神と習合し、神性を与えられた狐だった。日本人の狐への感情は、信仰とかたく結びついているのである。

このような狐観を背景にして、説話や民話のなかで語られた人と狐の交流の伝承は、説経節・謡曲・狂言・浄瑠璃・歌舞伎などさまざまな芸能の題材となった。日本には、狐を主人公とする芸能が少なくない。古今の演目をみても擬人化した狐が登場するものは、謡曲「殺生石」「小鍛冶」、狂言「釣狐」、歌舞伎「芦屋道満大内鑑」「義経千本桜」「玉藻前曦袂」「本朝廿四孝」「小笠原騒動」「女化稲荷月朧夜」など多数あげられる。末廣弓雄は、信仰に裏打ちされた狐への感情が、芸能の主体としての狐を発生させる母体となっており、現在我々が持つ狐観は、芸能と説話相互の働きかけによって形成されたものだと指摘する(18)。

このように狐は、五穀豊饒や商売繁盛など現世利益をかなえる神、もしくは神の使者として、人々の信仰の対象であった。特に白狐は、中国でも日本でも、霊狐として神聖性を持つとみなされた。西洋の狐もギリシャ時代には豊饒の神と接合していたが、キリスト教のもとでそのイメージは薄れてしまい、信仰の対象にはなりえなかった。この点に、西洋の狐と東洋の狐の大きな相違点がある。

しかしその一方で、日本の狐は、変化や狐憑きなど怪異的な行動を起こす妖獣として、しばしば人間の敵となった。狐が人と交流する物語のなかには、狐が人に災厄だけでなく、恩恵をもたらす話もあり、吉凶両方の結末がある。狐は信仰の対象として崇められる一方で、人から恐れられる存在でもあり、善悪の両義性のイメージを持っている。そして善悪いずれの存在であっても、その神秘性は稲荷信仰・仏教・陰陽道など種々の信仰と結びつき、文学や芸能の主題となって、人々の日常生活と濃密な関係を持ち続けたのである。

では、このような日本の狐像とコルハとを比較してみよう。コルハは白狐だが、神の使いではない。魔法の玉を持ち、第二幕で人間に変化し、幻術でアッケイモンに復讐するコルハは、むしろ妖獣性が強い。だが第三幕で、高い転生を目指すため、夫との別れを決意し子どもに魔法の玉を残して去ったとき、コルハから妖獣性が消える。その後に登場する巡礼の歌の「聖人」は、コルハが聖なる存在になったことを暗示しており、コルハは妖獣である狐から、神聖性を持つ狐へと変貌を遂げたことになる。このように見ていくと、コルハもまた日本の狐の持つ吉凶、善悪の両義性を兼ね備えていることがわかる。

2―2　信太妻伝説と『白狐』

では、岡倉が多くの狐伝説のなかから信太妻伝説を題材として選択した理由はどこにあるのであろうか。信太妻伝説は葛の葉伝説とも言われ、異類婚姻譚のひとつであり、大概次のような形式をとる。

安倍保名に命を助けられた信太の森の狐は、報恩のため葛の葉という女人に化けて、夫婦になる。一子をもうけるが、ある日正体が露見したため去っていく。狐母は、夫や子どもと別れなければならない断腸の想いを「恋しくば尋ねきてみよ和泉なる信太の森のうらみ葛の葉」という歌に託して、故郷の森へと帰っていく。童子は成長し、後に高名な陰陽師安倍晴明になる。

信太妻伝説は、子別れ狐女房型説話の代表的なものであり、古くから伝わる狐女房譚が陰陽師安倍晴明の神通力を説明するため、狐の霊性と結びつけて語り継がれるようになったものである。以下、信太妻伝説の生成発展について見ておく。

狐が人の妻になる狐女房譚の初出は、平安時代初期に成立した『日本霊異記』である。美濃国の男は、野で出会った女を妻とする。間もなく女は男児を生むが、ある日飼い犬に襲い掛かられ、驚いて元の姿に戻ってしまう。その姿を見た夫の「来りて相寝よ」という言葉に従って、獣は毎夜やって来て男と一緒に寝た。そのため、この動物を支都禰（きつね）と呼ぶようになり、男児は力持ちで足も速かったという。平安時代後期に成立した『今昔物語集』には、狐が女に化身し人間と交わる話が多く収録されている。室町時代から江戸初期にかけて成立した『御伽草子』には『木幡狐《こはたきつね》』という話がある。山城国木幡の里の狐の姫きしゅ御前は、三条大納言の子三位中将を慕い、人間に化けて契りを結ぶ。しかし子どもが三歳になった時、献上された犬を恐れたきしゅ御前は、里に帰り、嵯峨野の庵に入ってしまう。

やがてこのような狐女房譚と、平安中期の陰陽師安倍晴明（九二一—一〇〇五）が結びつくようになる。中世以後、仏教・修験道の民間普及とともに晴明伝説は文学・芸能の分野に取り込まれた。鎌倉末から南北朝時代に成立した『簠簋内伝』（正式名『三国相伝陰陽管轄簠簋内伝金烏玉兎集』）は、晴明の撰述と記されているが、実際は京都祇園社執行職を勤めた一派の安倍晴朝の作と推定されている。後にその注釈書である『簠簋抄』が成立し、全八章のうちの第一章「三国相伝簠簋金烏玉兎集之由来」に、実伝や従来の伝承とは異なる晴明像が登場した。(19) そこには、入唐した吉備大臣が、仲丸赤鬼や観音の助力を得て武帝の難問を解決し、金烏玉兎集を得て帰国、晩年常陸国猫島に住む仲丸子孫の童子に金烏玉兎集を渡す、という物語が描かれる。この童子の母は狐が変化した遊女で、猫島で男と出会って童子を生むが、童子が三歳の時「恋クハ尋ネ来テ見ヨ」の歌を読んで去っていった。童子が長じて清明（晴明）となり、上洛して信太の森を尋ねると、信太の明神だという老狐が姿を現したという話である。ここで初めて狐女房譚と安倍晴明が接合するのだが、この場合母が狐とされた意味は、晴明の神通力は神獣としての狐の霊力に起因することを強調するためであり、母狐が子との別れを悲しむ描写は見出せない。(20)

寛文二年（一六六二）に刊行された仮名草子『安倍晴明物語一代記』は、『簠簋抄』を元に書かれ、作者と伝えられる浅井了意は晴明の母、つまり信太の狐のエピソードを増幅した。童子の父親に安倍仲麿に縁ある者として安名という名を与え、信太の里に近い安倍野の住人に設定した。子別れの場面では、狐母が「恋しくは」の歌を障子に書く場面を加え、狐母が去った後で、悲しみに沈む父子の様子を描いた。

この『安倍晴明物語一代記』の子別れの場面が、古浄瑠璃の正本となって近世演劇舞台に登場する。その現存最古の正本は、延宝二年（一六七四）刊行の『しのたづまつりぎつね付あべノ清明出生』である。作者は童子と母との関わりをさらに強調して作劇し、子別れの場面を独立させて、物語に占める割合を大きくした。童子の母の登場に、命を救った保名への報恩という必然性を与え、母子の別離には、乱菊の色香を愛でているうちに、本来の姿に戻ったところを童子に見られたため、という理由を与えた。さらに信太の森に尋ねてきた童子に、狐母が水晶のような輝く玉を渡す場面が加えられた。童子はこの玉を耳にあてると、鳥獣の声を解するようになる。『白狐』でも、コルハが別れ際に子どもに「魔法の玉」を残している。玉は狐の霊力の源であると同時に、母の愛情を示す具現化されたアイテムであり、象徴となる。

延宝六年（一六七八）に刊行された山本角太夫正本の『しのだづま』にも、『しのたづまつりぎつね付あべノ清明出生』の内容が踏襲された。こうして信太妻の物語は、動物報恩のモティーフを得るとともに、子と別れる母狐の悲哀が強調され、人形浄瑠璃や歌舞伎でしばしば取り上げられるようになる。元禄一二年（一六九九）に上演された歌舞伎「しのだづま」では、童子の母に初めて葛の葉の名がつけられた。

これらを先行作品として、信太妻伝説を集大成し演劇的完成を見たのが、浄瑠璃「芦屋道満大内鑑」である。「芦屋道満大内鑑」は、元祖竹田出雲の五段物の浄瑠璃で、享保一九年（一七三四）一〇月、大坂竹本座で初演された。子別れの場面にあたる四段目口の「葛の葉子別れの段」が繰り返し上演された。歌舞伎でも翌享保二〇年（一七三五）二月に京の中村富十郎座で初演され、子別れの場面を中心に人気狂言となった。信太妻伝説は「芦屋道満大内鑑」の登場とともに固定して、それ以後の作品は「芦屋道満大内鑑」を祖としたものとなった。折口信夫は「今人の信太妻に関した知識の全容になってゐるのは、竹田出雲の『芦屋道満大内鑑』の中程の部分」、すなわち子別れの場面だと述べた(21)。

こうして狐女房譚の信太妻伝説は、晴明出生秘話から子別れの物語へとその性格を変化させていった。近世演劇の舞台に登場した信太妻の物語は、浄瑠璃・歌舞伎・文学・瞽女歌・獅子舞などのさまざまな芸能を通して、多くの人々に浸透していった(22)。江戸時代は芸能だけでなく、狐を題材にした草双紙が多く書かれた時代でもあった。[23]江戸時代は、狐が稲荷信仰を基盤に、芸能や文学という様々なジャンルで活躍した時代だったといえよう。明治以降も『芦屋大内道満鑑』の「子別れ」のシーンは、浄瑠璃や歌舞伎で繰り返し上演され、人気の演目であった。母親が子どもと泣く泣く別れる場面は、近代化や西洋化が進んでも、人々の心を揺さぶり続けた。信太妻伝説の狐母は、深い情愛と子別れの哀しさで、明治以降も消えることなく伝えられ、日本の狐像の一典型になったのである。

信太妻伝説が多くの狐伝承のなかで近代化以降も語り継がれて生き残っている理由は、「子別れ」の場面があったからだと言える。とすれば、岡倉が多くの異類婚姻譚の中から信太妻伝説をオペラの題材として選択したのも、「子別れ」の場面が人々に感動を与えるからであり、母親の子どもに対する情愛や、別れるときの哀しみは、洋の東西を問わず共感できる心情だと考えたからではないだろうか。岡倉は一八九一年シカゴ世界博覧会評議員に任命され、翌年博覧会出品画について演説を行ったが、このとき作品にふさわしい画題として「子別れ」を挙げているからである。

子別れの段、又は討死の段など天下普通の人情を写すを以て目的となし、人情に訴ふれば如何なる深遠の意を含む図画なりと雖も、一回の説明を以て了解せしめ易き事を記憶し置かざるべからず。[24]

この頃から岡倉が、母の子どもに対する思いは、洋の東西を問わず普遍的に理解できる感情であり、芸術作品の題材に適していると考えていたことがわかる。岡倉の周囲でも身近な二人の女性、ガードナー夫人とバネルジー夫人は子どもに先立たれており、幼少期に母と死別するという岡倉自身の体験も含め、母親の子どもへの情愛、母と子の別れの辛さに東西文化の相違はないことを認識していたであろう。種々の信仰と結びついて信仰の対象となり、神秘的な能力で人間を幻惑する日本の狐は、西洋の狐像と大きく異なっている。しかし信太妻伝説の狐母は、その印象的な「子別れ」のシーンによって、アメリカの人々の共感を得ることができ、その共感を通して受容される可能性を持っている。だからこそ、岡倉は信太妻伝説を採用したと考えられるのである。

2―3　中国における狐観

日本人の狐観形成に中国からの影響を無視することはできない。中国でも、狐は民間信仰として人々の生活に浸透し、妖獣と神獣との両義的なイメージを持っていた。女人に化け、人と通婚した狐も珍しくない。例えば唐代に書かれた『任氏伝』は、狐の化身の任氏と人間の男との愛情を描いた異類婚姻譚であるが、狐には人間よりすぐれた徳性を持つというイメージが付与されている。[25] 清代になると、狐文学は全盛期を迎え、清初に蒲松齢（一六四〇―一七一五）によって書かれた短編の怪異譚『聊斎志異』には、人間の男と結婚する狐妻の話が多く収録されている。岡倉一雄によれば、岡倉の書庫にも『聊斎志異』があったという。

女主人の「こるは」という名は、『聊斎志異』に現われる狐の姓が、いつも胡氏であるところから借用した命名である。葛の葉姫に変化せんために「こるは」が月に祈る一場のごときも、同書の記載にヒントを得たもののようである。天心の幾ばくもなかった書庫の中から、この奇譚を集めた支那小説が発見されたので、私は明らかに、そういうことが断ぜられるのである。[26]

このように一雄は、父覚三が『聊斎志異』にヒントを得て、コルハ像を形成したと断じている。確かに『聊斎志異』には「胡四姐」「胡氏」「胡四相公」「胡大姑」「劉亮采」などの物語に狐の胡氏が登場し、なかでも「胡四姐」や「胡氏」は狐が人間と通じる話である。しかし「胡氏」「胡四相公」「劉亮采」に登場する胡氏は男であり、特に胡博士と呼ばれる狐は、学者で白髪の老狐の姿をとる。[27]狐の胡氏は男女どちらにも化身する点で、女性に化身することの多い日本の狐像とは異なる。また『聊斎志異』には、「嬌娜」「蓮香」「鴉頭」など胡氏以外の狐妻が登場する。そのため、コルハの名が狐の胡氏から借用されたという一雄の説は、説得力に欠けると言わざるをえない。また『聊斎志異』の狐女房譚は、予知能力や瞬間移動といった狐の能力が人間に利益をもたらすため、女の正体が露見しても男は結婚の意志を変えない。この点においても、途中で結婚生活が破綻する日本の狐女房譚との差異が見られる。

また、一雄の言う「月に祈る一場」とは、おそらく狐が月影を浴びながら、首を差し伸べて空を仰いでいる場面を指していると思われる。[28]狐が月を仰いで一息吐くと丸い玉が口から出て、すっと上がって月の中に入り、一息吸うと落ちてくるのを口で受ける。これを繰り返して狐は金丹、すなわち道士が不老長寿を求めて作ろうとした仙薬を練るのである。道教では、煉丹や修練によって仙人となれることが強調され、月を拝んで天地の精を吸収することは狐の修練のひとつであった。[29]修練のため口から玉を出し入れする狐と、月に祈りを捧げてヤスナへの想いを歌うコルハの姿とを重ね合わせることには違和感がある。しかし、コルハが月明かりを浴びて登場するシーンや、コルハの持つ魔法の玉を連想させる話であり、岡倉がカーティスに語ったのも狐と金丹の話であった。日本でも、玉稲荷神社の狐は宝珠を口にくわえており、『今昔物語』には、狐の持つ白い玉を取り上げた侍が、狐の願いを聞き入れ返したため、その狐に守護されたという話がある。[30]日本でも中国でも、玉は狐の霊力の源であり、神秘的な能力のシンボルであった。

ところで、日本の狐が稲荷と結びついたように、中国の狐は道教と結びついた。晋代の人々は神仙の存在を認め、修行を積めば不老長寿も可能であり、物であっても仙人になれると考えた。「万物の老いたもの、その精は人間に変身できる」という神仙論の基本概念の通り、修行を積んで生き長らえるならば、狐も人間に変身できると看做された。そして狐は、五十歳になると婦人に、百歳で美女に変化し、千歳で天と通じた天狐になると考えられた(31)。この点で、千年生きて魔法の力を得たコルハと、中国の天狐像は重なり合う。

唐代になると、中国の原始宗教を基盤にして、漢末頃に興った道教の思想が広まるとともに、村々に狐神が祀られて狐信仰が高まった。これは、狐の霊力を道教由来のものとし、あるいは自己の能力を狐由来のものとして、狐信仰を積極的に取り込んで勢力を伸ばそうとした道教側の活動による。道教と狐信仰が結びついた結果、唐代小説には狐の力を道教に求める話や、道士が法術によって狐退治をする話を題材としたものが散見されるようになる(32)。

道教と結びついた中国の狐観に、岡倉が影響を受けていたことは、彼が一九一一年四月一三日ボストン美術館で行った講話からも窺える。岡倉は道教の説明のなかで、狐について言及している。

松の樹の下で遊んだり踊ったりする三人の「仙人」を描いた有名な画がある。そのうちの一人は三本足の蝦蟇を持っているが、これは道教において、この世で不死を得るのは人間だけではなかったからである。時には動物もそれを得た。この点において、全動物界が等しい地位に立つ。狐は化身することもあり、必要な完璧さの水準に達した後は、人間と同じように不死となるであろう。樹々や花々の精霊でさえもこの道教の体系に含まれており、不死となるのである(33)。

ここで紹介された絵画は、おそらく一九〇八年に岡倉が収集した劉俊《りゅうしゅん》筆《三仙戯蟾《ぎせん》図軸》(明時代・一五世紀)だと思われる。岡倉はこの画を用いて、全動物界が等しく不死を得るという道教の思想を説いたのだが、このとき狐を例として挙げ「狐は化身することもあり、必要な完璧さの水準に達した後は、人間と同じように不死となるであろう」と述べた。これは『白狐』で、千年生きて魔力を得たコルハが人間に変化し、来世の転生を求めて善行を積むため自己を犠牲にする行為に通じるものである。

また、岡倉が「全動物界が等しい地位に立つ」と説明したように、キリスト教と異なり、道教では人間が全動物の頂点に立つというヒエラルキーはない。万物が人間と等しい地位に立ち、不死さえも得ることができる。そしてこの考えは、『白狐』でコルハが、人間よりも低いとみなされる動物が人間に劣らぬほどの情愛を持つと訴える歌詞に通じている。

このように、岡倉がボストン美術館において参観者に話した狐像は、『白狐』のコルハ像と照応していることがわかる。コルハは岡倉の狐観の具現化した像であり、岡倉の狐観が日本の狐観だけではなく、道教と結びついた中国の狐観からも影響を受けていたと言える。コルハが日本と中国の狐観の混交から形成されたということは、岡倉が『白狐』を通して発信しようとしたものは、日本文化にとどまるものではなく、その基盤であった東洋の宗教や思想をも含むものであったことを示唆している。

2―4　近代における日本の狐

これまで江戸時代までの狐観を考察してきたが、明治維新以後、急激な近代化、西洋化の波を受けて、人々の狐観はどのように変容したのであろうか。日本が急激に文明化を推進した明治一〇年代における人々の狐観を浮き彫りにしたのが、永井荷風（一八七九―一九五九）の『狐』（一九〇九年）である。そこで、『狐』を手がかりにして近代日本の狐観を読み解き、岡倉の狐観との比較を試みたい。

『狐』の舞台は、「丁度、西南戦争のすんだ頃」の東京山の手である。幼い「私」の眼を通して、屋敷内に出現した狐退治の様子が語られる。飯たきのお悦は「顔の色まで変へてお狐様を殺すのはお家の為めに不吉である事を説」き、乳母は母と相談して犬を飼い、時々は油揚を崖の熊笹の中に捨て置く。一方「私」の父や書生の田崎は、狐の霊異という迷信に惑わされることを愚とし、狐退治を決行する。女性側の発想は、維新以前の生活空間に浸透した「お狐様」への信仰を基盤とし、男性側は文明開化の実利的・合理的な思考法にのっとっている。明治も一〇年代になると、畏怖や信仰の対象であった狐は、文明開化の波を受けて旧弊の遺物とともに排除される対象となった。しかしそのような世相の変化に関わらず、江戸時代の宗教的感覚は、人々の意識下に依然温存されていた。狐をめぐり、家中の男と女は二項対立的な反応を顕わにする。

狐が出現したのは昔の屋敷跡の名残だという古井戸のある一隅である。「私」にとってそこは「祟りを恐れる神殿の周囲を見るやう」な結界の張られた禁忌的空間であり、「夜は古井戸の其底から湧出る」ように感じる、恐ろしい闇の世界であった。「私」の古井戸に対する恐怖の念は、家中の女性たちが狐の祟りを信じて恐怖する心情と重なる。小蛇や地蟲の群棲する古井戸や気味の悪い杉の茂りは、文明という光が届かない闇の世界であり、そこには江戸空間の人々の記憶が息づいている。井戸や狐の穴は「私」が生きる俗世と、明治には旧弊の遺物とされた江戸時代の記憶をたくわえる空間とを結ぶ結節点であり、二つの空間の間に存在する境界線であった(34)。

「私」は闇のおどろおどろしさに恐怖しながらも、「恐いものは見たい」と心惹きつけられ、二つの世界の間で揺れ動く。前田愛は、この感情の揺れを「男性的な世界と女性的な世界にこもごも魅きつけられる『私』のアンビヴァレンス」と指摘した(35)。荷風は個人のアンビヴァレンスな感情を託すシンボルとして、また自然や人々の意識下に温存された江戸空間が、近代化された都市空間と同居する時代を映す鏡として、狐を描いたのである。千葉俊二の言説を借りるなら、「明治も三十年代四十年代になると（中略）狐にまつわる俗信や文化的伝承を濾過して、個人の内面の感情を託したシンボル、またはひとつの文化的メタファーとして描かれるようにもなる」[36]。荷風は、狐を文明の光が照射されない前近代の記憶の象徴として描き、排除しようとしながら惹きつけられる人々の二律背反的な狐観を浮き彫りにした。狐の穴や古井戸が闇の空間にあるのは、近代化、西洋化の光が及ばない世界だからであり、「私」が恐怖しながら惹かれた闇の世界にあるのは、維新以前の人々が、長い時間をかけて培ってきた意識であった。

この近代と前近代の二つの世界に惹きつけられる「私」の姿は、岡倉の青年期と重ね合わさる。岡倉は国内で真っ先に西洋化の洗礼を受けた横浜で幼少期を過ごし、明治六年（一八七三）に首都東京に転居、明治一〇年（一八七七）には東京大学第二年級となり、お雇い教師から欧米式の教育を受けた。西洋の学問を受講する一方で、岡倉は南画や漢詩、琴、茶道などを次々に習った。岡倉が新時代の眩い光の中を歩みながら、維新以前の生活空間に浸透した文化、『狐』における闇の古井戸の世界にも惹きつけられていたことがわかる。

やがて文部省官僚となり、欧米視察の経験を通して外側から日本を見るという視座を獲得した岡倉は、西洋に発信すべき日本文化のアイデンティティを、文明と対極にあったおどろおどろしい古井戸の世界に見出すことになる。西洋社会に入りこんで文明の光を強く浴びれば浴びるほど、近代と前近代の境界線の向こう側にある闇の領域の存在が、鮮やかに浮かび上がってきたのである。深い底なしの井戸の中にあったのは、長い年月をかけて、中国やインドなどアジア諸国から影響され、受容しながら蓄積されてきた精神世界であり、それこそが日本文化の基底を成すものであった。

たとえば、岡倉が『茶の本』において伝えようとしたのは、『狐』に登場する男性たちのように近代化、西洋化された日本人の生活思想ではなく、むしろ西洋文明と対極にあったプレモダン的な日本人の世界観であった。岡倉は、宗教や自然への崇敬など、もろもろの東洋思想と結節した「生の術」を“Art of Life”と呼び、生活という日常的な営為に芸術を見出すことのできる美意識を説いた。岡倉にとって古井戸に結節するのは、禁忌的空間でも恐ろしい闇の世界でもなかった。むしろ彼がイメージする日本文化を構成する理想空間であり、光に包まれた世界であった。

そのような岡倉にとって、急激な西洋化の時流にあっても日本人の意識と生活空間の中に棲み続けた狐は、日本の精神文化を代表する者であっただろう。近代以降も、狐は民間信仰や芸能を通して日本人の生活文化と密接に結びつく。歌舞伎や浄瑠璃では「芦屋道満大内鑑」が人気の演目であった。坪内逍遥が一九〇八年、新曲五種のひとつとして発表した『金毛狐《きんもうこ》』は、殺生石の伝説から題材をとった舞踊劇の脚本である。また一九二四年に泉鏡花が発表した『小春の狐』は、狐が依然文学創作の原動力として力を持っていたことを裏づける。岡倉が作った歌謡「こんこん九尾の狐がちよろりと吠え　四足蝋燭消えたり　ついたり馬の骨　こんこん九尾の狐がちよろりと吠え」からは、彼の狐に寄せる親しみが窺える。(37) 岡倉にとって、狐は排除される対象などではなく、畏怖と美を伴う理想世界の住人であったのだろう。

それゆえ岡倉の狐観が反映された『白狐』では、狐と人間の関係は、荷風の『狐』と異なるものとなっている。コルハや狐たちが姿を現すのは人間が寝静まった夜であり、夜は狐たちの時間である。だが、狐たちの夜は恐ろしく不気味な闇の世界ではなく、幻想的で美しく、平和で秩序が保たれている。対する人間たちの世界は、殺伐として戦いが絶えず、心の休まる暇がない。武器を手にして傷つけあう人間の世界に、文明化された近代社会が投影されているとすれば、動物たちが平和に暮らす狐の世界は、前近代的な空間である。『白狐』では人間たちの住む世界、すなわち文明化された世界こそ、闇の世界なのである。ここに『茶の本』や『コアツモリ』での主張と共通する、強大な軍事力で文明の優劣をはかる西洋的価値観への批判を見出すことができる。

しかし、このように人間と狐の世界との対比が明確であるにも関わらず、『白狐』には『狐』の古井戸のような結節点がない。たとえば第二幕のヤスナとコルハの出会いでは、ヤスナが狐の世界に入ったのか、それともコルハが人間の世界に来たのか判然としない。『白狐』では、二つの世界の境界線が曖昧模糊としているのである。つまり、狐の住む世界は異界として別にあるのではなく、自由に行き来できるところにあるか、もしくは人間世界と同じ空間にある。

この境界の曖昧さは、『白狐』の世界が、自然と人間が共存する東洋の自然観を基盤として成り立っていることを示唆していよう。この自然観は、岡倉が、ボストン美術館や『茶の本』などの英文著作で発信してきた東洋文化の重要な一面である。万物が等しいとする宗教観にも通じるものであり、人間対狐（自然）という二項対立を超越する世界観である。人間の世界が近代的空間や西洋社会を、狐の世界が前近代的空間や東洋社会を象徴しているならば、ヤスナとコルハの間に生まれた子どもは、二者の対立を越える存在であり、二つの世界に調和をもたらす可能性を持つ。子どもは、西洋と東洋がお互いを理解するために、岡倉がボストンで行ってきた諸活動の成果を暗示する存在であり、新しい芸術を創造しようとした岡倉の生涯のメタファーだとも言える。『白狐』に描かれた世界の背景には、岡倉の生涯の活動や、その基盤となった理念が反映されている。

3　アメリカ人と共有した狐像

3―1　『画家東遊録』の狐

中国や日本の狐観を基盤にした岡倉の狐観は、アメリカの人々にどのように受容される可能性を持っていたのであろうか。最後に、アメリカにおける『白狐』の受容という観点から、岡倉がアメリカの友人と共有したと考えられる狐観について考察してみたい。

アメリカ人画家ラ・ファージは、一八八六年の日本旅行の体験をまとめて、一八九七年『画家東遊録』を出版した。『画家東遊録』には、ラ・ファージに日本や東洋に関する話を語って聞かせるOという友人がたびたび登場する。このOは岡倉を指すと考えられ、彼とラ・ファージが東洋の狐について話している部分がある。

インドの王族の王子には美しい愛人がいた。彼女は王子に魔法をかけていた。ある日、彼女は、菊の寝台で寝入っていた。そこは、王子が狐を射て、額に傷を負わせた場所であった。出血した女のこめかみは、彼女が実は魔性の動物であることを物語っていた。狐は、中国と同じように、日本においても、悪い動物である。なんにでも変身し、暗示をかける力がある。

狐の物語は数え切れないほどたくさんある。そして狐への信仰や迷信はいまだにとても強い。O――は最近、私たちに妖術師や霊媒師や占い師について話した。そして、ある霊媒力の説明として、役に立つ従順な狐を飼うことを話してくれた。私が、都会の小さな家のどこで狐を飼うのかと尋ねると、彼はこう説明した。その狐たちは実体がない、そのため扱いにくいのだが、狐の精霊なので役に立つ。どこにでも潜り込んで報告してくれるのである、と。[38]

ラ・ファージが、狐が女に変化して男を惑わす能力を持つこと、このような狐像が中国と日本で共通していること、明治以降も狐への信仰や迷信がいまだに強いことを理解していたことがわかる。このような記述から、ラ・ファージが日本と西洋の狐像の差異を認識していたことは明らかである。狐を「悪い動物」と記したのは、西洋の狐のように狡猾で詭計を労するからではなく、人間を騙す怪異的な能力を持つからであろう。岡倉が霊媒の話で語ったのは、狐を飼育し、害意の対象である相手にその狐を付ける狐持ちが使役するクダ狐、オサキ狐、人狐、イヅナなどの話だと思われる。[39]霊媒と狐の話は、狐の神秘性をより強調するものとして、ラ・ファージの記憶に留め置かれたのであろう。ラ・ファージは岡倉との会話の中で、日本では狐は信仰の対象として崇められる一方、恐れられる存在でもあり、人々の日常生活に密接な関係を持つ動物であることを理解したと思われる。

3―2　フェンウェイ・コートの稲荷祭

一九〇五年、ガードナー夫人はフェンウェイ・コートの音楽室で慈善バザーを開催した。結核病院のためのバザーを準備する際、日本の売店を担当するよう依頼されたことがきっかけであった。夫人は、この話を受け、日本の祭りを擬したバザー「日本祭村（Japanese Festival Village）」の開催を思いつく。ベレンソンに送った書簡によると、アイディア自体は一八八三年の日本旅行のときからすでにあったという。彼女の日本旅行の記憶には、境内や参道に並ぶ露店や、茶店で浮かれ騒ぐ人々など、ささやかなものが人々を楽しませる祭りの光景が鮮明に残っていたのである。ガードナー夫人は、バザーの様子を次のように伝えた。

音楽室内の両側に四、五軒の露店が立ち、中央の広い道を下ると、ステージには灯篭や鳥居のある赤い狐の社、その横には茶店があります。それらは、まるで大庭園の中にあるかのようです。巨大な藤棚、満開の桜の木、松のほのかな甘い香りが絶妙な間隔で配置され、素晴らしい遠景を生み出しているのです。そこには日本人が一八人、いいえ、二〇人います。彼らはそこを気に入っており、まるで子どものようです。そこには人力車、遊戯、ブリキのおもちゃ売り、歌、踊りがあり、最後に忘れてはいけないのが柔術家たちです。彼らは驚くべき人々で且つ美しいのです。(40)

イザベラ・ガードナーは、音楽室のホールを日本の寺社の境内に見立て、壁の両側に露店を置くことで空間に参道を創出した。参道の先にあるステージには「灯篭や鳥居のある赤い狐の社」を設置した。夫人が「日本祭村」で祀ったのが「狐」であったことは注目すべきことである。ガードナー夫人は一八八三年、夫ともに日本を訪れたが、夫ジャックの旅行記によると、八月二一日に京都で「稲荷大社」を訪れている。夫妻は同日、東寺、「稲荷大社」、東福寺の順で参詣しており、各寺社の位置関係から「稲荷大社」とは、伏見稲荷大社を指していると考えて間違いない。稲荷社の門前に鎮座するのは白狐の石像だが、おそらく千本鳥居の赤が夫人に強烈な印象を残したため、「赤い狐の社」と記憶に焼きついたものと思われる。

バザーの開催中、岡倉はボストンを不在にしていたが、この実施の背景には岡倉の協力があった。一九〇五年二月二六日、岡倉は第一回目のボストン美術館勤務を終え、帰国の途についた。三月八日、日本へ向けて出港する前、サン・フランシスコからガードナー夫人に次のような手紙を送った。

稲荷祭に使う道具の詰め合わせ二組を着払いでお送りします。ひと組は提灯二一個と日本の素焼で、全部で五〇ドルです。もうひと組はバザーで売れそうな風変わりながらくたで、約一五〇ドルほどです。それは花籠やら花瓶やら、概してばかばかしい雑多なものの寄せ集めです。ボストンで売られている値段と比べるとずっと安価でしたので、失礼を顧みずお送りいたします。いくつかは作りかけの材料ですが、六角や岡部の手で美しいものに仕上がるでしょう。もしバザーで売れなかったときは、私にその分を請求してくれませんか？　いくつかはあなたの花のパーティや茶会に役立ちますし、気に入ることと思います。(41)

この書簡から、ガードナー夫人が近日開催するバザー「日本祭村」のために、岡倉がサン・フランシスコから必要な道具を送ったことがわかる。岡倉は「失礼を顧みず」道具を夫人に送り、売れなかった分の代金を自分に回すよう記している。ここから岡倉が夫人の依頼で道具を購入したのではないことがわかり、バザー「日本祭村」の準備に積極的に関与していたことが窺える。

六角紫水の欧米滞在の記録をまとめたアルバム『外遊に就て之一部分』には、このときのバザーの写真が数枚収録されている。それらは、ステージに設置された稲荷社、山中商会や松木文恭が出店した日本雑貨店、茶屋に集う日本人など、バザーの様子を今に伝えている（図16）。写真の添え書きには、六角と岡部は「箱庭植木類」を作成し、売り子に扮して一個二五ドルで販売したとある。[42] おそらくガードナー夫人は、必要な道具類を岡倉から受け取った後、岡部や六角の意見を参考にしながら、日本の祭の雰囲気を盛り上げるために、会場や出品物の準備を進めたのであろう。

ところで、岡倉はこの書簡で "Fox-God Festival"（稲荷祭）という言葉を使っている。これは、狐が神として

図16 1905年、フェンウェイ・コート音楽室におけるバザー

① 休み茶屋
「休ミ茶屋 左方ノ担ギ荷ニ乗セタル小サキ箱庭植木類ハ主人タルG夫人ノ受持トシテ我々ガ作成シ之ヲ荷いテ販売セシモノニテ其一ケヲ廿五弗ニテ売却セシモノ 中央ノ予ハ販売者トシテノ様 他ハ日本店員ノ諸子」（六角紫水『外遊に就て之一部分』、六角鬼丈氏所蔵）

②稲荷堂
「音楽堂ノ壇上ニ稲荷堂ヲ作リ傍ニ茶店ヲ置キタルモノニシテ石垣ハ書割」（『外遊に就て之一部分』、六角鬼丈氏所蔵）左側の階段に鳥居が並んでいるのがわかる

祀られる祭を示す語であり、ガードナー夫人が日本では狐と神を接合する信仰があること、すなわち西洋とは異なる異類観や宗教観があることを理解していたことを示唆している。ガードナー夫人が岡倉から稲荷祭の話を聞き、彼女自身の稲荷社参詣の記憶とあいまって、稲荷祭風の趣向を凝らしたバザー開催を計画したと見ることもできよう。

以上のことから、ラ・ファージやガードナー夫人が、ある程度岡倉と狐観を共有していたことがわかる。二人は三ヶ月の日本旅行を経験していた点で、一般的なアメリカ人と考えることはできないが、親日的で東洋文化に関心を持つボストンの知識人文化人に友人を多く持つ岡倉が、彼らとの交流を通して、アメリカ人が日本の狐像を受容する可能性を持つことを認識していたと考えられる。

本節では東西における狐像とコルハ像との比較を通して、岡倉の狐観や、信太妻伝説を基に『白狐』を執筆した目的について考察してきた。"The White Fox"というタイトルから受けるイメージは、「白」と「狐」が対極的なイメージを持っている西洋と、白狐が聖獣、霊獣として人々の信仰を集めていた日本や中国とでは異なっている。岡倉が主人公に狐を選んだ理由に、この西洋と東洋における狐のイメージの隔たりがあったと考えられる。また、岡倉は母親の情愛は西洋、東洋の区別なく万人が理解できる普遍的なテーマだと確信していた。そのため、岡倉が信太妻伝説を採用した理由のひとつは、そのテーマが西洋にも通じる共通性を持っていたからだと考えられる。このように『白狐』のなかには、西洋と異なる狐観と、西洋と共通するテーマが混在している。身近なアメリカ人たちとの交流を通して、東洋の狐像を受容できる可能性を確認できたことは、岡倉の『白狐』執筆を支えたことであろう。

第二節　「母なるもの」の表象と観音のイメージ

1　岡倉による「母なるもの」の表象

1―1　『白狐』における観音とコルハ

日本近代小説には、旅する男、非日常空間、ケア・テイカー（世話する者）の女、時間遡行という要素を持った作品が多く、このような小説を鶴田欣也は「向う側」の文学と総称した。「向う側」とは一日の夜の部分であり、美しい女性のいる特殊空間のことである。男の旅には時間遡行があり、個我の溶解があり、一種の母胎回帰の要素を持つ。「向う側」の女性は、美しく優しく上品で、神秘的な魔力を持っているが、ケア・テイカーとしての母性が強いのが特徴である。[43]また、日本近代小説では「母恋い」のテーマも顕著になった。レベッカ・L・コープランドによると「母なるものの願望に対しては母親代わり mother surrogates や母に類似するもの mother analogies という『はけ口付与』が行われ」、その形態のひとつが「母に類似するものに対する、より創造的なオブセッション」だという。「向う側」文学を「『母親に類似するもの』を扱う作品」と位置づけ、「向う側」文学に現れる女性が、ときに観音に比喩されると指摘している。[44]

このような小説が近代日本に多く書かれた理由として、鶴田欣也は近代化を喜んで受容した部分と、それを拒否する部分が交差していた日本人のアンビバレントな態度を挙げ、「向う側の作品群は近代化を嫌う部分の小説の一形態」と位置づける。[45]すなわち、近代化への反発から母胎への回帰に向かう「向う側」の文学、「母恋い」のテーマを生み出していったのである。この態度が母性を強く意識し「母なるもの」を表象していったと言えるが、そこに観音のイメージが結びついていったことに特徴がある。

このような日本近代文学の特徴を『白狐』に照射すると、「向う側」の女の特徴を備えたコルハ、子別れ劇、観音信仰など、共通するいくつかの要素が浮かび上がってくる。さらに『白狐』で描かれた観音は、母性と結びつき、おおいなる慈悲者であり、救済者を象徴する存在であった。このことは、岡倉と「母なるもの」とのつながりは、近代日本という時代背景を考慮に入れて再考察する必要性を示唆している。

そこでまず、『白狐』において観音がどのように描かれているか考察したい。『白狐』には岡倉の仏教観が色濃く顕れており、第三幕では登場人物たちの観音信仰が描かれる。歌舞伎や浄瑠璃の「芦屋道満大内鑑」では、保名と狐葛の葉の住居に「天照皇大神」の掛字が目立つように掛けてあるのが常である。『白狐』では代わりに観音の厨子が置いてあり、機織りの糸がよく切れるので不吉に思ったコルハが、観音の厨子に祈る場面がある。ヤスナとコルハの住居も観音寺の近くにある。歌舞伎に精通していた岡倉が、小道具を意図的に変更したことが窺える。

第三幕には、クズノハの従者である巡礼たちが歌を歌いながら登場する場面がある。クズノハと従者たちは、ヤスナとの再会を祈願して三十三所参りの巡礼を行っており、最後の場所として観音寺を訪れようとしているのである。巡礼たちのコーラスは、下記のフレーズから始まる。

Namuya daihino
Kannon samayo,
Jewel of the Lotus
Resplendent!
In thee our deliverance,(46)
To thee our adoration.

この歌詞は、木下順二によって「ナムヤ　ダイヒノ、カンノン　サマヨ、蓮華の宝玉　輝きわたる！　われらが救い、あなたの中に。われらは慕う、ただにあなたを」と訳され、平凡社版『岡倉天心全集』第一巻に掲載された。[47]だが聖文閣版『岡倉天心全集』上巻（一九三八年発行）に掲載された清見陸郎訳では「南無や大悲の観音さまよ！　蓮華宝座　光明遍照！　祈願得脱、帰命頂礼」となる。[48]この二つの訳は、訳者と訳した時代によって、岡倉の原作の趣が大きく異なることを示すものである。仏の座である「蓮華宝座」、仏の光明は全世界を遍く照らすという意味の「光明遍照」、悟りを得るという「得脱」、心から仏に帰依する「帰命頂礼」などのことばを用いた清見訳は、仏恩報謝の御詠歌のような雰囲気を醸し出し、登場人物の信仰と仏教との関係性を印象づける。対する木下訳は、仏教の知識のない一般的なアメリカ人が、このフレーズを聞いた時に受け取る感覚に近いものがある。ふたつの訳の相違は、仏教に帰依し、その思想を『白狐』に織り込んだ岡倉の意図と、観音が「カンノン」という意味しか持たないアメリカ人観客の反応という、発信者と受信者の間にあった隔たりを連想させる。その間隙を考察するには、当時の時代背景に基づき、日米における観音のイメージを紐解く作業が必要なのである。

巡礼のコーラスは、このほか第二群の巡礼たちのコーラス、全員が退場する時のコーラスとあるが、いずれも観音に救済を祈願する右記のフレーズを繰り返す。特に冒頭の“Namuya daihino Kannon samayo”は、日本語をローマ字表記にしたものであり、信仰対象が観音であることを強調する。このように観音は巡礼たち、すなわちクズノハとその従者たちにとっては現世利益を願う信仰の対象になっている。コルハは巡礼者たちに出会って、ヤスナとクズノハを再会させることを決意する。

一方、去って行くコルハにとって、観音は来世における救済を願う信仰の対象になっている。第一幕でヤスナはコルハを助ける時「善行を通して、より高い転生を求めよ。仏陀の慈悲を信じて」と言い放つ。そして第三幕では、クズノハの存在を知ったコルハが、今度はヤスナに「かつて、私を哀れに思う声が命じました。善行を通して、より高い転生を求めよ。仏陀の慈悲を信じて」と同じ言葉を繰り返し、クズノハのもとに行かせる。命を助けてくれたヤスナの言葉を胸に刻みつけていたコルハは、哀別の苦悩を乗り越えて、善行を積むため夫と子どもの元から去って行くのである。従来の信太妻物では、狐母が家を出る理由は正体の露見であり、この点において、コルハは彼らと異なっている。『白狐』の場合、コルハが沈黙を守りさえすれば、ヤスナとクズノハが再会することはなく、コルハは子どもと別れることもなかったのである。

コルハが子どもと別れて舞台から消えた後、コーラスとともに巡礼たちが再び入場する。主人クズノハとヤスナとの再会がかなったため、先述のフレーズとは一転して、祈願成就の喜びを高らかに歌い上げる。最後にヤスナとクズノハが手を取り合って登場しながら、次の歌詞を二回繰り返す。

Return, return,
To us return.
Art thou a mortal?
Or Kannon divine?(49)
（戻りたまえ、戻りたまえ、戻りたまえ、私たちのもとへ。
あなたは命あるものか？　それとも聖なる観音か？）

二人は、この段階では、ヤスナをクズノハの元に導いて、再会の願いを成就させたのは、観音の化身だったのではないかと考えている。ヤスナとクズノハが呼び戻そうとしているのは、舞台から去ってしまった観音の化身である。だが、二人はすぐコルハが壁に残した伝言に気づく。それは信太妻伝説に語り継がれた「恋しくば尋ね来てみよ和泉なる信太の森のうらみ葛の葉」の英訳ではなく、「あなたの御胸に、コルハは心を残します」というものであった。これを読んで初めて、観音の化身の正体、幼子の母親の正体を知ったヤスナは、コルハの名を叫ぶ。クズノハは「私は胸の中で、あなたの心を抱きましょう」と言って幼子を抱きあげ、ヤスナが膝を折って祈るところで幕となる。このことから、コルハは「妣の国」へ去って行った生みの母であると同時に、ヤスナ、クズノハ、巡礼たちの救済者——すなわち観音——という二重の役を付与されていると言えるだろう。

1―2　岡倉の観音像

では、岡倉は観音をどのように捉えていたのであろうか。岡倉と観音をつなぐエピソードとして、まず想起されるのが一八八四年六月、文部省より命じられた京阪古社寺調査中に、法隆寺東院夢殿を開扉し、秘仏救世観音像を拝したことである[50]。岡倉は一八九〇年から一八九二年にかけて東京美術学校で日本美術史の講義を行った。学生の講義筆記録によると、岡倉はその時のことを回想して「一生の最快事なりといふべし」と述べたという[51]。しかし、ここで岡倉は救世観音を美術上の価値のあるものとして語っているのみで、女性や母性とは結びつけてはいない。

次に取り上げたいのは狩野芳崖が描いた《悲母観音》である（図17）。弟の由三郎は、その回顧録の中で《悲母観音》の制作に岡倉が何らかの関連があったことを暗示している。

要するに、我々兄弟とD夫人との関係の中には、狩野芳崖氏も大いに与つてゐることは、同翁一代の傑作として世に遺されてゐる、東京美術学校所蔵の「慈母観音」の大作からも知られる[52]。

「東京美術学校所蔵の『慈母観音』」とは《悲母観音》のことであり、由三郎によると、その制作に「我々兄弟とD夫人」がおおいに関わったらしい。D夫人とは男爵夫人の意であり、九鬼男爵の夫人初子を指すと推察されている。一八八七年一〇月一一日、欧州美術視察を終えた岡倉は、ワシントンにいた全権大使九鬼の病身の夫人初子に付き添って帰国した。この時初子は男児（九鬼周造、一八八八―一九四一）を身ごもっていた。二人の関係はやがて恋愛の感情を伴うようになり、不幸な結末を迎える。

芳崖は一八八八年十一月五日に死去する四日前まで《悲母観音》の制作に従事していたという。《悲母観音》制作のエピソードに、岡倉が妊娠中の初子を芳崖に会わせたという話がある。(53)《悲母観音》本図とともに残された一連の下図には、飛翔する女性を描いたものが多くあるが、その中には妊婦のようにお腹が大きく前にせり出した女性が描かれている（図18）。この下図と由三郎の回顧録から、芳崖が初子をモデルにした可能性は否定できない。胎内にあってまだ生まれぬ嬰児を見守る悲母観音と、出産を控えた初子はおのずと重なる。モデルにならなかったとしても、妊娠中の初子のあり様は、芳崖に何らかのインスピレーションを与えたことが考えられる。

芳崖の一周忌に、岡倉は『國華』第二号に「狩野芳崖」と題する論文を掲載したが、この中で芳崖が観音につ

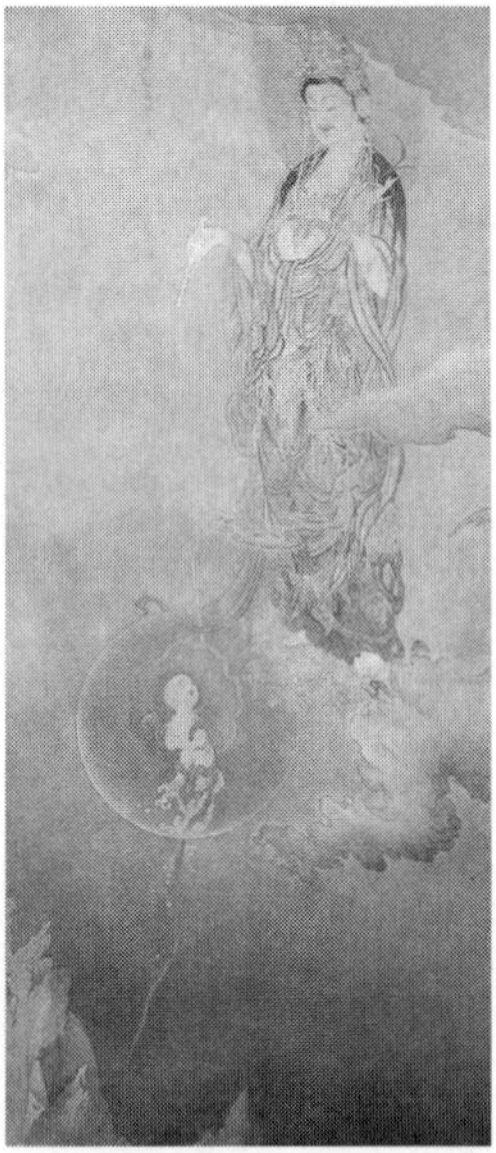
図17　狩野芳崖筆《悲母観音》（1888年、195.8×86.1cm、絹本着色　額装　一面／東京藝術大学美術館蔵）

図18　狩野芳崖筆《悲母観音》下図（同上）

いて語ったことばを回想している。

翁嘗テ人ニ語テ曰ク、人生ノ慈悲ハ母ノ子ヲ愛スルニ若クハナシ、観音ハ理想的ノ母ナリ、万物ヲ起生発育スル大慈悲ノ精神ナリ、創造化限ノ本因ナリ、余此意象ヲ描カント欲スル茲ニ年アリ、未タ適当ノ形相ヲ完成セスト。(54)

このことから、芳崖は観音を理想の母、慈悲の象徴として捉えており、その象徴としての観音を描こうと《悲母観音像》を創作したことがわかる。(55)芳崖にとって観音とは「母なるもの」を表象するものであったといえよう。さらに由三郎は、兄を懐古しながら幼少時に死別した母について記している。

自分の如く、生母の顔の見覚えさへない者でさへ、今日に至るまで自分の乳母のおせいばあやに時々聞かされた母のやさしい人となりに、わけもなく無限の憧憬を覚え、それを所縁に、広く一切の女人に対し、観音勢至の如き深甚の慈愛の源泉としての敬虔の念を、機会あるごとに懐かうとして、決してやまない。(56)

由三郎においても、母は観音に象徴されるような慈愛の源泉であった。そして「D夫人」との関係が生じたのも、「自分等兄弟が、幼少にして失つた慈母に対するやるせの無い追母の念に逢着する」ためだったと語る。

ここで想起されるのは、折口信夫が、信太妻伝説における童子の母を慕う心を「妣の国」と関係づけたことである。『古事記』においてスサノヲノミコトは、亡母であるイザナミノミコトを恋い、妣が国根の堅洲国に行きたいと号泣した。子を生んだ母が何かの事情で戻ってしまった国が「妣の国」であり、生みの子を捨てて帰った母を慕う心が「妣の国」への希求となっている。(57) 信太妻伝説においては、信太の森が「妣の国」であり、童子が信太の森へ行きたいと泣くところは、スサノヲの行動と通ずる。岡倉兄弟が亡き母を想う追慕の念は、母が「妣の国」にいるため行き場がなくなり、その行き場のない想いが転じて一切の女人に向けられた。その女性たちに求めたものは「観音勢至の如き深甚の慈愛の源泉」としての母性であった。

以上のような著述から、観音は慈悲を象徴する「母なるもの」の表象として、芳崖や由三郎に刷り込まれていたことが窺える。そして芳崖は《悲母観音》制作において慈悲の母としての観音を視覚的に創出した。この作品が流通すると同時に「母なるもの」の表象としての観音もまた流通したのである。

岡倉が芳崖や由三郎と観音像を共有していたことから、岡倉における観音と「母なるもの」の表象との関連性も浮かび上がってこよう。『白狐』において、コルハは母であるとともに、ヤスナとクズノハに慈悲を行う観音として描かれた。コルハの性質の二重性は、岡倉にとって観音が救済の神、慈悲の神であると同時に、「母なるもの」の表象であったことを示唆している。

では、岡倉はボストンにおいて観音をどのように伝えていたのであろうか。一九〇六年四月『ボストン美術館紀要』に掲載された「新設された日本キャビネットの彫刻」には、次のような記述がある。

鎌倉時代は、闘争と反日に満ち、神の無限の慈悲に避難を求めた。聖母が、中世ヨーロッパにおいて礼拝の主たる対象になったように、観音も日本人によって特別に崇拝されるようになった。観音（アヴァローキテーシュヴァラ）は、信者の魂を西方の天国――阿弥陀如来が住む金色の光の楽園――に導いてくれる慈悲の使者なのである。(58)

狩野芳崖が《悲母観音》の構図や着想を西洋画の聖母図像から得たこと、その際にフェノロサが関わっていた可能性が指摘されているが[59]、岡倉も、観音信仰を中世ヨーロッパの聖母信仰になぞらえて説明していることから、西洋と日本の「母なるもの」への信仰に共通性を見出していたことがわかる。岡倉にとっても観音は、芳崖と同じように慈悲の象徴であり、礼拝の中心的対象となった点で、聖母に比肩する存在であった。

また、岡倉は一九一一年四月一三日ボストン美術館で行った東洋の宗教に関する講話において、観音を次のように紹介した。

阿弥陀の従者であり調停者でもある「観音」への崇拝は、大変重要な役割を持つようになった。時折仏教の儀式において、観音は阿弥陀よりも重要であり、彼はほとんど人間と変わらない姿で描かれる[60]。

ここから、岡倉が観音を阿弥陀よりも重要な信仰対象として伝えていたことがわかる。観音信仰は、既に奈良時代には護国的霊験が期待されて信仰が広まったと言われ、護国を論ずる立場の人々は、観音の造像や観音経の書写などを命じてきた。

しかし長い観音信仰の歴史では、人々はむしろ現世利益や来世における救済を個人的に求めてきた。来世での救済を観音が果たしてくれるという観音信仰は、平安時代の貴族の間から広まっていった。観音信仰は山と強く結びつき、平安時代に入ると霊験あらたかな観音像を持つ寺院が霊場と見なされるようになる。その多くは山岳寺院であり、霊場から霊場へと巡り歩く、いわゆる西国三十三所巡礼はこのようにして成立した。日本各地に三十三所が作られ、巡礼者に民衆の参加が目立つようになる。

岡倉は『白狐』において「観音」に「仏教における慈悲の神、日本の中央部の巡礼地三十三所におわす」と注釈を加えている。また“Namuya daihino Kannon samayo”の意味を「偉大なる慈悲の神、観音の導きでお救い下さい」と説明している。[61] このことから岡倉が観音を慈悲の神、救済を願う信仰の対象として捉えていたことは明らかであろう。

また、講話の中で岡倉は観音の主格をheで表している。アメリカ人に仏教を説明する教育活動において、元来性のない観音にsheは使用できなかったと思われる。しかし慈悲を行う阿弥陀について「この芸術はその表現において非常に女性的である」という説明を加えている。[62] 観音が「女性的」に表象されるようになったのは、安産を祈願するために信仰される子安観音が全国的に広く祀られたことで、女性や母性と密接な関係を持つようになったことが一因と考えられる。集団的な安産祈願として、十九夜講・子安講・観音講などと呼ばれる女性たちの講集団があった。観音は、安産祈願信仰とともに人々の生活空間に浸透した「母なるもの」であった。

岡倉と芳崖、由三郎が共通する観音像を抱いたことは、各自の個人的体験、近代以前から継続する観音のイメージに加え、近代日本において母性が強調されるにつれ、観音の持つ母性のイメージもより強固になり、「母なるもの」の表象として観音をモティーフとする作品が生成されていったことが考えられる。このような時代背景を踏まえると、観音を仏教的な認識から中性と捉えながらも、慈悲者、救済者という役割から生じた母性や、芸術における「女性的」といったイメージも、矛盾することなく受容して形成された岡倉の観音像が浮上して来る。岡倉にとって観音は、救済の神であると同時に慈悲の母であった。そして、その像はそのままコルハに投影されている。

2　アメリカ人による観音の再生

芳崖とフェノロサの関係のように、岡倉にも観音像を共有したアメリカ人の友人がいた。ジョン・ラ・ファージとヘンリー・アダムズである。

2―1　ラ・ファージの観音像

ラ・ファージが日本旅行後に描いた作品の中には、いくつかの観音図がある。その制作には、彼が約一ヶ月滞在した日光での体験が大きく関わっている。ラ・ファージは、日光の家光廟大猷院で「人生という流れ落ちる水の傍らに座して瞑想する慈悲深い観音」の絵を観た(63)。輪王寺大猷院に伝えられる掛幅のなかで、この表現に合致するものは狩野永眞安信筆《観世音菩薩像》（図19）に絞られるため、彼が観たのはこの絵であった可能性が高い。滝を「人生という流れ落ちる水」と表したように、とめどなく流れ続ける滝の水流に、ラ・ファージは人間の生を見たのである。この観音の絵が強く作用して、ラ・ファージに観音のイメージを固定させることとなった。

図19　狩野永眞安信筆《観世音菩薩像》（承応元＝1652年）絹本淡彩／日光山輪王寺宝物殿蔵）

たびたびよく見る画像の中で、最も強く心に触れるのは――ひとつにはおそらく永遠の女性だからであろうが——観音と呼ばれる化身が涅槃の瞑想にふけっているものである。あなたは滝のそばに座っている彼女の絵を知っているが、私は滝が見事で心惹かれる美しい景色に接すると、絶えず彼女を思い出す。(64)

このように、ラ・ファージが思い描く観音の視覚的イメージは、「滝」のそばで「涅槃の瞑想」にふけっている場面であった。実際、ラ・ファージは日光で裏見の滝を訪れた時も「ここで再び、滝の奔流に破られる深い沈黙によって、私は観音の絵を思い起こした。その意味とイメージは仏教的な慈悲の観念である」と記している。そして、滝の傍らに座って涅槃を瞑想する観音の絵が心の琴線に響くのは、観音が「永遠の女性」だからだと述べ、観音の代名詞にsheを用いた。ラ・ファージは涅槃を「永遠の真実、至高の救済による安息」と捉えていたが、彼の心のうちで自分にとっての涅槃と観音の持つ超越的存在としての女性像が結びつき、涅槃を瞑想する観音が「永遠の女性」の象徴として定着したのであろう。さらにラ・ファージは観音についてこう語る。

俗世を離れ人生の滝のそばに座る神または女神は、元来インドの名前が示しているように、もっと特別な瞑想の観念を象徴していると私は思う。しかし、今日では彼女の名は「慈悲者」となっている。(65)

ラ・ファージにとって、滝の傍らに座って涅槃を瞑想する観音の図像は、日本に浸透する「慈悲者」のイメージよりも、「涅槃の瞑想」にふける「永遠の女性」のイメージと強く結びつき、その超越的な女性像ゆえに観音は「女神」となった。「彼女の絵やイメージが差し出す観念は、私を魅了する絶え間のない瞑想」と述べたように、ラ・ファージは瞑想する観音に最も魅力を感じていたのである。

観音のコンセプトと美術造形は、帰国後のラ・ファージの作品に影響を与え、彼は複数の観音図を描いた。一八八七年夏、欧州での美術視察を終えた岡倉は、日本への帰途アメリカに滞在し、ラ・ファージの《キリスト昇天》の制作現場によく足を運んだ。ラ・ファージが、仕事の合間に岡倉と仏教の話をしたことはすでに述べたが、このとき観音についての会話も交わされたことと思われる。

水彩画の *Meditation of Kuwannon*《観音の瞑想》（一八八六年）でラ・ファージは、観音が滝の傍らに座って瞑想にふける姿を描いた。油彩画の *Kuwannon Meditating on Human Life*《人間の命について瞑想する観音》（一八八七—一九〇八年）（図20）も、やはり観音が滝の傍らに座って瞑想にふける絵である。

だが観音を「永遠の女性」と捉えたラ・ファージの描く観音は、明らかに女性である。しかもその容貌は、彼が日本で見た観音図とは異なり、どちらかと言えば西洋人的である。

ラ・ファージがなぜ自身の観音図に西洋的な風貌の女性を描いたのか、という疑問を解く鍵として、牧谿の《観音図》（図21）を挙げたい。ラ・ファージは京都でフェノロサに連れられて大徳寺に行き、そこで牧谿の《観音図》を見た。フェノロサはこの時のことを次のように回顧している。

敬虔なカトリック教徒信者であるラ・ファージ氏は、しばらく頭を上げることが出来ず、「ラッファエッロだ」とつぶやいた。事実、牧谿の観音は、あの偉大なウンブリアの画家によるもっとも甘美な聖母の型とじっくり見比べてみたいという気を起こさせる。(66)

このときラ・ファージは、ラファエッロの聖母像から受けるのと同じ感興を、牧谿の観音像によって引き起こされたのであろう（図22）。この瞬間ラ・ファージの内で、観音と聖母のイメージが結びついた。ここには、ラ・ファージが日光の山中で感じた自然への「汎神論的共感」と同質の心の動きがあったと考えられる。牧谿の

図21　牧谿《観音図》（南宋時代（13世紀）172.2×97.6cm、絹本墨画淡彩／京都大徳寺蔵）
出典：金原省吾『牧谿』（東洋美術文庫、アトリエ社、1939年）

図22　John La Farge, *Kuwannon Meditating on Human Life*（1887－1908年、油彩、キャンバス、91.4×86.4cm／バトラーアメリカ芸術協会蔵）
出典：Henry Adams et al., *John La Farge*, p. 106.

《観音図》とラ・ファージの《人間の命について瞑想する観音》とを比較してみると、どちらの作品にも、白衣をまとった観音が、水辺の巨岩の上に足を組んで座っている。体は正面ではなく、やや右側を向いており、組んだ足の上に両手を置いて、静かに瞑想にふけっている。このように二つの観音の構図は類似しており、背景にごつごつと連なる岩が描かれる点も共通している。そのため、ラ・ファージが牧谿の《観音図》に感銘を受けて、帰国後、観音図を描いた可能性は高いと考えられる。

　ラ・ファージはカトリック教徒であり、教会のステンド・グラスや壁画を数多く制作した作家である。来日のきっかけも昇天教会の壁画を依頼されたことにある。ラ・ファージは東洋の宗教世界に興味を持つ一方、キリスト教の世界を表現する仕事に多く従事した画家であった。ラ・ファージは観音を「永遠の女性」と表現したが、キリスト教世界においてこのような存在に比すべき象徴は聖母マリアであろう。

　神の子を生んだ聖母マリアは、キリスト教の浸透とともに神的存在の女性像となった。幼子キリストを抱く聖母の図像が多く描かれ、マリアは母性の象徴として広く深く人々の心に浸透した。それゆえ西洋において、マリアは「母なるもの」であった。またマリアはその純潔性ゆえに永遠の女性となった。このように聖母マリアは永遠の母、理想の女性として、また神格化された女性像として長い間そのイメージが生成され、流通され続けてきた。そのため、ラ・ファージが「永遠の女性」である観音を視覚的に具現化しようとした時、聖母マリアとのイメージの混在が引き起こされ、観音は聖母マリアの視覚的イメージと結びついて再生された。その結果、日本で観た観音像と差異が生じたと考えられる。この点において、ラ・ファージの観音図もまた、聖母マリアと合体したことで母性を付与されたと言える。その端緒は、大徳寺の牧谿に感銘を受け、「ラッファエッロだ」とつぶやいた瞬間に遡ることができるが、さらに帰国後の岡倉との会話の中で、岡倉の持つ「慈悲の母」としての観音のイメージが、ラ・ファージになんらかの影響を与えたことも考えられるのである。芳崖と同じように、ラ・ファージもまた「母なるもの」としての観音の慈愛に、聖母信仰と同じ啓示を見たのであろう。

ラ・ファージの描いたこれらの観音図は、一見観音図の定型、つまり滝の傍らに座って瞑想にふけるという構図だけを用い、中央には日本の観音像とは異なる西洋人的な女性を配したジャポネズリーの一種という印象を受ける。しかしキリスト昇天の壁画の背景として日本の山々を描き、そこで感じた神秘性や「奇蹟的だと呼ぶのにふさわしい雰囲気」を表そうとしたように、ラ・ファージは日本で見た観音図の定型をそのまま写すのではなく、自身が抱いた観音のイメージを構築する要素「滝」「涅槃の瞑想」「永遠の女性」と、聖母マリアの図像を融合させて、独自の観音像を創造したと言える。

2―2　ヘンリー・アダムズと観音

大統領の家系に生まれ、著名な歴史家、政治家、小説家であったヘンリー・アダムズの日本旅行は、自殺した妻マリアンの死による悲しみを忘れる旅であった[67]。日本滞在中に友人たちに宛てた書簡からは、ラ・ファージと対照的に、彼が日本の生活や日本人にあまり馴染めなかった様子が見て取れる。しかし日光に関しては例外で、彼は友人のジョン・ヘイ（John Milton Hay, 1838―1905）に宛てた手紙に「実際、この場所は見に来る価値があります。日本は人間性において完全ではないが、日本美術は私の偏見を揺るがせるほど、十分に発達した才能があります。しかし、何といってもやはり日光は世界の景勝地のひとつです」と書いた。アダムズが日光に驚愕したのは、巨大な空間に寺院が配置され、ひとつの世界を構成していることであり、エジプトに匹敵するほどの大仕事を日本人が樹木と漆で成し遂げたことであった。[68] ラ・ファージは日光の装飾に、アダムズは日光の規模に注目したが、両者とも人間と自然、芸術と宗教が融合した日光の空間に感嘆したのである。

彼は帰国後、彫刻家オーガスタス・セント＝ゴーデンス（Augustus Saint-Gaudens, 1848―1907）に依頼して亡き妻の記念像を作らせた。現在ワシントンのロック・クリーク墓地にある *The Adams Memorial*《アダムズ記念像》で、この像はアメリカの「金メッキ時代」を代表する彫刻作品として位置づけられている（図23）。アダムズの伝記作者アーネスト・サミュエルは、この像の制作について次のように記している。

日本でのラ・ファージとの会話の中で、アダムズは記念像の考えをまとめていった。二人は帰国後まもな

図23　Augustus Saint＝Gaudens, *Adams Memorial*（1886－91年、青銅、177.4×101.4×112.9cm、Rock Creek Cemetery, Washington, D.C. 2004年1月22日著者撮影）

く、仏教美術、特に観音像の象徴について話し合うために、日本で出会った若い日本人学者である岡倉を探し出した。永遠の瞑想という概念が、申し分のない特徴であると思われたので、彼らは西三六通りのセント＝ゴーデンスのスタジオに急いで向かった。(69)

ラ・ファージが日本で昇天教会の壁画に適した風景を探したように、アダムズも亡き妻の記念像のために、日本で良いヒントを探し出した。それが仏教美術であり、特に観音像から受けた感銘は、記念像の主題を決定するほど強いものであった。岡倉は欧州視察旅行の途中で、当時ニューヨークに滞在していた。彼らは岡倉の仏教美術の知識を信頼して指南役として頼ったのであり、岡倉は記念像の主題やコンセプトを具体化する段階で影響力を及ぼしたと言える。三人で話し合った結果、アダムズがふさわしいと感じた観音の象徴「永遠の瞑想という概念」には、「瞑想」する観音にもっとも魅力を感じたラ・ファージとの共通性も認められる。この時点で記念像における観音のイメージは、三人で共有したものであった。

だが、ラ・ファージの観音に女性性が付与されたのに対し、アダムズは記念像に両性具有を暗示させる外見を求めた。元来観音の性が中性であることを考えれば、アダムズの依頼は正しい認識に基づいたものと言える。妻と同じ墓に葬られることを望んだアダムズにとって、像は妻だけでなく、自分自身の墓碑でもあったのだろう。そのため、男性にも女性にも見える中性的な風貌や姿勢を求めたのだと考えられる。また、アダムズは記念像が「避けられないことを、知的に、受け入れること」を表現するものとなるよう、セント＝ゴーデンスに要求した。(70)「避けられないこと」とは運命、具体的には妻の自殺を暗示しており、その死を静かに受け入れようとするアダムズの希求の表れであろう。アダムズの自叙伝である『ヘンリー・アダムズの教育』（一九〇七年）には、マリアンの死をはさんで一八七二年から一八九一年までの二〇年間が空白となっている。妻の自殺という衝撃を冷静に客観的に受け止めることは、アダムズにとって苦しく困難なことであった。「避けられないこと」には、将来必ず訪れる自分自身の死も含まれていると考えられ、運命を心穏やかに受け入れたいとするアダムズの切望の表れでもあった。

さらにアダムズは、従来の方法で制作しようとしたセント＝ゴーデンスに注意を与え、記念像は「東洋と西洋の芸術と思想を融合する」ものであると伝えた[71]。アダムズが求める記念像は、男と女、東洋と西洋という両義性を持つものであった。

だが、フランスの国立美術学校で学び、来日経験のないセント＝ゴーデンスにとって、仏教の思想や美術を理解することは困難な課題だったと思われる。そこで、アダムズは理解者であるラ・ファージに、東洋の「涅槃」の概念をセント＝ゴーデンスに説明し、記念像制作の監督を務めるよう依頼した[72]。セント＝ゴーデンスの息子のホーマーによると、ラ・ファージの助言を得て、数多くの仏像の絵画とミケランジェロの作品の写真を見比べた彫刻家は、それらの図像から与えられる理知的な静けさや、死を受け入れる穏やかさを具現化しようと試みた。やがて、ゴーデンスがアダムズの願いに共感できるようになったとき、現在ある記念像の形に到達したという。彼はその外観について、性別がなく静謐で、時には男性に、時には女性にも見える像であると説明した[73]。制作には六年もの年月が費やされ、その間セント＝ゴーデンスはいくつもの習作を制作し、完成を見たのは一八九一年であった[74]。

このように、アダムズ記念像はその着想の段階から制作過程に複数の人間が関わり、アダムズ、岡倉、ラ・ファージ、セント＝ゴーデンスの思考と技術が重層的に融合された作品であることがわかる。

アダムズ記念像には、「永遠の女性」であるラ・ファージの観音と異なり、性別がない。また、墓碑としての性格から像の主題は死に結びついており、ラ・ファージの観音図が「人生という流れ落ちる水」である滝によって、人間の生を暗示させているのとは対照的である。しかし、どちらの観音像も、体まず変化する生の営みであれ、やがて訪れる死であれ、そのまま静かに受け入れて、安らかに瞑想している。ラ・ファージの観音図と、アダムズ記念像の共通性は、「永遠の瞑想」を象徴する観音像が強く作用している点にある。ラ・ファージの観音は、片方の足だけ膝の上に乗せておらず、半跏趺坐と呼ばれる座り方である。一方、アダムズ記念像の両足は衣に覆われて見えないが、膝頭と脛の形から、両足を下に降ろした椅坐という形であろう。

また、アダムズ記念像は、白衣観音のように白い衣を頭から被り、体をすっぽりと覆っている。クリストファー・ベンフィーは、像の流れるような長衣の皺に波打つ流水のイメージを重ねていると指摘する。[75]確かに像の両足を岩に見立てると、その間に長く垂れた衣の襞は滝の流れを表現しているように思われる。記念像が座っているのは椅子ではなく、観音図に描かれる滝壺の一枚岩のようにごつごつとしている。さらにアダムズ記念像のポーズと衣の動きは、ラ・ファージが《日光の庭の滝》（図５）で描いた滝の流れと重なり合って見える。このようにアダムズ記念像にも、滝と観音が統合されているのである。

アダムズは最初から記念像に題名をつけなかった。それは像に、普遍性と匿名性の意味を持たせたかったからであった。記念像は男と女、西洋と東洋の両義性を持つことで、それらが統合され、普遍性と匿名性を持つに至ったのである。アダムズ自身はその像を"The Peace of God"（神の平和）と名づけたが、それは彼だけが呼ぶ名前であった。[76]記念像は、対立する二項が融合されたアダムズの理想世界を暗示し、そこには静謐で安らかな平和があった。

ラ・ファージの観音図は、観音と聖母マリアという東洋と西洋の「母なるもの」のイメージが融合されたものであったが、アダムズ記念像にも、東洋と西洋の文化統合が行われた。それを可能にしたのは、観音から得た霊的な感銘であり、その経験が彼らを新たな美的到達点へと導いたと言える。そして、東洋と西洋のモティーフを合体させる独自の観音像の再創造には、岡倉の協力が不可欠であった。

このようなラ・ファージやアダムズの活動は、岡倉の生涯の活動を支える基盤であった、東西の美術を「一つにする」ことによって「美という真の理想の部分」を創造するという理念と重なり合う。美の「共感」を通して、西洋と東洋は理解しあうことができるという考えは、欧州への帰途のアメリカにおいて、ラ・ファージ、アダムズ、セント＝ゴーデンスによる観音の再創造プロジェクトに関わったことで、確信へと変わっていったことが推察される。

このように、岡倉が『白狐』で描いた観音像と、ラ・ファージやアダムズが創出した観音像とは結びついている。それゆえ、岡倉が『白狐』に従来の信太妻物とは異なる観音信仰を織り込み、コルハに母と観音の二重の役割を課したのは、アメリカ人が受容しうる仏教の菩薩、観音のイメージを通して、西洋に東洋を理解させようとした岡倉の方法のひとつだったと考えられるのである。

第三節 『白狐』に内在する歌舞伎とヴァーグナー

1 『白狐』と歌舞伎「芦屋道満大内鑑」

本章第一節で述べたように、信太妻伝説成立の過程にはいくつかの段階があるが、それらを集大成し演劇的完成を見たのが浄瑠璃「芦屋道満大内鑑」である。明治期に入ると「芦屋道満大内鑑」は浄瑠璃、歌舞伎ともに上方を中心に上演された。特に歌舞伎では明治三〇年代から上演回数が増加し、上方、東京を中心に全国で上演されるようになった(77)。当時、「芦屋道満大内鑑」が流行っていたことが窺える。

一方、前章で述べたように岡倉は歌舞伎を愛好し、一八八九年日本演芸協会発足に際して九代目市川団十郎、五代目尾上菊五郎、初代市川左団次など、当時人気の歌舞伎役者を招いた。岡倉が音楽学校長の兼任を慫慂された時、市川団十郎を教授に採用する相談を持ち出して断ったという逸話は、彼の歌舞伎好きを示唆している[78]。当時の歌舞伎「芦屋道満大内鑑」の人気と、岡倉の歌舞伎に対する関心から、岡倉が歌舞伎の「芦屋道満大内鑑」を参考にした可能性が考えられる。そして、それを裏づけるように『白狐』には歌舞伎で使われる趣向や様式を活用できる場面が認められる。

3―1　『白狐』におけるケレン的演出

歌舞伎「芦屋道満大内鑑」にはケレンと呼ばれる意表をついた演出、視覚的要素に強く訴える奇抜な趣向や演技が多く使われる。特に「子別れ」の場面で狐母が一首の歌を障子に書き残す所では、逆さ書き、左手書き、口書き、投げ書きなどをして書く「曲書」が見せ場になっている。そして『白狐』第三幕でも、コルハが筆を口に咥えて壁に書置きを残すというト書きがあり、岡倉が歌舞伎「芦屋道満大内鑑」に倣ったものと考えられる。

　　コルハは次第に人間の姿を保つ力を失っていく。両手は狐の前足に変わっていく。かろうじて子どもを抱きかかえる。伝言を残そうとするが、ペンを持てないことに気づく。彼女はペンを口にくわえて壁に書く[79]。

「芦屋道満大内鑑」では、「母さまいなう」と走り寄ってきた子どもを両手で抱きかかえるため、狐母は口書をせざるを得なくなるのだが、『白狐』では魔法の力を失って手が前足に戻ってしまったため、ペンをくわえるのである。オペラの舞台でプリマドンナがペンをくわえ壁に文字を書くシーンは、観客の度肝を抜くことになったであろうが、この動作によって観客はコルハが獣であったことを思い出すことになる。

また「芦屋道満大内鑑」では、狐が葛の葉姫に化けるという設定のため、一人の役者が二役を演じることが多い。歌舞伎の上演は、享保二〇年（一七三五）の京の富十郎座を嚆矢とするが、評判記によると富沢門太郎が、葛の葉姫と狐葛の葉の二役を兼ねている。(80) 一般に一人の役者が二役を勤めるときは、素早く葛の葉と狐の役柄を替わる「早替り」の演出が用いられる。『白狐』においても、第三幕でコルハが去った直後にクズノハが登場する場面では、コルハ役の歌手が素早くクズノハに替わることによって、早替りの趣向を観客に示すことができる。また、第二幕でコルハが魔法でクズノハに変化する場面のト書きには「コルハが花を集めて体に投げかけると、クズノハに変化して立ち上がる」とある。ここでは、舞台上の瞬時の早替わりが必要であるが、「京鹿子娘道成寺」などで行われる、衣装に仕掛けた糸を引き抜いて素早く衣装を替える「引抜き」という手法を用いれば、一瞬でコルハがクズノハに「変化」したように見せることが可能である。ここから、岡倉が歌舞伎で用いられる早替りの手法を念頭において執筆したことが考えられる。

さらに第二幕のラストでは、コルハが飛行しながら「復讐だ！　復讐だ！　復讐だ！」と叫ぶシーンがある。このような場面は、『義経千本桜』四の切「川連法眼館」における狐忠信などに用いる「宙乗り」（宙吊り）を想起させる。このように『白狐』には歌舞伎のケレン的な演出を活かすことのできる場面が見出せるのである。

1―2　子別れの場面

「芦屋道満大内鑑」でもっとも上演されることが多い場面は、狐母が泣く泣く我が子を残して去る子別れのシーンであろう。『白狐』第三幕でもコルハが幼子を抱いて別れの歌を歌う場面があり、ここが物語のクライマックスとなっている。狐母もコルハも、男への報恩のために化身し傷の介抱をしているうちに、憐れみの気持ちが恋慕へと変わっていったと告白する。

いたわり附添うそのうちに、結ぶ妹背の愛着心、夫婦のかたらいなせしより、夫の大事さ大切さ、愚痴なる畜生三界は、人間よりは百倍ぞや。[81]（「芦屋道満大内鑑」）

人間はいつも卑しい動物をあざける。たぶん私のことも言うでしょう。彼女は狐、情けなどなかったと。人間が愛をどれだけ知っているというの、貞節を、献身を、本当の服従を？　私たちこそ一万倍も強く感じる[82]、五臓六腑を噛み裂くほどの情熱の苦痛を、燃えるような嫉妬を。（『白狐』）

両者とも動物の愛情は人間に劣らないと訴えており、狐母が動物の愛情を人間の「百倍」、コルハが「一万倍」と強調する表現に類似性が見られる。さらに両者は、狐を母に持つ子どもの将来を案じ、無益の殺生をしてその正体が露見しないよう幼子に言い聞かせる。

何をさせても埒あかぬ道理よ、狐の子じゃものと、人に笑われそしられて、母が名までも呼出すな。常々父御のお詞にも、虫けらの命を取る、碌な者にはなるまいと、たゞ仮初のお叱りも、母が狐の本性を受け継いだるか浅ましやと、胸に釘針刺すごとく、成人の後かならず、無益の殺生しやんな[83]（「芦屋道満大内鑑」）

どんなにひどい悪戯をしても、小鳥の巣を盗んだり、小兎に罠をかけたりしてはいけないよ。そしてうっかり漏らさないように、卑しい血を受け継いだ者だとは。[84]（『白狐』）

狐母が「虫けらの命を取る」のを諌めたように、コルハも小鳥や小兎への悪戯を禁止している。このように子別れの場面における「芦屋道満大内鑑」の詞章と『白狐』の歌詞には、構成や内容、表現において相似が認められるのである。

1―3　小袖物狂い

「芦屋道満大内鑑」二段目には、発狂した保名が恋人の形見の小袖を抱いてさまよい歩く道行「小袖物狂い」の場がある。ここから歌舞伎舞踊「保名」が生まれた。文政元年（一八一八）、江戸都座において三代目尾上菊五郎（一七八四―一八四九）が四季七変化「深山桜及兼樹振」を踊ったもののうち、春のなかの「小袖物狂ひ」が独立して流行したもので、清元の名曲として今日に伝えられている。ながらく絶えていたのを、一八八六年、九代目市川団十郎が新富座で復活させた。また一八八九年一〇月一三日、日本演芸協会が鹿鳴館で開催した第一回諸芸演習会では、五代目尾上菊五郎が小袖物狂いを題材にした「喜久重夢路狂乱」を演じており、同協会の文芸委員だった岡倉はこの舞台を鑑賞したであろう。

『白狐』第二幕でも、狂人ヤスナがちぎれたクズノハの片袖を握って現れる場面があるが、そこでのヤスナの歌詞は「保名」の詞章から発想を得ているように思われる。例えば「保名」の置浄瑠璃は、物狂いゆえに保名の足が地につかずうわついている状態を表している。

恋よ恋われ中空になすな恋、恋風が来ては袂にかいもつれ、思う中をば吹きわくる、花に嵐の狂いてし、心そぞろにいずくとも、道行く人に言問えど、岩せく水と我が胸と、砕けて落つる涙には、かたしく袖の片思い、姿もいつか乱れ髪、誰が取り上げて言うことも、菜種の畑に狂う蝶、翼交わして羨まし、野辺のかげろう春草を、素袍袴に踏みしだき、狂い〳〵て来りける。(85)

この浄瑠璃に合わせて紫の病鉢巻をして小袖を肩にかけた保名が登場するのだが、『白狐』でも狂ったヤスナがよろめきながらクズノハの破れた袖をつかんで登場し、「夢を見た、夢を。私は鳩だった、そして彼女は私の連れ」と歌い、夢うつつの世界をさまよっている状態を印象づける。

また「保名」では、保名が道行く人に「何じゃ、恋人がそこへ来たとは、どれどれ、エエ、又嘘言うか、わっけもない」と恋人の所在を尋ね歩く。『白狐』でもヤスナが歌いながら恋人の幻影を追い求める。

教えてくれ、おお、水仙の花よ。彼女はどこへ行った？　あそこにいる！　ここにいる！　ここだ！　あそこだ！　こちらへ！　どちらへ！　なぜ惑わせる？　なぜ逃げていく？(86)

このように「保名」の詞章と『白狐』の歌詞とは、その内容において相似が認められる。

以上、①曲書、早替り、宙乗りなど歌舞伎のケレンを活かすことのできる場面、②子別れの場面でのコルハの歌詞と狐母の詞章における構成、内容、表現の相似、③小袖物狂いに相当する場面でのヤスナの歌詞と舞踊「保名」の詞章における内容の相似を検討した。ここから『白狐』には歌舞伎「芦屋道満大内鑑」や歌舞伎舞踊「保名」、あるいはほかの歌舞伎の趣向や様式が取り入れられており、岡倉がこれらを参考にしながら執筆したことが推察できる。

2　『白狐』とオペラ《タンホイザー》

岡倉がコンヴァースのオペラ《犠牲》を参考にして『白狐』を執筆したという石橋智慧の研究はすでに述べたが、『白狐』にはヴァーグナーのオペラ *Tannhäuser und der Sängerkrieg auf Wartburg*《タンホイザーとヴァルトブルクの歌合戦》（以下《タンホイザー》と略記）との共通点も指摘することができる。

《タンホイザー》の粗筋は次の通りである。第一幕は宮廷歌人で騎士のタンホイザーが、女神ヴェーヌスの洞窟で快楽に耽っている場面から始まる。彼はある日聖母マリアに救済を求め洞窟から脱け出す。第二幕で、タンホイザーはかつて愛したヴァルトブルク領主の姪エリーザベトとの再会を喜ぶ。だが彼は城内での歌合戦の最中、ヴェーヌスの洞窟にいたことを告白してしまう。憤激した騎士たちをエリーザベトがなだめ、タンホイザーはローマへの巡礼に向かうことになる。第三幕で、エリーザベトは自分の命と引き替えにタンホイザーの罪の許しを聖母マリアに祈る。ローマで罪を許されなかったタンホイザーは自暴自棄に陥るが、エリーザベトの存在を思い出しヴェーヌスの誘惑を断ち切る。このときエリーザベトの魂は天に召されタンホイザーの罪は許される。タンホイザーもエリーザベトの亡骸の上で息絶える。

《タンホイザー》は、グランド・オペラの様式を意識して創作された作品である。独創的な人物と思想、創意に富んだメロディーとハーモニーの用法、壮観な見せ場があり、流行の最先端を走っていた一九世紀パリのオペラ界で比較的高い評価を得た[87]。《タンホイザー》の初演は一八四五年ドレスデン宮廷歌劇場においてだが、一八六一年には改訂版がパリ・オペラ座で公演されたためドレスデン版とパリ版とがある。『白狐』との相似は、そのどちらにも共通して認められる。

2—1　日本におけるヴァーグナー受容

『白狐』と《タンホイザー》との共通点を考察する前に、まず日米におけるヴァーグナー受容や、岡倉のヴァーグナー体験について確認しておきたい。

高い水準での創作の完璧さを達成したベートーヴェンからロマン派が始まるとしたら、ロマン派の音楽の絶頂はヴァーグナーだと位置づける吉田秀和は、ヴァーグナーを「ロマン派芸術思想の何から何までが、ごたまぜにはいっている怪物」で、ロマン派が積み上げた全音楽語法を集大成し、一九世紀の全美学を要約した彼ほど、広く思想と芸術一般に影響を与えた人はいないと評する。(88)一八五〇年代にドイツの市民階級に意識されるようになったヴァーグナーの作品は、やがてヨーロッパ中で認められるようになり、一九〇〇年頃にはその社会的影響力は頂点に達した。

こうしたワグネリズム、すなわち一九世紀後半に盛んだったヴァーグナー信奉の傾向は、日本において草創期のオペラ運動に影響を与えた。日本で早い時期に演奏されたヴァーグナー作品は、一八八三年七月一一日、音楽取調掛夏期期末演習会並びに証書授与式の席上、同掛お雇い教師エッケルト（Franz Eckert, 1852―1916）の指揮によって「管弦楽　宵星歌（演劇タンハイセルノ曲、ワグネル氏作）」である。翌一八八四年五月一〇日の同掛月次音楽演習会でも「洋風管弦楽　汝可憐の夕星（演劇「タンハイセルの曲」ワグネル氏作）が演奏された。この二曲はどちらも、《タンホイザー》第三幕でタンホイザーの親友ヴォルフラムが歌う「夕星の歌」を指す。一八八七年三月一七日には、日本で最初の音楽鑑賞団体である大日本音楽会（一八八六年発足）が、鹿鳴館でエッケルト指揮の海軍軍楽隊により「タンホイザー幻想曲」を演奏した。(89)洋楽黎明期の日本において《タンホイザー》はヴァーグナーの代表曲だったことがわかる。

また、ドイツに留学した日本人たちもヴァーグナーを賛美した。たとえば幸田延（一八七〇―一九四六）は、一八九五年の帰国以来オペラとヴァーグナーの重要性を強調した。また、一九〇二年に帰国した姉崎正治（一八七三―一九四九）は、雑誌『太陽』にヴァーグナーについての記事を発表し、ヴァーグナー・ブームを巻き起こす発端となった。この記事に影響を受けて、東京帝国大学でワグネル会、慶応義塾大学でワグネル・ソサィエティー、東京音楽学校でオペラ研究会が発足し、学生たちがヴァーグナーやオペラの研究に取り組むようになった。

一九〇二年に東京音楽学校と帝国大学の有志によって歌劇研究会が組織されると、彼らは《タンホイザー》の上演を計画した。しかし難問山積に諦め、代わりにグルック（一七一四—八七）の *Orfeo ed Euridice*《オルフェオとエウリディーチェ》（一七六二年）の練習をする。一九〇三年七月二三日、東京音楽学校奏楽堂で上演された《オルフォイス》は、日本における最初の本格的なオペラ公演とされる。[90]

一方ヴァーグナーは、上田敏（一八七四—一九一六）、永井荷風、石川啄木（一八八六—一九一二）ら日本の文壇にも影響を与えた。最も早くヴァーグナーに触れた文学者の一人が森鷗外である。森がドイツに赴いた一八八四年はヴァーグナーが客死した翌年であり、オペラ劇場ではヴァーグナー作品が頻繁に上演されていた。森が入手した台本には、《タンホイザー》や《さまよえるオランダ人》（一八四三年）などを観劇した驚きと感動が書きこまれている。[91] 森が一八九六年三月、幸田延の帰国を期に西洋音楽の紹介のために「楽塵——西楽と幸田氏と」を『めさまし草』に発表すると、そのヴァーグナー論に対する批評が上田敏より寄せられ、二人の間でヴァーグナー論争が起こった。[92] 一方、坪内逍遥はヴァーグナーの理論を研究して、楽劇作品の題材として神話や伝説を活用するヴァーグナーの見解を受容し、一九〇四年『新楽劇論』を刊行した。[93] このようにヴァーグナーの音楽や思想は、近代日本の洋学受容や国劇改良の場面と結びつき、その方向性に強い影響を与えたのである。

2—2　岡倉とヴァーグナー

もっとも早い時期にヴァーグナーに影響を受け、草創期のオペラ運動に積極的に関与した人物として、森鷗外と坪内逍遥の両名が挙げられる。[94] 前章で述べたように、森、坪内は岡倉とともに一八八九年八月に設立された日本演芸協会の文芸委員であり、一八九〇年一一月から翌年二月まで岡倉がつけた日記「雪泥痕」からは、森や坪内との交流を窺うことができる。演芸協会の活動が停止した後も、一八九八年七月の日本美術院設立に際して特別賛助会員に坪内が名を連ねたり、同年一一月一三日岡倉が森鷗外、幸田露伴、徳富蘇峰（一八六三―一九五七）らと発起して森田思軒の一周忌法会を営んだりと、彼らの交際は断絶しなかった。また一九〇四年一月一日、美術院の事務を担当した塩田力蔵が岡倉に宛てた書簡には、美術院の現状とともに、クリスマスに明治女学校で上演された「タンホイゼルノおぺら」が「可」であったことが報告されている。(95) 岡倉は彼らを通して、日本におけるワグネリズムやオペラ運動の動向を把握することが可能であった。

だが岡倉がヴァーグナーの音楽に親しんだのは、ヴァーグナーを上演するに足る演奏家や声楽家、劇場が貧困であった日本国内ではなく、欧米であった。

岡倉は早い時期からオペラ創作への興味を持ち、欧米の劇場で当時流行のオペラを楽しみ、オペラ歌手との交流もあった。すでに述べたが、岡倉は一八八七年、欧米美術視察旅行中にウィーンでヴァーグナーを聴き「素晴らしい」と日誌に記し、一九〇四年ニューヨーク到着四日後の三月六日には、マダム・ノーディカのヴァーグナー・リサイタルに足を運んでいる。同月二〇日の『ニューヨーク・タイムズ』には岡倉のインタビューが掲載されているが、そこには「彼は劇場にもよく足を運び、ヴァグネリアン・コンサートを聴いたが、騒々し過ぎると感じたようだ」とある。(96) 岡倉が、ニューヨークで何度かヴァーグナーの音楽に接したことを示す記述である。

彼のヴァーグナー鑑賞体験は、親族の口からしばしば語られている。たとえば岡倉一雄は「初めて欧州に簡派せられしさい、たまたまハンガリーの首都ブダペストにおいて開催中のワグナー記念会の演奏を聞き、おりから、同席した米人ビゲローの肩を叩き、その妙所を激賞した」という話を披露している。(97) また孫の岡倉古志郎は、一九四三年の「岡倉先生を語る」座談会で、「ワグナーのローエングリンなどを聴いて非常に感心した」時がいつであったのか、当時の同行者の六角に尋ねている。(98) 周囲の人間の話から、岡倉がヴァーグナーを好んでいたことが窺える。

そして、岡倉のもっとも信頼できる友人のひとりでパトロンでもあったガードナー夫人がヴァーグナーの信奉者であったことは、岡倉とヴァーグナーの関係を考える上で見過ごすことはできない。ガードナー夫妻は一八八六年の夏バイロイト祝祭を訪れ、一八八八年にはヴァーグナーの未亡人コージマ（一八三七—一九三〇）と交流を持った。その後も夫妻は一八九二年、九四年、九七年とバイロイト詣でを行った。ガードナー夫人は一八九八年に足を骨折した時でさえ、メトロポリタン・オペラの《ローエングリン》ボストン公演を、車椅子に乗って舞台裏から観るほど熱狂的なファンであった。レフラーとの出会いを機に、彼女の音楽的熱意は徐々にフランスの音楽家にも向けられるようになっていったが、ヴァーグナーへの忠誠は終世変わらなかった。[99]またバーナード・ベレンソンが、ヴァーグナーの伝記を読み終えた直後、ガードナー夫人にすぐ読むようにと勧めている書簡からは、彼女だけでなく周囲の友人もヴァーグナーに傾倒していたことが窺える。[100]ボストン・オペラ・カンパニーの作曲家たちがドイツで学んでいたことから考えても、ボストン市民にとってヴァーグナーとその作品は馴染みのあるものであったろう。岡倉が、ガードナー夫人のサロンでヴァーグナーについて語り合い、オペラやコンサートを鑑賞したことが容易に想像できる。

岡倉は一九〇八年二月、『時事新報　文藝週報』掲載の『美術上の急務』において、日本における西洋美術理解の不十分さを論じる際、「恰も音楽上に於いて、直接に大管弦楽を聞いたこともなく大歌劇を観たこともなき人々が、ビートーフエンのシンフオニーが如何のものか、バツハのヒユーグが如何やうなものか、ワグネルの色彩的音調の趣味とは如何様なものかを論ずると同じく、申さば空想空理に過ぎないのである」と、鑑賞経験の乏しい論者を引き合いに出した。[101]ヴァーグナーの「大歌劇」を含め、当時流行の舞台を鑑賞し、音楽の先端の動きを知っていたからこそ、岡倉にはこのような批評ができたのである。

岡倉が《タンホイザー》を観劇したという記録は今のところ見つかっていないが、彼がニューヨークとボストンの間を頻繁に往復していたことと、主要拠点であったボストン、ニューヨークにおける《タンホイザー》上演の状況を考えると、一九〇四年から一九一三年までのボストン美術館勤務時代に、《タンホイザー》を観る機会は何度もあった。メトロポリタン・オペラは、一八八四年の初演以降毎年《タンホイザー》を上演し、岡倉が没する一九一三年までの上演回数は一二二回に及んだ(102)。メトロポリタン・オペラのボストン巡業は、創立時から一九一三年まで二一シーズンに及んだが、そのうち《タンホイザー》の上演は一一回を数える(103)（第三章表5参照）。アメリカに限らず、海外出張の際、欧州の劇場での観劇を考え合わせれば、岡倉の観劇の可能性はさらに高くなろう。

2—3　『白狐』と《タンホイザー》

このような日米におけるヴァーグナー受容と岡倉のヴァーグナー体験から、岡倉が上演回数の多かった《タンホイザー》を参考にしたとしても不思議ではない。そして、『白狐』が《タンホイザー》と類似しているという考えを支える材料は、『白狐』の中にある。

①舞台設定

そのひとつは、両者の舞台設定の相似である。《タンホイザー》は一三世紀の宮廷歌人タンホイザーの伝説とヴァルトブルクの歌合戦の伝説を構想の根源としている。『白狐』も信太妻伝説に依拠しており、台本には「この物語は一四世紀末期に向かう足利時代初期の日本の中央部が舞台である」と記されている。両者とも、自国の伝説を題材にしたオペラという点で共通しており、そこには騎士物語の雰囲気を持つ中世絵巻が繰り広げられる。

②巡礼のコーラス

次に、巡礼たちのコーラスが挙げられる。全幕通して登場する《タンホイザー》の巡礼たちに対し、『白狐』

の巡礼たちは第三幕だけの登場だが、物語の佳境において重要な役割を果たす点で共通している。まず巡礼たちが初めて登場するときのコーラスを比較してみよう。《タンホイザー》の上演言語は独語だが、ここでは岡倉が触れる可能性が高い、一九世紀末にニューヨークで出版された独英対訳リブレットの英訳詞を引用する。

I come to thee, my Lord and God,
To thee who art the sinner's hope
Oh, holy Virgin, sweet and pure,
Long may thy blessed grace endure!（《タンホイザー》）
（私は行く、わがイエス・キリストと主のみもとへ、なんじは罪びとの望み　おお、優しく潔き聖母よ、苦痛の道のりに聖なる慈悲を垂れたまえ！）[104]

Namuya daihino
Kannon samayo,
Jewel of the Lotus
Resplendent!
In thee our deliverance,
To thee our adoration.（『白狐』）
（南無や大悲の観音さまよ。蓮華の宝玉輝きわたる！　われらの救い、あなたの中に。われらは崇める、あなたのことを）[105]。

《タンホイザー》の巡礼たちは、キリストと神を称えながら、厳しい巡礼行の無事と成就のため「優しく潔き聖母」の慈悲を求め、祈りを繰り返す。一方『白狐』の巡礼たちも、クズノハとヤスナの再会を観音に祈願して巡礼の旅を続けている。観音の慈悲を求め、救済を祈る彼らのコーラスは《タンホイザー》の巡礼たちのコーラスと通じている。

次に、物語のラストで巡礼たちが歌うコーラスを比較する。《タンホイザー》では、タンホイザーが「聖なるエリーザベト！」と叫び、息絶えた直後に巡礼たちが現れる。一方『白狐』のラストでも、主人公のコルハが舞台から去った直後に巡礼たちが登場する。

Hail! Hail to the endless grace above!
The world is redeemed by heavenly love!
The Lord at midnight's holy hour
In a miracle revealed his power（《タンホイザー》）
（ばんざい！　永遠なる慈悲にばんざい！　神聖な愛によって世は救われた！　主は真夜中の聖なる時に、奇跡をもって力を啓示し給うた）[106]

Glory, glory to the Saint,
Glory, glory to the Saint.
Our prayers were not in vain;
A miracle was granted.（『白狐』）

（栄光、栄光、聖人にあれ。栄光、栄光、聖人にあれ。われらの祈り、無益ならず。奇跡はかなえられたのだ）(107)

《タンホイザー》の巡礼たちは、タンホイザーの魂が救済されたことを喜び、奇跡を起こしたエリーザベトの愛と、聖母の慈悲を崇める。『白狐』の巡礼たちも、ヤスナとクズノハとの再会という祈願が成就したことを告げ、ヤスナをクズノハの元へと導いて、彼らに奇跡をもたらした聖人の栄光を称える。このように《タンホイザー》と『白狐』において、巡礼たちは観音や聖母の慈悲を求めて救済を祈り、ラストでは祈りが成就されたことを歓喜し、奇跡をもたらした聖なる人々を祝福するのである。

③主題

さらに巡礼のコーラスが象徴しているように、『白狐』と《タンホイザー》は、「救済」というテーマを共通して持っている。そして両者において救済は、登場人物の信仰と強く結びついている。登場人物たちが魂の救済を求める信仰の対象は、《タンホイザー》では聖母マリア、『白狐』では観音と異なっているが、観音も聖母も神的存在の「母なるもの」という点において共通している。聖母や観音への信仰は、巡礼のコーラスのほかに、舞台美術やヒロインの祈りにも顕現する。

例えば《タンホイザー》第一幕第三場では、タンホイザーが救いを求めるとヴェーヌスの洞窟が消え、風景に聖母像が現れる。一方『白狐』第三幕では、コルハとヤスナの住居から遠くの山の上に仏塔が見え、そこには巡礼たちが三十三所参りの最後に訪れる観音霊場がある。また《タンホイザー》第三幕第一場では、エリーザベトが聖母像に祈りを捧げ、タンホイザーへの慈悲を願う場面がある。『白狐』でも機織の糸が切れ不吉を感じたコルハが、夫ヤスナと幼子の身を案じて観音の厨子の前で祈る場面がある。このように登場人物たちの聖母信仰、観音信仰は物語の様々な場面で繰り返し、強調されるのである。

④ヒロイン像

だが、物語の中で実際にタンホイザーを救済するのはエリーザベトであり、ヤスナやクズノハを救済するのはコルハである。彼女たちは物語が進むに従って、愛する者の救済のため、自己を犠牲にすることを決心する。そして、このような彼女たちの決心は信仰によって生じている。彼女たちは救済を祈る者であると同時に、自己の行動によって他者を救済することで、聖母や観音としての役目も果たしている。タンホイザーは最後にエリーザベトを「聖なるエリーザベト」と呼び、『白狐』で巡礼たちがコーラスで歌う「聖人」はコルハを暗示している。コルハもエリーザベトも「神聖な愛」によって救済し、最後は聖なる存在となる。ここには《タンホイザー》と『白狐』におけるヒロイン像の相似が認められる。

以上、『白狐』と《タンホイザー》には①舞台設定の場所や時代、②巡礼たちのコーラスの歌詞、③救済のテーマと登場人物の信仰、④ヒロイン像に相似や共通性が認められる。日本とアメリカにおけるヴァーグナー受容の時代性を考えても、岡倉が『白狐』執筆時に《タンホイザー》を参考にした可能性は高い。

3　岡倉の思想と方法論

3―1　新しい芸術の創造

では、岡倉が『白狐』に歌舞伎の趣向や様式を活かし、《タンホイザー》と類似する場面や設定を取り入れた目的について考察してみよう。岡倉が歌舞伎を好み、ヴァーグナーのオペラに共感したから取り入れたと単純に考えることも可能である。また、ボストン音楽界のパトロンであり、『白狐』に関わっていたガードナー夫人がヴァーグナーのファンであったことは、岡倉が『白狐』に《タンホイザー》と類似する場面を盛り込んだこととは無関係であるとは思われない。だが、アメリカにおいて何かを発信する場合、それがどのような手段であろうと、アメリカ人が受容することを考えて創作することが求められる。ましてオペラは、上演や歌劇場の運営に莫大な費用がかかる芸術である。それゆえどんな劇場で上演されるのか、どのような観客を対象にするのかが、オペラ作家の題材選択を左右してきたことを考慮する必要があろう。そのため岡倉が『白狐』に歌舞伎や《タンホイザー》の要素を取り入れた意図を考察するには、岡倉がオペラ上演を通してアメリカ人観客に何を伝えようとしたのかを考えなければならない。これを考える手がかりとして一九〇八年の岡倉の談話「日本趣味と外国人」がある。

大体から見て外国人が日本の趣味を解すると云ふのは、自分達の方に在来存する趣味に引較べて、夫に似通ふたもの、類似したものを我趣味中から見附出し、そして之を賞玩するのです。（中略）要するに彼等は、彼等と全く別趣の者として日本の趣味を味ふ事は甚だ稀れで、単に相似の点よりして我を解するのです。東洋人、否日本人の心になつて日本の趣味を解する迄には中々到つて居ません。[108]

岡倉は外国人の日本理解について、ほとんどの外国人が「相似の点より」理解するにとどまり「東洋人、否日本人の心になつて」理解するには至っていない、と考えていたことがわかる。ジョセフ・M・ヘニングを再度引こう。彼は、黄禍論や日本人排斥運動の渦中にあって日本を擁護したアメリカ人について、彼らは日本人を「同等の者として、かつ同時に完全なる『他者』として」受容していたわけではなく、日本人はキリスト教国のアジアにおける代理人で、人種的にアメリカ人と多くの共通点を持つと見なしていたからだと指摘した。[109]彼らはまさしく、岡倉の言う「単に相似の点よりして我を解する」アメリカ人ということになろう。西海岸と異なり、東洋思想への興味関心が高く、親日家も多かったボストンにおいてさえ、東洋の思想や宗教を理解し、それを基盤とした日本文化と西洋文化との差異を認めた上で、同等のものとして受容できるアメリカ人は多くない、と岡倉は感じていたのである。

そこで岡倉は、西洋と東洋の「似通ふたもの、類似したもの」を題材に取り上げて、それについて語りながら、徐々に西洋とは異なる「東洋人」や「日本人の心」を理解させるという戦略をとった。たとえば岡倉の『茶の本』の題材は茶であるが、茶を取り上げたのは、当時の欧米の上流階級におけるアフタヌーン・ティーの流行と、そのテーブルを彩ったシノワズリーやジャポネズリー的要素を温存したティー・ウエアと無関係ではないであろう。テーブルの上には、東洋からもたらされた茶や、日本や中国の陶磁器からインスピレーションを得た茶器類や、イギリスで確立された形式やマナーが融合されていた[110]。佐々木健一は、『茶の本』以来、日本では茶の湯が芸術と見なされることが多いが、茶の湯は絵画よりも、はるかに礼儀作法やアフタヌーン・ティーと似ており、社交性のような概念にくくられると述べている[111]。もとより岡倉もそのことを承知していたと思われる。それゆえ岡倉は「トレーやソーサーの触れ合う繊細な響きに、おもてなしをする女性の柔らかな衣ずれの音に、クリームや砂糖についてのいつもの教義問答に」(『茶の本』第一章)と、読者が思い浮かべる社交的な風景から、洗練された紅茶文化の儀式やマナーが「茶の崇拝」であることを認識させるよう導き、日本においては「茶の崇拝」を支える根本に道教や禅など東洋の宗教があることを説き、それに支えられた「日本人の心」を伝えようとしたのである。

詩人のアーサー・ビナードはアメリカ人読者の立場から『茶の本』を読んだ感想を「生活とか人間の社交性、つき合いとか、文化と言語の壁を超えて誰もが感じたり、思ったり、経験したりするような、読者みんなが合意できるところから、わりと低くスーッと入っていって、そこから上がって行くのですね。難しい哲学へと行くのです」と語り、このような岡倉の語り口を「潜り戸語り」と呼んだ。『茶の本』は、章の始めに低い潜り戸があり、読み終えて高められた後、次の章ではまた潜り戸に戻るという繰り返しだからである。(112) 岡倉はまず読者が「自分達の方に在来存する趣味に引較べて、夫に似通ふたもの、類似したものを我趣味中から見附出」せるような「潜り戸」を用意し、徐々に「彼等と全く別趣の者として」「日本の趣味」を理解させる道へと導いていくのである。

欧米の読者が拠って立つ西洋文化のさまざまな因子を入口にして、そこから徐々に異文化へと誘う、東洋文化発信における岡倉の方法を踏まえると、オペラの台本に歌舞伎の趣向を取り入れたのも、同じ考えに基づいていると推測される。オペラと歌舞伎はともに娯楽性の高い舞台芸術であり、しばしばその類似性が指摘されている。岡倉は数々の鑑賞体験によって、二つの異なる芸術様式に「似通ふたもの、類似したもの」を見出したのであろう。それゆえオペラの演出に、歌舞伎を活かそうとしたのだと考えられる。歌舞伎の演出を取り入れた新趣向のオペラは、アメリカ人観客に新鮮な驚きを与えることができる。特に歌舞伎のケレン的演出は、観客の目を楽しませるために効果的である。それはエンターティメント性の向上と同時に、歌舞伎という日本の芸能を、既存のオペラとは異なる「別趣の者として」観客に味わわせることを可能とする。

日本美術品の流出によって、ボストンをはじめとする欧米では浮世絵の役者絵が流通していたが、世紀転換期の欧米で川上貞奴が「道成寺」を踊ったことによって、歌舞伎本体に対する興味は格段に高まりを見せた。一八九九年、海外興行のため渡米した川上音二郎一座は、シカゴで貞奴が踊った「道成寺」が評判を呼び、さらにボストンやニューヨークで公演を行った。一九〇〇年パリに渡った一座は、万国博覧会会場の一角にあったロイ・フラー劇場の舞台に立った。パリでも貞奴の「道成寺」は観客を魅了し、彼女は新聞や雑誌に取り上げられ、パリ社交界の花形となっていった。欧米の人々が彼女に夢中になったのは、貞奴が浮世絵から抜け出た生身の日本女性だからであり、そこにはオリエントを性的幻想による現実逃避の場だとする眼差しがあったと言える。だが、そのような異国趣味の要求に応じて、貞奴が欧米各地で披露したパフォーミング・アーツは、歌舞伎舞踊を宣伝する上で大きな役割を果たしたこともまた事実である。岡倉が『白狐』に歌舞伎の様式や趣向を取り入れたのは、このような欧米における貞奴の評判があったからであり、西洋とは「別趣の」日本の芸能が、アメリカで受容される可能性を確信していたからだと考えられる。

『白狐』は歌舞伎の演劇様式を、オペラというフレームにはめ込んで活かした新しいタイプのオペラなのであり、このような新しいオペラ作品の執筆は、岡倉が若い頃から抱いていた、東洋と西洋の美術を結びつけて新しい美術を創造するという理想の実現にも結びついていた。オペラと歌舞伎の融合は、東洋と西洋の芸術の融合であり、新たな芸術の創造であった。

3―2　東洋文化の発信

だが、岡倉がオペラを執筆した意図は、新たな芸術の創造だけではない。岡倉が『白狐』を通して伝えようとした東洋について、さらに一九一一年ボストン美術館で行った講話「東アジア美術における宗教」を手がかりに考えたい。

> 芸術は常に宗教と結婚している。芸術の偉大な達成は宗教思想の覆いの中に存在している。（中略）このように宗教は芸術の歴史において全て重要な要因となる。東洋においてほど、これが真実であるところはどこにもない。東洋はもし宗教的でなければ何もない[113]。

このように岡倉は東洋の芸術は宗教と強く結びついているという芸術観を持っていた。東洋の芸術はその宗教を理解せずに理解することはできないという考えのもと、アメリカ人が意味する宗教とは異なる東洋の宗教を伝えようとした。それゆえ岡倉にとってアメリカで日本文化を伝えることは、日本の宗教を伝えることとほぼ等価の意味を持っていたであろう。そのような岡倉が、日本を舞台にしたオペラを書くのであれば、その宗教を伝えることは必然に近い。そして、その意図はガードナー夫人へ捧げたタイプ稿の献辞の下に「善行を通して、より高い転生を求めよ。仏陀の慈悲を信じて」という言葉がタイプされていることからも裏付けられる。これはヤスナがコルハを助ける時と、コルハがヤスナをクズノハのもとに行かせる時に共通して使われる言葉であり、岡倉も『白狐』梗概でこの言葉を繰り返し用いている。この言葉に象徴されるように、『白狐』には輪廻転生や諸行無常の観念、観音による救済祈願など仏教色が色濃く漂っている。(114)

だが岡倉が伝えようとした東洋の宗教は仏教だけではない。岡倉は同講話の中で道教についても述べている。道教においては万物が人間と等しい地位に立ち、不死さえも得ることができると説き、狐であっても、必要な完璧さの水準に達した後は人間と同じように不死となると述べた。(115) ここには道教に基づいた岡倉の異類観が表れており、例としてあげた狐観はコルハの行動を示唆している。コルハが化身したのは報恩のためであり、夫や子どものもとを去ったのは、かつてヤスナに言われた言葉に従って来世の救いを信じたためであった。この行為によってコルハは必要な完璧さの水準に達し、「聖人」となりえたのである。

しかし日本の宗教を解しないアメリカ人観客に、仏教や道教が根底に流れる物語を理解させ、登場人物の行動に共感や感動を覚えさせるには工夫が必要である。その工夫のひとつが《タンホイザー》との「相似」の埋め込みだと考えられる。

魔法を操る狐の女王コルハは、アメリカ人観客にとってはむしろ、異教の女神ヴェーヌスを連想させるであろう。しかし信仰心と愛ゆえに人間を救う狐のヒロインは、信仰によって自己犠牲的な愛を捧げ聖なる存在になったエリーザベトとの「相似」によって、同じタイプのヒロイン像に類型化され観客に受容されやすくなる。ニーチェは「愛する女が一切のわが身の幸福を断念して、恋愛（amor）から慈愛（caritas）への天上的変化において聖女となり、愛する男の魂を救う」点に《タンホイザー》の主題を見た。(116)これはエリーザベトとコルハの共通する行動であり、そのまま『白狐』の主題と重ね合わさる。同様に『白狐』における三十三所参りの巡礼も、《タンホイザー》のローマへの巡礼と「似通ふたもの、類似したもの」と観客の目に映り、観音へ救済を祈願する登場人物の信仰は観客に理解されやすくなる。

岡倉は講話「東アジア美術における宗教」で、「黄金の阿弥陀が蓮華の上に座し、天国に向かう信心深い魂を迎えるモティーフ」について「その場面はしばしばキリスト教の天国のように、楽器を演奏し賛美歌を歌う天使が一緒に描かれる」と説明し、キリスト教美術を媒介にして仏教美術を理解させようと試みた。(117)これと同じ試みが『白狐』でも行われたと考えられる。例えば『白狐』のラストで巡礼が歌うコーラス「栄光、栄光、聖人にあれ」は、賛美歌で主を褒め称える歌詞を連想させ、「カンノン」の注記“the great merciful Lord Kannon”は、観音がキリスト教における神と同じ存在であることを示している。池田和子が指摘したように、コルハのメッセージ「あなたの御胸に、コルハは心を残します」“In thy bosom Kolha leaves her heart”は、聖書ルカ伝（Luke 23：46）の「父よ、あなたの御手に、私の霊を委ねます」“Father, into thy hands I commend my spirit.”という文章と、内容もリズムも類似している。(118)岡倉が聖書に精通していたことは『茶の本』から窺えるが、『白狐』においても、観音信仰や人間に劣らないコルハの愛情をキリスト教信者にわかりやすく伝えるための工夫が随所に見られるのである。全体の雰囲気が中世の騎士物語風であることも、観客の理解を促す一助になったであろう。

西洋芸術の様式にのっとりながらも、日本の宗教を伝達可能なオペラを生み出すという困難な作業に取り組んだとき、岡倉は《タンホイザー》を観客の理解を手助けする媒介として『白狐』に取り入れる手法を選んだ。それは当時の欧米においてヴァーグナーの影響が大きかっただけでなく、岡倉が《タンホイザー》で描かれた人々の救済への祈りと聖母信仰に、日本人の生活に根ざした宗教と同じ心性を見出したからであろう。

しかし、『白狐』の持つ西洋文化との相似性は、例え『白狐』が上演されても結局アメリカ人は「相似の点より解する」のみで東洋思想や日本文化そのものを理解しない、という事態を引き起こす可能性をはらんでいる。岡倉はかつて、義経伝説を基に『ヨシツネ物語』を執筆し、その韻文化されたものを出版しようと試みた。だが、もしその出版が実現していたとしても、アメリカ人読者は、日本にもアーサー王伝説と類似の騎士伝説があったことを知り、興味を持つにとどまったことが予想される。この問題を打破するために、岡倉は義経伝説ではなく、信太妻伝説に依拠し、魔法の力を持つ狐母をヒロインにしたのではないか、と考えられる。

《タンホイザー》においてエリーザベトとヴェーヌスは、聖なる女と魔性の女、聖母と異教の女神という対極的な位置に置かれている。ヴァーグナーのオペラにおいて、異教徒の女、魔女は、キリスト教規範が支配する社会を脅かす危険なアウトサイダーとして表象される。その対極に位置するのが聖母マリアであり、《タンホイザー》では、聖母マリアと同一化したエリーザベトの自己犠牲によって、タンホイザーの魂はヴェーヌスの呪縛から解放され、救済がもたらされる(119)。これに対し、聖性、魔性、母性を併せ持つコルハは、このような二項対立に還元できない女性像を提示している。

さらに狐の身でありながら信仰心を持ち、その信仰心ゆえに人間を救うコルハは、今までの西洋文化には存在しなかった狐像であり、人間を動物界の頂点に置く宗教観とは異なる世界を描く。「芦屋道満大内鑑」を参考にしたのも、「子別れ」の場で、動物の感情は人間に劣らないと語る葛の葉狐の詞章を、コルハの歌詞に用いることによって、東洋の異類観と、その根底にある思想を伝えたかったからだと考えられる。岡倉はコルハというヒロイン像をエリーザベトとの「相似」や「子別れ」という感情を介して、アメリカ人に理解させようとしたが、そこからさらにコルハを通して日本の宗教観・異類観・自然観・女性像などを「別趣の者」として伝えようとした試みが看取できるのである。

このように『白狐』に内在する歌舞伎や《タンホイザー》の要素からは、「相似」を介してアメリカ人観客に、母親の情や信仰という世界共通の芸術主題に共感させつつ、日本の芸術や宗教を自文化とは「別趣」のものとして味わわせ、「東洋」や「日本人の心」を理解させようとする岡倉の試みが見出せる。このような試みは、歌舞伎とオペラの両方に通じた岡倉だからこそ可能だったと言えるだろう。

なお、本節では、岡倉が参考にしたオペラとして《タンホイザー》に焦点を当てたが、『白狐』第二幕で、コルハが月明かりの下でヤスナを想いながらアリア「おお月よ、ひとり白く」を歌うシーンは、ドヴォルジャークのオペラ《ルサルカ》（一九〇一年）において、王子に恋をした水の精ルサルカがアリア「白銀の月」（高い高い天のお月様）を歌う場面と、極めて類似している。『白狐』も《ルサルカ》も、自国の異類婚姻譚を題材にした国民オペラという点で、共通性を持っている。また、『白狐』第一幕で勢子たちが「吹けよ、法螺貝」と歌うときの法螺貝は、《アイーダ》（一八七一年）の凱旋行進曲で用いられるアイーダ・トランペットと同様、幕開けを印象深くするとともに、オペラに異国趣味を醸し出す効果をもたらすと考えられる。さらに、作曲家戸口純は、《タンホイザー》のほかに、ヴェルディの《オテロ》（一八八七年）を参考にした可能性も高いと指摘する[120]。このように、『白狐』からは同時代の複数のオペラとの共通点を見出すことができ、ワグネリズム、異国オペラ、国民オペラという当時の音楽潮流を映し出す作品として、音楽史や演劇史の領域から各分野の研究に新たな視点を付与する可能性を秘めているのである。

おわりに

日本や中国において、狐ほど種々の宗教と結びついて人々の信仰を集め、文学や芸能の題材として人々の生活文化に深く浸透した動物はいなかった。狐は仏教、道教、稲荷信仰、陰陽道などの宗教や民間信仰、芸能、文学と深くリンクしているがゆえに、日本や中国など東洋の文化を伝えるときに格好の題材となりうる動物であった。西洋と異なるイメージを持つ日本の狐を主人公にすることは、西洋と異なる東洋の自然観、それらを支える宗教観をアメリカ人に伝えることが可能となる。ここに岡倉が狐を物語の主人公にした意図が推察できる。そして岡倉が数ある狐の伝承から信太妻伝説を選択したのは、母親の情愛は西洋、東洋の区別なく万人が理解できる普遍的なテーマだと考えていたからである。コルハは東洋文化をアメリカ人に伝えるために、海を渡った狐であった。

コルハは「妣の国」へ去って行った生みの母であると同時に、ヤスナ、クズノハ、巡礼たちの救済者、すなわち観音という二重の役割を付与されている。観音のイメージがラ・ファージやアダムズに受容され、アメリカで再生されたことは、岡倉が『白狐』に従来の信太妻物とは異なる観音信仰を織り込んだ契機となっている。コルハに母と観音の二重の役割を課したのは、アメリカ人が受容しうる観音のイメージを通して、西洋に東洋を理解させようとした岡倉の方法のひとつだったと考えられる。

岡倉は一九〇八年の談話で、アメリカ人の日本理解について「同じ阿米利加なら阿米利加の人でも学者と普通人とは凡で考が違ふと云ふ風で、全く一概には云はれません」と述べた[121]。岡倉は一九〇六年『茶の本』を出版し、茶の湯を通して日本文化を欧米の人々に伝えようと試みたが、刊行後も依然「普通人」の日本理解は十分でなかったことが窺える。日本への関心が高まった日露戦争中にアメリカでよく読まれていた日本関連書物は、ハーンやオノト・ワタンナなどの書物を除いては、大半が一般にはよく知られていない著者によるもので、日本人の著作物ではなかったという(122)。

それゆえ広くアメリカ人に東洋を理解させる手段として、オペラという芸術様式を利用すること、すなわちオペラの上演を通して東洋を伝えることを岡倉が考えたと推察できる。歌劇場は社交界の中心に位置する重要な拠点であり、人々が集う場所だからである。

当時は異国オペラが流行し、プッチーニの《蝶々夫人》やサリヴァンの《ミカド》など日本を舞台にしたオペラやオペレッタが上演されていた。特に《蝶々夫人》はボストン・オペラ・カンパニーのレパートリーのひとつであり、毎年上演された人気の演目であった(123)。岡倉にはそれらのオペラによって広まる日本の誤ったイメージを払拭したいという思いもあったであろう。《蝶々夫人》も『白狐』も、最後は母親が子どもと別れなければならないが、サムライの娘として自害する蝶々さんと、善行を積むために自然界へ帰っていくコルハとでは、全く正反対の印象を観客に与える。『白狐』なら異国オペラのブームを逆に利用して、欧米人が求める日本ではなく、岡倉の伝えたい日本を発信することが可能となる。

アメリカ人観客が日本の伝説を題材にしたオペラを理解し、感動し、楽しめるように、岡倉は歌舞伎とヴァーグナーのオペラという異なる様式を『白狐』に内在させた。オペラという西洋文化の枠組みを用い、西洋と東洋の共通性を題材の中心に取り入れ、読者や聴衆の共感を通して、東洋独自の文化を理解させようと試みるのが、岡倉の東洋文化発信の方法であった。上演を通して日本文化は活字よりもいっそう視覚的に、また感情を伴って観客に伝わることになる。『白狐』は、アメリカ人に東洋文化をより広く伝えるための手段となりうるオペラであった。そこに岡倉がボストンでオペラ台本『白狐』を執筆した意義を見出すことができる。

このように『白狐』は、東洋と西洋を結びつけて新しい芸術を創造するという理想においても、西洋社会に東洋文化を発信するという使命においても、岡倉の生涯を通しての活動のなかで重要な役割を担っていた作品と見なすことが出来るであろう。

（1）Okakura, "The White Fox," *CEW* 1, p. 329.
（2）折口信夫「信太妻の話」（折口博士記念会編『折口信夫全集』第二巻、中央公論社、一九五五年）、二九五、三〇九頁。
（3）堀岡弥寿子「天心と観音——ラ・ファージとの出会い」（『岡倉天心考』、吉川弘文館、一九八二年）、一—三一頁。
（4）ジョセフ・M・ヘニング、空井護訳『アメリカ文化の日本経験——人種・宗教・文明と形成期米日関係』（みすず書房、二〇〇五年）、五、一九八—二二九頁。
（5）岡倉「日本趣味と外国人」『全集』第三巻、三二三—三二五頁。
（6）桧枝陽一郎「動物叙事詩ラインケ狐成立史」（『北里大学教養学部紀要』第一八号、北里大学教養学部、一九八四年）、八八頁。
（7）戸沢明「ゲーテとライネケ狐」（『人文学報』第三八号、東京都立大学人文学部、一九六四年）、三九—四四頁。
（8）伊東勉訳『ラインケ狐』（岩波書店、一九五二年）、二二四頁。狐をモティーフにした演劇の東西比較については、木村康男「人形浄瑠璃・歌舞伎『蘆屋道満大内鑑』とベン・ジョンソン『ヴォルポーネまたは古狐』——〈狐〉をモチーフにした演劇の洋の東西比較研究」（『東京国際大学論叢　人間社会学部編』第五号（通巻五六号）、東京国際大学、一九九九年、四五—七一頁）を参照されたい。
（9）Okakura, "The White Fox," *CEW* 1, p. 363.
（10）Ibid., p. 329.
（11）吉野裕子『ものと人間の文化史　狐』（法政大学出版局、一九八〇年）、iii—vii頁。
（12）中村禎里『狐の日本史　古代・中世篇』（日本エディタースクール出版部、二〇〇一年）、一—三八、一三二—一四一頁。

（13）中村禎里『狐の日本史　近世・近代篇』（日本エディタースクール出版部、二〇〇三年）、一三〇―一四三頁。
（14）吉野注（11）前掲書、一三七―一三八頁。
（15）中村注（12）前掲書、六四―一四一頁。
（16）古川史隆「明治21年臨時全国宝物取調局による滋賀県社寺宝物調査――官報の記録から」（『特別展「フェノロサ・天心の見た近江――明治21年臨時全国宝物調査から」』、滋賀県立琵琶湖文化館、二〇〇四年）、八四―八七頁。
（17）Okakura, "The White Fox", p. 334.
（18）末廣弓雄「狐の芸能に関する考察の一端」（『芸能』第一号、芸能学会、一九九五年）、二六―二七頁。
（19）渡辺守邦『仮名草紙の基底』（勉誠社、一九八六年）、四七九―四八三頁。『簠簋抄』と晴明伝承生成については渡辺守邦「『簠簋抄』以前――狐の子安倍の童子の物語」（『国文学研究資料館紀要』第一四号、国文学研究資料館、一九八八年、六三―一一三頁）を参照されたい。
（20）晴明の一代記が子別れ劇へと推移していく道程については、渡辺守邦「〈狐の子別れ〉文芸の系譜」（『国文学研究資料館紀要』第一五号、国文学研究資料館、一九八九年、一三五―一六五頁）を参照されたい。
（21）折口注（2）前掲論文、二六八頁。
（22）増尾伸一郎「〈葛の葉〉の影――狐の異類婚と子別れ」（『国文学　解釈と鑑賞』第六九巻一二号、至文堂、二〇〇四年）、五七―五九頁。
（23）星野五郎『狐の文学史』（新典社、一九九五年）、一二〇―一六〇頁。
（24）岡倉「シカゴ博覧会出品画に望む」『全集』第三巻、一八九頁。
（25）西岡晴彦「狐妖考――唐代小説における狐」（『東京支那学報』第一四号、東京支那学会、一九六八年）、五九頁。
（26）岡倉一雄『父岡倉天心』（中央公論社、一九七一年）、二二四頁。
（27）吉野注（11）前掲書、五五―五六頁。
（28）「王蘭」（蒲松齢、増田渉ほか訳『中国古典文学体系四〇　聊斎志異』上巻、平凡社、一九七〇年）、六一頁。
（29）坂井田ひとみ「中国文学における「狐」の形象――その歴史的変転と作品中の性格」（中京大学社会科学研究所『中京大学社会科学研究』第一七巻第一号、成文堂、一九九六年）、五六―五七頁。

（30）「今昔物語」巻第二七第四〇話（馬渕和夫ほか校注『新編日本古典文学全集三八　今昔物語集四』、小学館、二〇〇二年）、一二三―一二六頁。

（31）坂井田注（29）前掲論文、三九―四二頁。

（32）屋敷信晴「唐代狐妖譚と道教」（『中国中世文学研究』第四二号、中国中世文学会、二〇〇二年）、一九―四三頁。

（33）Okakura, "Religions in East Asiatic Art", *CEW* 2, p. 141.

（34）堀竜一「永井荷風『狐』における〈ゲニウス・ロキ〉――近代小説と異界（二）」（『新大国語』第二二号、新潟大学教育学部国語国文学会、一九九六年）、五〇頁。中澤千磨夫「『狐』の世界――永井荷風の出発」（『国語国文研究』第七一号、北海道大学国文学会、一九八五年）、一八―一九頁。

（35）前田愛「廃園の精霊」（『前田愛著作集第五巻　都市空間のなかの文学』、筑摩書房、一九八九年）、六三頁。

（36）千葉俊二「近代妖狐奇譚――その二」（『学術研究――国語・国文学編』第四七号、早稲田大学教育学部、一九九八年）、八二頁。

（37）岡倉「歌謡（無題）」、『全集』第七巻、三六〇頁。

（38）John La Farge, *An Artist's Letters from Japan*, New York：The Century Co., 1903, pp. 132-133.

（39）中村注（13）前掲書、三二二―三六〇頁。

（40）I. S. Gardner, Letter to B. Berenson, 3 May 1905, Hadley ed.,*The Letter of Bernard Berenson and Isabella Stewart Gardner：1887-1924*, Boston：Northeastern University Press, 1987, p. 364.

（41）Okakura, Letter to I. S. Gardener, 8 Mar. 1905. *CEW* 3, pp. 58-59. 傍線は岡倉による。

（42）六角紫水『外遊に就て之一部分』六角鬼丈氏所蔵。

（43）鶴田欣也『日本近代文学における「向う側」――母なるもの性なるもの』（世界の日本文学シリーズ二、明治書院、一九八六年）、三―一一頁。

（44）レベッカ・L・コープランド、鈴木禎宏訳「日本文学にあらわれた『母恋い』と子宮のイメージ」（平川祐弘・萩原孝雄編『日本の母　崩壊と再生』、新曜社、一九九七年）、一二九、一四三頁。

（45）鶴田注（43）前掲書、三一一頁。

(46) Okakura, "The White Fox", *CEW* 1, p. 355.
(47) 岡倉、木下順二訳「白狐」『全集』第一巻、三六三頁。
(48) 清見陸郎訳「白狐」(岡倉一雄『岡倉天心全集』上巻、聖文閣、一九三八年)、五〇一頁。
(49) "The White Fox" タイプ稿、茨城県天心記念五浦美術館蔵。岡倉俊彦氏が所蔵していたタイプ稿で『全集』第一巻収録の木下順二訳はこれを底本としている。最終稿と見られるガードナー美術館蔵の『白狐』タイプ稿にこの部分はないため、これを原本とした平凡社 *CEW* 1 収録の "The White Fox" にもこの部分はない。
(50) 法隆寺執事長の高田良信は、秘仏救世観音開扉を一八八四年(明治一七)とする定説に疑問を投じており、明治一九年八月二一日前後か、明治二一年六月八日から一三日の間であろうと推察する(『「法隆寺日記」をひらく』、日本放送出版協会、一九八六年、一〇〇―一〇九頁)。しかし吉田千鶴子は、講義筆記ノートや、明治一九年報告書の記述などから、明治一七年の調査のときとするのが妥当だと述べている(『〈日本美術〉の発見　岡倉天心がめざしたもの』、吉川弘文館、二〇一一年、七一―七二頁)。
(51) 岡倉「日本美術史」、『全集』第四巻、三七頁。
(52) 岡倉由三郎「次兄天心をめぐって」(嶋中雄作編『回顧五十年　中央公論社創立五十周年記念』、中央公論社、一九三五年)、一二二頁。
(53) 中村愿『美の復権――岡倉覚三伝』(邑心文庫、一九九九年)、三〇六―三一〇頁。
(54) 岡倉「狩野芳崖」『全集』第三巻、六四―六五頁。
(55) 若桑みどりは芳崖のこのような考えから、《悲母観音》が国家主義的な女性啓蒙の思想を込めて描かれたことは明らかであるとし、「この絵は富国強兵のための賢母の育児を表現し、さらには母性の崇拝を意図したものに他ならない」と解釈する(『皇后の肖像　昭憲皇太后の表象と女性の国民化』、筑摩書房、二〇〇一年、四一六―四一八頁)。
(56) 岡倉由三郎注(52)前掲論文、一一八頁。
(57) 折口信夫注(2)前掲書、二九四―二九五、三〇九頁。
(58) Okakura, "Sculpture in the new Japanese cabinet", *CEW* 2, p. 102.
(59) 古田亮「《非母観音》考」(『狩野芳崖　非母観音への軌跡――東京藝術大学所蔵品を中心に』、芸大美術館ミュージアムショップ、二〇〇八年）、一〇二—一〇三頁。フェノロサも母性における聖母と観音の類似性について述べている（E・F・フェノロサ、森東吾訳『東洋美術史綱〈下〉』、東京美術、一九八一年、七九—八一頁）。

（60）Okakura, “Religions in East Asiatic Art”, *CEW* 2, p. 140.

（61）Okakura, “The White Fox”, p. 355.

（62）Okakura, “Religions in East Asiatic Art”, p. 139.

（63）La Farge, *An Artist's Letters from Japan*, p. 95. 同書には「KUWANON, BY OKIO」とキャプションが添えられ、観音図の写真が掲載されている。だが輪王寺に円山応挙筆の観音図は伝えられていないため、ラ・ファージが輪王寺で見たのは応挙の観音図ではない。

（64）La Farge, *An Artist's Letters from Japan*, pp. 175–176.

（65）La Farge, *An Artist's Letters from Japan*, p. 180.

（66）Fenollosa, *Epochs of Chinese & Japanese Art : An Outline History of East Asiatic Design* vol. II, London : W. Heinemann, 1912, p. 50. ラ・ファージの言った「ラファッエッロ」が、どの聖母像を指しているかは詳らかではないが、彼はヨーロッパ滞在中ドレスデンに模写旅行に出かけており、『画家東遊録』のなかで『システィーナのマドンナ』（ドレスデン美術館所蔵）について触れている。そのため、ラ・ファージが思い起こした聖母像の中に、同作品が含まれていたと考えて差支えないだろう。

（67）アダムズの日本旅行と帰国後のアダムズ記念像制作に関しては村形明子「ヘンリー・アダムズの東遊——骨董と涅槃を求めて」（『アーネスト・F・フェノロサ文書集成——翻刻・翻訳と研究（上）』、京都大学学術出版会、二〇〇〇年、二二一—二二七頁）、井戸桂子「明治十九年、アメリカからの来訪者　アダムズとラ・ファージの相反する日本理解」（平川祐弘編『叢書比較文学比較文化二　異文化を生きた人々』（中央公論社、一九九三年、二〇九—二四五頁）、「ヘンリー・アダムズ、三ヶ月の日本教育——アメリカ・エリートの異文化体験」（『日本文化研究』、駒沢女子大学日本文化研究所、二〇〇〇年、一八一—二一三頁）ほか多数の研究がある。

（68）Henry Adams, Letter to John Hay, 24 July 1886, J. C. Levenson ed., *The Letter of Henry Adams* vol. 3 : 1886–1892, Cambridge : The Belknap Press of Harvard University Press, 1982, pp. 23–24.

（69）Ernest Samuels, *Henry Adams: The Middle Years*, Cambridge: The Belknap Press of Harvard University Press, 1958, p. 334.

（70）Adams, “The Mind of John La Farge”, Henry Adams et al., *John La Farge*, New York: Abbeville Press Publishers, 1987, pp. 53-54.

（71）Samuels, *Henry Adams: The Middle Years*, p. 334.

（72）Adams, “The Mind of John La Farge”, p. 54.

（73）Homer Saint-Gaudens ed., *The Reminiscences of Augustus Saint-Gaudens* volume 1, New York: The Century Co. 1913, pp. 358-359.

（74）小坂智子「オーガスタス・セント＝ゴーデンス作《アダムズ・メモリアル》について」（『長崎国際大学論叢』第一巻、長崎国際大学研究センター、二〇〇一年）、一一六―一一九頁。

（75）Benfey, *The Great Wave: Gilded Age Misfits, Japanese Eccentrics, and the Opening of Old Japan*, New York: Randon House, 2003, pp. 165-166.

（76）Anon., *The Adams Memorial*, Washington, D. C.: Rock Creek Cemetery, 1997, p. 3

（77）国立劇場芸能調査室編『上演資料集二三〇　芦屋道満大内鑑・勢州阿漕浦・国言詢音頭・化競丑満鐘』（国立劇場、一九八四年）。『上演資料集二四〇　蘆屋道満大内鑑』（国立劇場、一九八五年）。

（78）岡倉一雄『父岡倉天心』（中央公論社、一九七一年）、二九頁。

（79）Okakura, “The White Fox”, *CEW* 1, p. 364.

（80）藤田ゆかり「浄瑠璃の歌舞伎化をめぐって――「蘆屋同満大内鑑」の場合」（『芸能史研究』第六五号、芸能史研究会、一九七九年）、一三―一四、二一頁。

（81）「芦屋道満大内鑑」（戸板康二ほか監修『名作歌舞伎全集』第三巻、東京創元新社、一九六八年）、一一五頁。

（82）Okakura, “TheWhite Fox”, p. 363.

（83）注（81）前掲「芦屋道満大内鑑」、一一五頁。

（84）Okakura, “TheWhite Fox”, p. 363.

(85)「保名（深山桜及兼樹振）」（底本は明治一九年九代目市川団十郎が上演した際の台本）、郡司正勝編『舞踊集　歌舞伎オンステージ二五』（白水社、一九八八年）、七七頁。

(86) Okakura, "The White Fox", p. 348.

(87) ジョン・ルイス・ディガエターニ、細川晶訳『オペラへの招待』（新書館、一九九四年）、八三頁。

(88) 吉田秀和『ＬＰ３００選』（新潮社、一九八一年）、一七三―一九五頁。

(89) 中村洪介『西洋の音、日本の耳――近代日本文学と西洋音楽』（春秋社、一九八七年）、四七七―四七八頁。

(90) 増井敬二『日本のオペラ史～１９５２』（水曜社、二〇〇三年）、三七―三八頁。瀧井敬子「森鴎外訳『オルフエウス』をめぐる一考察」（『東京藝術大学音楽部紀要』第二八集、東京藝術大学音楽部、二〇〇三年）、二九―三二頁。

(91) 瀧井敬子『漱石が聴いたベートーヴェン　音楽に魅せられた文豪たち』（中央公論社、二〇〇四年）、五―六頁。

(92) 小林典子「『西楽論争』――森鷗外と上田敏のヴァーグナー論」（『比較文学研究』第四四号、東大比較文学会、一九八三年）、六〇―九七頁。

(93) 安田雅信「坪内逍遥の『新楽劇論』におけるリヒャルト・ワーグナーの影響――明治三〇年代における楽劇の受容の展開について」（『楽劇学』第六号、楽劇学会、一九九九年）、一―一七頁。

(94) 木村重雄「日本のオペラ　その発展の軌跡」（財団法人日本オペラ振興会編『日本のオペラ史』、岩波ブックセンター信山社、一九八六年）、八〇頁。

(95) 岡倉宛塩田力蔵書簡（一九〇四年一月一日）『全集』別巻、二〇二頁。

(96) "Japan's Greatest Critic Tells of Japan's Art", *New York Times* March 20, 1904. 山口静一訳が『全集』別巻（一八二―一八七頁）に収録されている。

(97) 岡倉一雄注（26）前掲書、二九頁。

(98) 第二回「岡倉天心先生を語る」座談会（昭和一八年一〇月一三日）、（『五浦論叢』第七号、茨城大学五浦美術文化研究所、二〇〇〇年）、三九頁。

(99) Ralph P. Locke, "Leaves from Bayreuth", *Fenway Court Isabella Stewart Gardner Museum 1975*, Boston : the Trustee of the Isabella Stewart Gardner Museum, 1976, p. 22.

(100) B. Berenson, Letter to I. S. Gardner. 21 May 1911, Hadley ed., *The Letters of Bernard Berenson and Isabella Stewart Gardner, 1887–1924*, Boston: Northeastern University Press, 1987, p. 488.

(101) 岡倉「美術上の急務」『全集』第三巻、三一三頁。

(102) Irving Kolodin, *The Story of the Metropolitan Opera, 1883–1950: A Candid History*, New York: Alfred A. Knopf, 1953, pp. 597–607. この上演数は、同座の演奏したヴァーグナー作品の中では《ローエングリン》に次いで多い。

(103) Quaintance Eaton, *Opera Caravan: Adventures of the Metropolitan on Tour, 1883–1956*, Da Capo Press Music Reprint Ser., New York: Da Capo Press, 1978, pp. 187–265, p. 389. ボストン・オペラ・カンパニーのレパートリーに《タンホイザー》はなかったため、ボストンでの上演はメトロポリタン・オペラなど他都市の一座によるものが主だったと考えて良いだろう。

(104) Anon., *Grand German Opera Libretto and Parlor Pianist: Tannhäuser*, New York: Theatre Ticket Office, n.d., p. 7. メトロポリタン・オペラ・アーカイブス所蔵。ドレスデン版の英独対訳台本。当時、オペラチケットの販売所だったシアター・チケット・オフィスで販売されたもの。一八八〇年代の出版と推定される。

(105) Okakura, "The White Fox", pp. 355–356.

(106) *Grand German Opera Libretto and Parlor Pianist: Tannhäuser*, p. 22.

(107) Okakura, "The White Fox", p. 364.

(108) 岡倉「日本趣味と外国人」『全集』第三巻、三二三頁。

(109) ジョセフ・M・ヘニング、空井護訳『アメリカ文化の日本経験　人種・宗教・文明と形成期米日関係』（みすず書房、二〇〇五年）、一九八―二三〇頁。

(110) 福永知代「紅茶文化とジャポニスムのティーウエア」（岡部昌幸監修『ジャポニスムのテーブルウエア――西洋の食卓を彩った〝日本〟』、産経新聞大阪本社、二〇〇七年）、一三八―一四三頁。

(111) 佐々木健一『美学への招待』（中央公論新社、二〇〇四年）、一〇〇―一〇一頁。

(112) アーサー・ビナード、大久保喬樹、田中仙堂ほか「パネルトーク『茶の本』再考」（三徳庵・ワタリウム美術館監修『茶の本の一〇〇年』、小学館スクエア、二〇〇七年）、二二二―二二三頁。

(113) Okakura, "Religions in East Asiatic Art", *CEW* 2, p. 133.
(114) 輪廻転生は自業自得であり、仏陀に慈悲を求めることと、高い転生を求めることとは相容れない。それゆえ岡倉のこの言葉は、仏教理解の観点から見れば問題がある。しかし、まず西洋と東洋で共通に認識されている部分を紹介し、次に西洋と異なる思想を伝えるという岡倉の発信方法からこの言葉を解釈すれば、キリスト教に存在しない輪廻転生を伝えるために、キリスト教、仏教において共通性を持つ「慈悲」を用いて理解を促そうとした可能性が考えられる。とはいえこの問題は、岡倉の仏教理解、および彼が西洋に伝えようとした仏教思想についてさらに追究してから再考すべき課題であると考える。
(115) Okakura, "Religions in East Asiatic Art", p. 141.
(116) 中村注(89)前掲書、五〇九頁。
(117) Okakura, "Religions in East Asiatic Art", p. 140.
(118) 池田和子「岡倉天心『白狐』について 『白狐』に見る天心の余影——その二」(『学苑』第六二五号、昭和女子大学近代文化研究所、一九九一年)、一二—一三頁。
(119) 三宅信三『ヴァーグナーのオペラの女性像』(鳥影社・ロゴス企画部、二〇〇三年)、一五一、二一六頁。
(120) 戸口純、小泉晋弥、清水恵美子、トークセッション「天心とオペラ『白狐』——伝統文化と現代、日本と西洋の結び目」(於旧東京音楽学校奏楽堂、二〇〇七年一二月八日)。トークセッション後、戸口純作曲のオペラ《白狐》が世界で初めて全幕(一部は映像)英語上演された(六角鬼丈監修、DVD『岡倉天心作 オペラ白狐 東京藝術大学創立一二〇周年企画』上野タウンアートミュージアム実行委員会、二〇〇八年)。これに先駆けて二〇〇三年一〇月一一日、茨城県天心記念五浦美術館において《白狐》の一部が上演された(戸口純作曲、DVD、『五浦論叢別冊 天心来五浦百年祭 講演とオペラの夕べ』、茨城大学五浦美術文化研究所、二〇〇四年)。
(121) 岡倉覚三「日本趣味と外国人」『全集』第三巻、三二三頁。
(122) 塩崎智「研究ノート 日露戦争中、米国で読まれたる『日本』 米国公共図書館で請求された日本及び日本文化関連書物に関する考察(上)」(『敬愛大学国際研究』第一四号、二〇〇四年)、九六—一〇四頁。
(123) Quaintance Eaton, *The Boston Opera Company*, New York: Da Capo Press, 1980, p. 322

第五章　ボストンにおける岡倉覚三の受容と表象

はじめに

本章はこれまでの章と異なり、主人公である岡倉が去った後のボストン社会に焦点をあてる。そこでまず、前章までの論旨を整理し、岡倉の活動に通底する理念、その実現のために岡倉がボストンで成し得たこと、また成し得なかったことについて確認しておきたい。

一八八六年から一八八七年の欧米視察旅行で形成された理念は、帰国後の岡倉の活動方針を決定づけただけでなく、彼の生涯を通しての活動の基軸となった。それは、東西の美術を「一つにする」ことによって「美という真の理想の部分」を創造するという理想であり、美の「共感」を通して、西洋と東洋は理解しあうことができるという考えであった。これらの理念はボストン美術館中国日本美術部経営や、『茶の本』や『白狐』執筆などの活動を支える基底となったが、もうひとつ彼の活動を支えたものに、彼が文部省官僚時代から時間をかけて構築したボストン・ネットワークがあった。

岡倉は、理念実現のために、ボストン・ネットワークを活用し、ボストン美術館で確実に地歩を固め、中国日本美術部キュレイターの地位を獲得した。ボストン美術館を、東洋美術品を通して「東洋と西洋がお互いをより良く理解しあう」「中間の家」にするという目的に掲げ、中国日本美術部を東洋美術発信の拠点に構築することを図った。岡倉は美術館に働きかけて目的を共有させることに成功し、予算の獲得や他美術館からの情報収集を行うとともに、参観者が美術品への「共感」を通して、その背景にある中国や日本の生活文化、自然観、そして宗教について理解できるように、優秀なコレクション収集、効果的な展示、「橋渡し」となる人材育成、美術館教育など多様な事業を遂行した。

計画段階で中止となった茶室建築事業や、ウォーナー辞職に見る人材育成の失敗から明らかなように、彼の経営はしばしば方向転換を余儀なくされ、常に順調なわけではなかった。それでも岡倉は、将来中国日本美術部を「東洋の芸術文化全体」を対象とする部門とするべく、インドや他のアジア地域のコレクション発展を図っていった。

一九〇六年に刊行された『茶の本』は、宗教の域にまで高められた"Teaism"を通して、芸術と結びついた日本の生活文化、美意識、道教や禅など東洋の宗教を説いたものである。一九〇四年に出版された『日本の覚醒』も含めて、アメリカにおける英文著作の発表は、西洋社会に日本や東洋の文化を発信し続けた岡倉の活動の一環に位置づけられる。一方、『ヨシツネ物語』『アタカ』『コアツモリ』の三篇は、『茶の本』と同時期に執筆された英文著作でありながら、岡倉の存命中発表されることはなかった。だが、この三作品に見出せる日本人と西洋人による合作の試み、歌舞伎の題材、音楽テキストの執筆、戦争の愚かさや東洋の宗教を伝えようとする意図などは、『白狐』執筆へと結実していく。

西洋と東洋とを繋げて新しい美術を創出するという理想は、岡倉のオペラ創作意欲と西洋音楽の素養と結びついて、日本の伝説を題材にしたオペラ台本『白狐』執筆の原動力に発展した。『白狐』は、東洋の狐を主人公とし、救済への祈りや母親の情という普遍的なテーマを通して、西洋とは異なる自然観、異類観、宗教観などを伝えることが可能な作品であった。ここから、オペラという西洋芸術の形式を用い、東西の共通性を題材の中心に取り入れ、観客の共感を通して、東洋独自の文化を理解させようと試みる、岡倉の東洋文化発信方法が窺える。このような方法論は『茶の本』にも認められるが、上演を通して東洋文化は活字よりもいっそう視覚的に、また感情を伴って相手に伝わることになる。ここに岡倉がボストンでオペラ台本を執筆した意義を見出すことができる。

当時のボストンの音楽状況、レフラーやガードナー夫人のボストン・オペラ・カンパニーへの影響力を考えると、『白狐』はボストンでの上演を前提に執筆された可能性が高い。ボストンでの『白狐』上演は、ボストン社会にとっても意義のある事業であり、それゆえ『白狐』執筆は、岡倉、レフラー、ガードナー夫人の利益が合致した上で着手されたものだったと結論づけられる。

だが岡倉は、一九一三年九月二日、赤倉で病没した。死因は慢性腎臓病による尿毒症であった。岡倉はそれを強く望みながら、ボストン美術館に東洋美術全体を対象にする部門を設置することも、『白狐』を上演することも、実現できぬままこの世を去ったのである。

道半ばで倒れたとはいえ、このような岡倉の活動や思想は、ボストンの人々にどう理解され、いかなる影響を与えたのであろうか。本章では、ボストンの人々が彼の没後、どのように岡倉を表象したのかを手がかりに、ボストン社会でその活動や思想がどのように受容されたのかを考察する。

第一節では、フェンウェイ・コートにおける岡倉追悼式を中心に、ボストン社会の岡倉追悼について考察する。追悼式は故人の霊を慰め、故人との思い出を偲ぶ場であり、追悼式で人々がどのように岡倉を偲んだかを具に見ることで、人々の抱いていた岡倉像が浮かび上がるであろう。

第二節では、岡倉が死去した翌年、ガードナー夫人が行った大規模なフェンウェイ・コートの改修の際新設された「中国室」について、岡倉との関係性を検討し、彼女が日本文化や東洋思想をどう理解し、表象したのかを考察する。執筆者はガードナー美術館の協力を得て、二〇〇五年から翌年にかけて「中国室」に関する未発表資料の調査を行った。この調査成果をもとに、まず「中国室」の開設から消滅までの経緯を整理し、次に収蔵された東洋美術品や岡倉ゆかりの品の諸元を提示し、最後に『茶の本』を手がかりに「中国室」の意義について検討する。

第一節　ボストンにおける岡倉追悼

1　フェンウェイ・コートの追悼式

1―1　新聞に報じられた追悼式

一九一三年九月二日、岡倉はボストンから遠く離れた日本でその生涯を閉じた。その二日後の九月四日、ガードナー夫人は岡倉由三郎から「覚三、腎炎で火曜日に死す」という電報を受け取った(1)。「岡倉死す」の報を受けて、ボストン社会の示した反応は速かった。翌五日の『ボストン・デイリー・グローブ』は岡倉の訃報を報道し、その人物像を次のように伝えた。

東京発、日本、九月四日――ボストン美術館の東洋キュレイター、岡倉覚三、この地で本日死去、享年五一歳。海外生活が長く、多数の作品を残す。ハーヴァード大学文学修士。岡倉覚三教授はボストンでも広く知られており、ボストン美術館で数年にわたり日本美術コレクションの研究と目録作成に携わった。日本の芸術に関する著書も多く、一九一一年にはハーヴァード大学より名誉文学修士号を授与された(2)。

没した日や場所の誤認、三冊しか著作のない岡倉を多作と評しているところから、報道の信憑性には欠けると言わざるを得ないが、ボストンのメディアが、岡倉をボストン美術館東洋美術部門のキュレイター、作家、ハーヴァード大学から名誉修士号を授与された日本人として認識していたことが窺える。

一〇月二〇日、ガードナー夫人の邸宅フェンウェイ・コートにおいて岡倉追悼式が開催された。そこで追悼式に関する諸資料から、主催者と考えられるガードナー夫人がどのような岡倉像を抱いていたか、どう岡倉を表象したかを見てみよう。

一一月二二日付の『大坂朝日新聞』に掲載された「ボストンの岡倉忌」は、追悼式の様子を伝える記事である。この記事は、ボストン美術館の富田幸次郎が追悼式に関して奈良の新納忠之介に宛てた内容として報じられた。

> 岡倉覚三氏の訃報は九月四日夕刊ボストン・トラニ《ママ》スクリプト紙上にて初めて承知仕候、氏の逝去に就いて当美術館の落胆の大なるは申すに及ばず世界文芸界の前後に大打撃を与へしことを想へば実に感慨無量近来の大恨事之に過ぎず候、二十日は岡倉氏四十九日の忌日に相当するを以てミセス・ガーデナーの音楽堂に於て追悼式を催し候、当日は近来稀有の暴風雨なるにも拘らず請待されたるボストンの紳士淑女三十余名皆来集し文学博士姉崎正治氏の読経あり来集者一々岡倉氏遺影の前に焼香をなすなど総て仏式にて極めて荘厳に営まれ申候、ミセス・ガーデナーのブルクライン別邸は予て岡倉氏の趣味に適ひし地とて同夫人は岡倉氏の記念碑を建立すべく計画致され居り候（後略）[3]

ここから、追悼式は四九日の忌日に設定されていたことがわかる。そのため当日が「近来稀有の暴風雨」であっても延期されることはなかった。ガードナー夫人の発案により、追悼式は仏式に行われ、その会場はフェンウェイ・コートの音楽堂があてられた。ここは、ボストン交響楽団や若い音楽家によるコンサート、レフラーの《異教徒の詩》の演奏が催された部屋で、岡倉がしばしば足を運んで音楽を楽しんだ場所であった（図24）。一九〇五年にはバザー「日本祭村」が開催された場所でもある。ところで、記事中にはガードナー夫人がブルックラインの別邸に岡倉の記念碑建立を計画していたとあるが、実際はフェンウェイ・コートを改装し、岡倉ゆかりの品々や仏像を展示する部屋を新たに設けることになる。この部屋については次節で後述する。

さらに、一二月九日の『読売新聞』に掲載された記事「故岡倉氏追悼会　ボストンに於ける」は、追悼式の様子を詳細に伝えている。この記事は、仏教社会福祉事業家となった矢吹慶輝（一八七九―一九三九）が寄稿したもので、彼自身は一九一三年からハーヴァード大学に留学していた。

図24　フェンウェイ・コートの音楽室
1914年改築のため撤去。現在1階部分はI. S. ガードナー美術館のイースト・クロイスター、スパニッシュ・クロイスター、チャイニーズ・ロッジア、2階部分はタペストリー・ルームとなっている。（イザベラ・スチュワート・ガードナー美術館蔵）

岡倉氏の追悼会に選ばれた室は庭の左手の大広間で一段高い壇上には仏壇を安置し、幾鉢かの菊であたりを装飾し、壇下に机に香炉、蝋燭台、二枚重ねの座布団、側らには磬まで備へて、総て日本風にやるといふので前日博物館の富田氏が態々来て日本の礼服で出席されたいといふガードナーの希望を前以て通じられた。廿日の午後四時半といふので羽織袴をカバンに入れて姉崎先生に蹤いて宿所を出た、当日は雨天で午後は一トしきり風さへ加はりて強雨となつた。電車の裡はよかつたが下車してガードナーさんの家に着く迄は今にも雨傘が吹き飛ばされ相であつた。

先生初め博物館からの富田鈴木両君とも和服に着換へてゐる間に来会者が次第に集まつて来た。総てゞは三十五六人許りで博物館に関係ある人たちが多いのは勿論だが婦人も半数ばかりあつた。

ガードナーさんの依頼で、日本の御経を読んで貰ひたいといふので先生が法華の寿量品を訓読され、博物館の副館長が追悼文を読むだ。其中で「南無ヤ大悲ノ観音様ヨ」を繰り返されたのは今日でも尚耳に残つてゐる。男子席は前列で線香も男子から始めて婦人に及び一人づゝ進むで焼香をした。岡倉氏の下に働かれたカーシヨー氏を始め四五人許りは苦し相に座布団に膝を折りて焼香された。勿論線香は日本物であつた。それでも婦人は一人も膝を折つた者はない、併し膝を折る重礼の姿勢を取つた式は彼是四十分許りかゝつた。此辺は毎にも人通り繁からざる処で、況して今日の雨天で車の轢る音だになく、薄暗い広い室に蝋燭燈りに照らされて仏壇の正面に日本服の岡倉氏の写真の前で極めて荘厳に挙行された。(4)

特筆すべきは、ガードナー夫人が富田ら現地の日本人の助けを借りながら、日取り、設え、段取りなど考え得る限り日本と同じような環境で追悼式を催そうとしたことであろう。出席者はボストン美術館関係者と女性が多く、ガードナー夫人のサロンに属するボストニアンや日本人を中心に、岡倉の身近な人々が集った小規模な会であったことが推察される。

矢吹は岡倉との面識はなかったが「岡倉氏の遺風は今日の追悼会にも明かに顕はれてゐた、此地の人は、先生（センセイ）といふ普通名詞を固有名詞化して岡倉氏を呼んで居た相だ」とボストンの人々が尊敬を持って岡倉に接していた様子を感じていた。岡倉は一九一三年八月にハーヴァードから要請を受け、日米交換教授として新学期が始まる一〇月には渡米し、東洋美術の講義をする予定になっていた。(5) このことに対して矢吹は「姉崎教授と共に当大学の講堂を賑はす筈であつたのに此地に着くや否や其訃報を耳にしたのは痛悼の感に勝へない」と惜しんだ。

そして、この追悼式の性格を良く表しているのが、出席者によって朗読された追悼式用の朗読テキストである。(6) 矢吹の記事に、博物館の副館長が追悼文を読んだ中で「南無ヤ大悲ノ観音様ヨ」を繰り返し「今日でも尚耳に残つてゐる」とあるが、これは『白狐』の巡礼のコーラスの冒頭であり、朗読テキストに印刷されたフレーズのひとつであった。

1―2　追悼会の朗読テキスト

追悼式の目的は故人の霊を慰め、故人との思い出を偲ぶものであり、堀岡弥寿子が指摘したように、朗読に選び出された断章は、ガードナー夫人をはじめとするボストンの人々が抱いていた岡倉像を表しているといえる。(7) それゆえ、彼らが生前の岡倉をどのように捉えていたか、また岡倉から何を受容したのかを、このテキストから窺うことが可能であろう。そこで次に、追悼式の朗読テキストに収録された断章四篇を明らかにして、彼らの抱いていた岡倉像を考察したい。

(1)岡倉のオペラ台本『白狐』第三幕より巡礼者のコーラス

南無や大悲の／観音様よ／蓮華の宝玉／輝きわたる！
われらの救い、あなたの中に／われらは崇める、あなたのことを
プータラの聖なる島に／嘆きの波は静まりかえる
あなたの安らぎの岸辺に港を求めて／浮世の嵐の中、われらのもろき小船を導き給え

南無や大悲の／観音様よ／蓮華の宝玉／輝きわたる！
われらの救い、あなたの中に／われらは崇める、あなたのことを
生きとし生けるものは全て滅し／出会えば必ず別れが来る
生まれた世の鎖から我らを解き放ち／黄金の信徒にわれらを入れさせ給え

南無や大悲の／観音様よ／蓮華の宝玉／輝きわたる！
星から星へと／ゆらめく光明
雪の高嶺は天上の祭壇／地上の花は純潔の香炉
賛美歌が鳴り響き、遠くへ木魂する／松籟の中に、波のうねりに

南無や大悲の／観音様よ／蓮華の宝玉／輝きわたる！
われらが救いあなたの中に／われらは慕う、ただにあなたを

これは『白狐』第三幕で歌われる巡礼たちのコーラスである。『白狐』では、まず第一の巡礼グループが登場し、一番「プータラの聖なる島に」の歌詞を歌う。次に第二の巡礼グループが現れ、二番「生きとし生けるものは全て滅し」をコーラスする。彼らはコルハにクズノハの身の上を話した後、三番「星から星へと」を歌いながら退場する。途中繰り返されるフレーズは省略してあるものの、ここには「南無や大悲の観音様よ」で始まる巡礼のコーラスの歌詞がすべて掲載されている。「プータラ」は「普陀洛」、「生きとし生けるものは全て滅し／出会えば必ず別れが来る」は「生者必滅、会者常離」、「生まれた世の鎖から我らを解き放ち／黄金の信徒にわれらを入れさせ給え」は「離業得脱」などを意味する歌詞であろう。しかし「生まれた世の鎖」は「原罪」とも解釈でき、「信徒（the fold）」は、教会員を意味する語句が用いられている。「賛美歌が鳴り響き」という歌詞からもわかるように、観音の信徒のコーラスは、キリスト教者の信仰との共通性を印象づけるものとなっている。

さらに、この頁の最後には、劇中の台詞でありガードナー夫人への献呈稿にもタイプされた「善行を通して／より高い転生を求めよ／仏陀の慈悲を信じて」の一文がある。これは輪廻転生、カルマの法則による再生を示す文であるが、動植物も人間と等しい存在であるという道教の考えも含んでいよう。いわば巡礼のコーラスは東洋と西洋における宗教の普遍性を訴えるものであり、台詞の一文は両者の差異性を照射することばである。東西文化の共通性から入って、東洋文化との差異性を理解させようとした岡倉の意図を浮き彫りにすることばであり、ガードナー夫人は、『白狐』で岡倉が伝えたかったことは、この言葉に集約されていると理解したのである。

追悼式で姉崎が読経した法華の寿量品は「永遠の命」を願うものであった。出席者は岡倉の魂の安らぎと幸福を求め、巡礼のコーラスを朗読した。朗読という行為を通して、人々の岡倉の記憶と観音とが結びついていっただろう。岡倉の存命中に『白狐』の上演は果たされなかったが、フェンウェイ・コートの音楽室に巡礼のコーラスは厳かに響き渡り、参会者の心に残ることとなった。

(2)老子の『道徳経』から第七章、第六六章、第四九章

天は永遠で地は久遠である。なぜ天と地は永続できるのか？　それは天と地が自ら生きようとはしないからだ。だからこそ長く生きつづけることができているのだ。聖人はわが身を外に置きながら、常にそこに存在している。わが身のことに執着する心がないからこそ、その個人的なことがなしとげられるのだ。（第七章）

江や海が幾百もの谷川の王となっている理由は、それらが低いところにあるからだ。聖人が人々を統治しようと望むなら、必ずその身を彼らより下に置く。それゆえに聖人が上の地位にいても、人々はそれを重荷とはしない。彼は争うことをしない。だから、彼と争うことのできる者がいないのだ。（第六六章）

聖人は（人民の）善いものを善いとするが、善くないものでもまた善いとする。聖人はそうすることによって善い人を得ている。彼は信義のあるものを信用するが、信義のないものでもまた信用する。こうして聖人は信義の人を得ている。聖人は固定した心を持たず、人々の心を自分の心となす。彼は人々を子どものように扱う。ゆえに彼が拒否する人はなく、彼が拒否する物事はない。聖人の道は進むことで、対立することではない。（第四九章）

（老子『道徳経』から）

出典は"Lao-tze; from the Tao-te-King"とあるのみで、訳者や出版社についての記載はない。一九〇四年一〇月一八日、ラ・ファージはガードナー夫人に道教の書物を送り、岡倉の助けがあれば本から多くのことを学べるはずとの手紙を書いた。夫人がこの『道徳経』を手に、岡倉から道教の話を聞く姿が目に浮かぶ。

岡倉が西洋社会に紹介し続けた東洋の宗教のひとつが道教であった。岡倉は『茶の本』で、茶道は変装した道教であると説いたが、彼にとって道教とは「現世をあるがままに受け入れ、儒者や仏教徒と違って、悲しみと悩みの現世に美を見出そうと努める」(『茶の本』第三章)ことであった。それゆえ東洋の生活において道教が成した貢献は、美学の領域にあると説いた。先述したボストン美術館での講演や『白狐』からも、道教を発信しようとした岡倉の意思が明確に見出せる。

しかしガードナー夫人にとって岡倉と道教との関係性は、"The Taoist"「道教徒」という英詩によって、より強烈に印象づけられる。一九一一年四月一三日、岡倉は彼女の誕生日に、この詩を献呈した。

彼女はひとり、地上に立った――天国からの放浪者。すべての不死なるものの中で、彼女は花であった。
彼女が近づくと、時はお辞儀をして後ずさりした。彼女の勝利への道に空間は頭を下げた。
風は彼女に何者にもとらわれない優美さをもたらし、大気は彼女に夏の芳香を貸し与えた。青い稲妻は彼女の目配せで移動し、雲は彼女の女王のような足取りに付き従って広がった。(後略)(8)

これは詩の前半部だが、ボストン社交界の女王と謳われたガードナー夫人を暗示する「花」、「女王のような」などの詩句を並べながら、彼女を何物にも動じない自然の力に見立てて畏敬の念を示している。後半部では「無限」が「驚嘆」に、「生」が「変化」に、「恐れを知らぬ精神」や「比類なき精神」の名前を尋ねるが、それぞれ

図25　ガードナー夫人のゲストブックに貼付された岡倉の写真／見返し・左頁（イザベラ・スチュワート・ガードナー美術館蔵）

「私は知らない」と答える。最後に「名づけ得ざるものに栄光あれ！（Glory to the Nameless!）」というフレーズが二回繰り返される。これは『白狐』第三幕最後の巡礼のコーラス「栄光、栄光、聖人にあれ（Glory, Glory to the Saint!）」と類似しており、『茶の本』における道教の説明「それはひとりで立ち、不変である。危なげなく自転する、宇宙の母である。私はその名を知らない」（第三章）を想起させる。ボストンで高名な夫人を「名づけ得ざるもの」すなわち「道」を知る者として、その精神を称えた詩であると解釈できる。

一九一二年五月三〇日、岡倉が北京からガードナー夫人に送った手紙には、おみやげの道服（Taoist robe）が手に入ったのでボストンに持って帰ることを知らせている[9]。ガードナー邸のゲストブックにも、ボストン美術館で道士が身につける鶴氅をまとう岡倉の写真が貼付されている（図25）。小泉晋弥は、岡倉は道服着用によって自らを詩人陶淵明に擬していたと述べ、彼の意図した陶淵明のイメージは、没後彼を暗示するのに適した題材として、日本美術院の作家たちによって強調されていったと指摘した[10]。ボストンにおいても、岡倉の道服姿は彼の説く道教の世界と結びつき、道教徒としての岡倉像が人々の記憶に刻印されたことであろう。そして、岡倉がガードナー夫人に英詩『道教徒』や道服を献呈したのは、彼女のパトロネージュへの感謝だけでなく、彼らの間に東洋思想の伝道師と愛弟子のような関係性があったからだと考えられる。

(3) リス・ディヴィッズによる『仏典』訳書「大善見王経」と「大典尊経」の抄出

諸行は無常なり、生滅の法なり。生じてはまた滅す、それらに対して心寂滅なるは喜びなり。（「大善見王経」）[11]

——疑問ある我は、疑問なき梵天に、他の人も知りたいと欲すること、永遠の若さについて問う。どこで修練し、どのような学修方法で、人は不死の梵界に達し得るや。

——おお、婆羅門よ、人間の中で、我執を捨て、独り平静さを求め、悲しみを焼尽し、全ての穢れから脱し、清浄に包まれることを考える。このような学修法で、ここで修練する者が、梵天の不死の王国に達し得る[12]。

——黎努王《レーヌ》、我が王よ、我は王に懇願する。王ご自身が、この王国を案じ給わんことを！　我はもはや官位に関心なし。

——もし、汝の歓びに、まだ何か不足あらば、我はそれを満足させん。もし、汝を害する者あらば、軍師であり、王である我が、その輩を拘束せん。汝は我が父、我は汝が子なり。我らとともにいよ、典尊、去ってはならぬ。

——我、歓びにおいて、不足なし。また、我を害する者もなし。だが、この世のものならぬ声を聞きて、我はこの世に固執せざるなり。

——この世のものならぬは如何なるものか？　彼は、汝に何を語りしや？　それを聞き、我らの家、我ら、この世の一切をただちに捨て去らんとは。

——かつて、祭壇の儀式を行わんと、聖なる時間を進行しける時、我檀火を燃やし、草を撒き散らしけり。

こはいかに！　梵天界から不変の神梵天が現れ、我が問いに答えし。それを聞きて、我は、本国に退屈せし。
――見よ、我は汝の言を信ず、典尊よ。この世のものならぬ声を聞き、従わざること能わざる。我らは汝に従わん。我らの導師、教師たれ。清浄に輝く宝石のごとく、一点の汚れなく、清澄で、傷もなく、それゆえ我らは汝の言葉に従うなり。（「大典尊経」[13]）

イギリスのパーリ語学者リス・ディヴィッズ（Thomas William Rhys Davids, 1843–1922）がパーリ語長部経典から訳出した『仏典』英訳書 *Dialogues of the Buddha* は、一八九九年から一九一〇年にかけてロンドンで刊行された。ここから「大善見王経」と「大典尊経」が朗読テキストに選ばれた。

「大善見王経」の「諸行は無常なり、生滅の法なり」という言葉は、今まで述べてきたように岡倉の未発表英文著作に共通するキーワードである。『コアツモリ』は、『平家物語』の書き出し「祇園精舎の鐘の声、諸行無常の響きあり。沙羅双樹の花の色、盛者必衰の理を顕す。奢れるものも久しからず、ただ春の世の夢のごとし」の英訳から始まる。『白狐』では「生きとし生けるものは全て滅し、出会えば必ず別れが来る」ということばが、巡礼のコーラスやコルハの歌詞に含まれる。『ヨシツネ物語』の冒頭にも「死が唯一の永遠である」の一文が置かれる。

「大典尊経」では、大典尊（釈尊の前世）の出家場面が描かれる。前半は大典尊と梵天との問答で、後半は出家を決意した大典尊と黎努王との問答が交わされる。黎努王は伝説上のインド王で、大典尊はその国の大臣であった。梵天との問答で、大典尊は出家を決意し、大典尊の話を聞き、黎努王もまた彼に従う覚悟を決める。黎努王は大典尊に「我らは汝に従わん。我らの導師、教師たれ」と請願した。ガードナー夫人とその周辺の人たちは、岡倉を大典尊になぞらえ、仏教の「導師、教師」として形象化しようとしていたのかもしれない。

繰り返し述べているように、岡倉は一八八五年園城寺の桜井敬徳阿闍梨より菩薩十善戒牒を受け、仏子覚三となった。翌一八八六年円頓一乗五戒を受戒し、雪信の戒号を得た。一八九三年の清国出張、一九〇一年からのインド滞在を通して、岡倉は日本の仏教美術の源流を龍門石窟やアジャンターの壁画に見出した。インドを起源として東洋諸国に伝播した仏教の影響を目の当たりにしたことは、アジアは有機的な統合体であるという考えを裏付ける定礎となった。それゆえ岡倉は、東洋の美術や生活文化をひとつに結合する宗教として、仏教を西洋社会に広く発信し続けたのである。このような岡倉を顕彰するものとして、彼の死後ボストン美術館に一躯の中国仏像が寄贈されることになり、ガードナー夫人が岡倉ゆかりの品々を収めた部屋には、彼女が収集した仏像コレクションが展示された（後述）。このように、ボストンにおける岡倉像は、仏教とも分かちがたく結びついていたのである。

(4)ラビンドラナート・タゴールの英訳詩集『ギタンジャリ』（一九一三年）から四編の詩（一番、八六番、九四番、一〇三番）

一番

あなたは私を限りないものにした。それがあなたの喜びなのだ。この脆い器を、あなたは何度も空にして、
たえず新鮮な生命を注ぎこんだ。
この小さな葦笛を、あなたは山や谷に持ちまわり、永遠に新しいメロディーを吹きならした。
あなたの手の不死の感触に、私の小さな心は歓喜のあまりに度を失い、言葉にならない言葉を発する。

あなたの限りない贈り物を、私はこのちっぽけな自分の手で受けるほかはない。長い年月が過ぎ去ったが、あなたはまだ注ぎつづけ、それでもなお注ぎきれないのだ。

八六番

あなたの家来である死が私の門口に立っている。見知らぬ海を渡り、あなたのお召しを私に伝えに来た。夜は暗く、私の心はおびえている――それでも私は灯火を手にして門を開き、うやうやしく迎え入れよう。私の門口に立っているのはあなたの使者だ。

私は合掌し、涙を流して、彼を礼拝しよう。私の心の宝をその足もとに捧げて礼拝しよう。使者は役目を果たすと、私の朝に暗い影を残して、去って行くだろう。そして、私の侘しい住居には、寄辺のない私の自我だけが、あなたへの最後の供物として残されるだろう。

九四番

今別れの時に、私の幸運を祈ってくれ、友だちよ。空は暁の光を帯びて、私の行く手は美しい。私が何を持って行くのかと訊ねてくれるな。私は空手で旅に出るが、心は弾んでいる。

私は結婚式の花輪をかけていこう。赤茶けた旅人の服ではない。途中で危険があるにしても、私は恐れない。

私の旅が終わるとき、宵の明星が輝くだろう。そして、夕暮のメロディーの物悲しい調べが王の門から響いて来るだろう。

一〇三番

わが神よ、ただ一心にあなたに祈り、私の感覚をすべて広げ、あなたの足許に跪いてこの世界に触れさせたまえ。

まだ降りやらぬ夕立をはらんで低く垂れこめた七月の雨雲のように、ただ一心にあなたに祈り、あなたの門口に私の心のすべてを捧げさせたまえ。

私の歌をすべて、そのさまざまな旋律もろともに、ただひとつの流れに集めて、ただ一心にあなたに祈り、沈黙の海に流させたまえ。

故郷を慕い、山間の古巣をめざして夜も昼も飛び続ける鶴の群れのように、ただ一心にあなたに祈り、私の全人生を、永遠の故郷に向かって旅立たせたまえ。

（ラビンドラナート・タゴール、ギタンジャリ（ロンドン、一九一三年）と呼ばれる詩集から）[14]

タゴール（Rabindranath Tagore, 1861–1941）はインド、ベンガル出身の詩人で、詩集『ギタンジャリ』*Gitanjali* で一九一三年、東洋人として初めてノーベル文学賞を受賞した。一番は感謝の詩、八六番は死の訪れに直面した畏怖、九四番は出立に際し友に贈ることば、一〇三番は神に帰命して永遠の故郷へ旅立つ詩であり、これらは故人を偲ぶ友人たちの手向けの詩集とも取れる。

詩作を通じて「永遠なるもの」、「無限なるもの」を求めたタゴールの理想は、人間の本体である自我は宇宙の根本原理である梵と本質的には同一であるという「梵我一如」の哲理に基づき、ここから全ての人に聖なるものを認め、それを尊ぶヒューマニズムへの精神に到達した。人間の魂が本質的なユニティ、すなわち地球上の多様な民族が精神の深いところではひとつだという考えを信じたのである。[15]岡倉は一九〇二年にインドでタゴールと出会い、彼の一族と親しく交際した。岡倉が『東洋の理想』で説いた「不二一元の理念」は、「存在する者は外見上いかに多様だろうと実は一であり」、「一切がひとしく貴重なものである」という考えである。これは「インドの教義を適用したもの」であり、岡倉とタゴールの思想とは共振するものであったといえよう。

タゴールは一九一三年二月、息子夫婦を同伴してボストンを訪問し、岡倉と再会を果たした。岡倉がバネルジー夫人に宛てた書簡には「彼らのここでの短期滞在が退屈なものにならないよう出来る限りのことをしたいと思います。私自身外国人ですからたいしたことはできませんが」とあり、岡倉がボストンでタゴール一行を厚遇したことがわかる。(16) 岡倉没後の一九一六年一二月、タゴールはボストンを再訪し単身ガードナー夫人を訪れているが、岡倉の紹介で彼らが初対面を果たしたとすれば、この時の可能性が高い。想像するに、ガードナー夫人はタゴールとの会話や詩のなかに、岡倉の思想との共通性を見出し、『ギタンジャリ』が追悼式の朗読にふさわしいと選んだのであろう。

ガードナー夫人とタゴールは再会すると、一時間もの間岡倉について語り合った。(17) 彼らは、洋の東西を越えて岡倉をともに偲ぶことのできる友人だったのである。

2　ボストン美術館による岡倉追悼

岡倉の死に接して、ボストン美術館も哀悼の意を社会に広く示した。

一九一三年一〇月、デンマン・W・ロスは、岡倉の業績を記念して一躯の菩薩像をボストン美術館に寄贈した(図26)。それは、パリのチェルヌスキ美術館の中国彫刻展に陳列されていた中国東魏時代の菩薩坐像(五三〇年代)であった。一九〇三年白馬寺に出土したところを早崎が撮影し、一九〇六年に岡倉が白馬寺を訪れて購入を図ったが果たせず、一九一〇年に再度白馬寺に足を運んだときには行方知れずになっていたものである。購入を済ませたロスは、早速ボストン美術館にその旨報告した[18]。ところがすでに岡倉はこの世になく、ロスは彼の思い出として美術館に寄贈したのである。『ボストン美術館紀要』一二月号は、この菩薩像が第一中国室に展示されることを知らせている[19]。

図26　デンマン・ウォルド・ロス寄贈の菩薩坐像（中国　東魏時代　530年代　洛陽郊外白馬寺出土、石灰岩　1躯　高さ　196.5cm　岡倉覚三を記念して、ボストン美術館蔵）

菩薩像は、ボストン美術館を東洋美術発信装置に構築し、西洋社会に東洋美術の美への共感を求め続けた岡倉の活動を象徴するものであった。このエピソードは一〇月一六日の『ボストン・デイリー・グローブ』で「古代の観音石像、岡倉覚三の記念としてデンマン・W・ロス博士によってボストン美術館に寄贈される」と報道され、広く市民の知るところとなった[20]。ボストンにおいて岡倉像は、中国仏像と結合し、中国日本美術部を訪れる参観者の脳裏に刻まれることになったのである。なお、このニュースは『大坂朝日新聞』の「ボストンの岡倉忌」においても、「ロース氏博士は今夏巴里に於て高価に買入れたる支那古石仏一躯を岡倉氏追憶の為美術博物館に寄贈致され候」と伝えられた[21]。

また、同年一〇月一六日、ボストン美術館理事会は文書を東京とワシントンの日本大使館に送ることを採択した。ボストンにおける岡倉の活動ならびに人物像は、アメリカから母国に次のように伝えられた。

彼の深く多彩な学識、明敏にして適切な判断力、専門的知識と詩的洞察力の稀なる結合、目標に極めて誠実で、最高の理想への一貫した献身は、彼を当美術館のみならずアメリカ全体に対して、尊敬、賛美、愛情を集めるに値する日本の典型的代表とならしめました。彼は教育を行い、模範を示すことによって、最高水準の美術、文学、哲学、および宗教において日米の相互理解と尊敬の確立と持続を推進するために粉骨砕身しました。彼の死は両国にとって損失であります。[22]

ボストンにおいて岡倉は「日本の典型的代表」として、日本そのものを象徴する存在であった。そのような彼が、美術・文学・哲学・宗教の共感を通して、東洋と西洋は相互に理解しあうことができるという理想を抱き、その実現のために努力を払ってきたことを、ボストン美術館は熟知していた。それは「日米の相互理解と尊敬の確立と持続を推進するために粉骨砕身しました」という文言から窺える。それゆえ岡倉の死は、日本とアメリカ両国の損失だと感じ、日本政府に哀悼の意を伝えたのである。

岡倉の存在が日米双方にとって重要だと認識されていたことは、一九一一年六月二八日、彼の生前にハーヴァード大学から名誉文学修士の学位が授与されたことからも明らかである。このとき学長アボット・L・ローウェル（Abbot Lawrence Lowell, 1856–1943）は、岡倉のことを「東洋美術の神秘に精通すること比類なく、西欧の与えうるものを快く受けいれつつも、日本独自の特質を尊き先祖伝来のものとして維持せんと決意する者」と紹介した。[23]岡倉は東洋美術や日本文化に通暁していただけでなく、西洋文化の理解者としても高い評価を得ていたのである。

一九一三年一二月刊『ボストン美術館紀要』には、ビゲロウと岡倉の後任に中国日本美術部キュレイターとなったロッジによる岡倉追悼文が掲載された。その末尾は次のような文で結ばれた。

彼は詩を作り、花を活け、音楽、茶道、剣術、柔術といった紳士教育に必要な日本文明の洗練を会得した達人であった。彼は世界の両側にある高度な文明の最高の知的産物を理解した人物であり、彼なりの方法において「あっぱれクライトン」であった。彼はキップリングの有名な詩句「おお、東は東、西は西、両者は決して出会うことはない」を完全に説得力のないものにしてしまった。東と西は岡倉覚三において出会ったのである。(24)

この追悼文において、岡倉は日本文化や東洋思想の伝道者という立場を超え、東西の両文化を融合しうる存在として位置づけられた。死後は、彼の存在そのものが「東洋と西洋の中間の家」として表象されたのである。

第二節　フェンウェイ・コートの「中国室」と岡倉

1　「中国室」をめぐる問題

岡倉の死後、ガードナー夫人はベレンソン夫人（Mary Berenson, 1864–1945）にこう語った。「岡倉がいなかったら、私はこの頑固な心やわがままな性格のままで、お墓に入ったことでしょう。彼は私がどんなに嫌な人間だったかを見せてくれた最初の人でした。私は彼から、愛されようとするのではなく、愛そうとすることを最初に教えられたのです」(25)。夫人が岡倉への共感や信頼を通して新しい視点を獲得していったことがこのことばから窺える。ヴィクトリア・ウェストンは、岡倉はガードナー夫人に、西洋とは異なる見方や考え方で世界を見ることを教えたと述べた。そして、彼女の岡倉に対する感謝と追憶の念は、フェンウェイ・コートの改装と"The Chinese Room"（以下「中国室」と表記）と呼ばれる部屋の開設に結びついた、と指摘した。(26)ガードナー夫人が「中国室」を開設した動機は「岡倉の思い出に敬意を表すること」に違いないと述べている。

「中国室」とは、岡倉没後の一九一四年から一五年にかけて、ガードナー夫人がフェンウェイ・コートを改装したときに新たに開設された部屋のことで、なかには彼女の東洋美術コレクションが納められた。(27)部屋には岡倉

図27　旧中国室
（イザベラ・スチュワート・ガードナー美術館所蔵資料）

ゆかりの品が収められたことから、彼の死が契機となってガードナー夫人を部屋の開設に向かわせたことは首肯できる。このように「中国室」は、ガードナー夫人と岡倉との交流においても、夫人による岡倉表象においても重要な場所なのだが、一九七一年に収蔵品が競売で散逸してしまい、部屋も現存していない。そこでガードナー美術館の資料に依拠しながら、「中国室」がどのような部屋だったのか、何が収蔵されていたのか、考察を試みたい(28)。

フェンウェイ・コートには岡倉の生前にも「中国室」の名を持つ展示室が存在した。本節では混乱を避けるため、その展示室を便宜上「旧中国室」と呼び、「中国室」と区別する。ガードナー夫妻が、一八八三年から日本や中国などアジア各地を旅行したことはすでに述べたが、夫人の東洋美術コレクションの基礎となったのは、旅行中に購入した美術工芸品である。帰国後は、ボストンの山中商会や松木文恭から積極的に美術品を購入した。こうして収集した品々を陳列したのが「旧中国室」であった（図27）。西洋美術品と一緒に《源氏物語図屏風》が飾られ、その下には龍が刺繍されたタペストリーが掛けられている(29)。床には中国製の骨董のキャビネットが置かれているが、中央には暖炉があり、その右横にはアンダース・ゾーンによるガードナー夫人の肖像画 ***Isabella Stewart Gardner in Venice***（一八九四年）が飾られている。西洋の家具の上には仏像が置かれ、左手の壁一面を春

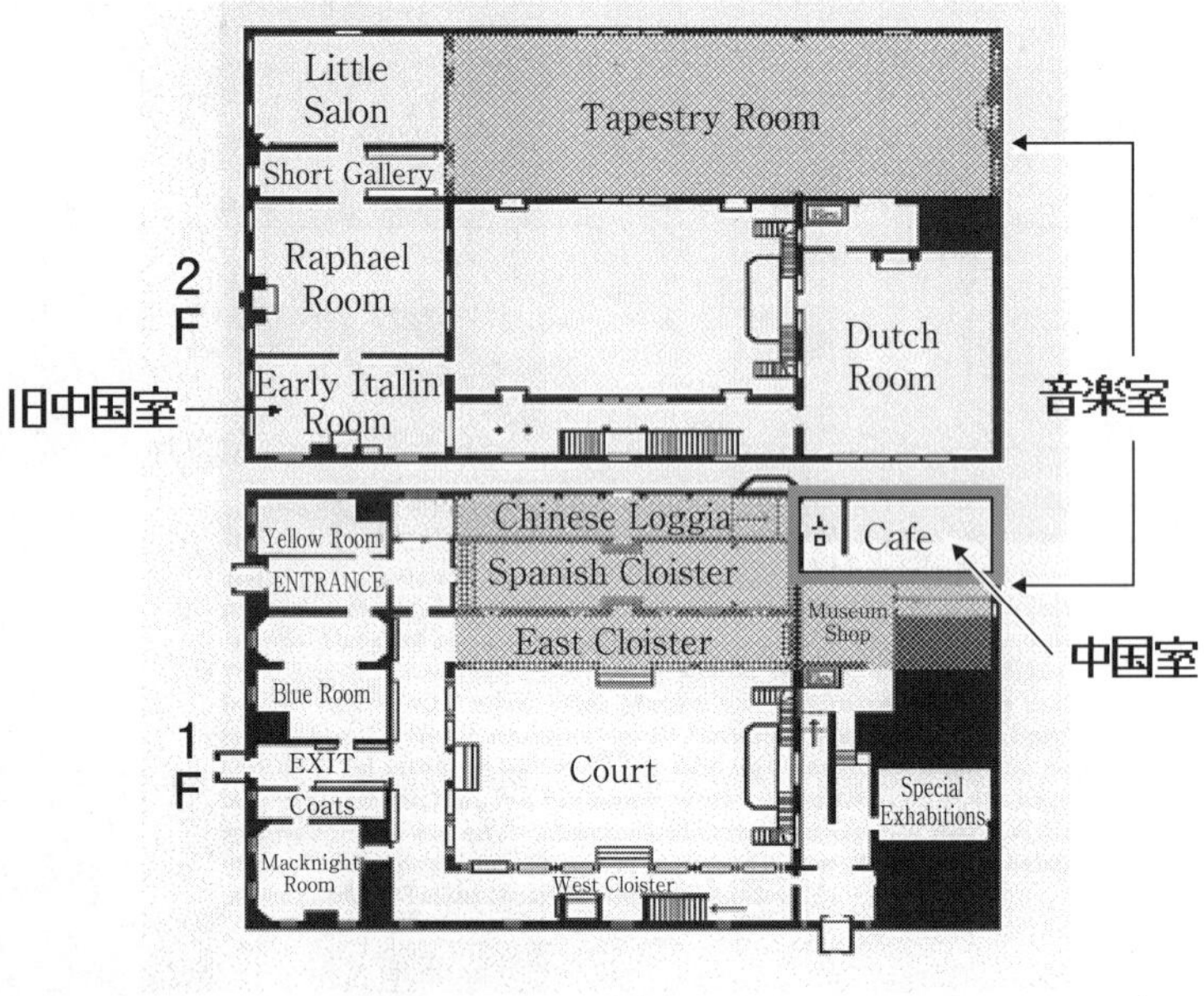

図28　フェンウェイ・コート、１階・２階の見取り図
Hilliard T. Goldfarb, *The Isabella Stewart Gardner Museum : A Companion Guide and History* (New Haven & London : Yale University, 1995, p. 22を著者が加工)
網かけの部分が、音楽室のあったスペースである

の草花を描いた屏風が覆っている。[30] その周囲から天井にかけて多くの彫刻欄間が飾られ、屏風の下には経机が置かれている。このように「旧中国室」は、東洋と西洋の美術工芸品が混在する部屋であった。屏風や仏像などが、暖炉や西洋の家具調度品の隙間を埋めるように配置された室内は、富裕なアメリカ人が収集した東洋美術品を陳列した、典型的な東洋趣味の部屋だったと言える。

しかし岡倉の死後、一九一四年から一九一五年にかけて行われた大規模な改装で、フェンウェイ・コートは様変わりする。「旧中国室」は、現在の初期イタリア美術室へと変わり、一九一三年に岡倉の追悼式が催された音楽室は、いくつかの展示室へ分割された。このとき音楽室の一階と、地階だった

図29　チャイニーズ・ロッジアから見た「中国室」の入り口（イザベラ・スチュワート・ガードナー美術館蔵）

空間に新しい「中国室」が新設された（図28）。音楽室はイースト・クロイスター、スパニッシュ・クロイスター、チャイニーズ・ロッジア、タペストリー・ルームに分割され、チャイニーズ・ロッジアの先に「中国室」へ降りる階段が作られた（図29）。こうして「旧中国室」にあった東洋美術品の多くが、新しい「中国室」へ収納されることになった。

「中国室」は開設以来非公開だったが、一九五〇年代には時々公開されるようになった。[31]だが一九六一年には再び非公開となり、モザイク敷石の修理室として使われた。修理の際、室内の美術品は一部倉庫に収納され、修理完了後もとの場所に戻されたが、室内環境の悪化と修理に伴う大量の埃発生のため、一九六二年一月から八月にかけて「中国室」および美術品の大規模な補修が行われる。

一九七〇年には、館内にスペースを作るため「中国室」を含む建物の改築が理事会に提案された。会議において「中国室」の東洋美術品はボストン美術館所蔵品と比べると美術的価値が劣る、と評価され、岡倉関連以外の品は、保存する価値はないと売却が審議された。[32]こうして一九七一年四月「中国室」の多くの美術品がニューヨークのパーク・バーネット・ギャラリーの競売で売却されることになった。[33]この競売によってコレクションは散逸し、美術館に残ったものは岡倉ゆかりの品々、そして売り立てしなかった美術品だけとなった。その後「中国室」はミュージアム・カフェへと変わり、現在に至っている。

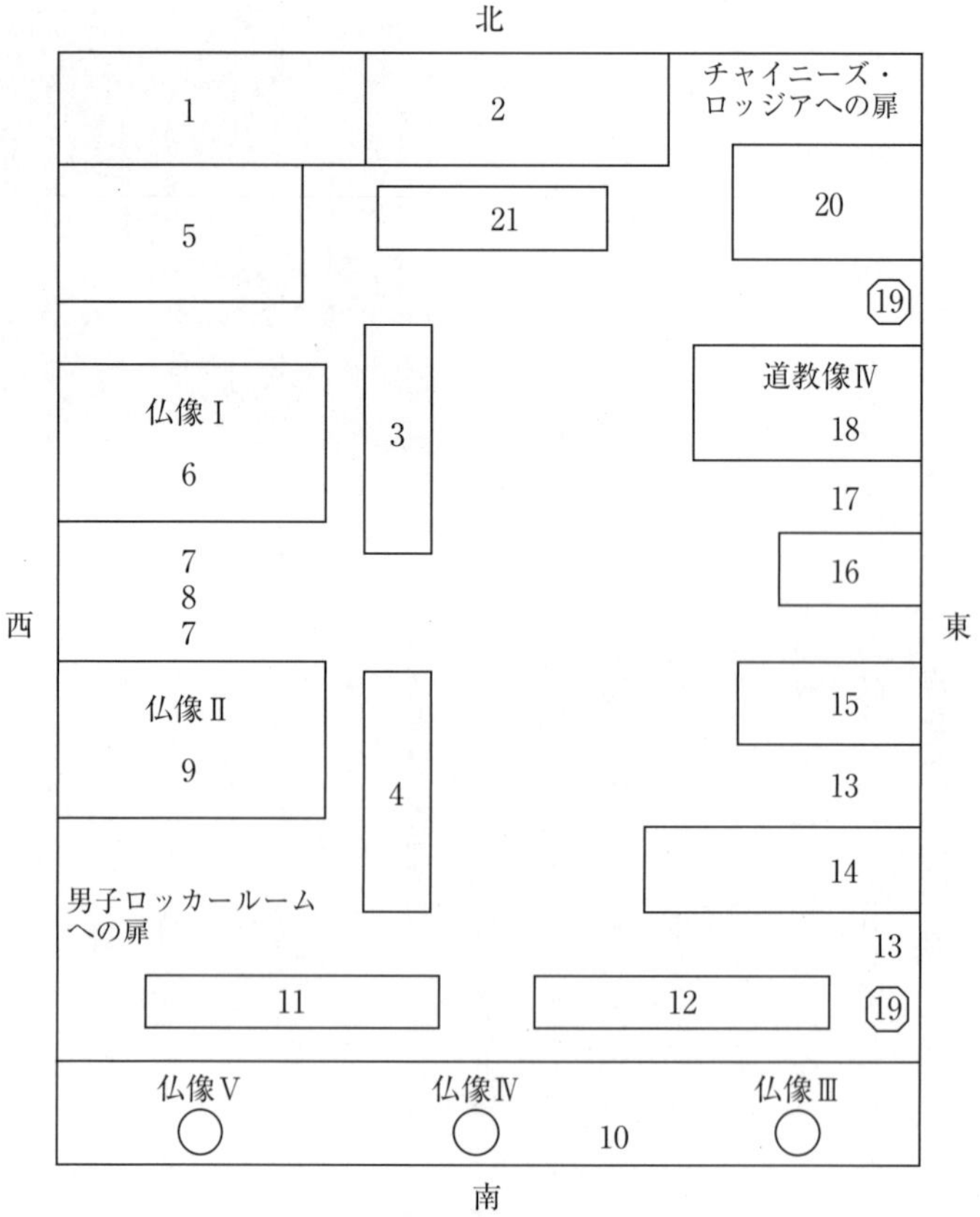

図30　中国室の展示物配置図

1：北西角の台座　2：北壁沿い台座の片側　3：西壁に沿って北壁向き、日本製経机
4：西壁に沿って南壁向き、彫刻の施された経机　5：西壁隣の台座
6：中国製青銅仏像Ⅰ　7：日本製真鍮香炉２点　8：楽太鼓　9：仏像Ⅱ
10：台座と仏像Ⅲ、Ⅳ、Ⅴ　11：低い経机　12：経机　13：燭台一対
14：十一面千手観音像　15：黒と朱の漆塗り卓と象の香炉　16：低い小卓と鉄兜
17：彫刻のある経机と蓮花を入れた青銅花瓶　18：青銅道教像Ⅵ
19：卓と脇の香炉　20：鍍金された朱塗り扉のキャビネット
21：座布団の置かれた経机
＊*Chinese Room, Director*（イザベラ・スチュワート・ガードナー美術館所蔵）より著者が作成

2　「中国室」収蔵の東洋美術品

「中国室」のコレクションは、岡倉が渡米する一九〇四年にはほぼ購入が終わっている。したがって彼の影響下で収集されたものではない。

一九六二年に「中国室」および美術品の大規模な補修が行われたが、このときの記録から「中国室」コレクションの種類と数量について知ることができる。それによると、室内には小品七七点（茶器二五、燭台一二、仏具五、お供え器四、香炉九、収納箱三、小卓三、花瓶二、大皿二、枕二、鞍覆い二、筆立て一、銅鑼一、菓子器一、太鼓一、酒器一、トレー一、兜一、飾り棚一）が置かれ、ほかに木彫品三九点、織物三一点（刺繡のある掛け物一六、座布団二、寺院用掛け物九、法衣二、飾り房二）、木版画二四点、扉一一点、真鍮製掛け物九点、経机七点、木像七点、寺院旗六点、青銅製仏像六点、屛風四点、ブロンズ像二点、灯籠二点、装飾天井一点、御簾一点などがあった。また岡倉ゆかりの品を納めたキャビネットが置かれていた[34]。物品ごとに購入日や購入先、金額などを記録したファイル（*Chinese Room, Director*）の中には、手書きの「中国室の展示物配置図」が残っている（図30）。

実際の展示内容については、一九六一年に撮影された写真で知ることができる（図31）。高い天井を持ち、薄暗い空間に仏像や仏具を配置した室内からは、ウェストンが述べたように、厳かな「寺院の雰囲気」を感じ取ることができる[35]。写真①の画面中央の仏像（配置図6）は、記録によると、中国で一七世紀につくられた青銅製の釈迦牟尼仏像で、一九〇二年に山中商会から購入したものである。画面左手に置かれた仏像（配置図9）は、鎌倉時代に作られた木造の十一面観音立像である。写真②の右側上部に見えるのは、中国室の入口であり、チャイニーズ・ロッジアから階段を下り、戸を開けて室内に入る構造であったことがわかる。その入口付近を撮影したのが写真③である。画面中央の像（配置図18）は青銅製の関羽像である。中国で作られたもので、一九〇二年に山中商会から購入したものである。もっとも入口に近い場所に置かれたキャビネット（配置図20）は、「旧中国

図32　岡倉愛用の座布団（イザベラ・スチュワート・ガードナー美術館蔵）

図33　朱塗り扉のキャビネットに納められた岡倉ゆかりの品々（茨城県天心記念五浦美術館蔵）

図34　越後赤倉の写真「天心岡倉先生終焉之地」（イザベラ・スチュワート・ガードナー美術館蔵）

図31　「中国室」の室内

①西側

②北側

③東側

室」から移されたもので、ここに岡倉ゆかりの品が納められていた。関羽像の横にある小さなテーブル（配置図16）の上に置かれた丸いものは日本製の鉄兜である。この鉄兜の意匠や特徴については、富田幸次郎が残した記録（*Tomita M. S. Chinese Room*）から知ることが可能である。[36] 富田は一九二七年に、各収蔵品の材質や年代、寸法などを記録してひとつひとつスケッチに残したのである。コレクションが散逸した現在、これらの記録は、中国室がどのような部屋だったのかを知らせる貴重な資料となっている。

3　「中国室」に収められた岡倉の記憶

ガードナー夫人は、「中国室」に岡倉との思い出の品を収めた。内容は、岡倉から直接贈られたものと、岡倉の友人から贈られたものの二種類に分類される。よく知られているのが、一九〇五年九月一一日に岡倉が夫人に贈った茶道具である。このうちの何点かは、岡倉が長年手元に置いていたものであった。岡倉は「私の思い出にお持ち下さい」と書いた手紙を茶道具に同封したが、ガードナー夫人はその言葉を順守したのである。[37] また「中国室」には岡倉がボストンで愛用した品も収められた。岡倉の茶道具の前の長卓（配置図21）に置かれた二つの座布団は、どちらも岡倉がボストンで使ったものを、ガードナー夫人に贈ったものであった（図32）。[38]

次に、ガードナー夫人が友人から贈られた岡倉関連の品をいくつか紹介したい。日本美術院開院記念絵葉書セットは、誰が贈ったものかは詳らかではないが、「大正三年九月」と印刷された封筒の中に、日本美術院正門を撮影した葉書、「日本美術院内故岡倉先生之霊社」の葉書、「故岡倉先生肖像」の葉書が入っている。岡倉の特集記事を組んだ『日本美術』第一七六号（一九一三年一〇月発行、日本美術社）は、六角紫水、岡部覚弥が「岡倉先生や先生の絵や詩に会うことができます」という手紙を添えて、ガードナー夫人に贈ったものである。[39] 一九一五年には、富田幸次郎から「岡倉が最後に息を引き取った場所」として、越後赤倉の写真が贈られた。写真中央

図35　岡倉の茶箱と茶碗（イザベラ・スチュワート・ガードナー美術館蔵）

の石碑には「天心岡倉先生終焉之地」と刻まれている[40]（図34）。また一九一六年、ボストン美術館理事のデンマン・ロスは、岡倉から贈られた茶碗と茶箱を「岡倉の思い出のために持っていてください」と夫人に贈呈した（図35）。ロスが日本を旅行したとき同行した岡倉が使っていたもので、岡倉からロスに贈られたものである。那智の滝を訪れたとき、岡倉が茶を点て、二人はこの茶碗で飲んだという。ロスが「私が持っていて失くしてしまうといけないから」と夫人に託したものである[41]。また、岡倉とスワーミー・ヴィヴェーカーナンダを結びつけることとなったジョセフィン・マクラウド（Josephine MacLeod, 1858–1949）が、一九一三年岡倉の形見としてガードナー夫人に贈ったのが横山大観の *Pine Trees and the Full Moon*（一九〇四年、絹本着色）である。マクラウドは、この作品を岡倉が描いたものだと思い、夫人に贈ったようである[42]。

このように「中国室」は、ガードナー夫人だけでなく日米の友人たちにとっても岡倉の記憶の安息所であった。岡倉の記憶がレイヤーのように積み重なっていた「中国室」は、彼らが岡倉との思い出を共有する空間だったと言える。

岡倉ゆかりの小品は朱塗り扉のキャビネット（配置図20）に納められた。茨城県立天心記念五浦美術館には、このキャビネット内部を撮影した写真が残されている[43]（図33）。上壇の中央に置かれたのは、漆塗りの厨子に入り、蓮台に立つ聖観音像である。また上段と下段に各一枚ずつ岡倉の写真が認められる。本尊（聖観音）を安置し、燭代や香炉、花立などの仏具によって荘厳され、位牌の代わりに岡倉の写真を収めたキャビネットは、岡倉を祀る廟のように見える(44)。

一方、「中国室」は仏像を安置した仏堂としての空間でもあった。モリス・カーターは、ある日、ガードナー邸を訪れた客に「ガードナー夫人は『私の仏像たちと語り合っていたところです』と言って、彼らを中国室に連れて行った」と回想している(45)。ガードナー夫人にとって「中国室」は、美的空間であるとともに霊的空間でもあり、岡倉との思い出に浸る場所でもあったのではないだろうか。

4　「中国室」と「茶室」

最後に、岡倉とガードナー夫人の友情について、「中国室」という空間と、岡倉が『茶の本』で描いた「茶室」との比較を通して考察したい。ガードナー夫人が持っていた『茶の本』の見返しの左頁には、岡倉関連の新聞記事が貼ってあり、右頁には夫人の直筆で、岡倉の命日とフェンウェイ・コートの追悼式の日が記されている(46)。彼女がこの本を、岡倉の思い出として大事にしていたことが窺える。

東西の美術品が混在して陳列された「旧中国室」は、岡倉が「茶室」とは正反対の装飾法と批判した西洋室内の典型であった。一方、仏像や仏具を中心に東洋美術品だけを置いた「中国室」は、アジアの美術と宗教というテーマに貫かれていた。ここからは「茶室」の「空き家」Abode of Vacancy の概念「真に美を理解することは、何らかの中心主題に集中することではじめて可能となる」という部分を想起させる(47)。一九七〇年の理事会ではコレクションの美術的価値は評価されなかったが、ガードナー夫人は自分の美的感覚にかなった部屋を創出した。これも茶室が内包する「好き家」Abode of Fancy の概念、すなわち「個人の芸術的要求に出会うために作られた建物」と重なり合う[48]。

また、岡倉は「数寄屋」Abode of Unsymmetricalたる茶室の左右非対称性から西洋とは違う完全の概念を説き、「真の美は不完全なものを心の中で完全なものにする人にのみ見出される」と述べて、「茶室」では、全体の効果を自分との関わりの中で完全にすることが、客ひとりひとりの想像力に委ねられていると説いた[49]。ガードナー夫人は岡倉を暗示する茶道具や座布団は展示したが、岡倉の写真はキャビネットにしまった。「中国室」で過ごすとき、ガードナー夫人や友人たちは、アジアの美術や宗教、そして茶道具などによって暗示される一人の日本人に思いを馳せたことだろう。

さらに岡倉は、茶室は外界から離れた「真の聖域」であり、「何ものにも邪魔されず美の崇拝に身を捧げることができる」空間と記した[50]。文化のパトロンとして、公共への奉仕を生きがいとしたガードナー夫人が、「中国室」だけを非公開にし、フェンウェイ・コートで唯一外界から閉じた空間としたのは、ここが彼女にとって、神聖な場所だったからではないかと考えられる。多数の人々に見せることを目的とする他の展示室と異なり、ガードナー夫人はこの部屋に自分が選んだ少数の人だけを招待した。

表面的には、仏像や仏具が所狭しと置かれた「中国室」は、博物館と見紛う西洋の室内装飾法を踏襲しており、模様替えをしない恒久的な展示も「茶室」とは対極にあるといえる。しかし重要なのは、ガードナー夫人が「旧中国室」から「中国室」へどのように改装したかということであり、「中国室」には岡倉の説いた「茶室」への共感を見出すことができるということである。岡倉は、「茶室」は後代のためではなく、茶人のために作られる束の間のものだと位置づけた。この部屋がガードナー夫人にとって「茶室」のような空間であったとするならば、美術館の展示室に含めなかったことが意味を持つ。

このように見ると、ガードナー夫人にとって「中国室」は、『茶の本』に書かれた「茶室」に通じる美と宗教の「聖域」、言いかえれば岡倉との交流によって醸成された美意識のひとつの形として捉えることが可能であろう。このような視点に立つと、明るい回廊チャイニーズ・ロッジアから、客が低く身をかがめて「中国室」へと下りる暗い階段は、世俗から聖域へ、公的な空間から私的な空間へと通じる露地のような役割を果たしているように思えるのである。

おわりに

イザベラ・ガードナーが追悼式で表象した岡倉像は、観音、道教、仏教、タゴールの詩と強く結びついていた。朗読テキストからは、西洋社会に東洋の宗教や芸術を発信し続けた岡倉の姿が鮮やかに浮かび上がってくる。朗読テキストに使用された岡倉の英文作品は『白狐』であったが、それは『白狐』が観音信仰を含め、仏教や道教の思想、詩人である岡倉自身が凝縮された作品だったからであろう。そこには、上演をともに計画しながら果せなかったガードナー夫人の想いを垣間見ることができる。

東洋の宗教やタゴールの詩は岡倉を象徴するものとして、追悼式という特別な場で各人の持つ故人の記憶とリンクした。追悼式に出席した人々は、東洋芸術思想の伝道者、詩人という岡倉のイメージを共有することになったのである。

一方ボストン美術館には、岡倉の業績を記念する一躯の菩薩像が、ロスによって寄贈された。菩薩像は、ボストン美術館中国日本美術部を東洋美術の発信拠点に構築し、西洋社会に東洋美術の美への共感を求め続けた岡倉の活動を象徴するものであった。美術館が日本大使館に送った追悼文は、岡倉が東洋美術や日本文化に通暁していただけでなく、西洋文化の理解者としても評価されていたことを示している。『紀要』に掲載されたビゲロウとロッジの追悼文において、岡倉は日本文化や東洋思想の伝道者という立場を超え、東西の両文化を融合しうるる。

存在として位置づけられた。岡倉は、彼の存在そのものが「東洋と西洋の中間の家」として表象されたのである。

また、ガードナー夫人が岡倉没後に新設した「中国室」と呼ばれる部屋は、東洋美術品とともに岡倉の思い出の品や遺品が収納され、寺院の雰囲気を醸し出す私的な空間であった。岡倉の記憶が地層のように積み重なった部屋は、ガードナー夫人や日米の友人たちが岡倉との思い出を共有する空間であった。またこの部屋からは、『茶の本』で岡倉が説いた「茶室」に通じるガードナー夫人の美意識を窺うことができ、アメリカにおける東洋美術受容のひとつの具体的な形として捉え直すことが可能であろう。

ところで、岡倉が存命中ボストンで成し得なかった事業は、その後どのような経過を見たのであろうか。ボストン美術館に東洋美術全体を対象とする部を設立するという岡倉の望みは、第二章で述べたように、美術館や中国日本美術部の同僚たちに継承されていった。一九一七年、同部内にインド美術部門が設置され、一九三一年に中国日本美術部は東洋部と改称された。このときキュレイターに就任したのは、岡倉が育成し、彼亡き後もボストンに留まった富田幸次郎であった。

岡倉没後の『白狐』に対する反響については、堀岡弥寿子によって明らかにされているように、欧州でプリチャードが『白狐』のタイプ稿を複数の音楽家や俳優に見せて、オペラ化を働きかけた。その結果、作曲家トレハーン（Bryceson Treharne, 1879–1948）、プリチャードの知人ファースト（Henry Furst）、フランスの音楽愛好家ミラモン（Comte Bérenger de Miramon）など『白狐』に興味を持った人々が、ガードナー夫人やモリス・カーターに作曲や上演の許可を求めて手紙を送った。(51)『白狐』は、イギリスやフランスの音楽関係者、舞台関係者にとっても、創作意欲をかきたてる魅力的な作品だったことがわかる。

だが、レフラーは『白狐』の作曲権を手放さず、結局作曲を果たせぬまま一九三五年に他界した。レフラーの遺稿は、ワシントン議会図書館音楽部に収められた。一九四八年富田は、ニューイングランド音楽院のグッドリッチを介して、議会図書館音楽部のウォーターズに手紙を送り、『白狐』の楽譜の所在を尋ねた。[52]手紙を受け取ったウォーターズは、日本のオペラと思しき草稿はあるが、タイトルがないため『白狐』のものであるという確証が得られないと伝えた。そして、レフラーは作曲に着手したものの、完成には遠く及ばなかったのではないか、と推測を述べている。[53]

このように岡倉没後も、彼の遺志を継いで、ボストン・ネットワークの人々は活動を行っていたことがわかる。それは、岡倉の掲げた理念やボストンでの活動が、岡倉個人だけでなく、ボストンにとっても文化的意義のあるものだったことの証左だと考えられよう。

（1） Copy of Cablegram, Y. Okakura to I. S. Gardner, 4 Sept. 1913, "Copies of Autograph Letters to Mrs. Gardner". イザベラ・スチュワート・ガードナー美術館所蔵。著者実見。
（2） "Kakuzo Okakura Dead." *Boston Daily Globe*: 5 Sept. 1913. ボストン公共図書館所蔵。著者実見。
（3） 「ボストンの岡倉忌」『大坂朝日新聞』、一九一三年一一月二二日。茨城県天心記念五浦美術館所蔵。
（4） 矢吹慶輝「故岡倉氏追悼会　ボストンに於ける」（読売新聞、一九一三年一二月九日）茨城県天心記念五浦美術館所蔵。『全集』別巻、三五九―三六一頁に収録されている。
（5） 牧野伸顕宛岡倉書簡　（一九一三年八月九日）『全集』第七巻、二八六頁。牧野伸顕「同窓時代の岡倉氏」『全集』別巻、三一一頁。
（6） "Verses read at the Memorial Service for Okakura-Kakuzo (died at Akakura, Echigo, Japan, September 2, 1913) held at Fenway Court, Monday, October 20, 1913". イザベラ・スチュワート・ガードナー美術館所蔵。写しが茨城県立天心記念五浦美術館にある。また『道徳経』『ギタンジャリ』「大善見王経」「大典尊経」に関しては、宮田俊彦「未刊の岡倉先生資料」（『茨城大学五浦美術文化研究所報』第四号、茨城大学五浦美術文化研究所、一九七四年）において、解題と原文が掲載され、「天心の抄出した書物」として紹介されている。

（7）堀岡弥寿子『岡倉天心――アジア文化宣揚の先駆者』（吉川弘文館、一九七四年）、一〇頁。

（8）Okakura, "The Taoist", *CEW* 3, p. 13.

（9）Okakura, Letter to I. S. Gardner, 30 May 1912, *CEW* 3, p. 152.

（10）小泉晋弥「天心イコノグラフィー――天心像の成立」（茨城大学五浦美術文化研究所監修『岡倉天心アルバム』、中央公論美術出版、二〇〇〇年）、二〇六―二一一頁。

（11）干潟龍祥訳「大善見王経」（『南伝大蔵経』第七巻長部経典二、大蔵出版、一九三五年、二〇一頁）を参考に私訳。

（12）山本快龍訳「大典尊経」（同右書、二五六頁）を参考に私訳。

（13）同右、二五八―二五九頁を参考に私訳。

（14）森本達雄訳「ギタンジャリ」（『タゴール著作集』第一巻、第三文明社、一九八一年）を参考に私訳。

（15）森本達雄『ガンディーとタゴール』（第三文明社、一九九五年）、三九、五四頁。岡倉とタゴールの思想の比較については、Rustom Bharucha, *Another Asia: Rabindranath Tagore and Okakura Tenshin* (New Delhi: Oxford University Press, 2006) を参照されたい。

（16）Okakura, Letter to P. D. Banerjee, 4 Feb. 1913, *CEW* 3, p. 176.

（17）I. S. Gardner, Letter to B. Berenson, 7 Dec. 1916, Hadley ed., *The Letter of Bernard Berenson and Isabella Stewart gardner, 1887–1924*, Boston: Northeastern University Press, 1987, p. 592.

（18）ヤン・フォンテーン、新野岩男訳「岡倉覚三、早崎稉吉と洛陽白馬寺」（仏教美術学会編『仏教芸術』第九〇号、毎日新聞社、一九七三年）、四―五頁。

（19）D. W. Ross, "Exhibition of Additions to the Ross Collection", *Museum of Fine Arts Bulletin* 11, 1913, p. 75.

（20）"Gift to Art Museum", *Boston Daily Globe*, 16 Oct. 1911. ボストン公共図書館所蔵。著者実見。

（21）「ボストンの岡倉忌」『大坂朝日新聞』、一九一三年一一月二一日。この後「天長節の祝賀会席上ドクトル・ケネデイー氏は岡倉氏の逝去に依り如何に日米の両国民が文明の指導者として両国民間の親交度を増進せられし大恩人を失ひしかを説き岡倉氏の著述は世界人民の宝典として必読すべきものなりと論じ候云々」と続く。

(22) *Museum of Fine Arts Bulletin* 11, 1913, p. 75. 訳は『全集』別巻（三五九頁）に掲載。

(23) "Kakuzo Okakura Dead." *Boston Daily Grobe*, 5 Sept. 1913. ボストン公共図書館所蔵。著者実見。一九一三年、ハーヴァードで日米交換教授委員会が設立され、委員会は岡倉にアメリカ国内で教鞭を取るよう依頼した。岡倉はボストン周辺の一、二大学で教えることで合意し、美術館後援で講演が行われるように提案したが、承諾の電報を送った後赤倉で亡くなった。

(24) W. S. Bigelow and J. E. Lodge, "Okakura-Kakuzo: 1862–1913," *Museum of Fine Arts Bulletin* 11, 1913, pp. 74–75. *CEW* 3, pp. 231–232.「あっぱれクライトン Admirable Crichton」として知られるジェームズ・クライトン（一五六〇—八二）は、語学、芸術、科学において非凡な知識・技能を獲得したスコットランドの博学者。来日経験のある英国作家ラドヤード・キップリング（一八六五—一九三六）の『東と西のバラード』（一八八九年）の中の詩句は、東洋と西洋の相互理解の難しさを表す言葉としてよく引用される。

(25) Douglass Shand-Tucci, *The Art of Scandal: The Life and Times of Isabella Stewart Gardner*, New York: HarperCollins Publishers, 1997, p. 255.

(26) Victoria Weston, *East Meets West: Isabella Stewart Gardner and Okakura Kakuzō*, Boston: Isabella Stewart Gardner Museum, 1992, pp. 32-34. 村井則子は「中国室」が「ブッダ・ルーム」としても知られていたと述べている（Noriko Murai, "Asian Art", Alan Chong ed., *Eye of the Beholder: Masterpieces from the Isabella Stewart Gardner Museum*, Boston: Isabella Stewart Gardner Museum, 2003, p. 174）。また一九七一年の「中国室」所蔵品の競売カタログには「オリエンタル・ルーム」という呼称が使用された。このことは、本来この部屋に特定の名前がついていなかった可能性を示唆しており、この部屋を「中国室」と呼んで良いのか、という根本的な疑問が浮かび上がってくる。岡倉がガードナー夫人に贈った詩『道教徒』は、「名づけ得ざるものに栄光あれ！」のリフレインで終わっていたが、仏教だけでなく、道教の思想もこの部屋に反映されていたと考えれば、この部屋もまた「名づけ得ざるもの」であったと考える余地は十分あろう。このような問題を提起しつつ、本節では便宜上、この部屋を「中国室」と表記する。なお、二〇〇九年にガードナー美術館から *Journeys East: Isabella Stewart Gardner and Asia* が出版され、長年の調査に基づく「中国室」の詳細な論文が掲載された。本章で掲載できなかった図版も含めて、是非参照されたい。

(27) 「中国室」と岡倉との関係についての最初の言及は、おそらく堀岡弥寿子が *The Life of Kakuzō*（1963）の中で述べた、ガードナー夫人が岡倉の執筆や瞑想のために与えた邸内の静かな部屋が、現在（一九六三年）もそのときと同じ状態で維持されている、という記述であろう。しかし「中国室」の開設は岡倉の死後である（Yasuko Horioka. *The Life of Kakuzō: Author of the Book of Tea*. Tokyo: Hokuseido, 1963. p. 82）。そのほか「中国室」に言及した先行研究としては、Alan Chong et al., *Eye of the Beholder: Masterpieces from the Isabella Stewart Gardner Museum* (Boston: Isabella Stewart Gardner Museum, 2003), Noriko Murai, *Authoring the East: Okakura Kakuzō and the Representations of East Asian Art in the Early Twentieth Century* (Diss., Harvard University, 2003) などがある。

(28) 著者はガードナー美術館の協力を得て、二〇〇五年より「中国室」に関する調査を実施し、同美術館所蔵の元司書兼文書保管係による調査記録（Susan Sinclair, "The Chinese Room (1914-1970)", 1991, revised 1996）、収蔵品の記録ファイル、当時の写真などを閲覧した。本章はそれらの資料を用いて執筆した拙稿（『鹿島美術研究』第二三号別冊、二〇〇六年）に基づくものである。

(29) 《源氏物語図屏風》は紙本金地着色、六曲一双、一・七〇×三・七九メートル。伝来不詳。延宝五年一月の作、藤原常信の署名と印があるが、常信のものではない（Yasuko Horioka et al., *Oriental and Islamic Art in the Isabella Stewart Gardner Museum*, Boston: Isabella Stewart Gardner Museum, 1975, pp. 51-55）。

(30) 屏風はガードナー夫妻が日本旅行中、三五〇年前の光琳筆として東京の"Kin sho do"で購入したもの（価格三八〇円、送料七円一〇銭）。実際は一九世紀初期のもの。金地着色、一・七〇×三・七メートル。改装時に「旧中国室」から館内の廊下へ移設されたが、一九三四年モリス・カーターによって「中国室」へ納められた（*Chinese Room, Director*, n. d., n. pag. イザベラ・スチュワート・ガードナー美術館所蔵）。

(31) イザベラ・スチュワート・ガードナー美術館の建物管理者だったジョン・ナイランドによると、「中国室」の公開はおそらくジョージ・スタウト（一八九七―一九七八）が館長に就任した一九五五年以後のことだという（Sinclair, "The Chinese Room (1914-1970)", p. 1）。

(32) 「中国室」に関する覚書［No title］16 Oct. 1970）ガードナー美術館無罫用紙二枚。イザベラ・スチュワート・ガードナー美術館所蔵。

(33) 競売カタログ、*Oriental Art, Public Auction*, New York : Parke-Bernet Galleries, 1971. イザベラ・スチュワート・ガードナー美術館所蔵。二〇〇七年六月二九日から一〇月一四日まで、イザベラ・スチュワート・ガードナー美術館においてステファノ・アリエンティ（一九六一―）の展覧会 *The Asian Shore*（アジアの岸辺）が開催された。アリエンティは「中国室」にインスパイアされてインスタレーションを行い、「中国室」から失われた多数の美術工芸品のスケッチを壁に張ってフリーズ(frieze、装飾のある横壁）のような空間を創出した(Pieranna Cavalchini, "Stefano Arienti : Capturing the Fleeting Gaze", *Stefano Arienti : The Asian Shore*, Boston : Isabella Stewart Gardner Museum, 2008)。

(34) "Treatment of Chinese Room, January to August, 1962". タイプ稿四枚。イザベラ・スチュワート・ガードナー美術館所蔵。

(35) Weston, *East Meets West : Isabella Stewart Gardner and Okakura Kakuzō*, p. 34.

(36) 富田の記録によると、鉄兜は一六世紀の作で、高さ九・五インチ（二四・一三センチ）、径一〇・二五インチ（約二六センチ）、推定価格は七五ドル、面頬がなく、漆塗りが施されている。兜の内側には朱筆で「紀宗時」の銘があり、甲冑師の明珍信家の作であることを示しているが、富田は贋作の疑いありとしており、一九七一年の競売に掛けられた。

(37) Okakura, Letter to I. S. Gardner, 11 Sept. 1905, *CEW* 3, p. 62. ガードナー美術館所蔵資料 *Chinese Room, Director* によると、「中国室」に納められた茶道具は、（1）鉄釜と唐銅風炉、（2）鉄製火箸、（3）真塗敷板、（4）陶製灰器、（5）灰さじ、（6）竹製茶杓、（7）銅製蓋置、（8）青と白の染付水指、（9）乾山作茶碗（夏用）、（10）セイサイ作黒楽茶碗（冬用）、（11）陶製建水、（12）陶製茶入れ、（13）与斎作黒棗（仕覆付き）（14）象牙製茶杓、（15）茶筅、（16）錫製菓子器、（17）楽吉兵衛作陶製香合、（18）黒漆香炉、（19）一輪挿し、（20）銅製茶巾盥、（21）ふくさ、（22）羽ぼうき、（23）釜敷（小）、（24）練香「梅花香」であった（n. pag）。これらの茶道具については William Thrasher, "The Beginning of Chanoyu in America"（*Chanoyu Quarterly*, No.40, Kyoto : Urasenke Foundation, 1984, pp. 7-35)、『岡倉天心展　日本文化と世界戦略』（ワタリウム美術館、二〇〇五年、二一六―二三七頁）を参照されたい。

(38) *Chinese Room, Inventory and Notes* vol.1, p. 7. イザベラ・スチュワート・ガードナー美術館所蔵。

(39) Rokkaku and Okabe, Letter to I. S. Gardner, 1913. イザベラ・スチュワート・ガードナー美術館所蔵。六角と岡部は

ボストン美術館でコレクションの修理に従事していたが、岡倉が帰国して留守の間は、ガードナー夫人が彼らの面倒をみた。

（40）Tomita, Letter to I. S. Gardner, 13 Dec. 1915. イザベラ・スチュワート・ガードナー美術館所蔵。

（41）Ross, Letter to I. S. Gardner, 27 Aug. 1916. イザベラ・スチュワート・ガードナー美術館所蔵。

（42）*Chinese Room, Director*, n. pag. 美術品 no. 45. Weston 注（35）前掲書では作品名が *Two Dragons Contending for the Moon* となっている（pp. 60-62）。横山大観記念館は同構図の作品《双龍争珠》（一九〇五年）を所蔵する。

（43）目録 No.3937、資料名「ガードナー美術館の天心廟」、撮影者ならびに撮影年は不詳。プリント、二四・〇×一九・六センチ、平成一四年度購入。『茨城県天心記念五浦美術館所蔵資料目録』（茨城県天心記念五浦美術館、二〇〇七年）。

（44）六角紫水の『紫水自叙伝』（「ガードナアー夫人の事」）には、「（岡倉）先生が亡くなられてからは、日本風に仏壇が作られて位牌もある。先年高楠順次郎博士が渡米された時に日本流に先生の法事を行はれたといふ事である」（一五頁）という記述がある。おそらく「中国室」を指す記述だと思われる（六角鬼丈氏所蔵）。

（45）M. Carter, Letter to Harold J. Coolidge, 5 Jan. 1931. イザベラ・スチュワート・ガードナー美術館所蔵。

（46）Okakura, *The Book of Tea*. イザベラ・スチュワート・ガードナー美術館所蔵。ガードナー夫人の筆記は次の通りである。"I. S. Gardner Okakura died Sept. 2nd 1913. Memorial Service for him at Fenway Court Oct. 20th 1913." 著者実見。

（47）Okakura, "The Book of Tea", *CEW* 1, p. 302.

（48）Ibid., p. 300.

（49）Ibid., p. 302.

（50）Ibid., p. 304.

（51）堀岡弥寿子『岡倉天心考』（吉川弘文館、一九八二年）、二一一—二一二頁。

（52）K. Tomita, Letter to W. Goodrich, 26 May 1948. W. Goodrich, Letter to E. N. Waters, 28 May 1948. ワシントン議会図書館音楽部所蔵。著者実見。

（53）E. N. Waters, Latter to W. Goodrich, 3 June 1948. ワシントン議会図書館音楽部所蔵。著者実見。

館音楽部には「計画されたオペラ《白狐》を含む作品草稿（Sketchbooks for various works, including a projected opera The White Fox)」があり、著者は二〇〇四年一月この資料を調査した。そこに『白狐』のタイトルや歌詞を見出すことはできなかったが、草稿には歌詞のついていないものが多く、ウォーターズが述べたように、そのなかに『白狐』のスコアが含まれている可能性は否定できない。

終　章　日米における岡倉像の比較

これまで、岡倉の思想とボストンにおける活動、及び没後にボストンで表象された岡倉像について論じてきた。最後に、日本で催された岡倉追悼式を通して、同時代の日米において表象された岡倉像を比較したい。日本とアメリカにおける岡倉像の共通性や差異性を浮き彫りにすることは、本書の意義を明確にし、岡倉研究の問題や今後の課題を検討する糸口になると考える。

第一節　日本の追悼式における岡倉像

一九一三年九月二日、赤倉で病没した岡倉の遺骸は、親族ならびに横山大観、下村観山、木村武山など門弟に守られ、翌日東京へ到着した。五日には谷中斎場で仏式の葬儀が執り行われた。会葬者は「殆ど美術界の名流大家を以て網羅され、近来稀なる盛儀」であったという(1)。遺骨は染井墓地内に、土饅頭を盛った中国風の墳墓に納められ、石碑に「釈天心」と戒名が刻まれた。釈は浄土真宗で死者の法名の上につける語で、「天心」は岡倉が漢詩を作るときに使用した雅号のひとつである。岡倉の遺骨は九月末に、居宅のあった茨城県五浦に分骨され、一一月一五日には上野公園内東京美術学校大講堂において午後一時半から追悼法要が営まれた。

追悼会については一〇月末頃から話し合いが持たれ、一一月八日には開催の案内が関係各所へ送られた。書面には、「君が生前の偉業を追懐すること転々切なるを覚え」る人々が集い、故人に追悼の意を表し、その英霊を慰めるという開催趣旨が記された。発起人名簿には、浜尾新、九鬼隆一、河瀬秀治、牧野伸顕、末松謙澄、高田早苗、坪内逍遥、森鷗外、横山大観、木村武山、下村観山、姉崎正治、有賀長雄ほか政治家、美術行政官吏、東京美術学校関係者、日本美術院関係者、芸術家、文学者、学者、同窓生、僧侶、後援者など約一六〇名が名を連ねた。そのなかには、ボストン美術館中国日本美術部の経営に寄与した六角紫水、岡部覚弥、早崎稉吉、新納忠之介、岡崎雪声、中川忠順らの名も含まれていた。

追悼会は、東京美術学校長正木直彦（一八六二―一九四〇）による開会挨拶、奈良から上京した法隆寺貫主・佐伯定胤（一八六七―一九五二）ほか三師による読経供養、遺族焼香、来会者一同礼拝、浜尾新、九鬼隆一、横山大観による追悼文朗読という式次第で行われ、総数一九二名にのぼる来会者が集った。会場は「祭壇正面に法隆寺所蔵の法相曼荼羅を掲げ、其前に故人の遺影を安置し、右側に故人が生前信仰せられたる快慶作弥勒菩薩像及経巻を据え、香花供物等は法の如し」に設置された(2)。来会者の人数を見てもわかるように、ボストンの追悼会よりはるかに大規模であった。

1　伝統的日本美術の復興

当日の追悼会の内容は岡倉の「生前の偉業を追懐」するものとなったが、その場で共有された岡倉の業績と評価は、その後の岡倉表象にどのような影響を与えることになったのであろうか。まず追悼会の式次第に沿って、人々が岡倉の活動のどの側面を強調し、評価したかについて考察する。

1―1　佐伯定胤の表白文

法隆寺から貫主佐伯定胤らが上京した背景には、奈良古社寺調査以来の岡倉と法隆寺の長い関係がある。一九一一年一〇月一六日、法隆寺で営まれた平子鐸嶺《たくれい》（一八七七―一九一一）の供養塔供養式に参列した岡倉は、そこで行った講演で法隆寺会の結成を発案し、百円を寄付した。岡倉が法隆寺会結成を主張したのは「西洋ニ在テハ大寺院ナドニハ夫々学会ノ設ケアリテ之レカ研究及保存ニツキ遺憾ナキヲ期セリ　依テ我法隆寺ニ於テモ予自ラ進ンテ法隆寺会組織ノ任ニ当タリ　汎ク内外国人ニ謀リ本寺ノ研究及ヒ保護ニツキ尽力セント欲ス」という理由からであった。(3) 岡倉は歴史的な寺院を研究と保存の対象とする考えを西洋から導入しようとしていたのであり、日本人外国人の区別なく研究保護に従事できるような体制を構想していたことがわかる。

一九一三年八月二日、死の一ヶ月前に岡倉は病をおして古社寺保存会に出席し、法隆寺金堂壁画保存は「単り本邦の国宝として誇るべきものなるのみならず、今日現存せる世界各国の壁画中に在て、最優秀の物」であると訴え、その保存の重要性を説き、建議案を作成した。(4) 岡倉は死の直前まで、インドのアジャンター壁画からの美術の流れを示す法隆寺金堂壁画保存に尽力していたのである。彼にとって法隆寺は、日本国内にとどまらず、世界にとって価値のある美の遺産であった。

一九〇六年、岡倉が改組した日本美術院第二部（彫刻修理）の事務所を奈良東大寺観学院内に設置したのも、日本美術史の研究と保存における奈良の重要性を認識していたからである。また法隆寺は、古代の日本人や渡来人が、大陸から流入した外来文化を移植して新しく創造した日本美術の結晶であり、西洋文化流入の衝撃によって日本美術をどうするか、という課題を抱える岡倉にとって、ひとつの拠り所であり理想像でもあったと思われる。

岡倉没後に刊行された『日本美術』第一七六号（一〇月一日）に掲載された彫刻家竹内久一（一八五七―一九一六）の追悼文は、岡倉が早くから奈良の重要性を主張していたことを紹介している。(5) また、内務省宗教局局長だった斯波《しば》淳六郎《じゅんろくろう》（一八六一―一九三二）も、『美術新報』第一二号（一〇月九日）で、奈良を重視した岡倉の卓

見性を指摘している。(6)

佐伯定胤の表白文には、このような岡倉の活動が次のようにまとめられた。

常論古美術之復興夙奠斯釁之基礎
或談古社寺之保存長護国家之珍宝(7)
（常に古美術の復興を論じ、夙に斯釁《しこう》の基礎をさだむ。或いは古社寺の保存を談じ、長く国家の珍宝を護る）

佐伯定胤は、岡倉の業績として大きく二つを挙げている。ひとつは「古美術之復興」のために東京美術学校の基礎を築いたことであり、もうひとつは「古社寺之保存」の活動で「国家之珍宝」を保護したことである。ここから描き出されたのは、「古美術之復興」に尽力した東京美術学校校長、「国家の珍宝」を保護した古社寺保存会委員としての岡倉であった。簡潔な表白文の中から、法隆寺を外国人とともに研究・保存する組織の構想や、日本美術と世界との関係性を可視化する金堂壁画の価値を主張した岡倉の思想を見出すことは、おそらく不可能であろう。表白文から明確に浮かび上がったのは、伝統美術の復興と保護のため「国家」に尽くした岡倉像であった。

1―2　浜尾新・九鬼隆一の追悼文

続いて、文部省官僚時代の上司であった浜尾新と九鬼隆一の追悼文が読み上げられた。

浜尾は、岡倉の業績を「美術の教育内外調査、古名品の保存、芸術家の誘掖、新作品の奨励、新古作品の海外紹介、英文著作等に渉り、国家及美術界に貢献したる功績は顕著にして永く没すべからず」と述べた。岡倉の多岐に渡る諸活動はすべて「国家及美術界」に貢献するものであったと総括したのである。

浜尾によれば、ボストン美術館に勤務して美術品調査や講演を行ったのも、東西に出張した目的も、すべて「我美術の精妙特質を紹介」するためであった。それゆえ「国家及美術界に貢献した」岡倉の死は、「国家の為、美術の為、痛惜に勝へざる」ものであると、哀悼の意を表して締めくくった。浜尾の追悼文は、彼の国内外の活動を参会者に広く紹介するものであった。しかし、それら多方面の活動のすべてが国家と日本美術界に貢献するものと位置づけられたことにより、「国家」に貢献した岡倉像がさらに強調されることとなった。

九鬼の追悼文も、浜尾と同調して、岡倉を国家と日本美術に貢献した人物と評価するものであった。「而して君が美術上に於ける地位は益々長進して世界的偉人となり、特に日本美術に造詣すること益々深く、斯界の為に貢献したる功績、及び海外文明諸国に対し日本美術の精華を発揮せる功業の巨大なることは、実に口舌の能く悉す所にあらず」という賞賛には、日本美術の源流をインドに見出した岡倉の美術史観や、美術への共感を通して、アジアの文化や宗教を西洋社会に伝えようとした岡倉の活動は、微塵も示されない。岡倉は、「我国の為」に「日本美術の精華」を「文明諸国」に紹介した「日本美術上の偉人」として印象づけられたのである。

一方で、岡倉が一八九八年に東京美術学校校長職を退いた後、新しい日本美術の創造を目指して設立した日本美術院に関しては、二人の説明は淡白である。浜尾が「退職後私立美術院を主幹し、新進の芸術家を誘掖し新作品を奨励せり」、九鬼が「幾多の学者技術家等を率ゐて之を指導し」と短く述べるにとどまっており、日本美術院の名称すら出していない(8)。

これらが示すように、浜尾と九鬼によって強調されたのは、文部省官僚、東京美術学校校長在職期間、つまり一八九八年春までの岡倉の業績であった。顕彰されるべきは、近代国家建設期における美術官僚の岡倉であり、日本美術院設立以降の岡倉ではなかった。二人は、岡倉とともに日本美術のためにさまざまな事業に従事してきたことを繰り返した。かつての部下であった岡倉の功績を賞賛することは、浜尾男爵にとっても、九鬼男爵にとっても、自身の国家への文化貢献を強調する一面を持っていた。

追悼会から一ヶ月過ぎて刊行された『東京美術学校校友会月報』（一二月二七日）には、追悼会の内容を伝える記事「故岡倉先生追悼会の記」が掲載された。その冒頭に記された岡倉像は、追悼会で人々の記憶に刷り込まれた人物像を反復するものであった。

先生は本邦美術界の恩人なり。美術界の先達なり。古美術の保護者なり。美術を外国で紹介せし人なり。惟《おも》ふに明治十五六年の頃、邦人多くは西洋の文化に酔惑し新来の事物に謳歌し、本邦の精華は舍《す》てゝ顧るものなき時に方りて、本邦美術の復興に力を致し、又其教育に心を傾け勧説弁論至らざるなし。図画取調掛の設置、東京美術学校の創立、全国宝物取調局の施設、古社寺保存の計画等の如き先生の画策多きに居れり。(9)

この人物像が、追悼会の表白文や追悼文で紹介された岡倉像を土台にしていることは明らかであろう。岡倉は伝統的な日本美術の保護者であり、その復興に力を注いだ人物であり、その優秀さを海外に紹介した者であった。それゆえに彼は「本邦美術界の恩人」であった。岡倉の活動は、東洋美術と切り離されただけでなく、西洋美術を取り入れて新しい日本美術を創造するという理想からも距離を置いて語られた。伝統的日本美術の保護という側面と強固に結びついた岡倉像は、『東京美術学校校友会月報』を通して読者に伝えられた。現代にも通じる、岡倉を伝統的日本美術の復興者と位置づける人物像は、こうして生まれたのである。

追悼会で浜尾や九鬼が強調したことは、もうひとつあった。それはフェノロサとの関係である。彼らは岡倉の履歴や業績を述べながら、そこにはいつもフェノロサの存在があったと繰り返した。

たとえば浜尾は、追悼文の中でフェノロサの名前を繰り返し挙げている。「当時同文学部の教師故フエノロサ氏あり、其関係浅からず」、「故岡倉君は大学文学部卒業前後より、此フエノロサ氏と共に本邦美術の研究に従事し」と、岡倉の大学時代からフェノロサとは親しい間柄にあったと述べた。そして「同十九年官命に依り、故岡倉君は故フエノロサ氏と倶に美術取調委員として欧州に差遣せられ」、「同二十年東京美術学校の創設に際し、故岡倉君は専任幹事として経営に従事し、故フエノロサ氏は講師兼幹事として参画し」と、岡倉とフェノロサが浜尾とともに欧州視察旅行や東京美術学校設立に代表される美術事業を推進した「二大有力者」であったと述べた。岡倉に哀悼の意を表す際にも「曩《さき》にフエノロサ氏を喪ひ、今又岡倉君を喪ふ、感慨殊に深し」と、フェノロサへの追悼も忘れない。第二章で岡倉とフェノロサの関係の背景には、同じ利害関係で結びついた浜尾、九鬼、岡倉、フェノロサという協力関係があったと指摘したが、追悼会におけるフェノロサへの頻繁な言及は、当時の彼らの強固なパートナー・シップを窺わせる。

一方、九鬼の追悼文では、岡倉が「フエノロサ氏に親炙して其識見益々長進し」、「フエノロサ氏と相提携するに及で弥よ益々深きを加ふるに至りたり」と、岡倉がフェノロサの感化を受けて日本美術に対する見識を深めていったと述べられた(10)。浜尾の言説とともに、日本美術界における岡倉の活動は、フェノロサを師として彼と共同で推進していったものとして位置づけられたのである。

もちろん、このような岡倉像は、浜尾、九鬼のみによって作り上げられたものではない。彼らが追悼文で言明した人物像は、新聞等に掲載された複数の知人による追悼記事の岡倉像と離隔するものではなかったからである。たとえば、東京美術学校校長の正木直彦は、一九一三年九月三日の『読売新聞』において、欧化政策によって日本美術が衰退を強いられていた時期に「氏は当時の東京大学文科教授のフエノロサ氏と共に日本美術の尊ぶべき事を唱導し」、それが「復興の端緒」となって日本美術の声価が高まったと述べた(11)。また同月五日、徳富蘇峰は『国民新聞』に、「君はフエネ《ママ》ロサの風を聞きて起り、其の善誘に依りて開導せられたり」と記している(12)。さらに、高村光雲（一八五二―一九三四）は一〇月三一日『絵画清談』において、日本美術界の恩人たるフェノロサに岡倉が私淑していたと述べ、「氏は、当時日本美術の外国に流出する事を憂へて之が防止の策を考え、国粋保存の主義を標榜して古芸術品の復活に努められた。我古美術の地位の高まつたのは実に氏の功績とも云ふべきでものである」と、岡倉の国粋的復古主義を強調した(13)。

このような岡倉像が広がる一方で、それとは一線を画す人物像を唱えた者たちもいた。同窓生の牧野伸顕は、亡くなる一ヶ月前に岡倉と会っていたこともあり、岡倉がボストン美術館で「専ら東洋美術部の保護紹介に努めてゐた」こと、交換教授としてボストンで「東洋美術」の講話を依頼されていたことを紹介し、「東邦美術界の大恩人」として、彼の活動が日本美術界への貢献にとどまらないことを発表した(14)。また彫塑家長沼守敬（一八五七―一九四二）は、『美術之日本』第五巻第一〇号で、岡倉が中心となって起こした日本美術院や五浦移転について言及し、「美術院や五浦派が起つて、今日の旧派に対し新派を作られたのは、全く岡倉氏の功労であると言わねばならぬ」と評価した(15)。さらに建築家伊東忠太（一八六七―一九五四）は、日本美術院や五浦での活動が「日本美術の新乾坤を拓くにあつた。日本美術を世界的に発展せしむるにあつた」という理想のもとで成されたものだと述べ、その実現のため事業を推進する岡倉の「政治家」、「事業家」としての手腕に言及した(16)。伊東の岡倉評は、ボストン美術館で力を発揮した経営者としての側面を、日本美術院での活動に見出しており、興味深い。

だが、このような声は少数であった。かつてもっとも岡倉と近しい存在であった浜尾、九鬼両名によって共通の岡倉像が伝えられたこともあり、伝統的な日本美術の復興、フェノロサ、国家と強く結びついた岡倉像が主流となり、普及し、浸透していった。[17]

第二節　岡倉覚三と天心像のはざまに

1　神格化された「天心」

岡倉の他界は、残された大観や観山に日本美術院を再興する使命を抱かせることになった。大観は当時のことを振り返り「岡倉先生の逝去の事あり、先生も日本美術院の前途に対しては常に憂慮せられ、『美術院の事は頼む〳〵』と云ふ言葉が今は遺言となり、私達の責務として遺つてゐる」と述懐している。[18] 大観らにとって、岡倉の遺志を継ぐことは、美術院を再興することにほかならなかった。一〇月二六日には日本美術院再興のための相談会が開かれ、大観、観山、武山のほか寺崎廣業（一八六六―一九一九）、川合玉堂（一八七三―一九五七）らを顧問とし、会員を募集することが決定した。

一一月一五日の追悼会では、浜尾、九鬼に続いて、門人総代として横山大観も追悼文を読んだ。大観は日本美術院の名こそ出さなかったが、岡倉の生涯が「新芸術再起」に尽力したものであったことを伝えた。そして「先生死すと雖も、英霊磅礴として六合の間に塞がるもの」であるから、岡倉の開いた新気運はその死によって潰えるものではないことを宣言した。さらに「永く先生の誘掖輔導を得たるもの、此新気運を昌ならしむるに於て、豈努めて已まずして可ならんや。在天の霊、尚くは照鑑を垂れよ」と述べ、同席した同志たちを激励した。[19] 大観が、弟子ひとりひとりの精神世界に岡倉の霊魂が宿っており、それぞれの取り組みを見守っていると告げたことは、日本美術院再興に向かう仲間の士気を鼓舞し、同人の結束を固めることになった。同時にそれは、岡倉が神格化されていく端緒でもあった。

追悼会以前にも、岡倉を神霊として祀ることを提案した人物がいた。それは、美術評論家の林田春潮（一八七四—一九二二）である。林田は、『日本美術』第一七六号において、岡倉の「帝国美術に於ける偉勲、其の祖国の為めに効された海外に於ての功績」を記念して、その忌日に美術祭を執行することを提案した。

其の神霊としては、勿論、先生を主体とし、先生の外に芳崖雅邦二翁を合せ祀るも可く、亦フエノロサ氏を併するも妨げない。斯くて先生の同輩、門下、並に直接又は間接に其の恩恵を享けた人々が一場の裡に集り、気澄み空も朗かなる新秋の一日、互に往時を談り合つて、愉快に、盛んに、然しながら厳粛に、故偉人に対する哀悼報謝の意を表したならば、先生も地下に於て定めて喜ばれることであらうと思ふ。(20)

この林田の提案は、一年後に現実のものとなる。一九一四年四月には再興日本美術院研究所の建築に着手、七月頃には大観、観山が、岡倉、橋本雅邦、狩野芳崖らを祀る美術神社の建立を決定する。大観らは、絵を描いて資金を作り、地所を買い建物を新築した。新築の研究所は彼らにとって「汗の結晶」であった。(21)日本美術院の敷地内に「天心霊社」という小祠が建立され、九月二日には日本美術院の開院式が、岡倉の一周忌の祭典と兼ねて執行された。「天心霊社」について、後に大観は次のように述べている。

この日、研究所の構内に岡倉先生の御霊を祀りました。天心霊社というのがこれです。下村君や私をはじめ、みんなの意見で、どうしても先生の御霊を構内に祀りたいということだったので、あの研究所を作ると同時に、あの社ができたのです。（中略）岡倉先生の霊を祀ると同時に日本美術院に関係の深かった狩野芳崖先生、橋本雅邦先生、ならびに菱田春草君の霊をも合祀し、荘重厳粛な祭典を行いました。これから後

は、同人の亡くなったお方の名札をあの中にみな納めてあります。(22)

「天心霊社」は岡倉の法名「釈天心」から命名され、岡倉覚三は「天心」として、日本美術院の同人に崇祀される神的存在となった。また「天心霊社」にはすでに物故した芳崖、雅邦、春草の霊が合祀され、さらに同人が亡くなるとそこに名札が納められたことから、「天心」の名には、日本美術院の師と門弟との血縁的な絆という意味も込められていると言えよう。「天心」は、再興日本美術院の求心力となる岡倉の霊の名前であった。「天心」の名が、岡倉と日本美術院門人との絆を象徴していることは、一九二一年九月に日本美術院創立二五周年記念展開催に合わせて、『天心全集』という名前の岡倉著作集全三巻が発行されたことからも窺える。日本美術院によって祀られ神格化された「天心」の名は、世の中に普及していき、やがて本名だった「岡倉覚三」は、「岡倉天心」の名へ埋没していく。木下長宏が指摘したように「後世、『岡倉天心』を通称であるかのように称えることによって、亡くなってしまった一人の人間『岡倉覚三』へある特別な思い入れを込めた像を作っていくことになった」のである。(23)

2　天心像の変容

日本の追悼会で強調された岡倉像は、国家のために伝統的な日本美術の復興を目指し、古社寺を保護し、日本美術品を西洋社会に紹介した人物であり、国粋主義的な色彩が濃い。また、フェノロサと対になって語られる岡倉像も、追悼会の時点である程度形成されていた。さらに没後一年後に「天心霊社」が祀られると、岡倉は神格化され、日本美術院の求心力となる「岡倉天心」が出現した。現在このような岡倉像は、一般的に浸透した「岡倉天心」像として固定化された感がある。追悼会で表象された当時の代表的な岡倉像が、いまなお流通し、影響を与え続けているといえる。

だが前章で見てきたように、日本で語られる典型的な岡倉像が、ボストンにおいて表象されたそれと異なっていることは明らかである。ボストンにおいて岡倉は「岡倉覚三」のままであり、ボストン美術館中国日本美術部キュレイター、『東洋の理想』や『茶の本』などで東洋美術や文化を伝えた作家、ハーヴァード大学で名誉修士号を授与された人物として知られていた。ガードナー夫人ら身近な人々にとっては道教、仏教など東洋思想の伝道者であり、タゴールと共通する精神を持つ詩人でもあった。ハーヴァード大学やボストン美術館は岡倉を、単に日本の文化や美術の紹介者という役割を越えて、広く東洋文化全般に通暁する者であり、同時に西洋文化にも深い造詣を示す人物として評価していた。東西両文化に通じた岡倉の死は、日米の相互理解と尊敬を促進する上で損失であり、キップリングの有名な詩句を超克する存在として位置づけられた。

ボストンと日本の岡倉像とを比較すると、彼の没後直後からすでに大きな差異があったことがわかる。それは、日本で岡倉像を形成する主たる基盤となったのが、一八九八年までの文部省官僚時代の業績であったのに対し、ボストンでは、一九〇四年の渡米以降の活動から岡倉像を導き出しているからにほかならない。岡倉の思想や活動が、日本の伝統美術の保護や日本の美術や文化の紹介という領域にとどまらず、西洋と東洋の美術をひとつにして新しい美術を創出するという理想を持ち続け、西洋社会における東洋文化の理解を促進するためにさまざまな手段で発信してきたことは、本書で論じてきた通りである。このことを考えれば、岡倉の人物像は、日本とアメリカ、それぞれで表象された岡倉像を複合させて、捉え直されるべきであろう。

岡倉像を考える上で、もうひとつ重要な問題は、時代によって変遷し続ける「岡倉天心」像である。日本の追悼会では、岡倉の東洋美術史観が言及されることはなかった。しかし、日中戦争勃発以降、『東洋の理想』の冒頭の一句“Asia is one.”の邦訳「亜細亜ハ一ナリ」が、大東亜共栄圏建設の思想と結びつけられて称揚され、アジアの盟主たる日本の将来像を予見した「天心」を賛美する風潮が起こった。主に「日本浪曼派」系統の学者たちによって、「天心」は時局を正当化する「先覚者」として、その思想や言葉が読み替えられていった。「亜細亜ハ一ナリ」は思想的宣揚スローガンとして曲解され、「天心」は理念的支柱として祭り上げられることになった。(24)

こうして戦時下で行われた「岡倉天心」顕彰は、戦後、彼を偏狭なナショナリストと誤解させる一因となった。そのため敗戦直後は、岡倉は一転して危険な国粋主義的思想家と形容されて敬遠され、批判を加えられた。しかし戦後の経済復興の流れの中で、振り子の揺れが戻るように岡倉再評価の動きが徐々に高まりを見せ、現在に至っている。

だがこの再評価の動きも、時代に応じた岡倉像が希求され、語られている状況が継続していることに変わりないのかもしれない。「岡倉天心」は、時代ごとの価値観に沿うように書き換えられながら、流通し続けている。岡倉像が、彼の死の直後から現在に至るまで、大きな振幅を見せている理由のひとつがそこにある。生前の「岡倉覚三」の活動と思想を考察するには、当時の日本社会や国際情勢等の時代背景から切り離さずに考察することが重要であり、没後に表象され、時代ごとに変容し、広く流通している「岡倉天心」像と明確に区別する意識が必要である。

また、その際日本における岡倉の活動や業績を掘り下げるだけでは不十分だということは、ここで取り上げた日米における岡倉表象の相違から明らかである。岡倉の人物研究には、国際社会、すなわち日本、中国、インド、アメリカ、欧州における岡倉の活動とそれらを貫く思想を、複眼的な視座から捉える必要がある。本論が視座を世紀転換期のボストンに定位して論じているのは、この方法論に基づいて岡倉覚三の思想と活動を再評価するためであった。

（1）「岡倉覚三氏の葬儀」（『東京日々新聞』一九一三年九月六日号）『全集』別巻、三一〇頁。
（2）「故岡倉先生追悼会の記」（『東京美術学校校友会月報』第一二巻第七号、一九一三年一二月二七日）『全集』別巻、三六一—三六三頁）。
（3）高田良信『「法隆寺日記」をひらく　廃仏毀釈から一〇〇年』（日本放送出版協会、一九八六年）、七三頁。
（4）「岡倉覚三氏逝く」（『日本美術』第一七六号、日本美術社、一九一三年）、四五頁。
（5）竹内久一「美術界の義経」（『日本美術』第一七六号）、四六頁。
（6）斯波淳六郎「岡倉氏の事ども」（『美術新報』第一二巻第一二号、一九一三年）『全集』別巻、三一八頁。
（7）「故岡倉先生追悼会の記」、三六四頁。
（8）浜尾新・九鬼隆一の追悼文、「故岡倉先生追悼会の記」、三六六—三八七頁。
（9）同右、三六一頁。
（10）同右、三六五—三六七頁。
（11）正木直彦「美術界唯一の恩人」（『読売新聞』、一九一三年九月三日）『全集』別巻、三一一頁。
（12）徳富蘇峰「天才の長短予に露呈」（『国民新聞』、一九一三年九月五日）『全集』別巻、三一二頁。
（13）高村光雲「不再出の鬼才」（『絵画清談』、一九一三年一〇月三一日）『全集』別巻、三一七頁。
（14）牧野伸顕「同窓時代の故人」『日本美術』第一七六号、四六—四七頁。
（15）長沼守敬「岡倉覚三氏の印象」（『美術之日本』第五巻第一〇号、一九一三年）『全集』別巻、三二一頁。
（16）伊東忠太「予の見たる岡倉覚三氏」（『研精美術』第七九号、一九一三年）『全集』別巻、三二二頁。
（17）このような岡倉像が広まった理由のひとつには、東京美術学校校長職を退いてからの岡倉の境遇、すなわち日本美術院の経営不振、五浦移転、渡米などの出来事が、世間に彼の不遇や悲運を印象づけていたからかもしれない。竹内久一は、岡倉を「美術界の義経」（『日本美術』第一七六号、四六頁）に例えた。それは、兄に虐げられ、家来の讒言にあって主従ともに苦しみ、果ては北国に逃れた義経の悲劇が、岡倉の生涯と重なり、同情の想いを禁じえないからだという。人々が、「東京美術学校事件」以降の岡倉の姿に竹内と同じようなイメージを重ねていたとしたら、官僚時代の業績にスポットライトを当てて、故人を追悼しようという感情が働いたとしても不思議ではない。

（18）横山大観「岡倉先生の遺言」（『絵画清談』（一九一四年五月）、日本美術院百年史編纂室『日本美術院百年史』第四巻、日本美術院、一九九四年）、三四三頁。
（19）「故岡倉先生追悼会の記」、三六八―三六九頁。
（20）林田春潮「美術祭を行へ」『日本美術』第一七六号掲載。
（21）横山大観『大観自伝』（講談社、一九八一年）、一三一頁。
（22）同右書、一三五頁。
（23）木下長宏『岡倉天心――物ニ観ズレバ竟ニ吾無シ』（ミネルヴァ書房、二〇〇五年）、八頁。
（24）同右書、二四〇―二四六頁。木下は、*The Ideals of the East* の書名は「東方世界の諸理想、複数の理想を指している。決して、アジアの理想の代表としての日本を指してはいない」と述べ、〝Asia is one.〟が「岡倉天心の思想の核心であるという考えは、昭和一〇年代に岡倉をあげつらった人々が打ち出したこと」と主張する。

おわりに　本書の総括と今後の課題

一　総　括

本書では、岡倉の生涯の活動に通底する思想をいかに見出すか、岡倉の活動を同時代のボストンの社会的・文化的文脈に置いていかに捉えるか、岡倉像をいかに再検証するか、という三つの課題を念頭に、一九〇四年から一九一三年にかけてのボストンにおける岡倉の思想と行動を追った。具体的には、岡倉の人的ネットワーク構築を視野に入れながら、ボストン美術館の経営、未発表作品の執筆、という二つの活動を中心に論じ、課題の追究を試みた。

岡倉が生涯をかけて取り組んだのは、西洋美術と東洋美術とを結びつけて新しい美術を創るという理想の実現であった。その萌芽は、一八八六〜八七年の欧米美術視察旅行中に遡って見出されるが、帰国直後に彼の唱えた「自然発達論」は、新しい日本美術の創造を試みる過程で、国内の美術界における対立と挫折、清、インド、アメリカ、欧州における美術状況の把握が進むにつれ、少しずつ変容して行った。だが東西の美術を「一つにする」ことによって「美という真の理想の部分」を創造するという岡倉の理念は、一貫して彼の活動を支える基盤であり続けた。

日本の美術をどうするか、という命題に対峙していた時代、こうした課題を念頭において活動していたのは岡倉に限らない。しかし、その理念を美術の世界に限定せず、演劇や音楽など芸術全体を対象とした点、さらに社会的・文化的状況に応じて手段を変えながら実践に移していった点で、彼の思想と活動の独自性がある。明治二〇年代の新しい日本演劇の創作と上演、渡米後の英文による薩摩琵琶テキスト『コアツモリ』の執筆、信太妻伝説を題材にしたオペラ『白狐』の上演計画。これらが示すように、西洋と東洋とを結節し新しい芸術を創るという理想は、日本でもボストンでも、彼の活動の原動力であったと言える。

重要なのは、岡倉が東洋美術と西洋美術を結びつけて「美という真の理想の部分」を創造できると確信した根拠に、欧州で彼自身が体験した美への「共感」があったことである。ラ・ファージに連れられて鑑賞したレンブラントの絵画や、ベートーヴェンの交響楽などに接したときに得た感動と喜びによって、彼は東洋と西洋の境界を越える可能性を見出した。芸術への「共感」を通して、相互に理解しあうことができるという考えは、西洋社会に向けて東洋文化を発信するという活動を支える土台となり、『茶の本』出版、ボストン美術館中国日本美術部経営、『白狐』執筆などの諸事業に取り組むエネルギーとなった。『茶の本』で「芸術において『現在』は永遠です」と述べ、ガードナー夫人宛ての手紙に「芸術以外に永遠なものはありません」と記したように、岡倉にとって芸術は、宗教の域にまで高められた唯一の永遠であったといえる(1)。彼は西洋社会に東洋文化を理解させるという困難な事業に取り組んだ時、永遠なる芸術の力、すなわち洋の東西を超えて相互に「共感」させる力を信じたのである。従来の研究では、岡倉の私的な部分とのつながりが重要視されてきた『白狐』だが、このような岡倉の生涯の目的や使命から捉え直すと、西洋と東洋とを結びつけて新しい芸術を創るという理想の実現であり、また芸術への「共感」によって西洋に東洋を理解させる目的を果たし得る作品と位置づけられる。

ボストンにおける岡倉の諸活動は、『茶の本』刊行とボストン美術館茶室建築計画が示すように、別個に行われたのではなく、相互にリンクし連動していたと考えられる。それらの実践は、成し得なかった事業も含めて、二〇世紀初頭のボストンという現実社会に深く関係していた。岡倉が一九〇四年にボストン美術館に着任し、以後一〇年間の活動を展開することができたのは、彼がボストンの知的な富裕者層に受容されたからであり、それを可能にしたのは、岡倉自身の資質もさることながら、本書で「ボストン・ネットワーク」と呼ぶ岡倉とボストン社会を結ぶ人的ネットワークの力が寄与して大きい。岡倉はビゲロウとの関係を活かして、ボストン美術館に勤務する足がかりと支援を得たのであり、ガードナー夫人のサロンで人脈を拡大したことで、ボストン社会に磐石の地位を築くことができたのである。さらに、岡倉は自身の活動がボストン社会に利益をもたらすものであることを主張し、同じ目的を彼らに共有させることに成功した。中国や日本美術品の収集は、ボストン美術館を最高の位に高めることと等価であり、『茶の本』の執筆は当時のボストン文化人の芸術理念を後押しするものであった。『白狐』の上演もボストン側から見れば、その文化的地位を高みに押し上げる事業として位置づけることができる。このようなボストン社会、特にボストンの支配者層たる富裕な知識人層との利害の一致を見てこそ、岡倉は種々の活動を展開し、日本美術院や古社寺保存会のメンバーを、ボストン美術館中国日本美術部の運営に参画させることができたのである。岡倉にとって、ボストンは芸術への「共感」によって西洋社会に東洋文化を理解させる活動の拠点であった。そこには、ボストンを「東洋と西洋がお互いをより良く理解しあう」ための「東洋と西洋の中間の家」にする岡倉の目的があった。

このようなことを踏まえれば、岡倉の生涯におけるボストン時代は、『東洋の理想』を緒言とする、日本および東洋文化を西洋に発信するという活動がもっとも活発に行われた時期であり、欧州視察旅行をきっかけとした西洋と東洋とを結びつけて新しい芸術を創出するという理想の実現が、日本美術に限定されず、ネットワークの拡がりと環境の変化に伴ってその手段が多様化し、発展していった時期と位置づけられよう。そして、これらの活動のいずれにも芸術への「共感」を重視する精神性が通底していることを重視したい。岡倉は『茶の本』でも、『白狐』でも、相手が「共感」を得られるように、欧米の読者が拠って立つ西洋文化のさまざまな因子を入口にして、そこから徐々に異文化へと誘う。このような東洋文化発信における岡倉の方法は、東洋文化だけでなく西洋文化の内実をも理解していることが前提となる。岡倉は西洋、東洋という二項対立に還元できない視座を獲得した上で、自身を東洋の立場に置き、西洋に発信していったのである。

岡倉を「未完、不統一」の原理の体言とみる従来の研究が、彼の行動に見出してきた一貫性のなさや矛盾は、むしろ一貫した理念と、その実現にこだわり続けた上での、現実社会への対処の柔軟性だったのであり、そのときの地位や人脈、環境で得られた機会を逃がさず、出来得る限りの最適な手段や方法で、現実社会での理念の実現を試み続けてきたことの結果だと思われる。岡倉は目標を明確に持っていたが、ときに現実把握の誤認、選択肢の限界によって、事業の頓挫や失敗が引き起こされた。しかし、未完成に終わった事業も含めて、そこから立ち現れるのは、挫折と方向修正を繰り返しながら現実社会に関わり続けた岡倉の姿勢であり、目標達成の意志である。

小泉晋弥は、『東洋の理想』におけるアジアの構成要素「アラブの騎士道、ペルシアの詩、中国の倫理、そしてインドの思想[2]」などを、『茶の本』における茶室の「天井、壁、床に見立てたとき、はじめて『単一のアジア的な平和』という一つの部屋の存在が浮かび上がってくる」と述べ、『東洋の理想』における“one”は、単純な同一性のイメージではなく、『茶の本』の「茶室」の本質と同じ虚の空間を指し示していると指摘する。そして、岡倉自身も「自己の本質を様々な力の働く虚の空間」として捉えていたと推測し、日本、アメリカ、インドを移動し続ける「パッサージュ（推移）性」を、岡倉の本質として捉えようとした[3]。『茶の本』で説かれる茶室の実質は、屋根と壁で囲まれた空間なのであって、屋根と部屋そのものではない。まわりの草や茎で結び合わせて作った仮小屋であり、草や茎が解ければもとの荒地に戻ってしまうものである。岡倉の本質が「パッサージュ

（推移）性」にあるとするならば、それは空間内の移動にとどまらず、流動的に変化する手段や方法を通して、理想実現を目指した岡倉の活動にも表われていると言える。多彩な活動や表現は、屋根や壁として現れるが、その理念は屋根と壁で囲まれた目に見えない空間にある。草や茎がほどけて荒地になっても、岡倉は新たな文化圏や人々とのつながりの中で草と茎を結び、仮小屋を作ってきたのである。

だが日本における岡倉像は、彼の推移性や流動性、それを裏づける思想の一貫性とは対照的に、固定化されていくことになる。固定化されたイメージは、彼の評伝が次々と刊行された一九三〇年代に広く流通することになるが、その萌芽は岡倉逝去直後に、岡倉を追悼し顕彰した人々の言論に遡って見ることができる。岡倉がボストンでどのように受容され、表象されたかを踏まえた上で、日本で形成された岡倉像を比較すると、明確なコントラストが浮かび上がる。「岡倉覚三」と「岡倉天心」を切り離すには、この一〇〇年間、岡倉がいかに表象されてきたかという歴史と向き合わなくてはならないだろう。

二　今後の課題

本研究では、岡倉覚三という個人の言論や行動から、その思想や活動の意義を検討してきたが、その分析の対象は、主に一九〇四年から一九一三年のボストンという時期や地域に限定している。しかも、ボストンでの活動のすべてを題材に論じたわけではなく、とりわけ彼の主要な英文著作である『茶の本』や『日本の覚醒』を、彼の活動全体の中に位置づけただけに留まってしまったことや、渡米以前と以後における岡倉の東洋観の変容過程を十分検証できなかったことは、著者の力の及ばなかったところである。このような限られた範囲の中で、岡倉の生涯の思想や活動について単純な図式化を図ってしまうことは到底できることではなく、さらに具体的な、かつ細分化された議論を重ねながら、再検討を続けていく必要がある。

また、岡倉が生涯、同時代の社会における理念実現にこだわり続けたというのならば、ボストンだけではなく、当該期の日本におけるさまざまな活動、特に渡米と同時期に日本美術院の移転先とした五浦での活動を検討していかなければならない。ボストンと五浦の二地点における岡倉の活動を照射することによって、彼の晩年一〇年間の意味がいっそう鮮明に浮かび上がってくるであろう。渡米直前のインド体験が、その後の岡倉の人生に及ぼした影響について検討しながら、五浦もしくは茨城県における岡倉の活動を明らかにし、それがボストンでの活動とどう連動しているのかを考察することが、新たな研究課題である。

岡倉と「芸術」との関わりについては、美術、茶道、詩はもとより演劇（オペラ・歌舞伎など）や音楽（洋楽、邦楽）にまで学問的関心を拡げて検討していかなければならないことが、本研究によって明らかになったと考える。美術や茶道の領域とは対照的に、演劇、音楽と岡倉の関係については、これまでの研究蓄積がなかった分、さらなる検討が必要な領域であることは間違いない。何より、岡倉の芸術観と密接に結びついている宗教の問題を避けて通ることはできない。そこで、今後は近代日本の仏教者やスワーミー・ヴィヴェーカーナンダ、タゴールとの関わりを中心に、宗教が岡倉の活動に及ぼした影響について、歴史的かつ比較文化論的に把握することを目標としたい。

さらに岡倉の発信活動が、『武士道』など同時代の日本文化論や、それによってアメリカ社会で受容された「日本」イメージを意識したものであると推察する以上、新渡戸ら当該期のさまざまな人物の言論や思想についても視野を広げ、比較していかなければならないだろう。

また岡倉覚三がいかに受容され、「天心」として表象されたか、という問題は今後の重要な課題である。本研究では、主に岡倉逝去直後の追悼の様子から日米における差異を浮き彫りにした。しかし、没後の岡倉像の変容は、日本だけに見られる現象ではなく、戦争で日本の敵国となったアメリカでも行われていたと考えるのが自然である。このような岡倉像の変化は、日本においても、アメリカにおいても、その時代に岡倉がいかに受容されたのかという問題と関わっている。そして、時代に応じて変化する岡倉像を明らかにすることは、岡倉覚三と「岡倉天心」像を切り離す作業、すなわち固定化された岡倉像を解体して、再構築するために欠かせない作業と考える。

このように見ていくと、本研究は岡倉研究の端緒についたばかりであり、検討が不十分な点や、やり残した課題が多い。本研究での反省点を踏まえ、今後の課題をひとつひとつ丁寧に取り組むことによって、岡倉という複雑で多様な人物像の全体像を複合的な視座から捉え、その行動と思想の本質に迫るとともに、彼の生きた時代と世界を考察することを目標に、今後も研究を続けていきたい。

（1）Okakura, "The Book of Tea", *CEW* 1, p.322. Okakura, Letter to I. S. Gardner, 30 May 1912, *CEW* 3, p.152. *CEW* 3 には "Nothing is external except art" とあるが、書簡の訳を掲載する『全集』七巻の解題（四三五頁）によると、原文コピーが不鮮明で、external は eternal であるべきとして訳出されている。著者は原文を確認していないが、『全集』解題に従い eternal で訳した。

（2）Okakura, "The Ideals of the East", *CEW* 1, p.14.

（3）小泉晋弥「岡倉天心のアジア観『東洋の理想』の位置」（『国際交流基金三〇周年記念事業国際シンポジウム二〇〇二「流動するアジア――表象とアイデンティティ」報告書』、国際交流基金アジアセンター、二〇〇三年）、三九―四〇頁。

あとがき

本書は、著者が二〇〇八年六月にお茶の水女子大学大学院に提出し、同年九月に博士（学術）の学位を授与された博士論文「岡倉覚三の思想とボストンにおける活動――ボストン美術館経営と『白狐』執筆を中心に」を改訂したものである。刊行にあたっては、独立行政法人日本学術振興会の平成二三年度科学研究費補助金研究成果公開促進費（学術図書）助成を得た。

各章節のもととなった論文の初出は左記の通りである。

第一章第三節　「アメリカ人画家の描いた日本のイメージ――ボストン・コネクション：ジョン・ラファージと岡倉天心」（『比較日本学研究センター研究年報』創刊号、お茶の水女子大学比較日本学研究センター、二〇〇五年三月）

第二章第三・四節　「岡倉覚三のボストン美術館中国日本美術部経営――美術館教育を中心に」（『文化資源学』第六号、文化資源学会、二〇〇八年三月）

第三章第二節　「『白狐』に至る軌跡――『ヨシツネ物語』、『コアツモリ』、『アタカ』に関する考察」（『五浦論叢』第一〇号、茨城大学五浦美術文化研究所、二〇〇三年一〇月）

第三節　「岡倉天心と西洋音楽――“The White Fox”『白狐』成立前史」（『人間文化論叢』第七巻、お茶の水女子大学大学院人間文化研究科、二〇〇五年三月）

第四章第二節　「日米における『母なるもの』の表象――岡倉天心とその周辺について」

（『F-GENSジャーナル』第二号、お茶の水女子大学二一世紀COEプログラム　ジェンダー研究のフロンティア、二〇〇四年九月）

第三節　「岡倉覚三のオペラ台本“The White Fox”——内在する歌舞伎とヴァーグナー」（『比較文学』第四九巻、日本比較文学会、二〇〇七年三月）

第五章第二節　「岡倉覚三とボストン——ガードナー美術館の『中国室』を中心とした調査研究」（『鹿島美術研究』年報第二三号別冊、鹿島美術財団、二〇〇六年一一月）。後に改訂して『東京藝術大学創立一二〇周年　岡倉天心展記念シンポジウム　いま 天心を語る』（東京藝術大学出版会、二〇一〇年三月）第三部「もう一つのアジア——天心の愛と友情のかなた」に所収。

論文の題目が「岡倉天心」から「岡倉覚三」へと変化しているのは、両者を峻別しなければならないという問題性に対する意識と、「天心」と呼ばなければ岡倉論の著述として認識してもらえないのではないか、という葛藤の現われである。本書の題名が「岡倉天心」であるのは、いまだ後者としての要請が大きいという現実的な判断を行ったためである。

博士論文執筆から本書刊行までの間に、多くの岡倉論が発表された。本書の改訂作業を通して可能な限りその成果を反映させたが、十全ではない。研究は現在進行形であり、今後の課題追究のなかでより深化させていきたい。資料の遺漏や誤りに関しては、諸家のご教示とご指摘を乞いたい。

なお本書を執筆するにあたり、多くの先生方からご指導やご助言を賜った。心から感謝を申し上げたい。

主任指導教員である鈴木禎宏先生からは、比較文化論という著者にとって新たな学問領域での研究方法の教えを受け、学会報告、論文執筆を通じて、岡倉の活動の意義を多角的な視座から比較検討するという視点を与えていただいた。先生の励ましとご指導なしには、本書を完成させることはできなかった。

修士時代の主任指導教員であった佐々木寛司先生からは、資料解読をはじめとする歴史学研究の基礎的作法を教えていただいた。博士後期課程へ進学後は、公私の隔てない相談者であるとともに、大学、学会、研究会などで著者の活動する機会を設けてくださった。同じく修士時代よりご指導いただいた小泉晋弥先生は、公の場で研究成果を発表するさまざまな機会を与えてくださり、本書がより良いものとなるように導いてくださった。藤原貞朗先生からは、英文著述の講読を通して、西洋美術史における岡倉の思想の影響を教えていただいた。

学部時代の恩師である中田易直先生、高校時代の恩師である秋山高志先生は、今日に至るまで著者を励まし、研究の行方を見守ってくださった。中田先生からは、本書の出版にあたりお力添えをいただいた。また、ボストン留学時に、秋山先生から贈られた平凡社版『岡倉天心全集』全巻は、著者に生涯の研究テーマをもたらし、本書執筆へと導く契機となった。

博士時代の指導教員である頼住光子先生には、岡倉の仏教理解についてご助言を賜るとともに、研究途上のさまざまな問題の相談にのっていただいた。近藤譲先生には、著者のオペラ史理解の誤りを正し、音楽学の見地から本書の論旨をより深めるためのご指導をいただいた。神田由築先生には、芸能史の観点から『白狐』における異類婚や、歌舞伎との関連性についてご助言を賜った。小風秀雅先生からは、著者の進学当初に、岡倉がオペラ台本をボストンで執筆した理由を追究するという重要な課題をご提起いただき、ゼミ等を通して継続的なご指導をいただいた。秋山光文先生には、鹿島美術財団「美術に関する調査助成」にご推薦いただき、著者の「中国室」に関する現地調査が実現した。ロール・シュワルツ＝アレナレス先生には、欧州における東洋学の見地から、岡倉とミジョンのネットワークという新たな視点を与えていただいた。

稲賀繁美先生、大久保喬樹先生、岡倉登志先生、木下長宏先生、須田誠舟先生、田中秀隆先生、中村愿先生、山口静一先生、吉田千鶴子先生をはじめ、多くの先生方から貴重なご指導やご助言、関連資料やご著書を賜った。二〇〇七年に東京藝術大学で開催された岡倉天心シンポジウムⅢ、ならびにオペラ《白狐》公演トークセッションに、著者はパネラーの一人として関わり、その際同大学の先生方に大変お世話になった。

また、貴重な資料の貸与、閲覧、掲載を快諾してくださった日米両国の美術館をはじめ関係各機関、個人所蔵家の皆様には多大なご協力を賜った。

六角鬼丈先生、イザベラ・スチュワート・ガードナー美術館、茨城県天心記念五浦美術館、茨城大学五浦美術文化研究所、スミソニアン・アメリカ美術館、東京藝術大学、日光山輪王寺、日本美術院、メトロポリタン・オペラ・アーカイブス、メトロポリタン美術館、ノースイースタン大学アーカイブス、ハーヴァード大学アーサー・M・サックラー美術館、ハーヴァード大学ローブ音楽図書館、ボストン図書館、ボストン美術館アジア・オセアニア・アフリカ美術部、ボードイン大学美術館、マサチューセッツ歴史協会、ワシントン議会図書館音楽部に心より感謝の意を表したい。

米国での調査の実施は、鹿島美術財団、お茶の水女子大学の「二一世紀ＣＯＥジェンダー研究のフロンティア」、および「魅力ある大学院教育イニシアティブ：〈対話と深化〉の次世代女性リーダーの育成」事業の支援によるものである。
最後に、本書の刊行に際して、終始丁寧にお付き合いくださり、支援して下さった思文閣出版新刊部編集の那須木綿子氏に心からお礼を申し上げる。長い大学院生活の中で励みを与えてくれた友人と家族、何より精神的にも経済的にも著者を支え続けてくれた夫に感謝の気持ちを捧げたい。

二〇一二年二月

清水恵美子

◎著者略歴◎

清水　恵美子（しみず・えみこ）

1962年，茨城県生まれ．

お茶の水女子大学大学院人間文化研究科博士後期課程修了，博士（学術）．

現在，お茶の水女子大学特任リサーチ・フェロー，茨城大学・国士舘大学・芝浦工業大学非常勤講師，茨城大学五浦美術文化研究所客員所員．

主な論文に，「岡倉覚三のオペラ台本“The White Fox”――内在する歌舞伎とヴァーグナー」（『比較文学』49巻，日本比較文学会，2007年），「岡倉覚三のボストン美術館中国日本美術部経営――美術館教育を中心に」（『文化資源学』6号，文化資源学会，2008年），「茨城県における日本美術院の受容」（『茨城県史研究』94号，茨城県立歴史館，2010年），「天心とガードナー夫人――中国室をめぐって」（「岡倉天心――芸術教育の歩み」展実行委員会編『いま　天心を語る』，東京藝術大学出版会，2010年）など．

岡倉天心《おかくらてんしん》の比較文化史的研究《ひかくぶんかしてきけんきゅう》
――ボストンでの活動《かつどう》と芸術思想《げいじゅつしそう》

2012（平成24）年2月29日発行

定価：本体10,700円（税別）

著　者　清水恵美子
発行者　田中　大
発行所　株式会社　思文閣出版
〒605－0089　京都市東山区元町355
電話 075－751－1781（代表）

印　刷
製　本　亜細亜印刷株式会社

ISBN978-4-7842-1605-5　C3070

人名索引

＊岡倉天心（覚三）、イザベラ・S・ガードナー等、章節の見出しや頻出の語句については割愛した。

事項索引

＊ボストン美術館、『白狐』等、章節の見出しや頻出の語句については割愛した。

な行

は行

ま行

や行

ら行

参考文献一覧

1　資料

（1）岡倉覚三（著作、講演録、講義録、談話、書簡など）

日本美術院編『天心全集　甲之一』、『天心全集　乙』（日本美術院、1922年）。

岡倉一雄編『岡倉天心全集　人之巻』（聖文閣、1936年）。

岡倉一雄編『岡倉天心全集』上下巻（聖文閣、1938年）。

浅野晃・岡倉一雄編『岡倉天心全集』第1～2巻（聖文閣、1939年）。

岡倉天心偉績顕彰会編『岡倉天心全集』第2巻（創元社、1945年）。

『岡倉天心全集』第1巻（平凡社、1980年、第3刷1995年）。

『岡倉天心全集』第2巻（平凡社、1980年、第3刷1995年）。

『岡倉天心全集』第3巻（平凡社、1979年、第3刷1995年）。

『岡倉天心全集』第4巻（平凡社、1980年、第3刷1995年）。

『岡倉天心全集』第5巻（平凡社、1979年、第3刷1995年）。

『岡倉天心全集』第6巻（平凡社、1980年、第3刷1995年）。

『岡倉天心全集』第7巻（平凡社、1981年、第3刷1995年）。

『岡倉天心全集』第8巻（平凡社、1981年、第3刷1995年）。

『岡倉天心全集』別巻（平凡社、1981年、第3刷1995年）。

OKAKURA, Kakuzo, "A Painting of the Nara epoch." 他9編, Captain F. Brinkley, *Japan: Described and Illustrated by the Japanese*, sec. 1－10, Boston: J. B. Millet Company, c 1897.

OKAKURA－Kakuzo, *Exhibition of Paintings and Lacquer by Members of the Nippon－Bijutsuin*, Cambridge, 1904.

OKAKURA－Kakuzo, "The Cup of Humanity", *International Quarterly,* vol. 11, no. 1, NY: Fox, Duffield & Company, 1905.

OKAKURA－Kakuzo, "Modern Art from a Japanese Point of View", *The International Quartely*, vol. 11, no. 2, New York: Fox, Duffield & Company, 1905.

OKAKURA－Kakuzo, "Art Appreciation", *The Critic,* vol. 48, no. 5, NY: The Critic Company, 1905.

NAKAMURA, Sunao, ed., *Okakura Kakuzo Collected English Writings* vol.1～3, Tokyo: Heibonsha Limited, Publishers, 1984.

（2）ボストン・ネットワーク及びボストン美術館（著述、自伝、書簡など）

ADAMS, Henry, *Henry Adams Photographs: 1866－ca. 1900*, Massachusetts Historical Society Collection.

ADAMS, Henry, *The Education of Henry Adams*, New York: Oxford University Press, 1999.

BOSTON Opera Company, *The Boston Opera Company's School of Grand Opera: Prospectus*, Boston: The Boston Opera Company, 1908.

BOSTON Opera Company, *Prospectus Boston Opera Company*, Boston: The Atlantis Press, 1910.

CURTIS, Francis Gardner, "The Legend of Yoshitsune", "Ataka", "The Thunder Coward". タイプ稿、和綴本、茨城大学五浦美術文化研究所所蔵。

CATER, Harold Dean, ed., *Henry Adams and His Friends: A Collection of His Unpublished Letters*, Boston: Houghton Mifflin Company, 1947.

CHALFIN, Paul, *Japanese Wood Carvings: Architectural and Decorative Fragments from Temples and Palaces*, Museum of Fine Arts, Boston, 1903.

CONVERSE, Frederick S., *The Sacrifice*, New York: Novello & Co., Ltd, n.d.

COOMARASWAMY, Ananda K., *Catalogue of the Indian Collections in the Museum of Fine Arts, Boston*, Museum of Fine Arts, Boston, 1923.

FENOLLOSA, Ernest. F, *Epochs of Chinese & Japanese Art: An Outline History of East Asiatic Design* vol. 2, London: Heinemann & New York: Stokes, first published 1912, reprinted 1921.

GARDNER, John Lowell, *John L. Gardner Travel Diaries 1883–4*, Isabella Stewart Gardner Museum Archives.

GARDNER, Isabella Stewart, *Travel Scrapbook 1883 Japan v.1.a./4.6*, Isabella Stewart Gardner Museum Archives.

GARDNER, Isabella Stewart, *Guestbook* vol.7～12, 1904～1912, Isabella Stewart Gardner Museum Archives.

GARDNER, Isabella Stewart, "Papers of Isabella Stewart Gardner" (Isabella Stewart Gardner Museum Archives, American Art Archives Collection), Boston Public Library. Microfilm.

HADLEY, Rollin Van N. ed., *The Letters of Bernard Berenson and Isabella Stewart Gardner: 1887–1924*, Boston: Northeastern University Press, 1987.

KELLOG, Clara Louise, *Memoirs of an American Prima Donna*, New York: G. P. Putnam's Sons, 1913.

LA FARGE, John, "An Essay on Japanese Art", Raphael Pampelly, *Across America and Asia*, Japan in English: Key Nineteenth-Century Sources on Japan, vol.15, Tokyo: Edition Synapse, 2003, Reprint originally published, New York: Leypoldt & Holt, 1870.

LA FARGE, John, *Considerations on Painting: Lectures Given in the Year 1893 at the Metropolitan Museum of New York,* New York: Macmillan and Co., 1895.

LA FARGE, John, *An Artist's Letters from Japan*, New York : The Century Co., 1903.
LA FARGE, John, *Great Masters*, Freeport & New York : Books for Libraries Press, Inc., First Published 1903, Reprinted 1968.
LEVENSON, J. C. ed., *The Letters of Henry Adams* volume 3 : 1886–1892, Cambridge, MA : The Belknap Press of Harvard University Press, 1982.
LOEFFLER, Charles Martin, "Sketchbooks for various works, including a projected opera The White Fox", Library of Congress.
MIGEON, Gaston, *Au Japon : Promenades aux sanctuaires de l'art, Paris* : Hachette & Cie, 1908. *In Japan : Pilgrimages to the shrines of art*, London : William Heinemann, 1908.
MUSEUM of Fine Arts, Boston, *Annual Report* （1903–1918）. Cambridge : The University Press, 1904–09, Boston : The Metcalf Press, 1910–13, T. O. Metcalf Company, 1914–19.
MUSEUM of Fine Arts, Boston, *Museum of Fine Arts Bulletin* vol. 2–16, 1904–1918.
PRICHARD, Matthew Stewart, "Current Theories of the Arrangement of Museums of Art and their Application to the Museum of Fine Arts," Museum of Fine Arts Boston, privately printed, The Committee on the Museum Boston, 1904.
PRICHARD, Matthew Stewart, "Letter from the Assistant Director （November 1, 1904）" Museum of Fine Arts, Boston, privately printed, The Committee on the Museum Boston, 1904.
STURGIS, Clipston, *Report on Plans Presented to the Building Committee*, Museum of Fine Arts, Boston, 1905.
THORON, Ward ed., *The Letters of Mrs. Henry Adams* : 1865–1883, Boston : Little, Brown, and Company, 1936.
TOMITA, Kojiro, *Portfolio of Chinese Paintings in the Museum : （Han to Sung periods）*, Cambridge : Harvard University Press, 1933.
TOMITA, Kojiro, *Portfolio of Chinese Paintings in the Museum : （Yüan to Ch'ing periods）*, Boston : Museum of Fine Arts, 1961.

（3）アーカイブス

イザベラ・スチュワート・ガードナー美術館（追悼式、「中国室」、書簡、写真など）
スミソニアン・アメリカ美術館（ラ・ファージ作品）
ノースイースタン大学アーカイブス（ボストン・オペラ・カンパニー）
ニューヨーク歴史協会（サースビー姉妹の書簡）
ハーヴァード大学ローブ音楽図書館（ボストン・オペラ・カンパニー、オペラ台本）
ハーヴァード大学ホートン図書館ハーヴァード・シアター・コレクション（ボストン・オペラ・カンパニー、新聞切抜）

ハーヴァード大学アーサー・M・サックラー美術館（日本美術院画家作品）
ボストン公共図書館美術部・新聞部・マイクロフィルム部（新聞、書簡）
ボストン美術館アジア・オセアニア・アフリカ美術部（中国日本美術部経営関連書簡・草稿など）
ボストン美術館図書館（書籍・印刷物）
ボストン美術館、版画・絵画・写真用モース研究室（ラ・ファージ作品）
マサチューセッツ歴史協会（ヘンリー・アダムズ資料）
メトロポリタン・オペラ（オペラ台本）
メトロポリタン美術館アメリカ絵画彫刻部（ラ・ファージ作品）
ワシントン議会図書館音楽部（レフラー遺稿、書簡）
茨城大学五浦美術文化研究所（カーティス原稿など）
茨城県天心記念五浦美術館（平凡社版『岡倉天心全集』資料、写真、新聞、書簡）
財団法人日本美術院（欧州視察日誌など）
東京藝術大学美術学部教育資料編纂室（六角紫水関連資料）
日光山輪王寺宝物殿（ラ・ファージ関連資料）

（4）新聞・雑誌記事

「日本演芸協会規約」、（「日本演芸協会演習筋書」、『読売新聞附録』1889年10月13日）。

思軒居士「演芸協会の演習会」（『郵便報知新聞』朝版1889年10月17日）。

思軒居士「日本演芸協会の演習を記す」（『郵便報知新聞』、1891年11月1日）。

大愚堂主人「十一月の劇壇」（『演芸画報』第2年第12号、演芸画報社、1908年12月、再録『演芸画法明治篇』第6巻、三一書房、1977年）。

芹影女「『戻橋』と『葛の葉』」（『歌舞伎』第101号、歌舞伎発行所、1908年12月）。

塩田力蔵「我が岡倉先生」ほか岡倉覚三追悼記事（『日本美術』第176号、日本美術社、1913年10月1日）。

「ボストンの岡倉忌」（『大坂朝日新聞』、1913年11月22日）。

矢吹慶輝「故岡倉氏追悼会　ボストンに於ける」（『読売新聞』、1913年12月9日）。

演劇改良会「演劇改良会趣意書」、坪内逍遙「末松君の演劇改良論を読む」、「再び末松君に質す」、「チョボは改良すべし廃すべからず」、「再びチョボと傍言を論ず」、森鷗外「演劇改良論の偏見に驚く」、高田早苗「演劇改良会の解散を望む」（野村喬ほか編『近代文学評論体系9　演劇論』、角川書店、1972年）。

末松謙澄「演劇改良意見」、外山正一「演劇改良論私考」（土方定一編『明治文学全集79　明治芸術・文学論集』、筑摩書房、1975年）。

『歌舞伎新報』（東京大学法学部附属近代日本法政史料センター明治新聞雑誌文庫蔵、『マイクロフィルム版明治初期文学雑誌集成第1期』、ナダ書房、1993年）。

“Mme. Nordica’s Concert: She Gives Wagnerian Selections with Orchestra in Carnegie Hall”, *New York Times*, 3 March 1904.

"Art Experts From Japan", *New York Times*, 7 March 1904.
"Japan's Greatest Critic Tells of Japan's Art", *New York Times*, 20 March, 1904.
"New and Old Japan", *New York Times*, 5 January 1905.
"In Deffense of Lafcadio Hearn : Mr. Okakura-Kakuzo Gives Us an Authoritative Japanese Opinion of the Self-Exiled American Writer", *New York Times*, 3 November 1906.
"Gives Unique Party", *Boston Daily Glove*, 12 March 1908.
"Boston to Have Permanent Opera" *Boston Daily Grobe*, 2 March 1908.
"An Array of Vehicles Notable for Boston", "Score Double Success", "Fashion Adds to Spectacle", "Full List of Subscribers at the Boston Opera House", *Boston Daily Globe*, 9 November 1909.
"Japan, Past and Present", *Boston Daily Globe*, 29 January 1910.
"Art Museum Conference." *Boston Daily Globe*, 11 February 1910.
"Opera in English." *Boston Daily Globe*, 19 March 1910.
"Music and Musicians." *BostonDaily Globe*, 1 January 1911.
"American Opera in English." *Boston Daily Globe*, 7 January 1911.
"The Sacrifice is given its Premiere" *Boston Daily Globe*, 4 March 1911.
"Tells of New Harvard Plan", *Boston Daily Globe*, 29 June 1911.
"As Foremost American Composer : The New Position of Mr. Loeffler", *Boston Evening Transcript*, 22 March 1913.
"Kakuzo Okakura Dead." *Boston Daily Globe*, 5 September 1913.
"Gift to Art Museum", *Boston Daily Globe*, 16 October 1913.
"Charles M. T. Loeffler, 74, Dies ; Leader Among U. S. Composers", *New York Herald Tribune*, 21 May 1935.

（５）回顧録・写真など

井上哲次郎『懐旧録』（春秋社松柏館、1943年）。

岡倉由三郎「次兄天心をめぐって」（嶋中雄作編『回顧五十年：中央公論社創立五十周年記念』、中央公論社、1935年）。

緒方廣之「富田幸次郎先生を偲んで　付富田幸次郎先生の経歴と業績」（『茨城大学五浦美術文化研究所報』第６号、茨城大学五浦美術文化研究所、1977年）。

斎藤隆三『日本美術院史』（創元社、1944年、中央公論美術出版、1974年）。

高田早苗「半峯昔ばなし」（臼井吉見編『明治文学全集98　明治文学回顧録集（１）』、筑摩書房、1980年）。

富田幸次郎「ボストン美術館50年」（『芸術新潮』第９巻第８号、新潮社、1958年）。

新納義雄「〔百年史余禄〕ウォーナーの髭」（『美術院紀要』第７号、美術院、2005年）。

日本美術院百年史編纂室編『日本美術院百年史』第１～４巻（日本美術院、1989年～

1994年）。

六角紫水アルバム『外遊に就て之一部分』（六角鬼丈氏所蔵）。

六角紫水「紫水自叙伝」（六角鬼丈氏所蔵）。

横山大観『大観自叙伝』（中央美術社、1926年）。

横山大観『大観自伝』（講談社、1981年）。

山田ひな、清水米ほか「座談会記録『ウォーナーさんの思い出』、『天心おじさんの思い出』」（1970年4月3日、『五浦論叢』第6号、茨城大学五浦美術文化研究所、1999年）。

横山大観、六角紫水ほか「座談会記録『岡倉天心先生を語る』第1～4回」（昭和18～19年、『五浦論叢』第7号、茨城大学五浦美術文化研究所、2000年）。

2　研究書・研究論文

（1）岡倉覚三（天心）

池田和子「岡倉天心『白狐』について　『白狐』にみる天心の余影――その1、その2」（『学苑』第625号、第628号、昭和女子大学近代文化研究所、1991～1992年）。

石原道博「岡倉天心の映像」（『茨城大学五浦美術文化研究所報』第9号、茨城大学五浦美術文化研究所、1982年）。

石橋智慧「天心のボストン入り」（『岡倉天心全集』月報7、平凡社、1981年）。

石橋智慧「解題」（木下順二訳『白狐』、平凡社、1983年）。

石橋智慧「天心とボストン美術館」（『日本美術院百年史』第3巻（上）、日本美術院、1992年）。

伊豆山善太郎「天心先生の茶書について」（『茨城大学五浦美術文化研究所報』第2号、茨城大学五浦美術文化研究所、1972年）。

伊豆山善太郎「天心茶書再考」（『茨城大学五浦美術文化研究所報』第9号、茨城大学五浦美術文化研究所、1982年）。

井田好治「岡倉天心と英学修行」（『英学史研究』第9号、日本英学史学会、1976年）。

稲賀繁美「理念としてのアジア――岡倉天心と東洋美術史の構想、そしてその顛末」（『国文学：解釈と教材の研究』第657号、第659号、學燈社、2000年）。

稲賀繁美「ジョゼフィン・マクラウドとシスター・ニヴェディータ――『天心・岡倉覚三』を国際市場に売り出したふたりの白人女性」（平川祐弘編『異国への憧憬と祖国への回帰』、明治書院、2000年）。

稲賀繁美「岡倉天心と観念としての東洋美術の創出」（ワタリウム美術館監修『ワタリウム美術館の岡倉天心・研究会』、右文書院、2005年）。

茨城大学五浦美術文化研究所監修・中村愿編『岡倉天心アルバム』（中央公論美術出版、2000年）。

茨城大学五浦美術文化研究所編「ウォーナー像完成記念特集」（『茨城県五浦美術文化研究所報』第1号、茨城大学五浦美術文化研究所、1971年）。

色川大吉「東洋の告知者天心――その生涯のドラマ」(『日本の名著39　岡倉天心・志賀重昂』、中央公論社、1970年)。

大岡信『岡倉天心』(朝日新聞社、1975年)。

大岡信ほか編訳『宝石の声なる人に――プリヤンバダ・デーヴィーと岡倉覚三：愛の手紙』(平凡社、1997年)。

大久保喬樹『岡倉天心　驚異的な光に満ちた空虚』(小沢書店、1987年)。

大久保喬樹「岡倉天心と脱近代思考の可能性――その言語、時間、空間意識」(『五浦論叢』第9号、茨城大学五浦美術文化研究所、2002年)。

大久保喬樹訳『ビギナーズ日本の思想　新訳茶の本』(角川書店、2005年)。

大久保喬樹「『茶の本』を読む――明治を駆け抜けた岡倉天心」(『なごみ』2006年10月号、淡交社、2006年)。

岡倉一雄『父岡倉天心』(中央公論社、1971年)。

岡倉一雄『岡倉天心をめぐる人々』(『五浦論叢』別冊・美術編Ⅰ、茨城大学五浦美術文化研究所、1998年)。

岡倉古志郎『祖父岡倉天心』(『五浦論叢』別冊・美術編2、茨城大学五浦美術文化研究所、1999年)。

岡倉登志「天心研究会「鵬の会」設立趣旨と歩み」(『鵬』第1号、岡倉天心研究会鵬の会、2004年)。

岡倉登志『世界史の中の日本　岡倉天心とその時代』(明石書房、2006年)。

『岡倉天心全集』月報(第1号～9号、平凡社、1979～1981年)。

「岡倉天心――芸術教育の歩み」展実行委員会編『東京藝術大学創立120周年岡倉天心展記念シンポジウム　いま天心を語る』(東京藝術大学出版会、2010年)。

岡本佳子「岡倉覚三と英語――非西欧地域における英語普及の歴史的意味」(『鵬』第1号、岡倉天心研究会鵬の会、2004年)。

岡本佳子「日露戦争期英米ジャーナリズムに見る岡倉覚三一行――『日本美術院欧米展新聞記事切抜帖』について」(『アジア文化研究』第31号、国際基督教大学アジア文化研究所、2005年)。

岡本佳子「岡倉覚三と日露戦争――文化の政治的問題の場」(『LOTUS』第26号、日本フェノロサ学会、2006年)。

小川知二「『雪村は雪舟における周文風なり』――岡倉天心の言説を巡って」(『五浦論叢』第14号、茨城大学五浦美術文化研究所、2007年)。

岡田忠軒「『茶の本』について」(『茨城大学五浦美術文化研究所報』第9号、茨城大学五浦美術文化研究所、1982年)。

桶谷秀昭訳『茶の本(英文収録)』(講談社、1994年、2003年第17刷)。

金子敏也『宗教としての芸術――岡倉天心と明治近代化の光と影』(つなん出版、2007年)。

河北倫明「美術振興の情熱と見識」(『岡倉天心全集』第3巻、平凡社、1979年)。

川嶌一穂「天心岡倉覚三の思想形成——福井人としての岡倉と橋本左内」(『LOTUS』第23号、日本フェノロサ学会、2003年)。

神林恒道「岡倉天心の芸術思想」(『LOTUS』第9号、フェノロサ学会、1989年)。

神林恒道「岡倉天心と美術史学の形成」(『美術フォーラム21』第4号、美術フォーラム21刊行会、2001年)。

木下長宏『詩の迷路——岡倉天心の方法』(學藝書林、1989年)。

木下長宏『岡倉天心——物ニ観ズレバ竟ニ吾無シ』(ミネルヴァ書房、2005年)。

清見陸郎『岡倉天心』(平凡社、1934年)。

清見陸郎『天心岡倉覺三』(筑摩書房、1945年)。

久世夏奈子「岡倉覚三とボストン美術館」(『美術史』159号、美術史学会、2005年)。

久世夏奈子「ボストン美術館における岡倉覚三の展示活動——＜日本美術＞の提示と＜中国美術＞の形成」(『近代画説』第15号、明治美術学会、2006年)。

熊田由美子「天心と六角堂——中国建築体験を中心に着想源をさぐる」(『五浦論叢』第5号、茨城大学五浦美術文化研究所、1998年)。

熊田由美子「岡倉天心の古代彫刻論——その年代観・作品観の変遷について」(『五浦論叢』第7号、茨城大学五浦美術文化研究所、2000年)。

熊田由美子「岡倉天心の鎌倉彫刻論——仏像批評史の基礎的研究として」(『五浦論叢』第10号、茨城大学五浦美術文化研究所、2003年)。

黒崎政男『茶の本　何が＜和＞でないか』(哲学書房、2006年)。

小穴晶子「岡倉天心の『白狐』と荘子の思想」(『多摩美術大学研究紀要』第11号、多摩美術大学、1997年)。

小泉晋弥「岡倉天心のアジア観『東洋の理想』の位置」(『国際交流基金設立30周年記念事業国際シンポジウム2002「流動するアジア——表象とアイデンティティ」報告書』、国際交流基金アジアセンター、2003年)。

小泉晋弥「中国美術コレクションと天心」(『アート・トップ』第203号、芸術新聞社、2005年)。

小泉晋弥「天心と日本美術史」(『アート・トップ』第204号、芸術新聞社、2005年)。

小泉晋弥「欧米を魅了した『神秘』の本質」(『趣味の水墨画』2005年5月号、日本美術教育センター、2005年)。

児島孝『近代日本画、産声のとき——岡倉天心と横山大観、菱田春草』(思文閣出版、2004年)。

後藤末吉「天心とインド美術」(『茨城大学五浦美術文化研究所報』第9号、茨城大学五浦美術文化研究所、1982年)。

後藤末吉「五浦と天心」(『茨城大学五浦美術文化研究所報』第10号、茨城大学五浦美術文化研究所、1985年)。

斎藤隆三『岡倉天心』(吉川弘文館、1960年、1995年新装版第3刷)。

佐伯彰一「岡倉天心——コスモポリタン・ナショナリストの内面」(芳賀徹編『講座

比較文学5　西洋の衝撃と日本』、東京大学出版会、1973年）。

坂出祥伸「岡倉天心と道教（覚書）」（宮澤正順博士古稀記念論文集刊行会編『宮澤正順博士古稀記念　東洋――比較文化論集』、青史出版、2004年）。

三徳庵・ワタリウム美術館企画・監修『岡倉天心国際シンポジウム　茶の本の100年』（小学館スクウェア、2007年）。

塩崎智「『日本の覚醒』をめぐる金子堅太郎と岡倉天心」（『日本大学精神文化研究所紀要』第34集、日本大学精神文化研究所、2003年）。

成恵卿「岡倉天心――東洋と西洋のはざまで」（平川祐弘編『異国への憧憬と祖国への回帰』、明治書院、2000年）。

ソーントン・不破直子「岡倉天心の『茶の本』と当時のアメリカ文壇」（『比較文学』第25巻、日本比較文学会、1982年）。

ソーントン・不破直子「岡倉天心『日本の目覚め』の英米における受容」（『比較文学』第26巻、日本比較文学会、1983年）。

高澤秀次「岡倉天心　『アジアは一つ』の祈りと叫び」（『海を越えて　近代知識人の冒険』、秀明出版会、2000年）。

高階秀爾「『欧州視察日誌』の意義」（『岡倉天心全集』月報2、平凡社、1979年）。

高階秀爾「岡倉天心」（『日本近代美術史論』、講談社、1980年）。

立木智子・後藤末吉「岡倉天心とハーバード大学」（『茨城大学五浦美術文化研究所報』第11号、茨城大学五浦美術文化研究所、1987年）。

立木智子「太平洋を越えたアンティモダニズムの邂逅――岡倉天心が日本文化の紹介に果たした役割」（佐々木隆編『100年前のアメリカ――世紀転換期のアメリカ社会と文化』、修学社、1995年）。

立木智子『岡倉天心「茶の本」鑑賞』（淡交社、1998年）。

田中秀隆「茶道文化論の構造」（熊倉功夫・田中秀隆編『茶道大系1　茶道文化論』、淡交社、1999年）。

田中秀隆「天心からのメッセージ(1)～(10)」（『茶の湯』第343～352号、茶の湯同好会、2002～03年）。

田中秀隆「柳宗悦の茶道論」（熊倉功夫編『茶人と茶の湯の研究』、思文閣出版、2003年）。

田中秀隆『近代茶道の歴史社会学』（思文閣出版、2007年）。

坪内隆彦『岡倉天心の思想探訪――迷走するアジア主義』（勁草書房、1998年）。

鶴間和幸「天心の中国認識――『支那南北の区別』をめぐって」（『茨城大学五浦美術文化研究所報』第9号、茨城大学五浦美術文化研究所、1982年）。

東郷登志子『岡倉天心『茶の本』の思想と文体――*The Book of Tea* の象徴技法』（慧文社、2006年）。

戸口幸策「天心とオペラ――岡倉天心のオペラ台本『白狐』をめぐって」（『五浦論叢別冊　岡倉天心来五浦百年記念：講演とオペラの夕べ』、茨城大学五浦美術文化研

究所、2004年)。

中川浩一「文部省官吏岡倉覚三——就任から学事巡視随行まで」(『茨城大学五浦美術文化研究所報』第11号、茨城大学五浦美術文化研究所、1987年)。

中村愿「花落ちぬ——新発見書簡に見る岡倉天心の実像」(『中央公論』11月号、中央公論新社、1991年)。

中村愿『美の復権——岡倉覚三伝』(邑心文庫、1999年)。

橋川文三編『岡倉天心　人と思想』(平凡社、1982年)。

藤原貞朗「アンリ・フォシヨンの浮世絵解釈とジャポニスム以後の日本美術史編纂」(『美術フォーラム21』第1号、美術フォーラム21刊行会、1999年)。

藤原貞朗「アンリ・フォシヨンの美学・美術史学における岡倉天心の影響」(『美学』第52巻第2号、美学会、2001年)。

堀岡弥寿子「ボストン時代の岡倉覚三」(『秀作美術』第27号、秀作美術社、1970年)。

堀岡弥寿子『岡倉天心——アジア文化宣揚の先駆者』(吉川弘文館、1974年)。

堀岡弥寿子「岡倉天心と禅——『茶の本』をめぐる一考察」(『禅文化』第93号、禅文化研究所、1979年)。

掘岡弥寿子『岡倉天心考』(吉川弘文館、1982年)。

堀岡弥寿子「日本美術院の海外展〔一九〇四/〇五〕——天心、大観、春草、紫水の渡米」(『日本美術院百年史』第3巻上、日本美術院、1992年)。

堀岡弥寿子『岡倉天心との出会い』(近代文芸社、2000年)。

宮川寅雄『岡倉天心』(東京大学出版会、1956年)。

宮田俊彦「岡倉天心英訳『修習止観座禅法要』」(『茨城大学五浦美術文化研究所報』第2号、茨城大学五浦美術文化研究所、1972年)。

宮田俊彦「未刊の岡倉天心先生資料」(茨城大学五浦美術文化研究所報』第4号、茨城大学五浦美術文化研究所、1974年)。

村井則子「アメリカ文化史の観点から読む『茶の本』」(『ジャポニスム研究』第26号、ジャポニスム学会、2007年)。

村岡博訳『茶の本』(岩波文庫、岩波書店、1929年)。

茂木雅博「岡倉天心とウォーナー」(『博古研究』第21号、博古研究会、2001年)。

茂木光春『永遠の天心』(文芸社、2002年)。

森啓「天心と道教・禅」(『茨城大学五浦美術文化研究所報』第9号、茨城大学五浦美術文化研究所、1982年)。

森田義之「岡倉天心の『泰西美術史』講義の検討」(『茨城大学五浦美術文化研究所報』第9号、茨城大学五浦美術文化研究所、1982年)。

森田義之・小泉晋弥編『岡倉天心と五浦』(中央公論美術出版、1998年)。

森本達雄「タゴールと岡倉天心」(『タゴール著作集別巻　タゴール研究』、第三文明社、1993年)。

アン・ニシムラ・モース「正当性の提唱——岡倉覚三とボストン美術館日本コレク

ション」(『岡倉天心とボストン美術館　図録』、名古屋ボストン美術館、1999年)。

アン・ニシムラ・モース「"The Book of Tea"の時代、岡倉覚三とボストン美術館」(『岡倉天心　国際シンポジウム『茶の本』の100年』、小学館スクウェア、2007年)。

山口静一「岡倉天心書簡（九鬼龍一宛）について」(『LOTUS』第11号、日本フェノロサ学会、1991年)。

山口静一「『ボストン美術館紀要』のなかの岡倉覚三」(『岡倉天心とボストン美術館図録』、名古屋ボストン美術館、1999年)。

山口静一「*The Book of Tea* のなかの誤記と誤植」(『ジャポニスム研究』第26号、ジャポニスム学会、2007年)。

山崎新光『日露戦争期の米国における広報活動――岡倉天心と金子堅太郎』(奈良：山崎書林、2001年)。

吉田千鶴子「東京美術学校と白馬会　岡倉天心と黒田清輝」(明治美術学会編『近代画説』第5号、明治美術学会、1997年)。

吉田千鶴子『〈日本美術〉の発見　岡倉天心がめざしたもの』(吉川弘文館、2011年)。

依田徹「岡倉天心における Ideal の位相――「妙想」から「理想」へ」(『五浦論叢』第10号、茨城大学五浦美術文化研究所、2006年)。

依田徹「岡倉天心の日本美術史時代区分に関する考察――「近世」規定と「丸山応挙」論をめぐって」(『東京藝術大学美術学部論叢』第3号、東京藝術大学美術学部、2007年)。

李京僖「保田與重郎の岡倉天心論――三つの架橋の相」(『比較文学』第49巻、日本比較文学会、2006年)。

ワタリウム美術館監修『ワタリウム美術館の岡倉天心・研究会』(右文書院、2005年)。

BHARUCHA, Rustom, *Another Asia : Rabindranath Tagore and Okakura Tenshin*, New Delhi : Oxford University Press, 2006.

HORIOKA, Yasuko, *The Life of Kakuzō : Author of the Book of Tea*. Tokyo : Hokuseido Press, 1963.

INAGA, Shigemi, "Okakura Kakuzō's Nostalgic Journey to India and the Invention of Asia", Susan Fisher ed., *Nostalgic journeys : Literary Pilgrimages Between Japan and the West*, Vancouver : The University of British Columbia, 2001.

WESTON, Victoria, *East Meets West : Isabella Stewart Gardner and Okakura Kakuzō*, Boston : Isabella Stewart Gardner Museum, 1992. 小泉晋弥訳「東と西の出会い――イザベラ・ステュワート・ガードナーと岡倉覚三」(『五浦論叢』第7号（茨城大学五浦美術文化研究所、2000年)。

WESTON, Victoria, *Japanese painting and National Identity : Okakura Tenshin and His Circle*, Ann Arbor : University of Michigan, 2004.

（2）美術史・美学・文化史
ロール・シュワルツ＝アレナレス「ガストン・ミジョン（1861−1930）、ルーヴル美術館初の極東美術コレクション学芸員――日本滞在100周年にあたり、功績を振り返る」（『お茶の水女子大学比較日本学研究センター研究年報』第3号、お茶の水女子大学比較日本学研究センター、2007年）。

稲賀繁美『絵画の東方――オリエンタリズムからジャポニスムへ』（名古屋大学出版会、1999年）。

稲賀繁美「《他者》としての『美術』と、『美術』の《他者》としての『日本』――『美術』の定義を巡る文化摩擦」（島本浣・加須屋誠編『美術史と他者』、晃洋書房、2000年）。

稲賀繁美「日本美術像の変遷――印象主義日本観から『東洋美学』論争まで」（『環』第6号、藤原書店、2001年）。

稲賀繁美「近代の国家コレクションと民間コレクションの形成――東洋／日本美術の収集・展示・露出とその逆説」（『記号学研究』第21号、日本記号学会、2001年）。

茨城県立美術博物館編『茨城の美術史　明治・大正・昭和』（茨城県立美術博物館、1972年）。

今井雅晴『アメリカにわたった仏教美術――フィラデルフィア美術館を中心に』（自照社出版、1999年）。

大島清次『ジャポニスム――印象派と浮世絵の周辺』（美術公論社、1997年）。

岡田健「龍門石窟への足跡――岡倉天心と大村西崖」（東京国立文化財研究所編『語る現在、語られる過去　日本の美術史学100年』、平凡社、1999年）。

岡部昌幸「アメリカ――東回りとフェミニズムのジャポニスム」（ジャポニスム学会編『ジャポニスム入門』、思文閣出版、2000年）。

神林恒道『美学事始　芸術学の日本近代』（勁草書房、2002年）。

木下直之『世の途中から隠されていること――近代日本の記憶』（晶文社、2002年）。

桑原節子「ドイツ――ユーゲントシュティールのグラフィックと工芸」（ジャポニスム学会編『ジャポニスム入門』、思文閣出版、2000年）。

児玉実英『アメリカのジャポニズム　美術・工芸を超えた日本志向』（中央公論社、1995年）。

児玉実英「アメリカにおける異教のヴィジョン――ジャポニズムの時代と絵画と衣装と文学」（日本比較文学会編『滅びと異教の比較文化』、思文閣出版、1994年）。

ウォレン・I・コーエン、川嶌一穂訳『アメリカが見た東アジア美術』（スカイドア、1999年）。

佐々木健一『美学への招待』（中央公論新社、2004年）。

佐藤道信「大観・春草の欧米遊学と朦朧体」（『日本美術院百年史』第3巻上、日本美術院、1992年）。

佐藤道信『＜日本美術＞誕生　近代日本の「ことば」と戦略』（講談社、1996年）。

佐藤道信『明治国家と近代美術――美の政治学』(吉川弘文館、1999年)。

ロール・シュワルツ＝アレナレス「フランスにおける日本美術史研究の起源と発展についての一考察」(『お茶の水女子大学比較日本学研究センター研究年報』第1号、お茶の水女子大学比較日本学研究センター、2005年)。

鈴木良「近代日本文化財問題研究の課題」(鈴木良・高木博志編『文化財と近代日本』、山川出版社、2002年)。

高木博志「1880年代、大和における文化財保存」(歴史学研究会編『歴史学研究』第629号、青木書店、1992年)。

高木博志『近代天皇制の文化史的研究――天皇就任儀礼・年中行事・文化財』(校倉書房、1997年)。

高木博志「世界文化遺産と日本の文化財保護――御物と陵墓の非国際性」(園田英弘編『流動化する日本の「文化」――グローバル時代の自己認識』、日本経済評論社、2001年)。

高木博志「日本の近代化と伝統の創出」(パルテノン多摩編『パルテノン多摩連続講演記録集「伝統」の創造と文化変容』、パルテノン多摩、2001年)。

高木博志「近代天皇制と古代文化――『国体の精華』としての正倉院・天皇陵」(網野善彦ほか編『岩波講座　天皇と王権を考える5　王権と儀礼』、岩波書店、2002年)。

高階絵里加『異界の海　芳翠・清輝・天心における西洋』(三好企画、2000年)。

高階秀爾「序・ジャポニスムとは何か」(ジャポニスム学会編『ジャポニスム入門』思文閣出版、2000年)。

高階秀爾『西洋の眼　日本の眼』(青土社、2001年)。

高田良信『「法隆寺日記」をひらく　廃仏毀釈から100年』(日本放送出版協会、1986年)。

瀧悌三『日本近代美術事件史』(東方出版、1993年)。

玉蟲敏子「《光琳観の変遷》1815－1915」(『美術研究』第371号、国立文化財機構東京文化財研究所、1999年)。

徳丸吉彦ほか編『芸術文化政策Ⅰ　社会における人間と芸術』(放送大学教育振興会、2002年)。

ケヴィン・ニュート、大木順子訳『フランク・ロイド・ライトと日本文化』(鹿島出版会、1997年)。

林忠正シンポジウム実行委員会編『林忠正――ジャポニスムと文化交流』(ブリュッケ、2007年)。

アーネスト・F・フェノロサ、森東吾訳『東洋美術史綱』上・下巻(東京美術、1978、1981年)。

福永知代「紅茶文化とジャポニスムのテーブルウエア」(岡部昌幸監修『ジャポニスムのテーブルウエア――西洋の食卓を彩った“日本”』、産経新聞大阪本社、2007

年)。

藤原貞朗「東洋美術史学の起源における歴史観・文化的価値観・分析方法をめぐる日本と欧米の競合について（総合的検討)」(『人文学科論集』第45号、茨城大学人文学部、2006年)。

藤本陽子「日本美術院の五浦時代」(『日本美術院百年史』3巻上、日本美術院、1992年)。

古川史隆「明治21年臨時全国宝物取調局による滋賀県社寺宝物調査――官報の記録から」(『特別展「フェノロサ・天心の見た近江――明治21年臨時全国宝物調査から」』、滋賀県立琵琶湖文化館、2004年)。

古田亮「問題群としての日本画と洋画」(『揺らぐ近代　日本画と洋画のはざまに』、東京国立近代美術館、2006年)。

三井秀樹『美のジャポニスム』(文芸春秋、1999年)。

由水常雄『ジャポニスムからアール・ヌーヴォーへ』(中央公論新社、1994年)。

横溝廣子「『工芸の世紀』の意味」、『工芸の世紀――明治の置物から現代のアートまで』(朝日新聞社、2003年)。

吉見俊哉『博覧会の政治学　まなざしの近代』(中央公論新社、1992年)。

ミカエル・リュケン、南明日香訳『20世紀の日本美術　同化と差異の軌跡』(三好企画、2007年)。

吉田千鶴子・大西純子編『六角紫水の古社寺調査日記』(東京藝術大学出版会、2009年)。

若桑みどり『皇后の肖像　昭憲皇太后の表象と女性の国民化』(筑摩書房、2001年)。

CHONG, Alan et al., *Eye of the Beholder: Masterpieces from the Isabella Stewart Gardner Museum*, Boston: Isabella Stewart Gardner Museum, 2003.

CONFORTI, Michael, "The Idealist Enterprise and the Applied Arts", *A Grand Design: The Art of the Victoria and Albert Museum*, New York: Harry N. Abrams Baltimore Museum of Art, 1997.

HORIOKA, Yasuko et al., *Oriental and Islamic Art in the Isabella Stewart Gardner Museum*, Boston: Isabella Stewart Gardner Museum, 1975.

MARRA Michele, *Modern Japanese Aesthetics: A Reader*, Honolulu: University of Hawaii Press, 1999.

ROSENFIELD, John M., "Japanese Paiting Workshops and the Gardner Museum Collections", *Fenway Court*, Boston: Isabella Stewart Gardner Museum, 1992.

WONG, Aida Yuen, *Parting the Mists: Discovering Japan and the Rise of National－Style Painting in Modern China*, Honolulu: Association for Asian Studies and University of Hawaii Press, 2006.

(3) ボストン・ネットワーク

雨宮正子「平成4年度・米国博物館事情視察報告8　イザベラ・スチュアート・ガードナーミュージアム」(『博物館研究』第28号、日本博物館協会、1993年)。

磯野直秀『モースその日その日――ある御雇教師と近代日本』(有隣堂、1987年)。

一島正真「『天台小止観』をめぐる異文化交流」(『印度学仏教学研究』第49巻第2号、日本印度学仏教学会、2001年)。

井戸桂子「明治十九年、アメリカからの来訪者　アダムズとラファージの相反する日本理解」(平川祐弘編『叢書比較文学比較文化2　異文化を生きた人々』、中央公論社、1993年)。

井戸桂子「ボストンからの来訪者の波――1880年代の日本旅行ブームの背景」(『日本文化研究』第1号、駒沢女子大学日本文化研究所、1999年)。

井戸桂子「ヘンリー・アダムズ、三ヶ月の日本教育――アメリカ・エリートの異文化体験」(『日本文化研究』第2号、駒沢女子大学日本文化研究所、2000年)。

ドロシー・G・ウェイマン、蜷川親正訳『エドワード・シルベスター・モース』上・下巻（中央公論美術出版、1976年)。

岡倉古志郎「フェノロサ＝天心関係に見られる東西文化の相互交流（研究ノート)」、「フェノロサ＝天心関係に見られる東西文化の相互交流（承前)」(『東洋研究』第124号、第125号、大東文化大学東洋研究所、1997年)。

岡倉登志「岡倉天心とボストン・ブラーミンズ（1）ジョン＝ラファージを中心に」(『東洋研究』第150号、大東文化大学東洋研究所、2003年)。

岡倉登志「岡倉天心とボストン・ブラーミンズ（2）ラングドン＝ウォーナー」(『東洋研究』第152号、大東文化大学東洋研究所、2004年)。

太田雄三『E. S. モース――＜古き日本＞を伝えた親日科学者』(リブロポート、1988年)。

川西進訳「ヘンリー・アダムズ　日本からの手紙」(『アメリカ古典文庫22　アメリカ人の日本論』、研究社出版、1975年)。

神林恒道「『日本の美学』の形成　フェノロサから天心へ」(『美術フォーラム21』第1号、『美術フォーラム21』刊行会、1999年)。

岸田勉「ボストン美術館蒐集の日本絵画調査報告（その1）――室町時代の作品について」(『研究論文集』第13集、佐賀大学教育学部、1965年)。

岸田勉「ボストン美術館蒐集の日本絵画調査報告（その2）――後期室町時代漢画系統の作品について」(『研究論文集』第14集、佐賀大学教育学部、1966年)。

桑原住雄「John La Farge と岡倉天心――その思想的相互影響について」(『芸術研究報』第1号、筑波大学芸術学系、1980年)。

桑原住雄「ラファージと日本美術」(ジョン・ラファージ、久住貢・桑原住雄訳『画家東遊録』、中央公論美術出版、1981年)。

小泉晋弥「ウォーナー像の変化」(『アート・トップ』第202号、芸術新聞社、2005年)。

小坂智子「オーガスタス・セント＝ゴーデンス作《アダムズ・メモリアル》につい

て」(『長崎国際大学論叢』第1巻、長崎国際大学研究センター、2001年)。

エレン・コナント、山崎信子ほか訳「明治初期日本における美術と政治——フェノロサの『影響』をめぐって」(芳賀徹ほか編『講座比較文学4　近代日本の思想と芸術Ⅱ』、東京大学出版会、1974年)。

佐伯彰一・芳賀徹編『外国人による日本論の名著　ゴンチャロフからパンゲまで』(中央公論新社、1987年)。

佐藤道信「フェノロサと周辺の画家達」(『LOTUS』第7号、日本フェノロサ学会、1987年)。

佐藤道信「フェノロサとジャポニスム」(『LOTUS』第10号、日本フェノロサ学会、1990年)。

椎名仙卓『モースの発掘——日本に魅せられたナチュラリスト』(恒和出版、1988年)。

清水恵美子「ボストン美術館収蔵の水戸の金工」(『耕人』第6号、耕人社、2000年)。

清水真砂「日米交流——美の周辺7　アメリカにおけるジャポニスムの先駆　楽冨和慈《ラファージ》」(『日本美術工芸』7月号、日本美術工芸社、1993年)。

志邨晃佑「産業主義の衝撃——ヘンリー・アダムズ」(斎藤真ほか編『講座アメリカの文化3　機会と成功の夢　農本主義から産業主義へ』、南雲堂、1969年)。

志邨匠子「ジョン・ラ・ファージにみるヨーロッパと日本」(『女子美術大学紀要』第28号、1998年)。

白川一郎「竜門石仏を発見した一日本人——岡倉天心の中国探題として中国美術を世界に齎らした早崎天真」(『芸術新潮』第10巻第7号、新潮社、1959年)。

園田英弘「ニューイングランドにおけるモースの知的環境」(守屋毅編『共同研究モースと日本』、小学館、1988年)。

孫暁崗・茂木雅博「日本における Langdon　Warner の評価」(『博古研究』第19号、博古研究会、2000年)。

田中剛「アダムズ記念像をめぐって——ヘンリー・アダムズと涅槃」(『英語青年』第130巻12号、研究社出版、1985年)。

塚田三千代「ジョン・ラファージ (1835-1910) のステンドグラスについて」(『LOTUS』第1号、日本フェノロサ学会、1981年)。

中川忠順ほか選『雲崗石窟』(文求堂書店、1921年)。

長尾雨山『中国書画話』(筑摩書房、1965年)

樽本照雄「長尾雨山と上海文芸界」(『書論』35、津：書論研究会、2006年)。

『新納忠之介五十回忌記念　仏像修理五十年』(財団法人美術院、2003年)。

樋口日出雄「ヘンリー・アダムズの日本旅行」(『英文学研究』第6号、梅光女学院大学英語英文学会、1970年)。

久富貢「ジヨン・ラフアージと日本」(『美術』第3巻第4号、日本美術出版、1946年)。

平子鐸嶺・中川忠順ほか編『仏教芸術の研究』(金港堂書籍、1914年)。

エドワード・W・フォーブズ、田中みか編「デンマン・ウォルド・ロスの伝記」(『LOTUS』第20号、日本フェノロサ学会、2000年)。

ヤン・フォンテーン、新野岩男訳「岡倉覚三、早崎稉吉と洛陽白馬寺」(『仏教芸術』第90号、毎日新聞社、1973年)。

細野正信編『近代の美術17　フェノロサと芳崖』(至文堂、1973年)。

堀岡弥寿子「イザベラ・スチュワート・ガードナー美術館〔ボストン〕」(『古美術』第38号、三彩社、1972年)。

堀岡弥寿子「アメリカの日本趣味——(上)・(下)」(『美育文化』2、4月号、美育文化協会、1974年)。

本間長世「伝統の継承と革新——ヘンリー・アダムズとアメリカ史の意味」(阿部斉ほか編『世紀転換期のアメリカ　伝統と革新』、東京大学出版会、1982年)。

松村茂樹「『漱石全集』の装幀から——漱石と呉昌碩そして長尾雨山」(『漱石研究』第9号、翰林書房、1997年)。

村形明子「日本美術の恩人　ビゲロー略伝」(『古美術』第35号、三彩社、1971年)。

村形明子「ジョン・ラファージと日本」(『季刊藝術』第6巻2号、季刊芸術出版、1972年)。

村形明子「フェノロサの宝物調査と帝国博物館の構想(上)(下)——ハーヴァード大学ホートン・ライブラリー蔵遺稿を中心に」(『Museum』第347・348号、東京国立博物館、1980年)。

村形明子編訳『ハーヴァード大学ホートン・ライブラリー蔵　アーネスト・F・フェノロサ資料』第1〜3巻(ミュージアム出版、1982、1984、1987年)。

村形明子「ビゲロウ、フェノロサ、岡倉——ボストン美術館日本部の形成と発展(1)創設まで」(『Museum』第384号、東京国立博物館、1983年)。

村形明子「フェノロサと岡倉の足跡を尋ねて——明治十九〜二〇年の欧米美術視察(1)アメリカにおける歓迎——新聞報道を中心に」(『LOTUS』第9号、日本フェノロサ学会、1989年)。

村形明子「フェノロサと岡倉の足跡を尋ねて——明治十九〜二〇年の欧米美術視察(2)アメリカ見聞拾遺——岡倉と小松宮一行」(『LOTUS』第10号、日本フェノロサ学会、1990年)。

村形明子「ボストンにおける岡倉天心の先行者たち——金子堅太郎と松木文恭」(上智大学アメリカカナダ研究所『アメリカ文化の原点と伝統』、彩流社、1993年)。

村形明子『アーネスト・F・フェノロサ文書集成——翻訳・翻刻と研究』上下巻(京都大学学術出版会、2000〜2001年)。

村形明子「ボストン美術館アジア・オセアニア・アフリカ部蔵W. S. ビゲロウ関係書簡——岡倉覚三との関わりを中心に」(『LOTUS』第26号、日本フェノロサ学会、2006年)。

村野夏生『漆の精　六角紫水伝』(構想社、1994年)。

守屋毅「モースとその日本研究」(同編『共同研究モースと日本』、小学館、1988年)。

アン・ニシムラ・モース「ウィリアム・スタージス・ビゲロー——日本愛好家にして日本主義者」(『ボストン美術館所蔵肉筆浮世絵展「江戸の誘惑」図録』、朝日新聞社、2006年)。
E. S. モース、石川欣一訳『日本その日その日』全3巻(平凡社、1970－1971年)。
E. S. モース、上田篤ほか訳『日本のすまい　内と外』(鹿島出版会、1979年)。
山口静一「ボストン美術館所蔵フェノロサ＝ウェルド・コレクションについて」(『埼玉大学紀要人文科学篇』第26巻、埼玉大学教養部、1977年)。
山口静一『フェノロサ　日本文化の宣揚に捧げた一生』上下巻(三省堂、1982年)。
山口静一訳「ジョン・ラファージの日本美術論——原題“An Essay on Japanese Art”」(『浮世絵芸術』第75号、日本浮世絵協会、1983年)。
山口静一編『フェノロサ美術論集』(中央公論美術出版、1988年)。
山脇佐江子「フェノロサ、天心とボストン美術館」(『LOTUS』第24号、日本フェノロサ学会、2004年)。
吉田守男『京都に原爆を投下せよ——ウォーナー伝説の真実』(角川書店、1995年)。
ジョン・ラファージ、久富貢・桑原住雄訳『画家東遊録』(中央公論美術出版、1981年)。
ADAMS, Henry, “The Mind of John La Farge”, Henry Adams et al., *John La Farge*, New York : Abbeville Press Publishers, 1987.
BENFEY, Christopher, *The Great Wave : Gilded Age Misfits, Japanese Eccentrics, and the Opening of Old Japan*, New York : Random House, 2003. 大橋悦子訳『グレイト・ウェイヴ　日本とアメリカの求めたもの』(小学館、2007年)。
CARTER, Morris, *Isabella Stewart Gardner and Fenway Court*, Boston : Isabella Stewart Gardner Museum, 1925.
CHONG, Alan & MURAI, Noriko et al., *Journeys East : Isabella Stewart Gardner and Asia*, Isabella Stewart Gardner Museum, 2009.
CORTISSOZ, Royal, *John La Farge : A Memoir and a Study*, Boston : Houghton Mifflin Company, 1911.
GIPSON, Richard McCandless, *The Life of Emma Thursby*, New York : The New-York Historical Society, 1940.
GOLDFARB, Hilliard T., *The Isabella Stewart Gardner Museum : A Companion Guide and History*, Boston : The Isabella Stewart Gardner Museum, 1995.
HIND, Lewis C., *Augustus Saint＝Gaudens,* New York : John Lane Company, 1908.
SAINT－GAUDENS, Homer, ed., *The Reminiscences of Augustus Saint-Gaudens* vol. 1, New York : The Century Co. 1913.
SAMUELS, Ernest, *Henry Adams : The Middle Years*, Cambridge : The Belknap Press of Harvard University Press, 1958.

SHAND－TUCCI, Douglass, *The Art of Scandal : The Life and Times of Isabella Stewart Gardner*, New York : HarperCollins Publishers, 1997.

SHARF, Frederic A., ed., *"A Pleasing Novelty" : Bunkio Matsuki and The Japan Craze in Victorian Salem*, Salem : Peabody & Essex Museum, 1993.

THARP, Louise Hall, *Mrs. Jack : a Biography of Isabella Stewart Gardner,* New York : Peter Weed Books, 1984.

THRASHER, William,"The Beginnings of Chanoyu in America", *Chanoyu Quarterly* no. 40, New York : Urasenke Chanoyu Center, 1984.

WEINBERG, Helen Barbara, "John La Farge : The Relation of His Illuminations to His Ideal Art", *The American Art Journal* vol. 5, New York : Kennedy Galleries, Inc., 1973.

YARNALL, James L., "Nature and Art in the Painting of John La Farge", Henry Adams et al., *John La Farge*, New York : Abbeville Press Publishers, 1987.

YARNALL, James L., "John La Farge and Henry Adams in Japan", *The American Art Journal* vol. 21, New York : Kennedy Galleries, Inc., 1989.

Anon., *The Adams Memorial*, Washington, D. C. : Rock Creek Cemetery, n.d.

（4）アメリカ史、ボストン史、日米交流史

阿部斉ほか編『世紀転換期のアメリカ　伝統と革新』（東京大学出版会、1982年）。

阿部斉ほか編『アメリカ研究案内』（東京大学出版会、1998年）。

伊藤和男「光は東から――ソーロウに於ける東洋思想の体験」（『禅文化』第93号、禅文化研究所、1979年）。

デヴィッド・キャナダイン、平田雅博ほか訳『虚飾の帝国――オリエンタリズムからオーナメンタリズムへ』（日本経済評論社、2004年）。

後藤昭次「超絶主義とエマソン」、大下尚一編『講座アメリカの文化１　ピューリタニズムとアメリカ：伝統と伝統への反逆』（南雲堂、1969年）。

佐々木隆「ウィンスロー・ホーマーと大母の発見」（佐々木隆ほか編『100年前のアメリカ――世紀転換期のアメリカ社会と文化』、修学社、1995年）。

塩崎智『アメリカ「知日派」の起源　明治の留学生交流譚』（平凡社、2001年）。

塩崎智「日露戦争中、米国で読まれた『日本』：米国公共図書館で請求された日本及び日本文化関連書物に関する考察（上）」（『敬愛大学国際研究』第14号、2004年）。

関直彦『永遠の友――ピーボディ・エセックス博物館と日本』（リンガシスト、2000年）。

園田英弘『世界一周の誕生――グローバリズムの起源』（文藝春秋、2003年）。

滝田佳子「トランセンデンタリストと東洋――ソローを中心に」（芳賀徹ほか編『講座比較文学６　東西文明圏と文学』、東京大学出版会、1974年）。

巽孝之『アメリカ文学史――駆動する物語の時空間』（慶應義塾大学出版会、2003年）。

野村達朗「ヨーロッパ系移民の流入と世紀転換期の合衆国人口の構成」（佐々木隆編『100年前のアメリカ――世紀転換期のアメリカ社会と文化』、修学社、1995年）。

羽田美也子『ジャポニスム小説の世界――アメリカ編』（彩流社、2005年）。

ヴァン・ウィック・ブルックス、石川欣一訳『花ひらくニューイングランド1815年－1865年』（三笠書房、1951年）。

ジョセフ・M・ヘニング、空井護訳『アメリカ文化の日本経験　人種・宗教・文明と形成期米日関係』（みすず書房、2005年）。

堀田謹吾『名品流転――ボストン美術館の「日本」』（日本放送出版協会、2001年）。

吉田亮「カリフォルニア日本人のキリスト教化教育とアメリカ化――E・A・ストージの『異教徒』移民・文化受容の姿勢」（佐々木隆編『100年前のアメリカ――世紀転換期のアメリカ社会と文化』、修学社、1995年）。

T. J.ジャクソン・リアーズ、小池和子訳「救いから自己実現へ＝広告と消費者文化の心理療法としてのルーツ　1880－1930」（リアーズほか『消費の文化』、勁草書房、1985年）。

渡辺靖『アフター・アメリカ　ボストニアンの軌跡と＜文化の政治学＞』（慶應義塾大学出版会、2004年）。

FORMISANO, Ronald P. ed., *Boston 1700–1980 : The Evolution of Urban Politics*,Contributions in American History, no. 106. Westport : Greenwood Press, 1984.

LEARS, T. J. Jackson, *No Place of Grace, Antimodernism and the Transformation of American Culture, 1880 – 1920*, Chicago : University of Chicago Press, 1994.

STORY, Ronald, *The Forging of an Aristcracy : Harvard & the Boston Upper Class, 1800 – 1870*, Middletown : Wesleyan University Press, 1980.

WHITEHILL, Walter Muir, *Boston : A Topographical History*, Cambridge : The Belknap Press of Harvard University Press, 2000.

WHITEHILL, Walter Muir, *Museum of Fine Arts Boston : A Centennial History* vol.1～2, Cambridge : The Belknap Press of Harvard University Press, 1970.

（５）音楽・演劇・文学

（オペラ・洋楽受容・邦楽）

相澤啓三編『オペラ・アリア　ベスト101』（新書館、2000年）。

アッティラ・チャンパイほか編、宮崎滋訳『名作オペラブックス27　マスカーニ　カヴァレリア・ルスティカーナ　レオンカヴァルロ　道化師』（音楽之友社、1989年）。

リヒャルト・ヴァーグナー、三光長治監修『ワーグナー著作集』第１、３、５巻（第三文明社、1990～93年）。

岩田和男「むかし、ムスメ小説があった――『蝶々夫人』と日本女性のイメージ」（佐々木英昭編『異文化への視線』、名古屋大学出版会、1996年）。

岡田暁生『オペラの運命　十九世紀を魅了した「一夜の夢」』（中央公論新社、2001

年）。

河村錠一郎『ワーグナーと世紀末の画家たち』（音楽之友社、1987年）。

木村重雄「日本のオペラ　その発展の軌跡」（財団法人日本オペラ振興会編『日本のオペラ史』、岩波ブックセンター信山社、1986年）。

ヘルムート・キルヒマイヤー、大崎滋生訳「タンホイザーが象徴しているものとタンホイザー問題」（『名作オペラブックス16　ワーグナー　タンホイザー』、音楽之友社、1988年）。
D. J. グラウト、服部幸三訳『オペラ史』下巻（音楽之友社、1958年）。
D. J. グラウト・C. V. パリスカ、戸口幸策ほか訳『新西洋音楽史』下巻（音楽之友社、2001年）。
小林典子「『西楽論争』――森鷗外と上田敏のヴァーグナー論」（『比較文学研究』第44号、東大比較文学会、1983年）。

ジム・サムソン編、三宅幸夫監訳『西洋の音楽と社会９　世紀末とナショナリズム 後期ロマン派２』（音楽之友社、1996年）。

篠田一士・諸井誠『世紀末芸術と音楽　往復書簡』（音楽之友社、1983年）。

島津正編『薩摩琵琶の真髄――西幸吉先生の秘録とその解題』（ぺりかん社、1993年）。

瀧井敬子「森鷗外訳『オルフエウス』をめぐる一考察」（『東京藝術大学音楽部紀要』第28集、東京藝術大学音楽部、2002年）。

瀧井敬子『漱石が聴いたベートーヴェン　音楽に魅せられた文豪たち』（中央公論新社、2004年）。

田中錦煌『薩摩琵琶の栞』（薩摩琵琶錦煌会、2001年）。

鶴園紫磯子「音楽――近代音楽の誕生とジャポニスム」（ジャポニスム学会編『ジャポニスム入門』、思文閣出版、2000年。

ジョン・ルイス・ディガエターニ、細川晶訳『オペラへの招待』（新書館、1994年）。

内藤高『明治の音　西洋人が聴いた近代日本』（中央公論新社、2005年）。

中内蝶二編『日本音曲全集５　琵琶歌全集』（日本音曲全集刊行会、1927年）。

永竹由幸、若松茂生「歌舞伎からオペラへ」（高橋英郎編『モーツァルト・オペラ・歌舞伎』、音楽之友社、1990年）。

永竹由幸『オペラと歌舞伎』（丸善、1993年）。

中村洪介『西洋の音、日本の耳――近代日本文学と西洋音楽』（春秋社、1987年）。

根岸一美・三浦信一郎編『音楽学を学ぶ人のために』（世界思想社、2004年）。

西原稔『「楽聖」ベートーヴェンの誕生　近代国家がもとめた音楽』（平凡社、2000年）。

萩原秋彦編『注解薩摩琵琶歌集』（龍洋会、1965年）。

橋本頼光「茶屋の天使――英国世紀末のオペレッタ『ゲイシャ』（1896）とその歴史的文脈」（『ジャポニスム研究』第23号、ジャポニスム学会、2003年）。

増井敬二『日本のオペラ史～1952』（水曜社、2003年）。

増井敬二『日本のオペラ――明治から大正へ』(民音音楽資料館、1984年)。

升本匡彦「外国人劇場と『ミカド』――日本で上演されたジャポニスム」(佐々木英昭編『異文化への視線』、名古屋大学出版会、1996年)。

三宅新三『ヴァーグナーのオペラの女性像』(鳥影社・ロゴス企画部、2003年)。

八木雅子「『M・バタフライ』に見る、日本にとっての東洋/女のイメージ」(『演劇研究センター紀要Ⅰ早稲田大学21世紀COEプログラム〈演劇と総合的研究と演劇学の確立〉』、早稲田大学演劇博物館、2003年)。

安田寛『「唱歌」という奇跡　十二の物語――讃美歌と近代化の間で』(文藝春秋、2003年)。

安田雅信「坪内逍遥の『新楽劇論』におけるリヒャルト・ワーグナーの影響――明治30年代における楽劇の受容の展開について」(『楽劇学』第6号、楽劇学会、1999年)。

吉田秀和『LP 300選』(新潮社、1981年)。

渡辺護『リヒャルト・ワーグナーの芸術』(音楽之友社、1965年)。

CLAYTON, Martin ed., *The Cultural Study of Music: a Critical Introduction*, New York: Routledge, 2003.

EATON, Quaintance, *Opera Caravan: Adventures of the Metropolitan on Tour, 1883-1956*, Da Capo Press Music Reprint Ser., New York: Da Capo Press, 1978.

EATON, Quaintance, *The Boston Opera Company*, Da Carpo Press Music Reprint Ser., New York: Da Carpo Press, 1980.

GILMAN, Lawrence, "The Music of Loeffler", *North American Review* vol. 662, New York: The North American Review Publishing CO., 1911.

GILMAN, Lawrence, "Opera in English", *North American Review*, vol. 666, New York: The North American Review Publishing CO., 1911.

KNIGHT, Ellen, *Charles Martin Loeffler: A Life Apart in American Music*, Urbana & Chicago: University of Illinois Press, 1993.

KOLODIN, Irving, *The Story of the Metropolitan Opera, 1883-1950: A Candid History*, New York: Alfred A. Knopf, 1953.

LOCKE, Ralph P., "Leaves from Bayreuth", *Isabella Stewart Gardner Museum 1975*, Boston: the Trustee of the Isabella Stewart Gardner Museum, 1976.

LOCKE, Ralph P., *Cultivating Music in America: Women Patrons and Activists since 1860*, Berkely: University of Callifornia Press, 1997.

Anon., *Tannhäuser, Wagner, Metropolitan Opera House: Season of 1884-85*, New York: C. D. Koppel & Co., 1884.

Anon., *Grand German Opera Libretto and Parlor Pianist: Tannhäuser*, New York: Theatre Ticket Office, n.d.

（演劇・芸能・文学）

秋庭太郎『東都明治演劇史』（鳳出版、1975年）。

安部豊編『中村歌右衛門口述魁玉夜話　歌舞伎の型』（文谷書房、1950年）。

石進「ポール・クローデル“双頭の牡丹燈籠”について」（『独仏文学研究』第23号、九州大学独仏文学研究会、1973年）。

岩瀬博「敦盛」（吾郷寅之進編『幸若舞曲研究』第4巻、三弥井書店、1986年）。

大島健彦校注「小敦盛」（『日本古典文学全集36　御伽草子集』小学館、1974年）。

大日方純夫「芸能と権力——明治前期の東京を中心に」（『幕末維新論集11　幕末維新の文化』、吉川弘文館、2001年）。

岡本綺堂『大東名著選30　明治の演劇』（大東出版社、1942年）。

柏倉康夫「貞奴とハナコの日本——身体の表象」（山内久明ほか編『表象としての日本——西洋人の見た日本文化』、放送大学教育振興会、2004年）。

アダム・カバット「A PASSIONAL KARMAと『牡丹燈籠』」（『比較文学研究』第47号、東京大学比較文学会、1985年）。

河竹登志夫ほか監修「蘆屋満満大内鑑」、「鬼一法眼三略巻（菊畑・一条大蔵譚）」（『名作歌舞伎全集』第3巻、東京創元新社、1968年）。

神田由築「歌舞伎『勧進帳』の背景——『杖で打たれる』ということ」（『お茶の水女子大学『魅力ある大学院教育』イニシアティブ<対話と深化>の次世代女性リーダーの育成　平成17年度活動報告書　海外研修事業編』、2006年）。

神田由築『日本史リブレット91　江戸の浄瑠璃文化』（山川出版社、2009年）。

郡司正勝校注「勧進帳」（『日本古典文学大系98　歌舞伎十八番集』、岩波書店、1965年）。

レベッカ・L・コープランド、鈴木禎宏訳「日本文学にあらわれた『母恋い』と子宮のイメージ」（平川祐弘・萩原孝雄編『日本の母　崩壊と再生』、新曜社、1997年）。

小泉八雲、平井呈一訳『日本雑記　他』（恒文社、1975年）。

佐藤謙三ほか訳『義経記』第1・2巻（平凡社、1968年）。

三遊亭円朝『怪談　牡丹燈籠』（岩波書店、1955年）。

島津久基『義経伝説と文学』（明治書院、1935年）。

島津兵庫作「小敦盛」（中内蝶二ほか編『日本音曲全集』第5巻、琵琶歌全集、日本音曲全集刊行会、1927年）。

砂田恵理加「Alice M. Baconと怪談牡丹燈籠——“The Peony Lantern”に見る世紀転換期のアメリカ知識人」（国士舘大学政経学会編『国士舘大学政経論叢政経学部創立45周年記念号』、成文堂、2006年）。

E・スティーヴンスン、遠田勝訳『評伝ラフカディオ・ハーン』（恒文社、1984年）。

高木市之助ほか編『日本古典鑑賞講座11　平家物語』（角川書店、1957年）。

ラビンドラナート・タゴール、森本達雄訳「ギタンジャリ」（『タゴール著作集』第1巻、第三文明社、1981年）。

田中貢太郎「牡丹燈記」（『中国の怪談（１）』、河出書房新社、1987年）。

田部隆次『小泉八雲』（北星堂書店、1950年）。

チェンバレン、高梨健吉訳『日本事物誌』第１・２巻（平凡社、1969年）。

塚原哲三編輯『源平盛衰記』下巻（有朋堂書店、1929年）。

坪内逍遥「新楽劇論」、「金毛狐」、「小袖物狂」、「新曲浦島」（逍遥協会編『逍遥選集』第３巻、第一書房、1977年）。

鶴田欣也『日本近代文学における「向う側」――母なるもの性なるもの』（世界の日本文学シリーズ２、明治書院、1986年）。

戸板康二編「一ノ谷嫩軍記」須磨浦組討の場、「勧進帳」、（『歌舞伎名作選』第２・15巻、創元社、1953、1956年）。

中村歌右衛門述、伊原青々園編『歌右衛門自伝』（秋豊園出版部、1935年）。

西野春雄校注「安宅」（『新日本古典文学大系57 謡曲百番』、岩波書店、1998年）。

ラフカディオ・ハーン、上田和夫訳『小泉八雲集』（新潮社、1975年）。

ラフカディオ・ハーン、池田雅之訳編『おとぎの国の妖怪たち――小泉八雲怪談集２』（社会思想社、1996年）。

藤波隆之『歌舞伎の世界』（講談社、1989年）。

松本隆信校注「小敦盛絵巻」（『新潮日本古典集成34　御伽草紙集』、新潮社、1980年）。

水原一校注『新潮日本古典集成　平家物語』上・中・下（新潮社、1979～1981年）。

山口静一「フェノロサとラフカディオ・ハーン――ふたつの未発表書簡をめぐって」（『HERON』第13巻別冊、埼玉大学、1979年）。

横道萬里雄ほか校注「敦盛」（『日本古典文学体系40　謡曲集上』、岩波書店、1960年）、「安宅」（『日本古典文学大系41　謡曲集下』、岩波書店、1963年）。

横山重校訂「こあつもり」（『古浄瑠璃正本集』第１増訂版、角川書店、1964年）。

横山重校訂「こあつもり」（『説経正本集』第３巻、角川書店、1968年）。

早稲田大学演劇博物館『日本演劇史年表』（八木書店、1998年）。

EMERSON, Margaret, “Lafcadio Hearn’s Funeral”, *The Critic and Literary World* vol. 46, New York : The Critic Company, 1905.

HEARN, Lafcadio, *In Ghostly Japan*, Rutland : Chales E. Tuttle Company, Inc., 1971, Reprint originally published, Boston : Little, Brown and Co., 1899.

NORTON, Elliot, *Broadway Down East : An Informal Account of the Plays, Players and Playhouses of Boston from Puritan Times to the Present*, Boston : Trustees of the Public Library of the City of Boston, 1978.

（狐・信太妻伝説）


朝倉治彦編「安倍晴明物語一代記」（『仮名草子集成１』、東京堂出版、1980年）。

荒木繁『説経節』（平凡社、1973年）。

池上洵一・小峯和明・森正人校注『新日本古典文学大系35～37　今昔物語集３～５』

（岩波書店、1993、1994、1996年）。

泉鏡花「小春の狐」（『新編泉鏡花集』第２巻、岩波書店、2004年）。

出雲路修校注『新日本古典文学大系30　日本霊異記』上巻（岩波書店、1996年）。

伊東勉訳『ラインケ狐』（岩波書店、1952年）。

円地文子「歌劇『白狐』のこと」（『女坂』、人文書院、1939年、再録『円地文子全集』第１巻、新潮社、1978年）。

折口信夫「信太妻の話」、「文学と饗宴と」（折口博士記念会編『折口信夫全集』第２、７巻、中央公論社、1955年）。

川本浩子「『蘆屋道満大内鑑』成立」（『国文』第21号、お茶の水女子大学国語国文学会、1964年）。

木村康男「人形浄瑠璃・歌舞伎『蘆屋道満大内鑑』とベン・ジョンソン『ヴォルポーネまたは古狐』――＜狐＞をモチーフにした演劇の洋の東西比較研究」（『東京国際大学論叢人間社会学部編』第５号、東京国際大学、1999年）。

ゲーテ、藤井啓行訳「ライネケ狐」（松本道介ほか訳『ゲーテ全集』２　新装普及版、潮出版社、2003年）。

「続群書類従巻第九百六　簠簋内伝」（『続群書類従』第31輯上、群書類従完成会、1927年）。

郡司正勝編「保名（深山桜及兼樹振）」（『舞踊集　歌舞伎オンステージ25』、白水社、1988年）。

国立劇場調査養成部芸能調査室編『上演資料集107　高時・汐汲・保名・八幡祭小望月賑』、『上演資料集127　芦屋道満大内鑑・染模様妹背門松・須磨都源平躑躅・夏祭浪花鑑』、『上演資料集230芦屋道満大内鑑・勢州阿漕浦・国言詢音頭・化競丑満鐘』、『上演資料集240蘆屋道満大内鑑』、『上演資料集302蘆屋道満大内鑑』（日本芸術文化振興会・国立劇場、1974、1976、1984、1985、1990年）。

坂井田ひとみ「中国文学における「狐」の形象――その歴史的変転と作品中の性格」（『中京大学社会科学研究』第17巻第１号、中京大学社会科学研究所、1996年）。

ベン・ジョンソン、大場建治訳『ベン・ジョンソン戯曲選集２　古ぎつね――ヴォルポーネ』（国書刊行会、1991年）。

末廣弓雄「狐の芸能に関する考察の一端」（『芸能』第１号、芸能学会、1995年）。

鈴木覺ほか訳『狐物語』（岩波書店、2002年）。

高久久『歌舞伎動物記　十二支尽歌舞伎色種』（近代文藝社、1995年）。

千葉俊二「近代妖狐奇譚――その１」（『学術研究――国語・国文学編』第47号、早稲田大学教育学部、1998年）。

角田一郎ほか校注『新日本古典文学大系93　竹田出雲　並木宗輔浄瑠璃集』（岩波書店、1991年）。

戸板康二編「芦屋道満大内鑑」（『歌舞伎名作選』第７巻、東京創元社、1956年、『名作歌舞伎全集』第３巻、東京創元新社、1968年）。

戸板康二編「しのだつま」(『歌舞伎名作選』第15巻、東京創元社、1956年)。

戸沢明「ゲーテとライネケ狐」(『人文学報』第38号、東京都立大学人文学部、1964年)。

永井荷風「狐」(『荷風小説2』、岩波書店、1986年)。

中村吉蔵『日本戯曲技巧論』(中央公論社、1942年)。

中澤千磨夫「『狐』の世界——永井荷風の出発」(『国語国文研究』第73号、北海道大学国文学会、1985年)。

中務哲郎訳『イソップ寓話集』(岩波書店、1999年)。

中村禎里『狐の日本史　古代・中世篇』、『狐の日本史　近世・近代篇』(日本エディタースクール出版部、2001、2003年)。

西岡晴彦「狐妖考——唐代小説における狐」(『東京支那学報』第14号、東京支那学会、1968年)。

日本ヤナーチェク友の会編『ヤナーチェク歌劇　利口な女狐の物語　対訳と解説』(日本ヤナーチェク友の会、2003年)。

桧枝陽一郎「動物叙事詩ラインケ狐成立史」(『北里大学教養部紀要』第18号、北里大学教養部、1984年)。

藤田ゆかり「浄瑠璃の歌舞伎化をめぐって——『蘆屋道満大内鑑』の場合」(『芸能史研究』第65号、芸能史研究会、1979年)。

星野五郎『狐の文学史』(新典社、1995年)。

堀竜一「永井荷風『狐』における＜ゲニウス・ロキ＞——近代小説と異界(二)」(『新大国語』第22号、新潟大学教育学部国語国文学会、1996年)。

蒲松齢、立間祥介編訳『聊斎志異』上・下巻(岩波書店、1997年)。

蒲松齢、増田渉ほか訳『中国古典文学体系40・41　聊斎志異』上・下巻(平凡社、1970〜71年)。

前田愛「廃園の精霊」(『前田愛著作集5　都市空間のなかの文学』、筑摩書房、1989年)。

増尾伸一郎「＜葛の葉＞の影——狐の異類婚と子別れ」(『国文学解釈と鑑賞』第69巻第12号、至文堂、2004年)。

馬渕和夫ほか校注『新編日本古典文学全集36　今昔物語集2』、『新編日本古典全集38　今昔物語集4』(小学館、2000〜02年)。

美濃部重克ほか編「三国相伝簠簋金烏玉兎集之由来」翻刻、「たまも解説」(『伝承文学資料集成第12輯　室町期物語2』、三弥井書店、1985年)。

室木弥太郎編『新潮日本古典集成8　説経集』(新潮社、1977年)。

屋敷信晴「唐代狐妖譚と道教」(『中国中世文学研究』第42号、中国中世文学会、2002年)。

山本角太夫正本「しのだづま」(『徳川文芸類聚第八浄瑠璃』、国書刊行会、1970年)。

横山重校訂「しのだづまつりぎつね付あべノ清明出生」(『古浄瑠璃正本集』第4巻、

角川書店、1965年)。

吉田秀和「ヤナーチェク《利口な女狐の物語》」(『私の好きな曲』、新潮社、1977年)。

吉野裕子『ものと人間の文化史39　狐　陰陽五行と稲荷信仰』(法政大学出版局、1980年)。

龍ヶ崎市史編さん委員会編『龍ヶ崎市史　民俗編』(龍ヶ崎市、1993年)。

和田正美「狐の業と女の性と――『蘆屋道満大内鑑』を中心にして」(『比較文学研究』第65号、東大比較文学会、1994年)。

渡邉香織「＜異界的空間＞の解明――泉鏡花『小春の狐』論」(『上越教育大学国語研究』第20号、上越教育大学国語教育学会、2006年)。

渡辺守邦『仮名草紙の基底』(勉誠社、1986年)。

渡辺守邦「『簠簋抄』以前――狐の子安倍の童子の物語」(『国文学研究資料館紀要』第14号、国文学研究資料館、1988年)。

渡辺守邦「＜狐の子別れ＞文芸の系譜」(『国文学研究資料館紀要』第15号、国文学研究資料館、1989年)。

(6) 思想・宗教・国際関係ほか

今道友信『西洋哲学史』(講談社、1987年)。

岩野真雄編『国訳一切経印度撰述部　阿含部4』(大東出版社、1929年、1969年改訂、『国訳一切経　阿含部7』、大東出版社、1933年)。

大澤吉博『比較文化叢書6　ナショナリズムの明暗――漱石・キプリング・タゴール』(東京大学出版会、1982年)。

丘山新ほか『現代語訳「阿含経典」――長阿含経』第1巻(平河出版社、1995年)。

金谷治ほか訳『中国古典文学大系第4巻　老子・荘子・列子・孫子・呉子』(平凡社、1973年)。

柏木隆雄編『異文化の交流』(大阪大学出版会、1996年)。

小風秀雅編『日本の時代史23　アジアの帝国国家』(吉川弘文館、2004年)。

小風秀雅『近代日本と国際社会』(放送大学教育振興会、2004年)。

小路田泰直『日本史の思想――アジア主義と日本主義の相克』(柏書房、1997年)。

澤田章『人と思想17　ヘーゲル』(清水書院、1970年)。

島岩「統合の原理としての宗教――ヒンドゥー教と仏教との比較」(『比較思想研究』第26号、比較思想学会、1999年)。

関口真大訳注『天台小止観――座禅の作法』(岩波書店、1974年)。

新田雅章『天台小止観――仏教の瞑想法』(春秋社、1999年)。

新渡戸稲造、矢内原忠雄訳『武士道』(岩波書店、1938年)。

新渡戸稲造、佐藤全弘訳『武士道』(教文館、2000年)。

平川祐弘『西洋の衝撃と日本』(講談社、1985年)。

松下菊人『国際人・新渡戸稲造』(辞游社、1987年)。

松下菊人『英学者・新渡戸稲造　21世紀国際人への指標』（辞游社、2000年）。
松下菊人「苦悩する新渡戸稲造」（『新渡戸稲造研究』第12号、財団法人新渡戸基金、2003年）。
森本達雄『ガンディーとタゴール』（第三文明社、1995年）。
頼住光子『シリーズ哲学のエッセンス　道元　自己・時間・世界はどのように成立するのか』（日本放送出版協会、2005年）。
頼住光子ほか『比較宗教への途３　人間の文化と神秘主義』（北樹出版、2005年）。
CARUS, Paul, *Lao-Tzes Tao-Teh-King*, Chicago : The Open Court Publishing Company, 1898.
DAVIDS, Thomas William Rhys, *Dialogues of the Buddha* part 2 : *Sacred Books of the Buddhist* vol. 3, Oxford : The Pali Text Society, 1910.
NITOBE, Inazo, *Bushido : The Soul of Japan*, London : Simpkin, Marshall, Hamilton, Kent & Co. Ltd., 1904. Tokyo : The Student Company, 1905.
SATO, Masahiro, “Nitobe Inazo and Bushido”, *Journal of Japanese Trade & Industry* : January/February, Japan Economic Foundation, 2002.

3　図録・プログラムなど

朝日新聞社事業本部大阪企画事業部編『ボストン美術館所蔵肉筆浮世絵展「江戸の誘惑」図録』（朝日新聞社、2006年）。

茨城県近代美術館編『歴史浪漫　源平の時代展図録』（茨城県近代美術館、2006年）。

茨城県天心記念五浦美術館編『開館記念　天心と五浦の作家たち』（茨城県天心記念五浦美術館、1997年）。

茨城県天心記念五浦美術館編『開館１周年記念展　インドに魅せられた日本画家たち――天心とタゴールの出会いから』（茨城県天心記念五浦美術館、1998年）。

茨城県天心記念五浦美術館編『大観・春草展――日本画近代化への道』（茨城県天心記念五浦美術館、2001年）。

茨城県天心記念五浦美術館編『岡倉天心来五浦100年　下村観山・木村武山展――新しい日本画の創造をめざして』（茨城県天心記念五浦美術館、2003年）。

茨城県天心記念五浦美術館編『日本美術院五浦移転100年　天心と日本美術院の俊英たち』（茨城県天心記念五浦美術館、2006年）。

印刷博物館編『開国150年記念展「西洋が伝えた日本／日本が描いた異国」図録』（凸版印刷印刷博物館、2004年）。

太田区立郷土博物館編『姉妹館提携10周年記念　ピーボディ・エセックス博物館収蔵てぬぐい展』（大田区立郷土博物館、1994年）。

小川盛弘『ボストン美術館蔵日本刀・刀装・刀装具集』（大塚巧藝社、1984年）。

太田記念美術館編『ギメ東洋美術館所蔵浮世絵名品展』（NHK、2007年）。

岡倉天心と日本美術院展実行委員会『近代日本画の歩み――「岡倉天心と日本美術

院」展』（読売新聞社、2005年）。

岡部昌幸監修『ジャポニスムのテーブルウエア——西洋の食卓を彩った“日本”』（産経新聞大阪本社、2007年）。

京都国立博物館編『天台宗開宗1200年記念　最澄と天台の国宝』（読売新聞社、2005年）。

神戸市立博物館編『描かれた音楽——西洋楽器と出会った日本絵画』（神戸市立博物館、2003年）。

国立新美術館ほか編『没後50年　横山大観——新たなる伝説へ』（朝日新聞社、2008年）。

国立民族学博物館編『モース・コレクション』（国立民族学博物館、1990年）。

小平市平櫛田中館ほか編『小平市平櫛田中館特別展　平櫛田中の肖像彫刻』（小平市平櫛田中館友の会、2000年）。

小西四郎ほか構成『百年前の日本　セイラム・ピーボディ博物館蔵モース・コレクション／写真編』（小学館、1983年）。

滋賀県立琵琶湖文化館編『特別展フェノロサ・天心の見た近江——明治21年臨時全国宝物調査から』（滋賀県立琵琶湖文化館、2004年）。

千足伸行監修『ホイスラー展』（読売新聞社、1987年）。

そごう美術館編『版画に見るジャポニスム展』（谷口事務所、1989年）。

東京国立近代美術館編『揺らぐ近代　日本画と洋画のはざまに』（東京国立近代美術館、2006年）。

大徳寺編『大徳寺の名宝　曝涼品図録』（大本山　大徳寺、1997年）。

東京藝術大学大学美術館ほか編『狩野芳崖非母観音への軌跡——東京藝術大学所蔵品を中心に』（芸大美術館ミュージアムショップ、2008年）。

東京国立博物館編『特別展覧会　ボストン美術館東洋美術名品展』（東京国立博物館、1972年）。

東京国立博物館ほか編『2005年日本国際博覧会開催記念展　世紀の祭典万国博覧会の美術　パリ・ウィーン・シカゴ万博に見る東西の名品』（NHKほか、2004年）。

東京国立博物館ほか編『特別展　仏像　一木にこめられた祈り』（読売新聞東京本社、2006年）。

東京都江戸東京博物館・ピーボディ・エセックス博物館編『日米交流のあけぼの——黒船きたる』（東京都江戸東京博物館、1999年）。

名古屋ボストン美術館編『岡倉天心とボストン美術館　図録』（名古屋ボストン美術館、1999年）。

日本経済新聞社編『ボストン美術館所蔵ローダー・コレクション　美しき日本の絵はがき展』（日本経済新聞社、2004年）。

古田亮ほか編『琳派 RIMPA』（東京国立近代美術館、2004年）。

古田亮ほか編『岡倉天心——芸術教育の歩み』（東京藝術大学岡倉天心展実行委員会、

2007年)。
ボストン美術館東洋部編『ボストン美術館東洋美術名品集』(日本放送出版協会、1991年)。
水戸市立博物館編『特別展人間横山大観　その人と芸術』(水戸市立博物館、1991年)。
宮田真希子ほか編『「国宝」を創った男　六角紫水展』(六角紫水展実行委員会、2008年)。
横澤廣子ほか編『工芸の世紀――明治の置物から現代のアートまで』(朝日新聞社、2003年)。
早稲田大学演劇博物館編『五代目中村歌右衛門展』(早稲田大学演劇博物館、2000年)。
ワタリウム美術館編『岡倉天心　日本文化と世界戦略』(平凡社、2005年)。
『園原の里　木賊獅子舞　お染久松　葛の葉　八百屋お七』(木賊保存会、2002年)。
『カブキ fusion　ミュージカルファンタジー FOX――岡倉天心《白狐》より』(国立文楽劇場、1986年)。
『海狐――岡倉天心のこころ』(みなと横浜演劇祭07　実行委員会、2007年)。
ADAMS, Henry et al., *John La Farge*, New York: Abbeville Press, 1987.
CAVALCHINI, Pieranna, *Stefano Arienti: The Asian Shore*, Boston: Isabella Stewart-Gardner Museum, 2008.
MARX, Harald, *Meisterwerke Aus Dresden: Gemäldegalerie Alte Meister*, Leipzig: E. A. Seemann Verlag, 2006.
MESSERVY, Julie M. *Tenshin-en: The Garden of the Heart of Heaven*, Boston: Museum of Fine Arts, 1993.
HICKMAN, Money et al., *Japan Day By Day: An Exhibition in honor of Edward Sylvester Morse*, Salem: Peabody Essex Museum, 1977.
ISABELLA Stewart Gardner Museum, *Guide to the Collection*, Boston: Isabella Stewart Gardner Museum, 1997.
PRELINGER, Elizabeth, *The Gilded Age: Treasures from the Smithsonian American Art Museum*, New York: Watson-Guptill Publications, 2000.
SHARF, Frederic A. et al., *A Much Recorded War: The Russo-Japanese War in History and Imagery*, Boston: MFA Publications, 2005.
WOHLAUER,Gilian S., *MFA: A Guide to the Collection of the Museum of Fine Arts*, Boston: Museum of Fine Arts, 1999.

4　事典・目録類

アト・ド・フリース、山下主一郎ほか訳『イメージ・シンボル事典』(大修館書店、1984年、1986年第7版)。

茨城県天心記念五浦美術館編『茨城県天心記念五浦美術館　所蔵資料目録』(茨城県天心記念五浦美術館、2007年)。

音楽之友社編『標準音楽辞典』(音楽之友社、1966年)。

鎌田茂雄ほか編『大蔵経全解説大事典』(雄山閣出版、1998年)。

小泉晋弥ほか編「茨城大学五浦美術文化研究所主要所蔵資料目録」(茨城大学五浦美術文化研究所、2010年)。

義太夫年表編纂会編『義太夫年表』明治篇(大阪:義太夫年表刊行会、1956年)。

Stanley Sadie ほか編、柴田南雄ほか監修『ニューグローヴ世界音楽大事典』第2、3、6、11、12、16、17、18、20巻(講談社、1993〜1995年)。

総合仏教大辞典編集委員会編『総合仏教大辞典』(法藏館、2005年)。

『大正新脩大蔵経』第1巻(阿含部一、大正新脩大蔵経刊行会、1924年)。

高楠博士功績記念会纂訳『南伝大蔵経』第7巻(長部経典2、大蔵出版、1935年)。

田辺尚雄『邦楽用語辞典』(東京堂出版、1975年)。

中村元編『図説仏教語大辞典』(東京書籍、1988年)。

服部幸雄ほか編『歌舞伎事典』(平凡社、1983年)。

平野健二ほか監修『邦楽曲名事典』(平凡社、1994年)。

フィリップ・T・ウィーナー編、荒川幾男ほか日本語版編集『西洋思想大事典』第3巻(平凡社、1990年)。

望月信亨編『望月仏教大辞典』第4巻(世界聖典刊行協会、1936年)。

ユネスコ東アジア文化研究センター編『資料御雇外国人』(小学館、1975年)。

レイモンド・ウィリアムズ、椎名美智ほか訳『完訳キーワード辞典』(平凡社、2002年)。

5　博士論文

鈴木禎宏「『東と西の結婚』のヴィジョン――バーナード・リーチの生涯と芸術に関する比較文化的研究」(東京大学、2002年)。
HIRAYAMA, Hina, “A True Japanese Taste: Construction of Knowledge About Japan in Boston, 1880–1900” (Boston University, 1998).
MILLS, Cynthia J., “The Adams Memorial and American Funerary Sculpture, 1891–1927” (University of Maryland, 1996).
MURAI, Noriko, “Authoring the East: Okakura Kakuzō and the Representations of East Asian Art in the Early Twentieth Century” (Harvard University, 2003).
TACHIKI, Satoko Fujita, “Okakura Kakuzo (1862–1913) and Boston Brahmins” (University of Michigan, 1986).

6　オンライン文献

「ボストン日本人学生会の記録」、『日本ボストン会』〈http://www1.biz.biglobe.ne.jp/~boston/meibo/stdnt.htm〉
伝統芸能情報館　文化デジタルライブラリー〈http://www2.ntj.jac.go.jp/dglib/〉

American Oriental Society Programs of Past Annual Meetings 〈http://www.umich.edu/~aos/Programs.html〉
The New York Times (Search)〈http://www.nytimes.com〉
The Metropolitan Opera (Archives)〈http://www.metoperafamily.org/metopera/history/index.aspx〉

7　視聴覚資料

茨城大学五浦美術文化研究所編『五浦論叢別冊　天心来五浦百年祭　講演とオペラの夕べ』(収録：2003年、DVD、茨城大学五浦美術文化研究所、2004年)。

岸辺成雄ほか監修『音と映像による日本古典芸能大系10　歌舞伎3』上下「勧進帳」(収録:1985年、ビデオ、東京：日本ビクター、1991年)。

初代若松若太夫「葛の葉子別れ」、「葛の葉」(『初代生誕130年記念　説経節』、音源提供：昭和館ほか、CD、埼玉：説経若松編集室、2004年)。

日本琵琶楽協会監修『第十八回芸術祭参加　日本琵琶楽大系』(LPレコード盤、ポリドール、1963年)。

坂東玉三郎「保名」(『坂東玉三郎舞踊集其の五』、ビデオカセット、静岡：増進会出版社、1996年)。

六角鬼丈企画・監修、東京藝術大学「オペラ白狐」冊子編集委員会編『オペラ白狐』(収録：2007年、DVD、上野タウンアートミュージアム実行委員会、2008年)。

リヒャルト・ヴァーグナー、『歌劇《タンホイザー》全曲』(制作：1989年、DVD、ユニバーサルミュージック、1994年)。

ジャコモ・プッチーニ、『オペラ「蝶々夫人」――プレッシャ版』(収録：2004年、DVD、コロムビアミュージックエンタテインメント、2007年)。

レオシュ・ヤナーチェク『歌劇「利口な女狐の物語」全曲』(収録：1995年、DVD、ジェネオンエンタテインメント、2004年)。

フランツ・レハール『メリー・ウィドウ』(収録：1983年、DVD、ドリームライフコーポレーション、2000年)。

BOSTON Opera Company, *The Boston Opera Company 1909–1914*, LP Columbia, 1965.

LOEFFLER, Charles Martin, *Charles Martin Loeffler (1861–1935): Music for Four Stringed Instruments*, Rec. 1999, CD, Naxos, 2002.

LOEFFLER, Charles Martin, “A Pagon Poem”, cond. Leopold Stokowski Orch., *Full Dimentional Sound*, Rec. 1957－58. CD, Angel Record, 2001.

【資料】1883年　ジョン・L・ガードナーの日本旅行記

著者は、2006年2月イザベラ・スチュワート・ガードナー美術館所蔵資料を調査した際、*John L. Gardner Travel Diaries 1883－4*の日本旅行記の転写（同美術館学芸員によるもの、A4版ワード書類13枚）を実見し、博士論文（2008年提出）執筆の参考資料とした。当時は日記内の人名、地名に曖昧な点が残ったが、2009年に刊行された*Journeys East: Isabella Stewart Gardner and Asia*（アラン・チョン・村井則子ほか著、イザベラ・スチュワート・ガードナー美術館）に、同旅行記が掲載され、詳細な注釈がついたため、確認と校正が可能となった。本書刊行にあたり、ガードナー夫妻の日本旅行の行程を概観する目的で、上記二つの二次資料を照合し、修正した訳を掲載することとした。なお〈　　〉内の記述は、*John L. Gardner Travel Diaries* の転写にはあるが、*Journeys East* に掲載されていない文章である。資料を提供いただいたガードナー美術館に厚く謝意を表したい。

6. 18 Mon.　昼12時半頃、横浜到着。グランド・ホテルへ行く。

6. 19 Tue.　ガイドはW. ムトウ。写真屋の前でパーシヴァル・ローウェルと会った。彼と一緒に昼食。午後1時半の汽車で東京へ。スタージス・ビゲロウ宅（駿河台鈴木町20番地）を訪ねるが留守。浅草へ。上野公園で休憩。駅付近の精養軒ホテルで夕食。月明かりの下で濠を見た。9時45分の汽車で横浜へ戻った。

6. 20 Wed.　明日からのガイドとして、日給1ドルでイサツ（ハコダテ）を雇った。スタージス・ビゲロウから、昼食に同席しようとしたが、汽車に乗り遅れたと電報あり。彼は到着すると、私たちを店と茶屋に連れて行った。茶屋は駅近くの高台にある。彼とともに夕食。

6. 21 Thu.　ウォルシュ・ホール商会に行き、100ポンド引き出した。妻は買

い物。昼食後、妻はアン・メイを招いた。午後、買い物し、ミドルトン夫人を訪問。山手公園と、階段を上がったところにある茶屋へ。ローウェルと夕食。夜ウォルシュ氏の訪問あり。

6. 22 Fri.　11時の汽車で東京へ。ビゲロウと会いオオタ楼という茶屋で昼食(1)、彼の案内で堀切に菖蒲を見に行った。その後、P. ローウェルが、芸者四人のいる品川の茶屋で、日本料理の夕食を振舞ってくれた。11時の汽車で帰宅。乗り遅れそうになった。

6. 23 Sat.　ローゼンとジョードンと一緒に昼食。1時半の汽車で東京へ。ビゲロウと会い、店に寄り、彼の家に行った。ロシア公使館で夕食。11時の汽車で帰宅。

6. 24 Sun.　11時の汽車で東京へ。ジョードン宅で昼食。その後、競馬場の寺を見て、上野に行き将軍の墓を見た。オオタ楼で夕食。夜［　］で祭りを見物した(2)。9時45分の汽車で帰宅。

6. 25 Mon.　私はミドルトンを、妻はM夫人を訪問。1時半の汽車で東京へ。芝増上寺を見学。6時の汽車で帰宅。部屋で静かな夜を過ごす。

6. 26 Tue.　朝、衣服を注文。雨天。ビゲロウ博士と一緒に昼食。3時45分の汽車で東京へ。勧工場で買い物。古い鐘を見物。ビゲロウ宅で、フェノロサ夫妻と夕食。11時の汽車で帰宅。

6. 27 Wed.　11時に東京へ。ロシア公使館で昼食後、ローゼンに連れられ天皇の庭園(3)へ。3時の汽車で帰宅。ウォルシュとゲイを訪問する。ビゲロウ博士とホテルで夕食。

6. 28 Thu.　11時の汽車で東京へ。ビゲロウ博士と昼食。その後、神聖なる行列を見物した。フェノロサ夫妻を訪問し、途中で寺院に立寄った。7時15分の汽車で帰宅。静かな夜。

6. 29 Fri.　ミドルトン夫人と一緒に七宝細工を見学。昼食後、写真を購入し、競馬場の先まで遠出。ミドルトン夫人宅で夕食。ローゼン男爵、フォン・ザイトリッツ男爵、ゲイ氏、ウォルシュ氏が同席。

6. 30 Sat.　9時45分の汽車で東京へ。駅でビゲロウに会えず。彼の家に行き、12時半まで待った。フェノロサ宅に行き、昼食後、多数の絵画を

鑑賞した。それから、ビゲロウと骨董屋に行った。彼の自宅で(高嶺？)(4)夫妻と夕食。9時45分の汽車で帰宅。

7.1 Sun.　ゲイ氏、ウォルシュ氏と昼食。その後、彼らは人力車で、関の先にある素晴らしい景色の「高天原」に連れて行ってくれた。彼らとともに夕食。

7.2 Mon.　8時45分に出発。鎌倉に行き、12時半に昼食、八幡宮を見学後、大仏を見て、5時半頃、江ノ島に到着。午後は弁天岩屋に行った。岩本楼にて一泊。

7.3 Tue.　〈8時頃出発。東海道を通って戻って来た。12時頃到着。昼食後、メキシコ・ドル(5)で100ポンド分を引き出す。数ヶ所を訪問。〉6時の汽車で東京へ行った。ロシア公使館で大規模な晩餐会。11時の汽車で帰宅。

7.4 Wed.　雨。手紙を書く。ショーゲロウの店(6)に行った。P. ローウェルと夕食。

7.5 Thu.　〈雨。手紙を書いて、郵送した。〉

7.6 Fri.　〈1時半の汽車で東京へ。数か所訪問し、店に行った。6時の汽車で帰宅。〉

7.7 Sat.　大雨。横浜のクーン商会ほか数件の骨董品屋に行った。金札(7)で100ポンド分を引き出す。

7.8 Sun.　11時にユニオン教会へ。1時半の汽車で東京へ。上野博物館に直行し、6時の汽車で帰宅。一日中土砂降りだった。

7.9 Mon.　9時45分の汽車で東京へ。ビゲロウと会い、彼の案内で新富座に行き観劇。パスポートの件で公使館に行ったことを除いて、終日劇場で過ごす。昼食は劇場でとった。オオタ楼で夕食。8時半の汽車で帰宅。

7.10 Tue　9時45分の汽車で東京へ。駅でビゲロウに会い、買い物に行った。ビゲロウ宅で昼食。その後数軒に立ち寄り、ロシア公使館で夕食。11時の汽車で帰宅。

7.11 Wed.　昼食後ビゲロウの来訪あり。彼と買い物や劇場に行き、夕食を

とった。再び劇場に行きしばらく時間をすごした。

7. 12 Thu.　ほぼ1日競売。ビゲロウとともに昼食。妻は彼と1時半に東京へ行き、茶会を見学した。私は4時45分の汽車で移動、ビゲロウ宅で夕食。8時半の汽車で帰宅。

7. 13 Fri.　ミドルトン夫人と一緒に11時の汽車で移動。ロシア公使館で昼食をとり、政府の印刷局を見学する一行に加わった。その後、ビゲロウを訪問し、7時15分の汽車で帰宅。

7. 14 Sat.　11時に東京へ。オオタ楼で昼食。浅草と浜御殿を見学、6時の汽車で帰宅。ビゲロウ、ローウェル、ローゼンと一緒に夕食。今夜はフランス祭。

7. 15 Sun.　1時半の汽車で品川へ。人力車に乗って目黒まで行き、47人の浪人の墓所を見学。〈4時45分の汽車で帰宅。短時間、人力車で山手を走った。〉

7. 16 Mon.　11時の汽車で東京へ。ビゲロウ宅で昼食、フェノロサ夫妻、P. ローウェル、高嶺が同席。暑く、午後は静かにしていた。二、三軒の店に行き、7時15分の汽車で帰宅。

7. 17 Tue.　1時半に東京へ行った。妻は同伴せず。アメリカ公使館を訪問。4時の汽車で帰宅。午後、ウォルシュ氏、ゲイ氏と山手公園に行った。彼らとグランド・ホテルで夕食。

7. 18 Wed.　8時50分の汽車で東京へ。勧工場に行った。オオタ楼で昼食。仲通りを抜けて、本郷劇場に行き、幽霊を三回見た(8)。ビゲロウ宅を訪ねたが留守。王子に行き、7時15分の汽車で横浜に帰った。手紙が到着していた。

7. 19 Thu.　ビゲロウ博士と昼食。ほぼ一日在宅。夕食前に船に乗り、「シティ・オブ・トーキョー」号船上のモーリー中佐とその夫人を訪問。

7. 20 Fri.　ウォルシュ氏、ゲイ氏と昼食をとった。武蔵屋に行って、明日日光に出発するため、諸準備を行った。川祭りが再び延期されたためである。

7.21 Sat.　アクレー夫人とともに８時の汽車で出発。東京で、パスポートのために公使館を訪問した。９時45分頃、馬車に乗って駅を出発した。越谷の近くで昼食をとり、幸手で馬を交換した。８時頃、小山に到着し、そこで一泊。

7.22 Sun.　７時半頃出発。御者が酔っ払ったので馬車から降ろした。雀宮で馬を交換。11時半頃宇都宮で昼食。７時15分頃日光に到着した。鈴木ホテル。馬が一頭、夜間に死んだ。

7.23 Mon.　壮大な日光の寺院群を見学。

7.24 Tue.　６時15分出発、［　］頃に中禅寺湖到着。昼食、休憩と水浴び。４時半頃出発し、８時15分頃日光に到着。

7.25 Wed.　妻は仏寺の８時の勤行に行った。午後は再び家康廟へ行った。

7.26 Thu.　８時頃、帰路についた。２時頃、宇都宮で昼食。８時半頃中田に到着、一夜を過ごした。

7.27 Fri.　８時45分頃出発。失くした手帳を探して１時間ほど浪費する。正午頃、越谷付近で昼食。４時頃新橋に着き、４時45分横浜行きの汽車に乗った。

7.28 Sat.　ゲイ氏は、横浜ユナイテッド・クラブにて私のことを紹介した。１時半に東京へ。ビゲロウ宅を訪問したが外出中だった。フェノロサ宅を訪問すると、生後３日目の赤ちゃんがいた。４時45分の汽車で戻った。ゲイ氏の訪問あり。ビゲロウ博士と夕食。その後ミニャール大尉の訪問あり。

7.29 Sun.　英国国教会に行った。昼食後クラブに行き、新聞を読んだ。

7.30 Mon.　〈午後、ホテルの汽艇で富岡へ行った。ローゼンも同行し、一緒に夕食をとった。〉

7.31 Tue.　とても暑い。東京行き11時の汽車に乗った。オオタ楼で昼食後、汽車で熊谷まで往復した。妻は、オセアニック号へと漕ぎだした後、６時の汽車で東京に来た。ロシア公使館で夕食をとり、そこで曲芸を見た。11時の汽車で帰宅した。

8.1 Wed.　４時45分の汽車で東京へ。ローゼン男爵と会い、彼に連れられて

隅田川の川祭りに行った。船上のパーティと料理。11時半頃上陸し、ジョードン宅で一晩を過ごした。

8. 2 Thu.　11時の汽車で東京から帰宅した。〈3時15分頃、アクレー夫人、ミニャール大尉とともに4頭だての馬車で出発した。大磯で1時間ほど停車して食事をし、11時半頃三枚橋に到着した。三枚橋で駕籠に乗り、松明の灯をともして、午前2時頃宮ノ下に到着した。〉

8. 3 Fri.　朝食に間に合う時間に起床、そのあと何軒か店を回り、歩いて木賀と堂ヶ島へ行った。

8. 4 Sat.　7時45分頃宮ノ下を出発。芦の湯を経由して箱根で昼食をとった。船に乗って湖を渡った。その後宮ノ下に戻り、6時半頃到着した。

8. 5 Sun.　9時頃、宮ノ下を発った。10時45分頃、ランドー馬車で三枚橋を離れた。[　]に止まって、1時間昼食をとった。6時頃グランド・ホテルに帰着。ミニャール大尉もともに帰った。

8. 6 Mon.　〈空白〉

8. 7 Tue.　〈荷物をまとめ、出発の準備をした。妻は東京に行き、フェノロサ夫妻宅で昼食をとった。ゲイ氏、ウォルシュ氏、ハバード夫人と一緒に、大部屋で正餐をとった。〉

8. 8 Wed.　ローゼン、ジョードン、ビゲロウ各氏とともに、大部屋で昼食。5時頃、名古屋丸に乗船。特別室15、16号室。ウォーカー艦長。6時に出港。ミニャール大尉とワイコフ中尉が乗船。

8. 9 Thu.　日本の海岸に沿って愉快な航海。海はとても穏やかで、大変暖かい。80度ぐらいだろうか。

8. 10 Fri.　神戸に到着した。大変暑い。兵庫ホテルに宿泊。ウォルシュ・ホール商会を訪ね、2、3軒の店に行った。ワイコフ中尉と昼食後、越後屋へ行った。午後ウォルシュ氏とハリス博士の訪問あり。ミニャール大尉と夕食をとった。〈コパー、ボストン、シャンハイに電報。〉

8. 11 Sat.　とても暑い。トランクを詰め直す。妻は手紙を数通書いた。ウォ

ルシュ氏、次に領事を訪問した。昼食後、アメリカ領事ジュリアス・スタールの訪問あり。ホール氏と越後屋に行き、数点購入した。夜、アメリカからの手紙を受け取った。

8. 12 Sun.　教会に行った。手紙を書いた。午後、人力車で兵庫の街中を通る。山手を一周して帰宅した。

8. 13 Mon.　10時の汽車で大阪へ。ハコダテとメリーは同じ汽車で荷物とともに京都へ行った。山中吉郎兵衛に行き、数点を購入した。中之島の自由亭ホテルで昼食。その後相撲を観に行った。5時の汽車に乗り、6時半頃京都に到着した。丸山の也阿弥ホテルまで、長距離を移動した。夜、劇場に行った。

8. 14 Tue.　遅く起床。ミニャール大尉と昼食後、許可を得るため二条城の京都府庁に行った。それから、帝の宮殿「御所」へ。その後、黒谷の寺院と修道院を訪ね、次に知恩院へ行った。夜、劇場に行って曲芸を見物した。

8. 15 Wed.　8時半頃、ミニャール大尉と一緒に人力車で出発した。10時少し過ぎに大津に到着し、三井寺と金堂を訪ねた。石場の茶屋で昼食。その後汽艇を借りて、湖上を周遊し、唐崎の松や瀬田の唐橋に行った。3時の汽車で京都に戻った。

8. 16 Thu.　女子校を見学しようとしたが、休暇中だった。呉服屋や扇屋に行った。ミニャール大尉は発った。昼食後、三十三間堂に行き、次いで大仏、耳塚、西大谷、清水寺、八坂の塔に行った。

8. 17 Fri.　西本願寺と興正寺へ行った。昼食後、絹織物の工場、金閣寺、北野天満宮へ行った。

8. 18 Sat.　メクレンブルク大公のために開校した女学校を見学し、呉服屋に行った。昼食後、銀行で500円を得て、御室御所に行った。途中で妙心寺に立寄り、太秦寺を経由して帰宅した。

8. 19 Sun.　午前中在宅。昼食後、等持院、河合神社、真正極楽寺、銀閣寺、吉田神社へ行った。

8. 20 Mon.　骨董屋を見て回った。激しい雨。午後、中国品店と八坂の塔へ

行った。

8. 21 Tue.　午前、店に行った。昼食後、東本願寺へ行き、東寺、稲荷大社、東福寺と巡った。

8. 22 Wed.　9時少し過ぎに出発。乗船所付近で昼食のため長時間とどまる。3時15分頃、古城の前から乗船した。水かさ低し。約2時間半かけて、迅速に川を下った。嵐山で少し停船し、7時頃ホテルに帰着した。

8. 23 Thu.　店に行った後、500円を引き出した。昼食後、知恩院と祇園社、陶器店の並ぶ通りに行った。夜、一力亭に行き、10人の芸者による芸を見た。

8. 24 Fri.　ハコダテとメリーは神戸へ行った。午前中、修学院離宮を見学し、帰路に黒谷に立寄った。昼食後、帝の御稜を見に行き、知恩院で説教を聴いた。

8. 25 Sat.　8時半に出発した。藤ノ森神社と黄檗山の僧院を見に立ち寄った。宇治の菊屋で昼食をとり、平等院鳳凰堂を見た。6時頃、奈良の武蔵野亭に到着した。夜、春日大社に行き、6人の巫女による神楽舞を見た。

8. 26 Sun.　8時半頃出発。大仏の寺、興福寺と塔、春日大社を見学した。昼食後1時に出発。法隆寺を見学して、9時半大阪の自由亭ホテルに到着した。

8. 27 Mon.　昼食前に骨董屋めぐりをした。ハコダテは手紙のため神戸へ行った。昼食後山中商会に行き、それからエタ村へ行った。夜、アメリカからの手紙を受け取る。川に行って船に乗り、花火を数個上げさせた。

8. 28 Tue.　午前中、城と大阪天満宮、西本願寺、東本願寺へ行った。昼食後、松井吉助の庭と天王寺へ、その後写真屋へ行った。

8. 29 Wed.　午前中、山中商会へ。神戸行き4時半の汽車に乗った。兵庫ホテルの部屋良し。夜、ホール氏の訪問あり。

8. 30 Thu.　午前中在宅、忙しい。昼食後、数軒の店に行った。その後、骨董

品の分類と送り状のため、ウォルシュ・ホール商会の倉庫に行った。夜、トーマス・ウォルシュ氏の訪問あり。

8. 31 Fri.　スタール総領事と昼食、ウォルシュ氏も同席した。4時半頃、東京丸（オールド・ニューヨーク）に乗り出帆。同船したのは、スウェイン大尉、ハリー・パーク卿と令嬢2人、ピーター家の紳士2人、上海のリトル博士。それから、上海の聖ヨハネ・カレッジに通う［　］のスペンサー嬢。

9. 1 Sat.　瀬戸内海の美しく穏やかな航海。6時頃に下関港に着岸した。アメリカ行きの郵便に間に合わせるため、手紙を残す。

9. 2 Sun.　11時頃長崎に到着。午後上陸し、街中を散策。准将とファーバー大尉を訪ね、そこで夕食をとった。リトル博士も同行。

9. 3 Mon.　上陸し、電報を打ち、手紙を送った。4時頃出帆。

9. 4 Tue.　海上。天気は暖かく、気持ちが良い。

（1）二つの資料の表記は Otero. *Journeys East*（p. 112）によると、芝と新橋の間に位置した Ōtarō を指すという。

（2）ガードナー夫人のスクラップ・ブックによると、この夜夫妻は愛宕山神社の祭りに行った。

（3）吹上御苑を指す。

（4）高嶺秀夫を指すか。

（5）当時の東アジアにおける貿易通貨で、墨銀とも呼ばれた。

（6）資料の表記は Shogero's shop.　横浜の日本人骨董商で、本町通りで漆、琺瑯、象牙を扱う Minoda Chō-ji-rō（E. M. Satow & A. G. S. Hawes, *A Handbook for Travelars in Central & Northern Japan*, London : J. Murray, 1884, p. 45）を指すか。

（7）政府紙幣の太政官札のこと。

（8）本郷区春木町の春木座を指す。